生存逻辑

全球化穹顶下的人类同生共存

SHENGCUN LUOJI

傅广典 著

WUHAN UNIVERSITY PRESS
武汉大学出版社

图书在版编目(CIP)数据

生存逻辑:全球化穹顶下的人类同生共存/傅广典著.—武汉:武汉大学出版社,2017.11
ISBN 978-7-307-19795-4

Ⅰ.生… Ⅱ.傅… Ⅲ.社会人类学 Ⅳ.C912.4

中国版本图书馆 CIP 数据核字(2017)第 275562 号

责任编辑:聂勇军　　责任校对:汪欣怡　　版式设计:汪冰滢

出版发行:**武汉大学出版社**　(430072　武昌　珞珈山)
(电子邮件:cbs22@ whu. edu. cn 网址:www. wdp. com. cn)
印刷:武汉中远印务有限公司
开本:787×1092　1/16　印张:32.25　字数:631 千字　插页:1
版次:2017 年 11 月第 1 版　　2017 年 11 月第 1 次印刷
ISBN 978-7-307-19795-4　　定价:76.00 元

谨以此作诠释并献给全球化时代

前言·著述理由

毫无疑问，人类已经进入了全球化时代。

这意味着，全球72亿人在全球化穹顶之下同生共存。

然而，人们对于全球化的认知有两个级次的分歧，第一个级次的分歧是全球化出现与否，第二个级次的分歧是全球化如何形成。全球化时代的主体特征是人类的全球一体化生产、全球一体化消费，在全球整体的空间里一体化生存。因而，最根本的问题是全球化时代的人类同生共存。其中有两个关键性问题：能否同生共存？关键词——共识；如何同生共存？关键词——模式。

全球化时代是前所未有的新时代。毋庸置疑，我们有许许多多未曾经历过和未曾认识到的新问题，还有一些由老问题衍生出的常常令人猝不及防难以应对的新问题，可谓旧问题日积月累，新问题层出不穷。如此景况，令全球化时代充满变数，充满不确定性。

在这种不确定性之中，有3个义项是确定的：全球化之成、全球化之根、全球化之治。全球化之成是全球化时代最佳预期，蕴含着全新的全球化时代的价值体系和生存逻辑；全球化之根是全球化时代演进的内在规律和根本动力；全球化之治是全球治理，对应着最佳预期，建立全球化时代的国际体系、世界秩序和全球规制，实现人类的优质生存。

这很难。其原因在于全球化的到来不是人类的预期，没有人类的革命与宣言，不是在全球化思想和全球化理论指引下以人类的自觉行为所追求的预期结果，而是人类在社会活动的无意识中不经意间产生的系统涌生性，是人类社会活动的顶级副产物。然而，不是人类的预期却是历史的必然，是必然的社会阶段。作为副产物，全球化是自在的；作为社会阶段，全球化当是自为的。而完成由自在全球化到自为全球化的转化，则理所当然是全球化时代里的人类的使命性预期。

也正是由于全球化的自在性，所以它没有改变现存的世界社会体系，没有改变现行的世界社会制度，也没有像国家革命建立国家中央政权那样建立世界中央政权。现在的世界社会体系是世界无主权而国家主权至高无上的无政府体系，是霍布斯式的自然状态。尽管世界绝大多数国家都已经认同全球化，实力大国在积极推行并力图主导全球化，但这并不表明现在已经是自为全球化。全球化的自在性导致世界各国对全球一体化生存的瞿然与恐惧，各国互疑互忌，互敌互防，消耗大量资源和国力扩军备战。近代以来的殖民扩张、地缘政治、三边关系、军备竞赛、均势制衡、区域战略、国家博弈，无不是在追求最高的生存安全系数。然而，正因为如此人类陷入了生存悖论：越是追求生存安全，越发加速生存危机。

数千年来，人类已经习惯于国家统治的生存模式。若依据这种生存模式建立全球一体化生存体系，则顺理成章地要设立世界政府。关于国家统治一直存在着巴枯宁式的疑问。当年马克思主张建立人民国家，断言人民国家管理者将是上升为统治阶层的无产阶级。对此巴枯宁质疑："如果无产阶级将成为统治阶层，它将统治谁呢？就是说，将来还有另一个无产阶级要服从这个新的统治，新的国家。"巴枯宁的疑问在于：将来的无产阶级会不会还要再进行革命使自己成为统治阶层呢？如此一来，必将循环往复。也许正因为世界没有中央统治，时任法国总理的勃兰特提出了全球治理的概念。然而，治理和统治两者的内涵在它们的交集之外各自还有多少独立的元素呢？况且是治理还是统治，最终取决于政府还是民众？取决于愿景还是现实？如若国家仍然是基本的国际单位，全球治理也只能在霍布斯式的自然状态里施行，各国参与，遵行共识，共商国际体系、世界秩序和全球规则等公共产品的产出之策，其最终依然有个统筹和统领的问题。

如若设立世界政府全球一国，那么依然是国家统治模式，巴枯宁的疑问依然存在。当一部分人不满意这个世界国的统治时，颠覆行为必然发生。一旦颠覆成功，一球一国或成为易主的一球一国，或成为一国裂变的碎片国，于是世界又回到了霍布斯式的自然状态。

所以，根本的问题表面看来是结构性的，然而当我们带着这个问题分析国家起源的时候，会憬然发现，问题的根源在于人的生存本能和生命原欲所共同培育的人的私欲。私欲利己而排他。排他生疑，攻防不疲。数百万年以来人类为我所欲、为我所忧、为我所困、为我所囚，基于此而弃于彼，精于斗而疏于和。整个人类世界处于战争体系之中，不管战与不战，人类都是生活在战争的穹顶之下。进入 21 世纪，人类的战争主要有两种样式，以地面为依托的陆海空立体战争和以网络为依托的信息战争，最具杀伤力的武器是核弹与键盘。战争样式升级，战争武器升级，人类之疑随同升级。

人类进化有两个并行的维度：物质维度和精神维度，可泛称为物质文明和精神文明。然而，文明却在制造着有悖于文明的野蛮，人类将数百万年前手中的可以让对方头破血流的木棍，换成了而今的可以让对方万劫不复的核弹。本来战争与和平是人类生存方式的两个选项，然而很可悲，人类浩然地追求着和平选项而靡然地践行着战争选项，于是，和平或是梦幻，或是利维坦体力不支喘息之时的稍歇。

人类与动物的根本区别在于理性。正是人类认识到了自身区别于动物的优势在于理性，所以处处以理性行事，可事实上却以非常的理性自觉干着非常不理性的蠢事，聪明反被聪明误。在社交中时常可听到一句排他性的语言：谁离了谁都能活，地球照样转。地球离了谁都是照样转的，因为地球遵循宇宙规律而不遵循社会规律。但是，从宏观上说，在这个地球上谁离了谁都不能活。在自然科学中，一个物种没有足够的种群数量，便不能延续。人类作为自然界物种，受制于这个定律，这是人类群体生存的自然法则。人类的任何个体都不可能实现自身的全部生存之需，需要与他人彼此支持、相互合作，因此人类的生存行为不可能是奇数“1”的独行侠模式，而只能是偶数“2”的生死恋模式。这是人类群体生存的社会法则。海洋中有一种黄金水母，它依靠生存于体内的藻类获取太阳能转化的葡萄糖，维持自身营养元素之需。所以它始终朝着太阳游动，并且不停地旋转着身体，以便使体内的藻类全面接受阳光。黄金水母的这种生存逻辑，应该是自然界生物系统中最具普适性的生存逻辑。人类对生存逻辑的构建，最终极有可能心悦诚服地选定“黄金水母生存逻辑”。

无须赘言，上述问题具有终极意义。要作出终极诠释，必须通透地球、通透人类、通透世界。惟其如此，本书以地学、人类学、社会学这三大学科，描述地球演化史、人类进化史、世界发展史；以人地关系、人人关系这两大关系，诠释生态系统和生命支持系统以及由这两个系统所构成的生存系统的内在机理，揭示人类及人类社会的行为逻辑；以全球化时代主体特征与核心内涵启卷，将全球一体化生存之实推向人类终极关注和终极思量的高度，构建全球化生存的理论与逻辑。为此，本书将以全球通史、生态通论、社会通典的功能实现其工具意义。

全球化时代的结构主体和主导力量是主权国家和跨国公司。现在世界上有193个主权国家，有遍及全球的跨国公司。国家政治学与公司经济学相互作用，决定着全球化时代的发展走向。在全球化时代里，对应着国家政治学和公司经济学产生了两个非政府间国际组织，一个是世界社会论坛，一个是世界经济论坛。世界经济论坛成立在先，亦称达沃斯论坛，有1000多个跨国公司会员，宗旨是推行经济全球化。世界社会论坛是针对世界经济论坛而成立的，由123个主权国家的政治精英组成，宗旨是反对经济全球化，宣称“另一个世界是可能的”。两者是对立的，但应该达成对立统一，世界社会论坛以理论理性，世界经济论坛以实践理性，科学利用不可逆转的不以人们的意志为转移的全球化，造福于整个人类。当然，这需要辽远的视域广度和绝顶的思维高度。

中国多名山，东有泰山，西有华山，南有衡山，北有恒山，中有嵩山，统称五岳。泰山为五岳之首，孔子登泰山而小天下，杜甫登泰山留下名句：会当凌绝顶，一览众山小。“会当凌绝顶”的胸臆，“一览众山小”的视野，会让人们通彻而豁达。倘若让思维浪漫一下，全球72亿人齐聚泰山顶峰，就全球化时代生存逻辑谈经论道，说论天下，定然会有紫气东来的泰山效应。

或许世界原本并不那么复杂，是“人类之疑”将其复杂化了。因为“行人弓箭各在腰”，故而“尘埃不见咸阳桥”。行人可否解下弓箭？脚底能否不起尘埃？如若不能，那就只有一个解释：人们的站立点少了泰山高度。

本书的全部理由正在于此，以理论的深度和认知的高度，破解“人类之疑”，构建人类的全球化时代的生存逻辑。

傅广典

2016年12月22日

目 录

第二编　自然资源与生产方式

启 卷

生存，对于生命学而言，是生命过程；对于社会学而言，是社会过程；对于逻辑学而言，是逻辑过程。生命是天赋的，社会是自为的，而逻辑是自在的。对于生存逻辑的认知，是认识生存、把握生存的认识论；对于生存逻辑的构建，是实际生存、科学生存的实践论。

生存逻辑发生在生存环境的多维空间里。人类依赖地球而生存。地球表面上有岩石圈、水圈、生物圈和大气圈等四大圈层。人类属于生物圈层。人类生存的客观环境是岩石圈、水圈、生物圈和大气圈，主观环境是生物圈中的人类本身。在生物圈中，有植物和动物两大生态系统，人类属于动物生态系统。因而生物圈的植物生态环境和除却人类而外的动物生态环境，也是人类生存的客观环境。人是地球生物，人是群体动物，因此，地球生物学是探讨人类生存逻辑的基础学科，社会人类学是探讨人类生存逻辑的基本学科。人类生存依赖于地球和社会，由此形成人类生存逻辑的两大根据：一曰人地关系，二曰人人关系。人类之兴在于这两大关系，人类之衰也在于这两大关系。

人类自诞生以来，一直追求理想化生存，然而数百万年过去至今并没有理想化的实现，借用一句宗教用语：人生是苦难。在原始时代里是这样，在文明时代里是这样，在当代社会里也还是这样。

苦难来源于自然，也来源于社会。地理环境决定着人类的生存状态，社会环境决定着人类的生存质量。地理环境里的苦难是人地关系造成的，社会环境里的苦难是人人关系造成的。

人类在苦难中艰难跋涉，走过了几百万年茹毛饮血的蒙昧生存之路，又走过了1万年自给自足的智慧生存之路，现在走进了全球化时代的全球社会，在一定意义上，人类生存到了更加智慧却也是更加艰难的时代。生存逻辑——个体的生存逻辑、群体的生存逻辑——到了最为难以认知和最为难以把握的时代，理想化生存的希冀常常在智慧中骤然成为梦魇。

但是，人类有天赋的理性，能够以超凡的理性去叩问理想化生存路在何方，去探索何以能够到达理想化生存的彼岸之策。

一、初衷与期冀

欲达成对全球化时代全球社会环境里的生存逻辑的完整认知，是一件相当艰难的事情。因为这种认知的理论支撑离不开全球学。全球学的巨大内涵理所应当地要囊括目前人类已经建立起的所有学科，融汇所有学科的研究成果。因此这种认知既是跨学科的，又是融学科的，是跨学科研究合成成果和融所有学科于一体化的最终成果。毫无疑问，一部书稿若要囊括所有的学科是不可能的。然而，倘若不立足于所有学科，运用各种学科的知识和理论来诠释全人类的全球化生存的主题，则不可能有必需的论述宽度和深度，无法完成终极使命。况且，人类目前所建立起的一切学科，都在以不同学科从不同的方面和不同的领域研究同一客体：世界；也都在以不同学科从不同的方面和不同的领域研究同一主体：人类。

尽管如此，驾驭多学科对于任何学者来说，风险都是巨大的。然而，世界上的任何问题都是可以讨论的，关键在于要讨论的问题有没有讨论空间，讨论者有没有讨论话语权。只要这两者兼备，那么就并非是不可能的。因为物质世界是一个确定论系统，可以依据其线性的演变过程建立逻辑学，也就可以以事物的确切起始状态而追溯其过去的每一时刻的因果实践，同时又可以把握其演化走向而预测未来。人类社会则不是一个确定论系统，而是一个非线性系统，每时每刻发生着非线性涌生，同时，也有每时每刻的熵情。不确定性是人类社会的显著特征。然而，尽管如此谁也不会断言人类社会是个混沌轨迹的社会，既然物质世界是一个确定论的系统，而人类是自然的产物，是自然确定论里的一种确定，那么在人地关系中就可以寻觅到人人关系的确定性轨迹，在混沌中就总有那么一丝光亮昭示着逻辑演绎的方向。当然，这是极其艰难的，会常常陷入混沌状态而苦苦寻觅不到那一丝光亮。之所以作如此艰难的选择，就在于要以跨学科的宏阔情感与深邃理性的共同力量所达成的方式与全人类讨论关于人类生存这一最简单而又最庞杂、最简明而又最深奥的终极主题，全部的目的在于以对生存逻辑的分析与解读，力求为构建人类最完美的优质生存和持续生存模式而有所作为。全球学即使是囊括了目前人类已经建立起的所有学科，但每一学科的终极目的也正在这里。

由于学科繁多，包罗万象，所以本书选择了第三种文化的表述方式，在融人文文化与科学文化的第三种文化的思维里写作，而且这种写作是宏大叙事风格的，似乎也只有这样，才能够以普适思维、共同语言和宏阔视野，与全人类讨论全人类的终极问题。

二、内在逻辑构建

既然生存逻辑有人地关系和人人关系两大根据，那么人地关系和人人关系就是生存逻辑的逻辑形成的两大机理，同时也是本书运行的两大引擎。从人类的原始群体到现代社会，人类的生存逻辑就是在人地关系和人人关系中推演的。

本书演绎空间是环境学空间、行为学空间和逻辑学空间，最终归宿是生存逻辑学。本书终极使命是解析全球化穹顶之下人类同生共存的玄机与奥妙，达成全球化生存共识，构建全球化生存模式。

生存逻辑学是本书在运行中水到渠成的一个概念，因为目前尚未建立这样一个学科。创建这样一个学科概念，在于分析问题、讨论问题时有一种思维和语境的框定，其学科有一种领域的边界，并非刻意而为。如果本书最终实现了生存逻辑学的学科创建，那是意外收获。

人地关系是人与地的关系，其内涵是地对人的制约和人对地的反作用；人人关系是人与人的关系，其内涵是人对人的制约与反制约。人地关系，是人类生存于地球所形成的人与自然的全部关系，人人关系是人类生存于社会所形成的人与人、人与社会和社会与社会的全部关系。群体关系所包括的群己关系是人人关系的跃升，民族关系、国家关系和国际关系是人人关系的最高形式。凡地球上有人类居住的任何广袤的或褊狭的地域，都存在着这两大关系。换言之，人类自诞生之日起就生活在这两大关系之中。不同的地域环境生活着不同的人类族群，不同的地理禀赋决定着人类族群不同的生产、生活和生存方式，不同地理禀赋的民族和国家有着不同的因地制宜的代表着本群体最高利益的政治主张和行为逻辑。

本书在环境学空间、行为学空间和逻辑学空间这三大学科空间里的演绎，有不同的主题和重心。在环境学的空间里，重心落在地上，探究的是地域环境，其中包括地理禀赋和人文环境；在行为学的空间里，主要是以生产行为和生活行为体现生存行为；而在逻辑学的空间里，是探究行为逻辑的内在结构和外在形式。当然，无论在哪个学科里演绎，运用的手段和材料都是多学科的。

时空是人地关系和人人关系的存在形式。在本书里，时空的内涵有特别的侧重，“时”侧重于历史，“空”侧重于地理。

地球运动的根本定律是差平运动定律。所谓差平运动就是由差别与平衡形成的运动，是梯度的势能。地球运动有两大能源，一个是太阳提供的外在能源，一个是地核产生的内在能源。太阳由于与地球的空间关系所形成的对地球的直射和斜射，在地球的表面产生了不同的温度区域，这种温度的差别形成了空气运动和海洋运动。地核产生的高温和引力，使地幔内的岩浆上升，愈接近地壳，温度愈低、密度越高，到达地壳底层时温度达到最低点，而密度达到最高点，于是开始下沉，形成地球内部的岩浆运动。地壳也是如此，地壳的质量是不一致的，密度高的部位重量大，慢慢下沉，形成俯冲，其结果是拉动地表聚拢，改变地表面貌和陆海分布格局。差平运动有3个动因，即温度的温度差、密度的密度差、高度的高度差。气流、洋流、河流、电流等都是差平运动形式。也正是这种差平运动定律，维持了地球自身的生命，使地球成为一个生生不息的星球，并创造了地球的完整的生态系统。地核产生的引力，自地核上表面与地幔底面开始直到地球表面，由地球表面直达太空。这种引力是势能之源，保证了地球内部结构和外表形态的稳定性，也是地球上一切生物赖以存在于地球的保障。

完整的地球生态系统共有两个子系统，一是自然生态系统，二是人类生态系统。这两个生态系统的相互关系和相互作用，构成了人类生存逻辑的主体内容。人类依据自然生态系统和人类生态系统这两个系统，以及人地关系和人人关系这两种关系形成生存逻辑。这种生存逻辑生成的基础是地理区位环境，包括自然地理环境和人文地理环境。在学理上，生存逻辑在人地关系上可以是个体的，只要有人和地两者，就可以构成人地关系。而在人人关系上，最起码有两个人才能够构成人人关系，所以人人关系不是个体的，而是群体的。还有一个基本的事实，就是人类生存的前提条件，必须两性同时存在，缺少其中任何一个性别人类既不可能产生，更不可能繁衍。所以生存逻辑学的底色是群体的，既然是群体就必然有联合行为、组织行为和契约行为，最终形成最高行为体——民族和国家，于是民族和国家就成了生存逻辑学的主体构件。

民族和国家是主要的社会行为体。在国家之间，对等的行为体是国家。国家与国家之间的关系通常称之为国际关系。由于人类生存的基本行为方式是生产方式，其实质是以人地关系为主导的经济行为，所以经济行为可以看做人类第一行为，经济学可以看做第一行为学。人类生存的另一个基本行为方式是交往方式，其实质是以人人关系为主导的交流行为，交流行为往往以权益为驱动力，而权益的最高形式是政治，所以政治学可以看做第二行为学。经济学和政治学学科不同，但是两者相辅相成互为一体，故而两个学科常常合二为一，称之为政治经济学。

为了驾驭主题，凸显脉络，减少由全球视野、世界多极、地域浩瀚、历史源远、事件冗繁、文化多元等因素带来的阅读渺然，于是着意建立起“地理区位与自然资源 → 自然资源与生产方式 → 生产方式与社会形态 → 社会形态与国家行为”这样一种叙事范式，而在学术上则是“地域资源决定经济基础、经济基础决定上层建筑、上层建筑决定社会形态、社会形态决定国家行为”这样一种哲学逻辑。国家行为既是群体的生存行为，也是个体的生存行为。个体和群体生存行为的最高形式就是国家生存行为。国家生存行为逻辑既是国家的生存行为逻辑，也是这个国家民众的生存逻辑。在整个人类世界的框架中，各个国家的国家行为逻辑，构成了整个人类的生存逻辑。

地理区位以地球的温度带为基本参照系。地球表面的经度和纬度是地理区位的坐标标识，不具备地理区位的实际内涵。地理区位的内涵是地理禀赋。地理禀赋是先天赋予的自然形态，在讨论一个社会群体所处的地理区位时，地理禀赋主要指这个社会群体所处地理区位的幅员广度、地形地貌、土地资源、矿物资源、水利资源、气候条件和人口分布等状况。

论证地理禀赋与社会群体的关系，其出发点在于探究地理环境对人类生存行为的影响，在于阐明不同地理禀赋所造成社会群体生存逻辑下的行为差异；也在于论证地理禀赋是社会群体的行为基础，是地理区位中的自然环境和社会环境决定了社会群体生存的逻辑机理。

在社会环境里，地理禀赋通常被表述为地缘。地缘和地理禀赋有相同的内涵，也有不同的学术视角，地缘更强调人人关系，更适合于社会语境。

无论是地理禀赋还是地缘，为首的要素是自然环境里的自然资源。

自然环境相对于人类社会环境而言，是人类生存必需的地理空间，其中主要是已经被人类所认识了的作为生产资料和生产对象的自然资源的分布状况。地理空间是人类个体和群体乃至整个人类社会赖以存在与发展的地理依托。因此，地理禀赋是研究人类个体和群体乃至整个人类社会行为逻辑的首要因素。

自然资源决定生产方式这一定律在农耕文明社会里一般是不被质疑的。当社会进入工业文明时代的时候，特别是经历了第一次工业革命之后，人们开始以质疑的心态重新思考地域环境的自然资源对生产方式的决定性作用；第二次工业革命后由于世界市场迅速扩大，世界市场的物流可以满足自然资源类型不同国家里国民的不同生活和生存之需，国际分工在不同国家意识形态里开始被逐渐认可，于是人们发现了一个亘古未有的事实：没有土地资源，也可无衣食之忧；第三次工业革命，尤其是第四次工业革命的材料工程、能源工程、生物工程、计算机工程、资讯工程和宇宙工程的成果，似乎彻底颠覆了自然资源决定生产方式的传统观念，人们彻底癫狂了：重科技而不重自然，重制造而不重土地，重商贸而不重农耕。农业被边缘化，农民弃农经商，土地流转，大批良田被工业毫不痛惜地占用，甚至被无节制地进行凯恩斯主义式的房地产开发，地球上的耕地面积因此而急剧减少。不要土地也能生存，缺乏自然资源也能富强甚至成为经济大国，这是当今站在一国立场上所看到的国际市场条件下产生的客观实在。

那么，自然资源决定生产方式这一定律只适用于农耕社会，而在工业社会尤其在经济全球化的今天就不适用了吗？回答自然是否定的。原因是国际市场和国际贸易及国际分工所导致经济全球化的现实屏蔽了人们的宏观思维、遮蔽了人们的全域视线。经济全球化，世界各国被国际市场和国际贸易连成了整体，而世界各国都是独立的经济与政治行为体，并没有一个统管全球的中央政权或世界政府，倘若世界各国都在“不要土地也能生存，缺乏自然资源也能富强甚至成为经济大国”的观念制导下，重科技而不重自然，重制造而不重土地，重商贸而不重农耕，或自然资源因其自身的原因出现极度匮乏的时候，第二产业和第三产业的大厦就会发生倾斜甚至坍塌，国际市场和国际分工的整个体系就会土崩瓦解，全球化的经济瞬间像一只破碎的玻璃球化为彼此毫无关联的碎片。这个时候，每块碎片上的人类生存完全依靠本碎片上的自然资源，人们的生存方式一下子就会退回到数百年甚至数千年前。在这个时候反观经济全球化，发现一个国家所承担的国际分工其实正是取决于这个国家的自然资源状况，取决于这个国家自然资源的国际市场地位和价值。自然资源决定生产方式，这是永恒的定律，农耕永远是人类生存的第一法则，不管社会发展到何等高级程度，不管地域资源环境在全球化经济环境里显得或轻或重，它始终是国家政策的基础，决定着国家的主权行为。

人人关系是人类内部的个人与个人、个人与群体、群体与群体之间的关系。群体间的相互影响和作用，影响着和调整着群体的行为方式和生存方式。长久以来，维系和调整人人关系有 3 种方式：德、法、暴力。德是人的群体以对正义与平等的认同而约定俗成的良好的处事方式和处事准则，潜移默化地规范着人的行为，是评判人人关系中的是非准则，因此，德的特点是范式化，无强制性；法是人的群体通过一定的形式集体形成的人的个体和群体的行为规范以及对行为失范的矫正与补救的约定，法的特点以德为基础，具有制约性和一定的强制性；暴力是人类个体与个体之间、个体与群体之间和群体与群体之间利益冲突的最高和最后形式，个体之间的暴力通常是徒手或持械的殴斗，群体的暴力表现为集体冲突，作为群体最高形式的国家间的冲突表现为战争和军事对抗，用以解决国家间的利益争端。战争是维护国家利益的最高形式和最后手段，通常表现为夺取与反夺取，表现着正义与非正义两种性质，追求结果通常是唯我的，表现着鲜明的强烈的二者必居其一的零和博弈的价值取向，只有在特殊的个别的情况下才会发生双方的妥协和让步。在同一群体或集团内，当人人关系表现为个体间的关系和阶层间的关系时，处理这些关系依据德与法。在不同群体或集团之间，当人人关系表现为国家间、民族间和大利益集团间的关系时，处理这些关系同样是以德和法为基础，除战争形式外，通常采取外交形式和途径。尽管世界上有国际法庭，但这是联合国机制之下的法庭，与国家政府机制之下的法庭不是一个概念。在国际关系中，综合国力往往起着决定性的作用。

人类的生存逻辑可以分为个体生存逻辑、群体生存逻辑和国家生存逻辑。群体生存逻辑在广义上包括家庭、利益团体、经济实体等。国家是群体的最高形式。个体生存逻辑因人而异，国家生存逻辑因国而异。无论是个体生存逻辑还是国家生存逻辑，其全部的逻辑过程应该是正义、自由、平等、共和、安泰的。违反这个逻辑过程就是个体的和国家的灾难，是整个人类的悲剧。正义是人类生存的根本法则，是全部生存行为的基线；自由分为自然自由和社会自由两类，自然自由是天赋的自由，社会自由是人人关系制约之下的自由；平等也分为自然平等和社会平等两类，自然平等是天赋的平等，社会平等是人人关系制约之下的平等；共和是人人关系的最佳形式，也是达成人人关系中最佳效应的根本保证；安泰是人类生存逻辑的终极目的，是人类生存的最佳状态。

寻根究底，人人关系受制于人地关系，群体所处的地域环境决定了群体的生存选择，决定了群体的禀赋、品质、意识和行为。群体所处地域环境的不同，决定了群体生存选择的行为差异。这种差异的势能，导致了一群体对另一群体施加友善式的、和平式的，或者强制性的、暴力性的影响，表现为民族的国家的合作与分裂、和平与对决，导致宗主国和殖民地及附庸国的出现，最终人类分化为不同的群体级别，如现在的第一世界、第二世界和第三世界这样3个等次。人人关系所形成的人文地理，也是一种地缘。自然地理所构成的地缘和人文地理所构成的地缘，决定了所属地域行为体的全部政治。自然地理地缘中的人地关系，人文地理地缘中的人人关系，是本书所涉及的一切命题的基石。

三、人地关系辩证

以地理区位为基础并作为先决条件来讨论人类生存逻辑，具有很大的理论风险。因为用因果逻辑论证地理区位与生存逻辑的关系，很容易被误读为“地理环境决定论”。尽管人类是地球的产物，每时每刻站在地球上受制于土地而生存。

如何正确认识与准确把握地理环境决定论的思想方法和认知倾向，关键在于能否对人地关系作出辩证认定。人类在作为生物、作为动物的时候，是自然的一部分，也是自然界的一个物种，即使今天的现代人类也还是自然的一部分，只是在人类作为主体来认识自然、来考察自然的时候，只是人类为了进行自身行为研究的时候，才将人类与自然作为一个整体的两个部分、一个问题的两个方面，将人类从自然环境中剥离出来，将人类社会作为人文环境来论证其与自然环境的关系，从而产生了人地关系的学说。

在我们这个时代之前的先贤们关于地理环境与人类关系的认识、关于地理环境对生命决定性影响的阐述，或许有某些偏颇，然而绝不可以“地理环境决定论”的某些偏颇而将其珍贵的、经典的认知和论点一同否定，更不可以“地理环境决定论”失之偏颇而否定其思想精髓——地对人的控制。否则，就无法理解地球人为什么是地球人，而不是其他什么星球人；无法理解游牧民族、农耕民族和渔猎民族三者的种种不同，也无法理解人类族群之间的心理和性格的差异。当然，更不可从一个极端跳到另一个极端，再制造出一个新思想——人对地的控制。事实上这种思想已经出现了，这就是“人类中心论”。人类是自然的部分，并非自然是人类的部分。这本来在逻辑上是一件清清楚楚明明白白的事情，可是在人地关系中“人类中心论”就是这样赫然出笼，而且大行其道，统治人们思想领域已达半个世纪之久，而且还在继续影响着人们的思想和行为。这不仅是个理论错误，而且还是个过于低级的逻辑错误。实际上如今不少的辩证唯物主义者在对辩证法的崇拜或坚守或张扬中，非常不辩证地从一个极端跳到了另一个极端。

（一）西方的“地理环境决定论” 西方的“地理环境决定论”之说始于19世纪，起因于刚刚形成的人文地理学。最初的人文地理学是强调地对人的控制，核心思想是地理环境决定论，代表人物是德国地理学家拉采尔。

其实远在拉采尔之前，西方的人们就注意到了人与地之间的关系。还在古希腊时代就有了人文地理的著作，“地理环境决定论”已经萌芽，希波克拉底以气候解释人类特性，柏拉图以海洋解释人类精神生活，最具有代表性的人物是亚里士多德。他认为地理环境影响着民族和社会的特性。而英国学术院院士阿诺德·汤因比则认为，发达文化是其居民对恶劣环境挑战的产物。许多学者认为汤因比与亚里士多德观点相左，其实只是叙事站立点的不同。

16世纪法国社会学家博丹认为民族差异在于自然条件的不同，18世纪法国启蒙思想家孟德斯鸠认为气候和土地的本性对社会制度和民族精神有着决定性作用。

拉采尔是地理达尔文主义者，他汲取博丹和孟德斯鸠地理环境对人类生存具有决定性作用的观点，在其《人类地理学》著作中阐述了地理环境对人类的生理、心理、文化、分布和社会进程的决定性作用，用自然过程解释社会进程，以自然规律诠释社会规律，成为他自然主义的理论部分。

地理环境决定论形成思潮之后备受推崇。拉采尔的学生辛普尔将这一理论介绍到美国，美国地理学家亨丁顿以此提出了人类文化只能在具有刺激性气候和地区才能够发展的假说。

（二）东方的“地理环境决定论” 早在中国春秋战国时期，“地理环境决定论”的思想就已经在中国出现。老子的“人法地、地法天、天法道、道法自然”的观点，表述的正是人的存在法则在于地。孟子和荀子等思想家也有相关人地关系的论述。最为典型的表述当是齐国的晏子使楚时与楚王的那段对话：“橘生淮南则为橘，生于淮北则为枳，叶徒相似，其实味不同，所以然者何？水土异也。”在中国民间，还有一句古谚：“一方水土养一方人。”这是对地理环境决定生存方式的最初感悟和长久认知，其中的“养”字蕴含着“决定”的主体内涵。在中国有粟作和稻作两个农业起源点，粟作农业起源于黄河中下游，稻作农业起源于长江中下游。为什粟作农业起源于黄河中下游而不是长江中下游，而稻作农业起源于长江中下游而不是黄河中下游，关键就在于地理环境，在于地理环境的水土和气象。“地理环境决定论”并没有超越自然规律和物种起源的规律，只是对大自然的崇拜过于虔诚了一点，而将人类对于地理环境的反作用力是任何物种都不可比拟这一点处理得淡化了一点。

中国现代地理学科体系的最初建立，基本上是套用甚至照搬苏联的现代地理学科体系。而苏联的现代地理学科体系是在对西方“地理环境决定论”进行持久批判的历史基础上形成的。因此，中国的教育界和学术界深受苏联现代地理学科体系的影响，对西方的理论和观点，几乎是不由分说地进行排斥和否定，严重妨碍了对“地理环境决定论”的科学认知和公允评价。

（三）关于对“地理环境决定论”的科学认知 “地理环境决定论”的局限及偏颇是显然的。但仅仅限于对“地理环境决定论”的哲学批判和学术声讨是远远不够的。长期以来，人们没有对地理环境给予学科意义上的理性关注。我们所关注的只是将人类从自然环境中剥离出来之后的人文环境或曰社会环境，而且我们没有将人文环境或社会环境作为自然环境的一部分来反观人类的全部行为。因此，我们过多地从历史唯物主义的立场出发，用生产关系和阶级观点来解释人类的全部行为。这在人类学的大文章里，多多少少有点以偏概全的意味。

在人人关系中人是在自然人本质里有了社会属性的社会人。在自然人到社会人之间有个过渡阶段，这个阶段的人类可以称为群居人。群居人有了结伴和合伙意识，聚散逐渐有了某些约定。结伴和合伙是人类最原始的社会意识，伴生的约定是最原始的组织规章，这种社会意识和组织规章是社会产生的原发动力。群居在游动生存阶段的中后期开始出现，直到新石器时代初期由游动方式的群居演变为定居方式的群居。定居之后的人类在聚落和城邦里有了社会属性，成为社会人。所谓自然人，强调的是人类为大自然的产物，就像飞禽走兽花草树木一样。就人类进化的过程而言，人类为自然人的时期相当漫长。如果不把人类群居形成之后的同生共存的种种关系计算在社会人的阶段内，这种自然人的时期会更加漫长。可惜我们的社会学家没有注意到，更没有有意识地关注到人类在这段时间里的进化不仅仅是生理的和形体的，还有意识的、性格的、禀赋的、情感的以及在相互关系的作用下所产生的社会意义上进化的林林总总。在这个时期，是地理环境对人类影响最强最大的时期，它规定了人类的生存选择和生存方式，也决定了人类的行为选择和行为方式，自然也决定了人类的思维方式和认知方式。而人类也被动地不自觉无意识地接受了自然的这种规定。人类进化在时序上有 3 个关键节点，第一个节点：公元前 300 万年，认识工具，有了工具意识；第二个节点：公元前 100 万年，出现现代人体征；第三个节点：公元前 1 万年，定居，种植和养殖出现，原始农业产生。自此 1 万年以来，人类居山林而猎、居草原而牧、居平原而农、居水泊而渔。与其说这是人类的选择，不如说是大自然的规定，是大自然的地理环境的规定。靠山吃山，靠水吃水，这一现象深刻表明了地理环境的规定性，表明了人地关系内涵中的原始生产方式、生活方式和生存状态。

自300万年前到1万年前整个旧石器时代是人地关系的原始时期，这种原始的人地关系的根本特征是人类对于地对人的规定性集体无意识。同时，从整体上看，人的生存对自然构不成具有决定意义的影响。原始崇拜是人类认识人地关系的最初思维和对人地关系感知的最初启蒙。但是在这个时期，人类是虔诚地被动地归顺于自然。原始崇拜似乎必然导致宗教的产生。宗教产生后，有宗教信仰的人则虔诚地被动地归顺于上帝或造物主。

人类数百万年的历史，特别是人类完成了自我启蒙进入原始文明时期以来的历史证明，地理环境是人类生产方式、生活方式和生存逻辑形成的决定因素，但不是惟一因素。人类的生存状态不仅仅取决于地理环境，还取决于人类自身。如果说古典的“地理环境决定论”正是忽略了这一点的话，那么现在我们应该看到人类自身素质对人类自身的决定性影响。同是一种地理环境，人类却有不同的选择。极地、沙漠、热带雨林，都是不适合人类居住的地理环境，但是几万年甚至几十万年、几百万年以来一直有人类在那里居住。地理环境是根本性的决定因素，而人类自身是决定性的决定因素。人地关系和人人关系是决定人类生产方式和生活方式以及生存逻辑的共同因素，这使我们找到了生活在同一类地理环境中的人群所作出不同生存选择和不同行为方式的根据。

四、环境局限效应

任何环境都是特定的，无论是自然环境还是社会环境，而“特定”就是一种局限。局限效应是从环境时空理论中阐发出的“特定”属性的观点，本部分的核心论点也是最后的论点就是“环境局限效应论”。人类生存的全部逻辑都发生在环境时空理论“特定”属性的“环境局限效应”里。

在人类历史上，许多重大事件的发生都与“环境局限效应”有着千丝万缕的必然的关联。在世界上，各个国家的地理区位是各不相同的，有不少国家是极不情愿地被历史搁置在自然资源匮乏的地理区位上，或者叫做地缘残缺的区域，环境的局限效应与生俱来，因而这些国家也就与生俱来地有着“地缘增补”或“地缘修补”意识。这种地缘的增补或修补意识付诸行为，极易导致人类社会的动荡。这种现象既反映了生存至上原则，也反映了利益趋平定律。

“环境局限效应论”将是诠释人类历史和当今世界诸多大事件——西班牙开创的大航海时代、葡萄牙开创的殖民时代、英国开创的工业时代、荷兰开创的土地占领时代、法国开创的领土扩张时代、日本建立的大东亚统治时代和当今世界各国的重大决策以及世界发展大趋势——的核心理论。

生态环境局限效应在世界某些国家早已显现出来。比如日本。日本生态足迹为4.3，生态承载力为0.9，生态赤字是-3.4。生态足迹是一种定量方法，以公顷/人为单位，表示特定地理环境里能够为所属人类提供的资源，具有生物生产力的面积，也包括容纳人类在生产和生活中所产生的废弃物的面积；生态承载力是指特定地域能够承受为人类提供资源消耗的能力；生态赤字则表示生态足迹与生态承载力的差异。美国生态足迹为10.3，生态承载力为6.7，生态赤字是-3.6；英国生态足迹为5.2，生态承载力为1.7，生态赤字是-3.5；新加坡的生态足迹为6.9，生态承载力为0.1，生态赤字是-6.8。一般说来，生态承载力代表着地缘圆满度，生态承载力数值过低则表示地缘残缺。生态赤字为负值者，从国家和区域角度上看，是占用了其他国家和区域的资源；从世界角度看，是透支了下代人的资源。如果世界上这样的国家和区域不断增多，最终导致全球的生态承载力急剧下降，那么人类的命运将如何，也就无须赘言了。现在，全球的环境局限效应已露端倪，最为突出的问题是生态能否持续发展，这直接关系着经济能否持续发展、社会能否持续发展，最终关系着人类能否持续发展。2002年美国科学院发表了一份报告，称："人类对大自然的总体需求，在1980年前后第一次超过了地球的可再生能力。"这意味着什么？美国环境分析家莱斯特·R. 布朗在其《B模式：拯救地球 延续文明》一书中精辟地说："自古以来，人类一直依赖于地球资源的可持续产出而得以生存，这个可持续产出可以理解为从大自然捐给人类的一笔本金中产生出的利息。但是现在我们正在消费这笔本金。生态学的情况也像经济学一样，我们可以在短期内连本带息一起花销，但长此以往则必将导致破产。"保证地球的可再生能力，就是保证人类社会的持续发展。于是，当今就有了一句最为流行的应然术语：可持续发展。这是一种理论，也是一种决策，还是一种预警。如果措施不当，解决迟缓，麻木不仁地继续"连本带息一起花销"，下一步的问题就不是生态、经济和社会能否持续发展的问题，而是人类能否持续生存的问题，那时最为流行的应然术语将是：可持续生存。

五、人人关系的社会环境效应

人类在特定地域里的群体生存活动构成社会环境。在社会环境里，人类是主体，是社会环境形成的原发性因素和决定性因素。社会环境的形成与改变，是在两种情形下发生的，一种是在人类的集体无意识的情形下发生的，另一种是在人类的集体有意识的情形下发生的。有意识又包括理性有意识和非理性有意识两个类别。既然社会环境是由人类在特定地域里的群体生存活动构成的，因而人的个体素质、人的群体素质，是社会环境质量优劣的关键，个人与个人之间、群体与群体之间的关系所产生的种种效应，形成社会的环境效应。

社会环境效应，用两分法的观点来看，一种是良好的社会环境效应，一种是非良好的社会环境效应。研究人人关系的全部理由，就在于达成良好的社会环境效应，规避非良好的社会环境效应。

我们一直将人类社会环境里的争斗与占有的起因归于首次财富积累，将战争的出现归于私有制的产生，坚持原始时代因为生产能力极端低下产品没有剩余只能平均分配因而不可能出现争斗与侵占以及剥削与压迫的说法。这种观点太囿于物质范畴，仔细想来，隐约有些“唯生产力论”的偏颇。这里有一个重要的人的本能因素，这种本能因素是人的自然本质在群体环境里的原欲体现。有充分的理由可以断定，人在动物时期和野蛮人时期弱肉强食的动物“兽性”会在食物不足的情况下更加充分更加肆无忌惮地展露出来。人可善，但此时可善的系数很低，“我”与“你”之间的壁垒因为原欲和兽性而更加明显、更加坚厚，在血缘系统之外尤其如此。这时的战争并没有私有制度的因素，相对于国家出现后的战争而言，这是原始战争，但在本质上依然是战争。

血缘是天然的亲和力和共生力。人类最初的群体是血缘群体，而不是利益群体，由血缘决定群体的亲疏与聚散。因此，人类最初的群体利益是血缘利益，血缘利益是人类得以生存与繁衍的最大利益。惟其如此，不同血缘群体之间的血缘利益是导致人类初始纷争与对抗的主导因素，血缘对抗是原始时代人类社会主要的对抗样式和基本的对抗力量。在由血缘而氏族、而宗族、而种族、而民族的家族式社会结构内，氏族、宗族、种族、民族内部的对抗，在本质意义上也是血缘对抗，是近亲血缘与远亲血缘之间的对抗。而氏族、宗族、种族、民族外部的不同的利益阶层、不同的利益集团，导致不同阶级的非血缘利益对抗，已经打破和超出了血缘范围，是更具社会学内涵的对抗。

还有一种不受物质范畴制约和影响的对抗，那就是宗教对抗。这纯粹是精神范畴和文化范畴里的对抗。这种对抗起因于信仰，对抗的核心是精神领域的“信仰实现”和“信仰利益”。而这种精神领域的“信仰实现”和“信仰利益”，最终依然物化为物质利益。这种物化的物质利益自始至终覆盖着厚重的宗教圣旗。

血缘对抗、阶级对抗、民族对抗、宗教对抗、国家对抗，是人类战争的 5 种动因和形式，表现为宗族战争、种族战争、民族战争、宗教战争和国家战争。

血缘、宗族和种族，是自然的伦理群体，是维系利益的原始的和基本的社会形式。或许正是因为人类历史的形成有太多的弱肉强食色彩，仅靠个人的力量、宗族的力量不足以应对这样的历史现实，于是就有了血缘之外的联合，形成非血缘部落，再由部落发展到部落结盟或联盟，总希望有更强大的力量抗衡来自自然与社会的凶险，最终导致了国家的产生。最初的国家在人类本来的愿望里，是对抗另外的特别是直接敌对集团的，它是特定群体的最高组织形式，是特定群体的最高利益形式和最高利益的维护方式。所以，人类的生死存亡的战争首先是从血缘、宗族和种族之间开始的，人类的社会历史是从血缘、宗族和种族战争这里开始的。人类历史的主线是“血统对血统、种族对种族的斗争”，而不是“阶级对阶级的斗争”。这个观点曾是德国纳粹的历史观点，一直被社会主义历史唯物主义者猛烈抨击着。客观地说，此种抨击是政治偏激，殊不知这种历史观点准确地回答了漫长历史中人类相互残杀的原因。阶级对抗，在一个国度里可以得到充分的解释，但在国际间则得不到有力的解释。

战争的全部意义在于占有。这个观点大概可以归类于人性现实主义。讲人的问题不从人性上破解，往往是诡辩。占有本身就是一种欲望。人类之欲是社会发展的最初也是最终的决定力量。人类原欲是从动物时期带过来的，集中表现在两个基本方面：食、性。在群体环境里，对这两个方面的占有欲演变为霸欲，出现第三种欲望：王。食与性这两种欲望是来自生理的，表现着强烈的个体性，而王的欲望则是来自群体，表现为强烈的群体性。没有群体就没有王，显然也不可能产生王的意识。王欲使人类生存社会化，治人与治于人成为人际关系的轴心。美国第 27 任总统威廉·霍德华·塔夫脱作为治人之人，深切地说：“在人类的本性中，再也没有比为别人的行为定规立矩的愿望这种倾向更加强烈的东西了。”

相比而言，食欲惟此惟大。活命是生存的最高法则，诚如卢梭所言：“人的最大原则是保持他自己的生存。”人类之恶的全部问题就从这里风生水起。由此看来，恰恰是食物的不足才使人类的兽性得以遗传和进化，使占有的渴望表现为生存的渴望。在食物有了剩余，财富有了积累，可以用积累财富的一部分养活一些可以不直接参加生产而专门进行生产之外的诸如管理等种种在当时看来是必须的公益活动的人的时候，人类出现阶层的分化，分为生产者和管理者、生产阶层和管理阶层。随着生产力的不断发展，财富的不断丰富，生产者与管理者、生产阶层与管理阶层的矛盾逐渐产生，并日益显现。管理者依仗职业的方便，依仗便利的职权，占有了本不属于他们的财富，甚至获得了本不属于他们的权益。这种占有就是剥削产生的根源。因为这种财富和权益不是依靠自身的能力获得，而是偷偷借用了社会的力量，所以不再是没有出现阶层分化之前的那种争夺和占有的个体性质，而是带有深刻而鲜明的社会性质。这使权力出现在不可能先于它而存在的监管机制这样带有先天缺陷的历史环境里。所以，权力一出生就是个没有“父母”管教的“野孩子”，就有恣意妄为、恣意撒野的本性，伴随着人类欲望的多元化，在人类进化的历程中这个“野孩子”更加肆无忌惮，巧取豪夺，有恃无恐，占有意识、主宰意识也就成了人类心理构成的深层部分。故而德国有一句谚语：人“一半是野兽，一半是天使”。在天使与野兽的两极裹挟里，人类历史成为始终伴随着一条人类并不希望走上去更不希望继续走下去却又不得不走的行程。

在一个国家地域范围内，物产贫富与否，直接决定着这个国家居民的生存状态，决定着这个国家的人人关系，从而决定着这个国家的政治，决定着这个国家基本的对内对外政策。在农业文明出现的初期阶段，人口和耕地对于地理环境而言是协调的。随着人口增长，土地被大量地开垦并最终被开垦到极限，人口与耕地的比例失调，区域环境局限效应就显现出来。在这种情况下，人类生存状态出现3种情形：一是人口流动，环境局限效应明显区域的人口向尚未出现环境局限效应的区域流动，密集区域的人口向人口稀疏区域流动；二是资源争夺，扩张、侵略，甚至残杀，在本区域内、在不同的区域之间，演变出一场场人类的悲剧；三是生存方式的重新选择，利用地表的森林资源、地下的矿物资源，变耕种为开采，变稼穑为制造，变守土为经营，生存方式不再仅仅是耕种。人类在经历了对生存方式由随机的首次自然选择采集，到主动地变采集为种植的第二次选择之后，在环境局限效应日益凸显的区域里，出现了这样的第三次选择。第三次选择，表现出工业文明在环境局限效应里孕育、萌芽。所不同的是，耕种稼穑可以自给自足，而开采与制造的产品则需要交换，于是工业文明的主体特征就是大市场——国际市场的诞生。市场与分工、金融与物流，成为人类有史以来最新的生存方式。

目前世界上有193个主权国家。应该说，有多少种国家体制就有多少种国家政治，虽然诸多国家政治大同小异。这些政治体现在国家政体上有共和制、君主制、君主立宪制、联邦制等。但无论国家的政体如何，作为国家政治通常只有内外两个方面，两个方面既各具独立意义，又是有机联系的整体。国家政治就一般意义而言，是国家导向的全部内涵。

但是，不管何种国家政治，在维持国家稳定发展方面都只有两种平衡机理可供选择：制约式平衡、和洽式平衡。制约式平衡是利用国家权力的强制作用和依靠矛盾各方的力量相互制约达成平衡，平衡存在，矛盾也存在；和洽式平衡是矛盾转化或消除后的平衡，没有制约的矛盾方面，平衡存在，矛盾不存在。当然，这种矛盾是特指的矛盾，与哲学意义上的普遍存在的矛盾概念并不完全相同。在国家主权至上世界无中央权威的体系里，世界的稳定是制约式平衡的结果，相互制约使世界呈现着和平状态。国家依靠制约达成平衡，武装是国家必不可少的构成。中立国家是特例。世界上有少数奉行中立原则的国家，坚守永久性中立。然而在这样的制约式平衡的世界环境里，中立可以持续多久，是个未知数。

六、经济全球化对自然资源原发意义的遮蔽

自然资源的样式决定着生产方式，生产方式决定着生存方式。这是人类自采集和渔猎生存方式到农耕生存方式以来不变的定律。人类共同选择了农耕生存方式并一起走过了近万年的农业之路后，在距今两百年前人类生存方式出现了一个关键性的节点：以制造业为标志的生存方式——在社会学里被表述为工业社会。尽管它首先出现在一个或数个国家，而不是整个人类——至今还有许多的国家依

然是农业国，但标志着人地关系的关键性改变。这种改变，重要的是人地作用比的改变，尤其是在随着社会发展与科技进步人人关系日渐突出和彰显的情势下，人地关系被渐渐遮蔽，人们把处理人人关系作为个体、群体、民族和国家间的头等大事，甚至被视为攸关生死存亡。于是，人类的危机观念发生了颠覆性的改变：生死存亡的威胁主要来自异域他邦。从而人类只重视来自人的制约，而不关注来自地的制约。

自工业社会出现以来，特别是在经济全球化的演变进程中，人类不再虔诚地被动地归顺于自然，改造自然、征服自然成为人类改变生存状态的自觉和雄心。人类成了主人、成了中心。人类对生存方式的选择虽然在总体上依然根据本地域自然资源状况而定，但是思想和意识不再囿于传统经验，出现了不依据自然资源选择生产方式或曰生存方式的地区和国家。这些地区和国家是依据他域或他国的自然资源进行生产和生活的。产生这种有悖于传统不再依据本区域自然资源确立生产方式和生活方式的原因，既在于历史的演变，也在于现实的突变；既在于环境局限效应，也在于财富引力效应。如果纵观这个历史的全过程，便会惊奇地发现，这种不再依据本区域自然资源选择生产方式或曰生存方式的地区和国家，实际上正是受制于本区域自然资源所进行的不同于传统的另类选择，仅仅不是在自然资源原发意义上的选择罢了。

（一）交换的历史渊源 人类之初的物品交换是以物易物的物物交换，这种物与物交换的发生在于交换双方的各自需要和偏好，主要是食物和工具。大约到了旧石器时代晚期和新石器时代初期，随着采集水平的提高，产品出现了剩余和积累。有的产品不易保存，剩余者便寻找没有剩余此类产品者与之交换另类易保存的产品。如若找不到可交换者或者大家彼此都是同样的产品，剩余的产品只能腐烂掉。这时物物交换出现了局限性，于是就确定一种公认的恒值代表物，也就是物物交换之间的介物，并赋予这种中间介物恒定的价值，物物交换变成了介物兑换，持有这种介物，随时可以兑换原来种类的物品，或者兑换等值的其他种类的物品。比如用贝壳做介物，1只羊兑换3个贝壳，1头牛兑换9个贝壳，那么持有9个贝壳就可以任意地兑换3只羊或者1头牛。这种具有交换功用的介物就没有了时空限制，可以实时使用，也可以推迟或提前使用，还可以异地使用，跨越了时空，这是货币的原始性质和产生的原始基础，也是市场的最初孕育。进入农耕文明社会之后，生产需要促使了货币功能和市场功能的发育，分工逐渐形成。这是因为，擅长捕捉或饲养羊的人，可以发挥自己的专长，用羊换取已具备货币功能的介物，再用相应数量的介物兑换自己需要的牛或其他任何物品，于是可专门捕捉或饲养羊；而擅长捕捉或驯养牛的人，也可以用牛换取介物，之后再用相应数量的介物兑换需要的羊或其他任何物品，从而可以专门捕捉或驯养牛。这样介物就产生了生产分工的功能。当要兑换某种物品介物不足的时候，或用其他物品顶替介物差额，或向他人借用所差的介物部分，为了借用成功而给被借人某种好处，或被借人直接以报偿条件作为借用前提，这时借贷产生，交换的原始意义发生了嬗变，买卖成为交换的主导形式。这是自然经济，也是商品经济、市场贸易和金融资本的最初源头。直到货币非常流行非常普遍的今天，在部分国家和地区仍然存在着物物交换时期的留痕。在索马里，衡量个人财富不是货币，而是骆驼。如果需要偿命时，也以骆驼为标准：为1个男性偿命需100峰骆驼，为1个女性偿命需50峰骆驼。在东非有非货币地区，交易多是物物交换，有时以从斯瓦希里海岸城市偶尔销售进来的布匹当作货币使用。不同区域不同的介物间的兑换，还会发生一种介物与另一种介物的比率问题，也就是今天所谓的汇率问题。

概略地说，自然经济的基本特征就是依靠自然资源进行生产，产品直接或间接地出自自然资源。如果从最初的意义上分析自然经济的基础构成，仅从一个采集的动作上就可以找到全部答案。采集的最初行为是在饥饿时伸手摘下野果放进口中这样一个单一的动作。这个动作是生存行为，是以生存的直接需要为目的的亲自动手向自然界索取食物的生产活动。这就揭露出自然经济的全部内涵：自然资源、直接采取、满足直需。这应该是构成自然经济基础的3个决定性要素，自然经济体系的各个方面，都是这3个要素的延伸、拓展、变异和演化。

农业起源，基本可以认定为自然经济体系的初始建立。农业起源使人类食物谷物化，这就意味着食用去原始自然资源化，人体的消化和吸收功能也就随之“谷物化”，将自然的植食资源完全让与了动物。如果说由采集到种植是人类生存方式的革命，那么这种革命也是在既定生存方式里的阶段性革命，是自然资源所直接决定的生产方式里的革命，其根本方式却没有革命性的改变，自然经济的内涵也没有革命性的改变，改变的是特定的食用自然植物延展为广泛的被种植作物，依旧是直接采取，满足直需。虽然有交换和市场，却没有让自给自足的生存方式发生根本性的变革。然而，农业起源毕竟是人类生存史上伟大的革命性的转折，引起了链式反应，催生了一系列服务于种植的繁复的配套部门和复杂的匹配技术。人类社会正是随着农业起源而从原始文明步入现代文明。

（二）区域分工的可能与现实　货币的出现，在生产与消费之间增加了一个环节。这个环节调节着生产与消费，在很大程度上影响和决定着生产要素的配置，也决定着产品的分配。因此，人类绝大多数的利益集中表现为货币利益，或者人类绝大多数的利益都可以兑换成货币。货币培育了市场，货币利益培育了市场利益。市场在最初时期的第一功能不是货币流通，而是自然资源的重新配置。随着市场的发育和拓展，现代市场的功能是以货币流通的形式实现市场化的生产配置和市场化的产品分配。世界上一些地缘残缺的地域由于受地理区位、幅员广度、地形地貌、土地资源、气候条件等因素限制，比如荒漠、山地、海岛等国家，没有广阔的土地可耕种，随着人口的增加，粮棉生产无法满足本国人口之需，对生存方式的选择不可能完全依据直需的自然资源。在区域和国际市场未形成之前，这种严酷的现实刺激着这些国家的领土扩张和资源掠夺的欲望，许多这类国家最终将扩张与掠夺付诸实践，成了侵略者。区域市场和国际市场出现后，这些国家的选择通常是依托市场，以交换为主要生存方式，生产是以交换为目的的交换性产品的生产，或利用本地域的煤、石油、天然气，或铁、铜、锡等矿藏资源，换取其他地域或别国的生存必需物品。这也是由自然资源所决定的选择。这种选择导致本地域的生产逐渐单一化、专业化，在交换中形成了分工。这种分工促进了经济跨区域流通，培育了区域市场，进而培育了国际贸易和国际市场。

（三）国际贸易和国际市场的职能导向以及发展趋势 现代国际贸易和国际市场是资本主义生产方式的必然产物。然而市场和贸易的发育却是个长期的历史过程，早在资本主义生产方式出现之前，封建社会时期的国家之间甚至更早的奴隶制社会时期的国家之间就有跨国家市场贸易。在古埃及、古巴比伦、古印度，都有早期的跨国贸易活动。在中国，商代就产生了真正意义上的货币，春秋时期齐国经过渤海海峡与朝鲜半岛和日本群岛的国家就有频繁的贸易往来。秦汉时期的海上香料之路和陆上丝绸之路、始于唐代的茶马互市等，都是跨区域或跨国界的贸易活动。这个时期的跨国界贸易活动虽然就是国际贸易，但并不等同于工业文明出现后资本主义生产条件下的国际贸易，是远没有形成国际规模和国际体系的国际贸易。科技的发展为国际贸易和国际市场的最后形成提供了可能。这其中有4个必要条件：第一，资本主义的生产方式；第二，跨国贸易体系；第三，物流交通体系；第四，信息网络体系。国际贸易和国际市场是无政府的，但它的职能导向是全球化的。全球化的国际贸易和国际市场，必然导致经济的全球化。

国际贸易和国际市场的职能导向与发展趋势，主要体现在如下5个方面：第一，不断加深国际分工；第二，改变分工国家的产业结构；第三，加强国家间经济联系，促使经济全球化的形成和发展；第四，经济发展市场化；第五，国家利益经济化。

（四）经济全球化的形成 经济全球化形成的基础是区域经济和国际经济的出现，以及伴随区域经济和国际经济的区域市场及国际市场的形成。经济全球化形成起码应该具备以下4个基本条件：

1. 地球概念的建立 地球概念的建立是经济全球化形成的先决条件，没有对地球是圆的认识，不可能建立真正意义上的地球概念。由此而论，经济全球化理应发端于地球概念的建立。一部完整的人类历史大致可以划分为4个阶段：原始的自由个体阶段、氏族部落的集团阶段、封闭的国家阶段和开放的全球化阶段。原始的自由个体阶段持续了几百万年，几乎是整个母系氏族时期。到了大约公元前1万年，人类对自身生理有了一定的了解，发现了两性关系与生育的必然联系，父亲才被确认，加之男性体魄因素，父系氏族才替代了母系氏族，而且聚落出现，部落集团形成。随后是王国、王朝、帝国的产生，现代意义的国家建立。这种现代意义的国家在公元1500年前基本上是各自封闭的，偶尔出现国家间的联系和往来，也往往是邻国的、双边的，而且不是持续的、长久的。1493年哥伦布发现美洲大陆，16世纪大航海时代的开启，奠定了全球化时代到来的基础。

2. 全球化生产体系的建立 全球化生产体系的建立依赖于两个相邻国家最初的双边跨国贸易，这种贸易对双边国家的生产有着强烈的导向性。双边国家各自再建立双边，成几何数字递增，逐步连成了多国家间的区域贸易网。市场的导向功能，改变着贸易国家的生产结构，生产带有鲜明的区域性，从而促进了跨区域的扩展和联结，最终形成全球化的生产体系。

3. 全球化市场体系的建立 全球化市场体系的建立，与全球化生产体系建立的过程是一致的，而且也是同步的。生产的产品催生了市场，市场的导向改变着产品的结构，产品的结构决定着生产结构，生产的结构决定着生产工具的结构。自此市场商品不仅仅是生活的消费品，还有很重要的生产原料和生产工具这两部分商品。当生产原料和生产工具作为商品出现在市场的时候，完整的市场体系才有可能全面建立。

4. 全球化经济秩序的建立 全球化经济秩序主要体现在国际市场规则、国际贸易规则和国际生产分工规则这3个方面。全球化经济秩序的建立依赖于世界经济行为体和世界政治行为体。世界经济行为体和世界政治行为体一般由国家、政党、跨国公司、民族组织和国际组织充任，其中主要是国家行为体。经济秩序的建立时常依赖于政治方式，因而世界经济秩序的建立要依赖良好的世界政治秩序。国家行为体在国际事务中行使主权的时候，利用的往往是综合因素。如经济事务的解决往往有深层的政治因素；政治问题的解决往往是经济因素在起决定性的作用。经济秩序是全球化经济发展的保证。

（五）国家政治在国际关系中的嬗变 国家政治的核心是国家利益，包括国家的生存利益、国家的发展利益和国家的国际利益。国家的生存利益是国家利益的基础部分，主要体现在领土、主权、民族文化、社会制度和生活方式等方面；国家的发展利益是国家得以延续和富强的保证，主要体现在经济、政治、军事、文化和科学技术等方面，没有全面发展机能和持续发展机制的国家，是必然要衰落和解体的国家；国家的国际利益是一个国家在世界上的利益，体现在地位、权益、投资、贸易、尊严、荣誉和国际服务等方面，国际利益的维护与获得，主要通过外交途径和投资贸易途径，在某些时候也依靠战争。

国家政治在国际关系中的嬗变，是人人关系的一种表现，是人与人、民族与民族、国家与国家在制约和反制约过程中的随机异变，包括对抗、妥协、联盟、安全共同体。欧洲经济共同体和管理理念的多边主义，正是这种嬗变的结果。

七、自省、自律、命运

地球与人类的关系正在被重构。

地球与人类的关系，从根本上来说是地球演化与人类进化的关系，直接表现为地球资源与人类消费的关系。人类对地球资源消耗的整个历史过程可以分为4个时期。第一个时期是自由消耗时期。这个时期跨越自人类诞生直到农耕文明出现前夕的数百万年。在这个时期里，人类以采集自然果实为生存方式，对地球资源的消耗几乎为零。原因之一是人口总量小，其总量起起伏伏数百万年间没有超过1000万人，与地球表面积和自然资源的比例悬殊；原因之二是果实总要成熟、总要坠落，人类不吃也腐烂于地表，而且一个果实通过人类胃肠以粪便的形式排于地表，与自然坠落腐烂于地表，两者对地表影响的差别微乎其微。第二个时期是区域消耗时期。氏族部落、城邦和方国以及后来产生的国家，将地球资源瓜分为族属和国属，逐渐出现对地球资源的占有、交换、买卖和争夺行为。第三个时期是跨区域消耗时期。跨区域消耗最先发生在比邻国之间，后来逐渐扩大，越陆跨海，最终演变到第四个时期。第四个时期是消耗全球化时期。这个时期开始于大航海时代，其主要特征是生产全球化、分工全球化、分配全球化、贸易全球化、消费全球化。在这个时期，地球资源的有限性和人类对资源消费的无限性之间的矛盾日益突出，人类的消费不再是单纯的必需的生存消费，更大成分是享乐的奢侈消费，包括浪费消费和挥霍消费，奢侈无度，挥霍无度，无限度地消耗有限的资源。生存消费和奢侈消费致使地球资源以前所未有的速度被消耗。地球的地表被剥光，地下被掏空，地球已遍体鳞伤。在科拉半岛的一口科学探井深12265米，在库页岛的一口油井深12345米，现在钻探油井的最大设计深度达到15240米。地球被掏出的这些窟窿对它的生命的影响、对它在宇宙运行的影响，人类浑然不知，甚至顾不得去思考。有统计表明，依照当今人类的消费状况匡算，1个地球的资源远远不能满足其需，世界自然基金会在2008年《地球生命力报告》中给出结论，需要两个地球才能维持现在这种生存方式的消费。然而宇宙只配给了人类1个地球。我们不能抱怨宇宙太吝啬，只能检讨我们太奢侈。

我们今天所面临的首要问题不是如何发展，而是如何保护——保护地球，也保护我们人类自己。地球是一个封闭系统，而人类是一个开放系统，人类与地球的根本关系就是一个封闭系统和其所包含的一个开放系统构成的封闭系统与开放系统的矛盾关系。因此，全球化的首要问题是人类需要有全球立场、全球视角和全球自觉。站在国家立场，用国家视角看问题，资源不足可以从他国进口，可是地球资源不足从何处进口呢？我们可以依靠科技力量染指宇宙的其他星球，但是无论如何我们也造不出一个新的地球。这就是人类智慧与能力的终极局限。我们可以有迁居其他星球的梦想，但是我们不可以做这样的指望，因为我们是地球人，我们的生理禀赋是地球赋予的，生理的元素和地球的元素是一致的、相同的，而且正是属于地球的，是地球的血缘。尽管天体生物学家认为构成生命的物质遍布宇宙，然而宇宙中的星球是各不相同的，禀赋不同、体积不同、密度不同、地心引力不同、自转速度不同、偏心率不同、运行轨迹不同、星际关系不同等有太多太多的不同，依据什么能够坚信别的星球能给地球人类提供种种和地球一样的生存元素呢？这里有个元素匹配问题，有个生理禀赋匹配问题。元素不匹配，生理禀赋不匹配，即使人类可以到达任何星球，也无法在那里存活。人类可以妄想 B 计划，但是宇宙没有 B 地球。

正是因为地球与人类的关系被重构，所以人与人的关系也在被重构。生产的集约化、人类的集团化，最终形成的经济和文化的全球化，人人关系不再囿于一国之内，而是基于全球。全球化是人人关系的最高形式，是最高的表现形式，也是最高的结构形式。在全球化里，一切都是以整个地球和整个人类作为参照。人类已经适应了家庭的群体生存形式，也适应了民族和国家的群体生存形式，而对于更大的全球化的群体生存形式，则不适应，表现出困惑与茫然。其原因一是全球化形成的时间太短，二是全球化是从单一的经济发轫的。

全球化的时间长度仅仅几百年，不能与时间长度几百万年的家庭、几十万年的民族和几千年的国家相比。而且全球化始于贸易和殖民。殖民的原动力和第一目的是经济的，由于经济利益的纷争而演变为政治的博弈。所以，全球化是从经济发轫的，由经济的全球化到政治的全球化，进而到经济、政治、军事、文化、科技的全面的全球化，全球化的生产和生活，形成整个人类一体生存。目前，世界是无政府状态的，相对于世界各个国家而言是自然自由状态的。有序的国家，无序的世界，这使一直生活在国家集权中的人类对于没有中央集权的世界，常常出现无规则遵从的惘然和盲动，甚至出现无规则的碰撞和冲动。数百万年以来，人类并没有解放自己，始终囚禁在人类自身营造的囚牢之中，为我所欲、为我所扰、为我所困、为我所囚。全球化或是人类的自我解放的路径，或是更大的囚牢。

人类之所以囚禁于自身囚牢，原因在于私欲占位，而自省和自律缺席，在人地关系中缺席，在人人关系中缺席。这种缺席发生在人地关系和人人关系这两种关系的任何一种关系中，都可能导致人类的终身囚禁并最终毁灭。所以，如果人类没有善待地球就是善待人类、善待他人就是善待自己的理念，那么人类的最后的悲剧就从这一刻上演。

其实，人类的最后的悲剧已经上演。所幸的是，也许我们还有选择。

第一编

地理区位与自然资源

【谋篇理由】人类产生于地球，生存于地球，生存资源源于地球，生存逻辑基于地球。要研究人类生存逻辑，首先要认识地球，认识地球自身特质，认识不同地理区位的不同自然资源，这是讨论人类生存逻辑的逻辑前提。

第一章　地理区位与环境地学

在生物学中，研究任何一种生物都必须研究此种生物的生存环境才能够发现生物生存的必然逻辑。一种陆生植物的生长，是由其所在的陆地环境决定的：喜马拉雅山上的雪莲绝对不会生长在长江中下游平原，加勒比海岛屿上的甘蔗绝对不会生长在中西伯利亚高原。一种水生植物的生长，是由其所在的水域环境决定的：地中海的海草绝对不会生长在苏必利尔湖里，尼罗河的水草绝对不会长在北冰洋中。做更绝对的例举：鲸鱼不可能与骆驼生活在同一环境里，水稻不可能像石花一样生长在石头上。

古希腊哲学家亚里士多德认为，研究问题有两种理论，一种理论是以原则和本原为出发点，一种理论则是以原则和本原为终点。那么，地理原则、环境本原，就是研究生物生存逻辑的出发点；同时，地理原则、环境本原又是研究生物生存逻辑的终点。也就是说，一种生物为什么是这种生物而不是别的什么，要从地理原则和环境本原进行研究，一种生物为什么是这样的生存逻辑而非那样的生存逻辑，终极的原因在于地理原则和环境本原。

人类的生存逻辑，在于人类产生于地球、生存于地球，生存资源源于地球，生存逻辑基于地球。地球不是平面的诸种条件处处均等的地球，因此，生活在地球不同区位的人类，就有不同的生存逻辑。地理区位就成为人类生存逻辑的逻辑前提，环境地学就成为研究人类生存逻辑的基础学科。

地理区位的概念和由地理区域而决定的地域概念与环境概念，是本书立论的基础概念，也是讨论问题所依赖的空间概念，因而是应该首先进行界定的学术概念。这也是我们所要达成共识而必须建立的学理平台。有一点至关重要，就是我们应该对地域概念和环境概念的无限延展性有足够的心理准备和自觉意识，并对其范畴和属性变换，有随机应变的反应能力。

第一节 环境地学中的地理体系

在环境地学框架里的地理体系的建立与传统地理体系的建立有所不同。地理学的学科建立虽然很早，但直到今天仍在完善之中。在中国古代和古希腊就有地理学著述，中国典籍《易经》有“仰以观于天文，俯以察于地理”的论述，有《尚书·禹贡》《管子·地质》《山海经》《水经注》等地理著作。到了18世纪，德国洪堡德的《宇宙》、李特尔的《地学通论》可谓是近代地理学标志性著作。现代地理学已经建立起较为完善的地理学学科体系，成为研究人类与地球生态关系的重要学科。环境地学将地学置于环境学之中，将环境地学作为环境学的分支学科，在研究人类与地球的生态关系方面，包容了更加广泛的学科内容，有了更加广阔的学科空间，从而更加科学、更加全面地表述了人类与地球的生态关系。

人类遍布于地球的表面。古人类活动的空间高度是低山的高度。现代人类活动的地表高度远远超过古人类，人类的足迹到达地表的最高点珠穆朗玛峰。其实，现代人类活动的空间远远不止地球上的最高点，飞机发明之后人类可到达地表之上的万米高空，宇宙飞船更是将人类送到太空、外太空，足迹到了宇宙的其他星体。地理体系虽然不可能包含着外太空，但是外太空的环境不能被排除在地理体系之外，否则太空的研究就失去了根基。无须赘言，美国的人类首次登月的宇宙飞船对应着美国的地理，欧洲航天局“菲莱”着陆器登上丘留莫夫·格拉西缅科彗星对应着欧洲航天局的地理。

传统地理学体系，是建立现代地理学体系的基础。人类的生产和生活的基本活动，依然是在地表进行。地表的区位界定与划分，是界定人类不同民族或国家生存地域的认知需要，否则，人类的第一混乱就是居地表达的地理混乱。当然，以地理区位界定不同民族和国家的地理环境，也是从地理学上分析与认识这些民族和国家生产方式、生活方式和生存逻辑的需要。

一、环境地学 环境地学主要建立在人类与地球构成的环境关系和地球与太阳构成的环境关系上。因此，环境地学有3个基本的空间环境系统：一是地球内部环境系统，二是人类与地球构成的人地环境系统，三是地球与太阳构成的日地环境系统。人类对地球的认识越来越接近地球的本原，对地球的内部和外部结构，已经不断地走出种种假说而建立起科学的理论，对地球各大板块的起因和聚散，分别找到了地质根据，揭示了5.5亿年前盘古大陆开始形成和1.8亿年前骤然分裂，形成非洲大陆、美洲大陆、南极大陆、欧亚大陆和澳大利亚大陆的地质过程和漂移轨迹，并能够描绘出各个大陆到2.5亿年之后再次聚合的路径和面貌。

人类与地球构成的环境系统主要存在于地球一定高度的表面。地球表面是一个各种关系极为复杂、极为丰富的环境系统，主要包括4个具体系统：岩石圈表层系统、水圈系统、大气圈系统和生物圈系统。人类与地球构成的足迹系统，主要存在于这4个具体系统中。所谓足迹系统是人类能够亲历的空间范围之内的系统，不是人类借助现代高科技工具从而使思维和视线所达到的空间范围之内的系统。人类足迹到达了月球，这是目前人类在日地空间环境中最大的空间范围，而人类制造的航天工具所到达的火星、土星和彗星，并不是人类足迹达到的范围。人类用肉眼直接观察到的星体与星体关系，借助天文望远镜观察到的距地球100亿光年的星体与星体关系，帮助人类建立起种种日地空间思维和学科，可以称作视野环境，但不是人类足迹环境。就目前状况而言，人类足迹的最大空间尺度是由地球到月球，人类干预的最大尺度是由地球到土星和丘留莫夫·格拉西缅科彗星，人类视野的最大空间尺度是地球之外100亿光年距离的宇宙空间。因此，在环境地学中，人类与地球构成的人地关系，最大的关系范围是以足迹范围为基本原则，以眼睛观察到的范围为扩大足迹范围的视野参照。就人类目前实际生存意义而言，其生态范围应该是以地球上空大气层顶部的太空高度为最大高度，以地球内部矿产深度为最大深度。这个生态范围是人类生存各种指数最佳的范围。超出这个范围生态指数就要超出最佳值，超出这个范围越远，生态指数愈加不合理。生态指数极度不合理，就要发生生态危机。极度的生态危机，就要威胁到人类生存。目前人类的太空竞赛，在许多方面已经超出了人类生存意义，变为一种实力炫耀，以此提高在地球上的身价，追逐具有霸主色彩的权力和权威，抑或某种或某些特别的利益。这种追逐是人类生存的畸形状态，追逐的成本是由地球承担的，是由地球资源提供的。在世界上众多贫困国家和地区，众多贫困人口食不果腹、衣不遮体的生存状态之下，过分热衷于耗费巨资进行外太空甚至外星系的探测与研究，这本身就存在科学伦理问题。虽然目前有3万多种创新的产品设计原理来自空间技术，包括手机、电视、GPS定位与导航，甚至还检测到1400颗可能接近地球具有潜在威胁的小行星，其中有一颗直径1000米的小行星将在2880年3月16日以6万千米的时速撞击地球，但科学伦理的问题依旧存在。这个问题曾在1970年被赞比亚的一位修女提起过，美国航天局的一位科学副总监作了回复，说太空探索可以为人类提供一面审视自己的镜子，为人类带来全新的技术、全新的挑战和培育进取精神。这应该是太空科学的初衷，然而后来的太空竞赛的确偏离了太空科学的初衷。美国国民对美国政府的太空投资多有不满，甚至爆发示威。有一年一个示威者将海报贴到了白宫前，上面写着："你许诺给我们食物，但你给我们的却是月亮。"虽然我们不能因为部分人类的贫困而影响更高层面的科学探索与研究，然而限度总是科学的前提。中国在20世纪70年代初开始研究宇宙飞船。由于经济承受力的问题，国家决定先把地球的事搞好，地球外的事暂且放一放。人类共同发展、共同进步要比一部分先进、一部分落后的不平衡的跛足式发展要科学得多，更不用说许多的太空研究已经远离了人类生存范畴，成了另一种意义的价值游离行为，甚至某些状态应该从政治病理学中分析其根源。

在外太空，与人类生存密切相关的星体主要有两个：太阳和月亮。因此，环境地学与之相关的星体只有地球、太阳和月亮。从生态学意义上讲，地球与太阳的关系如同鱼水关系，没有太阳，就没有地球上的生态系统，地球就是一个永远没有有机物的无机物星体。因此地球与太阳的关系，是为人类倍加关注的关系。

在环境地学的 3 个基本空间环境系统中，地球内部环境系统是地球自身的结构系统，是地核、地幔和地壳三者的空间关系。地球是人类生存的依托，关注地球的演变以及各种信息，是人类的第一科学。因此地球物理学在各类学科中是最为重要的学科。但是，人类对地球的演变和对地球的各类信息依然缺乏应有的关注，特别是地壳遭到破坏的程度触目惊心。在经济利益驱动下，人们对石油、天然气、原煤、有色金属矿藏的开采，失去了限度和节制。这种开采本应该是按照严格的需求关系科学地进行，然而直至目前，一直是以市场为主导，甚至以种种方式开拓市场，构建新的需求关系。比如大量地制造汽车，以汽车市场拉动石油市场。人类是不是每个家庭都需要一台汽车呢？国家政府机关是不是每个部门都需要一个配置数台汽车的车队呢？每个部门的首长是不是都需要配备专车呢？国家首脑出访是否需要那么豪华的迎送车队，以接待的礼仪规格表达亲密程度和利益关系，用石油燃烧政治的火焰呢？石油输出国组织欧佩克只注重石油的经济属性，丝毫不关注石油的政治属性。目前，中国有 3 亿人是持有驾驶执照的汽车驾驶员。这个比例比当年会骑自行车的人的比例还要高，这是喜剧还是悲剧呢？在一场一幕中或许看不清楚，但是全剧终了，则是一清二楚的。石油不是地球的附属物，而是地球结构的有机部分，开采石油是对地球身躯损害的理念至今尚未建立起来。石油虽然不是地球的血液，但也绝不是地球的尿液。

人类与地球构成的人地环境系统，是人类根本的生存系统。由于人类产生于地球，生存于地球，生存资源源于地球，所以地球生态质量直接决定着人类生态质量。人地关系随着人类社会的发展，变得越来越繁复，而不像人类原始时代那样单一和单纯。人类的发展一定要顾及地球的发展，不顾及地球的发展，不是人地的共同发展、协调发展，就不能实现真正的发展，百分之一百地是悲剧式的发展。复活节岛上的拉帕努伊人，为了发展而砍光了岛上的树木，最终毁灭了自己本身，只有那些巨大的石像，悄无声息地伫立在永远不可能复活的复活节岛上。复活节岛成为人们过度消耗资源而自我毁灭的隐喻。现在生态危机严重地威胁着人类的生存，人地关系到了最为艰难最为危险的严重时期。在积重难返的窘境里，人类产生了弃地球而去选择其他星球生存的妄想。如果这种妄想成为心理定势，那么就意味着人地关系的终结，人类要彻底脱离地球而生存了。假若能够成为现实，那么宇宙中下一个被人类选中的星球会逃脱地球的厄运吗？

地球与太阳构成了日地环境系统。太阳能是地球极其重要的能源。地球固然有自身的能源，地核产生的能源满足了地球运转的自身需要，但是无法满足地表生态系统的需要。如若没有太阳的能源，地球的生态系统根本就不可能建立起来。地球上的生物，无论是植物、动物和人类，躯体上传递的都是太阳能。这一点已经充分地表明太阳与地球生态系统的直接关系。在地球与太阳之间，隔着大气层这一中间环节，大气层成为日地环境中的主体构成部分。在多种情况下，大气层扮演着日地之间的媒介角色，保证了地球所需的太阳的适度热量。如果让地表直接面对太阳，日地关系肯定是另外一种状态：地球生物全部灭绝，有机物也将逐渐消失，地球又回到了没有大气的无机物时代。

二、日地环境系统中的地理概念 现代的地理环境和地理体系是在人类—地球系统中界定和建立的。人类—地球系统是一个巨大的空间系统，这个空间系统包括两个相对独立的子系统，一个是地球内部环境系统，一个是地球—太阳环境系统。地球—太阳环境系统包括地球—月亮环境系统。现代的地理概念建立在日地环境系统之中。日地环境系统中的地球地理包括 3 个层次：地表生态地理、地表之下的地质地理和地表之上的空域地理及太空地理。

（一）地表生态地理 地表生态地理分为自然地理和人文地理。自然地理描述的是地球表面的自然状态，人文地理描述的是地球表面人类分布及活动状态。

1. 自然地理 自然地理主要由陆地和海洋两大部分构成。陆地有山脉、平原、河流、湖泊等不同的地形地貌，海洋则由海水与岛屿构成。陆地和海洋分别占地球表面积的 29% 和 71%。由于陆海的分布关系，陆地有欧亚大陆、非洲大陆、美洲大陆、澳大利亚大陆和南极大陆 5 个陆块，海洋分为太平洋、大西洋、印度洋和北冰洋 4 片海域。依据不同的条件，可将地表分成不同的区划。目前，地理区位的划定主要有 3 种依据，不同的依据有不同的内涵，一是依据经纬度划定，其内涵是地理方位；二是依据温度带划定，其内涵是自然资源；三是依据地球表面的地理陆块划定，其内涵偏重于国际区划。

（1）以经纬度所划成的地理区位 在地球表面所建立的经纬度，是地球表面的地理坐标系统，以便于确立地球表面任何一点的精确方位和具体位置。否则，以任何参照物都无法达到应有的精确度。如，一个国家的地理区位、幅员，用经纬度就可以描述得相当精确。世界上突发事件的地点，如海难事发地点、卫星着陆地点等，都可以用经纬度作精准的描述。

经纬度由经线和纬线构成。纬线是沿着地球东西方向两端闭合的线，经线是以地球南北两极为端点的线，经线与纬线相交的点，就是经纬度。

最初的纬线是一条并不封闭的东西直线。公元前 334 年，马其顿帝国亚历山大大帝东征，随军专门做地理勘察的尼尔库斯发现，在亚历山大东征这条路线上的各个时段，季节变换与日照时间的长短并没有什么区别，他就从亚历山大东征的起点直布罗陀海峡经托鲁斯山山脉和喜马拉雅山山脉直到太平洋，画出一条线，这是历史上的第一条纬线。此后，埃及博物馆的馆长埃拉托斯特尼画出了一张有6条纬线和7条经线的世界地图。而最早的世界地图绘制者是古希腊米利都城邦的阿那克西曼德，他被称作“科学地理学之父”。

关于地图的绘制，中国晋代裴秀提出6条原则，即“制图六体”：分率、准望、道里、高下、方邪、迂直。分率即比例尺，准望即地物间方位关系，道里即两点间距离，高下即高程，方邪即坡度，迂直即实地高低起伏与图上距离换算。后来唐朝贾耽、宋代沈括、元代朱思本、明代罗洪先等古代制图家都继承了“制图六体”的制图原则，绘制出《海内华夷图》《禹迹图》《广舆图》和《皇舆全图》等诸多地图经典。

经纬度是现代地图的重要元素。为了确定经纬度的度数起点，纬度以最长的一条纬线即赤道线为零度，向北向南各90度；经度线以本初子午线为零度，向东向西各180度并对接于180度。由于任何一条经线都是经南北两极而且长度是相等的、在同一纬度上间隔是相等的，因而没有哪一条有明显的特征可以确定为起点。英国的地理制图家们就以他们国家的伦敦格林威治天文台为特征，将经过格林威治天文台的经线，作为经度的零度，并称之为本初子午线。在理论上，任何一条经线都可以作为本初子午线，由于英国一直以经过格林威治天文台的那条经线为零度经线，而且在世界航海中，绝大多数船只已经使用这条经线为参考子午线，故而1884年在美国华盛顿举行的由25个国家41位代表参加的国际本初子午线大会上，正式确定经过格林威治天文台的那条经线为本初子午线。

由于纬度是以赤道线为零度，所以越接近地球两极纬度越高，习惯上分为高、中、低3个纬度区。纬度值0度到30度为低纬度区，30度到60度为中纬度区，60度到90度为高纬度区。

地球自转一周，实际上就是一条既定的经线完成了360度的旋转，共用24个小时，每自转15度需要1个小时，于是按照经度每15度为一个时区，自东向西每个时区相差1小时。

经纬度的地理坐标功用已为人类社会所不可或缺。经纬度被广泛用于勘测、航海、航空、航天和军事等领域。

（2）以温度带所划成的地理区位　温度带是根据日地关系和日照角度所形成的地球表面温度状况而划定的。通常划为热带、温带和寒带3种温度带。

由于地球和太阳的关系以及地球自转与公转的原因，地球接受太阳照射的角度不断地发生变化。以地表温度为依据，以赤道为中心，以南北纬度23.5度的回归线和南北纬度66.5度的极圈划界，将地球分为热带、北温带、南温带、北寒带和南寒带这样5个温度带。

热带是以赤道为中心的南北回归线之间的整个地域，地理面积占地球表面积的40%。由于在这个温度带上一年之中太阳有两次直射，而且变化幅度不大，因而没有明显的季节变化，常年气候炎热，是地球上温度最高的地带，全年的平均温度不低于16摄氏度。

北回归线至北极圈为北温带，南回归线至南极圈为南温带。南北温带差异不大，地域面积完全相等，南北温带的总面积占地球表面积的50%。温带由于在回归线之外，太阳不是直接照射而是斜射，故而温度适宜，四季分明，夏季温度高，冬季温度低。温带南北跨越40多个纬度，南北温度差别较大，接近热带地域温度高，接近寒带地域温度低。

北寒带是北纬66.5度至北极点，是整个北极圈；南寒带是南纬66.5度至南极点，是整个南极圈。两个极圈地域由于太阳照射极度倾斜，太阳高度角最大值只有47度，地表获得太阳的光热很少，所以常年被冰雪覆盖，最低温度可达-87℃，是地球上最寒冷的地带。南北寒带是地域面积最小的温度带，总面积只占地球表面积的10%。

由于温度带不同，地表形成了不同的自然带。自然带是根据地球地表的地形、气象、陆地水、植被、土壤等地理因素划定的自然综合体。由于自然带具有不同的地理特征，因而又叫做地理带。陆地地表分为11种自然带。在11种自然带中，热带有5种自然带：热带雨林带、热带稀树草原带、热带荒漠带、亚热带荒漠草原带和亚热带森林带。温带有3种自然带：温带荒漠带、温带草原带和温带阔叶林带。寒带有3种自然带：苔原带、冰原带和亚寒带针叶林带。自然带是自然地理系统，由若干子系统组成，其中生态系统是核心的子系统。

热带的自然带 热带雨林带的地理地带在赤道带上，在南美洲的亚马孙平原、非洲的刚果盆地和东南亚岛屿等地域，热带雨林分布最为广泛。这一自然带日照充足而且多雨，宜于热带植物生长，雨林密度大，高大的乔木遮天蔽日，低矮的灌木密密匝匝，最适合鸟类和猴类动物生存。土壤为砖红壤。

热带稀树草原带的地理地带紧紧与赤道带上的热带雨林带相连，分布在南北两半球，非洲和南美洲两地稀树草原带发育良好，而在亚洲、北美洲和大洋洲的澳大利亚只有局部分布。这一自然带属于干湿分明的热带气候。植物一般为禾本科，零星分布着成片的乔木。植食动物和肉食动物在这里都有大量的种群。土壤中多有腐殖质、氮和灰化养料元素积累，因此呈红棕色。

热带荒漠带的地理地带分布在非洲、南北美洲、西南亚的阿拉伯半岛和澳大利亚的中部，属于热带干旱型气候，全年少雨，植被较差，多有无植被区域。植被以灌木、草本植物和雨后的短生植物为主，大都非常稀疏。动物种类少，数量也不多。土壤贫瘠，多为荒漠土。

亚热带荒漠草原带的地理地带与热带荒漠带相接，相接的边际在北半球非常清晰，在南半球主要分布于南部非洲、南美洲南部、澳大利亚南部部分区域，属于亚热带半干旱型气候，降水多发生在低温季节，植被以灌木、草本植物和雨后短生植物为主，土壤性质为半荒漠的淡棕色土。

亚热带森林带的地理地带分为大陆东岸和大陆西岸两部分，也是两个类型。大陆东岸部分在北半球主要分布于中国的长江流域、日本的南部和美国的东部，在南半球主要分布于非洲东南部、澳大利亚东南部和南美洲东南部区域，属于亚热带季风气候和亚热带湿润气候，森林主要是常绿阔叶林，土壤性质为亚热带黄壤和红壤。大陆西岸部分在北半球主要分布于欧洲地中海和北美洲加利福尼亚沿海区域，在南半球主要分布于非洲西南部、澳大利亚西南部和南美洲智利的中部区域，属于地中海气候，森林主要是常绿硬叶林，土壤为褐色土。

温带的自然带 温带荒漠带的地理地带主要分布在欧亚大陆和北美洲大陆的西部以及南美洲大陆的部分区域，属于温带大陆性干旱气候，植被较差，几乎没有乔木，只有稀疏的草本植物和小量灌木。土壤性质主要为棕漠土和灰棕漠土。

温带草原带的地理地带主要分布在北半球，尤其从欧亚大陆中部的东欧平原到西西伯利亚平原，是一条很典型的温带草原带。北美洲和南美洲的温带草原带由于非地带性因素的影响，不再为东西向带状分布。温带草原带属于温带大陆性半干旱型气候，植被主要是禾本科植物，动物类型大多为啮齿类动物、有蹄类动物和肉食类动物。

温带阔叶林带的地理地带主要分布在温带大陆的东部和西部，亚洲东部俄罗斯的堪察加半岛和库页岛、中国的东北和华北、朝鲜半岛、日本群岛中部，树木种类较为丰富，有蒙古栎林和辽东栎林，以及桦属、槭属、椴属等树木构成的杂树林。欧洲部分较为单一，如山毛榉林、栎林等。在北美洲，温带阔叶林带主要分布在五大湖东南，包括阿巴拉契亚山脉，直到大西洋西岸平原。这里的植被主要由美洲山毛榉和唐槭组成。土壤主要是棕色森林土、灰棕壤和褐色土。

寒带的自然带 苔原带的地理地带位于欧亚大陆和北美大陆最北端以及北极部分岛屿。这一地理带气候寒冷，不宜于树木生长，地表只有耐寒的苔藓和地衣。动物种类单一，数量也不多，只有旅鼠和北极熊等。土壤为冰沼土。

冰原带的地理地带大部分在南极圈和北极圈里的格陵兰岛及其他一些岛屿，本地带全年冰雪覆盖，仅在岩石上长有一些藻类和地衣。动物种类很少，北极岛屿上有白熊和北极狐；南极有独特物种企鹅，目前尚未发现有陆生哺育动物。

亚寒带针叶林带的地理地带从欧亚大陆北部直到北美大陆北部，以分布宽阔的地带成东西方向延展，形成一条全球性自然带。树木有云杉、冷杉、西伯利亚松等，有熊、驼鹿、麝牛、猞猁、狼獾和雪兔等动物。土壤为森林灰化土。

从 11 种自然带中可以看出，自然带生态系统受热量和降水量的直接制约，热量和降水量直接影响着生物物种与生物的数量。在地理环境中，生态系统的生物物种和生物数量及其生产率，是判定地理环境优劣的重要标准。在对自然带的自然资源判定上，生态系统的生物物种和生物数量及其生产率，也是重要的标准。

（3）以地理陆块所划成的地理区位 按照地理陆块和海洋与陆地分布关系，将地球表面划分为亚洲、欧洲、非洲、北美洲、南美洲、北极洲和南极洲等7个洲，分为太平洋、大西洋、印度洋和北冰洋等4座海洋。根据需要，还有不同的较为细致划分，如亚洲还可以分为东亚、西亚、南亚、北亚、中亚，太平洋分为东太平洋、西太平洋、南太平洋、北太平洋。同样，根据需要，也可以将区位扩大，以大的区位为基本单位联合并称，如欧洲大陆与亚洲大陆并称欧亚大陆、亚洲地区与太平洋地区并称亚太地区等。还有一些约定俗成的地理区位划分，如近东、中东、远东等。近东指的是地中海东部和南部地区，中东指的是西亚和东欧部分地区，远东指的是亚洲东部地区。这些约定俗成的划分往往不是地理原因，而是文化原因，16世纪到17世纪时期，欧洲殖民者向东方殖民，根据向东殖民的远近，称为近东、中东和远东，人们长时期沿用便成了约定俗成的地理区位。

2. 人文地理 人文地理是人类居住的地理，是由世界各个国家和地区的领土版图所决定的。在不同的自然地理中，往往有若干个国家和民族的人文地理，比如亚洲有中国等近50个国家不同的人文地理，南美洲有巴西等十几个国家不同的人文地理，中南半岛有泰国、缅甸、老挝等数个国家不同的人文地理。

人文地理有世界地理、国家地理、民族地理、经济地理、政治地理、文化地理、农业地理、工业地理、军事地理和商业地理等若干个分类。

（1）世界地理 世界地理是人类活动的全球性地理，其中主要包括大洲分布、国家分布、人口分布的基本状态。世界地理可以分为亚洲地理、欧洲地理、非洲地理、美洲地理、大洋洲地理等，是全球视野下的世界人文地理。

（2）国家地理 国家地理主要是国家分布的地理格局和国家行政地理。国家地理有两层含义，既是世界上的国家地理同时又是一个具体国家的地理。国家地理记述了国家的地形地貌、人口和民族分布、城市与乡镇、行政区划、矿产、大型建筑、交通设施、文化遗迹等概况。

（3）民族地理 民族地理作为学科是人文地理学的重要分支，研究世界各个民族形成、演变及地理起源，民族地域分布和地理因素对民族特征的影响。世界上有两千多个民族，居住在世界不同的地区，有着与本地区自然环境相适应的生存方式，形成不同的民族地理特色。在欧洲，民族与国家往往是同一地理，如爱尔兰的国家与民族同称爱尔兰。阿拉伯民族虽然有23个国家和地区，但相对集中，称作阿拉伯世界。中国的民族地理边际在行政区划中非常明显，北部是蒙古民族、西北部是维吾尔民族、东北部是满族和朝鲜族、中部是汉族、西部是藏族和羌族、西南部的云贵高原是苗族和侗族等诸多民族、南部是壮族、东南部是近似民族特征的客家民系等。

（4）经济地理 经济地理作为学科是人文地理学的重要分支，是研究经济活动的地理区位、生产方式与地理环境相互关系的学科。它以表述人类经济活动为中心，通过生产、交换、分配和消费等经济活动方式，以及贸易、物流、市场等途径，反映人类经济活动的方式、范围、规律和影响。

（5）政治地理　政治地理作为学科，其主旨是研究世界不同政治体系的分布、联系和差异，以及政治地区的形成与地理环境的关系，涉及政治疆界、政治区域形成、政治区域类型划分、不同类型政治区域的相似性与差异性等内容，探讨国际关系、国际政治集团的形成和发展与变化，以及这些不同的政治集团对世界政治的影响等。世界重大政治事变，可以政治地理表述其发生的区位、背景、因素和演变过程。例如葡萄牙在多年宗教战争之后的几个世纪里，被分割成了截然不同的3个政治地理区域：北部是封建契约制度地区，中部是由城镇各种政治关系主导的地区，南部是骑士修道会主导的地区。而乌克兰虽是统一的国家政权，但却像两个国家，西部为天主教，东部为东正教，两个教区的人很少来往。

（6）农业地理　农业地理学是经济地理学的分支，是农业科学研究的重要领域。农业发展与地理环境密切相关，自然地理条件诸如地形、土壤、水系、植被、气候等，社会地理条件如人口密度、农耕习惯等，都对农业产生着直接的影响。农业地理学注重对农业生产及其生产部门、生产环节在客观上存在的地域差异及其表现特征的研究，注重对农业生产地域分异而形成的各种不同的农业区域、农业结构和农业类型的研究，从而认识和把握千差万别的农业生产地域特征，因地制宜地配置农业资源，规划农业生产。

（7）工业地理　工业地理表述的是工业的地域分布。工业地理学是经济地理学的重要分支。工业的分布与发展受地理环境直接影响，尤其受工业资源环境的影响。在国际贸易和国际市场条件下利用他域工业资源开办工业，属于加工型工业，如日本。日本几乎利用了整个世界的工业资源，购买加工，而后又将其加工产品销往世界各地。工业是对地理环境影响最为深刻的产业，这其中包括资源开发、设施配置和排放及污染等方面。

（8）军事地理　军事地理表述的是军事与地理的关系，军事地理学研究地理环境对国防建设和军事行为的影响以及地理条件在军事上的运用。军事地理学由普通军事地理学、区域军事地理学和部门军事地理学构成。普通军事地理学侧重于地理与军事关系的研究；区域军事地理学包括战区军事地理学和国家军事地理学，侧重于地理环境对军事行为影响的研究；部门军事地理学侧重于特定地理因素对特定军事行为影响的研究。军事地理根据军兵种的分类，还可以分为陆军军事地理、海军军事地理和空军军事地理等类别。

（9）文化地理　文化地理作为学科是人文地理学的重要分支，是文化学的组成部分。研究人类文化类型及地域文化、探索人类发祥地和人类文明发祥地，都是文化地理的重要内容。文化地理还包括宗教地理，依据宗教性质，还可分为基督教地理、伊斯兰教地理、佛教地理等不同类别。

（10）商业地理　商业地理是人文地理学最初的构成部分。在人类以物物交换时期，商业地理就开始孕育；当货币出现后，商业逐渐发育成熟，商业地理也逐渐形成体系，商业地理学也在区域越来越大、商品品种越来越多的发展中逐渐形成。地中海特殊的地理环境，使其成为世界上商业地理建立较早而且体系比较完善的地区。阿拉伯是商业发展较快的民族，他们边迁徙边从事小商品买卖活动，建立起纵横交错的商业地理网络。四千年前中国胶东半岛与朝鲜半岛的货物往来，可以看做中国最早建立的跨海商业地理。西汉张骞出使西域，开辟了丝绸之路，是中国商业地理史上首次建立的跨洲商业地理。

与商业地理相通的还有贸易地理。贸易地理作为学科是商业地理学的分支，与商业地理不同的是，贸易地理比商业地理更加注重研究贸易构成的种种要素，如生产力布局、生产资料配置、自然资源分布、经济结构的优化程度、各类市场营销情况、物流各个环节的状况、国家的贸易政策等。内容主要有两个方面：以各个国家和地区的生产力布局和经济发展水平为基础，分析各个国家和地区的自然资源、经济结构、技术水平、工农业生产部门分布等，研究国际贸易商品流通的区域性结构和区域间的差异；以国际贸易中重要的原材料及其产品的产销联系为对象，研究粮食、高加工产品的生产、运输、贸易和消费形成的空间流动等。

（11）其他行业地理　依据行业需要，还可建立航空地理、航海地理等。航空地理研究航空公司的构建与分布、机型的配置、航线的建立、机场的分布等状况；航海地理研究航海公司、海上航线建立、港口的分布、船舶的吨位等状况。

（二）地质地理　地质地理以地质结构为主要界定依据，不同的地质地带构成不同的地质地理。

1. 火山地质地理　火山是地壳内部熔岩运动的结果，在一定的深度内孕育，最后从地表喷发，因而火山既是地表地理又是隐形地理。环太平洋的火山地质结构是独特的地质地理，夏威夷的盾状火山和熔岩隧道更是这种独特地质地理的独特部分。加拉帕戈斯群岛也是具有典型性的火山地质地理。

2. 地震地质地理　全球有3条地震带：环太平洋地震带、欧亚地震带和海岭地震带。这3条地震带，构成全球主要的地震地理。

环太平洋地震带环太平洋一周，从中国台湾起顺时针方向经琉球群岛、日本列岛、阿留申群岛、美国阿拉斯加、加拿大西部、美国加利福尼亚、墨西哥西部、哥伦比亚、秘鲁、智利、新西兰、斐济、印度尼西亚、菲律宾，至中国台湾闭合。全球80%的地震发生在这条地震带上。

欧亚地震带又称地中海—喜马拉雅山地震带。自北向南从亚速尔群岛起，经地中海、土耳其、伊朗、阿富汗、尼泊尔、巴基斯坦、印度、中国西南部（云贵高原、四川盆地、青藏高原）、中南半岛，至印度尼西亚。全球15%的地震发生在这条地震带上。

海岭地震带从西伯利亚的勒拿河河口开始，经西斯匹次卑尔根岛、冰岛、大西洋中部海岭到印度洋海岭。还有一个岔分带进入红海和东非大裂谷。这条地震带的地震较少，占全球地震发生率的5%。

3. 断裂带地质地理　在世界各地遍布着大小不一、深浅不一的地质断裂带，这些地质断裂带，构成断裂带地质地理。

4. 矿藏地质地理　矿藏地质地理表示地球矿藏的分布区域，也表明不同类型矿藏的分布状态。描述中东的石油矿藏、南海的石油矿藏、澳大利亚的金矿、巴西的银矿、马来西亚的锡矿、英国和俄罗斯的铁矿等，都属于矿藏地质地理。地质矿藏由于是在地下一定深度之内，所以矿藏地质地理是隐形地理。

（三）空域地理　空域地理相对于地表国家地理而言，是国家地理映射的空域，实际就是国家的领空，是国家地理空间一定高度的平面领空图。空域地理像陆地地理一样有着国家主权意义。美国的星球大战计划，就是以空域为基地的高边疆战略规划。透明的空域似乎除了空气没有任何资源，然而空中有与地面相对应的水资源，这种资源的形态是雨云。雨云是干旱国家争夺的资源，国家地域狭小或者两国相邻的区域，在大旱期间往往因为雨云而起争端。甲乙两国同时遭受干旱，都拥有人工降雨技术和能力，如果天空雨云由甲国飘向乙国，甲国首先进行人工降雨，乙国就要对甲国进行谴责或抗议，甚至爆发战争。中国被称之为最喜好人工降雨的国家，自1958年从苏联引进人工降雨技术以来，几乎年年都实施人工降雨，目前人工降雨量每年达500亿吨，计划增加到2800亿吨。2004年7月，河南省发生了平顶山市、驻马店市、漯河市、许昌市、周口市“五市争雨”事件。雨云自西南向东北飘移，东北方向的周口市最后实施人工降雨，雨云已经成了残羹剩饭。于是，周口市愤愤不平，呼吁大气资源立法。

（四）太空地理　“太空地理”从字面上看有点不合情理，地理是表述地球的形态，而不是无地的太空。实际上这是三分借用七分实情。因为在太空的具体的空间里，各星球之间构成的关系依然是地理关系。太阳系的八大星球和无数的小行星的关系，构成近地太空地理。以地球为中心，朝太阳方向依次有金星和水星两颗行星，背太阳方向依次有火星、木星、土星、天王星和海王星。木星、土星、海王星等都有一颗或数颗卫星。众多的小行星基本集中在火星与土星两条运行轨道之间，形成分布密集的小行星带。另有围绕着太阳和除海王星之外的七大行星运转的彗星。八大行星、小行星带和彗星，八大行星中地球的卫星月亮、土星的卫星、木星的卫星、海王星的卫星等，构成了太阳系的宇宙地理。外太空的星系和星体的关系构成外太空地理或称为宇宙地理，这对于进行宇宙研究是必不可少的。因为在宇宙中，目前发现了数不胜数的类地行星，仅在银河系就有88亿颗之多，还有一些部分地理现象类地的行星。对于地球的形成、生命的起源，天文学家一直试图从地球之外的星体上找到根据，从而发现了水星、金星、火星、土星和木星等星体上有生命产生的种种要素，例如水、热源、大气、火山、风暴、雷电等。最近，科学家在彗星周围尘埃中发现了甘氨酸和磷，这是生命形成的基本分子。因此，对于太空星体的研究，没有太空地理是不可能的。

第二节　地域概念与环境概念

任何地理区位都是地球表面的具体部分，都是具体的和特定的地域环境。地理区位在很大程度上就是地理位置，而这种地理位置上的地域环境，是形成人类生存逻辑的地理根据。

一、地域概念及地域类别　“地域”是个繁杂的包容了目前所有学科甚至尚未建立的学科的概念。地域不等同于地理，地域不等同于地区，地域也不等同于区域。在很大程度上，地理属于自然范畴，地区属于社会范畴，而区域虽然包含着自然范畴和社会范畴两个方面，但在多数情况下仍是属于社会范畴。

“地域”这个概念若用于人类尚未出现之前其内涵是纯粹的，是纯地理和纯自然的，没有任何人文痕迹和社会的影子。但现在使用的地域概念不是人类出现之前地史上的纯地理和纯自然的地域概念，那种地域概念应该包括地球的若干次大的地质运动、若干个冰川时期。本书地域概念使用的最大纵深一般是在原始人类懵懵懂懂地意识到土地与生存关系的那个时段的节点上，大约在采集时期的最初阶段，大致定义在公元前300万年。而且这个地域概念的使用始终以人类为前提，以人类为轴心，地域是人类生存的地域，地域环境是人类生存的地域环境。

地球生成之初，地表只有一种直观的东西——土，数亿年之后又有了水。这也许是后来的早期自然哲学家认为万物皆起源于土和水的客观原因。被认定为人类的第一个自然科学家、公元前7世纪古希腊米利都城邦里的泰勒斯，他认为水是万物第一因。公元前6世纪古希腊的色诺芬尼认为，世界上一切事物都起源于水和土。古埃及人和古巴比伦人则认为世界构成的元素是水、土和气。而中国古老的五行之说，其中就有水和土。水以海洋的形式存在，土以陆地的形式存在；海洋中的土以岛屿的形式存在，陆地中的水以湖泊和河流的形式存在。水土存在的不同分布、不同关联，形成了不同的地理样式。地球表面的形状，是地球长期演化的结果。这种演化主要是因为地球的内力作用。地球自诞生以来，经历了长久的多次的地质运动，如迁西运动、阜平运动、五台运动、吕梁运动、晋宁运动、加里东运动、海西运动、印支运动、燕山运动、喜马拉雅山运动等，将地球表面塑造成现今的景况。同时，温度也有多次升降变化。当地球温度降低时，极度的严寒使地表水大面积结冰，液态水变成了固态水，在平面的地球两极，在垂直的高山大川，都会凝结大面积大厚度的冰体，因而地表液态水明显减少，出现冰河期，海平面下降；当地球温度升高时，冰河期转为间冰期，冰川退缩，地球的液态水增多，海平面上升。地质运动和温度升降，形成地表不同的陆海面貌和陆海格局。30亿年前，地球表面没有今天的大陆，只有数个克拉通小岛散落在浩瀚的水面上。后来岩石下沉，大约在5.5亿年前将这几个克拉通小岛牵引到一起，形成地球最早的盘古大陆。到了距今1.8亿年前盘古大陆分裂为劳亚大陆和冈瓦纳大陆，1亿年前冈瓦纳大陆开始解体，直到距今2000万年前，以从南极大陆分裂出来的澳大利亚大陆向北飘移到了南温度带为标志，最终形成今天的陆海面貌和陆海格局。陆地和海洋接受太阳能的机制是不一样的，所以陆海格局直接决定着地球接收太阳能的多寡，从而影响着地球的温度。地球温度降低，两极愈加寒冷，冰盖愈加广大，海平面就愈加降低。反之，地球温度升高，两极愈加温暖，冰盖愈加萎缩，海平面就愈加升高，两者的共同结果改变着地表生态系统。地球自诞生以来发生过数次大小冰期，大冰期长达数百万年，甚至上千万年，晚古生代大冰期长达8000万年，相应地地球的陆海面貌和陆海格局也就有数次变化。欧洲大陆正是在2400万年前地球温度降低、两极冰盖增广增厚、海平面下降之后，从海底显露出来的陆地。现在的陆海面貌和陆海格局是地球的最近一次地质运动和最近一次冰河期形成的，也就是喜马拉雅山运动和第四纪冰河期转入间冰期的公元前8000年地球转暖以后形成的。

地域既是平面概念也是立体概念，以地表为界，地表之下的地球结构有不同的圈层，地表之上也有不同的圈层。地表之下和地表之上的这些圈层构成了地域的立体特征。

地球5.1亿平方千米的巨大表面积和诸多因素构成了全球地域环境。地球以赤道、回归线、极圈为界分为若干部分；以回归线为界，地球分为中端和两端3部分；以积温标准分为5个温度带；以陆海分布状况分为七大洲四大洋；根据热量和水分组合的不同分为11种地理带或自然带。用环境学的观点来看，这都是不同的地域环境。特别是东半球和西半球的分异，东方和西方的地域概念，被广泛地用于社会、经济、政治和文化领域。

（一）由陆海分布所形成的地域环境 陆地有不同的地域，海洋有不同的海域，陆地与海洋的接合部位也有不同的地域，通常海域也泛称为地域。根据地球表面海洋与陆地的关系，地域环境可以分为陆地、海洋和半岛与岛屿3个类别。

1. 陆地地域环境 陆地是地球表面高于海平面具有一定连续性的部分（其中欧洲西北部沿海地区是低于海平面的低地），约占地球表面积的29%，为1.49亿平方千米，由欧亚陆块、非洲陆块、美洲陆块、南极陆块和澳大利亚陆块及大小岛屿组成。陆地地形是形成陆地不同地域环境的主要因素。依据陆地地表的形状和生态等特征以及海拔高度，陆地可以分为平原、丘陵、山地、高原等4种地形。平原是海拔高度在200米以下宽广而平坦的地形，总面积占陆地面积的三分之一。最大的平原是亚马孙平原，面积为560万平方千米。平原一般分为构造平原和冲积平原。构造平原在地质上是古陆台，是地球出现水陆两种状态时的初始状态，如东欧平原、西西伯利亚平原和亚马孙平原；冲积平原则是由大的河流携带的泥沙冲积而成，如长江中下游平原。丘陵是海拔200~500米起伏的地形，是地质运动时形成的褶皱较低的部分。山地是高于海拔500米起伏的地形，又分为低山、中山和高山3种类型。成线状延伸的山体叫山脉，连续而又联结的山脉为山系。山地是地质运动时形成的褶皱较高或最高的部分。地表主要的山脉分布在环太平洋两岸的南北地带和贯穿于亚洲、欧洲、非洲地带，海拔通常在5000米左右。地表上海拔超过8000米的山峰有14座，最高的山峰珠穆朗玛峰海拔为8848米。高原一般属于山地的范畴，是山地中较为平坦、地形起伏较小的地带。海拔最高的高原是位于亚洲的青藏高原，平均海拔4500米；面积最大的高原是位于南美洲的巴西高原，面积为500万平方千米。海拔最低的陆地是死海沿岸，海拔高度为-392米。陆地的最高海拔与最低海拔的高差为9240米。

依据地貌特征分类，还有盆地、沙漠、湖泊、沼泽等多种地形。盆地是盆状的地形，四周高中间低而平坦。盆地可以出现在任何海拔高度，较大的盆地实际上就是小平原或者小高原。最大的盆地是刚果盆地，面积为337万平方千米。沙漠是具有很大连续性和延续性的沙地，最大沙漠是位于非洲的撒哈拉沙漠，面积为777万平方千米。大湖泊是陆地中的小海洋，最大的湖泊是位于欧亚大陆的里海，面积为37.1万平方千米。沼泽是地表常年或季节性大面积积水的湿地，最大的沼泽是南美洲的潘塔纳尔沼泽，面积为24.2万平方千米。从地表的植被特征上，还可以分为草原和森林等地域。

在地球的表面还有一些特定原因形成的特殊地貌，如冰川地貌、冻土地貌、风沙地貌、黄土地貌、岩溶地貌、流水地貌、火山地貌、海岸地貌等。还有一些特殊地质的地貌，如丹霞地貌和雅丹地貌。

地表处于永恒的运动和演化之中，致使地表形态不断地发生变化。地球的内力和外力以及内力与外力的矛盾，是地表形态的演化动力。内力作用的能量主要是地球内部的热能，导致地壳运动、岩浆活动和变质活动，表现为造山运动、火山爆发、地震活动等强烈的爆发形式，使地表凸凹不平。地壳运动引起的岩层永久性变形和变位者称为地质构造。外力作用的能量主要是太阳能和地球重力能，表现为地表物质的风化、侵蚀、搬运和堆积，还包括流水、冰川、海浪等持久的磨蚀形式，其作用与内力的作用正好相反，削高填低，使地表趋于平坦。风化是最为普遍、最为和缓、最为持久的外力作用，通常有物理风化、化学风化和生物风化3种基本形式。内力与外力相互对立、相互影响、相互转化。在中国湖北省神农架西北坡的房县九道乡阴峪河畔，有一座地面高度为200多米的山体，整座山体就是岩石圈被造山运动拱起的结果，山体是由厚度在10米左右的岩石板一层一层斜着叠起来的，斜度大约为70度。而与之相距200千米的神农架南坡宜昌市晓峰乡的一条大峡谷里，有一座布满鱼和蚌化石的山体，显然是古代海底被造山运动抬升起来的结果。这都显示出地球内力的巨大作用。而桂林如画一般的山体说明的是地球外力的作用，是风化和流水将山体日复一日磨蚀而成的奇观。

2. 海洋地域环境　海洋是在地壳之上淹没地表部分的水体。海洋底地形与陆地地形一样，都是地球构造运动的结果。陆地上有一条巨大的山脉喜马拉雅山，海洋底也有一条巨大的山脉洋脊，它比喜马拉雅山山脉还要巨大，贯通四大洋，全长8万多千米。洋脊在大西洋底的部分最为壮阔，宽度为1500~2000千米，面积约占大西洋面积的三分之一，相对高度为1000~3000米。大西洋洋脊是洋底断裂带，也是火山和地震活动带。

关于海洋的概念，古代和现代不尽相同。古代的海洋概念仅仅是那一片广大而又连续的水体。现代的海洋概念是由海水的水体、生活于海水水体中的生物、邻近海面上空的大气和围绕海水水体周边的海岸以及海水水体所覆盖的海洋底等几个部分构成。海水水体占地球表面积的71%，约为3.6亿平方千米，笼罩在海水面上的大气的面积与海水表面积相当，而海底则由于凸凹不平其表面积大大超过水体表层面积。海洋的体积为13.7亿立方千米。

海洋底在本来意义上是被海水覆盖的陆地性表面，其状态和陆地地表形状基本相同。海洋底的构成主要有大陆架、大陆坡和洋底三部分。大陆架是指大陆延伸在浅海海底的部分，从低潮线开始以舒缓的倾斜角度延伸至海底坡度显著增大或骤然变陡处。大陆架地形一般较为平坦，有小的丘陵、盆地和沟谷，坡度不超过1~2°，水深0~200米，宽度为10~1000米，总面积为2710万平方千米，占海洋总面积的7.5%。大陆坡是大陆架边缘骤然变陡并延伸到深海底的斜坡，是全球性地形单元。大陆坡的上坡沿一般位于水深100~200米处，坡底位于500~1500米的深水处，邻近海沟地带坡底更深，宽度约为20~100千米，总面积为2870万平方千米。洋底是海洋最深部位，也是地壳最薄部位。

海岸是海水水体与陆地相接的部分。地球表面这种水陆相接的海岸大约有27.14万千米。在5个陆块中，欧亚陆块的海岸线最长，约为11万千米。

由于大陆地形的原因，海岸或曲折，或平坦，或陡峭。受海浪和海风的作用，海岸被侵蚀而发生面貌改变，尤其是断崖地段的海岸，这种改变更加明显。

邻海面的大气是地球大气圈的重要组成部分。海中的生物既是地球生物圈的重要组成部分，也是海洋环境的主要构成部分。

3. 半岛与岛屿地域环境　半岛和岛屿是陆地与海洋共同的产物。半岛是陆地探入海洋中的部分。在世界各大陆块中，欧亚大陆由于边际最不规则，所以半岛最多，东面有朝鲜半岛、山东半岛，西面有伊比利亚半岛、亚平宁半岛、巴尔干半岛、小亚细亚半岛，北面有斯堪的纳维亚半岛、堪察加半岛，南面有印度半岛、中南半岛等。岛屿通常是大陆架露出海面的部分，也有的是海底直接露出海面的高地。还有的岛屿是由海底火山喷发、珊瑚虫遗体堆积和河流或波浪冲积而成，它们分别叫做火山岛、珊瑚岛和冲积岛。岛屿是岛和屿的总称，岛和屿的区别在于面积大小，面积小于1平方千米者为屿，大于1平方千米者为岛。全球海洋和江河湖泊中的岛屿总数有5万之多，总面积约为997万平方千米。最大的岛屿是格陵兰岛，面积为217.6万平方千米。群集的岛屿称群岛，最大的群岛是马来群岛，岛屿总量超过两万座。

（二）由温度带所形成的地域环境　地球的3种温度带实际上就是3种不同的温度环境。非洲大部、印度半岛、中南半岛、马来群岛、菲律宾群岛、夏威夷群岛、西印度群岛、澳大利亚北半部、南美洲北部、太平洋中部、印度洋北部、大西洋中部属于热带温度带；欧洲、亚洲、北美洲北部、太平洋北部、大西洋北部属于北温带温度带；非洲南端、澳大利亚南部、南美洲南部、太平洋南部、印度洋南部、大西洋南部属于南温带温度带；南极圈属于南寒带温度带；北极圈属于北寒带温度带。从海陆分布关系看，在热带温度带里海洋面积占比大，陆地面积占比小；北温度带基本是欧亚大陆和北美洲大陆的全部，陆地面积比海洋面积大得多；南温度带除了南非、澳大利亚南部和南美洲南部之外全部是海洋；南寒带是整个南极大陆，北寒带除欧亚大陆和北美洲的北部边缘零星地块和格陵兰岛的主体部分外，余者全部是北冰洋。

热带温度带共47个纬度，其中绝大部分是海洋国家，尤其是大洋洲的绝大部分岛国和爪哇海上的岛国以及加勒比海上的岛国，都在这个温度带之内。非洲国家、太平洋岛国、加勒比海岛国和南美洲国家是这个温度带的主要人文地理特征，撒哈拉沙漠、亚马孙平原、马来群岛，是这个温度带的主要自然地理景观。

北温带和南温带各有43个纬度，共计86个纬度。北温带主要地理景观是平原、内海、大河、高原和高山。平原主要有东欧平原、西西伯利亚平原，内海主要有地中海、黑海，大河有长江、黄河、密西西比河，高原主要有伊朗高原、青藏高原、蒙古高原、中西伯利亚高原，高山主要有大高加索山脉、喜马拉雅山山脉和落基山山脉等。南温度带地理景观较为单一，除非洲南端、澳大利亚南半部和南美洲南端陆地之外，基本是南印度洋、南太平洋和南大西洋的宏大水体。

北寒带和南寒带各有23.5个纬度，共计47个纬度，正好等于热带温度带的纬度数量。南寒带的主要地理景观是南极大陆上的冰盖，而北寒带的主要地理景观是北冰洋上的冰体。

二、环境中心参照、环境特性和环境类别　环境是空间概念，也是空间关系概念。环境可以是物质形式的，也可以是非物质形式的；可以是生命体形式的，也可以是非生命体形式的。物质形式的环境是由物质构成的，环境空间里是种种物质单元；非物质形式环境是由非物质构成的，环境空间里是种种非物质单元；生命体形式的环境是由生命体构成的，环境空间里是种种生命体单元；非生命体环境是由非生命体构成的，环境空间里是种种非生命体单元。环境同任何事物一样有其自身的存在形式和特性，具有不同的样式和类别。

（一）环境中心参照　环境是相对于特定的主体而言，具有中心参照物体，泛指参照物体周围的地域、空间和介质。比如，太阳系环境是以太阳为中心参照，地球环境是以地球为中心参照，太平洋环境是以太平洋为中心参照，欧亚大陆环境是以欧亚大陆为中心参照，美国环境是以美国为中心参照，中国环境是以中国为中心参照，伦敦环境是以伦敦为中心参照，某一城镇或聚落环境是以该城镇或该聚落为中心参照等。环境就是主体或中心参照事物本身与周围各类单元所构成的关联，这种关联也包括中心参照事物周围各类单元之间的关联。周围各类单元的分布状况、数量与质量状况及其特性等，都是环境状况的决定性因素。人类环境是以人类为中心参照的由决定或影响人类生存和发展的各种自然因素与社会因素构成的整体。

环境是客观的，环境概念是主观的。环境概念的使用，通常是为具体的主体事物服务的，为了说明和表现主体事物所处的空间位置及其状况，包括在周围各种事物中的地位、受周围各种事物的影响和对周围事物可施加的影响、与周围事物的关系演变以及主体事物发展的轨迹预期等。所以，环境的性质、大小等因素，都是相对于所参照的主体事物而言的。主体事物是物质的，环境就是物质形式的环境；主体事物是非物质的，环境就是非物质形式的环境；主体事物是生命体的，环境就是生命体形式的环境；主体事物是非生命体的，环境就是非生命体形式的环境。以山地、平原、沙漠、水域为中心参照，这样的环境分别称为山地环境、平原环境、沙漠环境和水域环境；以国家、民族和家庭为中心参照，这样的环境分别称为国家环境、民族环境和家庭环境；以社会为中心参照，称为社会环境；以时代为中心参照，称为时代环境；以世界为中心参照，称为世界环境。照此可以列举出政治环境、经济环境、文化环境、教育环境、卫生环境、法制环境、交通环境、农业环境、工业环境、科技环境、市场环境、金融环境、投资环境等。中心参照的主体事物不同，环境的内容和大小也就不同。

（二）环境特性　环境的主要特性是空间性、物象性、关联性和无限性。

1. 环境的空间性　环境必须具备空间条件，是一种空间形式，由长度、宽度和高度三维界定。在数学上被表示为原点与X、Y、Z三轴间共同构成的关系。物理学把空间定义为宇宙中物质实体之外的部分，或宇宙物质实体运动所发生的部分。物理学的这种空间定义不谓不当，却也并不全面，因为物质实体其实体之内的部分也是空间。地球是一个实体，分子和原子也是一个实体。实体内部还有无限层次的实体。环境当然也不例外，否则，对实体空间的理解和定义就会出现实体无空间的谬误。还有一点，物理学的空间定义遗漏了非物质环境，非物质环境是无实体可言的。没有空间就没有环境，这是环境的第一特性。同时环境又是空间的特定的具体的形式。在当代语境里，“空间”概念被广泛使用，如网络空间、数字空间、发展空间等。

2. 环境的物象性　环境具有物象特性。环境中有事物，这是环境的第二特性。事物是环境的实体，不管是实体的具象事物，还是虚拟的抽象事物，没有事物的环境是不存在的。没有事物，没有物象，不可能有环境。而且离开物象，环境没有任何意义，所以环境不是个真空的概念。在物质世界里，真空是个虚拟的概念。特定的环境总有特定的物象：山地环境的物象是峰峦、山林和沟壑；家庭环境的物象是夫妻、父母和子孙；教育环境的物象是教师、学生和教室；城市环境的物象是楼房、街道和人群；战争环境的物象是飞机、大炮和军队……正是物象的特质，决定了环境的特质。认识环境必须认识环境中的物象，不了解一个环境中的土地特质，就无法知道是否可以开垦，有没有农业发展前景；不认识一个环境中的矿藏特质，就无法知道是否可以开采，有没有工业发展前景；不掌握一个环境中的水利特质，就无法知道是否可以开发，有没有电业发展前景。在更大的环境里，不分析一个国家的特质，就无法知道是否可以建交，有没有合作前景。在国家环境里，不研究元首的特质，就很难从更深的层面解读或预见这个国家的行为，只有了解乔治·华盛顿，才能深刻理解独立战争；只有了解列宁，才能深刻理解十月革命；只有了解希特勒，才能深刻理解第二次世界大战；只有了解毛泽东，才能深刻理解中国的计划经济。世界上有 230 多个国家和地区，这些国家和地区环境像所代表着这些国家和地区的国旗一样不同。在认识论里，环境是认识事物的空间界定和规定，对任何事物的认知都不可能脱离所认识的事物的空间。同一类事物，不同的环境有不同的属性。同是老虎，孟加拉国虎与中国虎不同；同是大象，非洲大象和亚洲大象也不同。

抽象事物也可以看做环境的物象事物。非物质形式环境和非生命体形式环境，大多都是抽象事物。这种物象，不是实体的物象，对于这种环境的物象性的理解与把握，通常不是靠形象思维实现的，而主要是依靠逻辑思维达成的。创作、创意、设计、数字、论证、学术研究等，所创造的环境或所依赖的环境中的物象大都是抽象物象。

3. 环境的关联性　世界上任何事物都不是孤立的。环境是由一定空间内事物之间的外部关联所构成的一种形态，同时就这个环境本身而言，又是由内部事物之间的关联所构成的一种形态。这种关联表现为静态和动态两种形式。静态的关联是固定的关联，包括水平的和垂直的位置关系。地中海与非洲及欧洲大陆的关联是静态的，安第斯山山脉与汉科乌马山的关联是静态的，地质的改变对于这种关联几乎不产生实际性改变。动态的关联是发展的演变的关联，比如铅与铀的关联。铅由铀衰变而成，在岩石环境中，如果铅和铀的比例为2∶1，那么就可以知道这块岩石形成的时间大约是在30亿年前。因为铀的半衰期为45亿年。还有许许多多的关联，都是动态的关联，例如石油开采与炼油厂的关联、煤炭运输与发电厂的关联、勘探队与矿藏的关联、索马里海盗与亚丁湾的关联、多国部队与海湾战争的关联、国家与跨国公司的关联、联合国安理会与世界重大事件的关联。关联性是环境的第三特性，是认识环境和对某种环境作出判断的第三依据。空间是环境的形式，物象是环境的实体，关联是环境的结构。

4. 环境的无限性 环境具有空间性和空间无限延展性。由于空间的无限性，环境也具有无限性。因此环境概念具有无限的弹性，表现为弹性无穷大和无穷小，大到无穷无尽的宇宙，小到无穷无尽的粒子。无穷大和无穷小是环境的无限弹性。特定的有限环境，总是处于无限环境之中。如一个村落处在一个特定的平原或者丘陵地域环境之中，而这个特定的平原或丘陵地域环境，又处在特定的温度带或地理带地域环境之中，而这个特定的温度带或地理带又处在特定南半球或北半球环境之中，而这个特定的南半球或北半球又处在地球环境之中……总之，任何环境都是处在比其更大的环境之中，反言之，任何环境都包含着比其更小的环境。用哲学语言表述则是，任何环境都是有限性与无限性的统一。

（三）环境类别 任何事物都有内部环境和外部环境两种环境样态，大到天体，小到粒子，包括人体。结构是事物内部环境的存在形式，关联是事物内部环境与外部环境构成特定关系的存在形式。太阳系是地球的外部环境，地核、地幔、地壳等属于地球的内部环境；原子是原子核的外部环境，中子、质子属于原子核的内部环境；人地关系、人人关系是人体的外部环境，心脏、肺、肝属于人身体的内部环境；生物体是细胞的外部环境，细胞壁、细胞核属于细胞的内环境等。但是，环境概念通常习惯用于人类活动空间，宇宙空间、粒子空间一般不使用环境概念。根据不同的条件和需要，环境可以分为若干种类，以环境的空间标准分为宏观环境和微观环境，以环境的物象标准分为具象环境和抽象环境。

1. 宏观环境 宏观相对于微观而言。宏观环境是依据宏观世界而论。因此，我们把地球环境、国际环境、国家环境、社区环境等称之为宏观环境。宏观环境可以理解为大环境，综合环境。依照环境中心事物而论，不同学科和行业有不同的宏观环境，农业、工业、矿产业、制造业、金融、教育、卫生、市场、国防等，都有不同的宏观环境，这些宏观环境通常指的是影响环境中心事物的各种宏观力量，一般包括政治、经济、社会和技术4个方面。如经济宏观环境指的是国家的经济发展阶段和发展水平，其中包括经济制度、市场体系、财政预算以及国家贸易和国际收支状况等。控制论的决策方法，离不开对宏观环境的分析与把握。没有对宏观环境的分析与把握，就不可能认识全局、把握大局。在国家和国际事务中，对宏观环境的分析与把握，是一个国家审时度势在国际风云中立于不败之地的关键。

2. 微观环境 微观相对于宏观而言。微观环境是依据微观世界而论。在行为学中，微观环境也可以理解为小环境、具体环境，环境成分比较单一，不同学科和行业有不同的微观环境。微观环境对环境中心事物的影响是较小的微观力量，对宏观环境起着潜移默化的作用。微观环境因素，是宏观决策的重要参照。在空间尺度和学科意义上，环境的价值观与微观环境和宏观环境并无直接关系。

3. 具象环境 具象环境是具有明显物象的环境，或者是以某种事物为主体，或者是以具有代表性的个体事物或群体事物为特征的环境。这些物象对环境有着决定性的影响，是环境的中心，是环境的主体，甚至就是环境的本身。例如，以树木群为特征的环境，称之为森林环境；以海水为特征的环境，称之为海洋环境；以草地为特征的环境，称之为草原环境；以高山平地为特征的环境，称之为高原环境；以耕种的农田为特征的环境，称之为土地环境；以高楼群和人群为特征的环境，称之为城市环境，如此等等。

4. 抽象环境 抽象环境是不存在真实空间和物象的环境，环境中没有任何具体的事物，只是抽象的概念，是由抽象概念的相互间的关系所达成的环境。从一定意义上说，抽象环境是人类抽象能力所折射的虚拟环境，是思维运行的抽象空间。换言之，没有抽象环境，也就不可能有抽象思维和抽象能力。数学里的数字环境、学术研究所运用的概念之间的关联构成的逻辑环境、思想方法的思维环境等，都是抽象环境。所以，抽象环境虽然没有实际空间的存在，但不等于没有实际的意义。还可以作另外一种理解：凡不是真实实在的环境，而是通过抽象能力构成的可视可想的环境，也是抽象环境，例如文学作品里的环境是虚构环境，影视作品里实地拍摄的真实环境，也是由抽象的创作而虚构的抽象环境。美国西部电影的场景是以苍凉的纪念碑谷为基调的，整个美国西部被以此基调剪辑，并不苍凉的西部便成了苍凉的西部，再假以秃鹫和响尾蛇、牛仔和印第安人，美国西部电影便以独特的风情而风靡世界了。

对地域环境状况的判定包括环境化学、环境物理学、环境生物学和环境地学等诸多方面。环境化学能够判定岩石圈、大气圈、水圈、生物圈中形成和迁移以及转化与归宿等方面的状况；环境物理学能够判定电磁波、光、热、声、振动等状况；环境生物学能够判定生物的物种、类别、群体和个体及相互之间作用规律与机理；环境地学能够判定地理环境和地质环境的组成、结构、性质和演化。人类产生之后，人类在地域环境中始终是不可或缺的角色，甚至是主要角色。对有人类活动的地域环境状况的判定，还包括环境社会学、环境经济学、环境医学、环境管理学和环境工程学等诸多方面。

既然环境是中心事物与其他事物构成的空间关系，那么环境就可以用来分析一事物与他事物的关联，判定环境中事物的存在或生存指数。事实上，离开环境一切都无从把握、无从谈起。例如温度带、地理带的划分，在客观上确立了地表不同区域的温度关系和地理关系，为人们从温度环境和地理环境认识地表不同事物的存在和生存关系，提供了依据。

在更多的时候，除了地理的自然环境外，由人类构成的环境都是具象环境与抽象环境的结合，没有单纯具象环境，也没有单纯的抽象环境。如果以空间学定义环境，环境没有单一的、独立的，都是复合的、综合的。

中国人很早就认识到了环境的空间关系，最有力的例子是中国文字的创造运用了环境的空间关系。中国文字的创造遵循的是象形和表意等原则，而代表"我"这个字的创造无法运用象形和表意，尽管有对甲骨文的种种考证，有对说文解字的种种诠释，但是，从"我本位"的角度讲，"我"是人类最先最急于需要表达的符号。据此可以推测古人很巧妙地利用了环境的空间关系。这个环境空间是与"我"最为密切的家庭环境空间。家庭最典型的结构是祖孙三代的结构。古人将"我"定位在上有父母、下有妻小的中层位置，也是家庭的中间位置，于是"五口"便为我，即"吾"。

第三节　自然环境与社会环境

地域环境包括自然环境和社会环境，也可以理解为地域环境包括自然地理环境和人文地理环境两个部分。在同一地域环境中，既有人地关系，也有人人关系。出于破题的需要，在没有作特别强调时，自然环境是指自然本原的生成和状态。社会是人类群体的集合，这种集合是有规则的，有特定意识形态的。自然可以不依赖社会而存在，而社会的存在则必定依赖于自然。社会环境是自然环境中的一个特例。

一、自然环境　自然环境是多种多样的。在大的方面，太阳和地球的恒（星）卫（星）关系，使地球在太阳光照里形成了以热带为中心对称的南北温带、南北寒带这样五带地域，也是地球的五大环形地域环境。

自然环境状况通常从3个方面加以论定：一是地表状况，二是地表之上的气候和气象状况，三是地表之下一定深度的状况。作为环境要素，有物质的、能量的和自然现象的。物质的环境要素最为普遍，如大地、动植物和空气；能量的环境要素包括阳光、气温和地磁等；自然现象的环境要素有大气运动、水循环、水土演变、地球稳定性和太阳稳定性等。

自然环境虽然是自然本原的生成和状态，是没有人类介入的本原，但在许多情况下并不能离开人类的视觉和意识讨论自然环境，这不单单因为自然的本原已经将人类包括其中，更主要的是讨论没有人类主观意识的自然环境对于人类没有任何意义。

自然环境是由岩石圈、大气圈、水圈和生物圈这4个圈层相互联系、相互作用所形成的。

（一）岩石圈　岩石圈是地球最外面的圈层。这一圈层是从上地幔软流层到地表平均厚度为100千米的岩石。岩石分为岩浆岩、沉积岩和变质岩三类。岩浆岩是地壳内部的岩浆侵入地壳或者喷出地表冷凝而成，所以又称之为火成岩；沉积岩是地表既成岩石在外力作用下，经过风化、搬运、沉积而成；变质岩是岩浆岩和沉积岩在变质作用下而生成的新的岩石。这3种岩石可以互相转化，形成岩石圈的物质循环。

岩石圈的物质循环是自然界重要的物质循环，因为在这种循环过程中，形成了地球上各类矿物资源，改变了地表形态和地表环境。

岩石是在各种地质作用下按照一定方式结合而成的矿物集合体，是构成地壳和地幔的主要物质。

岩石圈并非是完整的，共有6个板块：欧亚板块、非洲板块、印度洋板块、太平洋板块、美洲板块和南极板块。每个板块还有若干小的板块。岩石圈的板块运动形成重要的地球物理。

（二）大气圈　大气圈是地球表面之上的气体圈层，俗称大气层。由于地心的引力作用，几乎所有气体都集中在距离地面100千米高度范围内，其中75%的大气又集中在地面至12千米高度的范围内。在高空1.6万千米处仍有稀薄的气体。在地表之下，土壤和某些岩石中也会有少量空气。大气圈的主要成分是氮、氧、氩、二氧化碳等气体和比例很小的微量气体。据最新的估算，大气的质量为6000万亿吨，其中氮气占大气总量的78%、氧气占21%、氩气占0.93%、二氧化碳占0.03%、氖气占0.0018%。

整个大气圈又分为对流层、平流层和高层3个圈层。对流层是大气圈的最底层，紧接着地球表面，厚度约10~20千米。由于对流层与地球表面最近，所以受地球的影响最大，空气对流明显，多有强对流现象发生，风、雾、云、雨、雪等都发生在这一层。对流层的温度随着距离地表的高度而变化，高度越高温度越低，每升高100米温度下降0.5℃。平流层在对流层之上，距离地表约20~50千米。平流层的空气流动平稳，在20~30千米内，温度保持在-55℃左右，称为同温层；在30~50千米的高度，温度随着高度的增加而增加，但增加的幅度不大，顶部温度约为0℃，气压约为100帕。高层是距离地表50千米最高可达800千米以上的气层，在这一气层内，在不同的高度上物理变化很大，所以又分为中间层、暖层和散逸层。中间层距离地表约50~100千米，空气非常稀薄，垂直对流强烈，温度随着高度的增加而降低，而且降低的幅度很大；暖层距离地表约100~800千米，空气极度稀薄，在270千米高度上，空气密度约为地面空气密度的一百亿分之一，并且受太阳照射的影响大，太阳中的紫外线被本层中的氧原子充分吸收，温度很高；散逸层在距地表800千米之上的高度，大气更为稀薄，仅有海面空气密度的一亿亿分之一，温度极高，达数千摄氏度。

在大气圈中，还有两个特殊的层面，一个是臭氧层，一个是电离层。臭氧层基本重合了平流层。由于平流层的氧分子受到太阳紫外线的光化作用变成了臭氧，故而形成臭氧层。电离层在距离地表80千米以上，是因为这个高度气层的气体受到太阳紫外线的作用，形成了带电的正离子和负离子及部分自由电子，从而形成了电离层。

大气圈的最外层是磁力层，大约有6.5万千米的高度，是大气层向星际空间过渡的空域。

（三）水圈 水圈是地球上各种水体共同组成的圈层。水的面貌是平面的，但水的循环运动是立体的。这种循环是蒸发与降水的升降运动，表现为地球表层水在太阳能量的作用下，变成气体蒸发到空中，随着不断升高，温度不断地降低，最后还原为水降到地面，或通过地表径流还原地下。按照水循环环发生的空间范围，水循环可分为海陆间循环、海上内循环和陆上内循环3种类型。海陆间循环是海水被蒸发后，水汽随着海洋上空的气流被输送到陆地上空，温度降低后，水汽凝结成水滴，在陆地上空降水，降下的水或直接流入海洋，或从地下渗入海洋，实现循环；海上内循环是蒸发与降水都在海域里完成；陆上内循环是陆地水、土壤水分和植物水分被蒸发，之后又直接在陆地上空降水。从水循环发生的这3种情况可以看出，海陆间循环的区域降水最充分，海上内循环降水量次之，而陆上内循环由于海洋气流到达不了，没有被海洋气流带来的由海水蒸发的水汽，只有陆地的地表水和土壤水分及植物水分被蒸发的水汽，所以降水量非常小，常常发生大旱或极度干旱。

水循环的过程，涉及岩石圈、大气圈和生物圈及本身圈层，体现了这些圈层的相互联系，同时对这些圈层之间的热量传输起着重要的调节作用。由于在水循环过程中，还进行着势能和动能的转换，产生了流水侵蚀作用，改变着地表的形态。由于水的溶解特性，水在与岩石和土壤的接触过程中，不断溶解其中的矿物质并将这些矿物质带走，促进了地球表层各种化学元素的迁移。水循环是影响地球表层极为深刻的动力过程。

水圈是外动力地质作用的主要介质，在塑造地球表面形状的外动力地质活动中扮演了重要角色。沟壑、河谷、溶洞、石林、石峰和喀斯特地貌等地表形态，都是水的流蚀和溶蚀的结果。水圈中的各种水体，以其存在方式分为海洋水体、河流水体、湖泊水体、冰川水体和地下水体等5种类型，以液态、气态和固态3种形态存在于地表、地下和空中。

水还以独特的方式存在于生物本体中。地球上所有的生物，都需要以水维持生命，水是生物体的基本成分。哺乳动物体内的水分占体重的65%左右，鱼类体内的水分约占体重的75%，而藻类体内的水分高达95%，水母体内的水分最高可达到98%。一个成年人体内的水占体重的65%～70%。人体内的水主要存在于血液、淋巴和细胞之中，即使骨骼也有比重30%的水，牙齿珐琅质也有比重0.3%的水，而尿液的水分高达99%。对于人类而言，当水的吸收量小于维持平衡水分量的1%～2%时会感到口渴，长期小于维持平衡水分量的5%时皮肤会出现皱褶，甚至神志不清，长时间小于维持平衡水分量的15%时会死亡。

（四）生物圈　生物圈的概念是奥地利地质学家休斯于1875年建立的，指的是地球上有生命活动的领域以及生存环境的整体空间。生物圈是一个完整的生态系统，这个圈层的空间厚度大约为2万米，于海平面上下各1万米。但是生物种类和数量最多、活动最为频繁的核心圈层是在200米的厚度内，在海平面上下各100米的空间之中。生物圈既包括全部生物，也包括生命活动所必需的物质以及物质环境。概括地说，生物圈主要由生命物质、生物生成性物质和生物惰性物质三部分组成。生命物质是有生命的物质，亦称活质，是生物有机体的总称，包括人类、动物、植物和微生物等一切具有生命现象和生命行为的物质；生物生成性物质是由生命物质所组成的有机矿物质相互作用的生成物质，如煤、石油、泥炭和土壤殖质等；生物惰性物质是指大气的底层气体、沉积岩和水等。

构成生物圈有4个基本的或必要的条件：第一，足够的光能，这种光能几乎全部来自太阳，亦称太阳能；第二，足够的液态水，所有的生物都含有水分，水是生命本身的物质；第三，适度的温度，生命产生于适度的温度，也需要生命所必需的物质在适度的温度里的气态、液态和固态的转换和变化；第四，足够的化学元素，包括氧气、氮气、二氧化碳、碳、钾、钙、铁、硫等。

生物圈中的各种生物按照它们在物质和能量流动中的作用，分为生产者、消费者和分解者三类。生产者一般为绿色植物，它们通过光合作用将无机物合成为有机物。消费者主要是动物，按照食物的不同，分为3个级别：以植物作为食物的植食动物，为一级消费者，例如牛、马、羊、兔、昆虫等；以植食动物为食的肉食动物，为二级消费者，例如狮子、老虎、狼等；还有一些以小型肉食动物为食的动物，为三级消费者。人类属于杂食动物类。分解者主要指的是微生物。微生物可以将有机物分解为无机物。这三类生物既是生物圈的本身，又是生物圈的破坏者和建造者。它们与其生存的无机环境一起，构成生态系统。生产者从无机环境中摄取能量，合成为有机物；生产者被一级消费者食用之后，便将自身的能量传递给了一级消费者；一级消费者被二级消费者食用之后，再将自身的包括生产者传递给的能量一并传给了二级消费者；二级消费者被三级消费者食用之后，又将自身所储存的生产者和一级消费者的能量连同自身的能量，一并传给了三级消费者。当有机生命死亡之后，分解者再将其分解为无机物，把源于无机环境之物归于无机环境，完成了一个生态系统的物质与能量的流动程序，之后再周而复始，进入新的流动与循环，并以这种周而复始的物质与能量的流动与循环，保持生态系统的平衡，保持生物圈的生机与持续循环。

生物进化首先在于自身的内在进化机理，在于预先储备着的遗传变异。生物的发展与变异的动力是线粒体提供的。线粒体利用生物摄取的食物在自身的内膜两侧形成电化学梯度，随着化学物质由梯度的一侧流向另一侧，能量得到释放，驱动着细胞的活动。这种细胞的活动促使生物的发展与变异，就是进化。因此实现进化的机制和动力是自然选择。这种自然选择的结果是改变种群的基因频率。选择的类型分为单项性选择、稳定性选择和分裂性选择三类。单向性选择是把趋于某一极端的变异保留，而将另一极端变异淘汰，使生物类型向一个方向进化；稳定性选择是淘汰趋于极端的变异个体，保留种群里的中间类型个体，使生物性状趋于稳定；分裂性选择是将极端变异个体按照不同的方向保留，使中间的常态型减少。在自然选择中，性选择具有特别的特定的意义，这种特别的特定的意义就在于实现基因重组，强化遗传变异。

二、社会环境　社会环境是人类在特定地域里生存活动所构成的群体关系的特定表述语。在社会环境里，人类是主体，是社会环境的原发性因素和决定性因素。人类依赖自然、利用自然，为了更好地依赖和利用自然而改造自然，通过自己的行为使自然环境发生了人文改变。这种被改变了的自然环境，人类习惯于称作人工环境或人文环境。

人文环境在更多的时候更多的情况下是人类集体有意识的结果。比如，水岸或山脚出现了村落，荒芜的土地成了阡陌纵横的农田，高山深处的绿荫下出现的庙宇和寺院，河港湖汊的津渡等。人类早期文明的巴尔干半岛的城邦、古埃及的金字塔、古罗马的尼姆水道和哈德良长墙、中国的长城，后来的京杭大运河、苏伊士运河、巴拿马运河，当代美国诸多的水电大坝、中国的三峡大坝等，都是改造自然的结果，这种结果使自然改变了本来的面貌。

在全世界的运河中，苏伊士运河和巴拿马运河是海上运河。虽然这两条运河都不如京杭大运河长，京杭大运河长 1800 千米，苏伊士运河长 190 千米，而巴拿马运河长仅有 81.3 千米。但是，苏伊士运河和巴拿马运河对自然面貌改变最大：苏伊士运河连结了地中海和红海，贯通了大西洋和印度洋；巴拿马运河贯通了中美洲地峡，打破了中美洲地峡对太平洋与大西洋的隔离，将太平洋与大西洋连在了一起，不仅改变了地表自然状态的水陆分布格局，也从海洋动力学和海洋生态学上改变了陆海分布的格局，甚至改变了世界政治格局。

荷兰是筑堤、开凿运河较早的国家。由于 60%的国土海拔不足 1 米，38%的国土低于海平面，最低点海拔为-6.7 米，因此频繁遭受洪水灾害。筑堤、开凿运河是荷兰全民工程，境内运河纵横交错，形成运河网，因而荷兰有“堤坝之国”、“运河之国”的称誉。13 世纪荷兰普遍开展填海工程，围田和防海潮。荷兰填海的做法对德国、比利时乃至法国，都产生了积极影响。

现在筑坝蓄水已经很普遍，全世界修筑的大型水坝有4.5万座，在21条世界级大河的河流上都建有水坝。美国是世界上现代筑坝较早而且筑坝最多的国家，自19世纪以来，共计筑坝8.5万座，在防洪、灌溉、供水、航运、发电等方面取得了很大的效益。在这种情况之下的水虽然依旧是水，却已经不再是自然景观，不再是自然环境里的水，而是人工环境里的水。

人文环境是人类生存必然形成的环境，也是随着人类社会发展出现的与人类生存状态相对应的环境。爱琴文明和玛雅文明等种种文明，都构成了当时的甚至是延续了多少个世纪的人文环境。

这些人文环境既是在人地关系作用下形成的环境，也是在人人关系作用于人地关系情况下形成的环境。因此，人文环境同时体现着人地关系和人人关系的基本状况。

人人关系也同样是在集体有意识或集体无意识之下形成的一种以社会为主体特征的人文环境。这种人文环境是在人际之间、社群之间、国际之间有意或无意中形成的。与人类生存息息相关的金融环境，最初是在人类集体无意识情况下产生的。当黄金作为货币后，最初由于零碎没有标准重量，使用时就要称重以确定其价值，有诸多不便。于是就有人想出个主意将黄金熔化后按照不同重量单位铸成不同面值的金币。此时，铸币的金匠便出现了。金匠按照持黄金人的要求将零碎的黄金铸成不同面值的金币，并要写下收到黄金重量的字据。这字据既是收据也是取金币的凭据，其实质就等于黄金。如有借贷发生，既可以使用黄金也可以使用铸币字据。有些不安分的金匠，还会利用交付金币时间差和蓄意延长铸币时间，挪用他人黄金开出用于借贷的铸币字据从中牟利。纸币、金融市场、通货膨胀、金融家、现代银行等一切金融现象都源于铸币字据。这种金融环境是人类集体无意识结果，而金融体系、金融制度，又是人类集体有意识的结果。

人文环境和社会环境在一定情况之下是同一个概念，而在另外情况之下则又有区别。有时候社会环境指的是纯粹的人人关系所形成的环境，人文环境指的是纯粹的人地关系所形成的环境；有时候两者又可以互相包容，人文环境包容着社会环境，社会环境包容着人文环境，特定的社会环境是特定的人文环境的一部分，特定的人文环境也是特定的社会环境的一部分。通常人们不论是显意识还是潜意识，都是在特定社会环境里讲人文环境，这也许给人们造成了某种错觉，认为人文环境就是社会环境中的一个部分或一个类别。从根本意义和本来面貌上讲，人文环境和社会环境不应该是对等的，因为人文环境的内涵可以有两个内核，即人地关系和人人关系，而社会环境的内涵只有一个内核——人人关系。所以，人文环境和社会环境的内涵是不相同的，外延也是不相等的。

无论是自然环境还是社会环境，通常呈现着两种状态：一是常态，二是时态。常态是相对稳定的状态，是诸多必然因素在决定着、支撑着和维系着的恒久状态；时态是或然出现的不稳定的暂时的状态，是诸多偶然因素导致了这种状态的发生和发展。常态和时态都是相对的，地形地貌没有改变，是常态；发生了可恢复性的改变，是时态；发生了不可逆转的改变，则成了新的常态。一个朝代在没有解体之前，在整个历史长河里，它是常态；而在这个朝代里，则有许许多多的常态和时态的交错。常态和时态不仅是相对的，而且还是可以互相转化的。认识这种相对性和转化性，具有重要的生态学意义。

社会环境从根本上说，是人人关系所形成的自为社会状态，其主要维系力量是公共政策。公共政策的核心功能是在国家、社会和公民之间实现利益制衡。国家利益、社会利益、公民利益，在宏观上是一个国家的整体利益的全部，但是在一国之内，三者的各自利益常常以凸显的形式表达出来，甚至直接表现为博弈与冲突，此时需要以公共政策制衡，找到最佳平衡点，既维护三者各自利益，又化解博弈与冲突，并保障三者利益能够在协调的状态下长期发展。一个好的优良的社会环境，一定是国家利益、社会利益、公民利益并行不悖，各自都有最大发展空间，各方都有满意的获得感的社会环境。现在世界各国几乎都面临着两大问题：两极分化的出现和特殊利益集团的形成。世界各国的经济发展极少不受两极分化掣肘的，世界各国的政府决策极少不受特殊利益集团左右的。这两大问题不仅是国家建设的痼疾，也是国家破产的根源。

第四节　影响地理环境的三大物理

影响地理环境的物理因素很多，其中有 3 种物理因素对地理环境影响最为直接和深刻。

一、地球物理　地球物理是地球内部环境的内在运动规律，它不仅决定着地球内部的演变，也决定着地球外部的形态。地球物理主要取决于地球的构造和地球的运动。

（一）地球的构造　1927 年，比利时天文学家乔治·勒梅特提出了宇宙是由原始原子通过能量和质量爆炸生成的。宇宙大爆炸理论自此产生。2014 年 3 月 17 日，美国哈佛-史密松天体物理中心捕捉到了宇宙大爆炸时的原初引力波，2015 年 9 月 14 日美国激光干涉引力波天文台首次探测到了 13 亿年前两个黑洞融合所辐射出的引力波。引力波研究表明在 137 亿年前，“空间微粒”在链式反应中暴胀成浩渺宇宙。宇宙在诞生大约 90 亿年后开始分离星系，此时诞生了地球。地球诞生 1 亿年后，一颗正处于胚胎期的行星忒伊亚与其相撞，两颗行星合二为一，成为现在的地球，而撞出的碎片形成月球。

地球是椭圆形星体，由一系列同心层组成，大致可分为 3 个基本同心层：地核、地幔和地壳。地核是地球的核心部分，分为内外两层，分别称为外地核和内地核；地幔是地球的中间层，是地球内部体积最大、质量最大的一层，分为上地幔和下地幔；地壳是地球最外边一层，也可分为上下两层：上层化学成分以氧、硅、铝为主，化学组成与花岗岩相似，故而称为花岗岩层；下层富含硅和镁，化学组成与玄武岩相似，故而称为玄武岩层。

（二）地球的运动 地球的运动有自转与公转、地极移动、岁差与章动和构造运动等多种运动样式。这些运动不仅决定着地球表面环境，也决定着地球内部环境，甚至还决定着地表上空环境。地球的自转运动是地球围绕自转轴自西向东的旋转，旋转的角速度平均为每小时 15 度，在地球赤道上，自转的线速度每秒 465 米。地球公转的轨道是椭圆的，公转轨道平均半径长度为 1.5 亿千米，轨道的偏心率为 0.0167，公转的平均轨道速度为每秒 29.79 千米；公转的轨道面即黄道面与地球赤道面的交角为 23.27 度，称为黄赤交角。地极移动，简称为极移，是地球自转轴在地球本体内的运动。极移会导致地面上各点的纬度、经度发生细微变化。岁差与章动是在外力的作用下，地球自转轴的空间指向不能保持固定的方向，不断发生变化。其中地轴指向因受到重力作用而发生的变化称为岁差，而周期的小幅度振动称为章动。地球的构造运动，是指地球内部动力引起的岩石圈的机械运动，分为垂直构造运动和水平构造运动。垂直构造运动是沿着地球半径方向发生的运动，这种运动导致岩石圈或上升或下降，或被挤压或被拉伸；水平构造运动是沿着地球切线发生的运动，这种运动导致岩石圈水平位移和旋转。

二、海洋物理 海洋物理是地球物理的重要部分。海洋物理是海洋体系内在的各类运动的原理，包括潮汐、海流、波浪、电磁、声光、气象和河口海岸带动力等，也包括这些运动与大气圈及岩石圈相互作用、发生在海洋中的流体动力、海水运动及其相互作用的原理。

（一）潮汐 潮汐是海水在月亮和太阳等天体引潮力作用下所产生的周期性运动。海水与海平面做垂直涨落成为潮汐，做水平运动成为潮流。海洋的水面周期性的涨落现象在白天称作潮，在夜间称为汐。一般每日有两次潮汐现象。

大气各要素如气压场、大气风场等受到引潮力的作用而产生的周期性变化，称作大气潮汐，其中由太阳引起的大气潮汐称作太阳潮汐，由月亮引起的大气潮汐称作月亮潮汐。

潮汐形成的原因主要在于月球和太阳对海洋所产生的引潮力。引潮力是月球和太阳的万有引力及其与之对应的惯性力。宇宙中所有的天体都具有引力和与之对应的惯性力，两个相邻相近的天体都会有这种力量的相互作用。引力是质点的基本属性，任意两个质点都会通过圆心方向上的力而相互吸引。这种吸引力最初的能源在物质的分子身上，早在 1873 年荷兰物理学家约翰尼斯·范德瓦耳斯就提出了分子间存在弱吸引力的观点。两个质点吸引力的大小与两者的质量有关，同时也与两者之间的距离有关。计算公式是吸引力与质量的乘积成正比，与距离的平方成反比。因为地球表面有大面积的水体，这种力量的作用会非常明显地引发潮汐现象；而没有水或者没有大面积水的天体，二者相邻相近时，会引起相对面凸起，体形变得椭圆，这种现象是大地潮汐。由于地球和月球是围绕太阳运行，受到的引力有着周期性变化，潮汐也就直接地反映出这种变化。

（二）海流　在海洋物理中，海流是十分重要的部分。海洋中有无数大大小小多种多样的海流，在层面上，上层有环流，底层有潜流；在流向上，有由下而上的上升流，也有由上而下的下降流；在主从关系上，有主流，也有支流；在形态上，有平直流，也有涡旋流；在温度上，有暖流，也有寒流。

从海流成因上，可以分为风海流、密度海流和补偿海流。风海流是在盛行风力的作用下，海水表层会顺着风吹的方向做大规模的流动，形成海流，世界上大多数的海流都属于风海流类型；密度海流是不同海域的海水在盐度和温度影响下，造成海水的密度分布不均，引起海水水位的差异，致使海水密度不同的两个海域之间产生了海面倾斜，倾斜的位差和势能造成海水流动，形成海流；补偿海流是风海流或密度海流的流动，致使海水流出的海域海平面降低，相邻海域的海水流过来进行补充，形成海流。补偿海流有水平海流，也有垂直海流。垂直海流分为向上的上升海流和向下的下降海流。

环流是指海水从一海域流向另一海域最终又流回原海域的闭合式流动的海流。这种环流为水平环流。水平环流的形成主要是由于海面风力和热盐的作用，其中受风力作用最为直接和明显。在赤道两侧的海域，受东南信风和东北信风的作用，形成了自东向西的南赤道海流和北赤道海流。在北半球的中纬度海域，向北流的海流受到盛行的西风的影响而转为东流，形成了北大西洋洋流和北太平洋洋流。在南半球的中纬度海域，向南流的海流受到盛行的西风的影响，也转向东流，形成南极环流。

热盐效应和低温通常会使表层海水密度增高，质量加大，造成水体下沉。水体下沉到深层或底层后，在水平梯度力的作用下做水平运动，在一定的温度和盐度条件下，通过中层水的底部上升到海平面。这种环流叫做热盐环流，它的流动轨迹并不闭合，呈现“U”字形。

海流或称洋流，是地球表面温度环境的主要调节者。由低纬度流向高纬度的海流为暖流，而由高纬度流向低纬度的海流为寒流。暖流将赤道附近的高热量带向高纬度海域，缓解高纬度海域的严寒；寒流将高纬度的低温带到低纬度海域，缓解低纬度海域的酷热。暖流可以为所流经之处的气候增温增湿，寒流则可以为所流经之处的气候降温降湿。所以大洋环流是维持地球热量平衡的重要角色。同时，大洋环流也将海洋中的溶解氧输送到地球表面的各处，是维持地球氧气平衡的重要角色。

还有一种海流叫黑潮，产生于太平洋赤道海域，它像一条宽约200千米深约500米流速每小时约4000米的海中大河，从菲律宾以东开始转向，沿着台湾东侧进入东海，并沿着冲绳海沟继续北上，经日本列岛进入北太平洋。黑潮海水的温度和盐度明显高于海流两侧的海水，为菲律宾、中国台湾、中国东部沿海、朝鲜半岛和日本列岛，带来充沛降水和适宜气候。

对陆地气候产生重大影响的还有墨西哥湾海流。墨西哥湾海流产生于大西洋赤道海域，从加勒比海墨西哥湾开始转向，斜着穿过大西洋，流向北冰洋，为欧洲西北部带来温暖的气候。

各大洋都有自己的洋流。北太平洋有一个顺时针的环流，南太平洋有一个反时针的环流，大西洋南部和北部各有一个环流，印度洋在赤道以南有一个环流，北冰洋有一个顺时针环流。在浅海，还有大陆架环流、海峡环流、内海环流等。

洋流对海洋中多种物理过程——化学过程、地质过程和生物过程以及海洋气候过程——都产生着重大影响，有着广泛的制约作用。

（三）波浪 海洋中的波浪是海洋表面的波动现象，是海水的重要运动形式，通常分为风浪、涌浪和近岸浪。风浪是在风的直接作用下产生的水面波动，涌浪是在风停止后或者风速风向突变而海面一时不能恢复平静或者不能随风向和风速而转换时海水扰动的波浪，近岸浪是风浪或涌浪到达海岸附近时受到地形的影响而改变波动性质的海浪。

波浪是由无限多的组成波构成。这些组成波振幅不同、频率不同、相位不同、方向不同，从而构成海浪谱。海浪谱能够描述海浪内部能量相对于频率和方向的分布。不同频率的组成波振幅是不相同的，因而能量也不相同。

海浪谱还能描述海浪的外部特征，如，依据海浪谱可以计算各种波高和平均周期，计算出海浪的外观是由哪些不同的组成波构成的。

（四）电磁 海洋中的各种盐类解离后，在海水中产生大量离子，从而使海水成为导体。海水在地磁场中流动相当于磁场中运动着的金属导体，产生出感应电动势，并随着潮汐周期产生电位变化。1832年法拉第发现电磁感应定律，第二年就提出海洋也会产生感应电动势的论点，后来在英吉利海峡检测到了这种感应电动势。19世纪70年代发现海洋中的天然电磁场和海水在地磁场中运动所产生的感应电动势，都会对海底地质探测和通信产生干扰，从而促使科学家对海洋中的感应电动势进行更加深入更加细致的研究。研究发现，海洋中的天然电磁场几乎全部起因于地核，大气中的电离层发生的各种动力学过程，包括来自太阳的等离子流和地球磁场与电离层的相互作用，不断产生频率很宽的电磁波，周期在数分钟以上者，能够穿过海水，到达海底，进而穿过海底沉积层，到达上地幔岩石圈，甚至到达地球内部更深处。

海水和海底接触处的电化学过程、岩石中的渗透过程、海水在岩石中的扩散等物理作用和化学作用，在海洋中也能产生电磁场，强度可达100微伏/米。在浮游植物和细菌的聚集区，也发现有生物电磁场。海水的各种较大尺度的运动，如表面长波、内波、潮汐和海流等，都能感应出相应的电磁场。研究海水各种尺度运动所产生的感应电磁场，探求测量它们的方法，进而通过电磁测量了解海水的各种运动，也是海洋电磁学研究的重要方面。

（五）声光 海洋声光在一般意义上指的是声与光在海洋水体中的物理现象。声有许多物理参数，包括声源、声波、声强、声压、声速、声场、声线以及折射规律等。声的这些物理参数在不同的空间里，由于介质不同而有不同的数值，在大气中和在海洋水体中表现出不同的物理特性。比如声波在空气中的传播速度为330米/秒，而在水中可高达1500米/秒。水中的各种能量的辐射以声波性能为最好。海洋中光也有许多物理参数，包括光源、光能、光谱、散射与折射、透明度与水色等。同时，海洋中的生物对光有吸收和散射作用，海洋植物有光合作用，海水对光有衰减作用。海洋声光的这些不同物理现象，具有独特的物理意义，对人类的生产和生活产生着重要影响。

（六）气象 海洋气象是发生在海洋和大气边界层中的热量、动量和物质交换过程，是海洋与大气相互作用的结果，是大气物理的构成部分。由于海水的面积占地球表面积的绝大部分，而且海水与陆地有着迥然不同的物理和化学性质，所以海洋物理是地球物理的重要部分，同时也就决定了海洋气象在地球物理中的地位。海洋与大气的相互作用，主要是海洋与大气之间的热量、动量、水分、气体等各种物理量和电荷等的输送与交换过程以及这种交换过程中的时空变异。在大尺度的海洋与大气的相互作用中，大气环流与海洋环流有着对应关系。

（七）河口海岸带动力 河口海岸带动力是海洋物理的有机部分。因为海洋与陆地相接处就是海岸，陆地的大小河流都是经过海岸的河口汇入海洋，所以河口海岸带动力与人类生产和生活密切相关。入海的河口地带和海岸地带的海水，由于有河水的汇入，运动规律与海洋深处海水的运动规律明显不同。河口海岸的地形地貌对沿岸海水运动规律产生着重要影响。河口海岸地形地貌的变化，往往直接引起沿海海水运动规律的变化。海岸防护堤和港口等海岸的建筑工程，都会对河口海岸的海水运动带来一定的影响。

三、大气物理 大气是由多种不同物质结构的气体混合而成的。这些气体的不同化学成分和不同物理结构，不仅形成自身完整的体系，而且也和大地构成了互相依存的循环关系。由大气形成的大气圈是地球系统中一个比较活跃的圈层，它的变化主要受地球系统中水圈、岩石圈、生物圈和太阳等天体的共同控制与影响。同时它又对海洋、陆地和生态系统产生直接的重大的影响。大气圈介于地球和太阳之间，受到太阳和地球的共同辐射，同时吸收着太阳辐射和地球辐射的热量。大气圈自身也具有辐射功能，向地球进行逆辐射，对地球辐射的损耗进行补偿，使地表的平均温度保持在15℃左右。如果没有大气的逆辐射，地表的平均温度将在-23℃左右。

大气物理作为学科，包括大气边界层物理学、云和降水物理学、大气声学、大气光学、大气辐射学、大气电学、平流层和中层大气物理学。大气物理演变动力是大气物理的重要内容。云动力学是大气物理学和大气动力学相结合的产物。

至此，我们用环境地学、地理学、物理学、构造学、大气学、海洋学等多种学科的视觉认识了地球，这是非常必要的。人类生存于地球，人类的生存逻辑受制于地球，离开地球就无法讨论人类，就无法诠释人类的生存逻辑。同时，又以这些学科的理论，简略地描述了地球的外在体征与内在特质，从而建立起立体的全方位的地域概念，为此后对自然环境的天然性认定，作了有益的铺垫。这也是本书主题研讨所依赖的原始基础。

第二章　自然资源与生态系统

自然资源是地球上原本的存在，是不依人类主观愿望而存在的客观物质。然而资源又是相对于人类而言的特殊物质，是人类依据自身需要而认定的地球上的那部分原本存在。因此，“资源”是个很主观的概念，是人类对大自然万生万物为我所需的界定用语：为我所需者，为资源；非我所需者，非资源。

第一节　自然资源的概念与构成

自然资源的概念和自然资源的构成，是人类利用自然资源所必须具备的学科知识，而这种学科知识是科学使用自然资源所必须建立科学思维的理论基础。

一、自然资源的概念　自然界的一切资源作为物质本来是一种客观存在，然而对资源的认定和对资源价值的判定，却与人类的生产方式和生活方式紧密地联系在一起。能被人类用于生产和生活的自然要素包括有形的土地、水体、矿藏、生物，无形的空气、光、热、能等，都是与人类息息相关的自然资源。自然资源无论在有人类居住的地域，还是在无人类居住的地域，都与人类的生存有着直接的或间接的关系，都是人类最可宝贵的资源。

（一）自然资源概念的客观性　自然资源是物质世界的有机构成部分。这些物质的最初构成，依照的是宇宙规律和地球自身的规律。由于宇宙的运动规律，地球是椭圆形的；由于地球是椭圆形的，地球有圆心、有地核，有不同半径的地幔和地壳。这种构成，没有人类的意志，反而正是在地球的发展演化中，将人类作为一种客观存在、作为地球发展的特定阶段的构成部分而产生出来。这是地球形成和发展的客观性，也是地球受到宇宙规律支配和影响的结果。譬如，没有太阳，没有太阳传输给地球的太阳能，地球就不会有生命出现，就不会有生物产生。然而，从地球本身角度讲，地球的发展和演化是地球的主观性，因为地球有它自身的发生和发展规律。而这一切，对于人类是客观的。

人类怎样认识这种客观性，怎样尊重地球的主观意志，是当代人地关系中的重大课题，同时也由于以往对地球主观意志的漠然与疏漏而成为当代前沿课题。

（二）自然资源概念的主观性 自然资源概念的主观性，并非同地球的主观性是一种逻辑思维。自然资源概念的主观性不是自然资源的主观性，而是人类对于自然资源的主观性。这种主观性，就是人类对于客观物质作为资源的认定，即“为我所需者，为资源；非我所需者，非资源”。

惟其如此，整体人类的资源并不一定就是人类的某些群体或某些个体的资源。这又是自然资源概念主观性的另一个方面。很显然，一种自然资源对于农民群体是资源，而对于工人群体就未必是资源；一种自然资源对于牧民是资源，而对于渔民就未必是资源。同样，一种自然资源在甲地域环境是甲地域环境里的人类的资源，而在乙地域环境未必就是乙地域环境里的人类的资源。正是自然资源概念的主观性，使自然资源具有不同的人类学属性。当然，市场与货币使自然资源具有整体人类的价值观。

有的自然资源是被限制利用或根本不允许私自利用的资源。这是资源概念主观性的重要方面。大麻一直是世界各国明令禁止买卖和吸食的毒品，从联合国到每个国家都有法律的规定，是不可被私自开发利用的资源。而乌拉圭是全球独一无二的允许私自种植、销售和吸食大麻的国家，年满 18 岁的公民可以在家中种植 6 颗大麻，每月可以从药剂师处购买 40 克用于吸食。乌拉圭是毒品犯罪很严重的国家，大麻市场一直被不法分子控制，在多种遏制政策不奏效的情况下，政府就另辟蹊径别出心裁地用这种超常规的法案规范大麻市场，打击毒品贩卖，遏制毒品泛滥。有分析乐观地认为，这可能是一条有效途径。

（三）自然资源概念的时代性 所谓自然资源的时代性，实际也是自然资源的历史性。不同的历史阶段自然资源的概念是不尽相同的，而且具有变异性，在一个历史阶段里是资源，而到了另一个历史阶段则不是资源；在一个历史阶段里不是资源，而到了另一个历史阶段则成了资源。这是资源的当下性，也就是自然资源的当代性或时代性。还有一些自然资源虽然被前人所认识，但未被前人所利用，在前人那里这是潜在资源。今天我们也发现了某些资源，因科技手段所限而不能开发利用，也是潜在资源。随着人类对自然的认识越来越广泛、越来越深刻，自然资源越来越丰富。19 世纪下半叶，人类对物理的认识曾达到了高峰，经典力学、热力学、统计物理学、经典动力学等学科，几乎能够解释当时已知的所有物理现象。可是，到了 20 世纪对物理的认识又出现了新的高峰，从 20 世纪第一个 10 年发现阴极射线、光电效应，创建合体辐射理论，到 20 世纪最后一个 10

年发现纳米材料和纳米结构，中间建立了狭义相对论、广义相对论、量子力学、核磁共振理论、超弦与大统一理论，发明半导体及晶体管、激光器，发现晶体电子衍射、宇宙射线、反质子、弱相互作用下宇称不守恒、非线性物理、超导体的隧道效应等，都是人类对自然认识的广泛性和深刻性的反映，也是自然资源可利用的广泛性和深刻性的反映。由此可以看出，自然资源的概念是一个随着人类历史发展和社会进步的活态概念。这有利于我们建立资源保护的前瞻性理论，也是保护地球的另一个层面的理由。

至此，可以将自然资源定义为：人类因生存的需要而认定的自然界不依赖人类意志与行为所产生的能够为人类直接从自然界获得的原本物质与能量。

既然自然资源的概念是一个随着人类历史发展和社会进步的活态概念，那么自然资源的构成则是随着人类历史发展和社会进步而变化的，是一个从单调到繁复、从低级到高级、从微观到宏观同时又从宏观到微观的深化与拓展过程。人类已经进入了自然界万生万物——有机物、无机物——一切皆为资源的时代。

二、自然资源的构成 自然资源的构成是多元的。对于人类而言，一切可以利用的自然物质都是资源。从大的分类来看，自然资源主要有土地资源、水资源、气候资源、生物资源、矿物资源和海洋资源6个大类。

（一）土地资源 土地资源是地表资源中面积最大、利用率最高，与人类生产生活最为密切的资源，是人类生存的基本资源。地域的水平分异、地域的垂直分异，将土地资源分成若干不同类型，使人类对土地的利用有了充分的选择。

经过上万年的开发利用，人类将土地资源分为耕地、林地、牧地、建筑用地等若干个资源类型，其中作为农业资源的耕地，是人类立足之地、立命之地。土地资源是人类首要资源，耕地资源是人类存活资源。

陆地地表本来就只有地球表面积的十分之三，除却南北两极的冰原带、高海拔地域的冰雪带、沙漠、沼泽和人类足迹难以企及的地带，再除却人类居住的城市、村落，人类生产的厂房和实验场地等，可供耕种的土地面积小之又小。当代人类对土地的开发利用，超过了任何历史时期。城市膨胀占用了大量的土地，膨胀的根本原因不单单在于人口增多，还在于人类当下的人生观和价值观，在市场的作用下，房地产的开发追逐利益的最大化，大面积地占有耕地，政府热衷于“土地财政”，将大量耕地用于房地产开发，并且将公司行为范式运用到政府行为中，追求土地利润最大化，土地价格越卖越高，促使房价飞涨。房价飞涨，暴利滚滚，资本流向投机，投机者疯狂购房。许多企业缺乏战略定力，急功近利，尤其是缺乏创新机制，实体经济失去活力，低水平产能失却市场的企业在投机环境下背离主业，将企业转向金融和房地产投机，形成房地产行业的畸形繁荣。大片土地成了房地产投资的商品，大片良田变成了钢筋水泥搭建的空置楼房。土地资源浪费到了令人震惊的地步。

近些年来，联合国粮食署在反复强调粮食安全，实际上粮食安全首要的是土地安全。中国是传统的农业大国，曾是历史上赫赫有名的农业帝国。然而，现在的中国需要大量的粮食进口才能满足本国之需。美国环境分析家布朗说：“对于中国来说，靠从其他国家进口食物，将结束食物自给的历史，并使她处于受世界市场波动严重影响的不利地位。”而且“当中国从世界市场大量进口谷物时，势必对世界可供出口的谷物供应造成巨大压力”。造成中国粮食危机有 3 个因素：土地流转、农民进城、耕作方式及技术落后。要解决粮食危机，守住土地、留住农民是最为关键的两个问题。

（二）水资源 地球的水资源最为丰富，以海洋、湖泊、江河、冰川等形态分布于地表。从地球意义上说，水对地球的生态环境起着至关重要的作用。对人类直观的直接利用而言，主要是生活用水、农业灌溉用水和工业用水。水质有咸水和淡水之分，咸水除了水上交通等利用而外，一般不能为人类直接使用，也不宜用于灌溉。陆地淡水仅占地球水体总储量的 2.526%。在这个百分比中，储存在极地和高纬度、高海拔冰川的淡水占去 70%，地下淡水和地表淡水只占 30%。这些数字的比例残酷地表明，人类能够直接使用的淡水，只占地球总水体的 0.75%。这是一个令人沮丧和悲观的数字。联合国近年警告说，人类用水量的增幅是人口增幅的两倍，全球有 40%的人口生活在缺水状态下。2013 年澳大利亚研究人员在澳大利亚、南非、中国、北美的大陆架海底发现 50 万立方千米的低盐度水。这无疑是一则好消息。

地表有许多世界级大河流经数个国家，常常导致用水纷争。印度河和恒河原本都是印度一个国家的河流，自 1757 年开始，印度逐渐沦为英国殖民地，1947 年 6 月依照英国总督的《蒙巴顿方案》将印度分为印度和巴基斯坦两个自治领，后来成为两个国家，1971 年东巴基斯坦又从印度脱离出来，成立孟加拉国，两条大河因此而分属 3 个国家，于是对河流利用发生了纷争。特别是流经印度与巴基斯坦的印度河纷争持续不断，直到 1960 年两国元首心平气和地坐下来签署了《印度河用水条约》，才结束了持续十几年的纷争。世界第一大河尼罗河流域国家近年来为水源问题剑拔弩张。1929 年英国作为非洲殖民统治者，将尼罗河水资源所有权几乎完全给了埃及，而且还赋予埃及对上游水利工程的否决权。上游的青尼罗河、白尼罗河和卡盖拉河流域的十来个国家认为旧协议不公平，要求重新分配尼罗河水源支配权。埃塞俄比亚于 2011 年宣布要在尼罗河支流青尼罗河上修建大坝，遭到埃及强烈反对。尽管时至 2015 年埃及出于策略的考虑，同苏丹一起和埃塞俄比亚达成了修坝的原则性协议，但这远不是问题的最终解决。

（三）气候资源 气候资源是人类生存的重要资源，与其他资源一样，为人类提供生存所必需的物质和能量。气候资源的概念与其他资源概念相比，是个比较新的学科概念，形成于 20 世纪 70 年代。联合国在《世界气象组织第二个长期计划草案（1988—1997）》文献中，首次将气候表述为“是有益于人类的一项重要自然资源”。气候资源一般被认为由太阳能、热能、水分、空气和风能组成。在自然资源中，太阳能是独立的概念，水分是独立的概念，空气是独立的概念，热能是地热能和太阳能复合概念，风能是空气运动的不同形式下所产生的能量，也是个复合概念。风能是巨大的能源资源，在太阳作用下，空气不停地流动，这种流动的力量就是风力能源，陆上的风车，海上的风帆，都是利用风力能源的典型例子。现代社会利用风力发电已经很普遍。中国是世界上第一风电大国，在陆地和海上建立起成千上万的风力发电站。在杭州湾建立的海上风力发电站创世界风力发电站之最，SL5000 风力发电机是世界上最大的风力发电机，风轮直径长达 128 米，有 40 层楼高。一台设计寿命 20 年 5 兆瓦风力发电机，可以从空气中获取价值 4 亿元人民币的能源。这对于缓解矿产能源危机，无疑是革命性的贡献。

既然气候资源是由诸多不同类别构成的，因而这些不同类别的成分都是影响气候的因素。由于这些因素对气候的影响是个长期的过程，所以气候资源是相对稳定的资源。也正因为气候资源的稳定性，气候资源与农业的关系最为密切，产生于中国古代黄河中下游地区的二十四节气和七十二候，深刻地反映出气候与农业的密切关系。在现代工业社会里，气候的稳定性遭到破坏，致使气候变化加快。最新科学研究成果表明，对气候影响的最大因素不是来自它的构成部分，而是来自它的构成部分之外的人类。人类活动是导致气候变化加快的主要因素。“厄尔尼诺”现象之所以频繁发生，科学家们普遍认为与人类活动所造成的温室效应有关。现在的温度比工业化之前高出 1.2℃。早在 2005 年 5 月，英国剑桥大学海洋物理学家们就发现墨西哥湾暖流出现了弱化迹象。墨西哥湾暖流是全球气候最直接的缔造者，它通过深海路径将热带高温送往南北两极，同时再将南北两极的低温带回赤道。墨西哥湾暖流发生了弱化迹象，表明墨西哥湾暖流输送力量的减弱，最直接的后果就是全球气候发生改变。有研究表明，全球海洋溶氧量在下降，溶氧量过低的海域将成为“死亡地带”，对海洋生态系统造成严重威胁。2006 年美国宇航局首次对南极冰盖总量进行全面勘察，发现冰盖总量明显减少，全球海平面较冰川结束初期上升了 1.2 米。联合国环境规划署最近发表最新报告指出，极端天气使农作物毒素含量增高，诸如小麦和玉米这样的农作物在自我保护应对极端天气影响过程中会产生更多的潜在毒素。

（四）生物资源 生物资源是指生物圈中对人类具有不同价值的动物、植物、微生物以及由它们组成的生物群落，这也是生物资源的全部构成。生物资源受地理环境影响最为直接和显著，因为土壤的结构和化学性质决定着适宜什么植物生长，从而直接决定着适宜什么植食动物生存，同时也就直接决定着适宜什么肉食动物居住。动物资源主要有陆栖原生动物资源、海洋动物资源和内陆渔业资源。植物资源包括陆地植物资源和海洋植物资源。陆地植物资源主要是森林资源、草地资源和各种各样具有不同价值的野生植物资源。海洋植物资源包括海洋中所有的水生植物资源。微生物资源主要有细菌资源和真菌资源。生物资源是可再生资源，既有一定的变动性，也有一定的稳定性。它的变动性，能够建立对来自内部和外部的干扰回馈机制，从而保障系统的稳定性不被破坏；而稳定性能够长时期地保障能量流动和物质循环平衡。

生物资源是与人类生存密切相关的资源，大致有 3 个层次：基因、物种和生态系统。基因是生物资源的决定性因素，基因决定着生物物种；物种是生物资源丰度的基础，物种数量直接决定着资源的丰富程度；生态系统既是以生命形式构成的系统，又是生命的支持系统。

（五）矿物资源　矿物资源是因地质作用而形成的对于人类具有广泛价值并蕴藏于地下的资源，通常分为固态、液态和气态 3 种形态。固态有金属矿藏、煤炭矿藏、金刚石矿藏、石灰岩矿藏、稀土矿藏等，液态主要是石油矿藏，气态主要是天然气矿藏。依据不同分类方法，矿物资源还可以分为无机矿物资源、有机矿物资源、能源矿物资源、金属矿物资源和非金属矿物资源。矿物资源多为不可再生资源，有限性是它最大的特点。矿物资源是工业发展的主要支撑，在工业社会里，生产资料和生活资料都与矿物资源密切相关。特别是钢铁和石油，是现代工业社会的两大支柱。没有钢铁，社会就像人没了筋骨；没有石油，社会就像人没了血液。矿物资源的不可再生性和数量的有限性，是两座时时刻刻摆放在人类面前的警钟，同时也是导致人类矿物资源争夺的两个内在因素。

（六）海洋资源　需要特别申明的是，海洋资源本是属于水资源范畴，之所以没有在水资源框架里加以论述而独立列出，是因为海洋不同于一般的水体，是不同于湖泊更不同于河流的水体。它的巨大水体是湖泊和河流所无法比拟的，它的洋流和潮汐是湖泊和河流所不能拥有的，它的连接七大洲的功能是湖泊和河流所不可具备的，它的生物物种的多样和种群的庞大，更是湖泊和河流所不能企及的。海洋有自己的运行体系，有自身的运动规律。海洋水体资源、海洋能量资源、海水化学资源、海洋矿产资源、海洋空间和净空资源等，构成海洋资源的独特品质。海洋资源的开发潜力十分巨大，洋流的动力资源是无与伦比的，当然对其利用的难度也是无与伦比的。洋流的能源直至目前基本没有被开发，如若能够充分利用洋流动力资源，世界能源危机有望走向终结。最迟在 20 世纪初，海洋资源争夺战就已经打响。在夏威夷东南海域发现锰结核资源后，日本、美国、中国、韩国、法国、俄罗斯等多个国家争相勘探开采，从而引发海洋资源开发立法的议题。1994 年生效的《联合国海洋法公约》明确了沿海国家对周边海域资源开发利用的权利，划定 200 海里范围的专属经济区，形成了规范的国家海洋管辖的内水、12 海里领海、24 海里毗邻区和 200 海里专属经济区的体系。也正因为如此，现在海洋矿产资源争夺已经进入海洋公地。为了扩大国土资源，海上土木工程也寸水必争。填海造陆一向是许多沿海和岛屿国家的惯用做法，是增加国土面积的重要手段。迪拜是著名的填海造陆国家，填海造陆建了许多人工岛，这些人工岛都是经过精心设计的，岛上建筑更是别具一格，使迪拜成为美丽的旅游国家。日本从20世纪60年代起就开始填海造陆，使其国土面积大幅度增加，成为世界上造人工岛最多的国家。日本的长崎机场是世界第一个填海造陆机场，日本的关西机场是世界上最大的填海造陆机场，日本的核电厂是世界第一座填海造陆建立的核电厂。现在，日本在填海所造的陆地上，已经建起了发电厂、液化天然气厂、炼油厂、海水淡化厂、造纸厂，甚至垃圾处理厂。中国在世界填海造陆的热潮中也积极效仿，环渤海的山东省、天津市、河北省、辽宁省都有庞大的填海造陆地计划，选择渤海填海造陆，不仅是对自己不负责——因为这是资源一国独享的内海，填进一方土，排出一方水，而且渤海已经不堪重负——同时也是对世界不负责，因为渤海是世界气候的一个敏感点。

第二节 自然资源的形成与特性

自然资源的形成与特性，是人类利用自然资源所必须掌握的学科知识，是建立科学使用自然资源和保护自然资源的宏观战略的理论基础。

一、自然资源的形成 自然资源或从地球形成之日就存在，是地球的原始构成物质；或在地球形成之后逐渐演化而成。就自然资源而言，这种演化是多种自然资源共同演化、相互影响、相互作用，甚至互为条件的长期过程。相互作用、共同演化，是自然资源形成的重要法则，也是地球上一切物质演化的重要法则。在地球上，没有一种物质是孤立存在的，没有一种物质是单独演化的，也没有一种生物是孤立存在的，没有一个生物物种是孤立进化的。

（一）地质构造对自然资源形成的影响 地质构造是形成地表面貌的内在动力，使地球表面凸凹不平，有陆地和海洋，有山地和平原，有河流和峡谷。正是这样的地表形态，构成了自然资源形成的地理基础。地质构造所形成的褶皱，形成了地表的垂直分异，是植物多样性的垂直分异地理因素。地质构造对土地资源产生的影响最为直接，对矿物资源的产生也很直接，许多矿物资源都是地质成矿，都是地质构造运动的结果。

（二）地形地貌对自然资源形成的影响 地形地貌对自然资源形成的影响，主要体现在植物资源方面。植物最容易受到地形地貌的影响，纬向地形、非纬向地形对植物的生长产生着不同的影响；纬向地形的阳面和阴面，非纬向地形东面和西面，对植物的生长也产生着不同的影响。植物的种类不同，直接决定着植食动物的不同，动物资源也因此而不尽相同。

（三）气候条件对自然资源形成的影响 气候既是自然资源，也是自然条件，对其他自然资源的形成产生着决定性的影响。气候条件对自然资源的影响是比较全面的，因为气候条件是一切生物生存的前提条件，直接决定着生态系统的生物量和生产率。降水状况直接影响着土壤的水分和地表水的状况，包括河流与湖泊。全球气候可以分为热带雨林气候、热带草原气候、热带季风气候、热带沙漠气候、温带和亚热带季风气候、地中海气候、温带大陆性气候、温带海洋性气候、亚寒带针叶林气候、冰原气候、苔原气候和高山气候等12个气候类型。不同气候类型里的自然资源各不相同。所以，依据植被状况全球可以分为若干个自然带，各个自然带的植物生长各不相同，对农业发展产生着直接的影响。

二、自然资源的特性 自然资源具有产生的区域性、分布的不平衡性、类别的联系性、数量的有限性和利用的拓展性等多种特性。

（一）自然资源产生的区域性 由于地质构造所造成的地质差异和地理的水平分异与垂直分异，自然资源的产生具有明显的区域性。土地资源的区域性表现为土壤的化学成分的不同，不同的区域土壤类别也不同，譬如红土主要分布在低纬度区域，常见于纬度30度之内的热带雨林区域，而黄土则分布在纬度30度到40度之间气候较为干燥的区域。水资源的区域性更为明显，低纬度、平原，是水系最为丰富的区域。植物资源的区域性在不同的温度带体现得最为明显。地下的矿物资源，也有一定的区域性。

（二）自然资源分布的不平衡性 地质构造所造成的地质差异和地域的水平分异与垂直分异，不但造成自然资源的产生具有明显的区域性，而且也造成了自然资源的不平衡性。这种不平衡性可以理解为两种情形：一种情形是物种的不平衡性，此区域有而彼区域无，此区域多而彼区域少，表现为物种有无与多寡的不平衡性；另一种情形是相同的物种此区域多而彼区域少，表现为相同物种数量多寡的不平衡性。自然资源分布的不平衡性，造成了人类对自然资源享用的区域性和不平衡性。在某种自然资源区域里，此区域里的人类可以充分地享用这种自然资源，而彼区域里的人类就不能享用或者不能充分享用这种自然资源。与人类生存息息相关的自然资源，由于分布的不平衡性往往导致战争。如何合理地科学地共享自然资源，让自然资源造福于全人类，这是人类生存逻辑中的重大课题。

（三）自然资源类别的联系性 自然资源作为一个整体，各种资源之间都存在着一定的联系，这种联系往往表现为相互依存，以因果关系的面貌出现。比如，气候资源好，水资源就丰富；水资源丰富，植物资源就丰富；植物资源丰富，植食动物种类就丰富；植食动物多，肉食动物也多，那么动物资源也就丰富。

（四）自然资源的有限性 自然资源的有限性表现在两个方面：一是数量一定，只能一次性使用，用一回少一回，用一点少一点，比如石油、煤、天然气资源；二是周期性限制，比如森林资源，砍一棵树虽然还会再长一棵树，但是一棵树成材需要十几年几十年，甚至上百年，造成周期性限制。

（五）自然资源利用的拓展性　自然资源利用的拓展性就是广泛地开发自然资源的潜在力，多方面发掘自然资源的功用。例如煤炭烧过后，煤渣可以制成砖做建筑材料，节约了烧制窑砖所用的土壤。综合利用是自然资源拓展性利用的重要方式，工业合金技术是自然资源拓展性利用的重要技术。现在许多机器或大型运载工具如飞机、军舰、航天器等材料，大多不是自然资源直接提供的材料，而是根据不同需要以不同系数配置原料冶炼而成的合金材料。在现代科学中，自然资源利用的拓展性还在于实施对自然资源特性的拓展，利用生物技术和化工技术，对生物进行基因修改，对物质进行分子重组，使生物特性和物质特性发生人为的预期改变，成为非自然的新型资源。目前世界上有许多生物技术公司和新材料公司，在日新月异地改变着自然资源的特性。美国农业生物技术公司孟山都，德国制药和化工集团拜耳，都是具有基因修改和分子重组技术的顶级公司，它们引领了人类对自然资源拓展利用的最新潮流。

第三节　自然资源的可再生性与不可再生性

自然界是生生不息的自然界，然而自然资源却并非都是生生不息的自然资源。在自然界中，有的资源具有再生性，取之不尽，用之不竭，有的资源则不具备再生性，会被取尽用竭。因此，自然资源分为可再生性资源和不可再生性资源两类类别。

一、可再生性自然资源　可再生性自然资源，也叫做再生性自然资源。可再生性自然资源的本质就在于再生性，在表现样式上是动态的、活态的。在6类主要自然资源中，土地资源、水资源、气候资源、生物资源和海洋资源，属于可再生性资源。土地资源的可再生性表现为修复性和复原性，平整的土地被开掘后可以回填，耕种的土地可以年复一年地使用，被建筑占用的土地一旦建筑物拆除仍然可以耕种或继续作为建筑使用；水资源的可再生性表现为形态循环，海洋水、陆地地表水蒸发和植物蒸腾的水汽，在大气循环作用下，上升为云，形成雨，降落地面复为水，水被利用后会再次蒸发，化为雨水降落地面，成为新的水资源；气候资源的可再生性表现为循环性，是与水圈共同循环互相转化等作用实现的；生物资源可再生性表现为生殖，植物可以根生和种生，动物可以繁殖；海洋资源的可再生性表现也为循环性，是在大气运动参与下并以大气运动为主要动力的水循环，海洋的水体总量具有相对稳定性，因而海洋空间也具有相对稳定性，海洋的海水化学资源也是稳定的，保障了海洋里的生物稳定地持续地生殖繁衍。海洋洋底的矿物资源则是不可再生的，由于海洋洋底矿物资源不是海洋水资源，所以不是严格意义上的海洋资源。这是问题的另一个方面。

但是，过度使用这些可再生性资源，会导致资源再生的周期紊乱，甚至导致物种灭绝。珍惜可再生性自然资源，节制使用可再生性自然资源，使可再生性自然资源有稳定的再生数量，有稳定的再生周期，这样才能保证可再生性自然资源持久地再生，人类对可再生性自然资源的利用方可取之不尽、用之不竭。

二、不可再生性自然资源　在6类主要自然资源中，不可再生的自然资源是矿物资源。矿物资源是地质构造产生的资源，从理论上讲，除却某些矿物是地球形成时的最初物质外，多数矿物是在地球形成之后发生构造运动时产生的。地质构造是一个持续的过程，每隔数千万年或者数亿年总要发生大的构造运动，那么在这个时期，就会有新的和传统的矿物被孕育，依然是可再生资源。问题是大的地质构造运动的周期长达数千万年甚至数亿年，对于人类来说，这个周期太长，而且人类在地球上并不一定就是永恒的主人，也许是地球的一个特定时期的过客。一个过客不可能吃到制作的时间比他寿命还要长的那一顿盛宴。况且，倘若这个过客提前用完了为那顿盛宴准备的油盐米面，到时候也无法做出那顿盛宴。

不可再生性资源是工业生产的主要原材料，是工业社会的支柱。在发达工业国家，产业主体结构是钢铁等重工业，能源主体结构是化石等化工业。工业社会是全面而深度消耗不可再生性资源的社会。

用地球的历史观判定自然资源，也许没有不可再生性自然资源，不可再生性自然资源仅仅是人类的历史观而已。地球在其本身的运动中，可以造陆、造海，可以造山、造河，可以造万生万物，甚至在地球那里什么都可以从头再来，然而，这已经不是我们今天的话题范畴。

第四节　自然资源的无限性与有限性

人类有一个根深蒂固的传统观念，就是在个人与大地的比里，放大了个人的有限性和大地的无限性。古人在时代的局限里，无法看到大地的整体，一片草原、一片沙漠，都可能被认为是无限的。在他们的经验里，面前一切的一切都是取之不尽、用之不竭的。进入现代社会了，进入高科技社会了，古人没有看到的东西现代人看到了，古人看不到整体的东西，现代人看到了，可是古人的传统观念、古人的文化传统，依然根深蒂固地影响着现代人的思维和行为，甚至明知如此也依然如此。

一方面，自然资源是无限的，的确取之不尽、用之不竭；可另一方面，自然资源又是有限的，取一点少一点，用一次少一次。自然资源是无限性和有限性的统一。无限性是由自然资源的复原性、再生性达成的，有限性是由自然资源的定量性、不可再生性造成的。对自然资源的无限性和有限性的认识，对于依赖自然资源而生存的人类来说至关重要。现在，人类对于资源使用的计算方法存在着非常可怕的观念和做法，这就是将所消耗的资源视为收益而不是资本的支出。这势必造成收益和资本之间实际应用上的宏观混乱，将资本支出记到生产收益的账本上。工业冶炼只计算钢产量，而不计算自然资源的矿石支出；农业种植只计算粮食产量，而不计算自然资源的土地和水的支出。粮食生产依靠的是表土层资源的支出和地表及地下水资源的支出，在评估农业生产收益的时候，几乎没有哪一个国家扣除了表土层和水资本的支出，所谓净收益也仅仅是扣除了人工、工具、种子、肥料等方面的支出，因而对表土层退化及流失和地下水的水位下降，人类视而不见。有数据表明，美国表土层的流失速度是自然替换速度的10倍，在欧洲是17倍，在中国是57倍。埃塞俄比亚每年流失表土层大约为20亿吨。严酷的事实提醒人们，自然资本支出评估必须进入生产统计体系，否则，人类那才是真正的盲人骑瞎马夜半临深池。

一、自然资源的价值与人类对自然资源的认知水平　自然资源的价值永远是随着人类的认知水平、应用水平和科技水平而判定的。自然资源是客观的，人类对其的认知则是主观的。一种自然资源是不是被人类所认知的、所需要的，其价值是不同的。换言之，自然资源的价值是以人类应用价值为尺度、为转移的。水资源的价值最初只供采集生存方式时期的人类饮用，农业起源之后，水的第二价值是灌溉；草的最初价值是供采集生存方式时期的人类采集草籽和铺垫睡卧之用，后来驯化成庄稼，并催生了农业起源，草的第二价值是成为人类谷物的来源；土的价值在采集生存方式时期的人类根本就没有意识到，甚至认为还不如遍地的乱石块可做工具之用。农业起源人类定居下来之后，发现只有土地才能够生长庄稼，而且土还可以烧制陶器。在加勒比海地区，印第安人发现了一种叫做“库赫巴”草的宗教价值。这种草长着宽宽长长的叶子，当地的泰诺人采下这种叶子插入鼻孔或嘴里，点燃后将烟吸进口中再吐出来，就可以达到祈祷的目的。修道士巴托洛梅·德·拉斯·卡萨斯发现后，就将吸食这种库赫巴植物作为宗教仪式的一部分。哥伦布误打误闯到了美洲后不久，发现了泰诺人的这种宗教习俗，或是出于好奇，就把这种库赫巴植物带到了西班牙。几经辗转，1571年一位名叫尼科洛·马纳德新的医师发现了它，从医学角度进行了研究，发现吸食库赫巴可以缓解36种疾病的病症，并专门撰写了论文。法国外交官让·尼科就把库赫巴推介到了社交界，并取名为烟草，遂演变为社交时尚。一旦成为社交时尚，很快就在官场和民间流行，迅速催生了烟草市场。到17世纪初，美洲、欧洲殖民地的烟草种植面积不断增加，市场不断扩大，最终成为被人类广为利用的自然资源。由此看来，资源的价值具有人为性、历史性、时代性、发展性和演变性，自然科学是认识自然资源、利用自然资源的科学，自然科学家当是来自未来的人。

还有一种自然资源体现的完全是人类主观的观念性价值，例如毫无使用价值的象征物、时尚物和偏好物。这类物品在古人类那里有贝壳和羽毛，在现代人这里有宝石和珍珠。当然，在今天现代科技条件下，这些在历史上毫无使用价值的物品都有可能开发出极高的使用价值。这正是资源的价值尺度永远是随着人类的认知水平、应用水平和科技水平而定的例证。

二、自然资源的损耗与再生 自然资源的形成过程同时伴随着损耗过程。许多自然资源是不同物质通过物理的与化学的置换和转化而形成的，水资源和大气资源是很典型的例子。植被资源和水土资源、森林资源和煤炭资源，都是一种资源的损耗而另一种资源的生成。还有某些资源的损耗不是物理与化学的置换和转化，致使某些物种灭绝，造成了生态的不平衡性。

损耗有两种属性，一是资源产生和演变过程中的自身损耗，二是资源享用者在享用过程中的损耗。资源享用者的损耗分为科学损耗与非科学损耗。所谓科学损耗是指资源享用者在享用过程中的必然损耗，是有享用必有损耗的逻辑；所谓非科学损耗不是资源享用者在享用过程中必然的损耗，而是意识性的趋利性的损耗，这种损耗往往是肆无忌惮的利令智昏的消耗。

毫无疑问，在地球上人类是自然资源最大的消耗者。而且，人类是这个星球上惟一的能够对资源造成意识性的趋利性的损耗者，当然也是时常表现出肆无忌惮利令智昏的消耗者。

中国的房地产业目前是非理性繁荣。膨胀城市、新造“鬼城”，刻意打造奇形怪状五花八门的明星建筑，房屋空置率史无前例。截至 2016 年 2 月，商品房待售面积高达 73931 万平方米。砖瓦、钢材、木材、水泥等，这些依靠自然资源制成的建筑材料，堆积成一排排楼房，放在那里风化晒太阳。而且，在这一排排楼房的下面，本是生产粮食的良田，或是制造氧气的植被，是人类生存的重要资源。许多自然资源被利用后是不可复原的，土被烧制成瓷，改变了分子结构，永远不可能恢复为土；石灰石烧制成水泥，有比石头还坚硬的质量，但永远不会恢复为石头，而且当初的可塑性使它定型为特定的形状，弱化了二次利用价值。

三、自然资源的无限性与有限性 自然资源与地球生命和生物生命有直接关系。地球上的生命起源系统有 3 个分支：古生菌、细菌和真核生物。古生菌有 35 亿年的历史，2016 年 4 月格陵兰研究人员研究了叠层石的结构，认定是 37 亿年前微生物形成的沉积物的分层堆积。由于年代久远，38 亿年前的叠层岩石已经风化，存在量非常稀少，而且其中的生命证据已经降解到无法辨识的程度，很难有突破性的新发现。不过，在加拿大魁北克新近发现了 43 亿年前的微化石，它来自深海热泉喷口，那正是生命产生的地方。现在能够以确凿证据证明的是：藻类有 30 多亿年的历史，鱼类有 4 亿多年的历史，猿类有几千万年的历史，人类有几百万年的历史。

自然资源的无限性主要体现在有机界，以有机资源的再生性为前提。有机资源的再生包括本代再生和代代再生，地质代、生物代都是如此。自然资源的有限性主要体现在无机界，无机资源一般不具备再生性。从宏观上讲，地球本身就是一个有限的星体，地球形体的有限性，决定了地球资源的有限性。

自然资源的无限性是在地球有限性的范畴里建立起的认知。一个物种在没有最终灭绝之前是无限的，一代又一代生生不息。

自然资源的有限性一般是对于个体以及种类数量而言的。在这种规制的思维里，任何自然资源都是有限的，无机物矿物资源更是如此。许多矿物资源是在地球某种生成过程中形成的，地球的这种生成过程结束，这种矿物就永远不会再产生，这类矿物在地球上的数量就成为恒定的。这种数量的恒定性，就是它的有限性。按照辩证法的观点，世界上任何事物都有一个由产生到消亡的过程，因而任何事物都是有时限的。宇宙中的任何星系、星系中的任何星体，也有一个由产生到消亡的过程，甚至宇宙本身就是一个由产生到消亡的有限过程。

第五节　生 态 系 统

生态学作为一门学科，出现在 19 世纪末。1893 年，英国生理学家约翰·伯顿-桑德森首次提出生态学概念，并作为当时只有生理学和形态学两个分支的生物学的第三个分支。作为一种认知过程，生态学可以追溯到古希腊亚里士多德时期。那时许多哲学家的著作中多有生态学的内容，只是这种生态学的内容几乎成为一种静态的知识，并没有朝着学科建设发展。直到 18 世纪生物学复兴，生态学才在生物学复兴中应运而生，至 1900 年前后，逐渐成为一个根植于生物学的独立学科。20 世纪 70 年代，环境意识得到充分发育，1970 年 4 月 22 日确立了地球日，环境科学迅速发展，生态学又借助环境学的学科发展而最终发展并完善起来。因此，生态学有着生物学和环境学的血脉。

关于系统科学，作为思想理论在古希腊时期就出现过，标志性的观点是亚里士多德的一句名言："整体不等于部分之和。"这句名言就成了后来兴起的系统科学的奠基理论和思想。首先，整体就是一个系统，而一个系统是由多个部分构成的。这些部分分为两种性质，形成的整体也是两种性质：一种是各部分加和成为整体，各部分特性在整体中不变；另一种是各部分组合成为整体，各部分的特性在整体中消失，而且不能还原。这样，就形成了两种整体，一种是加和性整体，一种是组合性整体。两种整体的差别在于形成的方式不同。加和方式保持了部分的原形态，也就保留了部分的特质；而组合方式实际是化合方式，化合使部分完整地转化成另外一种新的物质成分或元素。由此可以看出，同是部分，形成整体的方式不同，部分在整体的性态也就不同。这样，在整体中保留着本来特性的部分，依然称之为部分；而在整体中转化为新的物质成分或元素的部分，称之为组分。组分一定是整体的部分，而部分不一定是整体的组分。组分在整体中演化成新的特性，系统学将这种现象称为“涌生性”。“整体不等于部分之和”，关键就在于“涌生性”。这种涌生性有双重作用，或者整体大于部分之和，或者整体小于部分之和。现代管理学热衷于涌生性的正面作用，习惯于对涌生性作通俗的理解，强调了 1+1>2，而对 1+1<2 缺乏关注和研究。整体的涌生性固然有其定量的内涵，但其严格的意义并不是这种数学程式所能够表述完整的。当然，在普通情形之下的通常意义上，整体也会等于部分之和的，即 1+1=2，否则，数学的灵魂就不在了，就会被妖魔化了。在系统学里，无规则也就没有整体了。没有整体，世界在哪里？如果这可以作为一个假说，那么生态系统理论的核心价值，正是在这个假说里。

一、生态与生态系统　生态是生物学概念，生态是生命过程的样态，是生存过程的状态。生态系统是由不同的生命样态所构成的生存体系。研究生态离不开从个别到一般的规律，但是生态倾向于整体论，而不倾向于个体论。生态学就是建立在生存整体论基础上的学科，因而生态系统是生存整体系统的分支系统，不等同于生存系统。生存系统包括有机界和无机界两大系统，而生态系统是有机系统，是生命系统，通常不包括无机界。当然，在研究生态系统和生存系统的时候，两者有着不可分割的统一性。

任何一个整体，只要是整体，其整体中各部分之间就没有绝对的壁垒与鸿沟，各部分都以自己特定的方式与其他部分相互联系着、相互影响着和相互作用着，甚至看上去是风马牛不相及的联系、作用和影响。生态系统是特定的区域里所有生物与环境之间进行物质循环和能量流动从而形成的统一的整体，因而生态系统不仅是一个完整的地理单元，还是一个具有能量输出和输入的功能系统单位。如果为生态学建立一个组织层次图谱，就可以建立起生态学与物理学相互作用的功能系统模型。生态学以细胞为基本单位，那么由细胞到组织、由组织到器官、由器官到器官系统，形成个体。个体形成后，以个体为基本单位，由个体到种群、由种群到群落、由群落到生态系统、由生态系统形成生物圈。每一个层面的演化，都是依靠生态学与物理学的物质循环和能量流动实现的。

人类发展和人类安全与生态的生产力紧密相连，人类的未来依赖于生态系统的持续存在。因此，正如生态系统维持着人类一样，人类必须维持着生态系统，两者相互依存。倘若生态系统的生产能力持续减弱，就可能导致人类的最终毁灭。这一点，人类未必有应有的认识，有应有的认识未必有应有的行为。

二、生命与生命支持系统　生命是个体的，每一生命个体都是独立的个体，不可替代、不可复制、不可赠与、不可融合、不可拆分、不可还原。生命学与生态学学科建立的基础正相反，生态学建立在生存整体论的基础上，而生命学建立在生存个体论的基础上。这正是生命的不可替代、不可复制、不可赠与、不可融合、不可拆分和不可还原的特性所决定的。

尽管生命是独立的个体，生命学是建立在生存个体论基础上的学科，然而生命的出现却是一个庞大的系统中各种元素相互作用的结果。而支持生命存在的种种因素，来自一个庞大的系统，来自这个庞大系统中的不同的子系统。这个庞大的系统，是一个宏观系统，它是整个地球；也是一个宇观系统，它是一个太阳系。生命是在地球与太阳所构成的日地环境中产生和延续的。日地环境系统就是生命支持系统。由于太阳对于地球的光能输入是恒定的，地球的运行轨道是稳定的，太阳对于地球的作用可以视为静态的，所以生命支持系统主要是地球环境系统，特别是包括生命系统在内的生态系统。

三、生态多样性与人类生态系统 生态系统是在一定的地理环境中共同栖居着的所有生物与其所在环境之间不断进行物质循环和能量流动而形成的统一整体，因而生态系统是一个完整的庞杂的系统。按照生命样式划分，生态系统有3个子系统：植物生态系统、动物生态系统、微生物生态系统。人类生态系统属于动物生态系统，由于人类具有干预地球的能力，有能够掌控植物生态系统、动物生态系统和微生物生态系统的能力，故而人类生态系统是主体生态系统。

植物、动物和微生物三大生态系统，是人类生命最重要、最直接的生命支持系统。保护植物生态系统、保护动物生态系统、保护微生物生态系统，就是保护人类的生命支持系统，也就是保护人类自己。然而人类常常自觉不自觉地把自己称作地球的主人，这种心理使人类对主人角色的责任和义务缺乏理性自觉。

地球是一个整体系统，虽然有机界和无机界是截然不同的两个部分，但有机界和无机界在地球这个整体系统的规律和效应里，互相联系、互相作用、互相影响，从而维持了地球自身的整体性和完整性。

四、生态系统主权与人类干预 从广义上讲，人类生存于自然之中，任何人类活动都是对自然的干预，农业开垦、工业开采、交通建设概莫如此。这种干预是人类生存的必需，是不可避免的，只要是科学地开发利用自然资源，尽管必定造成对自然的干预和破坏，但对于人类生存而言仍然属于正常的生存活动。但是，对有些貌似正常实则非正常的生存活动人类还没有警觉。过度的经济发展导致对自然资源的过度开发，造成了生态系统的灾难，对此人类竟浑然不觉。经济发展快了，皆大欢喜；经济发展慢了，怨天尤人。对于经济发展的欲望，就如同对黄金的开采，从认识黄金的那一刻起直到今天，没有任何人、任何国家认为开采黄金的欲望应该弱下来，速度应该慢下来。黄金成为通货后，黄金成了金融的主宰，恰如中国历史文献所言："黄金刀布者，民之通货也。"因此，只要开采出黄金，就等于开采出欲望里的一切。于是，人类就如同活在童话里，处处找黄金，严重地破坏了地球的生态系统。

从狭义上讲，干预是人类有目的地按照人类判定标准以特定的手段和方式对自然的干涉。例如，按照物种多样性的观点，按照生态平衡的理论，对自然生态系统进行预期干预，以保护和抢救濒临灭亡物种。其实，不得不承认，这往往是人类的自作聪明。因为生态系统的主权属于造物主，而不是人类。人类并没有了解造物主的思维方式、行为方式和生存方式。濒临灭亡的物种，如果不是人类的原因，例如为了象牙而对大象的猎杀，为了鱼翅而对鲨鱼的猎杀，那么就没有必要进行保护与抢救。因为这是造物主的事情，是造物主在依照优胜劣汰的原则对物种进行“盘存”。某些物种在优胜劣汰的规律下趋于灭亡，是造物主的战略部署，而人类自作聪明地进行保护与抢救，岂不是与造物主反其道而行之？这种干预侵犯了造物主的主权，看起来科学、明智，实则是无知、愚蠢。

有一些生态灾难不是造物主的责任，而是人类的责任。这些生态灾难不是人类的消极或者是过失造成的，而恰恰是人类的积极和科学观念造成的。20 世纪中叶，美国西部随着国家的大力开发，致使狼面临绝迹。美国政府为了保护生态平衡，从加拿大引进大量的狼，结果狼很快泛滥成灾。澳大利亚在 1770 年引进黄牛，结果黄牛遍地，牛粪遍地，牛粪遮盖了草地的阳光，影响了光合作用，造成了生态灾难，为此 20 世纪 30 年代，澳大利亚政府又从中国引进蜣螂，牛粪问题得到了决解，蜣螂却又成了新的灾难。

现在生态灾难频发，原因在于生态失衡，根子在于人类对生态资源的盲目和过度开发，干预的程度超过了生态系统的阈值。人类并不知道造物主在干什么，不可以代替造物主的思维，不可以代替造物主的决策，不可以代替造物主的行为，不可以以任何理由、任何方式侵犯造物主的主权。因此，对于生态系统，人类应切切把握住两条原则：不盲目干预，不越俎代庖。

第三章　全球区域地理禀赋

如同为了认识生存的物质基础必须认识自然资源一样，我们也必须认识地理禀赋。认识地理禀赋是认识人类行为方式的根本途径。地理决定着自然资源的样式与构成，地质构造、地形地貌、温度带、气候，是自然资源形成的 4 个基本要素。由于地质构造、地形地貌、温度带和气候不同，世界的自然资源有着不同的分布，有着不同的类型，从而形成不同的地理禀赋。不同的地理禀赋决定了不同地理区位中的人类的思维方式、行为方式和生存方式。这一切决定了本章无可替代的结构地位。

第一节　七大洲地理禀赋

世界七大洲地理禀赋各不相同，依照其自身地理禀赋特征，可以分为不同的自然地理大区和亚区。

一、亚洲地理禀赋　亚洲位于北半球，跨北寒带、北温带和热带 3 个温度带，是世界第一大洲，面积为 4400 万平方千米，有 48 个国家，42 亿人口。亚洲是世界上地势最高、地表起伏最大、地貌最复杂的洲，平均海拔 950 米，有 13 座 8000 米以上的山峰，有世界最高的高原青藏高原，有世界最低的洼地死海。在洲的东部和南部边缘，自白令海由北向南到孟加拉湾一线分布着阿留申群岛、千岛群岛、日本群岛、琉球群岛、台湾岛、菲律宾群岛、马来群岛、尼科巴群岛和安达曼群岛等向太平洋凸出的弧形岛系，形成本洲的双重海岸，宛若一道屏风矗立于大陆前沿的海面上，成为亚洲的屏风岛系。全洲海岸线总长 69900 千米。洲内大河众多、湖沼密集、现代冰川分布广泛，水系十分丰富。长度在 1000 千米以上的河流有30条，流域面积在100万平方千米以上的河流有7条。长江、黄河、澜沧江—湄公河、黑龙江、勒拿河、叶尼塞河和鄂毕河的长度都超过了4000千米，其中长江全长6397千米，流域面积180万平方千米，是本洲第一世界第三大河。湖泊共有5大湖群，分别位于北亚、中亚、东亚、西亚和青藏高原。沼泽主要分布在北冰洋沿岸、西西伯利亚平原、黄河和长江以及澜沧江平原、若尔盖高原、苏门答腊岛和加里曼丹岛等地。现代冰川的面积为1.1万平方千米，是世界第三大冰川分布区。

亚洲气候具有强烈大陆性、典型季风性、类型复杂性和气候要素变化极端性的特点，自西向东有地中海气候、伊朗气候、高山气候和季风气候等4种气候，在不同的地区或极端寒冷，或极端炎热，或极端潮湿，或极端干燥。

生物物种多样性是亚洲的又一特点。在世界范围内有古北界、新北界、埃塞俄比亚界、东洋界、新热带和澳洲界6个动物地理区，亚洲跨着古北界和东洋界两个动物地理区；世界有12个生物多样性国家，亚洲占有3个，分别是中国、印度尼西亚和马来西亚。

亚洲矿物资源极其丰富，主要矿藏有石油、天然气、镁、铁、锰、锡、钨、锑、铜、铅、锌、铝、金、银和硫，许多矿藏的储量居世界首位。

根据地理环境纬向地带性和非纬向地带性的特征，亚洲可分为6个自然地理大区和21个自然地理亚区。

（一）北亚自然地理大区　北亚自然地理大区基本是俄罗斯的亚洲部分，纬度高，永冻现象普遍，河流属于北冰洋水系，植物具有耐寒性和纬向地带性，水资源、森林资源、矿物资源都很丰富。全区分为3个自然地理亚区：一是西西伯利亚自然地理亚区。此亚区是完整的西西伯利亚平原，河流密集，湖泊沼泽分布广泛，属于过渡性大陆气候，植被自北向南依次是苔原带、森林苔原带、亚寒带针叶林带、森林草原带和草原带，是典型的纬向自然结构带。二是中西伯利亚高原自然地理亚区。全区基本是高原山地地形，属于强烈的大陆性寒湿气候，永冻现象是本区的一大特征。三是俄罗斯远东山地自然地理亚区。本亚区濒临太平洋，海岸线长，季风性气候，苔原带分布广泛，全区三分之二的面积是山地。

（二）中亚自然地理大区　中亚自然地理大区囊括中国以西至欧洲的部分，山地地形，多高原、荒漠、盆地和低地，属于温带大陆性干旱半干旱气候。全区分为5个自然地理亚区，一是哈萨克丘陵与图兰平原自然地理亚区，是西西伯利亚自然带的延伸区，分布着许多内流区和无流区、荒漠和半荒漠，主要植被是草原。二是帕米尔高原自然地理亚区，区内多高山、湖泊和冰川，是中亚大多数内陆河的发源地。三是蒙古高原自然地理亚区，属于温带极端大陆性气候，水文、土壤、植被都表现出极端大陆性干燥的高原特征，河网稀疏，地表径流缺乏，地带性植物和土壤都以草原及半荒漠为主。四是内蒙古新疆高原亚区，区内大多数河流都是内陆河，植被大部分属于温带荒漠植被。五是青藏高原自然地理亚区，区内海拔在5000米以上的山脉终年积雪，空气稀薄，植被稀疏矮小。

（三）西南亚自然地理大区 西南亚大区的地理位置自阿富汗起至地中海，基本上属于热带和亚热带。全区受副热带高压带控制，形成强烈的大陆性和干燥性气候，内陆水系分布广泛，但大多是内陆河流和内陆湖泊，除沿海山地有部分森林外，大多是荒漠和半荒漠。全区分为6个自然地理亚区，一是伊朗高原自然地理亚区。区内有盆地地貌，地表是荒漠，气候特征是干燥、少雨、温差大。水系多为内陆流域，外流水系主要分布在高原的外围。二是阿拉伯半岛自然地理亚区。阿拉伯半岛是平坦台地式高原地形，属于热带荒漠气候，高温少雨，河流少而且大都是干河或季节河，地表大部分是荒漠地貌。三是美索不达米亚平原自然地理亚区。美索不达米亚平原由底格里斯河与幼发拉底河共同冲积而成，除北部为地中海气候外，其他地域大部分是热带荒漠或半荒漠气候。四是地中海东岸自然地理亚区。本亚区在地质构造上属于东非大裂谷的延伸部分，自海岸向东依次为地中海沿岸平原、丘陵性山地、约旦断层谷地和东约旦山地，气候是本地域的地中海气候。五是小亚细亚高原和亚美尼亚火山高原自然地理亚区。全区地貌特征为四周高中间低，沿海为地中海气候，高原为大陆性干旱半干旱气候。中部是荒漠草原，北、西、南3个方向的边缘是森林地带。六是高加索山地自然地理亚区。区内气候复杂多样，有1500多条山地冰川作为大小河流的涵养地。沿里海西岸区域是草原和灌木丛，沿黑海东岸的低地是亚热带常绿阔叶林。

（四）东亚自然地理大区 东亚自然地理大区包括中国、蒙古、朝鲜半岛和日本群岛4个部分，面临太平洋，季风气候，区域内的森林为季风型温带和亚热带森林，渔业资源非常丰富，天然良港分布广泛，主要矿物资源是石油、天然气、煤、铁、钨、锑、铜、锡、铅和锌。西部为内陆地区，地形特征是高原、草原、冰川和沙漠，气候干旱少雨。东部为海洋和沿海地区，有3个明显的自然地理单元，一是朝鲜半岛自然地理单元。本单元属于大陆东岸的季风气候，区内河网稠密，森林茂密，动物物种具有寒带、温带和亚热带动物物种的南北综合特征。二是日本群岛自然地理单元。日本群岛是亚洲屏风岛系北段主要构成部分，在古生代末期才露出水面，在经历了新生代第三纪的一次下沉后，第四纪洪积世再度隆起，并与欧亚大陆相连，洪积世末期到冲积世初期发生海侵，基本形成现在的状况，气候以海洋性季风气候为主，降水丰富，森林覆盖率高，土壤带的纬向地带性和非纬向地带性错综复杂，海岸线绝对长度长。三是中国东部自然地理单元，地理范围包括东北平原、华北平原和长江中下游平原。本单元属于季风气候，四季分明，冬夏两季温差较大，降雨主要在夏季，长江和黄河对南部区域的水文产生着关键性的影响。

（五）南亚自然地理大区 南亚在地理上基本是印度半岛，是一个相对独立的自然地理单元，故而称作南亚次大陆。全区大部分地域为热带季风气候，一年分为热季、雨季和凉季 3 个季节；植被主要是热带雨林、热带季风林和热带荒漠；煤、铁、锰等矿物蕴藏量大。全区分为两个自然地理亚区：一是印度半岛自然地理亚区，核心为德干高原，半岛北面的山系成为与大陆的天然分界线，气候为大陆性热带季风气候，植被主要是热带季风林和热带雨林；二是斯里兰卡岛自然地理亚区，地处印度半岛的东南部，全区大部分为热带雨林气候。

（六）东南亚自然地理大区　东南亚自然地理大区包括中南半岛、菲律宾群岛和马来群岛 3 个部分，处于太平洋与印度洋交汇地带，多岛屿、多火山、多地震，是亚洲纬向地带结构中较为独特的部分。气候分为赤道多雨气候和热带季风气候两种类型。自然植被以热带雨林和热带季风林为主。矿物资源有锡、钨、石油、天然气等。全区分为两个自然地理亚区，一是中南半岛自然地理亚区。这是一个地形结构特殊的区域，山川相间，南北走向，为大陆性热带季风气候，一年分干湿两季，有热带季风林和热带草原分布。二是东南亚岛屿自然地理亚区。该区岛屿分布密集，有菲律宾群岛、大巽他群岛、小巽他群岛和马鲁古群岛等。大巽他群岛介于亚洲季风区和澳大利亚季风区之间，总体属于海洋性赤道多雨气候，兼有季风性气候特征，植被有热带雨林和热带草原两种类型。

二、欧洲地理禀赋　欧洲位于欧亚大陆的西半部，以乌拉尔山脉、乌拉尔河、里海、大高加索山脉、黑海海峡等南北一线与亚洲分界，面积为 1016 万平方千米，有 45 个国家，7.6 亿人口。地形以平原为主，多冰川地貌，多河流湖泊。全洲平均海拔 300 米，是世界上平均海拔最低的洲。全洲温带海洋性气候分布广泛，自西向东由海洋性气候过渡到大陆性气候，年平均降水量为 800 毫米。自然资源以矿藏、森林和水系为主要特征。全洲分为 5 个自然地理大区。

（一）北欧自然地理大区　北欧位于欧洲大陆的西北部，属于亚寒带大陆性气候。全区在第四纪是欧洲大陆冰川的源地，冰川地貌是本区重要的自然地理特征。植被主要是针叶林类型，森林资源、水力资源和矿物资源都比较丰富。

（二）西欧自然地理大区　本区在地质构造上属于加里东褶皱和海西褶皱，主要由大不列颠岛、法兰西和荷比低地 3 个部分组成。大不列颠岛曾是欧洲大陆的一部分，阿尔卑斯造山运动时地表断裂下沉，第四纪冰期后发生海侵，形成了海峡。法兰西地形以平原丘陵为主，海洋气流多，海洋气候明显，水力资源丰富。荷比低地主要指的是荷兰和比利时北部海拔较低的地区。

（三）中欧自然地理大区　本区地质构造较为复杂，地形多样，既有前寒武纪地台，也有地质构造运动后期的新褶皱地带。全区分为 4 个自然地理亚区，一是中欧平原自然地理亚区，包括德波平原和日德兰半岛，年降水量为 500~700 毫米。土壤有灰壤和冲积壤两个类型。西北低地是海水淤积的黏土，南部是肥沃的黄土。河流主要有维斯瓦河、奥得河、易北河以及威悉河，河床比降小，水量丰富。植被为温带阔叶林。二是中欧块状山地自然地理亚区，在地形上可以分为莱茵高地与地沟、中德山地、捷克高原、波兰南部高地等自然地理单元，水力资源、森林资源和矿物资源较为丰富。三是喀尔巴阡山和多瑙河中下游平原自然地理亚区，过渡性气候，年降水量为500~750毫米，森林覆盖率高。四是阿尔卑斯山自然地理亚区。阿尔卑斯山是新生代褶皱形成的山脉，海拔多在2500米以上，植被分布因海拔高度而异，形成变化鲜明的垂直景观。

（四）南欧自然地理大区 本区在地质上属于新生代的褶皱山地和高原，海拔高，地表起伏大，亚热常绿植被，地中海气候。全区为半岛和岛屿地貌，有伊比利亚半岛、亚平宁半岛和巴尔干半岛及其周边岛屿。

伊比利亚半岛又叫做比利牛斯半岛，面积为58.4万平方千米，在地形特征上又分为梅塞高原区、葡萄牙沿海低地区、比利牛斯山与坎塔布连山区、佩尼韦蒂科山区、安达卢西亚盆地与阿拉贡盆地这样5个不同的区域。半岛的绝大部分区域属于地中海气候，降水充沛。矿物资源有煤、铁、钨、铜、水银、硫磺、黄铁以及混合金属等10多个种类。

亚平宁半岛又名意大利半岛，长800千米，宽150~200千米。主要山脉由亚平宁褶皱形成，地中海气候，水力资源较为丰富，植被为落叶阔叶林、常绿硬叶灌木林和山地针叶林。矿物资源以水银、硫磺和大理石矿最为丰富。

巴尔干半岛的气候有两个类型，内陆地区为大陆性气候，滨海地区为地中海气候。植被主要是森林和草原，矿物资源主要有煤、铜、铝土、石油和沥青。

（五）东欧自然地理大区 本区包括东欧平原、乌拉尔山区和克里木半岛等3个自然地理亚区。

东欧平原自然地理亚区地质情况复杂，地表差异明显，共有5个区域类型：一是科拉-卡累利阿区域，这一地域为古老台地，地质断层多，冰川作用强烈，地表多冰蚀湖和羊背石地貌；二是冰碛垄区域，从波罗的海海岸到北冰洋海岸，广泛分布着冰碛平原、冰碛垄和湖泊沼泽；三是冰水沉积低地区域，这一区域主要在第聂伯河和顿河的上游低地；四是南部区域，黄土沉积广泛，高地呈波状，河谷宽阔，黄土坡上多雨裂沟；五是里海沿岸低地区域，这一地区曾是里海的海底，地面平坦，河川较少，多风成地貌，大部分区域为温带大陆性气候，矿物资源有煤、铁、铝土、石油和天然气等。

乌拉尔山自然地理亚区矿物资源十分丰富，卡齐卡纳尔的铁矿和铜矿、乌拉尔斯克和马格尼托哥尔斯克的铁矿、卡拉巴什的铜矿等都是世界著名大矿，奥伦堡天然气田、乌拉尔山的石油和天然气久负盛名。

克里木半岛自然地理亚区的克里木半岛又名克里米亚半岛，半岛东端为低丘地貌，东南部为克里米亚山脉，南部为克里米亚山南麓滨海地带，北部为平原地貌。整个半岛气候温和，北部是温带草原气候，南部为地中海气候。

三、非洲地理禀赋　非洲是世界第二大洲，面积为 3020 万平方千米。有 56 个国家，10.5 亿人口。非洲是高原大陆，平均海拔 750 米，地势由东南向西北倾斜，东南部主要是海拔 1000 米以上的山地和高原，西北部则是沙漠和平原。非洲大陆是冈瓦纳古陆的核心部分，大约在中生代初期冈瓦纳古陆开始断裂，分离出印度大陆、南美洲大陆和南极洲大陆，到中上新世时出现红海裂谷，至此现代的非洲大陆轮廓基本定型。非洲大陆经过海西等地质构造运动，地壳多次被抬升，海拔 200~2000 米的台地加上 2000 米以上的山地，占全洲面积的 90.3%。全洲最高点是乞力马扎罗山，海拔为 5895 米；最低点为阿萨尔湖，湖面在海平面之下 156 米。尼罗河是非洲最长的河流，全长 6671 千米。世界著名的东非大裂谷全长 7000 千米，深 1000~2000 米，最宽处达 300 千米。非洲是全球沙漠面积最大的洲，沙漠面积占全洲面积的三分之一。世界最大的沙漠撒哈拉沙漠在洲的中部偏北。

非洲有“热带大陆”之称，大部分地区处于赤道两侧的南北回归线之间，年平均气温在 20℃以上的地域占全洲面积的 95%，一半地区终年炎热。全洲降水分布极端不均，有的地域终年无雨，有的地域年降水量竟然高达 1 万毫米，三分之一的地域年降水量不足 200 毫米；气候以赤道为轴心，南北对称，呈带状分布；植被也相应地具备气候的分布特征，赤道附近是热带雨林，赤道南北两侧十分对称地依次分布着热带稀树草原、热带草原、热带荒漠和亚热带常绿硬叶林。全洲土壤有 4 种类型：一是砖红壤类型，分布在热带雨林地带；二是红壤、红褐土类型，分布在热带草原地带，其范围与热带干湿气候区基本一致；三是荒漠土类型，分布在撒哈拉沙漠和南非卡拉哈迪盆地及纳米布沙漠区域；四是褐色土类型，分布在地中海沿岸和南非西南部。

非洲土地资源、森林资源、水力资源、矿物资源都很丰富。土地资源未得到充分开发，土地的垦殖指数仅为 6%；森林资源开发情况比较好，已成为世界热带木材的重要产区，著名木材有红木、黑檀木和花梨木等；水力资源相对集中，蕴藏总量占世界水力资源总量的 27%，开发潜力很大；矿物资源更是全洲的资源优势，金刚石、黄金、铬、钴、铜、锰、石棉等储藏量居于世界首位。全洲有 6 个大矿区：撒哈拉石油蕴藏区，阿特拉斯磷酸盐蕴藏区，西非铁、铀、金、铝土综合矿区，几内亚湾沿岸石油蕴藏区，刚果盆地外环的铜矿以及锌、银、铀、镉、锗、锡、铌、钨等综合蕴藏区，南部非洲的沃特瓦特斯兰盆地和布什维尔德杂岩体、津巴布韦大岩墙等综合蕴藏区。

非洲分为北部非洲、西部非洲、中部非洲、东部非洲和南部非洲 5 个自然地理区，而习惯上人们把非洲分为北部非洲和撒哈拉以南非洲。

（一）北部非洲　北部非洲简称北非，位于地中海以南至撒哈拉沙漠北侧，在自然地理上，可以分为阿特拉斯山区和撒哈拉沙漠两大部分。阿特拉斯山区属于地中海气候，降水量少，大多河流为间歇河。撒哈拉沙漠热能资源极其充足，日照时间长，气候极端干旱，矿物资源以石油和天然气为主。

（二）撒哈拉以南非洲 撒哈拉以南非洲涵盖西部非洲、中部非洲、东部非洲和南部非洲。乍得盆地中心大致是东非和西非的中间分界线，南非的北部边缘大致是刚果盆地的南部边缘。

1. 西部非洲 西部非洲北起撒哈拉沙漠纵深处，南至几内亚湾，西起大西洋，东到乍得盆地中心。沿海陆地海拔在200米以下，内陆海拔在200~500米之间，南端有部分海拔较高的山地和高原。矿物资源以铝土为主，矿产量占全洲矿产量的90%以上。

2. 中部非洲 中部非洲在赤道两侧，地形多样，东西宽4000多千米，赤道两侧对称地分布着热带雨林等6条自然带，其中热带雨林面积最大，几乎占了非洲的一半。矿物资源、水能资源都很丰富。

3. 东部非洲 东部非洲位于埃塞俄比亚高原和东非高原地区，是全洲地势最高的区域，非洲所有海拔超过4500米的山峰都汇集于此。东非大裂谷更是造就了这里特有的地貌。由于地势过高，同时受亚洲大陆干燥的东北信风和北印度洋季风的影响，气候的地带性不很明显。

4. 南部非洲 南部非洲地形主要是山地和高原，中部是卡拉哈迪盆地。气候类型较为复杂，东半部为亚热带湿润气候，东部沿海及马达加斯加岛东岸迎向信风，属于热带海洋气候，而好望角一带属于地中海气候。矿物资源种类多，蕴藏量大，分布集中。

四、美洲地理禀赋 美洲包括北美洲和南美洲两个洲，北美洲面积为2422.8万平方千米，有37个国家，5.5亿人口；南美洲面积为1797万平方千米，有13个国家，4亿人口。在中生代早期北美洲大陆属于北方的劳亚古陆，南美洲属于南方的冈瓦纳古陆，中生代末期，南北美洲大陆分别从劳亚古陆和冈瓦纳古陆分离出来。到上新世，构造运动使科迪勒拉山系将南北美洲大陆连在了一起，形成现在的美洲地理格局。美洲有明显的3个地理单元：北美洲大陆、南美洲大陆、墨西哥湾和加勒比海。墨西哥湾和加勒比海的地理单元很特别，西边是科迪勒拉山最细弱的部分，东边是佛罗里达半岛和西印度群岛，因此就地理面貌而言，如其说墨西哥湾是个湾，加勒比海是个海，不如说墨西哥湾和加勒比海是个湖。

将整个地理环境作更细致划分，人们习惯将美洲分为6个自然地理区。自北向南，由西到东依次是北美洲极地岛屿区、北美洲西部科迪勒拉区、北美洲东部区、中美洲区、南美洲西部区、南美洲东部区。

美洲是连接南北两极的大陆，北部在北冰洋的南岸，与北极极点相距不远；南部的火地岛与南极大陆隔德雷克海峡遥遥相望。美洲地形最大特征是矗立在整个美洲西部边缘的科迪勒拉山系。其中安第斯山在海拔2000米高度上几乎是一个等距的宽度，连绵近 70 个纬度，浩荡 8900 千米。科迪勒拉山系宛如矗立在太平洋和大西洋之间的高墙，阻隔了两个大洋的季风流动，直接影响着美洲的气候。

美洲的山地可以分为古生代加里东—海西褶皱山带、中生代旧阿尔卑斯褶皱山带和新生代阿尔卑斯褶皱山带。这 3 个时期的褶皱山带，构成了美洲大陆的基本骨架和轮廓以及各种矿藏的分布格局。

在美洲地史的古生代里有两次大的造山运动，一次是早古生代的加里东造山运动，另一次是晚古生代的海西造山运动，最终形成古生代加里东—海西褶皱山带。与此同时，美洲古陆台开始分化，表现为前寒武纪形成的北美陆台分化为北极地台、加拿大地盾和中部地台，南美陆台分化为巴西陆台和巴塔哥尼亚陆台。

在美洲地史的中生代里也有两次大的造山运动，一次是发生在科迪勒拉地槽的内华达运动，形成北美科迪勒拉山系的西带；另一次是拉拉米运动，造就了整个安第斯山脉。这两次造山运动形成了旧阿尔卑斯山脉。

新生代阿尔卑斯褶皱山带是新阿尔卑斯造山运动的结果。这次造山运动形成了阿留申群岛、加拿大岛屿和美国沿海山脉，确定了北美西部陆地轮廓和现代地形格局，而且还将内华达褶皱山带和拉拉米褶皱山带大幅度抬升。

美洲东部大西洋的西岸分布着大小不一的高原。这些高原基本属于地盾型和地槽型两个类型。

地盾型高原分布的主要区域在美洲大陆的东部，主要有名为 5 座实为 3 座的高原：一是北美洲的拉布拉多与劳伦辛高原，二是南美洲的圭亚那与巴西高原，三是巴塔哥尼亚高原。3 座高原的基底岩系主要由花岗岩、片麻岩和片岩组成。这种基底岩系的构成，造成了地盾区域内矿藏多金属而少燃料的特点。

地槽型高原分布的主要区域在美洲大陆西部的阿尔卑斯褶皱内，主要有育空高原、不列颠哥伦比亚高原、哥伦比亚高原、科罗拉多高原、墨西哥高原和玻利维亚高原。这一带高原有色金属矿藏极为丰富，铜、铅、锌、金、银、钨、钼等尤为丰富。

美洲的平原比较整齐，主要分布在美洲大陆的中部，大致分为地台型平原、凹陷型平原和台向斜平原 3 个类型。地台型平原在称谓上叫做北美中部平原，整个平原位于阿巴拉契亚山和落基山之间，南部边缘在墨西哥湾，北部边缘在哈得孙湾；凹陷型平原主要是奥里诺科平原和拉普拉塔平原，在地质构造上属于陆台边缘凹陷和安第斯山前凹陷的一部分，地面由西向东缓慢倾斜，平原北部为格兰查科地区，南部为潘帕斯地区；台向斜平原主要是亚马孙平原，发育在巴西陆台的台向斜上，因为在地史上屡屡遭到海侵，基底上覆盖着深厚的后期沉积层，平原上有河漫滩和高位平原两种地貌。

纵贯南北的落基山—安第斯山将美洲大陆分成东西两个水文系统，东部属于大西洋流域和北冰洋流域系统，西面属于太平洋流域系统，所有的河流分属这两个水文系统。密西西比河是北美洲最长的河流，全长6262千米，是世界第四大河；亚马孙河是南美洲最长的河流，全长6480千米，是世界第二大河。

受大西洋和太平洋东西裹挟的影响，全洲大部分地域为热带雨林和热带草原气候，温暖、潮润，全年无霜冻，最寒冷的月份气温也在0℃以上，年降水量绝大部分地域都超过1000毫米。森林面积占洲面积的一半以上。

全洲矿物资源蕴藏丰富，其中银蕴藏量的占比为全世界的二分之一，天然气、煤也有较大的储藏量。

五、大洋洲地理禀赋 大洋洲位于亚洲和南极洲之间，以陆地面积而论是世界上最小的洲，若以水域面积而论则是世界上最大的洲。全洲南北长7500千米，东西宽1.29万千米，有1万多个岛屿，而且囊括了全球岛屿的所有类型，陆地面积约897万平方千米。全洲有24个国家，而人口仅有0.4亿。澳大利亚陆地是世界上最小的大陆、最大的岛屿，也是全洲面积最大的陆地。其次较大的陆地是新西兰的南岛和北岛。澳大利亚陆地是从南极大陆分裂出来的，绝大部分形成于太古代和元古代破碎而分散的古陆，古生代早期的加里东运动将这些古陆连接起来形成完整的澳大利亚陆台。在石炭纪和二叠纪，陆台东部的塔斯曼地槽发生海西运动，形成纵贯南北的山地。新生代第三纪阿尔卑斯运动东部地槽出现一系列褶皱，新几内亚岛、所罗门群岛、新赫布里底群岛、新西兰岛等一大批岛屿因此而产生。吉尔伯特群岛上的基里巴斯，是世界惟一的既跨赤道又跨日界线的国家。全洲气候总体特征是大陆干热、岛屿温润。洲东部散落在太平洋上的各群岛，大多是热带海洋性气候，降水丰沛，夏威夷的考爱岛年平均降水量达1.2万毫米。澳大利亚陆地大部分区域受副热带高气压带控制，陆地的绝大部分区域属于热带干旱和半干旱气候，年平均降水量仅470毫米，荒漠、半荒漠面积占大陆面积的50%以上，克朗克里地区气温最高可达53℃。由于澳大利亚陆地的亦陆亦岛的特殊地理环境，生物基因交流受限，在动物区系方面具有原始性和特有性，是全球最古老动物的集聚地，有古生代的澳大利亚肺鱼，有最原始的单孔目动物，有特有物种鸭嘴兽、针鼹、鸸鹋、笑翠鸟，还有袋类动物袋鼠、树袋熊。

全洲河流稀少，而且流程短，水量小。湖泊数量也很少，集中在陆地面积较大的岛屿和澳大利亚大陆。湖泊有构造湖、堰塞湖、火山湖和礁湖等多种类型。新乔治亚岛上的礁湖是世界级大礁湖之一，大堡礁是世界上最大的珊瑚礁群，断续连绵2000千米，包括了3000多个岛礁，分布面积为21万平方千米。

岛屿众多是大洋洲最大自然地理特色。洲内的1万多个岛屿从成因上可分为大陆岛、火山岛和珊瑚岛，在地理分布上有波利尼西亚岛屿群、密克罗尼西亚岛屿群和美拉尼西亚岛屿群。这些岛屿群各具特色，波利尼西亚岛屿群是“多岛群岛”，多数岛屿属于珊瑚礁型，部分岛屿是由海底火山喷发而成，因而大多是珊瑚岛和火山岛；密克罗尼西亚岛屿群是“小岛群岛”，岛屿群多为小珊瑚岛，共有两千多个，岛屿型与波利尼西亚岛屿群大致相同；美拉尼西亚岛屿群多为大陆型岛屿，系大陆边缘弧状山脉延伸的部分，岛屿间多深海盆和深海沟，各岛屿多山，火山和地震活动频繁，岛上居民主要是体型矮小、皮肤黝黑、头发卷曲的美拉尼西亚人。

洲内矿产、海产、水力、森林、草原等自然资源都很丰富。镍和铝土矿储藏量居世界前列。海洋盛产沙丁鱼、鳕鱼和鲸。主要树种有桉树、白檀木和红木。

六、南极洲地理禀赋　南极洲位于地球的最南端，是人类最后到达的大陆，被称作第七大陆。南极由大陆、陆缘冰和岛屿组成，陆地几乎都在南极圈内，周边分别是太平洋、印度洋和大西洋，海岸线长约 2.5 万千米，总面积约为 1400 万平方千米，约占世界陆地面积的 9.4%。

南极洲大陆平均海拔为 2350 米，玛丽·伯德地的文森山海拔为 5140 米，是南极最高点。大陆几乎全部被冰雪覆盖，冰层平均厚度为 1880 米，最厚达 4000 米以上，周围海洋里有许多高大的冰障和冰山。陆地仅有小量的藻类、苔藓和地衣以及几种显花植物。洲内无长年冰雪覆盖的土地仅有 2%，被称为冰原的“绿洲”，是动植物主要生息地。“绿洲”中有一片极端干燥地方，名叫南极干谷，这里的山石似乎都被干裂。

南极洲年平均气温为-25℃。内陆高原年平均气温为-56℃，极端低温曾达-89.2℃，是世界上最寒冷的陆地。同时这里又是世界上多风而且风力最强的地域，平均风速为 17.8 米/秒，最大风速可达 75 米/秒以上。全洲年平均降水量为 55 毫米，大陆内部年降水量仅 30 毫米左右，极点附近几乎无降水，全洲只有寒、暖两个季节，在极点区域，寒季连续黑夜，暖季则连续白昼。

南极洲最早被发现的时间是 1738 年，法国人布韦航海时发现了南极附近的一个岛屿，也就是以他的名字命名的布韦岛。1821 年以后，南极洲逐渐被更多的人所认识。1911 年 12 月阿蒙森等 4 名挪威人首次到达南极极点。历史上曾有 7 个国家对南极提出主权要求，国际社会于 1961 年以《南极条约》将南极作为永久公地。如今南极成了人类科学考察基地，多个国家在南极建立了科学考察站。

南极洲蕴藏的矿物有 220 余种，主要有煤、石油、天然气、铂、铀、铁、锰、铜、金、铝、锑、银、石墨、金刚石等。海洋物种丰富，有鱼类、海鸟、海豹、海狮、海豚和企鹅以及鲸等物种，还有海藻、珊瑚、海星和海绵以及磷虾等微小生物。磷虾是南极主要水产品，年捕获量达 1 亿多吨。南极是全球水资源最丰厚的地域，是世界淡水的重要储藏地。

第二节　四大洋地理禀赋

所谓四大洋，是占地球面积 71%的那一片水体被以太平洋、大西洋、印度洋和北冰洋不同的名称所划分的4个部分。作为海洋资源，这四大洋既有特殊性，又有同一性。

一、太平洋地理禀赋 太平洋是由亚洲、大洋洲、南极洲和南北美洲大陆所环抱的海洋，南北长1.6万千米，东西宽1.9万千米，面积为17968万平方千米，占世界海洋总面积的二分之一，平均深度为11084米，海域内分布着1万多个岛屿。在四大洋中，太平洋是面积最广、深度最大、岛礁最多的海洋。由于面积广大，便以赤道线为界分为南太平洋和北太平洋，以东经160度为界分为东太平洋和西太平洋。

太平洋洋底地形复杂，除大陆架和浅水区地形相对平整外，深水区有占总面积87%的深海盆地。在深海底部有岛弧、海沟、火山锥。全球85%的活火山坐落在太平洋，有80%的地震发生在太平洋。

太平洋相当大的部分是在热带和亚热带地域，气候主要属于热带和亚热带气候，但是气候分布的区域差异很大，这主要是由于水面洋流和沿岸大陆上空的大气环流共同影响的结果。以北纬5~10度为界，太平洋有南北两大环流。北部环流由北赤道暖流、日本暖流和北太平洋暖流以及加利福尼亚寒流组成；南部环流由南赤道暖流、东澳大利亚暖流和西风漂流以及秘鲁寒流组成，在两大环流之间是赤道逆流，方向由西向东，流速每小时为2000米。

太平洋是自然资源最为丰富的海洋，无论是浮游植物、海底植物，还是海洋动物，其种类在四大洋中都是名列前茅的。鱼类主要有鲱鱼、鳕鱼、鳀鱼、鲑鱼、鲭鱼、鳟鱼、鲣鱼、沙丁鱼和比目鱼，海兽主要有海豹、海象、海獭和海熊。

太平洋的矿藏也很丰富，分布在近海大陆架的矿藏主要是石油、天然气和煤。深海矿藏大多在海底盆地，主要有砂锡矿、金红石和铂金砂矿，还有丰富的锰结核矿，锰、镍、钴、铜等的金属含量比陆地高几十倍甚至成百上千倍。

二、大西洋地理禀赋 大西洋由南北美洲、南极洲、非洲和欧洲大陆所环抱，面积为9336.3万平方千米，平均深度3627米，最大深度9212米。以北纬5度为分界线，将大西洋分为南大西洋和北大西洋。大西洋有许多属海，主要有：加勒比海、墨西哥湾、地中海、黑海、北海、波罗的海、比斯开湾和几内亚湾。人类活动的重要岛屿有：大不列颠岛、爱尔兰岛、冰岛、纽芬兰岛和格陵兰岛。

大陆架面积大是大西洋的一个显著特点。大陆架主要分布在欧洲和北美洲沿岸，有80.2%的面积在深水2000米以下。在洋底中部有一条南北走向长1.5万千米的海岭，它是海洋底那条8万多千米长的洋脊的其中一段，将大西洋分成东西两个深水海盆，海岭的某些部分露出洋面，形成一系列岛屿。

大西洋南北气候差别较大。在赤道两侧海域盛行信风，北部为东北信风，南部为东南信风。在南纬和北纬的40~60度之间多有暴风。降水量以赤道为最高，年平均降水量在2000毫米左右，此后随着纬度增高而递减。

大西洋的北部环流由北赤道暖流、安的列斯暖流、墨西哥湾暖流和加那利寒流组成；南部环流由南赤道暖流、巴西暖流、西风漂流和本格拉寒流组成。赤道逆流的方向由西向东直到几内亚湾，称作几内亚暖流。

大西洋海洋自然资源丰富，主要矿物资源有石油、天然气、煤和铁，分布在加勒比海、墨西哥湾、北海、几内亚海和地中海等海域。在海岭东西两侧的海盆中，有两个油气带，东油气带主要有马拉开波湖油田、帕利亚湾油田、墨西哥海底油田，西油气带主要有北海大陆架油田和几内亚湾海底油田。海洋生物资源主要是鱼类，有鲱鱼、鳕鱼、沙丁鱼、鲭鱼和毛鳞鱼，南极大陆附近海域还有鲸、磷虾和海兽。

三、印度洋地理禀赋　印度洋由亚洲、非洲、南极洲和大洋洲所环抱，面积为7491.7万平方千米，平均深度为3897米，最大深度为7450米，主要属海和海湾有红海、阿拉伯海、安达曼海、阿拉弗拉海、亚丁湾、波斯湾、孟加拉湾和澳大利亚湾。岛屿多为大陆岛，如马达加斯加岛、斯里兰卡岛、安达曼群岛和尼科巴群岛。还有些岛屿为火山岛和珊瑚岛，火山岛有阿姆斯特丹岛和科摩罗群岛，珊瑚岛有拉克沙群岛和圣诞岛等。

印度洋洋底地形复杂，水下3000~4000米处有一条从印度半岛西岸一直延续到澳大利亚大陆以南的海岭，分为北段、中段和南段，分别叫做卡尔斯伯格海岭、中印度洋海岭和西南印度洋海岭。这一海岭将印度洋分为东西两部分，东部有中印度洋海盆和沃顿海盆，其中爪哇海沟为最深处；西部海底复杂，有许多隆起地段，海岭交错，分隔出一系列大大小小的海盆，深度都在5000米以下。

印度洋大部分海域属于热带，气温普遍较高，水面气温一般在20~26℃之间。赤道附近降水最为丰富，年降水量为2000~3000毫米。

印度洋的南部洋流比较稳定，由南赤道暖流、莫桑比克暖流、厄加勒斯暖流、西风漂流和西澳大利亚寒流组成；北部洋流流向因受季风影响而冬夏两季相反，夏季为顺时针方向，冬季为反时针方向。

印度洋海洋自然资源丰富，鱼类主要有飞鱼、金鲭、金枪鱼和马鲛鱼；棘皮动物主要有海胆、海参和海百合；海生哺乳动物儒艮是本海域特产。此外，鲸、海豹、企鹅等种类和数量也很多。矿物资源以石油和天然气为主，主要分布在波斯湾、孟加拉湾、红海、阿拉伯海、非洲东部海域、马达加斯加附近海域以及澳大利亚大陆架。

四、北冰洋地理禀赋　北冰洋大致以北极为中心，为亚洲、欧洲和北美洲大陆所环抱，面积为1310万平方千米，平均深度为1200米，是四大洋中最小最浅的海洋。

北冰洋由格陵兰海、挪威海、巴伦支海、喀拉海、拉普捷夫海、东西伯利亚海和波弗特海等诸多海域组成，大陆架较宽，最宽处可达1200米。海底有加拿大海盆、马卡罗夫海盆和南森海盆3个大海盆，深度在4000~5000米之间，还有一条罗蒙诺索夫海岭从新西伯利亚群岛穿越北极直达格陵兰岛北岸。在中部海底，有诸多海丘和洼地，格陵兰海是诸海中最深的海，最大深度5500米。

北冰洋整体在北极圈内，洋面的绝大部分常年结冰，形成面积达洋面三分之二的巨大冰盖。沿岸多为永冻土地带，冻土层厚数百米。在寒季里，多有强烈风暴发生；暖季里常常出现大面积的海雾。最冷的月份气温在-20~-40℃之间，最暖的月份温度也不超过8℃。年降水量通常仅有75~200毫米。极点区域3月到10月期间是无夜的白昼，10月到翌年3月期间是无白昼的黑夜。黑夜有极光闪现，多为带状、弧状、幕状和放射状。

洋流系统由北大西洋暖流的分支挪威暖流、斯匹次卑尔根暖流、北角暖流和东格陵兰寒流构成。洋流进入大西洋时由于地转偏向力的作用，水流偏向右方。

海洋动物物种较多，大部分集中在靠近陆地的沿海，主要有白熊、海象、海豹、鲱鱼、鳕鱼和鲸。苔原有雪兔、北极狐、驯鹿和极犬。

矿藏资源大多在大陆架区域，主要是石油和天然气，岛屿上有煤、铁、磷酸盐、泥灰和有色金属。目前，对北极地区资源的争夺成愈演愈烈之势，有5个北极国家因为石油资源而对北极地区提出主权要求。而俄罗斯一贯坚守北极地区利益，2015年又建立起北方联合战略司令部，由北方舰队、空天军和陆军部队组成，共建有6座军事基地。

第三节　部分不同地理类型国家的地理禀赋

世界上各个国家都是建立在一定的地域环境里，地形的特征构成了国家地理特征。根据国家地理特征，世界上的国家大致可以分为大陆国、海洋国、岛国和半岛国这样4个地理类型，不同地理类型的国家有不同的地理禀赋。

一、大陆国地理禀赋　大陆国是建立在大陆上的国家。这种国家有两种类型：一种是陆海型国家，即有海洋但陆地面积超过海洋面积的国家，如俄罗斯、中国、印度、加拿大、美国和巴西等国家；另一种是内陆型国家，即没有海洋的国家，如瑞士、奥地利、以色列、阿富汗、马里、刚果、赞比亚、巴拉圭等。

（一）俄罗斯地理禀赋　俄罗斯位于欧亚大陆的北部，北邻北冰洋，东濒太平洋，西接大西洋，西北临波罗的海，版图面积为1710万平方千米，海岸线长3.4万千米，人口1.4亿。国土大部分处于北温带，以大陆性气候为主，北冰洋沿岸属于苔原气候，太平洋沿岸属于季风气候；年降水量为150~1000毫米。西部国土几乎全部属于东欧平原，东部为乌拉尔山脉、西西伯利亚平原、中西伯利亚高原、南西伯利亚和东西伯利亚山地、太平洋沿岸山地；西南有大高加索山脉和厄尔布鲁士山。从北到南依次为极地荒漠带、苔原带、森林带、草原带和半荒漠带。大河有伏尔加河、鄂毕河、叶尼塞河以及勒拿河。

俄罗斯自然资源种类多，自给程度高。森林覆盖面积为8.67亿公顷，木材蓄积量为807亿立方米，居世界第一位；天然气探明蕴藏量为32.6万亿立方米，占世界探明储量的三分之一，居世界第一位；石油探明储量为65亿吨，占世界探明储量的13%左右；煤蕴藏量为1507亿吨，居世界第二位；铁蕴藏量居世界第一位；铝蕴藏量居世界第二位；水力资源居世界第二位；铀蕴藏量居世界第七位；黄金储藏量居世界第五位。全国工业人口2055.4万，农业人口668.4万。主要农作物有小麦、黑麦、马铃薯和豆类等；经济作物以亚麻、向日葵和甜菜为主。

（二）中国地理禀赋　中国是大陆国兼海洋国的陆海型国家，陆地版图面积为960万平方千米，海洋面积为300多万平方千米。整个地形分3个阶梯，自西向东依次是山地、平原和大海。西部有4座高原：内蒙古高原、黄土高原、青藏高原和云贵高原；中部有3座平原：东北平原、华北平原和长江中下游平原；东部和南部有4座边缘海：渤海、黄海、东海和南海。境内有阿尔泰山、天山、大兴安岭、小兴安岭、长白山、昆仑山、祁连山、阴山、太行山、冈底斯山、喜马拉雅山、横断山和武夷山等13条大山脉，有准噶尔盆地、塔里木盆地、柴达木盆地和四川盆地4个盆地；有长江和黄河两条世界级大河；有金沙江、怒江、雅鲁藏布江3条国际河流。南海是中国最大边缘海，北起广西、广东、福建、台湾和海南等5个省区，南至曾母暗沙群岛。

中国分为东部季风区、西北干旱半干旱的非季风区、青藏高原区3个自然区，森林和草原面积广阔。东北森林区是全国最大的天然林区，面积达3100万公顷；草原面积近4亿公顷，内蒙古的呼伦贝尔草原、鄂尔多斯草原，新疆的伊犁草原，青海的祁连山草原，西藏的那曲草原，都是世界著名草原。

国内石油、煤、铁等矿藏丰富，大庆油田、长庆油田、渤海油田和胜利油田等都是上等级大油田，天然气储藏量近3.5万亿立方米，可燃冰储量也很丰厚。

中国人力资源最为丰富，全国有13亿人口，是世界第一人口大国。

（三）印度地理禀赋　印度位于印度次大陆，国家版图主要由喜马拉雅山南部山地、中央平原和德干高原3个部分组成，面积约300万平方千米，属于热带季风气候，气温变化较大，6月到9月为夏季西南季风期，是印度半岛大部分地区农耕季节，全国耕地面积约为1.6亿公顷。境内水系丰富，恒河、印度河都是世界著名大河。人力资源丰富，全国有11.66亿人口，是世界第二人口大国。

（四）加拿大地理禀赋　加拿大位于北美洲北部，东临大西洋，西接太平洋，南与美国接壤，北与北冰洋和北极相连，面积为998万平方千米，海岸线长约2万千米，气候差别大，东部气温稍低，南部气候适中，西部气候温和湿润，北部为寒带苔原气候，中西部最高气温达40℃以上，北部最低气温低至-60℃。

全国人口3348.7万，其中英裔和法裔人口占86%。全国有大西洋区、中部区、草原区、西海岸区和北部区等5个地理区。大西洋区以渔业、农业、林业和矿业为主；中部区的安大略省和魁北克省是全国人口最密集的区域，全国四分之三的制造业位于这里；草原区包括马尼托巴省、萨斯喀彻温省和艾伯塔省，土地平坦肥沃，能源资源丰富；西海岸区是不列颠哥伦比亚省，是著名山地森林区，海洋水产资源也很丰富；北部区由育空地区和西北地区组成，盛产石油。

全国森林覆盖面积达440万平方千米，木材总蓄积量为172.3亿立方米。矿藏有60余种，镍、锌、铂、石棉的产量居世界首位，铀、镉、金、铋和石膏的产量居世界第二位，已探明的原油储量为12.6亿吨。

（五）美国地理禀赋　美国位于北美洲中部，北接加拿大，南临墨西哥湾，东濒大西洋，西傍太平洋，面积为937万平方千米，海岸线长2.268万千米，大部分地区属于大陆性气候。境内有大西洋、太平洋和大湖群3个水系。大西洋水系主要有密西西比河、康涅狄格河和哈得孙河；太平洋水系主要有科罗拉多河、哥伦比亚河、育空河；大湖群水系主要有苏必利尔湖、密歇根湖、休伦湖、伊利湖和安大略湖5个大湖。

国内矿物资源极其丰富，目前探明的矿物有2500多种，石油储藏量为36亿吨，煤2500亿吨，铁矿石69亿吨，天然气5.5万亿立方米。

全国有3亿人口。原居民是印第安人，分600多个部族，正统美国人的先祖是欧洲的教徒和非洲的奴隶。殖民时期大批的欧洲移民和非洲的奴隶成为美国的主要公民。由于美国发展快，来自世界各大洲的移民不断增加。美国人口构成主要有土著、欧裔、非裔、亚裔和拉美裔，83%为欧洲移民后裔，是世界人口成分最为复杂的国家。

（六）巴西地理禀赋　巴西位于南美洲东南部，面积为851万平方千米，约占南美洲总面积的一半，主要地形有亚马孙平原、巴拉圭盆地、巴西高原和圭亚那高原，其中亚马孙平原约占全国面积的三分之一。水利资源丰富，有亚马孙、巴拉那和圣弗朗西斯科3个河系。境内大部分地区属于热带气候，南部部分地区为亚热带气候。全国有2亿人口。印第安人是巴西土著民族，有70多个部落，有许多部落至今仍完全与世隔绝，深居热带雨林之中，房屋搭在30多米高的树冠上，过着石器时代的采集和狩猎生活。

国家拥有完善的产业体系，单一农业经济一直持续到20世纪初。蔗糖、咖啡、柑橘等为主要经济作物，产量居世界第一位，可可、大豆产量居世界第二位，玉米产量居世界第三位。

矿物资源丰富，已探明铁矿储量为650亿吨，产量和出口量居世界第二位；铀矿、铝土、锰矿储量居世界第三位；煤矿储量230亿吨，石油和天然气储量都比较大。此外还有较丰富的铬矿、镍矿和金矿。森林覆盖率为52.2%。

二、海洋国地理禀赋　海洋国是以海洋为依托立国的国家，从地理上讲，海岸线长，海洋及沿海地域面积等于或大于内陆面积，一般是岛国或半岛国。典型的海洋国有英国、西班牙、葡萄牙、荷兰、丹麦、日本、菲律宾、新加坡、印度尼西亚、澳大利亚和新西兰等，其中西班牙、葡萄牙和荷兰是依托海洋立国较早的3个国家，而澳大利亚则是新兴海洋国家。

（一）西班牙地理禀赋　西班牙位于欧洲西南部的伊比利亚半岛，北部是比斯开湾和法国，南部是直布罗陀海峡，西部是葡萄牙，东部是地中海，版图面积约51万平方千米，海岸线长约7800千米。境内多山，平原仅占国土面积的十分之一，主要山脉有坎塔布连山脉、比利牛斯山脉、莫雷纳山脉、佩尼韦蒂科山脉，穆拉森山海拔3478米，是全国最高点。国家人口4700万。

全国分北部山区、中央高原、阿拉贡平原、地中海沿岸山地和安达卢西亚平原等5个地理区，气候有3个类型：北部是海洋性温带气候，中部是大陆性气候，南部是地中海型亚热带气候，年降水量为350~500毫米。矿产主要有汞、煤、铁、铝土、钼、黄铁矿和石油，其中汞和黄铁矿储量居世界首位。森林面积广阔，树木有橡树、栗树和杉树等，海产品主要有沙丁鱼和龙虾。

（二）葡萄牙地理禀赋　葡萄牙位于伊比利亚半岛的西部，东面和北面与西班牙接壤，西面和南面连着大西洋，国土面积为9.2万平方千米，人口1070.8万，海岸线长832千米。全国多山地和丘陵，北部是梅塞塔高原，南部和西部分别为丘陵和沿海平原。国内的主要河流发源于西班牙，如特茹河、杜罗河、瓜迪亚纳河。气候南北各不相同，北部是海洋性温带阔叶林气候，南部是亚热带地中海气候，年降水量为500~1000毫米。

全国矿物资源较为丰富，主要有钨、铜、黄铁、铀、赤铁、磁铁矿和大理石，钨储量居西欧第一位。

（三）荷兰地理禀赋　荷兰地处欧洲西部，国土面积为4.13万平方千米，海岸线长1075千米。13世纪以来围垦土地约7100多平方千米，相当于全国陆地面积的五分之一。西部为沿海低地，东部是波状平原，中部和东南部为高原。全国属于海洋性温带阔叶林气候，年降水量为650~700毫米，主要矿藏有天然气、石油和煤。人口为1671.6万。

（四）澳大利亚地理禀赋　澳大利亚版图面积为770万平方千米，海岸线环绕全国，总长约2万千米。地形结构整齐单调，东部是高原，中部是沙漠，西部是丘陵。境内最长的河流是墨累河，长3490千米；最大的湖是面积为9000平方千米的北艾尔湖。全国70%地域属于干旱或半干旱地带，耕种和牧地面积只有26万平方千米。畜牧业发达。矿物资源丰富，铁矿储量占世界第二位。人口2000多万。由于大陆的孤立性，许多原始物种在这里得到很好的保存和进化。

三、岛国地理禀赋　岛国在地理上是海洋国的一个特例。在亚洲、欧洲、非洲和南北美洲的大陆架附近，在海湾以及近海，在大洋洲，分布着大大小小的岛国。加勒比海地区是全世界岛国最集中的区域，有古巴、海地、多米尼加、牙买加、圣卢西亚、巴巴多斯、格林纳达等30多个国家，大多是一岛一国。格林纳达陆地面积仅有0.03万平方千米，10万人口，是最小的岛国。较大的岛国有爱尔兰、英国、冰岛、日本、菲律宾、新加坡、印度尼西亚和新西兰等。

（一）爱尔兰地理禀赋　爱尔兰国家建立在大西洋东部比邻英国的爱尔兰岛上，面积为7万平方千米，海岸线长1228千米。爱尔兰岛地形很特别，四周是高原和山地，中间是平原和低地。全国最高点为西南部的卡伦图厄尔山，海拔1041米，最长的河流香农河为200千米，最大的湖泊科里布湖面积为168平方千米，草地占全国总面积的80%。全国属于海洋性温带阔叶林气候，年降水量为750~800毫米。渔业资源丰富。主要矿藏有重晶石和泥煤等。人口约500万。

（二）英国地理禀赋　英国本土位于大西洋东部的大不列颠岛，与欧洲大陆以英吉利海峡相隔，东部是北海，西部是爱尔兰海，在爱尔兰岛东北角有小部分国土，全国总面积为24.4万平方千米。全境分为4部分：英格兰东南部平原、中西部山区、苏格兰山区、北爱尔兰高原和山区，人口约6000万。人口构成有大不列颠岛上的英格兰人、苏格兰人和威尔士人以及爱尔兰岛东北部的爱尔兰人。最初大不列颠岛上的人是从欧亚大陆腹地随着采集活动逐渐走到了当时的大陆边缘，到达了大西洋的东岸。由于地壳变动和海侵的原因，形成英吉利海峡，形成了大不列颠岛，这些人就被隔离在这里，成为大不列颠岛的先民。他们一直以为自己居住在世界最边缘，在最边缘世界里创造了自己的文明。1850年的一次大海啸，冲刷了岸边的台地，意外地揭露出了5000年前的史卡拉·布端村落，使人们看到了史卡拉·布端文明与大陆文明的异曲同工之妙。

英国主要河流是塞文河和泰晤士河。塞文河长354千米，泰晤士河长346千米，两条河流几乎一样长。主要湖泊是北爱尔兰的内伊湖，面积为396平方千米。气候类型为海洋性温带阔叶林气候，终年温和湿润，多雨多雾，年平均降水量约1000毫米。矿物资源主要是煤、铁、石油和天然气。

（三）冰岛地理禀赋　冰岛国家建立在挪威海西部北大西洋的完整的冰岛上，北部边缘正切着北极圈，面积为10.3万平方千米，海岸线长4970千米。全岛四分之三是海拔400~800米的高原，只在沿海有狭小的平原，最高点是华纳达尔斯火山，海拔2119米。北部为寒带苔原气候，南部为温带阔叶林气候，年降水量450~2000毫米。海洋资源丰富，是鳕鱼的主要产区。矿藏主要有垩石、煤和硫磺。全国为单一的日耳曼民族，人口约32万。

（四）日本地理禀赋　日本位于亚洲屏风岛系的北段，是典型的岛国，国土由北海道、本州、四国、九州等4个主体岛和4000多个大小离岛组成，国土面积为37.8万平方千米，70%是山地和丘陵，平原狭小，最大的关东平原也只有1.7

万平方千米。全国有200多座火山。海岸线长约3.5万千米，海岸系数为0.091，即每平方千米陆地面积大约有91米的海岸线。这一事实说明海岸线对日本的重要性。日本小学教育有一句常说的话：我们没有土地，没有资源，我们只有空气、阳光和海洋。全国人口约1.3亿，是世界上人口密度较大的国家。

第四纪冰川时期，日本群岛的先民如同大不列颠岛的先民一样，从欧亚大陆的中部或东部随着采集活动逐渐走到了欧亚大陆的最东边，到达了太平洋的西岸，被海侵隔在这里。

（五）菲律宾地理禀赋　菲律宾位于亚洲屏风岛系的南段、大陆东南部的太平洋上，国土由7107个大小岛屿组成，其中1000多个岛屿有居民，国土面积30万平方千米，人口为9580万。吕宋岛、棉兰老岛、萨马岛等13个主要岛屿占全国总面积的96%，三分之二以上的岛屿是丘陵、山地和高原，平原狭小。全国属于季风型热带雨林气候，高温多雨，年降水量为2000~3000毫米。主要农作物是甘蔗、蕉麻、水稻和玉米。水产资源丰富，鱼类有2400多种，金枪鱼资源居世界前列。矿藏主要有铜、金、银、铁、铬、镍等20余种，金矿储藏量占世界第三位，铜蕴藏量约37.2亿吨、镍1.3亿吨。石油也有一定的蕴藏量。

（六）新加坡地理禀赋　新加坡的岛国特征最具典型性，它位于马来西亚半岛最南端，由50多个岛屿组成，面积为618平方千米，主体岛是新加坡岛，占全国总面积的91.6%。全国地势低平，平均海拔15米，最高海拔177米，海岸线长140千米，属于热带海洋性气候，常年高温多雨，年平均气温25℃，年平均降水量为2345毫米，人口为465.8万。

（七）印度尼西亚地理禀赋　印度尼西亚位于亚洲屏风岛系南段，地跨赤道，由太平洋和印度洋之间的13667个大小岛屿组成，其中约6000个岛屿有人居住，总人口为2.4亿，陆地版图面积为190万平方千米，海岸线长3.5万千米，是世界上最大的群岛国家。整个国家处在环太平洋地震带上，境内有400多座火山，其中120多座是活火山。全国耕地面积约5980万公顷，59%的人口是农业人口。全境属于热带雨林气候，年平均温度27℃。资源丰富，森林面积约占国土面积的65%，石油、天然气和煤的蕴藏都很丰厚。

（八）新西兰地理禀赋　新西兰是太平洋南部的岛国，国土由北岛、南岛和附近的一些小岛构成，面积为26.8万平方千米，海岸线长6900千米。山地和丘陵占版图总面积的75%以上，森林覆盖率达29%，天然牧场或农场占国土面积的一半，畜牧业很发达。水利资源丰富，北岛多火山和温泉，南岛多山峰、冰河与湖泊，库克峰为最高峰，海拔为3764米。全国属于海洋性气候，夏季平均气温25℃，冬季10℃。年降水量为500~2500毫米。矿产主要是煤、金、石油和天然气。人口为421.3万。

四、半岛国地理禀赋　半岛国在地理上既是大陆国的特例，又是海洋国的特例，具有大陆国和海洋国的双重地理特征。在地理形态上，半岛的典型特征是三面临海。有些国家虽然是半岛上的国家，但不一定都是半岛国地理形态，有的一面或两面临海，有的则完全没有海域，形同内陆国。如老挝、泰国、缅甸、柬埔寨，都是中南半岛上的国家，然而都不具备半岛国地理形态。典型的半岛国如日德兰半岛的丹麦、亚平宁半岛的意大利、巴尔干半岛的希腊、朝鲜半岛的韩国、中南半岛的马来西亚等。

（一）丹麦地理禀赋　丹麦位于北海与波罗的海之间，国土由日德兰半岛大部、西兰岛、菲英岛、洛兰岛和博恩霍尔姆岛等大小400多个岛屿组成，多曲折的峡湾，面积为4.3万平方千米，海岸线长7400千米，最高海拔为173米，最低海拔为-4米，平均海拔为30米。全国属于海洋性温带阔叶林气候，年平均降水量为600毫米。主要矿产是褐煤、白瓷土和石油，储量都不大。人口为562.8万，日耳曼民族人口占全国总人口97%，海外领地有格陵兰岛和法罗群岛。

（二）意大利地理禀赋　意大利完全建立在亚平宁半岛上，国土包括西西里岛和撒丁岛，总面积为30.1万平方千米，海岸线长约7000千米。东面是亚得里亚海，南面是地中海，西面是第勒尼安海，北部则与法国、瑞士、列支敦士登、奥地利和斯洛文尼亚接壤，全境基本上属于山丘地带，阿尔卑斯山和亚平宁山是全国主要山脉，勃朗峰是全国最高点，海拔为4807米。西西里岛埃特纳火山是欧洲最高火山，海拔为3340米。斯特龙博利岛火山两千多年来一直喷发，被称为地中海的灯塔。波河是全国最长的河流。全国属于地中海气候，年降水量为500～1000毫米。自然资源较为贫乏，矿物资源仅有地热、天然气、大理石，还有少量铅锌和铝土。耕地占版图面积的十分之一。人口约5800万。

（三）希腊地理禀赋　希腊位于巴尔干半岛最南端，北面与阿尔巴尼亚、马其顿和保加利亚接壤，东部经过爱琴海与土耳其接壤，西部与伊奥尼亚海、地中海相连。国土面积为13.2万平方千米，海岸线长1.5万千米。境内四分之三是山地，全国最高点是海拔2917米的奥林波斯山，沿海分布着狭小平原。主要河流有阿谢洛奥斯河、奈斯托斯河等。南部为地中海气候，北部为大陆性气候，年降水量为500～1500毫米。矿产主要是石油、天然气、铁和镁。人口1100万。

（四）韩国地理禀赋　韩国位于朝鲜半岛的南半部，北面与朝鲜接壤，东西两面被日本海和东海所裹挟，全国面积9.9万平方千米，地形东北高、西南低，山地约占陆地面积的70%，属于温带季风气候，年降水量为1300～1500毫米。自然资源匮乏，耕地面积占陆地总面积的22%，矿物资源较少，储藏量不大。人口约4900万。

（五）马来西亚地理禀赋　马来西亚地处东南亚，位于太平洋和印度洋之间，全境被南海分成东马来西亚和西马来西亚两部分。西马来西亚位于马来半岛南部，是马来西亚本区，北部与泰国相连，西边为马六甲海峡，东边为南海，南面几乎和新加坡连在一起，仅隔一道狭窄的柔佛海峡。东马来西亚位于加里曼丹岛的北部，由沙捞越地区和沙巴地区组成。全国版图面积为33万平方千米，海岸线总长4192千米，森林面积占全国面积的75%，属于热带雨林气候，年平均温度28℃。自然资源丰富，盛产橡胶、棕油、胡椒和热带硬木，矿产主要是锡、石油、天然气、铁、金和煤。人口为2571.6万。

对世界各大洲和部分类型国家地理禀赋的概略分析，在主体上是鉴于地理禀赋对于生存的两个方面考虑：一是食用财富资源与生存；二是应用财富资源与生存。食用财富资源是生存和生命延续的资源，是本命生存，是第一位的，是不可或缺的资源，其中最具代表性的就是粮食，因此也可视为农业财富资源；应用财富资源是人类生活和生产的资源，是应用生存资源，最具代表性的是制造业的原材料，因此也可视为工业财富资源。从总体上说，世界上所有的国家，或两者均有，或两者均无，或两者有其一，大致不外乎这样3种情况。这种分析能够说明世界上各个国家生存的基础状况。凡是有足够食用财富资源的国家，可以称之为自给国家；凡是没有足够的食用财富资源而有足够的应用财富资源的国家，依靠应用财富换取食用财富，这样的国家可以称之为他给国家，国家本命生存很显然受制于自给国家。自给国家粮食收成的状况，不仅影响着本国的生存状况，也影响着——从某种意义上说是更为严重地影响着——他给国家。因为自给国家不向他给国家提供或者极少提供粮食，他给国家就会产生生存危机。他给国家如果居安思危，就要充分利用应用财富资源，以应用产品影响和占领国际市场，把应用财富变成任用财富，即可应用于任何方面的任意使用的财富，这种财富就是通货。倘若一个国家既有食用财富资源，又有应用财富资源，通常是自给自足的国家，在生存上有很强的自主能力，也就拥有更广泛的自主生存空间。

当然，对全球各大洲和部分类型国家地理禀赋的概略分析，还有一个重要的动议，这就是一个国家或地区的地理禀赋既决定其生产形式和经济增长形式，也决定其在国际分工甚至在国际政治中的角色。这也是我们认识一个国家或地区的重要路径。虽然在全球化的今天，国家地理边界已经失去了经济学意义，强调国家地理禀赋的某种决定性作用，强调自然资源的国家意义，会被唯经济主义者指责为经济民族主义，甚至言之凿凿地声称自然资源不再是财富的钥匙，然而，财富是可以离开自然资源凭空创造出来的吗？即使喝西北风，风也是自然资源。中国的一句老话说得好：纵横不出方圆，万变不离其宗。此话之意，未必谁都能够真切领会。

第二编

自然资源与生产方式

【谋篇理由】自然资源是人类生存的必需资源，人类的生存是以生产的方式索取自然资源，使其成为生命过程的必需消费。因而自然资源的形态直接决定着生产方式。

第四章　人类对地球的认知与利用

人类对地球的认知与利用是一个漫长的过程。在这个过程中大致有 6 个节点：一是原初时代，以人类认识和采集食物为标志点，这个时期的人类完全依赖大自然的现成食物；二是石器时代，人类在 300 万年前认识了工具，以开始制作石器和木器为标志点，这可以认定为人类对地球开发利用的孕育时期，当人类进入新石器时代成功地制作出陶器和青铜器的时候，标志着人类进入了对地球的开发利用时期，也标志着人类对地球的认识与利用进入了食用和应用并行发展时期；三是农业社会时期，以土地开垦和作物种植为标志点，对地球的开发利用主要是土地；四是工业社会时期，以矿物开采为标志点，是人类应用发展的革命性时期；五是现代时期，以电子被发现为标志点，人类对地球的认识与利用进入了微观世界；六是当代时期，以计算机和人造地球卫星为标志点，人类对地球的认知与利用从地球延伸到宇宙其他星体，从微观世界到了更宏阔的宇观世界。

原始人类首先认识的是地球的局部地表，生活在山地的原始人类，认为大地就是山地的形状；生活在平原的原始人类，认为大地就是那样平坦无垠；生活在江河湖畔的原始人类，认为大地就是这样水陆相间；生活在大海之滨的原始人类，认为大地就是一半陆地，一半海水。这种认知，如同盲人摸象，直到大航海时代到来之前，人类对地球的最高认知水平，乃认为大地是平的，是有边际的。大航海时代最大的地理意义在于认识并证明了地球是圆的，由此而建立起完善的地球概念系统，将各国各地的封闭的地理学在全球的视野下拼接起来，形成完整的全球化地理体系，认识到了地球与太阳的关系，认识到了地球与月亮的关系，认识了太阳系，认识了银河系，认识到了宇宙之中的种种星系和星体。自此开始建立地球与太阳环境系统，建立日地环境关系下的地学，建立全新的宇宙观。

同时，现代人类开始研究地球的自身结构，探索地球的形成与演变，探索全新的人地关系。对地球全新的认知，使人类对地球的开发利用由采食地表果实和小动物等自然资源的原始时期，进入了地下矿物、地上生态和天空气象前所未有的全方位立体开发利用的现代时期。

第一节 人地关系的形成与发展

人类是地球的人类，地球是人类的地球。这是人类与地球关系的宏观表述。

一、人地关系的形成 人类与地球的关系称作人地关系。人地关系是伴随着人类诞生而来的人类与自身之外物质和空间的第一种关系，也是表达地球孕育人类和人类依存于地球的全部关系。

人地关系是天赋的关系，如果将人类的诞生比作一个婴儿的诞生，那么这个婴儿自母体娩出呱呱落地，人地关系便形成了。即使这样界定人地关系的形成也还是相对的，因为婴儿在母体之中，就已经存在着这个婴儿与大地的人地关系，否则，婴儿根本不可能被孕育，其自身也不可能发育。这是人地关系的客观性。

人地关系的理论产生于地理学，是用地理学的视角和思维认识人地关系，这对人地关系理论的发展造成很大的影响，至今许多学者对人地关系的研究仍然没有跳出地理学的窠臼。人地关系，是人与地的关系，是人类与地球的关系，也是由人类学和地理学两个学科所构成的关系。

人地关系是因地而异、因人而异、因时而异的。地球有不同的地理环境，不同的地理环境中的人地关系是不同的；人类有不同的族群，不同族群的人地关系是不同的；人类是不断进化的，历史是不断发展的，不同的历史阶段，人地关系也是不同的。因此，人地关系具有地域性、族群性和时代性。

（一）人地关系的地域性 人地关系是因“地”而异的。在山地，人地关系的“地”是山地，山地的地形地貌和山地的自然资源，决定了人地关系的山地特征；在平原，人地关系的“地”是平原，平原的地形地貌和自然资源，决定了人地关系的平原特征；在海洋，人地关系的“地”是海洋，海洋的海岸、岛屿、水体和海洋的自然资源，决定了人地关系的海洋特征。

地球上不同的11种地理带，更为具体地决定了人地关系的不同特征。如果按照地理带区分人地关系的地域特征，人地关系则有11种地域特征。在热带的5种自然带中，人地关系是人与热带雨林带、热带稀树草原带、热带荒漠带、亚热带荒漠草原带和亚热带森林带的关系；在温带的3种自然带中，人地关系是人与温带荒漠带、温带草原带和温带阔叶林带的关系；在寒带的3种自然带中，人地关系是人与苔原带、冰原带和亚寒带针叶林带的关系。

如果将地域范围再放大一些，那么在亚洲大陆上，人地关系是亚洲人与亚洲大陆的关系；在欧洲大陆上，人地关系是欧洲人与欧洲大陆的关系；在非洲大陆上，人地关系是非洲人与非洲大陆的关系；在美洲大陆上，人地关系是美洲人与美洲大陆的关系；在澳大利亚大陆上，人地关系是澳大利亚人与澳大利亚大陆的关系；在大洋洲的岛屿上，人地关系是大洋洲人与大洋洲海域及岛屿的关系。

同样，在北半球，人地关系是北半球人类与北半球的关系；在南半球，人地关系是南半球人类与南半球的关系；在东半球，人地关系是东半球人类与东半球的关系；在西半球，人地关系是西半球人类与西半球的关系。在地球上，人地关系是整个人类与整个地球的关系。

人类是活动的人类，因而人地关系是活态的。人类除了与居地的常态关系之外，还有一些与居地之外地域的非常态关系，但最终是地球人与地球的关系。

（二）人地关系的族群性 人地关系是因人而异的。在不同的族群中，人地关系是不同的。人类有许多不同的族群，包括民族和阶层。不同的民族，人地关系是不同的，例如，蒙古民族的人地关系其主要特征是人与草原的关系，其民族形象是人与马；维京民族的人地关系其主要特征是人与海洋的关系，其民族形象是人与船。不同的阶层人地关系也是不同的，例如，农民和工人阶层有着不同的人地关系，农民的人地关系从根本上说是人与土地的关系，其阶层形象是镰刀与禾苗；工人的人地关系从根本上说是人与矿藏的关系，其阶层形象是高炉与机床。人地关系的族群性，在很大程度上取决于族群的在地性，原因在于族群本身就有着特定的地域性。对于族群中个体的人地关系而言，族群属于“地”的范畴。这是人地关系族群性的一个重要思想。

（三）人地关系的时代性 人地关系是因时而异的。在不同的历史时期，人地关系有着不同的内涵。

1. 原始时代的人地关系 原始时代的人地关系是人类诞生初期与地球构成的关系，也是人地关系的原初阶段。这个时期的人地关系主要表现形式是地球对人类的塑造和人类对地球的依附。地球通过为人类提供的食物而实现对人类进化的控制，包括了对人体肌理和机制的进化性完善。此时人类没有创造性劳动，没有建设性行为，生存的方式是单一地食用大自然的现成果实。即使到了农业起源的时期，人地关系也还是非常单一的，正像一句中国农谚所描述的：“春天捅一棍，秋天吃一顿。”所以，单一性、粗放性是原始时代人地关系的显著特征。

2. 文明时代的人地关系 人类进入文明时代之后，人地关系的内涵变得丰富而复杂起来。文明时代开启的标志是人工制作工具。文明时代开启的标志性工具是陶器和青铜器。陶器和青铜器的出现，标志着人类对自然资源的利用日益广泛，由单一的食用到广泛的应用，人类进入了食用和应用并行发展时期。由应用开启人类文明，是这个时期人地关系的主要内涵。应用的广泛性，使人类不断地创造出许许多多的应用工具。生产和生活由于应用工具的不断被创造出来而日新月异。尤其是自有机合成技术的化学工业产生以来，自然物质的原来结构被重组，产生出许多人工物质，如合金和塑料等。从制造到创造，从求新到创新，人类从地球上获得了越来越广泛的生存自由和权利。地球物质的多样性，物质属性的多样性，使人类对地球的认识越来越广泛，人地关系的范畴也因此而越来越广阔。

3. 高科技时代的人地关系　高科技时代的最显著特征是超大时空、“两极”尖端。现在人类的视野构成了渺观、微观、宏观、宇观和胀观等 5 个时空层次，人地关系也随之进入了这 5 个时空层次，在比微观还微观的渺观里，在比宏观还宏观的宇观和胀观里，人类在渺观和胀观两个极端中向更加广阔的科学空间进发，目前已经涉及 1000 多个研究领域，建起 4000 多个学科，形成现代科学技术体系的矩阵结构。这种矩阵结构在纵向上有 11 个大学科：自然科学、社会科学、数学科学、系统科学、思维科学、人体科学、地理科学、军事科学、行为科学、建筑科学、文艺理论。在横向上，每个学科研究与应用立体发展，因而是一个完整的认识与实践结构。例如，自然科学有基础科学、技术科学和工程技术这样 3 层结构。基础科学揭示客观规律，为技术科学奠定原理基础；技术科学为工程技术提供理论基础；工程技术直接应用于实践。作为科学研究，人类自身也是一个重要领域。人类科学不仅揭示人类自身的奥秘，也创造着人类自身的未来。最新研究发现，人体的名为 M1 和 M3 的两个基因簇包含着数百个基因网路，这些网络控制着人类的记忆、注意力和推理能力以及处理速度，对这些基因加以改变，就能够创造出超级智能人类。

正是这样的科学体系，使人类的足迹和视野超越了地球。人造卫星、宇宙飞船，将人类带入了高智能及外太空的宇观和胀观时代。同时基因工程和纳米技术，又将人类带入了微观和渺观时代。宇观和胀观时代，使人地关系越来越泛化；微观和渺观时代，使人地关系越来越抽象。人地关系已经远远不是那句中国农谚所描述的“春天捅一棍，秋天吃一顿”那样简约与单一了。同时，人地关系的空间越来越广阔，随着人类的视野和足迹走向渺观世界和胀观世界。

二、人地关系中的作用与反作用　在人地关系中，人与地的相互作用使人与自然共同发展。当把人也作为自然的一部分的时候，这种自然关系中的人地关系使自然呈现出全新的面貌。

（一）地对人的作用：规定性　地对人的作用归根结底是地对人的规定性。这种规定性是地球对人类的进化预置，否则，人类就不可能成为地球人。这种进化预置被漫长的时间稀释而不表现为突发的瞬时的，表现为平和的线性的、演变式的，因而人类无论从生命和形体，都有一个从原始到现代的进化过程，从人科动物到原始人类，从原始人类到现代人类。地对人的规定性主要在于对人的生命机理、形体肌理和生存机制的规定性。因此，人类有着鲜明的生存地理特征和生活地域色彩。

学界一直认定人类进化是朝着适应自然的方向发展。“适应”是进化论的一个极其重要的概念，进化过程从根本上说就是“适应”过程。无论从人类自身的进化状态还是从人地关系上讲，这都是毋庸置疑的。所以，适应主义是对进化论拥有最后解释权的“法人”。然而，如果换一种思维角度，从地学角度诠释进化，那么人类进化则不是朝着适应自然的方向，而是沿着自然的进化预置的方向发展，而且人类的进化必须沿着自然的进化预置的方向，这是大自然早就设定好了的进化轨道。在预置的轨道中进化，这是地对人的规定性。遵循这种规定性者，胜；违背这种规定性者，汰。一个具有自然强制的规定尺度：优胜劣汰，这也应该是毋庸置疑的，甚至可以说是颠扑不破的规制。正是因为地对人的强制性规定，人既要顺应这种不可撼动的强制性规定，又要最大限度地发掘自身的潜能，用自身的机理和机制，维持身体的各种器官在这种强制性规定之下的正常运转，并以主观的努力满足这种规定的种种要求。在这种情形之下，“适应”一词就显得有些被动，甚至在某种意境里还有些消极。对自身的锻造、对环境的改造、对生存的创造，这应该是人类在自然强制性的规定尺度里的主观进化因素。人类并没有那样驯服地完全失去自我的主观能动性而消极地被动地去适应规定性。倘若没有富于建设性和创造性的生存行为，人类是不可能进化的。

进化的规定性是通过人类自身而实现的。地对人的规定性虽然是强制的、不可撼动的，却不是僵死的、绝对单边的，否则这种规定性不可能在人类身上发生作用，进化现象也就不可能发生。这是进化辩证法。

1. 地理环境对人类生命体征的规定性　生命形态是由环境决定的，是由日地环境、地月环境和地球环境这 3 个大的环境共同决定的。最直接的环境是地球环境，是地球环境直接决定了生命的形成和生命的形式。这能够说明为什么在共同的宇宙环境里惟有地球存在生命体，而其他的星球则没有生命体存在，起码目前能够证明太阳系的所有卫星都是这样。

同在一个地球上，由于所处的地域不同，人类的生命本体也不相同。生活在撒哈拉沙漠以南的人类，在长期抵御强烈紫外线辐射的生存中，皮肤进化成黑色，成为黑种人；生活在高加索地域以北的人类，在长期的与严寒抗争的生存中，为了保证肺部不受强烈寒冷空气的侵害，必须使寒冷的空气在鼻腔里快速升温，从而鼻腔的空间越来越大，最终进化成了大鼻梁；而处于温带的蒙古人种，无论是肤色还是鼻腔，都保持了适中的状态。

2. 地理环境对人类生存方式的规定性　自然资源是地球与生俱来的资源，或者说是地球自诞生以来在46亿年的演化中自我生成的资源。原始人类对地球资源的享用是单一的，基本上就是生命延续所必需的食物。随着人类自身的进化和演变，人类对自然资源的认识越来越宽泛，对自然资源的享用也越来越广泛。现代人类根据自身的需要和应用对自然资源的土地资源、水资源、气候资源、生物资源、矿物资源和海洋资源6个大类别更加细化，但同时又相对集中在农林资源、生物资源、矿物资源、水利资源这4个资源类型中。农林资源是农业和林业可用资源，生物资源是生物工程可用资源，矿物资源是矿产业可用资源，水利资源是饮用、灌溉、发电和运输等可用资源。从理论上说，人类不可能离开立足之地上的自然资源而生存；从地理上说，人类居住在由不同热量和水分组合的地理地带上，生存必须依据地理地带的规律配置活动。所以“靠山吃山，靠水吃水”，居山林而猎、居草原而牧、居平原而农、居水泊而渔。由于对地理环境资源的利用不同，在相同的地理环境里，人们的生产选择也会有所不同。但是，这种情况的基本前提是地理环境提供了多元的资源结构。至于选择何种开发模式或利用模式，则与该地域里的人的观念、习俗、宗教、民族、文化诸因素有关。

从学理和逻辑意义上讲，一切以自然资源为生产对象的经济都应该定义为自然经济。这种对自然经济概念的界定与传统的界定有所不同。农业经济是最为典型的自然经济，而工业经济一般的人甚至许多学者并不认为属于自然经济的范畴，根据在于农业的生产特征是耕种，而工业的生产特征是制造，是完全不同的两种生产样式。殊不知工业的基本资源是矿物，从自然物质意义上说，对矿物的开采也属于自然经济的生产活动。将工业的基础生产划入自然经济范畴，应该是件不难理解的事情。现代工业的基本特征是制造业，是高科技条件下的制造业，而这种制造业的原材料已经不再是来自现成的原始的自然资源。这是自然经济不可能完全涵盖现代工业经济的原因。

3. 地球对人类生命机理的规定性 地球上一切生物的生命现象，无论是植物生命还是动物生命，都是地球自身的种种元素造就的。人类的生命形式是由地球造就的，地球自身的构成元素同时也就构成了人类躯体的生命元素。研究发现，生物体中的元素种类占地球元素种类的三分之一到二分之一。在现代科学条件下，科学家将人体中的60多种元素与地壳和海水中的同类元素进行相关关系的对比分析，结果表明人与环境在物质上是一致的。这种规定性，规定了人类的进化沿着“自然”的预置进行，因而人的进化过程就是被自然化的过程。

地球对人类的规定性包括对形体肌理的规定性和对生命机理的规定性。地球对人类形体肌理的规定性，一般表现为对遗传基因的修改，地理环境因素直接作用于遗传基因，或通过自然选择对遗传基因的生成及构造产生影响，从而产生出不同的人种。原初的人类是刚刚脱离人科动物时期的人类，形体上带着很多人科动物的形体特征，比如，头颅是尖顶，而不是平顶；胳膊依旧像动物的前肢，而腿相对较短，脚的形状与手区别不是很大，脚板很短，脚趾很长，残留着攀援的抓握特征。这个时期的人地关系是地球向人类提供植物的果实与根块以及人类体能所及范围的小动物，而人类则以最简单的方式获取这些资源的关系。

4. 地球对人类生存方式的规定性 地球提供的资源样式，决定了人类的生存方式。首先地球规定了人类是杂食动物，是动物中的纯粹植食动物和纯粹肉食动物的综合体，这在原始时代采食植物的果实、茎叶和根块，捕食动物的生存方式中表现得十分清楚。谷物、果类和菜蔬，肉类和禽蛋，一直是人类食物的主体结构，与此同时，地球为人类提供食用的动植物的样式及生长方式，也就规定了人类的基本生产方式是采集、猎捕和种植。对这些产品的消费方式，则构成了人类的生活方式。基本的生产方式和基本的生活方式，构成了人类基本的生存方式。

5. 地球的不同区域对人类的不同的规定性 地球的不同区域对人类的不同的规定性也就是地理环境对人类的规定性。这种规定性被不同时期的学者表述为“地理环境决定论”、“地理环境可能论”、“人类生态论”、“自然进化论”等。由此产生出地理环境对种族和民族体质特征的塑造、地理环境对种族和民族性格的塑造等理论与著述。地理环境对种族和民族的体质及性格的塑造，实际就是地对人的规定性。这些理论中的某些观点或许有一定程度的偏颇，然而对于地理环境对人类生存与进化影响的基本认知是准确的。早在两千多年前，古希腊的地理学家、医学家和社会历史学家，就注重研究地理环境对人类的体质和性格的影响。医学家希波拉克底在其《论空气、水和环境》著作中，把人群的气质类型与地球的温度带相比较，发现了温度带对人类性格和气质的影响；社会历史学家希罗多德在他的《历史》著作中，论述了地理环境与民族素质的关系；亚里士多德把地理环境与政治制度进行比较分析，认为地理位置、气候、土壤影响着社会性质和民族特征；孟德斯鸠也认为地理环境决定着人类的气质和性格，而人们的气质和性格又决定了他们所采取的政治和法律制度。汤因比的著名论著《历史研究》基本的论点也是建立在地理环境基础上，在分析日本扩张根源时，他是以日本人口失控急剧增长为依据的，但人口多寡显然是以地理空间为参照的。他说：“在这种情况下，日本必然不是扩张就是崩溃，而仅有的切实可行的扩张形式要么是说服世界其他地区与之进行贸易，要么征服额外的领土、资源和市场……全球范围内经济民族主义高涨，逐渐使得日本人转而走上军国主义的道路。”中国近代地理学家张其昀在他所著的《人生地理学》一书中，充分地论述了地理环境对人类的决定性影响，他也以日本这个岛国的地理环境为例，论述地理环境对日本民族的影响，并绘制了这种影响的因果关系图。图中有这样一段说明文字：“因为岛国土地狭小，因而无独创文化，善于模仿；偏隘善疑，感化他族之力甚弱。”在历史上，日本效仿中国的文化，包括文字、伦理、政治和法律；效仿欧洲文化，模仿欧洲人仪表，效仿英国工业革命；尤其是轻感化、尚武力成为民族性格的主要特征。这一切都能够说明张氏分析判断的准确度。美国学者禹贞恩对日本的发展模式也判定有模仿性：“为欧陆传统的一个变种形式，而不是自成一格的形态。”

（二）人对地的反作用：干预性 人类是干预地球的最大生物体。这种干预主要表现在对地球生命系统的干预和对地球环境系统的干预，干预的力度随着人类社会的发展越来越强，干预的尺度随着科技水平的提高越来越大，给人类生命支持系统的三大要素土壤、空气和水带来了灾难性的后果。早在1950年，有预见性的科学家就用警告的方式说，现代社会及其行为方式是具有自杀性的。

1. 直接干预 直接干预主要有3个方面：一是因生产和生活需要的干预；二是为了让地域环境更适合人类生存的干预；三是因军事国防包括战争需要的干预。在这3个方面的干预之中都存在某种破坏性的干预，造成地球某些方面不良的实质性改变。

因为生产需要而对地球的干预最为普遍。这种干预与人类生产力水平相关，因而在各个历史时期干预的程度有所不同。原始时代的数百万年间，采集的生产方式对地球没有改造行为，没有改造现象的发生。农业起源，人类开始对地球的地表进行开垦和翻耕，草原被烧荒，山林被砍伐，将地表开垦成便于农作的田地。随着农业的发展，人口的增加，这种开垦活动越来越普遍，大片大片的地表成为种植庄稼的农田，甚至围湖造田、围海造田，改变了水陆分布的原始比例和原始状态。农业体系健全之后，围绕农业生产活动的各种配套设施也不断完善，农业发展条件更加齐备，农业运输的道路像网一样地覆盖地球表面。工业社会出现后，工业生产持续对地球改造，进行矿藏开采，直接在岩石圈上挖掘，金属矿藏、原煤矿藏、石油天然气矿藏，被从地表的各处发掘出来，最深的矿藏深入地表数千米。工业体系健全之后，围绕工业生产的各种配套设施也不断完善，工业发展条件更加齐备，工业运输的道路比农业运输道路更加宽阔、更加绵长，形成跨地域跨国家的公路、铁路和航海航空网。国土面积狭小的国家甚至围海造陆，扩大本国国土面积，以满足港口、工厂、飞机场、核电站等各类现代工业和高科技事业发展对于场地的需求。现在，遍布各大陆块的各种现代化设施和现代化都市以更大的规模占据着地球的表面。

因生活需要而对地球的改造也非常普遍，甚至时时处处都发生着对地球的改造，如绿化环境、治理水患、城市建设、山间和水底隧道等。

军事国防和战争对地球的改造也是每时每刻的。历史上中国的万里长城，地中海沿岸城邦国家的城堡，冷兵器时代的战壕、城墙、城池、寨堡等军事的进攻和防御工事，进入热兵器时代以来的大规模的军事工程，导弹发射系统、反导弹防御系统、卫星发射场、防御坑道，岸炮坑道、海底潜艇停泊坑道等，都改变了地表和地下面貌。

生产生活性干预、为创造适宜生存环境的干预、军事性的干预，最终的结果是人类改变了地球，改变了地球的岩石圈、水圈、大气圈，也改变了生物圈。对岩石圈的破坏最为严重的就是矿藏的开采，世界各地包括陆地和海洋，人类在地球上到处钻窟窿，完整的岩石圈已经成了马蜂窝。对水圈的改变主要从农业社会开始，工业社会达到最为严重的程度。工业用水和工业污水的排放，核电站污水排放和核泄漏，海上油气开采和运输过程中的油气泄漏等，致使河流和海洋遭受了前所未有的破坏。2010 年 4 月和 2011 年 6 月分别发生在墨西哥湾和渤海湾石油开采事故，造成了对海洋的严重污染。对大气圈的改变，主要是工业废气、各种燃油发动机和各种燃煤动力机所产生的气体，核爆炸、核电站泄漏的有害气体等。森林的被砍伐降低了大气圈自身的修复能力。对生物圈的破坏可以并不严格地认定从人类诞生之日起开始，人类的生存需要植物和动物，采集植物、猎杀动物毫无疑问是对生物圈的干预和破坏。但是真正意义上的破坏是从农业社会开始的，形成全面的、严重的破坏甚至形成生态危机，是从工业社会开始的，特别是高科技手段的应用和亢奋的经济情绪，促使生态危机全面爆发。

人类对地球的干预都是从某一个特定的方面出现，然而其实质不像表面那样孤立，任何一个方面或一个事项的干预，都有可能通过力学运动、物理运动、化学运动和生命运动这四大基本运动形式而牵一发动全身，通过这些运动过程而相互影响和相互作用成为整体性干预。地表的植被是被人类干预最为经常、最为普遍的一项，地表植被被破坏后，直接的后果是水土流失、物种减少，接踵而来的是改变大气成分比值，影响大气循环，甚至引发地表温度的改变，引起海平面的变化，形成灾难性气候，影响人类生存。

人类干预地球的负面效应，越来越引起社会广泛的关注。因为这种干预所引起的生态系统的持续恶化，使人类看到生命支持系统越来越承受不了日益加重的负担。对于这些问题的研究与防范，产生了地球生态学和地球生理学。地球生态学研究自然地理学与生态学的联系，研究生态系统的结构与功能；地球生理学把地球看做由生物界与物理界紧密耦合的系统进行研究。世界许多国家对于人类干预地球的负面效应给予了密切关注，将保护地球的生态环境提到了国家战略的高度和政府的重要议事日程。德国制订了“地球-生命耦合系统”研究计划，英国进行了“气候与环境变化动力学”研究，美国成立“生物地球学”研究项目进行“地球近地表环境”研究。

人类对地球的干预，与人类的文化密切相关，故而有文化决定论、文化景观论、“能量-文化”进化观等诸多观点。这些观点或许过于强调了文化的作用，但从宏观文化学层面上讲，人类的心理都是文化心理，人类的行为都是文化行为。

文化决定论的创立者和代表人物是美国人类学家 F. 博厄斯。博厄斯创立这一学说是针对当时一些流行学派对人类多样性进行种族主义解释而形成的种族中心说。文化决定论者把文化因素视为社会形成和存在的基本因素，人类的动机和行为取决于文化，从而认为人类对地球资源的认知与利用程度取决于文化发展的程度。文化决定论的核心观点是人类的文化可以改变自然。事实上，人类对地球资源的认知与利用也只能凭借人类的文化发展。这能够说明原始人类为什么在数百万年间对地球毫无认知和地球毫无被改变。人类由原始文明进入现代文明，由现代文明进入高科技文明，正是文化发展的结果。现在人类对地球、对地球资源的认知，达到了巅峰，尽管认识和真理是没有穷尽的，但是可以说，现代的人类、现代的文化，已经对地球任何领域无所不知，对地球任何资源无所不用。文化正以文化自身的特质和能量改变着自然面貌，改变着自然本质。

景观原意是景物和风景，引入地理学被泛指特定地域的总体特征。1885 年，德国地理学家温默在所著的《历史景观学》中将"景观"运用到历史地理学；拉采尔在他的《人类地理学》和《民族学》等多部地理学著作中使用了"文化景观"的概念；1906 年，德国地理学家施吕特尔首次提出了"文化景观形态学"的概念，将地球表面的自然事物与人文事物及其差异作为地理学研究的新的内容；1913 年，德国地理学家帕萨格提出"景观地理学"概念，并在其《景观学基础》和《比较景观学》等著作中，提出了城市景观和空间景观的概念；1925 年，美国人文地理学家索尔把文化景观定义为由于人类活动添加在自然景观上的形态，他认为，一个特定的人群，有特有的文化，在其长期活动的地域内，一定会创造出一种适应环境的地表特征；苏联地理学家萨乌什金认为："人类社会的劳动直接作用于景观的结果，大大改变了自然界事物和现象的相互关系，因此与自身以前的天然状态相比，景观获得了崭新的不同性质的特点。"

"能量-文化"进化观可以看做文化决定论的一种。这种观点认为人类的进化是人类文化能量增加的结果。"能量-文化"进化观创立者怀特认为，文化能量是推动社会发展和人地关系演进的基本动力。

2. 间接干预　间接干预是不通过人类直接地以某种行为和某种力量形成的对地球的干预，这种干预在许多情况下不是动态性的干预，而是静态性的干预。这种干预主要来自人类生产和生活所产生的废弃物质。这些废弃物质分为人类自身排泄的垃圾、生产垃圾和生活垃圾三类。

（1）人类自身排泄的垃圾　人类自身排泄的垃圾主要是粪便和二氧化碳。这种垃圾似乎微不足道，所以在环境学中没有特别的位置，要吃、要拉、要喘气，这是天经地义的。粪便缺乏管理，直接进入河流，导致疾病流行；关于对呼出二氧化碳的管理似乎根本就没有任何理念。

（2）生产垃圾　农业垃圾、工业垃圾、第三产业垃圾均为生产垃圾，主要是"三废"：废水、废气、废渣。废水主要是工业用水所形成的废水；废气主要是化石燃烧制造的工业废气；废渣主要是带有有害物质的废弃物，如废弃的工业设施、因事故等原因而废弃的化工厂、核电站，尤其是核废料。航天事业是新兴的高科技产业，航天器尽管不在地球表面，可是在日地环境中造成了深刻的影响。太空垃圾已成为太空"公地悲剧"，干扰卫星运行，给宇航员带来危险，甚至影响了日地关系。

（3）生活垃圾　吸食烟草的烟雾，燃烧的煤气、液化气和柴草的烟尘，房屋装修的化学用品、涂料，人们所用的化妆品，各类塑料制品和各种化工日用品挥发的有害气体等，对地球产生了立体的广泛的影响。印度的恒河、中国的长江，都是被严重污染的大河流，河面上长年是生活垃圾的漂浮物。全球生活着72亿人，72亿人的生活消费会产生出多少垃圾不需要作精细统计也可以知道是怎样的一个惊人的数量，知道对环境造成的影响是何等严重。

城市是人类生存的大聚落，是资源的最大消费者，同时也是垃圾的最大生产者。由于城市越来越大，垃圾堆积越来越集中，自然的降解力量不会随着人类的集中而集中，大自然以平均的降解能力应对高度集中的垃圾，造成降解能力与垃圾数量的失调。尤其是诸如废弃的电视机、手机、电池和计算机等电子垃圾的降解，自然降解极度困难。一个塑料瓶被分解需要150年，一节电池被分解需要上千年。有数据表明：近几年全球年产垃圾19亿吨，其中电子垃圾为5000万吨，塑料垃圾为8000万吨。

城市发展和环境建设是一对矛盾。城市越大，环境问题越突出。虽然如此，世界各国的城市建设依旧如火如荼，许多国家把城市作为文明的标志物，甚至在城市的建筑要素上，朝着工艺化方向发展。在许多发达国家，城市建筑就像精美的工艺品：楼房设计时尚而富有象征内涵，造型别致，千姿百态，大理石外墙或玻璃幕墙；街道规整，沥青路面。楼房的高度也成了一种象征，数十层的高楼大厦鳞次栉比，甚至矗立起数百米高的摩天大楼。

中国是全球超大城市最多的国家，被称作世界最大的摩天大楼工厂。2013年全世界共建128座摩天大楼，中国独占鳌头：84座。20世纪90年代，中国的城市进入急剧膨胀时期。据2012年统计，全国城市人口占全国总人口的62%、经济总量占全国总量的80%、社会消费品零售总额占全国总额的76%，人口超过1000万的超大城市有7座。北京、上海和重庆这3座城市常住人口已经超过2000万，城区占地面积都超过1000平方千米。这些超大城市是国家超大消费体，也是超大垃圾生产体。

垃圾降解在非城市化时代都是自然降解，而城市化时代则需要建垃圾处理场。即使这样，也难以将垃圾对地球的危害降低为零。以北京为例，2013年北京人口为1874万人，每日产生垃圾1.84万吨，每年填埋垃圾占地500亩。更有甚者，日本东京每年产生的垃圾高达2000万吨之多，垃圾填满了海湾，几乎用完了陆地垃圾场。现在世界各国的垃圾问题日益突出，对水圈和大气圈干预的负面效应达到了前所未有的程度。

城市垃圾问题似乎也向人们提出了一些前瞻性的问题：城市规模与垃圾效应有没有可能寻找到一个恰如其分的比值？城市的无限制盲目膨胀，会不会导致目前人们还没有认识到的极端恶果？城市的膨胀与垃圾的堆积，两者是否在狼狈为奸地共同孕育着一场巨大的生态风险？

在世界各个国家的首都中，澳大利亚首都堪培拉算是最为质朴和简约的首都。堪培拉的市政建设一点也不铺张，从市容和占地面积上看，就像中国的县城，甚至还不及中国发达地区的县城。整个首都除了一座中心大厦外，大都是3层之下的楼房，许多外国游客误将悉尼当作澳大利亚的首都。这座都城没有许多国家的首都那样沉重的都城负荷。这似乎在向人们证明一个问题：城市的体积适中才是最佳状态，城市人口数量适中才能保持地球承载力的最佳指数。

事实已经残酷证明，城市是地球生态环境的第一杀手，也正是人类赋予了城市作为地球生态环境杀手的力量。

鉴于地球生态环境这种严峻情势，联合国倡导并主持召开了多次环境保护会议，签署了《联合国气候变化框架公约》，1997年12月《联合国气候变化框架公约》参加国在日本东京举行的第三次会议上制定了《京都议定书》。然而，环境治理仍面临着巨大的成本压力。在这种情况下，并不是所有国家都自知责无旁贷，都具有应有的担当精神。时至2013年11月，在华沙举行的联合国气候大会上，日本、澳大利亚、加拿大等国违背诺言，日本以2011年经历地震和海啸后关闭核电站为由，宣布收回有关承诺；澳大利亚宣布降低减排目标；加拿大则直接宣布退出《京都议定书》。对此，参会的菲律宾代表表示强烈抗议，绝食6天。此前，台风重创菲律宾，造成3600人死亡。由于种种因素的制约，公约的某些条款隐含着减排的发达国家向发展中国家迁移工业的导向，发达国家将需要承当的减排量以经济利益的方式转移到发展中国家，用减排所需成本降低发展中国家矿物燃料的价格，促使矿物燃料消费的增长，最终导致污染治理陷入恶性循环。

三、人地关系的原则：和洽性　人地关系是人类生存需求与自然资源供给所形成的关系。因此人地关系状况如何直接影响着地球生存和人类生存。人类与地球也应该遵循“共和”的原则，实现人类与地球的和洽生存。

要实现人类与地球和洽生存，从根本上说要解决好两个至关重要的理论与实践问题。

（一）生存悖论　人类是生活在悖论中的。人类生活的世界就是充满悖论的世界，既有自然生活的悖论，也有社会生活的悖论。地球也在悖论中，它既有斥力，又有引力；既有热力学第一定律，也有热力学第二定律；人类有无限扩张的欲望，却又只能生活在局限的地域环境里。人类认识到了悖论的存在，却对自己思维和行为的悖论往往浑然不知。

在社会生活中，人类自由的天性与权力的欲望形成悖论。最能够体现社会特征的政府就是一个悖论。美国学者哈罗德·D. 拉斯韦尔在《权力与人格》著作中，同时借用了两个观点：“政府，即使在最好的状态下，也只是一种必要的恶。”“社会是由我们的‘需要’产生的，而政府则来自我们的‘邪恶’。”政府产生于邪恶，这似乎让光荣的政府蒙羞。而实际上政府存在的必要性，正在于人们的邪恶性。人类有无限的个体欲望，然而人类需要社会才能生存，这本身就是悖论。在社会中生存，每个个体的欲望都受到这个个体之外的每个个体欲望的制约，每个个体欲望的无限性在这种制约之中嬗变为有限性。这又如同卢梭所言："人天生是自由的，但是，也无处不在枷锁当中。"同时他又说："从自然状态过渡到公民社会，人类产生了一个显著的变化，正义取代了本能而成为人们的行为准则，而且人们的行为也具有了前所未有的道德品性。"卢梭所说的正义，也正是赫胥黎所描述的正义："除非聚集在一起的人们同意相互遵守一定的行为规则，否则社会是不可能形成的。……这种对共同协议的服从，以及随之而来的根据公认的规则对赏罚进行分配，就叫做正义。"政府在社会中的角色就是"根据公认的规则对赏罚进行分配"，因此政府又产生于正义，政府天生就应该是一个正义的政府。政府既产生于邪恶，政府又产生于正义，政府正是在邪恶与正义的悖论中具有了合法性。正因为政府是在邪恶与正义的悖论中产生的，所以，政府只能正义，不能邪恶。如果政府没有正义，甚至是邪恶的，政府就失去了人本基础和社会基础，就失去了产生的必要性。人类群体生存的本性，需要中央协调与控制，这个角色只能是政府。然而，自从自然而然的中央协调与控制体系产生以来，就没有纯粹的正义，其中总是混杂着邪恶。特别是经过社会产生中央协调与控制体系以来，这种邪恶反而有了正义的理由，邪恶有了正义的合法性。所以王朝常常被推翻，政府常常被颠覆。可是，无论是推翻还是颠覆，往往是推翻以后又重建，颠覆以后又恢复。这种历史现象充分表明，人类由自然状态演进到公民社会，时刻都需要整体性的维系。维系需要规则、需要制度，这样，个体的自由与整体的制度，就形成了在个体看来"有了不好"，在整体看来"缺了不行"的悖论中。那么，悖论现象也就无处不在了：没有管理不行，有了管理则束缚了个性。于是就有两种理论产生：自由主义和社群主义。为了防止自由放任的混乱而强调了社群主义，为了遏制权力禁锢而倡导自由主义。然而，人类的群体生存特性必然需要秩序，有秩序就有权力。"权力"也像人类那样充满了原欲，有无限扩张的天性，有无限繁殖和无限派生的本能，最终社会成了权力社会，成了权力无处不在无所不能的社会。权力纵横交错、权力重重叠叠是现代人类社会的最大特征。如此的权力丛林社会，政府更难以永葆只有正义而没有邪恶，总有或多或少或明或暗的邪恶混杂其中。关于个体与群体，个人主义与社会主义，几乎是哲学一贯始终的研究主题。个人主义与社会主义在一般的理论层面和学术范畴是矛盾的，两者相悖。但在经验科学里，两者相克却也相生。显然，没有个体就没有社会，没有国民就没有国家。国民是病夫，国家就不可能是巨人。因此社会主义并不排除个人主义，更不消除个人主义，坚持在社会正义前提下科学地处理社会与个人的关系。只有当个人主义在公共事务中极端张扬自由放任，并以极端利己主义侵害社会主义，违反社会正义，造成某种社会危机的时候，社会主义才主张个人主义应有所收敛，有所节制，甚至加以严厉的遏制或制裁。19世纪初，欧洲经济学界出现过该不该限制富人消费和购买力的争论。最终的结论是，个人主义和社会主义两者不是对立的，前提是每个人的消费和购买不对与之相关的其他人造成损害。然而，这并不影响社会主义对一个铁定事实的认知：一切社会问题都源自个人主义，源自个人和利益集团的利己主义。在全球化的今天，经济一体化，身为利益集团的公司遍及全球，公司主导着全球经济命脉。美国学者戴维·C. 科顿为此对人类未来深深担忧，特地撰写专著《当公司统治世界》，并在专著《导论》的首句引用了美国籍著名的国际金融家乔治·索罗斯的话："目前世界上对自由和民主构成最大威胁的可能就是政府和商业之间的邪恶同盟。"此话的现实依据是政府需要钱，公司需要权，否则昔日的伊丽莎白怎么能和海盗沆瀣一气呢？今日的美国安然公司破产怎么会成为公司与政府勾结的结果呢？人类是群体生存的，群体生存需要两件必不可少的东西：权利和财富。权利的需要产生了政府，政府以权力维护每个人的权利；财富需要产生了公司，公司以财富控制每个人的财富权利。政府垄断了权力，公司垄断了财富。政府的运转需要公司的财富，公司的运营需要政府的权力，两者需要互补时最容易狼狈为奸，政府权力寻租，公司购买法规。由此可以判定科顿对人类未来的担忧正在于"政府和商业之间的邪恶同盟"。长期以来，美国人没有间断对华尔街绑架联邦政府的谴责，即使被称作国家机构的美国联邦储备银行的美联储，也不为政府所真正掌控，其本质是由旗下12家会员银行组成的私人银行，其运作模式被讥讽为"以纸张做抵押发行纸张"，惯于以阴谋论与联邦政府行事。所以在国会任职近50年的议员赖特·帕特曼一向主张废除美联储，称美联储是个"十足的怪胎"。世人普遍认为美国的价值观是财阀价值观，财阀政治是美国政治的骨髓，主导国家行为的是财阀，而财阀的总部就在华尔街。现在，华尔街代表性的公司是高盛集团。这家于1869年由商业票据经纪公司做起来的投资银行，被指由于"投资"美国大选而成为美国政府的"标准配置"，几届政府的财长均出自高盛。2008年爆发金融危机，华尔街5个大投资公司倒闭了3个，而高盛因获得政府支持，从美联储获得大量的资金，不仅没有倒闭，反而更加强盛。美国金融界流行的说法：政府看华尔街，华尔街看高盛。公司统治美国已是基本事实。可悲可叹的是，当今世界不少国家的政府已经蜕变为政治公司。经济公司经营经济，政治公司经营政治，公共机构蜕变为私利集团，党阀和财阀沆瀣一气，致使社会正义沦丧，世界少了公平和公正。

悖论是应该规避的，尤其是那些自相矛盾式的由人为造成的悖论是完全可以避免的。烟草行业的存在是个悖论。吸烟对身体健康有害，世界卫生组织制定了香烟控制公约。然而为了经济利益，世界各国并没有遏制这个行业的发展，反而使其成为空前繁荣的灰色行业，2014 年全世界香烟销售量为 5.8 万亿支，中国、美国、俄罗斯和印度尼西亚，都是世界顶级香烟销售大国。20 世纪 90 年代英国首相曾推行“公民宪章运动”，并把这个运动作为 90 年代英国政府政策的核心。它实际上就是以宪章的形式将政府公共部门服务的内容、标准和责任公布于众，接受公众的监督。可是这个取得了非常好的效果的运动却遭到了政治家们的嘲讽。在君主立宪制的国度里，首相决定了“宪章”，这是个悖论。巴西一位总统犯的悖论错误令人啼笑皆非，他说：“巴西正在大步前进，但巴西人民却在拖着后腿。”巴西人民在拖后腿，那么“正在大步前进”的“巴西”为何人？在君主制时期，国民对国家政府的不满演绎出“请愿”诉求活动。到了君主立宪制时期，这种活动延续下来，至今向政府“请愿”成为常见的公民与国家非程序式互动活动。然而，离开君主制国家政体，“请愿”就成了悖论。

尽管如此，对于政府官员来说或许这是个非常不好理解的现实。作为国家，应该不应该有自身的利益或权利？这也不应该成为问题。在国际上的国家与国家关系中，国家作为行为体有其自身的利益，但是在国家与公民的关系上，国家有没有自身的利益呢？

公民与国家的关系，不是国家与国家的关系，这一点是应该严格区分的。在公民与国家的关系上，有两种国家观：一种国家观认为，国家就是为公民服务的，国家的基础是公民个体的集合；另一种国家观则认为，国家是个有机体，应该有其固有的自身利益。前者被称为最小国家观，以公民个体为参照；后者被称为最大国家观，以国家自身为参照。如果从系统学上分析这个问题，当是一目了然的。在系统学中，可以概略地分为优质系统、一般系统和劣质系统。借用数学表述，优质系统为 $1+1>2$，一般系统为 $1+1=2$，劣质系统为 $1+1<2$，还有可能出现负效应。国家作为一个系统，显然应该是优质的系统，它的利益只能来源于涌生性，而不是来自公民的腰包。

公民社会实际上就是个权力社会。没有权力的社会，不可能是公民社会。因为公民社会之所以能够出现和存在，就在于约翰·洛克在其专著《政府论》中所说的那种景况：“公民社会的目的是为了避免并补救自然状态的种种不便，而这些不便正是由于每个人都是自己案件的裁判者这一现象的必然结果。于是，通过设置一个人所共知的权威，使这个社会的每个成员在受到任何伤害和出现任何争执时可以向它申诉。”反之，倘若人类没有这种需要，而一直生活在自然状态，那么就不会出现公民社会，就不会出现权力社会。应该申明的是，我们不应该将由权力造成的负担和压力归于权力社会，而应该归于对权力制约机制的缺席。权力需要权力制约，这是权力悖论。

如果建立一个权力社会模型，可以看到人类社会的两大权力系统：世界权力系统和国家权力系统。世界权力系统是平行系统，世界权力是世界各国主权让渡的，系统中世界各个国家有各个国家的主权，且主权对等，彼此可以互不买账，因而世界权力系统只能是平行系统，世界权力的实现只能是自然状态下的互制，必然会有许许多多的熵情。这是世界不安全的结构性原因。国家权力系统是垂直系统，国家内部有庞杂的权力体系，国家行政机构层层的垂直行政权、各层的部门间的平行的行政权；国家专业机构的行政权力、非行政权力、职务权力和职业权力等，使人类生活在权力重叠、多重忠诚的混乱的权力丛林之中。那些痴迷于权力弄权成癖的人，手中的一根针也要玩成孙悟空的金箍棒。在中国农村公社化时期流传着一段新民谣："得罪了队长没好活，得罪了会计账上错，得罪了挖大粪的两勺顶一勺。"队长是职务权力，会计是职业权力，而无职无权的掏粪工也自发地发掘出自己的职业权力。所以，人们觉得这是个处处都没有安全感的权力社会。这种权力社会，在作用于自然时，显然也令地球面临着一个权力混乱的权力丛林，人类对自然资源形成一种权力之下的无序开发。于是，人类的生存是悖论生存：一边在制定种种政策保护生态环境，一边又制定种种政策刺激经济发展；一边在信誓旦旦地控制大气碳含量，一边又义无反顾地发展汽车产业；为了和平而进行战争，为了生存而进行杀戮，为了建设而进行破坏，"两难"也是悖论的结果或者就是悖论的本身。

（二）生存函数 生存函数是指人类消费与地球供给的函数关系。人类消费是自变量，地球供给是因变量。地球供给量和人类消费量之间的函数，是人类的生存函数。自然资源是有限的，因为地球本身就是一个限量，那么人类消费也应该有一个限量。这种函数值应该是资源与消耗之间的最佳比值。

由于在消费和供给中，消费是自变量，供给是因变量，所以消费是矛盾的主要方面。人类应该明智地理性地给自己确定一个消费标准。这个标准应该依据人类需求与地球供给能力并且是持续供给能力而制定。要科学地制定出这个消费标准，起码要解决好 5 个问题。

1. 人口问题 人口数量是人类优质生存的第一决定因素。这是一个明明白白简简单单的问题，甚至是幼儿教育里的问题。篮子里有 10 个苹果，分给 2 个小朋友，每人分几个？如果分给 5 个小朋友，每人分几个？10 个苹果，2 个人分，每人是 5 个；5 个人分，每人是 2 个。两种分法之间相差了 3 个。把篮子换成地球，就成了一个非常宏观的问题，成了人类世界的最大难题，甚至是一个无解的难题。然而，道理并没有发生改变，全部的问题出在人类身上，理性的人类，常常就是那样不理性地给自己制造一些无解的难题。

地球只有一个，"一个"就是个限量。在"一个"限量里，不可能有对这个限量的无限要求。所以，必须是以相应的限量对限量，以资源的限量确定消费的限量。那么，惟一的、正确的、科学的方法，就是人类要控制自身的数量，解决好"10 个苹果几个人分"这个最基本的也是最科学的问题。

2. 理念问题 生存理念是一个至关重要的问题，根据现在人地关系的实际状况，应该建立起合理消费、持续发展的生存理念。

合理消费就是要科学地依据资源而确定消费标准。这个标准的制定必须以资源总量为前提。资源总量由两部分组成：一部分是既定总量，另一部分是新增量加总。所谓新增量，是指大自然自身不断产生的新的资源。在资源总量前提下，确定消费标准，实现合理使用或消费自然资源，不滥用自然资源，不过度消费、不过量消费。现代社会人的消费观念发生了变化，节俭、节约不再被视为美德，尤其是在经济观念和经济规律的作用下，在市场消费观念的怂恿下，刺激消费无所不用其极。奢侈成为了时尚，过度消费、过度浪费，达到了前所未有的程度。

做任何事情都应该讲究一个“度”字。适中是最为合理的尺度。公元前 4 世纪，古希腊产生了中庸说，认为人的行为有 3 种状态：过度、不及和适中，适中符合行为之德。年代几乎相当的中国春秋战国时期产生了中庸之道思想，认为不偏不倚才合乎行为规范。可是长期以来“中庸”被作了肤浅的解读甚至误读，理解为折中主义，这是极端错误的。数学上的“量”、哲学上的“度”、生命学中的“适”，正是中庸之道在不同领域的不同表达。在古希腊德尔斐的阿波罗神庙的柱子上刻有 3 句箴言：“认识你自己”、“凡事勿过度”、“适度”。这 3 句箴言在总体上讲的都是“度”。地球之所以能够产生生命，正是地球与太阳距离适中的结果。这是天文学家多次表达的研究结果和实际结论。在人本主义哲学里，禁欲主义和纵欲主义，都是失却量度的异端。合理消费在许多方面的表达，就是中庸之道的不偏不倚的恰当的量度。

发展要依靠资源，所以要实现持续发展在理论上首先要有资源的持续供给。持续发展不仅仅是人类社会的持续发展，还有大自然的持续发展。没有大自然的持续发展，就不可能有人类社会的持续发展。因此，我们讲持续发展，第一概念应该是大自然的持续发展，只有大自然能够持续发展，才有源源不断的资源保证人类社会的持续发展。正确处理人类社会持续发展和大自然持续发展的关系，依据存量决定用量，确保人类对自然资源的实际需要与自然资源实际存量的比例适当，这是实现持续发展的根本原则。

3. 秩序问题 秩序是人类群体生活的基本保障。从最基本的家庭秩序，到团体秩序、社会秩序、国家秩序和世界秩序，都应该规范化，建立起完整的秩序系统，既要有完整的母系统，也要有完整的子系统。用中国文化的语言表达，即国有国法，家有家规。世界是人类的大家庭，这个家规对于人类的秩序化生存是基本的保障。当前要在理论上论证世界的管理问题，解决好世界的无政府的“自然状态”。这种无政府的自然状态，不是蒲鲁东、巴枯宁式的无政府主义状态。蒲鲁东和巴枯宁的思想根源或理论核心是人有“自由的绝对权利”。在深层理论上，自由的绝对权利是一个悖论，自由不可能是绝对的，绝对自由是不可能存在的。强调“自由的绝对权利”，显然是以群体为指向。在群体之中，如若每个个体的自由是绝对的，可以做他自己想做愿做的任何事，那谁都什么事情也做不成了，只有争夺、争战和死亡。在争夺与争战之中，自由是不存在的。因此，自由不是纯个体的东西，在群体之中，自由是通过群体中的个体相互制约达成的。群体一旦统一于“一个人格”之中，国家和政府就必然出现，中央权威和中心权力的产生也就成为必然。将自由与政府对立起来，而且成为水火不相容的两种东西，则是完全不合乎社会逻辑的。巴枯宁无政府主义的症结正在这里。自由不可能是绝对的，自由不可能是无立法的，自由不可能是无政府的。法就是自由、制度就是自由、秩序就是自由，不是绝对自由，却是绝对有保障的自由。世界的无政府状态是世界社会单元的无政府状态，而世界社会单元自身是有政府的，是有立法的有政府的完整的健全的世界社会单元。虽然世界无政府状态不是巴枯宁式的无政府主义状态，但是要在这种状态下建立世界秩序，依然需要解除那种巴枯宁式的“自由的绝对权利”理论体系中的国家自由主义。

国家自由主义对世界秩序的危害，可以比照公司自由主义对国家的危害进行剖析。公司自由主义是百分之百彻头彻尾的无政府主义。公司自由主义者指责政府集权、专权，把政府看成产品的官僚成本，认定没有政府消费成本就会降低，甚至认为在“前消费者时代”政府直接决定着国民的生存状态，而全球化时代国家经济已经不存在了，政府的国家经济管理者的传统角色也不存在了，政府的主要职能就是保障国民有优质的全球化消费。更有甚者，说在经济全球化的今天，政府失去了合法性，于是政府就要为自己的存在制造合法性，什么防止外国入侵啦，什么促进国家发展啦等。在公司自由主义者看来，各国政府互为“托儿”，让它们国家的国民相信它们的不可或缺性，存在的必要性。而事实是，人类是群体生存的，这是自然法则；群体生存就要有中央协调，这是社会法则。自然法则和社会法则决定了政府存在的合法性。政府的问题是政府如何作为的问题，而不是该不该存在的问题。公司自由主义者并非都是别有用心地排斥政府，但起码可以从 3 个方面证明公司自由主义对政府的偏见：一是过于狭隘的经济视觉，尽管口口声声全球化，而实际只从经济视角看全球化，并没有全方位的全球化视角，它的全球化是一个不完全的有残缺的全球化；二是对政府职能缺乏全面深刻的认识，以为政府集权、专权，对经济和市场干预过多；三是理论上存在缺陷，认为未来的世界是一个纯经济世界。其实无论经济怎么主导着人类的生活，甚至改变人类的价值观，然而人类世界永远不可能是一个纯经济世界，经济本身就潜藏着政治因素。因为经济本身就存在着非常现实的利益支配问题。利益支配就涉及权利和权力，涉及权利和权力就涉及政治范畴。而这种政治范畴是不在经济范畴的包容之中的。没有哪一位经济学家能够断定经济不会跌进政治的陷阱里，也没有哪一位政治家能够断定冲突都是与经济无关的政治冲突。公司的殖民心态几乎是不可消除的，而没有一个消费者情愿接受殖民化的消费。说到底，消费者的忠诚只对于产品，而不对于公司。当消费者需要维权的时候，法律机构就以政府职能的角色出现，而不会以公司职能的角色出现。社会秩序的保证者是政府，而不可能是公司。从经济学层面上讲，政府产生的合法性就在于对公司市场原教旨主义的制约，以保证社会正义。社会秩序是在公平公正的前提下，消除不公平和不公正，而公司秩序则是在不公正和不公平的前提之下，忍让公平与公正。政府在全球化过程中职能的某些方面逐渐被弱化，但是政府的基本职能不会消失，政府的基本权力也不会被削弱，对经济、对市场的干预是必须的、必然的。那种指责政府对经济、对市场干预过多的人，不是别有用心就是缺乏常识。问题的实质不是干预的多与不多的问题，而是当与不当的问题，所以事情不是公司自由主义者所希望的那样。其实，公司自由主义者并不是没有看到一个基本事实，这就是公司和政府一样需要权力，需要集权，甚至需要专权。如果公司没有权力体系，公司绝对无法运行。作为国家，显然比公司需要更完整、更健全、更有力的权力体系，并保证群体一个人格的规范性。

4. 财富问题　财富并非多多益善。物质财富的创造依靠自然资源，自然资源的有限性决定了物质财富的有限性，无限地追求物质财富，在思想方法上就存在着科学性问题，在理论上就违反了事物辩证法。人类要辩证地认识物质财富与自然资源的关系，彻底消除对经济增长的无限追求。这需要各个国家建立新理念，不能像军备竞赛一样进行财富竞赛。特别是发达的富裕的国家，不可以无节制地追求物质财富，要克制物欲，要自觉地限制经济增长，节省自然资源，保护自然资源，给大自然以喘息的机会，保证自然资源恢复或再生的周期。美国第45任副总统艾伯特·戈尔批评说："然而'发展'，以我们所定义的那种奇怪且自我挫败的方式，一直是几乎所有国家和全球经济政策以及几乎所有公司商业计划的最为重要和压倒一切的目标。"或许正是这个原因，戈尔喜欢借用一个杜撰的词"地球公司"表述全球化，在其所著的《未来：改变全球的六大驱动力》一书的第一章篇名就是《地球公司》。这一点与戴维·C. 科顿不谋而合。地球公司这个称谓非常切合今天的人类的行为方式，因为人类的行为方式就像地球公司职员的行为方式，效忠公司无条件地追求利益最大化。这样理解不知是否切合戈尔原意，但应该是最为深刻的。戈尔抨击说："如今地球公司和全球意识的结合使得精英阶层有更强的能力来捏造出政治决策所需的共识，使这些决策服务于自身利益而非公共利益，同时也使得公司有更强的能力来制造出需求，以增加商品和产品的消费。"无限追求财富，无限消耗资源，将地球公司化经营，这是当今人类最伟大的"自我挫败"。财富自然是越多越好，但财富源于资源，是由自然资源转化而来的。自然资源也是越多越好，然而实际上并不可能无穷无尽，地球的体积是最后的限量。对于人类的经济疯狂，科顿批评说：“人类名义上是在创造新的财富，实际上正在使自身日益枯竭，将自身置于危险的境地。”人类要持续生存，必须控制财富欲望，限制经济无度的增长，保证人类生态足迹的增加不超出地球的承载力，绝对保证地球不超载，不被焚林而畋竭泽而渔。这样，人类自身的生态系统，地球自身的生态系统，都可以安全地运行。否则，两者之间任何一个系统出了问题，都可能导致双方系统的同时崩溃。这种设想乍看起来过于理论化和理想化，然而作为可能和前景，是非常有深入思考的必要的。目前把经济完全交给市场，交给新自由主义的做法，应该有所反思、有所节制。西班牙《起义报》网2016年4月11日发文称：新自由主义进入“最野蛮”阶段，新自由主义霸权的全部行为在于实现政治上的意识形态的转变，使削弱社会权利、实行社会排挤和财富集中的体制合法化，而把政府的干预妖魔化。其实，把经济交给新自由主义的做法已经表明人类生态系统出现问题了。

5. 互信问题 互信是人类生存的重要原则，互信是人类文明的重要标志，互信程度直接决定着人类的生存质量。人类之间的互信，是人类社会群体间互信的基础。民族互信、国家互信，是人类社会重要的互信单元。虽经数百万年的进化，然人类兽性未除，只是进化得越来越冠冕堂皇道貌岸然。人类至今还是一个知性和兽性的统一体。当今的人类无论是意识到还是未意识到，都是生活在“阴谋文化”中。造成这种状况的原因是现代生活越来越背离了集体，集体关系被金钱支付所取代，是赤裸裸的市场关系。你对他人的任何需求，必须通过金钱支付来实现。生活处处充满交易。交易就是博弈，以最小的支付，获取最大的利益。唯利是图，道德矮化，金钱以无所不能的天性主宰世界。任何人或多或少总拥有一定的金钱，那么任何人都有或多或少的主宰力量。因此，人类社会就始终笼罩在霍布斯所描绘的自然状态而不是知性状态的各为体统的无序之中。在这种无序之中，“疑”成为自我保护的必要方式，互疑成为社会常态。如此一来，人们交往“疑”字当先。先生疑，再释疑，后行动。于是，人类习惯于负面性思考方式。中国战国时期秦孝公接受商鞅变法之策，又恐国民不信，出“徙木立信”之举，在都城南门立一木桩，许诺谁若搬到北门，赐黄金50两。搬一根木头得如此之多的黄金，太离谱，谁都不信。后有一人搬了，50两黄金当场兑现。如此立信，足见疑之深重。家庭互疑、邻里互疑，最终发生争吵或殴斗；民族互疑、国家互疑，常常诱发对抗或战争。

在国家关系中，国家之间的互疑主要表现在经济、政治和军事3个方面。用中国传统文化解释经济互疑是“买卖两个心眼”，解释政治互疑是“人心隔肚皮”，解释军事互疑是“明枪易躲，暗箭难防”。虽然这是运用中国传统文化进行的诠释，但是具有普适性。“买卖两个心眼”在凯恩斯的《货币论》专著中是核心要素；“人心隔肚皮”是意大利思想家尼科洛·马基雅维利《君主论》专著的立论基底；“明枪易躲，暗箭难防”是古今中外兵法的要义，以疑生法、以法克疑，疑法相生、法疑相胜。在人类文化史上，发生过两起具有毁灭性的焚书事件。第一起发生在公元前213年中国的咸阳，秦始皇焚书，烧断了中国先秦文化链；第二起先是公元前48年后是公元391年发生在埃及的亚历山大里亚，恺撒大帝和提阿非罗主教烧毁了亚历山大里亚博物馆内的图书馆，烧断了欧洲的古典文化链。这是人类互疑的最大的文化悲剧。也许更大的文化悲剧是人类至今没有从这两起焚书烧断文化链的恶果中汲取教益，依旧让互疑占据着人类的精神高地和物质领域。直到今天，人们之间、国家之间依然是互疑大于互信，而且互信是在互疑境况和背景之下的互信，是相对意义上的一个概念。对第二次世界大战还有一种精神的伤害特别是对人类知性的伤害没有进行评估，这就是对人类之“疑”的重塑与再造。战争规模之大、战争厮杀之惨烈，使人类对战争倍加恐惧，为了防止这样的战争再次发生，避免这样的战争加害自身，国家间的互疑日益加深。雅尔塔会议，桌面上制定出防止大战再次爆发的种种措施，私下里都在打着自己的算盘。这一点，罗斯福、丘吉尔、斯大林三人心里比谁都清楚。也正是由于这种原因，三人都赞同美国财政部长亨利·摩根索提出的肢解德国的“摩根索计划”，将德国一分为二，毁坏工业体系使其成为农业国，将人口控制在两千万之内，从而使其不再有发动大战的能力。1918年德国曾用类似方法肢解过苏俄，现在美英苏名正言顺地肢解了德国，苏联管辖东德，美英法三国管辖西德。东德与西德的对峙成了美苏互疑的标志，也成了因美苏互疑而产生冷战时代的标志。近半个世纪的冷战，美苏在战略互疑中以军备竞赛的方式，将新的大战的危险时时悬在人类的头顶，将国家间的战略互疑推向了极致。在互疑笼罩、互信淡然的世界里，人类不可能不以经济竞争的手段大量地消耗资源来建立安全体系，增加心理的安全感。而且美国还有一个貌似非常逻辑的非逻辑：为了控制军备竞赛，必须投入更多的资金制造更多的武器，这样才能获得更大的谈判筹码。这既是诡辩又是事实。这样做的结果必将导致军备竞赛的另一方以过激的方式进行军备竞赛。况且军备竞赛的另一方也会有美国的这种非常逻辑的非逻辑。事实证明，苏联正是因为大比例地将国民生产总值用于与美国的半个世纪的军备竞赛而破产。美苏两个超级大国的军备竞赛——军备竞赛的过程、军备竞赛的后果——向世人确认了一个事实：互疑互敌成为常态，资源的消费就不可能趋向合理，就不可能制定出科学的消费标准。

其实，世间万物之中，最聪明的是人类，最愚笨的也是人类。人类聪明到可以研究出离自己十万八千里的宇宙间各个星体的存在关系，愚笨到不知该怎样认识同一个空间里与己息息相关的人与人的存在关系。从古至今，人类以争夺作为人与人之间的基本关系，本来对于人类生存的一切造物主都已经安排得妥妥帖帖的，用不着争抢，尽管安安心心彼此好好生存就行了。然而不知是不是造物主当初不小心出的错，造人时没有把心安正，偏到一边去了，结果人的思维、行为都偏了，天不会塌可偏偏以为会塌，把这些本来足够生存的东西的相当一部分用在了忧天上，结果什么危机都发生了，吃不够吃，用不够用，连喘气都没有好空气可喘了。最愚笨处还不在这里，最愚笨处是执迷不悟，冥顽不化，撞到南墙不回头，结果如同俄狄浦斯的故事，本是千方百计规避“弑父娶母”的神谕，结果却在规避中事与愿违地成了事实。

第二节 地史学上的环境演化

在地史学上，长期以来我们关注的是地质变化，而没有从环境学的角度去关注不同地质时期的不同环境演化，尤其是环境与生命的关系。从环境学角度定义地球环境演化史，地球环境可以分为两个时期：无机物环境时期和无机物与有机物共存环境时期；也可从生命学角度定义分为无生物环境时期和有生物环境时期；还可以从人类学角度定义分为无人类环境时期和有人类环境时期。具体地说可以分为无机物环境时期、有机物环境时期、生物环境时期和人类环境时期这样4个时期。这4个时期，除无机物环境时期为单一的环境时期外，其他均为复合型环境时期。有机物环境时期，实际上是有机物环境与无机物环境的复合环境时期；生物环境时期是生物环境与有机物环境和无机物环境的复合环境时期；人类环境时期是人类环境与生物环境、有机物环境、无机物环境的复合环境时期。由此可以看出，地球史是一个从单一到繁复，物象逐渐丰富的发展过程。

一、无机物环境时期 无机物环境时期起始于46亿年前地球形成之时结束于古菌诞生的35亿年前，历时大约11亿年。地球形成之初并没有水，地球上水的形成或来源在逻辑上有3种可能：来自自身、来自地外、来自自身与地外两者。美国权威的天文机构认为地球的水来自地外，曾经有许多含水的小行星在太阳系其他天体的作用下，轨道不断改变，逐渐靠近地球，最终连续不断地撞击了地球，等于给地球下了一场旷日持久的“冰雹”，从而地球有了水。然而同时也可以想见，地球既然能够与太阳系的其他星球和那些小行星构成体系，成为一个天体系统，依据系统理论，系统是相互作用的多元素的复合体，系统中不存在彼此孤立的元素和组分，这就表明地球与太阳系的所有星体具有同一性，不同的仅是部分的或是某些物质比例的差别而已。同一体系中的别的星体能给地球带来水，表明地球也应该有水，或许只是存在的方式不同。最有力的证据是，水是氢分子和氧分子构成的，只要有空气，只要空气中有氢和氧，就应该有水。地球有大气层，有氢和氧，自然应该有水。可是美国这家权威的天文机构认为地球在形成初期运行的轨道离太阳太近，被太阳烤焦，不可能存在水。然而，也许正是太阳烘烤的高热将地球的水从地球体内蒸发出来，形成气体，同时又被地球引力吸住，之后地球渐渐改变了轨道，距离太阳不再那么近时，这些气体便还原为水。

有了水，地球不再是单一的固体状态，有了土、气和水这样3种物质。地球的地质运动，以及物理的、化学的运动，孕育了有机物的诞生。35亿年前产生了古细菌，这是地球无机物环境时期和有机物环境时期的终结与肇始的标志物。

研究从地球诞生到古菌诞生的漫长的11亿年的有机物孕育期，对于研究生命现象的出现有着重要的意义。因此，地史研究不应该囿于纯地质的范畴。把毫无生命迹象的土和水、把毫无生命运动的地质构造运动和生命研究联系起来，貌似风马牛不相及，然而从生命科学的研究出发，这是基础的和不可舍弃的阶段。至今我们还在对人类究竟是来自哪里困惑不已，甚至在两万多个星系里寻找外星生命，这足以说明我们对于生命的研究遗忘或疏漏了什么。

二、有机物环境时期　有机物的产生标志着地球进入有机物环境时期，同时也标志着地球进入了无机物环境和有机物环境共存的复合环境时期。相对来说，有机物出现有一个产生期和发展期，最后形成有机物的环境，并与无机物一起构成了地球无机物和有机物共存的复合环境时期。这个时期的上限大致可以设定在公元前35亿年，因为目前所能够掌握的证据是35亿年前古细菌的化石。还有两个更早的生命证据是37亿年前的叠层石和在加拿大魁北克发现的43亿年前的微化石。古细菌产生后，进化相当缓慢，在此后的约20亿年里，地球上的生物主要是海洋中的种类和数量都不多的细菌和蓝藻。这些生物都是原核生物，因此这个时期的生态系统只有生产者和分解者，是非常典型的两极二元生态系统。

三、生物环境时期　在20亿年里，细菌和蓝藻缓慢地进化着，直到15亿年前真核生物出现，进化才发生了伟大转折，有性生殖的繁殖方式产生了。有性繁殖的显著特征就是在生殖过程中控制不同形状基因的重新组合。重新组合必然受排列组合规律的制约，那么重组就意味着多样。基因被重组之后，生物必然产生变异。生物的变异性直接导致生物的多样性。生物多样性主要包括3个内容：基因多样性、物种多样性、生态系统多样性。三者中决定因素是基因多样性，有基因多样性，才可能有物种的多样性；有物种的多样性，才可能有生态系统的多样性。因此，真核生物的出现，伴随着有性繁殖方式的出现。有性繁殖方式的决定性意义在于基因重组。整个生物界的伟大转折正是从真核生物出现开始，从基因重组开始的。到了前寒武纪晚期，生物进化的种种条件已经具备，前寒武纪便成为物种大爆发的前夜，也是物种大爆发的黎明。进入寒武纪，在距今5.7亿年至5亿年的7000万年的时间里，全球物种大爆发，海洋里迅速产生了大量的无脊椎动物。动物的出现，使地球上又多了一个生态系统——消费者系统，也就是在生产者和分解者两极生态系统中增加了一个极，成为第三极生态系统。生物群以无脊椎动物尤其是三叶虫与低等腕足类为主，植物中红藻和绿藻开始繁盛；大约在开始于5.1亿年前结束于4.38亿年前古生代的第二个纪，出现板足鲎类和珊瑚；

约开始于 4.38 亿年前结束于 4.1 亿年前古生代的第三个纪，无颌类动物发育，晚期出现原始鱼类，标志着脊椎动物出现。

在距今 4 亿年前的泥盆纪时期，是地球表面大改观的时期。海中的绿藻开始登上陆地，进化为裸蕨植物，地球表面首次出现植被，披上绿装。随之在 3.6 亿年前，海中的肉鳍鱼类有一部分登上陆地，出现了原始的两栖类动物。自此地球表面出现了植物和动物两大生态系统。1938 年在南非东伦敦沿海人类首次发现了被认为灭绝 6500 万年的肉鳍鱼类腔棘鱼，2010 年南非海洋考察队在索德瓦纳湾水深 116 米的微光区发现了腔棘鱼群落。腔棘鱼是最早登上陆地的鱼类，是陆地最早的脊椎动物物种，对于研究生物进化具有活化石意义。

大约到了公元前 2.5 亿年，恐龙、鸟类和哺乳类动物开始出现。这个时期可以看做地球生态系统进入了海洋、陆地、空中立体发展期。

然而地球上的物种发展是异常艰难的，在人类尚未出现之前就经历了 5 次物种大灭绝。第一次是公元前 4.4 亿年的奥陶纪末期，第二次是公元前 3.65 亿年的泥盆纪后期，第三次是公元前 2.5 亿年的二叠纪末期，第四次是公元前 2 亿年的三叠纪晚期，第五次是公元前 6500 万年的白垩纪晚期。这 5 次物种大灭绝与 5 次地质造山运动时间基本相同，第一次是加里东运动，第二次是海西运动，第三次是印支运动，第四次是燕山运动，第五次是喜马拉雅山运动和德干火山爆发。因此关于这 5 次物种大灭绝与地质的造山运动有关的说法很有证明力。或许与天文事件也有关系，第五次物种大灭绝是在德干火山持续几十万年的喷发已经造成物种大面积减少的基础上，又遭遇了一颗直径 10 千米的小行星撞击地球。撞击地点在墨西哥湾的尤卡坦半岛，地球在高温下变成火海。人类是在这 5 次物种大灭绝后开始出现的。地球生态环境自此才是以人类为主体的生态环境。

四、人类环境时期　人类环境时期应该是有生命的地球的最后一个时期，人类成了地球的主宰，无论人类主宰地球的力量在宇宙里显得多么微不足道，而实际上人类改变了地球，改变了地球的自然地理环境，包括岩石圈、水圈、大气圈和生物圈。人类甚至离开了地球，到了大气圈最顶层极高处的外层空间，染指了月球和火星。现在，人类开始酝酿开采地外太空资源，卢森堡将是第一个吃螃蟹者，这个国家已经将太空资源开发作为国家新的产业政策，仅五十几万人口、两千多平方千米国土的欧洲小国或能成为首屈一指的获取世界太空资源大国。人类将如同全球化之前谁发现、谁占有所属权就归谁那样抢占地外天体资源。现在人类的视觉已经到了距离地球 100 亿光年之遥的另外星系。对于太阳系，已经熟悉得如数家珍了，2013 年美国旅行者 1 号自 1977 年发射开始以 5.6 万千米的时速，飞行 36 年后，终于飞出了太阳系，进入了另外星系。在地外天体从事产业活动，人类的生存不仅是全球化，而且是宇宙化了。

第三节 物种起源的环境因素

生物物种的产生与地理环境有着直接的关系，不同的地理环境产生着不同的生物物种。即使是相同的物种，由于地理环境的不同，也表现出许多不同的属性和形态。

一、达尔文的自然选择学说 达尔文的自然选择学说共4个有递进关系的层面。首先，他发现了3个事实：一是生物有过度繁殖倾向，二是物种内的个体数量能保持稳定，三是生物生存所需的资源是有限的。由这3个事实，他作出第一层推论：生物个体之间存在着生存竞争。将这种推论作为一个事实，再加上他发现的个体间普遍存在变异而且许多变异能够遗传这样两个事实，作出第二层推论：具有有利变异的个体生存并留下后代的机会较多。由此作出第三层推论：有利变异逐代积累，生物因此而不断进化出新的类型。分析这个逻辑链，他的结论是：在自然选择的作用下，具有有利变异的生物个体有较多的机会产生后代，而具有不利变异的生物个体产生后代的机会很少。因此，在自然选择作用下，种群的基因比率会发生定向改变，导致生物朝着一定的方向不断进化。

达尔文自然选择学说的奠基理论是自然选择。自然选择的根据是环境因素。这又涉及达尔文的地理隔离理论。地理隔离理论表述的是同一物种在彼此隔离的不同环境里，由于基因不能自由交流而分化成不同的种群。他在厄瓜多尔以西的加拉帕戈斯群岛上，一共发现了13种地雀。这些地雀不仅与南美洲的地雀不同，而且它们之间喙的差别也非常大。加拉帕戈斯群岛在远离南美洲大陆的太平洋里，最近的岛屿距离大陆160千米，最远的岛屿距离大陆950千米。这些岛屿上的地雀由于被海洋分隔，食物来源和栖息条件各不相同，致使地雀有的栖息在树上，有的栖息在地面上；有的以吃草籽为主，有的以吃昆虫为主，还有的以吃仙人掌为主。这样，吃草籽地雀的喙是碾压型的，短而粗壮；吃昆虫地雀的喙是抓捕型的，短而细巧；吃仙人掌地雀的喙是探入型的，长而尖细。自然选择对各岛屿上不同种群基因比率的改变所产生的作用也就出现差别，在甲岛屿上的地雀种群被保留的是这样一些基因，而在乙岛屿上的地雀种群被保留的可能是那样一些基因。甲乙两岛屿上的地雀基因库因此而出现了差别，最终在长久的进化过程中出现生殖隔离，本属于同一物种的甲乙两岛屿上的地雀成了不同物种。

300万年前，南美洲与北美洲是彼此独立的，太平洋与大西洋在南美洲和北美洲之间是贯通的，洋流从南北美洲两大陆块之间通过。上新世科科斯地质板块和加勒比地质板块发生碰撞，隆起3000米高的褶皱，形成了1900千米长的地峡，即中美地峡。这条地峡割断了太平洋与大西洋的联系，中断了洋流，地理面貌发生了根本性的变化，本是独立的两大陆块连成了一体，而本是相连的太平洋和大西洋却被阻断。于是，本是两个独立的陆地环境的陆生物开始融合，合二为一，彼此成为一个环境，所有的陆生物结束了独立进化的历史，开始了共同进化的历史。而本是同一环境的大洋水生物，开始独立，一分为二，彼此成为不同的两个环境，地峡两侧两大洋所有的水生物结束了共同进化的历史，开始了彼此独立进化的历史。研究表明，太平洋的丽龟和大西洋墨西哥湾的肯普氏丽龟是近亲，是300万年前生活在中美地峡出现之前的南北美洲之间海峡里的同一个龟种。

这种由于地理隔离而产生的生物变异，使原本同一物种成为不同物种的例子，在世界各地比比皆是。生活在青藏高原的金丝猴，由于100万年前地质运动横断山脉的出现，造成了地理隔离，相同的金丝猴物种进化成滇金丝猴和川金丝猴两个不同的物种。因此，研究生命不能脱离生命活动所依赖的地理环境；研究生命的不同物种，不能脱离不同的地理环境。如果说以往对于生命科学的研究过于注重生命的本身的话，那么，在本书的主题里则是关注生命科学中地理环境的作用。大概只有这样做，生命科学作为学科的建立才是完整的和全面的。

二、温度与生命 生命起源是地球环境中水圈、大气圈和岩石圈长期共同运动相互作用的结果。科学家认定生命起源的最初能量来源于海底的火山口，火山口岩石被融化释放出二氧化硫等气体改变了海水的化学成分，增强了本是弱酸性海水的酸性，同时火山口喷出的液体是碱性的，与酸性的海水形成电化学梯度，这种电化学梯度释放出化学能量，使可构成生命起源的元素结合到一起，促使了生命的起源。在大西洋中段洋脊700千米深处发现的白色碳酸柱，证明了这一点。然而，在生命起源的种种因素中，太阳既是一个外在的又是一个内在的决定性因素，因为太阳能是一切生命活动能量的来源。

生命起源的环境条件主要是水、生命元素和温度。水圈是孕育生命之圈。水分子是极性分子，能够吸引周围其他带电荷的分子，削弱这些分子之间的吸引力，形成溶解力。生命体中的水能够溶解食物并将溶解后的物质输送到生命体的相应部位。关于人类最早祖先，传统说是来自海绵动物，最新说是来自水母动物，两者说的都是水生物。没有水就没有生命，起码这是地球上的生命定律。生命元素是生命物质不可或缺的基本构件，这些生命元素或构成生命物质的本身，或为生命物质的介质。温度是生命不可缺少的条件，地球的温度有两个来源，一是地球自身的温度，二是太阳光照的温度。这是自然环境中本来的温度。

人类起源后，随着人类社会的发展，地球环境中又出现了新的温度源，这就是与人类活动相关的由化石燃料燃烧和机器运转产生的热能，形成温室效应。

温室效应威胁着生态环境，威胁着物种安全，成为全球人关注的问题。人们普遍认为温室效应对自然环境造成了很大危害，对生态系统造成了严重威胁。当前全球气候变暖的速度远远高于联合国的预计。自1900年以来，全球平均气温值持续上升。1992年，由美国忧思科学家联盟发布了一份来自69个国家1500多名科学家签署的报告，文中称："人类与自然界的摩擦正在加剧。人类活动已经对自然环境和重要资源产生了严重且通常是不可逆转的破坏。"警示人们："如果全球生态系统遭到破坏，没有国家能够幸免于难。也没有国家可以免于日益严重的资源短缺带来的冲突。"美国国家冰雪数据中心提供的数据表明，截至2008年底，北极冰层融化的速度可能已经突破了临界点，格陵兰地区近19亿吨冰盖消失。冰盖融化会引起地球自转发生细微变化，致使北极位置发生偏移。北极冰盖融化增加了北冰洋的淡水含量，降低了海水的盐度和密度，从而导致墨西哥湾暖流减弱。有资料表明地表温度每升高一度，都会给地球带来巨大影响。

但是，有的学者持相反的态度。加拿大气候学者蒂莫西撰文质疑："全球暖化：有硬数据支持吗？"英国广播公司播出纪录片《全球暖化大骗局》，片中反复强调："暖化现象并非人类活动所致。"美国气候专家称："全球变暖已经成为一种新的宗教，信仰者根本听不进不同意见。"美国气候物理学家S. 弗雷德·辛格认为现在气候是在太阳驱动下的一个温和的、不规则的1500年气候周期，他声称"全球变暖"毫无根据，并制作了自地球诞生以来的《地球气候年表》，以此表明气候变暖或变冷是自身规律。他甚至在其21世纪初出版的《全球变暖——毫无由来的恐慌》一书中严厉指责："这难道不是科学家们在鼓吹一个欺诈性的'全球变暖'吗？难道不是打着'科学'的幌子来误导市民相信人类要为地球上的自然气候变化负责吗？"

那么，问题出在哪里？"温室效应"究竟存在不存在？在地球气候变化中，"温室效应"扮演着什么样的角色？第一，温室效应是实实在在的；第二，温室效应对气候的影响也是实实在在的。英国气象专家豪顿介绍了这样一个事实：火星的大气几乎全部是单一成分的二氧化碳，产生了非常显著的温室效应。火星离太阳很远，接受到的太阳能量非常弱小，如果没有大气层的话，地表的温度应在-57℃左右，而实际上它的地表温度是-47℃，这表明二氧化碳的大气温室效应为地表温度提高了10℃。

不需要什么精确的数据，人们可以完全相信化石燃料燃烧对大气的影响。化石燃料燃烧产生二氧化碳，制造了温室效应是不容置疑的，温室效应对大气和地表是有害的，这一点也是没有争议的。所以，遏制人类活动的二氧化碳排放是必要的，这种遏制成本的投入也是必要的。

第四节　生物是环境的重要部分

生物既是环境的产物，同时又是环境的组成部分。准确地说，生物是无生物环境的产物，又是有生物环境的组成部分。在环境学里，这是两个重大阶段，生物是这两个重大阶段的分水岭和里程碑。毋庸赘言，没有特别论述，我们讨论环境问题，都是在有生物环境里进行的。

正因为生物既是环境的产物，同时又是环境的组成部分，所以认识生物是认识环境的必要途径和重要方式。在学科上生物既属于生态学，也属于环境学，因此生物学也是生态学与环境学这两个不同集合的相当大的一块交集。今天很多问题都是发生在这块交集里。

一、植物 植物是地球上最早出现的生物，是自然环境较早的构成部分，是有机物环境和生态环境的缔造者。植物和动物与人类息息相关。植物形成的植被，是地表水土保持的基本依赖。乔木形成的森林、灌木形成的灌木丛、草本植物形成的草原，以不同的植被样式将地表覆裹起来，同时也为许许多多不同种类的植食动物提供了丰富的食物，为动物建立起首节食物链。植物分陆生和水生两类。人类最迟在进入旧石器时代之初就通过食用植物根、叶和果实的日常生活中认识了很多植物。最有力的说明就是依靠食用植物而生存的人类，倘若不能识别一些必需的无毒无害植物，人类就不可能存活下来。古希腊、古埃及、古巴比伦、古印度、中国等文明古国对植物知识都有记述。古希腊提奥夫拉斯图被视为植物学的创始人，他在公元前300年写了《植物调查》一书。中国北魏时期贾思勰的《齐民要术》、明代李时珍的《本草纲目》等，都是研究植物生物特征和本性的典籍。

陆生植物是地球陆地表面的主要生物，是地表的活态保护层，也是地球上氧气的重要制造者。

在农业起源之前，所有的植物都是自然生长的原生植物，在今天的语境里叫野生植物。农业起源后，许多植物被人工种植和栽培，驯化成为庄稼、蔬菜、花卉和果树。无论从植物形态学、植物生理学、植物遗传学还是植物生态学意义上讲，植物都是生存在具体的特定的地理环境里，受制于地理环境。如低海拔、低纬度地理环境的阔叶林，中等海拔、中等纬度地理环境的针叶林，高海拔和高纬度地理环境的草甸和苔原，沙漠地带的沙蒿和胡杨树，水中的青苔、海中的海青等，概莫如此。世界上的植物都是特定环境中的植物。

（一）植物物种与土壤 土壤是植物物种差异的决定因素。土壤是地球表面的疏松层，适宜植物生长，是地表植被的主要依托。土壤是岩石圈在气候、生物、母质、风化、地形和陆地年龄等多种因素相互作用的结果，共有十多个土纲近百个土类。土壤物理学成分中的固相、液相和气相这三相体系的物理现象及变化规律，土壤化学成分中的固相和液相的化学组成、化学变化以及固液相之间的反应，土壤生物学成分中的有机体活动及其与土壤中物质转化和循环的关系等，决定了土壤的最终性质。譬如，砂土空隙大，易于空气流通，但不易保持水分；黏土空隙小，易保持水分，但不易空气流通；而壤土空隙适中，兼有砂土和黏土的优点，既能保持水分，又易于空气流通。土壤的性质不同，适合生长的植物也不同。有些植物物种对土壤的物理成分和化学成分要求不很严格，比如松树，几乎在全球各地都能生长。而有些植物物种对土壤的物理成分和化学成分要求则很严格，必须在特定土壤中才能生长。桉树最适宜生长的地域是南半球的澳大利亚，遍地的桉树使其成为了全球独一无二的庞大桉树王国。在北半球中国的云贵高原也有桉树分布，但总体数量、密集程度、分布面积，都不能与澳大利亚相提并论。正是土壤不同物理的和化学的以及生物的成分，生成了不同的植物物种。

（二）植物物种与气候　气候是植物物种差异的又一决定因素。对于植物物种而言，气候中的降水是重要因素。热带降水量大，因此热带是植物物种最多、生长最繁茂的地域，植物物种占了全球植物物种的半数以上，南美洲亚马孙雨林如同植物物种博物馆。有许多植物是受气候条件的严格限制的，如橡胶树最适宜在热带和亚热带生长，东南亚处处都是遮天蔽日的橡胶林，马来西亚是世界著名的橡胶王国。再如，竹子只能在低纬度地域生长，高纬度地域没有竹子物种。还有许多植物生长的温度带比较固定，热带植物只能在热带生长，寒带植物只能在寒带生长，显示出植物非常鲜明的温度带特征。

（三）植物物种与光照　阳光是生命的基础，起码在太阳系里这是颠覆不破的真理，即使在深水里终日不见阳光的个别鱼类，也不能说它们的生命与阳光没有一点联系，因为地球是一个被阳光普照的地球，是太阳能充实在每一种循环系统中的地球。地表上的植物物种受阳光照射角度的影响是非常明显的，阳光直射的低纬度热带雨林的密度和发展速度，是阳光斜射的高纬度寒带森林所不可比拟的。同一植物物种，即使它可以大尺度地跨越不同的纬度，但它的生长速度、体质密度，也取决于它所生长的在地纬度。杉树虽然在中低纬度带都能生长，但生长的速度是不一样的，木质密度也是不一样的。在低纬度带它生长得快，可木质密度大大降低；在中纬度带它生长的速度大大降低，可木质密度要超过低纬度带的同类。即使生长在同一地域，生长在同一丘陵或山地的植物，朝阳坡和背阴坡的生长状况也是有很大差异的。同是一株树木，向阳面和背阳面生长的密度也是不一样的，它的年轮非常清楚地显示出这种状况。茶树是亚热带植物，纬度过高或过低都不能生长。水稻是低纬度的热带和亚热带植物，这就决定了热带和亚热带的农业是稻作农业，而粟是中高纬度的温带和亚寒带的植物，所以温带和亚寒带的农业是粟作农业。

（四）水生植物也受制于不同温度带　水生植物像陆地植物一样，也受不同温度带的影响。极地水生植物是寒带水生植物，赤道水生植物是热带水生植物，物种不同，形体不同，生长的习性也不同。例如菱角是亚热带水生植物，在寒带无法生长；而水葱却能够在寒带生长，并以冬眠的方式抵御严寒。无论挺水植物、浮叶植物、沉水植物、漂浮植物，都受制于水域环境，受制于温度带。

二、动物　动物是自然界生物中的一类，是多细胞真核生命体中的一个类群，其生命活动特征表现为不能够将无机物合成为有机物，只能以有机物中的植物、动物和微生物作为食料，实现摄食、消化、吸收、呼吸、循环和排泄，以维持自身的感觉、运动和繁殖等生命过程。

依据生存的环境，动物可以分为陆生动物、水生动物和空中飞翔动物 3 个类别。空中飞翔动物是相对于生活在地表的爬行动物而言，实际上也是落地生存，只是运动方式是空中飞翔而已。按照动物繁殖方式，可以分为卵生动物和胎生动物。依据动物体质结构，可以分为脊椎动物和无脊椎动物。这种分类只是依据某一特定的体征，因此许多动物是具有分类学的两个或者全部的体征的。例如鹭鸶，它既是卵生动物，也是脊椎动物；既是空中飞翔动物，又是陆生行走动物，还是水中凫游动物，主要生活在湿地。人类是动物中的一类，称之为高级动物。

（一）脊椎动物 脊椎动物大致上可以分为鱼类、两栖类、爬行类、鸟类和哺乳类等五类。脊椎动物最为显著的体征是有由脊椎骨组成的脊柱。脊柱保护脊髓并与其他骨骼组成脊椎动物特有的内骨骼系统。脊椎动物有明显的头部，背神经管的前端分化成脑袋以及诸如眼睛、鼻子、嘴巴、耳朵等其他感觉器官。脑及感觉器官集中在头部，可加强对外界的感应，身体由表皮及真皮覆裹，皮肤有腺体。大部分脊椎动物的皮肤有保护性构造，例如鳞片、羽毛、体毛等。脊椎动物有完整的消化系统、循环系统、排泄系统和内分泌腺。消化系统包括口腔、肝及胰脏；循环系统包括心脏、动脉、静脉及血管；排泄系统包括两个肾脏及一个膀胱；内分泌腺能产生荷尔蒙，调节身体机能，促使生长及生殖。

（二）无脊椎动物 无脊椎动物占全球所有动物的90%以上，共有原生动物、海绵动物、腔肠动物、扁形动物、线形动物、环节动物、软体动物、节肢动物、棘皮动物等 9 个类别。原生动物是单细胞的原始动物，如眼虫和草履虫；海绵动物如毛壶和浴海绵；腔肠动物如水螅和珊瑚；扁形动物如涡虫和绦虫；线形动物是与线虫类似的动物；环节动物如蚯蚓和沙蚕；软体动物外形多样化，大部分生活在海里，包括所有贝壳类动物；节肢动物如虾、蟹、蜘蛛、蝎子、蜈蚣和苍蝇，这类动物身体两侧对称、分节，是动物界最大的一门，约占动物种类的85%，对环境的适应力特别强；棘皮动物有海星、海参和海百合等。

（三）卵生动物 卵生动物由卵而生，是动物中主要类别。卵生动物包括飞禽、爬行动物、昆虫等若干类别。飞禽中，鸟类是空中飞翔动物的典型代表，体表有羽毛，有翼，皮肤薄而软，便于肌肉的剧烈运动；新陈代谢旺盛，体温恒定，对外界温度条件依赖性小；具有发达的神经系统和感官，大脑、小脑、中脑都很发达；具有较完善的繁殖方式和行为方式，比如筑巢、孵卵和育雏。

爬行类卵生动物如乌龟类、蛇类和蜥蜴类。这类卵生动物与鸟类卵生动物完全不同，它们没有羽翼，蛇类甚至连腿脚也没有。虽然它们没有鸟类那么多的类别，却也是卵生动物中的重要种类。

昆虫普遍是卵生动物，卵生是昆虫生命形式的突出特征。如蝗虫、蝴蝶、蚊子、蝉和蜂。许多昆虫也有羽翼，会飞翔，甚至还有成群迁移的本领。

（四）胎生动物　胎生动物是由雌性子宫孕育而生的动物，在全球动物类别中占有主要地位。与卵生动物相比，胎生动物一般体积大，如大象、鲸，都是地球上最大的胎生动物。胎生动物一般具有5种特征：第一，除部分水生胎生动物外，全身生毛，具有快速运动的能力；第二，用口腔咀嚼和消化，消化管分化程度高，消化腺发达，消化酶多样化；第三，体温恒定，对环境条件依赖性较小；第四，具有发达的神经系统和感官，协调能力强；第五，哺乳，后代成活率高。

还有一些介于卵生和胎生之间的卵胎生动物。这些动物种类既有卵生也有卵胎生，比如蜥蜴是卵生动物，但其中大约有20%属于卵胎生。

人类属于纯粹的胎生动物类。人类与一般动物最大的区别在于脑容量大，现代人的脑容量一般都在1400毫升左右，脑力发达、意识发达、思维发达，认识能力强、判别能力强。至于形体上的直立行走、使用工具，这都是与一般动物的外在区别。从特定意义上说，人类是继恐龙之后的地球主宰者。

在地质演化中，在自然环境演化中，人类从一般动物到人科动物再到人类，这个进化过程是在地球的地质演化和自然环境演化中完成的，也是与地球的地质演化的特定阶段、自然环境演化的特定阶段同步进行的。这种进化记录是在人类一代代个体的身上，需要纵观数千年甚至数万年将数百代、数千代人进行比较才能看到形体的变化。有些动物的形体上世世代代背着进化标识和记录，珊瑚虫可以在自己身上标注进化记录，每日一条花纹，每年在自己的体壁上生长出365条环纹。3.5亿年前的珊瑚虫每年所生长出来的环纹是400条，这是因为那时地球自转一天仅用21.9小时，一年正是400天。自然环境与生物的关系可见一斑。

三、微生物　微生物是形体十分微小的生物，需要借助显微镜才能观察得到。目前观察到体积最大的微生物也只有500微米，而体积最小的微生物仅有100纳米。微生物分为原核微生物、真核微生物和无细胞生物等3个物种，分为细菌、病毒、真菌、放线菌、立克次体、支原体、衣原体和螺旋体等8个类别。原核微生物包括细菌和古菌两类，真核微生物包括真菌、原生生物和藻类三类，无细胞生物包括病毒、类病毒、拟病毒和朊毒体四类。微生物最大的特点是体积微小、结构简单、生长速度快、繁殖迅速，有很强的适应性。在地球上，从寒冷的南北两极到炎热的赤道，从空气稀薄的峰巅到黑暗幽深的海底，以及其他生物体内，微生物都能够生存。微生物是生物圈中种类最多、分布最广、密度最高、数量最大的生物类，它们几乎是无孔不入地生存在一切环境中。微生物与整个生态环境密切相关，与人类的生产和生活也紧密相连。在自然界中，微生物与岩石圈、水圈、大气圈和生物圈发生着种种目前人类已经认识到的和尚未认识到的联系，产生着种种目前人类已经认识到和尚未认识到的作用。

在病理上认识细菌是近代的事情。1595 年荷兰眼镜商亚斯・詹森发明了光学显微镜，这使人类首次看到了微观世界。1674 年荷兰显微镜学家列文虎克发现了细菌，细菌学随之诞生，推动了人类的医学发展。现代微生物学创立后，注重研究微生物形态结构、生理代谢、遗传变异、生态分布以及进化，研究传染病和免疫学，研究疾病防治和化学治疗等，将微生物广泛地应用到生物工程，应用于医药、饮食和生产活动等诸多方面。至于人类将微生物用于军事、用于战争，制造细菌武器，那是德国谚语里的那“一半”。最初的细菌战是还没有发现细菌时的细菌战，发生在 1347 年黑海北岸的克里米亚半岛。当时蒙古军队攻打卡法城即今天的费奥多西亚，久攻不克。此时军中正在流行鼠疫，军队头目突发奇想，将因患鼠疫而死的士兵的尸体用投石机射进卡法城内，城内很快爆发鼠疫，卡法城不攻自破。更有甚者，1935 年侵华日军在中国的哈尔滨秘密建立起庞大的细菌部队，用中国人做活体试验，有 3000 多名中国人被残害致死。2001 年 9 月 18 日，美国发生了“炭疽信件袭击事件”，联邦调查局全线出击，用了 6 年的时间最终查清是 62 岁的生物武器专家从实验室里偷出炭疽病菌，装入信封自邮局寄出。

现在，随着人类生态系统的变化，微生物的生态系统也发生了改变，微生物的结构已经今非昔比。世界卫生组织一直关注细菌的变异和新品种的产生，特别是细菌抗药性的增强和自身的升级的“超级细菌”，并认为，耐药性感染是当今人类健康的最大威胁之一，比癌症对人类的威胁还要大。

第五节　人类对地球的开发利用

人类对地球的开发就整体意义而言应该认定在农业起源之后，由于耕种的需要，首先对地表进行开发，其中包括了对水能和风能的利用，主要器具有水车、风车和风帆。对地下矿物的发现与开采，是在农业社会走向成熟之后，并由此引发工业社会的产生。工业社会产生之后，对地球的开发利用逐步全面化。

一、石器时代之前人类对地球的开发利用　这个时期是人类刚刚摆脱人科动物时期，对地球并没有理性认知，他们只认识脚下的土地，采摘地表植物的茎、叶、根块和果实，捕捉随地可见的小动物食用，喝泉水、溪水和河水。如果说还有对地球的利用，那就是可以栖身的各类洞穴。这个时期的人类，对地球只有维持生命的吃、住两项单一的自然利用，对地球是零开发。

二、石器时代人类对地球的开发利用　认识工具是人类开发地球的肇始。尽管人类认识工具是从石头和树枝开始的，而且持续了 300 万年的时间。进入新石器时代以来，人类定居，对自然资源的利用变得宽泛起来，制陶技术在最初尽管是相当低下的，但标志着人类发展进入开发应用阶段，标志着人类对地球零开发时代的终结，自此人类对地球的利用进入自然利用和开发利用的双制利用时代。

关于人类最初制作陶器的时间，学界普遍认为要比现在考古所发现的最早的陶器要早很多年，其根据是现在考古所发现的最早的陶器在形制和制作技艺上已经相当完美和成熟。据此在逻辑上判定所发现的最早的陶器并不是人类最初制作的陶器，于是总在希望发掘出最原始的陶器。其实这种判断也许忽略或者遗忘了另外一种判断，而且是更有逻辑力量的判断，这就是陶器的发展经历了两个阶段：晒制泥器阶段和烧制陶器阶段。最初人类像现在的儿童玩泥巴那样捏制出各种泥盆、泥碗，在太阳下晒干后使用。在这个阶段，人类将制作泥器的技艺发展成熟。当用晒制的缶烧饭时，久而久之发现晒制的缶越烧越坚硬，越经久耐用。于是才开始尝试烧制陶器，最终以烧制陶器取代了晒制泥器。晒制泥器破碎后很快复原为土，即使不破碎也不会在潮湿的地下长久地存在，几年十几年的时间便复为泥土。这是考古只能够看到精美、别致的烧制陶器，而看不到粗糙、拙劣的晒制泥器的原因。所以，要想看到那种判断之中的最原始的陶器是不可能的。

三、农业社会时期人类对地球的开发利用 农业起源在人类发展史上具有里程碑意义，自此人类对自然资源的利用进入了自主、自由和自为的认知与开发利用的理性阶段。农业起源之后经过了两三千年的原始种植阶段，发明了青铜犁具和铁犁具，并且运用了驯养和驯化的牲畜拉犁，土地得到深翻，种植技术得到提升，收成逐年提高，人口的数量也不断增加。人口数量的增加，对耕种土地面积的要求越来越大，大片森林和草原被开垦成农田。农业的发展，农具的不断改善，铁器制造的需要，催生了手工业的发展，矿石开采和冶炼技术也相继出现，农业村落也不断扩大和增多，建筑事业也应运而生，对建筑材料的认识与开发利用也进入了新的阶段。城邦形成之后，城邦自身的发展与完善，不断的发明和创造，使人类对地球资源的认识越来越广泛，对地球的开发利用也越来越广泛。

农业发展进入封建社会时期，土地被封建领主所垄断。农庄和庄园的生产方式，加大了对自然资源开发的力度和利用的广度与深度。工业化农业时期和现代化农业时期，对自然资源的开发力度更大，利用程度更高。但是在农业社会，无论是哪个发展时期农业发展的终极目的不变，就是衣食问题，“丰衣足食”是农业的使命，所以不同的阶段仅仅是不同的发展水平而已，对地球的开发利用主要是土地资源和水资源，一般不具有不可恢复的破坏性。

四、工业社会时期人类对地球的开发利用 工业社会的出现是人类发展史上的又一座里程碑，标志着人类对地球的开发利用进入了一个全新的时代。大型的工厂代替了小手工业作坊，大型机器代替了小手工作坊制作的器具，交通运输立体发展，轮船、汽车、火车和飞机的广泛应用，需要更多的能源，并且对能源不再仅仅是能值的关注，更加注重对能质的关注。因为能源不仅有量的特征，还有质的特征。不同形式的相同的能量，其品质也是不同的，势能相差显著，高度浓缩的能量和分散形式的能量，是有着本质不同的。核能与化石能就是如此。工业社会给人的启示，就是注重能源的开发，注重大功率的势能。矿产业、制造业和化学工业使人类对地球的开发从地下到空中，岩石圈、水圈、大气圈、生物圈，都在人类的开发利用中发生着改变。

五、现代科技社会时期人类对地球的开发利用 现代科技社会时期人类对地球的开发利用最突出特征，就是以最高的科技手段对地球开发利用，无论广度和深度都是前所未有的。就广度而言，地球上的一切，从有机物质到无机物质都被开发利用；就深度而言，不仅是宏观世界，而且进入了微观世界和渺观世界，也正是因为有了这样的深度，人类的足迹和视野才进入了宇观世界和胀观世界。

信息技术在对地球开发利用中起到了最关键的作用。信息技术是当代科技的核心技术，在高新技术发展中占有核心地位。信息技术的微电子技术、计算机技术和通信技术，构成了当代信息技术的完整体系，渗透到人类生产和生活的各个系统和领域，引发了社会的深刻变革，使人类进入了亘古未有的信息时代。

生物技术对地球开发利用的主要作为在地球的生态系统，涉及生物农业、生物制药业等领域。生物技术的广泛应用，直接干预了生物圈。

新能源技术既有对传统能源技术的继承与革新，也有全新的开发与创造。现在对太阳能、风能、海洋能、可控热核聚变能等自然能源开发利用，都是在高科技背景下进行的。

新材料技术同新能源技术一样，既有对传统材料技术的继承与革新，也有全新的开发与创造。当代的新材料技术主要产生于复合材料、超导材料和纳米材料3个领域。

现在，科技成果转化的速度越来越快，高科技新产品充斥于生产和生活的方方面面，特别是手机的普遍使用，强化了人们之间的联系，手机不仅有通话功能，还有视频功能、网络功能，人们行为的即时性越来越强，对地球开发利用的作用力越来越大。

计算机和机器人，是现代高新技术的重要标志。最新的机器人也有了自己的“智商”，有了自己的“判断”，不再单单依靠程序和指令。在美国康奈尔大学的实验室里，新一款机器人可预测人类的行为，预测在1秒钟之内人类要发生的行为准确率达到80%以上。

人类自从发现原子以来，对其内部结构只有物理的分析，而不能直接观察得到。现在，人类利用激光和显微镜在荷兰的实验室里看到了这种人类从未看到的真实物景。这为人类理解宇宙的基本建筑模块的构造提供了新的视角，为人类对渺观世界的开发利用提供了有力的技术支持，从而也为人类对胀观世界的开发利用，奠定了坚实的基础。

第五章 自然资源与人类生存

地理区位决定着自然生态，决定着自然资源样式。自然资源样式决定着人类生存方式。人类索取自然资源的方式就是生产方式，对索取的自然资源的消耗方式就是生活方式。生产方式和生活方式，构成人类的生存方式。

自然资源是地球本来的自身物质，人类对这些物质进行利用时，用非常实际的、非常实用的使用价值尺度，将其分为资源和非资源。

资源决定生存、决定生态。这种决定性最初只是存在于自然资源方面，后来随着人类社会的发展和生产力的提高，人类创造出了大量的财富，确切地说，是在不同的具体的地域环境里利用不同的自然资源创造出来的财富。这些由人类所创造的财富，既是人类生存方式的具体表现形式，同时又创造出人类的新的生存方式。

第一节 人　　类

人类既是大自然的产物，又是大自然本身的构成。

一、人类起源 人类是自然的一部分，人类是生物的一部分。

生物既是地球演化特定阶段的产物，又是地球特定地理环境的产物。因此可以断定，人类的产生也有特定的地理环境，并非任何地理环境都是适合于人类产生的环境。

1698 年，在英国伦敦的码头上展览着一只黑猩猩。一位叫爱德华·泰森的医生听说这件事，就到现场观看了这只黑猩猩。显然，这位医生看后产生出某种奇异的或大胆的想法，因为在这只黑猩猩死后，他几经周折得到了解剖这只黑猩猩尸体的权力，并带着他的种种想法对黑猩猩进行了仔细的解剖。解剖之后，他将黑猩猩身体的各个部分与人体进行了比较，结果发现，两者虽有不同，但并没有根本性差别。于是他将黑猩猩称作丛林人，并写成一部名为《丛林人》的专著公开出版。自此，人类与灵长类动物黑猩猩扯上了关系。人类学家开始从猩猩和猩猩近亲猿的身上寻找人类起源的踪迹。

目前，写进教科书的说法是，大约在7000万年前，哺育纲动物类分化出一支灵长类动物，到了距今1400万年，这支灵长类动物在物竞天择的自然规律里，只剩下腊玛古猿一个种类，并渐渐进化成人科动物，到了第四纪古人类出现。

关于人类的起源一直有一源说与多源说和相应的大树模式与灌木丛模式之争。非洲说、非洲中心说，一向是主流观点。支持这种观点的是考古发现，是在东非大裂谷发现了距今320万年前的南方古猿露西，在乍得发现了距今700万年的萨赫勒人。可是，至今还没有哪个自然学家能够论证数百万年前的非洲能够使人类产生的地理条件是什么，或者，既然只有非洲才能够使人类产生，那么非洲的这种独特的地理条件是什么，而其他地理环境为什么没有这种条件？因此，从地域文化学的观点上讲，仅仅依靠考古事实说话是不够的。在学术问题上，在科学问题上，不能只讲事实而不讲事实产生的条件，也就是说，不能只满足于知其然，重要的是还应该知其所以然，这是科学的灵魂。事实往往具有活态性，因而具有变化性、瞬间性。倘若只讲事实而不讲动因，科学的灵魂便不存在了，科学的生命也就停止了。在既定事实的因果关系上，学术和科学最关注的不是果，而是因。因此，只发现人类产生于哪里是不够的，必须要说明那里能够产生人类的地理环境条件，要说明那里地理环境的独特之处。现在史前的事情只是考古学家在说过来又说过去。还有一个事实必须看到，这就是考古学建立和考古工作的发展在全球不是平衡的，特别是史前考古在地球的西半部比东半部要早得多，西半球的考古“土地”已经深耕细作了，而东半球的考古“土地”才拓荒开垦。比如，中国的地下史前考古是因1921年在黄土高原发现陶片开始的，距今不足百年。

那时有一个西半球的瑞典人到了东半球的中国，1914年他受聘到中国任北洋政府农商部矿政顾问，从事地质调查和古生物化石采集工作。此人就是被中国人所景仰的考古学家安特生。1921年，他发现了黄土高原的那块陶片，在河南省渑池县仰韶村发掘出公元前5000年的彩陶，拉开了中国地下史前考古的帷幕，成为中国地下史前考古的奠基者、开创者。

目前在亚洲发现和发掘古人类遗址有数千处，仅中国就有上千处。中国是世界上发现远古人类遗址最多的国家，先后发现了元谋人、巫山人、建始人、蓝田人、郧县人等距今百万年前的远古人类遗迹，发现了距今数十万年前的诸如北京人、大荔人、马坝人、山顶洞人、长阳人遗迹，也发现了距今数万年前的资阳人、许昌人等不同时期古人类活动遗迹，甚至还多处发掘出较为完好的头骨化石。

相对于西方许多国家，中国由于国家经济实力、政治导向和学科价值取向等诸多方面的因素，史前考古的发展还是相当缓慢的。因此对史前状况的认识，也就受到了很大的局限。造成这种状况还有一个原因，就是中国考古乐此不疲地发掘地下的王朝文明。

人类是由猿进化而来的观点已经成为经典。2004 年 3 月从英国传出最新的“基因突变说”，认为在 240 万年前猿人基因突变，MYH16 的基因发生错误，导致猿人颅骨形态发生改变，经过长期的进化人类颅骨的体积比原来增长了 3 倍。基因“突变说”能将人起源于猿之说进行到底吗？也许人从一开始就是人，而不是猿；猿从一开始就是猿，而不是人。这并非妄断，非洲艾伯丁裂谷一带的鲸头鹳就是独立进化没有近亲的物种，印度洋和太平洋浅海中的雄海葵鱼有自行变为雌性的生理机能，其进化机理极为独特，非一般进化规律所能够解释。按照考古线索，人类的起源是由猿到类人猿再到人的。如果按照逻辑线索，人类起源应该是由动物到人科动物再到人，人类起源于人科动物。这种说法虽然有点含糊，但也许正因为含糊而更为准确。如果用三分法来看人类的起源，人科动物就是关键的中间环节，于是人类起源就可以大致划分为动物类、人科动物类和人类这样 3 个进化阶段。诚然，本节的主题不在这里，而在于人的生命形式出现后，一步一步地进化到今天的现代人，探究其中是什么在起作用，在起直接的决定性的作用。但是，从根本上说涉及人类之前的人科动物类和动物类的讨论，是为了从分子生物学和遗传学上阐述人类身上的人科动物和动物的某些基因，看到人类身上的人科动物类和动物类的胎记。这一点至关重要，对于解释人类的某些反人类行为大有裨益。而且，有利于诠释人类在形成完全意义上的有社会属性的社会人之后，又是怎样作为不同群体的客观环境而影响人类自身的。因此，在讨论地理环境的时候，在人类成为有社会属性的社会人之前，地理环境的概念基本上是自然意义上的，而人类形成了社会、成为有社社属性的社会人之后，地理环境则必不可少地包括了人文环境或社会环境。

关于人类的起源，在宗教那里是另外一种或者是种种说法，在科学的视野里，这是另外一个范畴里的事情。不过，有些探索性的原始猜想，显然是应该纳入或者本来就是在科学范畴之内的。

最初对人类起源的探究，是伴随着对宇宙起源的探究开始的。古人最初认定宇宙起源于水和土，此后的古埃及人和古巴比伦人又增加了一个元素：气。公元前 6 世纪，古希腊的阿那克西曼德又增添了一个元素：火。他认为这 4 种元素是原始的物质，是宇宙的基础。到了公元前 5 世纪，关于人类的起源就归于西西里岛上的恩培多克勒的生物构成的四元素和发育四阶段之说。恩培多克勒认为，世界上存在着 4 种各有区别的元素——水、土、火、气，生物由这 4 种元素构成，并经历了形成、肢体结合、无雌雄和性繁殖4个发育阶段。

恩培多克勒不仅有很严谨的逻辑思维，也有很浪漫的形象思维。他认为，早期的大地是不完善的，是没有诸多能力的，那时候产生的各种生物也是不完善的、粗糙的。在第一发育阶段，是生物肢体形成阶段，“没有头颈的脸、没有肩胛到处游荡的手臂，还有独立的眼睛在四处流浪，寻找着前额”；第二阶段，肢体结合，由于是在杂乱和偶然情况下发生的，因而出现了许多怪物，“有的是两面都有脸和乳房的怪物，有的是具有人脸的牛的子孙”；第三阶段，肢体结合得比较完整了，是“完全自然的类型”，但还没有性别；到了第四阶段，新的生物才不再从水中或者土中产生，而是通过性繁殖直接产生了。

这是一种进化论的观点，而且是和达尔文“适者生存”的观点相通的。

到了公元前4世纪，出现了亚里士多德。亚里士多德作为一位伟大的自然科学家，在生物学上颇有建树。他的《动物自然史》《动物的部分组成》《动物的繁殖》和《论灵魂》等著作，对人类学的贡献是前无古人的。他首先把动物分为两类，这两类就相当于有脊椎动物和无脊椎动物。他以生殖的方式为主要依据将生物分类，创造出生物阶梯图，植物在下层，动物在上层。动物的次序按照出生时的发育程度排列，哺乳类动物排在最顶端，低层的是卵生类动物。很显然，亚里士多德将一切生物划入一个阶梯图，也就将一切生物归于一类了。这也正是他一直坚守的观点，生物是大自然的产物，是大自然的一部分。也就是说，高贵的人类和低贱的爬虫是同出一辙的。说起来这很不雅，对人类的尊严有很大伤害，然而这是事实。这对于人类本质的认知和讨论，具有非同寻常的意义。

在古老的中国，关于宇宙和万物的起源，有五行学说。这种学说是用金、木、水、火、土这5种不同的物质，诠释宇宙和万物的起源。五行学说始于春秋，盛行于战国至秦汉时期，在《左传》和《国语》等古典著作里均有记载。五行学说盛行的中后期，出现了“五行相生相胜”的理论。相生是指这5种物质的互补性，是“木生火、火生土、土生金、金生水、水生木”这样一个环生过程；相胜是指这5种物质的互斥性，也就是相克：“水胜火、火胜金、金胜木、木胜土、土胜水”。产生于西周的《易经》的阴阳学说认为世间万物皆由阴与阳相互作用而产生。这些学说蕴涵着自然唯物主义和自然辩证法，是中国古代思想家重要的科学思想，对于探究世界的起源、认识人类本身，有着积极的作用。

除五行学说之外，是家喻户晓的盘古开天地和伏羲与女娲为人祖的神话传说。这些神话传说反映出古人的探索精神，是留在民间的史前记忆。

现代天体生物学家认为生命的基础物质是遍布宇宙的。1969年9月在澳大利亚多维利亚州的默奇森发现了一块重达100千克的陨石。这块陨石很快就引起轰动，原因是它形成于太阳系形成前的2亿年。还有一个重要的原因它是一颗碳质球粒陨石，铁占22.13%，水占12%，有机物含量高，超过100种氨基酸，有的氨基酸的对映体不平衡，含量不相等，对映体过量百分数不为零。这种现象被认为是地球上天然化合物高度同手性的地外起源理论的证据。于是有的天体生物学家认为，地球的生命来自地外，正是撞击地球的天体中的这些化合物，构成了地球上生命形成的化学基础。

我们研讨人类的起源，其意义不单单在于从历史学范畴以弄清来龙去脉，更在于从生物学范畴以实现对人类本质和本性的认知。关于地球生命来自地外的说法，除了地外天体的化合物构成了地球生命产生的化学基础的观点之外，还有更直接的地球人类是来自外星人的观点。作为探究地球上人类的起源当然这是一种说法。然而外星人又是怎样起源的呢？似乎这就不是地球人的事，而是外星人的事了。如果承认人类来自地球之外宇宙的某个星球，那么他们来到地球的时候或许不是生命的胚胎，而是完整的生命体了，并且是穿行于宇宙的文明人了。这对于本书的立论是个很大的危机，因为本书中的人类是立足于地球而且从动物开始的，否则，最后坍塌的不仅是本书的立论，还有整个以人类本性构建的大厦，最终造成对人类本性与行为认知的延宕。

中国秦岭和大巴山之间的汉江流域是非常适合人类生存的地方。1989 年和 1990 年，在湖北省郧县的青曲镇先后出土了两颗被命名为“郧县人”距今 100 万年前的头骨化石。1997 年在郧县的梅铺镇出土了梅铺猿人牙齿化石，1976 年在与郧县比邻的郧西县神雾岭出土了 30 万年前白龙洞猿人牙齿化石，2005 年在郧西县的香口乡出土了 8 万年前黄龙洞猿人牙齿化石。将青曲、梅铺、神雾岭和香口四地联结起来，出现了令人震惊的考古学发现：以青曲镇遗址为中心，半径 100 千米内，依次有 70 万年前、30 万年前和 8 万年前的远古人类遗址，建立起了自 100 万年以来的此地人类连续进化的大致链条。100 万年前汉江与秦岭和大巴山的地貌格局，是在两亿年前三叠纪晚期的印支运动之后基本定型，到新生代喜马拉雅山运动之后基本定格的。秦岭和大巴山分别阻挡着南热北寒，使汉江流域多雨少风，空气湿润，草木葳蕤，非常适合动物生存。因此 100 万年前的“郧县人”头颅的容量为 1065 毫升，相当于其他地域 70 万年前人类的脑容量。

二、人类发展的历史概况 人类同世间一切事物一样，有着发生、发展的进化和演化过程，有着一部自己的发生、发展的历史。

（一）人类的数量与质量 人类诞生是地球长期演化的结果。在地球漫长的演化过程中，人类也经历了一个从低级到高级，从古人类到现代人类的历史阶段，人口的数量也经历了一个从小到大的过程。根据考古学、物种学和生态学等多学科的综合分析，人类发展到距今 1 万年这个时期，也就是度过完整的旧石器时代进入新石器时代之际，人类的数量大约为 1000 万。到公元元年，大约为 2 亿人；到工业社会出现之初，达到 8 亿；到 1950 年，达到 25.2 亿；2011 年 10 月 31 日这一天，全球人口达到 70 亿；2016 年世界总人口为 72 亿。

在1万年之前，人类质量比较低下，生态状况完全取决于自然生态环境。生殖完全是无节制的原始的性活动结果，生命没有医学支持和保障，呈现出高出生率、高死亡率的状况。到了1万年前后人类定居下来，聚落的出现密切了人类之间的交往和交流，社区效应使人类的文化开始积淀，人类的生产生活经验得到积累和传承，现代社会模式逐渐形成，现代生活方式的特征逐渐显现，人类抗御自然灾害的能力和经验都得到了前所未有的提高。人类逐渐结束了高死亡率的状况，保持着高出生率，从而人口增长率逐渐提高，并以生存质量的提高而保证了人口数量的稳定增长。进入新石器时代之际人口为1000万，此后历经8000年，也就是公元元年，人口就增加了20倍，达到了2亿人。而在此后的1350年里，人口就翻了一番，达到了4个亿；再一个翻番，仅用了420年，1770年人口达到8亿；再一个翻番，只用了130年，1900年世界人口达到16.2亿；而再一次翻番，仅仅用了70年，1970年达到33.5亿，比上次翻番几乎少用了一半的时间，而且上次的基数是8亿，这次翻番的基数是16.2亿，基数增加了一倍，时间却缩短了一半。最后一次翻番，从1970年的33.5亿，到2008年66.9亿，38年的时间世界净增人口33.4亿。而从2008年到2011年，3年里世界人口增加了3个亿，达到了70亿，一年增加一个亿。更值得提及的是，半个世纪以来，世界绝大多数国家推行计划生育政策，人类生育观念也发生了变化，欧洲多少年来人口持续负增长，由此可以看出人口的质量较1万年前提高到了何等程度。

（二）人类游动时期对自然资源的使用模式和自然资源的供给模式 人类起源之初，不仅数量小，而且总量也不稳定。数量小的原因，一是地球的表面并非都是人类起源之地；二是人类尚没有疾病与医疗意识，生死由命；三是在灾变面前抗拒力量甚微，即使后来有了联合意识，其群体的力量依然微弱；四是人类之间争斗致死。人类总量小而且分布相对分散，族群以血缘为纽带，最大的族群也就是数十上百人。人口少，相对分散，加之游动性的非定居生活，对于地表自然资源来说，平均单位面积所承担的人口消耗微乎其微。在整个旧石器时代，人类对以食用的浆果、根块、鱼类、兽类等为主要种类的自然资源的使用模式完全是自然状态的，最主要的表现形式就是随着自然资源的状况而游动、而迁徙。因此，对自然资源的使用表现出一种随机的、暂时的、飘忽的使用模式。相应地自然资源的供给也是随着人类游动和迁徙而成为随机的、暂时的、飘忽的。这样，在地球表面上，既有人类从未涉足的地域，也有涉足过后不再涉足的地域，今天在这片地域，明天在那片地域，或许永远不再涉足第一次涉足过的地域。这种自然的，没有计划、没有规定、没有预期的对自然资源的使用方式，使人类游历过的地域的自然资源得到很好的修复。

（三）人类定居时期对自然资源的使用模式和自然资源的供给模式 进入新石器时代，人类定居下来。这是一个总体概念，也是时代的标志性概念。因为在这种定居之前，人类在整个游动时期是有着不定时的定居现象的。一个族群虽然是游动的，却也往往在一地有数年甚至是数十年的定居。这种定居不代表着人类整体意义上的定居。定居，是人类生存方式和线性进化的关键性转折。这对于人类来说，意义深远而重大；而对于大自然来说，则进入了灾难性时期。这也是人地关系进入不和洽时期的发端。人地关系的一切严重问题，正是从人类定居开始的。农业起源，标志着人类由追逐着果实流动的采集生存方式转变为稳定的种植生存方式。人类认识自然的水平有了较大的提高，利用自然的自觉性也相应地有了提高，对自然的盲目性逐步减少，主观能动性逐渐增强。生活质量、人身安全、体质状况、繁殖能力都较旧石器时代有了本质意义的改观。进入距今大约5000年这个时期，虽然还是种植的农耕生存方式，但是现代科学开始孕育，应用技术成为人类自觉地带着鲜明目的性的追求。烧制、冶炼两大技术被广泛应用和推广，陶器、青铜器、铁器被相继制作出来，并被广泛用于生产和生活，人类连同人类社会，一同进入了新的历史时期，史前的历史成为过去。

定居之后，人类对自然资源的使用模式发生了相反的变化，随机的变成定向的、暂时的变成永久的、飘忽的变成恒定的。这样，自然资源的供给模式也相应地变成定向的、持久的、专项的供给模式。于是发生了资源使用的不均匀性甚至不合理性，所定居地域的资源被反复使用，而非定居地域的资源被闲置不用，甚至有许多地域长期人迹罕至。这样，全球资源不是平均供给，而是人类定居的局部地域承担着整个人类的资源所需，致使这些地域自然资源的自身修复变得十分艰难，不可再生的资源甚至最终被用尽、用光。农业诞生，表面看来不再有那么多的采集，自然资源的供给不再有那么大压力，而事实上对土地资源的使用量度之大、频度之高前所未有。开垦出的土地，日复一日、年复一年地被反复使用，地力逐渐衰退。所定居的村庄、城镇，大量地占用土地，破坏了植被，破坏了生态。生态问题变得日益突出，人地关系的矛盾日益加深。

人类的定居，意味着对自然资源使用的区域化和局地化。在人类居住的范围里，人类常年地世代地使用这里的自然资源，给自然带来了修复问题和对人类产生的垃圾降解问题。在人地关系中，人对地的反作用莫大于不能按照自然资源状况合理配置人口。最初定居，是选择资源，资源能够满足定居人口之需。后来人口增多，资源不足，人口迁移受到定居圈的影响，这一部分定居圈的人要进另一个定居圈，另一个定居圈的人受定居圈自身利益的驱使，会全力排斥要进入的人口。此种情况下，不是发生战争就是人口向着没有人类居住的区域迁移。这如同古希腊时期，由于人口增长资源相对匮乏，古希腊人开始沿着爱琴海向地中海、亚平宁半岛、黑海和小亚细亚半岛等地迁徙，在爱琴海、地中海、亚平宁半岛、黑海和小亚细亚半岛地区形成了1000多个社群，最终形成了数百个王国性质的城邦。国家出现后，人口迁移更加困难。原因是国家的人口资源观决定了不能任凭人口流入国外，同时国家的财富观又决定了不能任意接受境外人口迁入。这样，居住地域人口和自然资源的矛盾更加突出。人口分布不均，资源使用不均，地表上的一些资源有的地方从地球形成之日起至今就没有被人类使用过，而有的地方某些资源已经枯竭人类却依旧定居在那里，那里的可再生资源被按照资源的再生周期反复地使用着，再生能力越来越弱，而人类的需求越来越旺，最终结果是可再生资源越来越贫乏，那里的不可再生资源则越来越少，最终被使用殆尽。

目前，人类分居在既定的国家里。国家壁垒是按照自然资源状况合理配置人口的最大障碍。很显然，要按照自然资源状况合理配置人口，前提条件是实现世界的统一管理。从管理学角度上讲，只有实现一个地球一个主权，才有可能按照自然资源的状况统一配置人口。

三、世界人口分布格局 人类自诞生以来共有 3 次大的人口分布活动，形成不同时期的 3 种人口分布格局。第一次是原始时代的人口分布格局，第二次是人类定居后的人口分布格局，第三次是国家出现后的人口分布格局。人口的第一种分布格局自人类诞生直到人类定居，经历了数百万年的时间；人口的第二种分布格局自人类定居直到国家产生，经历了大约 6000 年的时间；人口的第三种分布格局自国家产生以来至今，已经经历了大约 3000 年的时间。

（一）原始时代的人口分布格局 人类起源于非洲大陆和欧亚大陆。美洲大陆和澳大利亚大陆以及南极大陆，没有发现人类起源的考古学证据。因此人类起源之后一直到旧石器时代，是非洲陆块、欧亚陆块的两大陆块人口地理分布格局。在人类尚未定居或者即将定居的 2.5 万年至 1.1 万年前，东北亚贝加尔湖以南属于蒙古人种的通古斯人、纳德内人，北极地区的纽因特人，先后经过白令海峡迁徙到了美洲大陆，成为美洲的早期土著居民，后来被统称为印第安人；大洋洲大约在 3 万年前出现最早的人类主要是毛利人。所以到了新石器后期，世界人口已经形成了四大陆块五大洲地理分布格局，这是第一次人口分布格局。

原始时代人口分布格局基本上是自然形成的。人类追随着自然界提供的食物资源不断地游动，人口分布格局每天都在变动，有 1000 万上下浮动的人口在地球表面的大约 1.5 亿平方千米的陆地上，以大小不等的族群稀稀落落星星点点地掩藏在适宜生存的局地的山林和草丛之中。这个时期的人人关系非常松散，由于人类有足够多的食物来源，没有因为食物而引起的成群的争斗，也没有领地概念，所以，人类的每个群体和个体都是绝对自由的。即使现在看来并不宜居住的边缘地带上的居民，他们的远祖当时也是自由选择了这里，因为最初人类对地球认识的局限，没有大尺度的比较，并不认为是边缘，甚至还认为是中心，也没有觉得是不宜生存的地方。就是北极圈里的人的祖先，也是追逐着驯鹿去往那里，并在那里一代一代地居住下来的。英国和日本在欧亚大陆东西两端的大西洋和太平洋里，也是当年的祖先自行去往那里居住下来，因为冰川期结束，发生海侵，被阻隔在那里。可是在当时，那里的先人们并没有感到生存的威胁，他们依然有丰足的食物来源。

（二）定居后的人口分布格局　人类定居与农业起源的时间是一致的。这时的人类已经居住在非洲大陆、欧亚大陆、美洲大陆和澳大利亚大陆 4 个陆块，包括一些大的群岛的岛屿上。人类诞生之后由于采集的生存方式和地理的局限，游动在相对稳定的不同的区域，后来又发生了跨越区域的迁徙，游动不定，没有稳定的分布状态。定居后人口的分布处于相对稳定状态。所谓人口分布，在现代人口学中也正是鉴于定居的意义。人类定居是人地关系由原始时代的随机性、暂时性和飘忽性，转变为目的性、长期性、稳定性的基本前提。由于定居，族群演变成氏族部落，氏族部落演变为城邦、方国和现代意义上的国家。领地意识、主权意识、人口意识相继被培育起来。领地意识越强，人口分布的地理格局越稳定；主权意识越强，人口分布的国家格局越稳定；人口意识越强，人口分布的民族格局越稳定。所以，人类定居基本上就是人口分布的定局。

（三）国家产生后的人口分布格局　国家稳定了人口，从而稳定了人口分布格局。国家产生后人口分布格局有 4 次大的变动。第一次是奴隶制帝国的领土扩张和人口扩张时期，罗马帝国是这个时期的象征。第二次是封建帝国产生时期封建主之间的土地和人口争夺，使人口分布格局发生了改变。这个时期以俄罗斯帝国为典型。第三次是全球殖民时期。16 世纪大航海时代开启之后，欧洲大量向美洲和大洋洲殖民，从非洲向美洲贩卖黑奴。亚洲也向美洲移民。这个时期以葡萄牙、西班牙、荷兰、法国和英国为代表。第四次是第二次世界大战结束后世界格局的重新建立，以雅尔塔会议为标志。第二次世界大战后，国家由一百来个猛增到 190 多个，国家的地理格局发生了变化，人口分布格局也随之发生了改变。除此之外，还有一些一国之内的政策移民，例如巴西在 20 世纪 60 年代到 80 年代，为了将小土地所有制农业生产转变成以出口为导向的资本密集型生产，2840 万人离开了故土；印度在第一个五年计划期间实施大开发计划，造成 2000 万移民；泰国开辟种植商用树木农场，近千万农民离开了世代生息的土地；北美洲实行自由贸易协定，致使 100 万墨西哥人迁出了他们的农场；中国为屯垦戍边于 1954 年成立新疆生产建设兵团，人口从十几万人发展到 270 万人，成为新生社区……类似这样的移民，在世界各国都可能随时发生，影响着世界人口分布格局。

（四）种族地理分布格局　种族是人种的族群。人种族群是遗传体质特征具有共同性的人类群体。人类本是同一个祖先，在进化过程中受地理环境影响和一定的隔离而形成了不同的人种。公元前 1350 年古埃及用颜色区别人种，用红色表示埃及人，用黄色表示东方人，用白色表示北方人，用黑色表示埃及以南的非洲人。这大概是最早的对人种区分的记载。三千多年之后，1684 年法国内科医生伯尔尼埃把全世界的人种划分为欧洲人、远东人、黑人和拉普人。1735 年瑞典生物学家林奈将人种划分为欧洲白色人种、亚洲黄色人种、非洲黑色人种、美洲红色人种。1870 年，英国人类学家赫胥黎将人类划分为尼格罗人种、高加索人种、蒙古人种、澳大利亚人种。现在人们普遍认同黄色人种、白色人种、黑色人种和红色人种的四种族的说法。公元16 世纪以前，非洲是黑种人居住区，欧洲是白种人居住区，亚洲是黄种人居住区；16 世纪以后形成了这 3 种人种分布于五大洲的人种分布格局，但是这 3 种不同人种的人并没有成混溶状态居住，而是有各自不同的分布区域。

黄种人集中分布在 3 个区域：亚洲东部，北美洲的北半部和南美洲的西北部。亚洲东半部是黄种人分布最大的区域，除西部接近欧洲的小部分地区外，几乎全部是黄种人分布区域；次于亚洲分布区域的是北美洲北半部，格陵兰岛的西南部边缘；南美洲分布区的面积略小于北美洲。

白种人分布区比较广泛，大小有 4 个区域：欧洲及非洲北部、北美洲中部、南美洲西南部、大洋洲的南部。第一分布区域是欧洲，这是最大的分布区域，其中向东有一条狭长的分布带，沿俄罗斯南部横贯亚洲；第二分布区域是北美洲，以美国为主要地区，包括加勒比海地区；第三分布区域是南美洲，主要在大西洋沿岸国家；第四分布区域是大洋洲的澳大利亚除西北角的大部和新西兰的全部。

黑种人分布最为集中，主要在非洲、大洋洲的澳大利亚西部和新几内亚岛以及巴布亚新几内亚。

以上不同人种的人分布区域是比较单纯的，基本上没有不同人种的人混居现象。但除上述大致范围外，世界上有许多不同人种的人的混居区域，白种人与黄种人混居的区域主要在东欧与西亚交界处和北美洲的南部、南美洲的黄种人分布区域的四周边缘；白种人和黑种人混居区域主要在非洲北部。

正是由于不同人种的人的混居，出现了一个次生态人种：混血儿。混血儿在人种学上目前还没有作为一个独立的人种，但实际上是与原生态人种有着本质区别的人种，完全可以成为一个独立的人种。在发现美洲大陆之后，欧洲的葡萄牙和西班牙人入驻美洲，由于葡萄牙和西班牙殖民者基本是男性，女性凤毛麟角，而印第安女性遍地皆是，结果出现了新的人种：梅斯蒂索人。梅斯蒂索人特指欧洲人和印第安人混血人种，不同于欧洲人与亚洲人同非洲人的混血人种。现在，在世界上的混血儿中有数个次生态人种：白种人与黄种人混血人种、白种人与黑种人混血人种、白种人与印第安人混血人种、黑种人与印第安人混血人种等，还有小量的黄种人与印第安人混血人种。印第安人原属蒙古人种，也是黄种人人种，由于在美洲大陆长期居住，人种发生了变异，接近了黄种人的从属人种，所以与白种人同婚后，混血儿不同于白种人与蒙古人种的混血儿。南美洲的哥伦比亚、秘鲁、巴西等国有大量欧洲人与印第安人混血的次生态人种梅斯蒂索人。在南美洲还有白种人与印第安人混血后裔穆拉托人、黑种人与印第安人混血后裔萨姆博人。这都属于次生态人种。

人类选择最适宜生存的地方居住，这是本性也是本能。由于社会、种族、战争等一些特别的原因，使一些人生活在不是很好的甚至不适宜居住的地域。萨米人追逐驯鹿而最终定居北极圈，成为人类居住在地球最北边的民族。北极圈极度严寒，土壤是永冻土，不能种植谷物和蔬菜，居民只能依靠捕捉独角鲸和海雀补充身体必需的维生素和蛋白质。俄罗斯萨哈共和国的奥伊米亚康村是世界上最冷的永久性居民点，这是个纬度高达 63. 27 度的村庄，距离北极圈仅 300 多千米，冬季最低温度可达到-70C°以下。世界上海拔最高的村落在中国西藏，这个自然村落叫做推村，海拔为 5070 米，而海拔 5000 米之上地域被视为生命的禁区。

四、人口分布密度的不均匀性与地域人口配置的非科学性　与人口地理分布格局相关的是人口密度分布格局。在统计学上，全世界 70%的人口居住在仅占地球陆地面积 7%的地域；而 90%的陆地面积上仅住着世界 10%的人口。在不同的人口地理分布格局里，人口密度分布格局是各不相同的。根据 2013 年统计，世界平均人口密度每平方千米约 47 人。亚洲是世界人口密度最大的洲，每平方千米约 95 人。人口密度最小的洲是大洋洲，每平方千米约 22 人。世界上人口密度最高的国家是摩纳哥，每平方千米 16818 人；人口密度最小的国家是格陵兰，每平方千米只有 0. 027 人。中国人口密度分布格局是东密西疏，早在 1935 年人口地理学家胡焕庸就发现在黑龙江黑河到云南冲腾之间的连线，是中国人口分布的地理分界线，反映出中国人口密度的东密西疏的状况，被称为“胡焕庸线”。

从总体上说，世界人口分布是不均匀的，这种状况首先是地域环境造成的。在地球表面除海洋很明显地不是人类居住的地域外，在地球的陆地上还有很多不利于人类生存和居住的地域，如海拔过高的地域，极度严寒的地域和极度干旱的地域。人类居住在地球上最适宜居住的地方，这些地方处在地表水平分异居中垂直分异居下的区域。

在适宜居住的地域里依然存在着人口分布密度的不均匀性与地域人口配置的非科学性。这主要是人口发展造成的。不同的地域，不同的国家，人口的出生率是不同的。高出生率使人口增长过快，很快造成了国家地理环境与人口比例失调。这种失调的直接后果导致自然资源的相对贫乏，尤其是本国地理环境发展空间非常有限的国家。环境局限效应，造成了生存危机。

英国和日本有着相同的地理环境，都是远离大陆的岛国，地理禀赋残缺，自然资源匮乏。就人口与资源的匹配关系而言，这显然是不科学的。英国和日本都是工业化的先驱，对于人类的工业文明和科学技术的发展，有着世界许多国家不能替代的贡献。如果作一个理想化的人口与资源的重新配置，让这两个国家有良好的地理区位，有广阔的地理面积，有足够的自然资源，那么，可以肯定地说，在正常情况下这两个国家对人类科学发展的贡献会更大。当然，也可以肯定地说，正是因为地理禀赋的残缺、自然资源的匮乏，才使这两个国家成为工业文明的先驱，否则，此两国也许会像其他国家一样，酣睡在农业文明的甜梦里。

由于人类自身历史的和政治的原因，人类并没有实现居住的科学化和人口分布的合理化。这对人类的科学发展是很大的束缚，甚至因此而导致许多民族心理问题和国家政治问题。英国和日本也正是因为国家地理的边缘化，导致这两个国家民族心理的中心主义倾向。英国以殖民的方式，在全球建立殖民地，成为日不落的全球帝国。而日本以侵略战争的方式成为东亚的中心帝国。日本民族的凶残性不能说不与这个国家的国家地理有关。日本人脱亚入欧，在亚洲率先打起了欧洲的领带，然而这个民族的历史行径已经让世人明明白白地看到其中有多少人的文明躯壳里裹藏着的野蛮灵魂。

英国和日本这两个畸形帝国的产生，似乎已经非常明确地宣示了人口分布的不均性和人口配置的非科学性的直接后果。

五、自然资源分布与人口分布的失调　尽管人类是选择最适宜生存的地方居住，但并不是哪里的自然资源丰富，哪里的人口分布就一定密集。这是因为：第一，虽然自然资源的种类很多，但许多自然资源并不是人类生存所直接需要的资源；第二，自然资源的分布有其自身的特点，未必与人口的分布存在一致性；第三，人类对自然资源的认识和利用是一个历史过程，人类发展对自然资源的需求也是一个历史过程，人类可以随时根据自然资源的分布情况和开发利用难易程度调整居住地，但这种调整意识的形成和调整的达成，也是一个历史的过程；第四，农业起源之后人类定居下来，土地拴住了家庭，祖辈经营的土地不可能轻易放弃；第五，原来的自然资源既定量与后来人口的增长量出现失调，资源的既定量满足不了人口的增长量；第六，在现代社会生产的集约化、分工性和市场化的条件下，人口分布最为密集的都市未必就是自然资源丰富的地域。这 6 种原因，造成了自然资源分布与人口分布的失调，形成自然资源并不丰富的地域居住着密集的人口，而自然资源丰富的地域却成为人口分布稀疏的地域。世界上有许多人口稠密的国家是在自然资源并不丰富的地域。

六、影响人口分布的两种因素　人口分布是一个复杂的自然过程和社会过程，因此影响人口分布的主要因素是自然因素和社会因素。

（一）影响人口分布的自然因素　自然因素对人口分布的影响最为持久而深远。宜居是人类选择居住地的最基本要求。自古以来，不是特别的原因，没有人选择不适宜居住的地方居住。

地球表面的陆海分布，是决定人口分布状态的先天因素。因为人类只能选择陆地居住，在理论上，人类分布状态和地表陆海分布状态是一致的。因此可以说，陆海格局，是对人口的第一次自然分布。陆海格局对人口的最近一次分布，大约发生在 1 万年前第四纪冰河期的间冰期，地球转暖冰川退缩致使海平面上升了130多米，造成了全球性的海侵，南半球澳大利亚的大堡礁、北半球中国的渤海和全球的近海及大陆架就是在这次海侵中形成的。

自然资源中的生物资源、大气资源、土地资源是受地域的水平分异和垂直分异影响的。地球的两极和海拔2000米以上的山地，植物资源稀少，土地不是永冻就是被数千米厚的冰盖覆盖，或是被冰川和草甸占据，农业难以发展，不适合人类居住。这些地理因素使人口集中在地球中部，在热带和温带两个温度带内及海拔2000米之下地域，近半数居住在距离海岸100千米之内。根据20世纪末世界人口分布的情况调查：在北半球，0~20纬度的区域居住人口占世界总人口的10.4%，20~40纬度的区域居住人口占49.4%，40~60纬度的区域居住人口占30%，大于60纬度的区域居住人口只占0.4%；在南半球，0~20纬度的区域居住人口占世界总人口的6.1%，20~40纬度的区域居住人口占3.5%，大于40纬度的区域居住人口只占0.2%。而垂直分布的差异也很明显，居住在海拔200米之内的人口占世界总人口的56.2%，居住在海拔200~500米区域的人口占24%，居住在海拔500~1000米区域的人口占11.6%，居住在海拔1000~1500米区域的人口占4.4%，居住在海拔1500~2000米区域的人口占2.3%，海拔大于2000米区域的人口占1.5%。在这个分布范围里，有不适宜人类居住的荒漠半荒漠和极端干旱等地域，因此地域的水平分异和垂直分异以及地形地貌是对人口的第二次自然分布。也有一些特例，非洲的刚果盆地因为湿热多雨，人口稠密区不在刚果盆地而在东非高原；南美洲亚马孙平原也不是人口稠密区域，更多的人居住在高原；玻利维亚高原人口密度比平原低地大，哥伦比亚、厄瓜多尔等国都有这种情况。初看起来，这种现象有违垂直分异规律，而实际上正是自然环境综合因素所导致的结果。

自然灾害对人口分布的影响最为直接。在世界各国，几乎都有灾变的历史记录，这些自然灾害为旱灾涝灾、地震海啸、火山喷发、瘟疫疾病、风灾洪灾、鼠灾虫灾、龙卷风沙尘暴……

地震、海啸、火山、瘟疫是最大的自然灾害。发生在7.4万年前苏门答腊岛多巴火山的喷发，是罕见的超大级别地质灾变，喷出的火山灰形成了火山灰效应冰川期，导致地球表面温度下降了5℃，持续了6年，人类仅仅剩下约2000人，濒临灭绝。中国记录的1558年陕西西华县发生8.3级地震，死亡83万人；1920年12月26日宁夏海原县发生8.5级地震，死亡24万人；1976年7月28日唐山发生7.8级地震，死亡24.2万人。日本记录的1923年9月1日关东发生的8.2级地震，死亡18万人。印度记录的2004年12月26日发生的8.9级地震和后来引发的海啸，死亡30万人。海地记录的2010年1月2日发生的7.3级地震，死亡30万人。公元6世纪，中东发生瘟疫，拜占庭帝国死去了三分之一的人口。1348年至1352年发生的黑死病差点毁掉了整个欧洲，死亡人数达2600万。马达加斯加1985年至1988年连年爆发疟疾，死亡10余万人。1940年美国发生特大沙尘暴，造成250万人移民。1991年4月29日和5月7日，孟加拉国受到罕见飓风的两度袭击，并引发海啸，沿海所有岛屿被淹没，20多万人丧生……这些灾变造成了人口分布既定格局的重大改变。

黄河流经黄土高原，携带大量的泥沙，又多次改道，一次次将村落用所携带的泥沙夷为平地。有文字记录以来黄河有26次改道，入海口在天津的海河入海口和连云港南部的淮河入海口之间千里的距离上不断摆动。开封这座古老的城市，被淹没了8次，现在的开封城地下地上像叠罗汉一样叠着9层古城。黄河水灾对中国的人口布局产生了持久而巨大的影响。

巨大灾变往往都具有多米诺骨牌效应一样的连锁反应。6500万年前的那颗直径10千米的小行星在墨西哥湾的尤卡坦半岛撞击了地球，地球在高温下变成一片火海就是一例。小行星一旦撞击了地球，首先诱发地震，接着地震诱发海啸；被撞击的地壳碎块飞上高空，下落时就是碎石雨，碎石在空中升腾和降落时与空气摩擦产生高温，落地引起大火；被大火燃烧的空气因高温而急剧上升，四周空气急剧补充，形成风暴；风暴吹起地表燃烧的灰尘，形成灰尘霾；灰尘霾遮蔽了天空，数月甚至数年阳光照射不到地表，地表温度急剧下降，诱发冰川期效应……6500万年前的这次小行星撞击地球，引发的就是这样的连锁灾难，导致统治地球1.5亿年的恐龙灭绝，并灭绝了全球75%的生物物种。

（二）影响人口分布的社会因素 影响人口分布的社会因素有社会财富、人文环境、国家政策、人为灾变、世界性规定等因素。国家发展的不均匀性，也是造成人口分布不均匀性的重要原因。由于国家的地理禀赋、国家体制和发展战略的种种原因，世界各国的发展是极其不平衡的。发达国家人口增长稳定，而且还吸引国际移民，人口越来越密集。而欠发达国家由于发展速度慢，生活贫困、医疗条件落后等原因，即使有高出生率，同时也伴随着高死亡率。这种高死亡率主要出现在非洲。赞比亚每出生1000个婴儿，就有260个活不过第一个生日。在欠发达国家和地区还时常出现难民潮，造成人口的流动，导致人口分布的不均匀性。

世界各国工业的发展，需要大量的工人。当城市居民普遍工人化依然满足不了工业发展需要的时候，大量农民进城，加入工业大军，这在历史上屡见不鲜。工业的发展，促使城市的膨胀，许多国家追求国家的城市化，大量的农业人口涌入城市，导致城乡人口分布的不均匀性。现在世界上的超级城市，既给城市管理造成困难，也导致城市人口的公共生活质量下降。

1. 财富对人口分布的影响 财富是人类生存的重要保障，也是人类优质生存的前提。追逐财富是人类的本性，这种本性决定了人类为财富而产生的种种行为。奴隶社会、封建社会、资本主义社会，正是这种本性行为的产物。而作为资本主义的自由竞争、自由贸易、重商主义、贸易保护主义，正是这种本性行为的理性体现。即使今天的经济全球化社会，其原始动力也在财富的古老寨堡里。正因为如此，经济大国有强烈的引潮力，成为移民人口最大的国家，英国、美国都是如此。如今美国移民后裔人口占美国总人口的99.6%。在一国之中，城市代表着社会发展的整体水平，也具有人口流向的牵引力量，因而是人类普遍向往的居住区域。

世界上有两座城市是因为特殊的财富而建立和发展起来的，这就是美国的旧金山和澳大利亚的新金山墨尔本。这两座城市都是因为发现了金矿而兴起的。旧金山原是西班牙殖民者于1776年建立起来的居民点，在此前半个多世纪里人口不足千人，1848年1月发现金矿，淘金者纷纷涌来，人口在二十几年间增加到15万之多。现在的旧金山是美国西海岸第二大城市，市区面积116平方千米，人口257万，是美国西部最大的金融中心和高新技术研发基地。

澳大利亚的墨尔本在发现金矿之前，附近只有1万居住人口。1851年发现金矿后，3年间人口增至13万。1880年，墨尔本成为澳大利亚最发达的城市，也是世界最富裕的城市，1901年澳大利亚联邦成立，首都就设在墨尔本。2010年墨尔本统计人口为407万，是仅次于悉尼的第二大城市。

国家贫富差别也影响着世界人口的分布，贫穷国家向富裕国家移民成为普遍的国际人口流动规律，甚至成为国际问题。最初是通过正常渠道合法移民，由于移民量增加，影响了接收国家的财富与人口的平衡，接收国家便加强了移民限制，移民政策越来越严格，结果条件越高反而牵引力越强，于是非法移民成了重大的国际问题。中国虽然经济发展很快，但人均收入依旧较低，因而偷渡出境问题依然严重。

2. 人文环境对人口分布的影响　这里的人文环境主要指政治、政策、法规、民俗、宗教、审美观念、价值取向等诸多方面所形成的社会环境。世界上国家与国家、地区与地区和一国之内的不同地域，人文环境是不同的。人类普遍喜欢稳定、和谐、自由的人文环境，这是导致世界性人口迁移的普遍因素，也是人口稳定增长的重要因素。在中国历史上，大凡称为盛世的朝代，都是人口增长较快对人口分布产生重大影响的时期。汉代和唐代是中国人口增长较快的朝代。人口增长最快的时期是清朝乾隆年间，1741年统计人口14341万，1794年统计人口31328万，53年净增人口1.7亿，其主要的原因，就是中国史学界和民间有一句口边上的话：乾隆盛世。

3. 国家政策对人口分布的影响　国家政策是对人口分布产生最直接、最迅速、最广泛影响的因素。这些政策包括民族政策、经济政策、税收政策、福利政策、生育政策和移民政策等。

民族政策是多民族国家的重要政策，多民族国家由于各民族都有各自的文化传统，有各自的风俗习惯和宗教信仰，也有各自的民族利益，要建立起良好的民族关系，保证国家的稳定和统一，必须建立健全民族政策。在有主体民族的国家，民族政策通常特指非主体民族的少数民族政策。因而如何正确处理主体民族和少数民族的政策关系，是民族政策的核心内容。如若在少数民族自治地区实行非常的特殊的政策，容易引起民族人口的迁入或迁出。

经济政策往往是为了促进经济的平衡发展而针对着不同行业和不同地区所实行的政策，因此对某些行业和地区实行适度政策倾斜，是非常必要的。然而，如果把握不当极容易造成不同地区和不同行业的人口产生动荡，改变原来的人口分布格局。

税收政策是增加国家财政收入的重要保证，是保证国家机器正常运转的基本手段。但税收要遵循税收准则，要多一些经济发展思维，少一些政府开支欲求，要体现人们参与经济的程度和支付能力，要利于再生产能力的保持和增长，而不是尽可能多地把钱从纳税人的口袋里取走。否则就会造成意想不到的人口流动。

福利政策在更多的时候是生产和消费关系的折射，反映着再生产的投入和生活消费的比例问题。再生产投入比例过大影响生活水平的提高，生活消费比例过大影响再生产的投入，有碍经济发展。福利政策在国家层面上对世界人口分布不产生什么影响，但由于国家经济体制的原因，地区和企业有各自不同的再生产投入和生活消费的标准，造成地区消费不同，容易出现国内人口流动。中国曾经为此划分出地区类别，形成不同的生活补助标准，奖金标准更是各自为政，甚至在同一城市，本市国家工作人员和国家机关驻本市国家工作人员的最后的薪金标准差异很大，特别是省城里的省机关和市机关的国家工作人员的这种福利矛盾特别突出，于是产生了“同城效应”的问题。军人转业、大学生就业，都是趋向福利好的地区和城市。中国的“农民工”流向，也可以从这里得到一定的解释。

生育政策直接决定着一个国家和地区的人口状况，从而直接影响着国家总人口的分布格局。世界绝大多数国家都在根据本国的生育状况和生育观念，确定生育政策。欧洲人的生育观与亚洲人的生育观不同，欧洲大多数国家的人口一直是负增长。历史上的苏联在生育观和战争的双重影响下，人口锐减，为此政府大力鼓励生育，甚至授予生育多的妇女以“英雄母亲”的称号。20 世纪 70 年代中国实行严厉的“一对夫妻只准生一个孩子”的“独生子女”生育政策，十几年的工夫，出现了大量的中国式典型家庭“三口之家”。以强行降低出生率实现降低人口增长率这种“硬着陆”的政策，对国家人口的年龄结构造成硬伤，同时也引发了诸多的社会和经济问题。有数据表明，截至 2010 年，独生子女意外死亡造成了 100 万“失独”家庭，而且多数已经不能够再生育第二个孩子，加大了社会保障的压力。中国不仅有这种“限生”的政策，历史上还出现过“限死”的习俗，限定人活到 60 岁正是一个甲子的时候，必须死掉。办法就是在石崖或土崖上挖个洞，把届满60岁的老人关进去，任其慢慢死去。这种“限死”习俗在日本、韩国和印度的历史上都曾有过。习俗不是政策，但是政府对一种习俗的承认和认同，实际上就是一种政策态度，对此作为和不作为都具有政策的导向效应。

移民政策直接改变人口的分布格局。早期帝国的扩张对人口分布产生了较大影响，随着帝国的扩张，疆域和人口都在急速膨胀，新疆域、新人口不利于帝国统治，于是都有相应的移民政策。印加帝国是当时疆域和人口膨胀得最快的帝国，它的政策移民非常具有典型性：一是将新征服疆域的新人口迁往国家纵深区域，二是将国家中心区域顺从帝国统治的人口迁往新征服的疆域。这两种做法都根据实际情况采取不同方式，或是置换方式，整体地迁出迁入；或是掺和方式，部分地迁出迁入。此做法对稳定帝国统治产生了很好的效果。自古迄今，国家工程移民是全球最为普遍的现象，军事移民在历史和当代世界各国也比较普遍。

4. 人为灾变对人口分布的影响 人为灾变主要是战争和暴政。战争和暴政是人类自身造成的灾变，是人类的自我戕害。公元前6世纪世界第一个跨洲帝国波斯的兴衰经历了无数次的战争，大流士登基后的一年里出征了19次，打败了9个国王，对人口分布产生了后世难以从文字记载中看到的影响。公元前334年马其顿帝国亚历山大大帝率领3.5万大军东征，是诱发人口分布变动的大事件。虽然东征大军最终又回到了原地，但对所经之处人口分布的既定格局造成了很大的扰动，而且留下老兵建立了无数个军事殖民地。最大的人口分布变动是大航海时期发现美洲大陆后的欧洲殖民运动，在一定的意义上，这种殖民运动是由无数个人为灾变构成的，世界人口的分布格局因此而发生了大的改变：一是欧洲人口大量地流向美洲、大洋洲和南亚，加拿大、美国、澳大利亚、新西兰就是在移民基础上形成的新型的移民国家；二是非洲人口以奴隶和仆人的身份流向美洲和欧洲。为实现殖民扩张，欧洲人对美洲的印第安人进行长达300多年的大屠杀，导致印第安人人口锐减。比利时王国统治刚果时，利奥波德二世为了掠夺橡胶资源，肆意残害割橡胶的工人及其家人，造成了1000多万刚果人死亡。两次世界大战对人口密度分布格局造成巨大影响，第一次世界大战有33个国家参战，15亿人卷入战争，战场面积400多万平方千米，死亡人口1600万；第二次世界大战有61个国家参战，20亿人卷入战争，战场面积2200万平方千米，死亡人口9000万。

吉卜赛是一个特殊的民族，在外人看来也是一个浪漫的民族，大篷车加歌舞是他们的全部生活。然而，这是个不幸的民族，是个悲戚的民族。这个民族原是印度旁遮普一带的一个原始部落，由于战乱和饥荒，这个部落的人于公元10世纪开始漂泊流浪，离开了印度，一直流浪到欧洲等地以歌舞卖艺为生，被视为乞丐民族，受尽了当地民族的歧视和冷落。在第二次世界大战期间，他们像罗马时期的犹太人和殖民时期的印第安人一样被驱赶追杀，有40多万人死于非命。

因逃避灾变而造成大面积的人口聚散，无论是暂时的还是永久的，对人口地理分布格局和人口密度分布格局都产生着深刻的影响。持续多年的叙利亚危机，使这个仅有两千万人口的国家有400万人沦为难民。面对难民危机，欧盟多个国家实施边界控制，2015年瑞典决定将8万难民驱逐出境。

5. 世界性规定对人口分布的影响 世界性规定对人口分布的影响，在人类历史上迄今为止只发生过一次，这就是1945年的雅尔塔会议。雅尔塔是乌克兰的历史古城，位于克里米亚半岛南岸，建于12世纪。1945年2月4日至11日，第二次世界大战同盟国首脑美国的罗斯福、苏联的斯大林、英国的丘吉尔，在这里举行了为期8天的国际会议。会议主要有4项内容：第一，处置法西斯战败国，防止法西斯主义死灰复燃东山再起；第二，重新确立战后欧亚大陆的政治版图；第三，重新划分法西斯战败国及其占领地区的疆界；第四，建立世界组织联合国。重新确立欧亚大陆的政治版图和重新划分法西斯战败国及其占领地区的疆界，造成了国家分裂、国界变更、人口迁移。其中德国分成东德与西德两个国家，德国公民按照东西国家合并同类项，造成国家人口的重新布局。

七、人口迁移对地域环境的影响 就一般意义而言，人口迁移是人类改善生存环境、提高生存质量的生存选择过程。远古时期，人类为了获得更多的自然果实而不停地迁移。定居之后，为了选择更宜于生存的环境，仍有规模不等的迁移。然而综合因素的人口迁移更具普遍性。发现美洲大陆，引发了人口从欧洲大陆向美洲大陆迁移，在15世纪到19世纪的400年间，从欧洲、亚洲、非洲，向美洲和大洋洲的澳大利亚移民达6000万人。第二次世界大战以来，政治性国际人口迁移急剧增加，一是战后东欧一些国家重新划定国界，人口相互迁出和迁入；二是印度和巴基斯坦两国分治，也造成人口的迁出和迁入；三是非洲许多殖民国家独立，原来的殖民者迁回本国；四是国际市场的建立，国际分工出现，造成大量的务工人口的流动和迁移；五是国际矛盾加剧，国际战争、国内战乱、种族冲突和民族冲突以及宗教冲突等造成大批难民，目前国际难民总数高达2000万之众，仅中东地区就有350万巴勒斯坦难民常年无家可归，流落在约旦、黎巴嫩、叙利亚等阿拉伯国家；六是工程移民，随着各国的建设与发展，大工程造成移民已经相当普遍。中国在经济建设中出现了一个新的群体：农民工。大量农村劳动人口进入城市，城市胀了，农村瘪了。中国农民工总量超过2.8亿人，农村几乎没有了“80后”农民，35岁以下的农民都成了农村身份的城市人。陕西省有一个村庄，全村人陆续进城，仅剩下一对夫妻和500亩撂荒地。绝非危言耸听：中国出现了“农民断代”危机，中国进入了小农业时代。

人口迁移对地域环境造成了直接的影响。从世界范围看，殖民时期人口迁移产生了大批新国家。新国家建立后，依然有新迁入的移民。美国、加拿大、澳大利亚、新西兰、新加坡等这些新建立的移民国家，每年都有新迁入的移民。

在中国西晋时期，大量北方的游牧民族进入中原。到了东晋十六国时期这些游牧民族逐渐强盛，门阀统治、封建割据，致使皇权衰落，中国进入历史上最为混乱的时期。此种形势之下，中原民族被迫南迁进入长江流域，中国的经济重心也随之由北方转移到了南方，使南方的稻作农业体系最终得到完善。明朝正统十四年（1449 年）的“土木堡之变”使大量农民失去了土地，有 200 多万户农民举家逃亡，其中数十万难民在已是朝廷封禁的鄂西北荆襄山区落户；接着，天顺八年（1464 年）因王室、宗藩和门阀强占土地，失去土地的流民又涌向荆襄山区；成化年间，因土地兼并、赋税徭役，中原和华东等地 150 多万流民再次进入荆襄山区。早在公元 291 年西晋王朝发生“八王之乱”，爆发了持续 16 年的内战，曾有 10 多万北方流民进入荆襄山区；唐朝“安史之乱”造成大量北方流民南下，有相当一部分落户荆襄山区；宋末金初的宋金交战，造成的流民潮持续到元朝，流民连年不断地涌入荆襄山区，因此荆襄山区几乎就是流民的天下。明朝朝廷担心流民据山为匪，先后多次派兵驱逐和杀戮，造成了流民和朝廷的严重对立，农民暴动、起义连绵不绝。最后朝廷不得不采取轻赋安民、侨置附籍、添设司府的做法，形成了一个辖八府九州六十五县的“特事特办”的抚治特区，封闭的荆襄山区因此而被广泛开垦，原始森林变成农舍和农田。

在中国清朝，“闯关东”是官方移民与民间移民相叠加的长期人口迁移活动，是以山东居民为主体向东北三省移民的历史现象。闯关东移民对环境的最大影响是使东北三省的土地得到充分开垦。

在中国还有两个典型的移民新生城市改变了地域环境的例子。

一个例子是香港。香港原本是香江冲积而成的小港湾，宋代和元代时期内地大量迁移人口在这里落户，明代成立了新安县。到了葡萄牙、西班牙和英国殖民时期，小港湾是香料转运站，俗称香港。这是香港名称由来的主要一说。1841 年 1 月 26 日，英国强占香港，1842 年 8 月 29 日依据清政府与英国签订的《南京条约》，香港被割让给英国。1898 年，英国政府与清政府签订《拓展香港界址专条》，强租香港 99 年。自此香港巨变，成为 700 万人口的国际金融大都市。

再一个例子是深圳。1980 年深圳人口 30 万，2013 年户籍人口约 300 万，总人口 1300 万。很显然，现今户籍人口有 270 万是 1980 年以来新增加的人口，而绝大部分是迁移人口，现有居住人口中约 1000 万是暂住人口。深圳建市仅 30 多年，其变化胜过一般老城市的上百年，原因就在于中央政策移民。

八、人口问题的国家性与世界性 人口问题的发生在理论层面上有 3 种情况：一是出生率等于替换率，二是出生率大于替换率，三是出生率小于替换率。人口出生率等于替换率，表明出生的人口等于死亡的人口，人口稳定在一个恒定的数值上，通常情况下不会发生人口问题。而后两种情况都会导致人口危机：出生率高于替换率，人口总量不断上升，导致“人口爆炸”；出生率低于替换率，则导致人口总量减少，出现人口衰减危机。

当下的人口问题第一是人口优化问题，第二是人口过量问题，第三是人口增长过快问题。

人口优化问题是人口质量问题。这个问题早在古希腊时代的斯巴达城邦里就已经被提出来，并采取相应的措施了。斯巴达是公元前9世纪多利安人建起的仅次于雅典的第二大城邦，是个实行独裁和军国主义的奴隶制国家，全民过着军营生活，实行公餐制，几乎没有私宅和小家庭生活，男孩从7岁时开始接受军事训练。成年男子都是战士，并加入由公民战士结成的“平等者公社”。为了保证兵员强壮，国家实行优生政策，婴儿出生后由长老根据体质状况决定弃留，此种做法为这个军国主义的奴隶制国家对外作战、实行军国主义扩张，起到了很大的作用。优生学作为一门学科，首先在人口出生率低的英国被提出。1869年英国人类学家、达尔文表弟弗朗西斯·高尔顿在其著作《遗传的天才》中富有创见性地首次提出种族优生的观点，后创立优生学学科。德国不少优生学者针对德国人口现状提出种族进化的极端重要性。当时德国人口出生率低，而且精神患者和残障人多，这部分人没有正确的生育观，生了一个又一个。虽然残障人所生的孩子未必都是残障者，但残障的比例要大大超过健康人所生的孩子，而且直接面临着孩子的家庭教育问题。显然，残障人的比例越高，社会的负担就越重。于是，种族优生学也就成为了德国人口政策的理论支撑。德国人普遍不喜欢多生孩子，直到今天德国人口出生率仍为欧洲最低。

美国也进行过优生运动。1907年，印第安纳州通过了美国第一部绝育法，强制实行优生政策，对弱智、神经错乱、罪犯、醉鬼、麻风、梅毒、耳聋、畸形等病人，对流浪汉和孤儿等无法独立生活的人，实行强制绝育。40年间被强制绝育者大约有6.4万。后来美国人认为这是美国历史上最不道德的一个篇章。

人口过量问题是人口增长与生活资料增长比例失调问题，本质上也是人口增长过快问题。1798年英国经济学家托马斯·罗伯特·马尔萨斯在其专著《人口原理》中，提出了人口成几何数级增长，而生活资料只能按算术数级增长，必然引起饥馑和动乱的观点，呼吁遏制人口增长。他依据的是他所认定的公理：第一，食物为人类生存所必需；第二，两性间的情欲是必然的。由此他得出结论：人口增殖力无限大于土地为人类供给生产生活资料的能力。1953年中国进行人口普查，全国总人口超过了6亿，估计每年将增加0.12亿，人口增长率高达20‰。针对这种状况，人口学家马寅初提出限制人口增长的观点，并于1957年出版《新人口论》专著。但是，无论是马尔萨斯还是马寅初，他们的人口理论并没有引起应有的关注，在中国反而被作为反动理论遭到批判。

人口增长过快问题，既在于生育政策和生育观念，也在于生活水平的提高和社会福利的保障从而大大降低了死亡率。当然，也与世界战争减少，国际环境和平有关。在这个意义上，人口增长过快，是社会文明提高的反映。

人口之所以会成为问题就在于环境局限效应。地球再大也有它一定的体积和容量，它的资源有一定的限量，它的空间也有一定的限量。资源限量与空间限量，就决定了消耗它的资源、占用它的空间的人口的限量。人口超出限量，人地关系就会发生危机。人地关系发生危机，直接导致人人关系发生危机，自然生态系统和人类生态系统就会出现危机，甚至全面崩溃。现在，人口激增，土地锐减，两者的共同指向，两个字：粮荒。而且为期不远。

要解决好生态系统危机问题，必须要对地球的人口可容量有科学的认知。地球究竟可以供养多少人？地球究竟可以容纳多少人？地球的资源固然大多是被消耗后可以再生的资源，但是存在一个消耗量与再生量的比值问题。如同一片牧场，每天被消耗的青草和每天长出的青草如果是等量的，这个牧场就可持续使用；如果消耗量大于生长量，牧场就会衰竭。因此，地球容量和人类数量应有一个合理的比值。地球对于人口的容量可以分为 3 种容量限度：一是合理容量，二是环境容量，三是最大容量。合理容量是人口舒适生存的容量；环境容量是在环境总体条件不被破坏前提下的容量，相当于生物学中的 K 值；最大容量是极限容量，是超过极限就要危及生存的容量。如同一辆客车，车上的座位数是它的合理容量，也是定员容量；如果在通道上站立一部分人，而且保证站立的人都有适度的私人空间，这是它的环境容量；如果将人挤满，再多一个人就会挤爆车厢，这是它的最大容量。最大容量也就是极限容量，是它的最大承载力。

人口增长过快是当代最主要、最突出的人口问题。从人类发展历史过程来看，人口增长过快的问题出现在近代，进入近代社会之后，人口增长的速度越来越快，带来了严重的生态方面的问题。这种状况引起了全世界普遍的关注，联合国于 1974 年在布加勒斯特召开了首届世界人口会议。会议的主题是控制人口增长。10 年之后的 1984 年，联合国在墨西哥首都召开了第二次世界人口会议，进一步推进世界人口控制工作，世界人口过快发展的问题因此而得到缓解。但是由于基数过大、惯性力过大，抑制人口增长过快并非轻而易举。

世界各国的人口问题各不相同，然而对世界的影响却是相同的。从世界范围看，非洲的人口出生率和自然增长率最高，出生率高达 38%，自然增长率高达 24%；其次是南美洲，人口出生率为 22%，自然增长率为 17%；亚洲为第三，人口出生率为 21%，自然增长率为 14%。出生率和自然增长率较低的依次是：大洋洲人口出生率为 17%，自然增长率为 13%；北美洲人口出生率为 18%，自然增长率为 10%；欧洲人口出生率为 10%，自然增长率为-2%。从国家情况看，发展中国家的人口问题与发达国家的人口问题正相反，发展中国家的人口问题是出生率高，自然增长过快；而发达国家的人口问题则是出生率低，自然增长过缓。在发展中国家，人口增长过快造成了资源和环境的生态压力，造成了就业、医疗和教育的社会压力，导致经济增长缓慢。而发达国家由于人口增长过缓，直接的后果是劳动力缺乏和社会老龄化，也导致经济增长缓慢。两个截然相反的问题殊途同归，导致一样的后果。

非洲和亚洲是人口最多的两个洲，也是对世界人口增长过快起决定性作用的两个洲。人口发展过快带来了自然生态问题和社会生态问题。自然生态问题是人口增多造成的问题。人口也有个自身的自然生态问题，这个人口的自然生态问题与人口的社会生态问题常常是一个问题，两者密切地联系在一起，归根结底都是人口自身的问题，只是叙事角度不同而已。

（一）人口过度增长造成了自然资源的过度被消耗　人口过度增长直接导致自然资源的过度被消耗。联合国曾经在2005年公布了过去半个世纪世界人口的过度增长对地球生态系统造成巨大压力的调查结果。结果表明，人类活动对地表60%的耕地、森林、草地、河流和湖泊造成了程度不一的破坏，有三分之一的物种濒临灭绝，全球至少有11亿人缺乏安全饮用水；金属矿藏的开采，煤矿的开采遍及整个地球表面，对石油和天然气的开采已经从陆地到海洋，地球表面已经伤痕累累，百孔千疮。20世纪的最后20年，是人类开始进入资源高消费的20年，以部分国家土地资源和水资源为例：中国1980年人口为9.9亿，人均耕地0.1公顷，人均自然资源水2747立方米，2000年人口增加到12.62亿，由于扩大耕地面积，人均耕地维持在0.1公顷水平，人均自然资源水2241立方米，减少506立方米；印度1980年人口为6.62亿，人均耕地0.28公顷，人均自然资源水4246立方米，2000年人口增加到10.2亿，人均耕地0.16公顷，减少0.12公顷，人均自然资源水1878立方米，减少2368立方米；美国1980年人口为2.27亿，人均耕地0.82公顷，人均自然资源水13084立方米，2000年人口增加到2.82亿，人均耕地0.63公顷，减少0.19公顷，人均自然资源水8801立方米，减少4283立方米；巴西1980年人口为1.21亿，人均耕地0.39公顷，人均自然资源水43260立方米，2000年人口增加到1.7亿，人均耕地0.31公顷，减少0.08公顷，自然资源水42944立方米，减少316立方米。尽管各个国家有关资料的基数不同，但随着人口增加和高消费观念的增强，自然资源过度被消耗是整体趋势。

宇宙间，一切事物都有一个限量，地球是一个直径4万千米球体的体积和面积的限量，一切自然资源都在这个体积和面积里，这就是一个终极限量。这个限量对人类有两个规定：一个是立体限量，一个是平面限量。立体限量是整个过程的限量，平面限量是在一个时间点上的截面限量。两个限量表现出两个数字：一个是地球资源可供多少代人消耗，一个是地球可同时容纳多少人。美国康奈尔大学曾经做过一个研究，如果按照欧洲人的消费标准，地球至多能够同时养活20亿人。现在人类是生活在战争体系里，如果人类生活在没有战争的和谐体系里，庞大的国家机器就会因为没有战争而大大瘦身，许多方面的资源消耗就会减下来，即使按照欧洲人的消费标准，地球也不会有那么大的承载压力，地球资源会供更多代更多人消耗。所以，在地球的终极限量里，人类应该明智地正当地消耗资源，而不应该将资源进行无谓的消耗，特别是战争的消耗。

（二）人口过度增长所带来的社会生态问题　人口过度增长所带来的社会生态问题主要是生产与消费失调、就业限度与就业需求失调、社会保障能力与保障需求失调、社会财富与生活水平失调。生产与消费失调表现为农业耕地不足、工业用地不足，导致毁林造田，填海造陆；就业限度与就业需求失调表现为就业难、失业多，造成社会不稳定，社会犯罪增多，执政成本增高；社会保障能力与保障需求失调在教育和卫生领域表现尤为突出，入学难、就医难，适龄儿童失学和医患矛盾几乎成为世界普遍现象；社会财富与生活水平失调表现为创造的财富满足不了日益增长的消费需要。

毫无疑问，人口增长过快带来了社会生态问题。然而也不是世界上所有国家都持这种态度。持这种态度，也未必都有行之有效的应对措施。发展中国家认为，人口增长过快的原因在于经济不发达，经济不发达的根本原因在于国际资源分配不公平、经济实力分布不均匀，应该建立平等发展的新秩序。美国则认为：人口增长快未必就不是好事，经济发展的有效途径是实行自由经济政策。

控制人口增长，关键在于生育的计划性。盲目生育、无节制生育，不仅使人口过度增长而带来自然生态和社会生态的一系列问题，同时也影响到人类自身质量。经济生产不能无政府主义，人口生产也不能无政府主义，放任人口的自由生产，势必导致人口与资源的配置失调。联合国在1972年就人口增长过快带来的生态危机，在预警原则下提出“人类只有一个地球”的警示语。既然是一个地球，“一个”就是个限量，人口的无限增长，就产生了有限量与无限量的矛盾，这是常识。然而，就是这样一个人人皆知的道理，出于种种聪明的或愚蠢的原因而没有做好，于是联合国于1999年再次提出“拯救地球就是拯救未来”的宣传语。

（三）人口观念与人口政策的不协调性　人口是国家的重要构成成分，没有人口就没有国家。然而以人口论国家的时代已经过去，世界上大国概念的确定依据自工业社会以来，已经转移到经济上了，现在正转移到提供公共产品的能力上来。大国不再单纯以人口而论，现在没有哪个国家妄图以多生育人口而强国，称大国。因此世界人口增长过快问题不是国家的观念问题，而是部分国家和地区的家庭观念问题。在人口增长过快的国家和地区，经济不发达并非因为人口增长过快出现环境局限效应所致，相反正是因为经济不发达才导致人口增长过快。原因在于越穷越生，把家庭脱贫的希望寄托在孩子身上，在一群孩子里只要一个孩子有出息，就可以改变整个家庭的命运，生孩子就像赌场上押宝一样。这是经济落后而造成的生育观，也正是这种生育观造成了经济落后。在贫穷地区还存在避孕措施落后的问题。在一些地区特别是非洲的一些地区，没有有效的避孕措施，甚至没有生育指导。许多人口的出生是由于教育和卫生条件局限而造成的，这本来是容易做到和做好的事情。

人口观念中有两个问题潜移默化地影响着人口学的基本建设：一个是人的阶级性问题，一个是人的伦理学问题。按照阶级性的观点，人类是分为不同阶级的，不同阶级有着根本的利益冲突。与阶级性相比，伦理学似乎就有些暧昧，只要是人，就要讲人性。人性的重要思想是尊重生命。这样，就发生了新的伦理问题。人是有着不同的秉性和价值观的，中国清朝的八旗子弟，好逸恶劳、腐化沉沦，曾被社会普遍鄙视。中国当下的富二代中有相当一部分与八旗子弟如出一辙。社会养着这样一些不为社会创造任何财富，反而穷奢极欲地消费社会财富的人，成为社会凝聚力的稀释剂，产生着巨大的消解力量，让为社会创造财富的人深深地感到不公正，于是产生了社会伦理问题。任何社会和国家都有创造性的人群和无创造性的人群、劳动人群和寄生人群。这种社会的人群结构，使社会永远不公正。很显然，社会虽然不可能完全由精英构成，却也不应该是个庸人社会。否则，社会既不可能优化，也不可能进化。然而在伦理学上，就不像政治学和社会学那样泾渭分明。对伦理学生命的偏执，可能遮蔽着对社会学生命的损伤。

控制人口增长与提高生产率，异曲同工，是一个问题的两个解。但是有一个根本的问题永远不能被疏忽，那就是社会发展的能源，以财富为核心体系的能源。社会如同生物有机体，发育需要营养，进化需要能量。营养、能量就是能源。对于这方面的问题，美国可持续发展研究学者约瑟夫·泰恩特有精彩的表述：“人类社会和政治组织必须靠持续能源流动来维持其生存。……能源流动和社会组织是等式两边的对立项。”

第二节　人类生存法则

任何生物自诞生之日起，生存就是根本法则、最高法则。动物、植物，概莫如此。植物的向水性、向阳性，是植物的生存逻辑；动物的占有欲、利己性、排他性以及进攻性和逃避性，是动物的生存逻辑。人类无论是作为生物还是作为动物，都是地球上最高生命形式的承载体。人类的思维和意识是地球上最高的思维和意识，这是人类成为地球主人的客观条件，也是主观资本。因此，人类的生存方式，对地球的生存产生着非同一般的影响。研究人类的生存法则，不仅是人类本身的需要，也是地球本身的需要。对于人类本身，是构建良好的人人关系的需要；对于地球本身，是构建和洽的人地关系的需要。当然，和洽的人地关系也是人类本身的需要。

一、决定人类生存法则的因素　人类生存法则是由 3 种因素决定的：一是人类的生理因素，二是人地关系因素，三是人人关系因素。

（一）人类生理因素是决定人类生存法则的根本因素 人类的生理因素对人类生存法则的决定性影响主要来自两个方面：一是本能，二是本性。本能和本性是先天赋予的，属于生理范畴，而不属于意识范畴。后天对本能和本性的影响是存在的，而且在某些方面影响是巨大的，然而这不能从根本上颠覆本能和本性是先天赋予的定论。

1. 本能 本能是由人体生理机制所决定的，是同生命与生俱来的生理现象。或者说，本能是生命的一部分，是生命的构成机理，同时又是生命的保护机制。在整个人类中，没有本能的生命和没有生命的本能都是不存在的。

本能主要体现在欲望和行为两个方面。首要的欲望是食。生命的维系机制是大自然造就生物时一并设定的。生物中植物生命的维系依靠肥料，动物生命的维系依靠食物。植物缺少肥料会枯萎，甚至死亡；动物缺少食物会生病，甚至死亡。生命的生理机制使一切生物都具有索取营养物质的本能。这种索取活动在植物那里是受其自身机制驱动的；在动物那里，初生时是受生命机制驱动，当有了感知时是受生命自身机制和感知双重机制驱动的；在人类那里，初生时是受自身机制驱动，当有了感知和思维时，是受自身机制和思维双重机制驱动的。

食欲在演化过程中，逐渐演化成为全方位的物欲。物欲最直接的表现是占有欲，占有欲的直接表现是霸欲，霸欲的直接表现则是王欲。食欲到物欲，物欲到占有欲，占有欲到霸欲，霸欲到王欲，欲望由物质领域进入了精神领域。进入精神领域，就成为一种意识。这种意识恰如尼采所说："每一生物都会设法扩张自己的活动及影响范围。即使弱者屈从于强者，也是为了成为更弱者的主人。"人人关系自然状态里的平等性自此被彻底颠覆，人的个体之间、人的群体之间，自此陷入了人类自己制造的罪恶深渊，掠夺、残杀，血腥弥漫在人人之间，弥漫在氏族与氏族、部落与部落、民族与民族、国家与国家之间，弥漫在整个人类社会之中。本能由本来的自身机制驱动的无意识行为，演化成在思维与谋略制导之下进行争夺的有意识行为。

由此可以再一次肯定地说，我们一直将人类社会环境里的争斗和占有的起因归于首次财富积累，将战争的出现归于私有制的产生，坚持原始时代因为生产能力极端低下产品没有剩余只能平均分配因而不可能出现争斗与侵占以及剥削和压迫的说法是没有根据的，原始共产主义的说法，更是臆测大于逻辑、推想大于根据的假说。

2. 本性 本性和本能一样，也是由人体生理机制所决定的，是同生命与生俱来的生理现象，是生命的一部分，是生命的构成机理。本性是父母两性遗传基因的品质与性体的信息总汇，遵循人类遗传规律，不遵循后天规律，后天的因素通常不起决定性的作用。

正因为如此，本性具有恒定性。中国有一句世代相传的关于本性的俗语：江山易改，本性难移。说的就是本性的恒定性。按照人们的习惯标准，人的本性可以分为善恶两大类型。公元前6世纪左右，波斯人认为宇宙有善恶二神，二神终日相斗，由此产生了崇拜善神的祆教，公元前226年，波斯萨珊王朝将祆教定为国教。中国《三字经》中有“人之初，性本善”的观点。还有一种观点：人之初，性本恶。性本善的观点立足后天的影响，这种观点认为，人生下来是没有恶的，恶是后天的，是后天环境造成的。性本恶的观点误将维持生命的条件反射视为恶，这种观点混淆了本性与本能的区别，将本能生理机理的条件反射混淆为本性。中国一度兴起大学生辩论会，曾经以本性的善与恶而展开大辩论，正方和反方争论得热火朝天异彩纷呈，各自引经据典地搬出孟子的性善论和荀子性恶论，并例举大量的活生生的例子，可是谁都不肯放弃本方的立场和观点。后来又出现第三种观点，认为本性在人之初无所谓善与恶。这种观点实际上也是立足于后天的观点，而且更为糟糕地否定了遗传和进化的继承性。世界仅此一个，所以诠释世界的理论也只有一个。理论界非常流行“流派”的说法，其实流派就是一条条胡同，走出胡同，上了大街才发现，原来各个流派都是理论原教旨主义缔造的。

在生产和生活中，人类养成了思维习惯和行为习惯等诸多习惯。这些习惯久之成为习性。习性是习惯的深化，逐渐进入无意识领域，并在无意识领域里演化，逐渐进入本性范畴。可以说，习性是后天的本性。

3. 本能与本性在一定条件下的可塑性　本能与本性虽然是先天的，但不等于本能与本性不具备在一定条件下的可塑性。所谓后天，主要是指一个人出生后所面临的地理环境和社会环境，也就是人地关系和人人关系，不然我们无法理解不同的地理环境和社会环境对人类不同族群的影响。游牧族群与农耕族群、海洋族群与内陆族群是不同地理环境里的族群，这些族群的本能与本性受到地理环境的塑造，体现出不同的特征。况且先天和后天都是相对的概念。现代人的先天是以古代人的先天和后天为基因基础的；一个个体人的先天，是以他祖人的先天和后天为基因基础，是线性的先天与后天的叠加与交替性遗传承继。先天只是原本的基础，后天是在这种原本的基础上的演化。这同时又塑造着下一代人的先天。我们强调人人之间的相互影响，强调教育、强调改造，正是因为本能与本性有着这种可塑性。这种可塑性，实际也是可善性。人类伦理的根本问题不在于人的本性是不是恶，而在于有没有可善性。可善性本身就是一种善，没有可善性，就不可能产生伦理学。没有伦理学，人类就是两脚兽，就会在低级本性里任凭低级本性去追求自视高级而实际永远也不可能高级的低级低等生活。

道德和法律是塑造人类本性的两种利器。这两种利器对于人的本性或抑或扬，或诱或遏，有着潜移默化或者是立竿见影的效果，特别对本性难移的贪婪犯罪行为，法律的强制作用会使一些人的贪婪本性受到遏制，不至于无节制地危及他人和社会；对于数人的集体贪婪犯罪行为予以打击，使之不至于无限度地危及国家和民族的财产安全。

犯罪动机无非两类，即物质动机的犯罪和精神动机的犯罪。物质动机的犯罪通常也有两种区别，一种是物欲下的贪婪，一种是生存的渴求。物欲下的贪婪犯罪最为普遍，其样式多为抢掠、盗窃、贪污、受贿、寻租等。寻租不像抢掠、盗窃、贪污、受贿这些名词和行为那样为广众所知。在现代经济活动中，利用政治体制、政府权力、市场规则、金融效率、政策法律等，以非财富创造而获得财富收入，都是寻租行为。权力向经济寻租是当今最普遍的顶级犯罪活动。在发达国家，寻租现象以更加高级、更加文明、更加隐秘的形式出现，甚至一些国家在政策和法律中预留了寻租空间。这种预留，或是政府所为，或是能够影响和干预政府政策和法律制定的利益集团所为。许多国家高层人员与公司有不正当的利益关系，成为顶层顶级罪犯正说明这种问题的严重性。

生存的渴求犯罪是维持生存的犯罪，严重者有抢掠和杀戮行为，但更多的是在刑事犯罪界限之下的犯罪或临界犯罪。

精神动机的犯罪发生在两个领域：一是在社会领域，主要是因持不同政见而攻击国家制度；二是在私人领域，其主要形式是诽谤、诬陷和制造谣言等。

4. 民族本性的形成与塑造 民族也有本性之说，这种本性之说有很大的拟人成分，但民族的确有自己的本性，这种本性是民族个体人本性交集部分的总体加上总体效应，形成民族的“一个人格”。民族领袖的人格，很容易成为民族的“一个人格”。古巴革命领导人卡斯特罗坚毅、刚强、百折不挠的性格，被古巴人民普遍认同，卡斯特罗的人格成了古巴的“一个人格”。既是一个人格就有本性。民族本性在形式上是人人关系的融汇与凝结，是民族个体人本性的共性，而在形成机理上依然是以人地关系为基础。因为民族本性是受地理禀赋影响的，民族的禀性受制于地理禀赋。地处叙利亚草原的闪米特族是游牧民族，地处中原的汉族是农耕民族，太平洋三角岛群密克罗尼西亚、美拉尼西亚、波利尼西亚上的诸多民族都是非常典型的海洋民族。

闪米特民族是对西亚和欧洲产生过巨大影响的民族。公元前5000年这个民族是生活在北非草原的游牧民族，那时北非草原水草丰盛，很适合游牧民族的生存。后来这里出现了持续1500年的特大干旱，造就了撒哈拉沙漠。这个游牧民族的大部因此而离开北非草原，迁往叙利亚草原和幼发拉底河与底格里斯河的两河流域。大约在公元前3000年，闪米特民族分为东西两支。东闪米特族在两河流域与苏美尔人融合，分为阿卡德人、巴比伦人和亚述人。西闪米特族又分为北中支、南中支和南支，分布在叙利亚、巴勒斯坦、美索不达米亚北部者为北中支，分为亚摩利人、迦南人、乌加里特人，后来又有腓尼基人、犹太人、莫阿比特人、阿拉米人和亚奥迪人；分布在阿拉伯半岛者为南中支，分为利希亚尼特人、萨姆德人，后称阿拉伯人，公元7世纪时一次大迁徙，分散到现在的摩洛哥、阿尔及利亚、突尼斯、利比亚、埃及、苏丹、叙利亚、黎巴嫩、约旦、伊拉克、科威特、沙特、也门等国家，共有47个民族；南支分布在阿拉伯半岛南部，分为马闪人、卡塔班人、萨巴人、哈德拉人。不管是分布到哪里的闪米特人，不管后来演变为什么民族，闪米特人原始的本性没有根本性变化，不管是哪一支，几乎都建起了强大的帝国，如巴比伦帝国、亚述帝国、阿卡德帝国。巴比伦帝国是公元前1894年亚摩利人攻占了巴比伦小城并以城建国，最终建起强大的巴比伦帝国，亚摩利人从此也就称之为巴比伦人。而到了公元前1000年时，又是闪米特族的迦勒底人控制了巴比伦王国，并灭亡了亚述帝国，重建新巴比伦帝国，史称迦勒底王国。可以看出，闪米特人像裂变一样扩张，在征服与占领的扩张里展现着民族的本性。

同在公元前5000年，在东亚的中国浙江东部海洋民族东夷人的一支河姆渡人向北迁徙，定居胶东半岛之后，又经过渤海海峡的庙岛群岛漂流过海，到达辽东半岛，沿着朝鲜半岛西海岸南下，在朝鲜半岛征服了原居民濊族和貊族。到了公元前两三百年的时候，在釜山市一带建立了朝鲜半岛的第一个政权国家辰国，后来一部分人越过对马海峡到达日本群岛成为倭人。这是海洋民族的本性。

蒙古族是草原民族，成吉思汗建立蒙古国后南征中国，占据中原，建立起强大的元朝；努尔哈赤入关建立起强盛的大清帝国。这都是民族本性的体现。而元朝竟然162年的时间不能以蒙古文化替代汉文化、大清帝国竟然295年的时间不能以满文化替代汉文化，这又正是汉民族本性使然。更具典型性的例子是北方游牧民族鲜卑族征服中原建立起北魏王朝，孝文帝竟然下诏，停止使用鲜卑族语言，一律使用汉语和汉字，并改拓跋姓为元姓，率先将自己的名字改成元宏。

虽然民族的本性是民族个体人的本性交集部分的总体，然而作为民族个体人是具有不同社会地位的。民族领袖的个人本性对民族本性形成的影响，与民族一般成员个体的本性对民族本性形成的影响是不一样的。在历史唯物主义者那里，这是个关于英雄人物在历史中的地位和作用问题。但是，民族首领的本性与民族和国家本性通常是相同的，这里有3个决定因素：第一，民族和国家首领在民族地理禀赋之中，与民族的其他个体是相同的“文化血缘”，有相同的民族血脉；第二，民族和国家首领是民族和国家的民众推举出来的，民众推举首领自然要选择能够体现他们本性的人；第三，民族和国家首领必须自觉地代表着民族和国家的利益，体现民族和国家精神，审时度势，把握历史前进的方向，代表历史进步的力量，民族和国家才能兴旺，否则就会被赶下历史舞台。

5. 自由本性与自由局限　追求生存自由与自由生存是人类的本性。自由是生存的必需，是人的本性的重要部分。本性拓展需要自由，肌体发育需要自由，肌体被压制或被束缚就不舒畅，需要自主地伸展和运动。这是自由出自肌体机理的根据。正是出于自由与本性的一致性，亚里士多德坚定地认为，自由就是人们“随心所欲地生活”。亚里士多德强调的是自然自由。自然自由是天赋的权力，是生命的属性，是个体的天性。假设一个人在一生的活动空间里只有他一个人，那么他的自由就是亚里士多德所说的随心所欲式的自由，是纯粹的自然自由。至于受到身体的局限，比如，想飞快地跑，但不可能跑过狗、兔子和豹子，更不可能像鸟一样地在空中飞翔，像鱼一样在水中遨游。因而他就没有狗、兔子和豹子那样快速奔跑的自由，完全没有鸟的飞翔自由和鱼水中遨游的自由。为所欲为是自身条件下的欲望，自由是自身局限里的自由。这是问题的另一个方面。在客观上，世界是人类的世界，任何一个人的一生中那种没有他人存在的空间是不存在的。那么，自然自由就不可能是亚里士多德所说的是随心所欲的。现实中的自由是公共生活里的自由，是公共权力下的自由，是相对于自然自由的社会自由。

社会自由几乎具备个体人生的和人类生存的全部意义。古罗马时期，在公共的生活中，人们发现亚里士多德的自然自由受到了很大的局限，不可能有完全的事事处处的随心所欲的自然自由，而更多的必然的是公共生活里大家共同约定的彼此理性互让为前提的自由，古罗马人叫做共和条件下的自由，也就是共和主义自由。起源于罗马、古希腊、迦太基、斯巴达的“共和主义”，因源地不同而内涵各有不同，但无一例外地都将共和作为自由的前提，所谓的自由都是共和主义的自由。没有社群的共和，就不可能有个体的自由。这一点，在20世纪50年代中国小学生的课文里，有一个诠释式的故事：白羊和黑羊过独木桥。两只羊分别从独木桥的两端上桥，走到桥中央互不相让，打了起来，双双掉到桥下的河里，双方都失去了自由。古罗马各城邦在长期的公共生活中普遍认识到“共和”的深刻意义和深邃内涵，在城邦联盟时，将联邦体称之为共和国。

社会自由包括两种关系形式，一种是垂直的等级关系形式，另一种是并列的互制关系形式。垂直的等级关系形式里的自由，通常是臣服和奴役范畴里的自由。如果说将自由刻意分为绝对自由、相对自由和绝对不自由这样3种状况，那么自然自由是绝对自由，臣服之下的自由是相对自由，而奴役之中的自由是绝对不自由。其实，最常见的自由是并列的互制关系形式里的自由，一般为协定和契约范畴里的自由，是权利对等前提下的自由。

自由权利问题是社会自由的首要问题。这种情况发生在17世纪英国学者托马斯·霍布斯的“利维坦”的故事里。国家或是自由权利的守护者，或是自由权利的剥夺者。亚里士多德在其《政治学》中论述平民政体的构建时说：“平民政体的基本理念就是‘自由’。平民政体之中‘自由’的含义是双重的：一种是政治上的自由，这就意味着所有的人都有资格参与公民大会，其意愿都要得到重视；一种是对于公民来说，可以‘随心所欲’地生活。”霍布斯认同亚里士多德的“随心所欲”的自由。霍布斯认为，自然自由赋予人以权力，使之可以“随心所欲地对他愿意的任何人做他愿意做的任何事”。后来他又说：“我认为如此定义自由方为正确：自由就是行为无任何障碍，除非障碍包含在行为人的天性和内在本质之中。”然而，事实往往不是理想化的构想，1628 年发生在英国权利请愿一事就是一个实证的例子。英国国王查理一世滥用王权，甚至要下院“承认国王拥有一种超乎本王国法律和法令的主权权力”。为此下院向查理一世递交了《权利请愿书》，希望国王承认“本王国臣民固有的自由权利及利益是他们与生俱来和代代相传的权利”。所以社会自由远远不像自然自由那样顺理成章。自由权利一旦需要请愿获得，本身就表明了自由权利的丧失。

因此，任何个体的人和人的群体，必须认识到自由在本性和本能的制导下，所表现出的任意、唯我的为所欲为的无限张力。这种张力在个体的空间里是可能的，但在群体的空间里则是不可能的，因为地球空间原本就不是一个人的。个体的任意、唯我的为所欲为的无限张力，必然受到来自他人的任意、唯我的为所欲为的无限张力的对冲和群体的制约。自由不是随时随地的为所欲为，而且，自然人的自由和社会人的自由并不是一个概念。这是哲学家和社会学家在使用自由的概念时常常大相径庭的原因。

自由的群体条件是有着双重效应的，是悖论式的，一种效应是依靠群体获得更多更大的自由，一种效应正是因为群体而不可能获得更多更大的自由。依靠群体，人类从自然界获得了更多更大的自由，可以有效地抵御自然灾害，可以依靠群体的力量改造不适合生存的种种条件，也可以依靠群体的智慧推动科技发展，实现了和梦中一样的愿望，在大地上快速奔驰，在天空中自由飞翔，在大海里任意遨游。然而正是群体的力量，限制着个人的为所欲为的自由，同时一群体也制约着另一群体的为所欲为的自由。自由是一种任意和唯我，倘若不顾他人意志而自由攫取就是抢夺，限制抢夺的自由就是战争。

为了自由，就有了约定、规矩、制度和法律。为了维护制度和法律的制约性，就有了强制机制，就有了武装力量。当武装力量被用于群体的为所欲为时，侵略发生；当一群体以武装力量对抗另一群体的以武装力量为所欲为时，抗争发生。战争发生，自由被损害，群体中的无数个体或许永远失去了自由，失去了生活的自由，失去了生命的自由；而群体或暂时地、或长久地失去了群体的自由，失去了发展的自由、存在的自由。自由→张力→制约→损害→修复，是自由演变的逻辑轨迹。由此可见，恶源于自由，自由是恶之源。由此而论，自由属于本性，那么人之初性本恶，就找到了逻辑根据。

可是，就本质意义讲，自由是一种美好。美好是求真向善的，向往美好、追求美好同样是人类本性的重要部分。伊甸园里偷吃禁果是原罪，但正是出于对自由美好的追求而导致了不合上帝规范的行为。在上帝那里是原罪，在亚当和夏娃那里是自由。如果人类的本性不是求真向善的，那么人类只能是永远的动物，而不可能成为人类，更不可能成为文明人类。这一点非常重要，如果不认识这一点，人类自己就不可能知道人类为何物，行同狗彘。由此而论，人类求真向善的本性，表明人之初性本善。

我们似乎陷入了似是而非的矛盾之中。实际上，许多事物都具有双重性和两面性，习惯于一点论，是难以认识事物的双重性和两面性的。对立的统一是事物最完整的本质。

（二）人地关系因素是决定人类生存法则的首要因素 人受制于所处的自然环境的地理禀赋，人地关系决定着人类生存法则。人类追求舒适的生存环境，这既是本能，也是本性。在人类历史上，凡大规模远距离甚至是跨越半球的迁徙，大都是因为自然灾害造成了生存环境恶化。由于种种原因，人类并不是都生活在适宜生存的地域，或者开始是适宜居住地域，后来则成了不适宜居住地域，这种情况多数是环境局限效应所引起的。

在世界上的国家分布中，有许多国家是处在地缘残缺的区域，人地关系有着先天的残缺，生态足迹、生态承载力、生态赤字等指数都达不到理想的程度，环境的局限效应先天注定，“地缘增补”或“地缘修补”的渴望便成为天性。

地理禀赋不健全，对人类生存造成的局限是巨大而长久的。非洲萨赫勒干旱带，是全球最缺乏雨水的地区。这条干旱带西起毛里塔尼亚和塞内加尔，东至苏丹和厄立特里亚，以 320~480 千米的宽度横贯非洲，包括 9 个国家。这些国家居民的先祖多是零星居住的黑人，后来被北非和地中海人入侵占领，占领者奴役当地黑人，逐渐建立起不同的国家。这些国家的发展一直受着干旱地理环境的束缚。亚平宁半岛地理局限非常明显，地形像一条海中长堤，自然资源十分有限。公元前 3 世纪，台伯河畔告别王政时代的罗马开始向海外扩张，在一百多年的时间里不仅统治了整个亚平宁半岛，而且成为地跨欧亚非三大洲的帝国，但终因地理禀赋的因素而衰落。1861 年意大利王国建立。为打破半岛环境局限，王国不失时机地进行领土扩张，1866 年伙同普鲁士征服奥地利，获得了威尼斯；1870 年趁普鲁士同法国的战争向北扩张势力范围，同时与已经衰落的罗马帝国合并，并迁都罗马城，之后向南扩张，谋求突尼斯、埃及，向东谋求奥匈帝国领土；1890 年占领厄立特里亚并将之变成它的殖民地；1900 年开始南北同时扩张，20 年间占领阿尔巴尼亚、伊斯特利亚、特兰提诺、多德卡尼斯群岛；1911 年发动对土耳其战争；1915 年参加第一次世界大战；1935 年征服埃塞俄比亚。环境局限打破了，然而扩张成性，意大利最终成了第二次世界大战法西斯轴心国。

改善生存环境表现着人类主观能动性和适应性的天赋，中国的大禹治水是尧舜时期改善环境的典型例子，而且大禹父子治水的“父堵子疏”的方法更能反映出人类适应自然环境、改造自然环境的认知过程和实践过程。战国时代的都江堰、当代的南水北调，都是改善环境的重大决策和重大行动。当环境不可改善时，最好的办法就是迁徙，寻找适宜生存的环境。

改善生存环境还有一层含义就是不破坏已有的良好环境，保持环境良好指数。随着人口增长，岛国地缘残缺的环境局限效应越来越明显，而且寻求广阔的生存环境越来越艰难。经济全球化对于岛国的地缘增补显然是前所未有的机缘。大陆的粮食和物品以国际贸易的方式输入岛国，实现了岛国的地缘增补。日本国地域狭小，资源有限，也是为了保护脆弱的生态环境，日本政府一般不开采本国的矿产，就是建筑和生产用的石料也极少在本国开采，而不惜以巨大开支从中国东部沿海进口。而山东半岛为了获得眼前利益，将山丘炸得面目全非，本来地缘圆满的山东半岛，空气被污染，水源被污染，生态被破坏，许多地方已经不再适合人类居住。

当地理禀赋与人类需求不相协调或者完全失衡时，人类需要采取两种措施：一是限制自身，二是改善条件。比如土地资源在人口急速增长的条件下愈加匮乏，土地不足以产出足够数量的粮食，通常也只有采取发掘土地潜力、开垦荒地扩大种植面积、提高单产量、降低人口出生率或疏散人口等措施加以应对。发掘土地潜力可以改良土壤、因地制宜科学种田；提高单产量，可以用增加肥力、改良作物品种、选用良种和杂交等手段；降低人口出生率是控制人口增长的有效途径；而疏散人口不到万不得已一般不采取这种方式。

气候也是地理的一个部分，是地理禀赋的构成。气候一般是由日照角度不同的温度带所决定的，同时也受地表状况制约。1874 年奥地利气象学家尤利乌斯·冯·哈恩发现大气中 90% 的水蒸气位于 5500 米以下，表明高山对水蒸气流动有制约作用。海洋和陆地结构状态、海洋气候、季风气候和非季风气候，一般说来原本是注定的，但是人类也试图加以改善。中国为了解决西部干旱问题，有建言者建议将喜马拉雅山打个缺口，让大西洋的海洋气流进入中国。前几年有气候专家为改变新疆干旱少雨的状况，提出引渤海水到新疆的设想，试图用海水调节和改善那里的气候条件。然而事情肯定不会如此简单。非洲佛得角群岛在大西洋中，旱灾频频发生，1945 年至 1949 年持续 5 年大旱，1968 年至 1984 年持续 17 年大旱。对环境的改善要有科学性和预见性。中国有史以来南涝北旱，所以中国千方百计实施南水北调工程。可是，一旦气候发生逆转，不再是南涝北旱而成为北涝南旱呢？这不是信口开河，现在有迹象表明气候正在发生这样的逆转。

（三）人人关系因素是决定人类生存法则的关键因素　和洽生存是人类生存的基本原则，因为人类需要以集体的力量对抗来自自然的灾害。可是人类利己而排他的劣根性，成为人类和洽生存的生理性障碍。无论是什么民族、什么国家，都摆脱不了人类的这种利己而排他的劣根性的制约。领土之争、财富掠夺，导致战火弥漫，战争已成为人类历史的本来面目。美国第 26 位总统西奥多·罗斯福具有真知灼见，他认为：和平天生便很脆弱，惟有永远地保持警惕，以强者的武力及通过有志一同者的结盟，始能加以维持，只有梦想家和知识分子会认为和平是人类自然的状况，而且由无私的共识来维持。美国电影《第一滴血》中有句台词：和平是个意外。这句话是对人类战争历史入木三分的针砭。

人类在定居了一个时期财富有了一定的积累，自身具有了一定的实力之后，在公元前4500年左右，开始了全球普遍性的部落扩张与融合。这种部落的扩张与融合是环境局限效应的首次发作，同时恰是人类王欲的首次发作。在这个时期，人类深刻认识到了土地资源和水资源与生存的密切关系，领地意识和资源意识迅速膨胀。随着农业的发展需要开垦更多的土地，由于生产工具的简陋，因而向容易开垦的平原扩张，争夺平原的部落战争因此而连绵不绝。还有一种情况是在同一地域居住的部落为争夺自然资源而发生部落战争。在西亚的苏美尔城邦发生了部落为争夺土地与水源的拉格什-乌玛战争，战争先后发生过4次，持续了两个多世纪。也正是这个时期，闪米特族立足于两河流域，开始争夺这里的资源，扩展自己的领地，他们每到一处都伴随着征战。而此时东亚的中国也正是黄帝与炎帝阪泉之战、黄帝同炎帝联合与蚩尤的涿鹿之战时期。

中国的春秋战国时期，先是春秋时期五国后是战国时期七国的争战，史称春秋五霸、战国七雄之争。而西亚和东欧伴随着征战先后出现了巴比伦、亚述、马其顿、拜占庭和波斯等诸多帝国。

能够建立起帝国的民族，大多是扩张的民族。这些帝国的后人曾几百年几千年地为之骄傲与自豪。这种骄傲与自豪显然是没有从人类生存根本法则上思考问题的结果。把历史线段放长就可以看出，一个杀戮成性、扩张成癖的民族是没有希望的民族。过去是这样，现在是这样，将来也还是这样。因为，你以侵犯他人为悦，必以提防他人为忧；你让别人不安生，你自己也就注定安生不了。

中国西周时期吕尚以“睦邻”的方略建立齐国，曾被一些历史学家解读为缓兵之计，说他受封到临淄建国立足未稳，又抢占了莱夷的地盘而不得不作出的妥协，一旦强盛以后，必将灭掉莱夷。实际上这是历史学家将500年后齐国灭莱的事实嫁接到了他们的既定思维上。齐国灭莱不是吕尚灭莱。当初即使是吕尚妥协让步，也是处理人人关系的一种积极态度。如果眼光更积极一点，应该看到吕尚抓住了处理人人关系的根本。

吕尚的“睦邻”方略传承到春秋时期，孔子将其发展为“和为贵”的思想。到了西汉时期，这种“和为贵”的价值观直接影响着国家外交战略。为了防御侵略成性的匈奴之害，西汉时期有两次“和亲”之举。第一次是公元前105年，汉武帝刘彻为了联合乌孙国抗御匈奴，将自己侄子江都王刘建的女儿刘细君嫁于乌孙国，成为乌孙公主。第二次是公元前33年汉元帝刘奭为了与匈奴结好，令宫女王昭君出塞和亲。两次“和亲”对于西汉王朝的和平稳定产生了重大影响。1933年，富兰克林·罗斯福在就职演说中，也主张睦邻政策，促进了美国与拉美国家关系的发展，对美国的西半球地区政治和国家经济建设产生了积极影响。

不懂得妥协让步，难有和洽的人人关系。缅甸是南亚一个古老的文明国家，旧称洪沙瓦底。公元1044年形成统一的国家，经历了蒲甘、勃固、阿瓦、东吁和贡榜大小5个王朝。其中勃固和阿瓦是同一时期的南北两个王朝，南部的勃固王朝与北部的阿瓦王朝南北对峙，于1386年爆发战争，两个王朝整整打了40年，国力殆尽，先后被东吁王朝逐一灭亡。1948年，缅甸摆脱英殖民地统治宣布独立，但国内有十几支各自独立的武装，致使国家陷入内战，直到67年后的2015年10月，才有8支武装签订停火协议，创下世界上国家内战时间最长的纪录，各方失去的远比想要得到的多得多。1963年，梵蒂冈教皇颁发通谕《地上和平》，阐述人际和平与国际和平的宗教意义，是人类和平主义的重要思想。

国家间的关系一直很脆弱，要审慎呵护。2016年6月2日，德国联邦议院通过一项决议，宣告第一次世界大战期间奥斯曼土耳其帝国军队残杀了150万亚美尼亚人是“种族屠杀”。虽然对这一历史事件法国、意大利和俄罗斯等20多个国家和欧洲议会已有这样的定论，但德国还是要再作一次这样的认定。土耳其对此并不认可，辩称死亡人数要少得多，最多50万人，而且大多死于战乱和饥荒，愤怒地召回驻德国大使。土耳其总统警告说：“德国议会通过的这一项决议对德国与土耳其的关系造成严重影响。”德国翻旧账或许迫于新现实，中东难民潮正涌入欧洲，根据两个半月前刚刚签署的欧盟与土耳其共同解决难民危机的协议，土耳其因地理位置成为拦截难民入欧的缓冲区，这对于土耳其来说，是巨大的财政负担，对社会稳定也带来很大威胁。欧盟承诺提供30亿欧元改善土耳其境内难民的生活状况。但由于各自的利益掣肘，协议推行得并不如意。在难民涌入西欧势头强劲的情况下，德国为促使土耳其很好地履行欧土协议而用这种做法施压。然而这种做法破坏了两国友好关系，使两国关系产生了很大裂隙。

二、人类生存法则的3个梯次　人类生存法则可以分为基本生存法则、富足生存法则和奢侈生存法则3个梯次。这3个梯次是3个社会学层面，这3个社会学层面上的人群可以分别表述为维生者、一般消费者和过度消费者。他们的生存法则是由生存优势指数决定的。生存优势指数主要取决于生态足迹、生态承载力、生态赤字这3个方面，最终归于生存区域里的人类整体财富多寡和生存区域里人类个体财富的多寡。就一般情况而言，财富多者，具有富足生存和奢侈生存的基础和条件，而财富寡者只能维持基本生存，甚至连维持基本生存都难以做到。

基本生存是以最基本的衣食居行条件维持生存的生存状态。农耕文明出现之前，概略地说，人类都是基本生存状态。农耕文明出现后，由于耕种的人为因素，衣食居行的差别逐渐显现出来，在饮食上有粗茶与酒肉的差别，在衣着上有麻布与绸缎的差别，在居住上有茅屋与瓦舍的差别，在出行上有徒步与乘车轿的差别。但是，这种差别一般是在基本生存层面上的差别。有一部分地主依靠土地收租，囤积居奇，而穿绫罗绸缎住青砖瓦舍，过着富足的日子。现在发展中国家的人们绝大部分属于基本生存状态，媒体不时报道各国边缘群体的生存状态，他们居住在贫民窟、地下道、废旧汽车和轮船集装箱里。在美国的拉斯维加斯的一条200英里长的下水道里，居住着1000多名“鼹鼠人”。在菲律宾，每年有数十万人到国外务工，许多妇女到日本做女招待，到中东做家政服务员，还有更多的人以拾垃圾为生。肯尼亚首都内罗毕东部丹多拉垃圾场，占地1.2万平方千米，每天有两千多人在这里翻垃圾。同样在蒙巴萨，也有许多依靠城市垃圾生存的人，他们在垃圾堆里翻找可以换钱的东西，甚至以垃圾堆里的食物充饥。在非洲的50多个国家中，很多人生活在原始状态里，食物直接取自大自然。有数字统计，在撒哈拉沙漠以南每天生活不足1美元的贫困人口一直是急速上升的趋势，1988年统计数字是288万人，13年之后的2001年为516万人。而且国际援助通常也不是那么纯粹的，伦敦《经济学人》杂志批评国际援助“主要目的从来就不是为了消除贫困，而是通过赢得有益的朋友、支持某种战略目标或促进捐助者对外出口等方式，为援助国自身私利服务。”

富足生存是以富足的衣食住行条件而生存的生存状态。这是发达国家的生存状态。中国唐朝和宋朝都是农业发展的鼎盛时期，是世界强盛的农业大国。西安和开封都曾是世界第一大城市。那时的中国是属于富足生存的国家。现代的富足生存应该是在工业文明出现之后。这种富足是全方位的，衣食住行都展现着文明的最新和最高成果。因此，工业社会的富足生存首先出现在工业文明国家。从大洲范围看，首先出现在欧洲，英国、德国和法国等国家的GDP一直居世界前列。第二次世界大战之后，美国经济迅猛发展，1952年人均GDP为1947美元，30年后的1980年突破万元，达到11359美元。2000年，美国国家GDP总量为98247亿美元，人均GDP为35046美元。第二次世界大战日本是战败国，国家经济受到重创，战后积极恢复经济，1952年人均GDP为208美元，到1970年达到1978美元，而2000年GDP总量达到47661亿美元，人均GDP36828美元，2012年达到45774美元。中国进入工业社会较晚，融入世界工业社会更晚，大致可以认定为在20世纪80年代，至今大约30多年的时间。这30多年，中国的发展速度较快，国家GDP总量从1980年的3015亿美元，跃升为2016年的11万亿美元，在国家GDP总量上稳居世界第二位。现在中国消费能力迅猛增长，并以脱贫政策使全民进入富足生存状态，其中18岁至45岁的人群，成为最具代表性的奢侈品消费的代表。有调查显示：中国已经占据全球奢侈品消费市场的30%份额，成为稍逊于美国的全球第二大奢侈品市场。

奢侈生存是以消耗大量财富满足奢侈欲望的生存状态。这种生存状态是典型的消费主义的生存状态。消费主义最早出现在美国，起源于汽车和香烟。那时的美国在二战之后进入了“十年繁荣”时期和“爵士乐时代”。奢侈生存首先表现为奢侈消费，而奢侈消费其中就有很大成分的挥霍与浪费。时尚与排场是奢侈生存的显著特征，如今浪费被重新解读，美其名曰浪漫消费。历代的帝王是奢侈生存的最为典型的一类，富人的绝大部分也是奢侈生存的一类。还有一类就是政客。无论是当今世界还是历史上的任何一个时期，帝王、政客、巨贾、军阀、豪绅和艺人这6类人始终代表着奢侈生存的主体人群。皇宫的奢华、富人的豪宅和豪车、政客的排场，将人类奢侈生存推向极致。世界各国几乎都有历代帝王的宫殿，当时建造耗资之巨，常人难以想象，宫内生活的奢侈，更是常人无法料及。普鲁士第一代国王弗里德里希于1701年用比黄金价格高12倍的琥珀为自己建造琥珀宫。世界著名的皇宫如俄国沙皇的克里姆林宫、奥斯曼帝国的托普卡普皇宫、英国的白金汉宫、法国的凡尔赛宫和卢浮宫等，都是耗资之巨、耗时之长的奢华的皇宫。法国的凡尔赛宫是路易十四的宫殿，规模宏大，可容纳上万人，装潢考究精美，周围以花园环绕，是欧洲宫廷的样板，各国纷纷效仿，宫殿所在城市巴黎因此而名噪欧洲。中国第一个皇帝秦始皇开中国皇帝修建宫殿的先河，甚至刚刚登基就为自己修造陵墓，被发掘出的兵马俑成为世界奇迹，其陵墓之庞大、之奢华亘古未有。称为故宫的中国明清两朝皇宫，其规模、奢华堪称世界之最。光绪皇帝缝制一件龙袍动用绣匠、金工等工匠上千名，耗时两年半才完成。公元前6世纪波斯帝国的缔造者赛勒斯为自己建造的陵墓，打制了金床、金棺，墓内布满各种宝石；印度莫卧儿帝国的皇帝沙·贾汗为其因难产死去的第二个妻子修造了奢华的陵墓泰姬陵。在现代中国，政府大楼越建越豪华。演艺界的奢侈更是千奇百态，有的电视节目主持人住着5亿元的别墅。2012年12月网上披露一富人嫁女，耗资10个亿。

三、人类生存法则的天成与养成　人类生存法则既是天成又是养成。人类生存法则并非是人类的人人生存法则。追求富足生存是人类的普遍愿望，这是天性。但富足生存是非常个性化的生存方式，没有富足的财富不可能有富足的生存方式，然而有富足的财富也未必注定就选择奢侈的生存方式。家有万贯依然节俭，身价百亿依然简朴。作这种选择的人并非都是莎士比亚笔下的夏洛克、莫里哀笔下的阿巴贡、巴尔扎克笔下的葛朗台、果戈理笔下的泼留希金这样的守财奴，更多的是孟子笔下的“富贵不能淫”的大丈夫。

物质是生命的保障，物欲是人类天赋的秉性。经济全球化使人类的物欲得到了全球化的张扬。现在人类活动几乎都带有或明或暗或隐或显的经济目的，这是资本主义国家看重凯恩斯主义推行以扩大需求为核心的需求管理政策的人文根据。物欲性需求使生存法则几乎成了经济杠杆法则。从一个数人操办的小公司，到世界贸易组织，到处都是经济杠杆的力量。高杠杆、低杠杆，都是经济杠杆的撬动。于是普天之下，到处都有掮客的嘴脸，市侩的行径。“作品”被“产品”替代，娱乐也成为经济行为，甚至还有专门的娱乐战略委员会。这对人类生存法则产生着严重的扭曲力。所谓的清者自清，浊者自浊，已经没有了明显的边界。

因此，人类生存法则无论是天成还是养成，生存的最高境界不在于财富追逐，而在于自我修养。修养是后天修身养性的结果。中国儒家文化的内核是“仁”，强调“仁者爱人”，“天下归仁”，故而崇尚内省。孔子倡导“克己复礼”，曾子倡导“吾日三省吾身”。中国典籍《黄帝内经》有云：知之修炼，谓之圣人。

四、人类生存的基本法则与最高法则 人类生存最高法则是活命，生命高于一切，基本法则是填饱肚皮保证生命的延续。

在人类数百万年的历程中，无论远古人类还是现代人类，以物质而论其生存状态不外乎3种情况：一是生存的必需物质丰足；二是生存的必需物质临界；三是生存的必需物质缺乏。实际上，无论人类社会发展到多么高级的阶段，因为人是大自然的一部分，人地关系就永远存在，人生存于自然受制于自然这一规律永远存在。在人地关系中，地是包括天的，人地关系中同时包含着人天关系。天意至高无上，人意难违天意，这并非是宗教观和宿命论，在远古人类的时代如此，在现代人类的时代也是如此。

在远古时代，天旱至万物不生，人类就断了食物来源；在现代社会，天旱至万劫不复，人类依然断了食物来源。远古人类的迁徙，往往与天象有关；现代人类在天灾面前，固然比远古人类有更大的力量和更多的方法应对，但依然有无法抗拒之时。

人人关系对人类生存状况也有着至关重要的影响，和平环境里的人类生存状况要优于战乱环境中的人类生存状况。但是，人类总站在个人的、团体的、民族的、国家的利益上，缺少理解和礼让，在民族主义和国家主义的情绪里分析问题、判断是非、决定行为。以我为核心，我的利益高于一切，以我的利益作为是非标准，顺我者昌、逆我者亡的极端个人主义和极端利己主义，始终是横亘在人人关系中的一道天堑。因此，人类精于战略，疏于和略，战则有品，和则无节，少了大智慧，纵然两败俱伤也英勇悲壮，腥风血雨也浩然正气，生当作人杰，死亦为鬼雄，民间殴斗、民族纷争、国家征战，从不消歇，而且常常逐步升级，难以遏制，直到双方精疲力竭方才言和。

毫无疑问，人类生存状态取决于人地关系和人人关系。换言之，既取决于大自然，也取决于人类自身。如果考虑到人地关系中的人对地的反作用，这种反作用导致自然按其自身规律的运行遭受扰动而出现不利于人类生存的灾难，那么人类生存状态则完全取决于人类自身了。由此而论，人类最高生存法则是优化人地关系、优化人人关系。

第三节 自然资源的生态学意义

人类的生存可以归结为两大命题：本体生存与应用生存。本体生存是为生命的维持和持续的生存，应用生存是为生命过程有良好的生存状态的生存。生命持续的第一需要是食物，而这种食物，不管是在原始时期还是在现代时期，不管以什么方式获取，都是大自然提供的，都是在具体的地域环境中实现的。生命持续过程是生命支持系统中的一切生命保障条件的具体应用，而这种应用的物质前提也是大自然提供的。因此，地域环境中的自然资源是人类生存的资本。

一、资源与资本的多样性　自然资源的多样性是人类生存资本的多样性，也是人类生存资本可供选择的多样性。人类的生存资本是大自然给予或者说配置的，这一点完全由不得人类自己。大自然在孕育人类的时候，运用的就是大自然本身的“血液”与精华，因而人类的身上是大自然的基因，是大自然的生存“密码”，就如同一个人的基因是由其父母赋予的一样。因此，人类对自然的生存资本的选择，是受自然基因影响的。大自然提供的生存资本对于人类来说既是后天的，又是先天的。

生物多样性是一个包括遗传物质多样性、物种多样性和生态系统多样性的复合概念，是维系整个生物圈生生不息的重要条件。生物多样性使人类能够得到所需要的各种食物、药物和诸多生产原料。生物多样性的环境意义在于它构成了完整的生态系统，物种和遗传物质之间复杂的物质、能量、信息传递和交换，在稳定太阳能量、调节水文系统、强化水土保持、促进大气循环、吸收和分解污染物质、贮存营养元素并促进养分循环和维持进化过程等方面发挥着重要的作用。

食物法则与生存法则的一致性，这让我们切实感到人类与自然密不可分的关系，也为我们研究地理环境与人类本质的关系提供了基础。

自然界物种的演化过程，是一个不断产生又不断消亡的过程，这是正常的生物物种演化法则。从理论上讲，是一个产生概率大于消亡概率的正增长过程。然而由于某些原因，也会出现负增长的情况。在正常条件下，由于物种之间是相互关联、互相制约的，它们之间进行着一定的能量和物质交换，成为相互依存的平衡关系。如果其中的某一物种发生了变化，就有可能打破整个系统的稳定，给其他物种带来程度不一的影响。

人类环境可分为原生环境和次生环境。原生环境是未受到人为干预的自然环境，次生环境是在人为干预下形成的环境，或者说被改造被改变的自然环境。人类为了更好地生存和生活，对自然环境进行改造是必要的，而且自然环境也未必处处都是有利于人类生存的环境。但是，这种改造的原则应有利于保护自然资源的多样性，或者起码要保证自然资源多样性不受到破坏。有资料表明，在无人类干预的原生环境里，生物物种自然灭绝的速度非常缓慢，通常大约是每11年灭绝一个动物物种，每27年灭绝一个植物物种。而在人类干预下的次生环境里，这种灭绝的速度提高了数百倍，甚至上千倍。现在每天有几十个甚至超过一百个物种灭绝。近400年间，地球物种减少了50%以上。1972年6月5日，联合国在瑞典首都斯德哥尔摩召开了第一次人类环境会议，发表了《人类环境宣言》，1991年在巴西里约热内卢召开的联合国环境与发展大会上制定了《国际保护生物多样性公约》，这都是保护人类生存资本多样性的重要举措。

今天，原生环境的数量越来越少，原生环境的面积越来越小，现在大部分环境都是次生环境，原生环境基本上仅存在于不适合或不大适合人类居住的地域，如沙漠、草甸、原始森林和南北两极等地域。在许多情况下，生物的生存环境适合度和人类生存环境适合度基本上是一致的，特别是能够作为人类食用的生物更是如此。因而人类和生物是密切地生活在一起的。沙漠不适合人类居住，也不适合植物生长，也不适合动物生存，只有罕见的经过多少万年进化的少量植物和动物才能够在这种环境里存活。

因此，可以以定论的方式说，人类是生存在次生环境里。人类的一切活动都与环境息息相关，或是干预了环境生态系统的自身构建，破坏了自然资源的多样性，从而直接或间接地影响着人类的优质生存或一般生存；或是改善了生态环境，促进了环境生态系统的自我完善，保证了自然资源的多样性，直接或间接地保障了人类生存的质量。人类生产能力的提高，改变了人类与自然之间的作用与反作用力量的对比，从而在人类与自然的关系中，人类的主动地位越来越高，人地关系在许多方面取决于人类。人类对自然资源利用的科学观建立是最近的事情，这种建立，不是首先发生于自觉的理性预见和认知，而是在为自己的行为付出沉重代价之后进行反省和反思的被动结果。

二、人类生存的两种食物来源　除却空气、阳光和水之外，作为人类生存的食物来源大致只有两类：植物类和动物类。这两类食物在人类之初都是自然的、原生的，随着人类发展的进程才有了驯化的植物和驯养的动物。一种植物从原生到驯化是一个十分复杂、十分艰难的历史进程；一种动物从原生到驯养，更是一个复杂而艰难同时伴随着危险的历史进程。今天我们种植的庄稼，栽培的蔬菜和水果，今天伴随我们进行生产和生活的家畜和家禽，都是由原生驯化而来的。

植物类为原始人类提供的是现成的果实和直接食用的茎、叶、花、果和根块。全球植物物种的多样性，使人类有着极大的食用选择空间，尤其在地球南北温带之间的地域里，植物的种类异常丰富。在南美洲的巴西和哥伦比亚，在亚洲的中国和马来西亚，植物物种都是数以百万计的。

动物类为人类提供的是活生生的食物。与植物相比，它不是那样现成唾手可得。动物的逃避本能和攻击本性，使原始人类在猎食动物时往往要付出惨重的甚至是生命的代价。而且原始人类本身也是凶猛动物的食物。这种法则，直到今天依然存在着。草原上的狼，在严寒的冬季里依然以人类为捕食生物；丛林里的老虎，更是没有把人类排除在它们的食谱之外；非洲的狮子、亚马孙河流里的鳄鱼和海洋里的鲨鱼，也是食人成性。因而原始人类在动物的弱肉强食的法则里，过着人与动物双重规则的生活。

就本体生存而言，植物给人类提供的食物最为直接和普遍。大约在 1 万年前，人类开始驯化了大致是今天我们所种植的传统农作物，包括蔬菜。在大致相同的历史阶段，人类开始了对原生果树的驯化，并逐渐掌握了嫁接技术。这在世界多地都发现了相应的考古学依据。在中国湖南省道县玉蟾岩遗址、浙江省浦江县上山文化遗址和江西省万年县仙人洞遗址，发现了 1.2 万年左右种植稻谷的考古学证据。这种对原生植物的驯化与种植标志着农业的起源，标志着农耕社会的出现，同时也是人类进化阶段上的里程碑，人类从原始人过渡到了现代人。

三、人类生存的两种基本环境　陆域、水域是人类生存的两种基本环境。

陆域环境中的农业耕作是人类本体生存基本的和基础的生产活动，在工业社会出现之前，在社会分工出现之前，是全人类必须人人都掌握的生产技能和生存手段。那时候，人类无论选择在哪里定居，首先关注的就是土地和水。

原始开垦，是耕地的基本获取方法，为此人类砍伐或烧毁了大片的森林和草原。然而由于地质结构的原因，并不是所有的地域都可以开垦，由于土壤性质的原因，也不是所有的土地都适合种植。尤其是水利条件，决定着种植的收成。这样，农业的发展便受到地理条件的制约。最初选择的定居地域可开垦的土地随着人口增长，在逐步开垦中达到了极限，出现了人口发展和可开垦土地面积比例失调，原有的土地养活不了年复一年增加的人口，于是，就要进行重新选择，或是这一地域里的人全部迁移到一个更广阔更有开垦潜力的地域，或是部分人迁出到新的地域进行新的开垦。这种状况的迁出迁入在原始部落时期，一般是平静的、自然的和自由的，因为部落间都有着像今天的公海、南极圈、北极圈这样无国属的广阔地带，而且那时的部落并没有很强的领土观念和疆域意识，通常只是居住。或许正是人口发展与土地面积的失调，各部落在对新的生存空间进行新的选择时，切身感到了土地与生存关系的极端重要性，开始发生土地争执和争夺，领土、疆界意识被培育出来，而且日甚一日、年甚一年。当人类社会进入国家时期后，这种对土地的占领、对生存空间的争夺，彻底破坏了农耕生活的平静，发生了扩张、占领和殖民等现象。

对于人类的本体生存而言，水域环境依次是河流、湖泊和海洋。河流是基本的水域环境，它提供人类所需的饮用水和农作物灌溉水。湖泊除提供人类本体生存所需的饮用和灌溉水外，还提供足够的鱼类。海洋的水质是咸的，不能饮用和灌溉，但海洋是人类对鱼类之需的重要源地。

在今天，世界各地都有草原和高原的游牧民族。蒙古高原和青藏高原是游牧民族较为集中的地方。如果说农耕民族继承了原始人类食用植物的传统的话，那么游牧民族则比较完整地继承了人类食用动物的传统。

四、人类对食物的最终选择与农业起源　在大自然丰富的物种中，人类最终的食物选择是植物果实，辅之以动物肉类和禽蛋。这种选择是农业的初始孕育，预示着农业或迟或早的起源。

农业起源是社会发展到一定阶段的必然产物，是人类发展的综合因素的结果，而不是单一的因素所能够推动或达成的结果。目前关于农业起源的理论缺乏大视野，缺乏对综合因素的认知能力和把握能力，种种关于农业起源的理论并非毫无道理，然而这些理论总让人想起盲人摸象的故事。有的理论认为农业起源于饥馑，在人口增多采集的植物出现匮乏的时候开始了种植；另一种理论则恰恰相反，认为驯化原生植物是缓慢的长期的过程，在饥馑的情况下，不可能不解燃眉之急而做不知成败的事情去驯化植物，于是就提出了农业起源于富足。在探究农业起源地的时候，也是强调了单一的因素，以稻粒为依据，哪里考古发现的驯化稻粒早，哪里就是农业的起源地，之后再扩散到四面八方。结果出现了不断宣布农业起源地这种令人感到过于随意有失学术严谨和严肃的现象。中国近些年来对稻作的考古比较有兴趣，以实证的思维认为哪里稻粒出土的时间最早，哪里就是农业的起源地，于是出现了以稻粒定乾坤的做法。20 世纪 70 年代浙江省余姚市河姆渡遗址出土了 7000 年前的驯化稻粒，便认为长江下游是稻作起源的中心；1988 年在湖南省澧县彭头山出土了 8000~9000 年前的栽培稻粒，随即又将稻作起源的中心移到了长江中游。就在这种追寻稻粒的热潮中，又发现了湖南省道县玉蟾岩距今约 1. 2 万年的炭化稻粒，在浙江省萧山市跨湖桥遗址和浦江县上山遗址也发现了距今超过万年的稻粒。湖南道县与浙江浦江县之间相隔千里之遥，按照一点起源四方扩散的观点，这两地的稻作技术是谁传给了谁呢？而且以那时的传播速度，在同一个时期里能够达到吗？

在农业起源的问题上出现过印度起源说、东南亚起源说、华南起源说和长江中下游起源说等多种说法。如果用进化论的观点观照人类的心智进化过程，各地人类发展时期大致是相同的，也就是说，某个地域里的人类能够认识到的事物，其他地域的人类在差不多的年代里也可以认识到。所以，种植方式未必就是一概而论千篇一律地首先在一地发生而后四面传播，倒是有可能多地同时发生或者或前或后在差不多的年代里发生。在时间概念上，也未必晚者就一定是被传播地，而不是起源地。从理论上讲，农业的起源应该满足 3 个条件：一是将习惯性的食用植物驯化成功，而且栽培成功；二是反复种植，形成完整的技术体系，有自给的粮食收获；三是能够充分地认识和利用驯化植物生长的自然条件。现在比较一致的观点认为世界上有 3 个农业起源中心，年代都在公元前 5000 年左右。一个是西亚，中心位置在伊拉克国家周围，主要种植小麦和大麦，印度的摩尔噶尔遗址证明了公元前 6000 年就有大麦和小麦种植；另一个是中国，就是黄河中下游粟作起源点和长江中下游的稻作起源点；还有一个是南美洲，主要是种植玉米，同时还有豆角和南瓜的种植。

第四节　自然资源规制下的人类生态

自然资源的样式决定着依赖自然资源生存的人类的生存方式。这种生存方式包括对自然资源的索取方式和使用方式，也就是生产方式和生活方式。因为自然资源提供的是植物的果实、根块、茎叶和动物的肉体，所以，生存在自然界的人类不可能离开自然界既有的物质而生存。这是大自然的不可撼动、不可更改、不可转换、不可替代的规定。于是，大自然提供什么物质，人类就只能利用什么物质。所谓地域环境的不同，首先指的是地形面貌的不同，也包括不同温度带的环境。地域环境不同，自然资源则不同；自然资源不同，人类的生产生活方式则不同。这是人地关系的根本规律。

一、关于生存方式的一般定义　生存是人生第一要义。人类的进化依据生存方式可以分为 3 个时期：第一个时期是自然选择时期，这个时期是自然选择人类，物竞天择，适者生存；第二个时期是选择自然时期，在这个时期里人类以迁徙的方式，寻找最适合生存的自然环境；第三个时期是改造自然时期，这个时期是人类依靠科技手段，让环境更适合生存更便利生存。在数百万年的进化过程中，从远古人类到现代人类，他们因地制宜、与时俱进地采取了多种生存方式。大致有采集生存方式、渔猎生存方式、游牧生存方式、农耕生存方式、工业生存方式和复合生存方式等 6 种基本生存方式。农耕生存方式是原始生存方式的终结与现代生存方式的肇始。工业生存方式是在农耕生存方式的基础上发展而来的更为现代的生存方式。严格地说，农耕并不是完全意义上的农业，农耕初期并没有农业体系，只是农业起源的初始阶段。现代农业是工业出现之后充分利用了工业现代化成果的现代化生产水平很高的农业，从一定意义上讲，现代农业是工业化农业。工业生存方式也是具有不同阶段的现代生存方式。最初的工业起始于矿产业和制造业。现代工业是在计算机制导下的工业，是科学技术水准最高、最能够代表生产的先进方向和发展导向的产业。

生产是生存的基本行为。生产方式是生存的基本行为方式。所以，人类所经历的采集生存方式、渔猎生存方式、游牧生存方式、农耕生存方式、工业生存方式、复合生存方式这 6 种生存方式，其实也就是人类所采取的主要的 6 种生产方式。依据这 6 种生产方式生产的首次目的、生产的性质和产品的属性，可以分为 3 个类别：生产的首次目的为衣食、生产的性质是自给自足、产品的属性是生活直需的物资，是第一级生产方式，也是第一级生存方式；生产的首次目的为应用、生产的性质是资本积累、产品的属性是商品，是第二级生产方式，也是第二级生存方式；生产的首次目的为货币、生产的性质是以智力和体力服务他人、产品的属性是无形的有偿服务，是第三级生产方式，也是第三级生存方式。

就生存状态而言，不外乎基本生存、富足生存和奢侈生存这样 3 个类别。这 3 个类别在国家层面上通常对应着欠发达国家、发展中国家和发达国家，也就是第三世界、第二世界和第一世界。这 3 个“世界”的生存状态在客观上与地域环境的自然资源有关，在主观上与人的生存观念和民族的禀赋有关。也就是说，由于自然资源的多样性，由于人对地的反作用，由于人人关系，由于不同人群的禀赋或社区的习尚等原因，导致人类的生存呈现出这样 3 种不同的状态。

地理环境的不同决定了自然资源的不同；自然资源的不同，决定了生产方式的不同。虽然生产方式是由地理环境的自然资源决定的，但是在人地关系中，人类总是有反作用于自然环境的能力和行为。不同地域里的人类对生存方式的选择，具有一定的自主空间。

人类对地域环境资源的选择和利用分为两种情况：第一种情况是自然资源丰富地域环境里的人类的生存方式的选择，这里的人类通常顺应地域环境，积极利用本地域的自然资源，如土地资源丰富，土地自身条件优越，可以广泛耕种的地域，这种地域环境里的人类，一般进行的是保障人类生存直需的衣食生产，也就是农业生产，实行的是第一级生产方式，也是第一级生存方式。第二种情况是自然资源匮乏地域环境里的人类的生存方式的选择。地域自然资源匮乏涵盖两种情况：一种是绝对意义上的匮乏，在本地域范围内既没有地表资源，也没有地下资源，如荒漠、半荒漠或某些山地地域、高纬度冻土地域；另一种情况是相对意义的匮乏，地域面积狭小，发展空间局限过大，如岛屿和半岛地域。因此，生活在自然资源匮乏地域环境里的人类的生存方式的选择，也有两种情况：一是开发本地域相对丰富的自然资源，弥补所需资源的不足和匮乏，如因土地资源不足而开发矿物资源；二是千方百计利用他域资源，如以贸易、殖民、掠夺和扩张等形式，将他域资源为我所用。

人人关系对人类生存方式选择也有至关重要的影响。人人关系对人类生存产生最大的影响是生存焦虑。原始人类带着动物“弱肉强食”的“丛林法则”进化为现代人，因而任何地域里的人都担心被其他地域里的人欺凌和奴役，成为其他地域人类的牺牲品，终日焦虑。于是，弱者或小者，担心强者或大者；强者或大者，也焦虑自己会衰弱变小。自强、自大，抑强、抑大，成为人类生存的一种心照不宣的方式与法则。英国的“大陆义务”、美国的欧洲政策和亚太战略，都是这种抑强抑大法则的典型体现。也正因为如此，英国和美国都是追求均势，维持平衡，实行削弱强国抑制大国的均势政策与平衡战略。在核武时代，这种生存焦虑倍加严重，生存如履薄冰，“险坡效应”随之而生，时时觉得倾覆在即，高度紧张的神经极易作出过激反应，不是也是，是也不是，处处戒备、战略互疑，理性思维被“险坡效应”干扰和遮蔽，非理性行为随时发生，致使国际安全一直处于岌岌可危的状态。此在于彼，彼在于此，彼此是相互制约的共同体，安全就是命运，是人类共同的命运。因此，人人关系对生存方式也有着决定性影响。

二、不同地域不同时期的不同生存方式 地理环境与自然资源既有同一性，又有非同一性。地理环境决定着自然资源的种类和数量，从特定的资源意义上说，地理环境本身就是资源。如平原地理环境、丘陵地理环境、山地地理环境、水域地理环境等，其本身的地形地貌就是资源。地理环境所处的适中的纬度，也是资源。不同地域的不同生存方式往往就是受地形、地貌和所处的纬度决定的。也正是不同地域环境和不同的历史时期，才使人类出现了不同的生存方式。

（一）采集生存方式 采集生存方式是人类最初的最原始的生产和生活方式，就生产方式而言属于第一级生产方式。1 万年之前的人类，历经数百万年一直是这种生产方式。这种生产方式也许并不是人类自觉的理性选择，而是无意识的本能选择。吃是生命的基本行为，吃什么、怎么吃，并没有先验借鉴，也得不到而且也不可能得到任何先知的教导和指点，盲目地随机地咀嚼身边的随时随地可以信手拈来的植物茎、叶、果实或根块，先是凭着口的感觉，后是凭着胃的感觉，最后是凭着身体的全面感觉，渐渐认识到哪些植物可以吃，哪些植物不能吃。这是一个漫长的体验过程、认知过程和选择过程，付出的不仅是辛劳与耐心，还有不计其数个体的生命代价。

采集是无生产资料、无生产投入的静态生产。所谓静态生产，因为生产对象是静态的，只要依靠手就能够完成。随着采集的时间推移，采集就不单单是信手拈来的摘采，而需要攀高或借助树枝延长手臂采摘树上的果实。倘若是坚果，则需要借助石块将其砸开。借用树枝摘果实，利用石块砸坚果，日积月累便产生了工具意识。

（二）渔猎生存方式 渔猎生存方式也是人类最原始的生产方式，属于第一级生产方式。但与静态的采集生产方式不同，渔猎生产是动态的，因为生产对象是动态的，会跑、会飞，甚至还有攻击性。渔猎生产方式也许稍稍晚于采集生产方式，但并不是在采集生产方式之后具有承继关系的生产方式，在相当漫长的原始生活中，渔猎生产方式与采集生产方式是并存的。直到今天，许多沿海地域、大的岛屿、环湖地域中的人们，通常是亦农亦渔的。渔猎有两个义项：打鱼和狩猎。所以对“渔猎”一词的使用多数情况下是因人因文而异的。

捕鱼以食，最初是在河流里进行的。人类对水的最初认识应该是山川的河流和溪流，起码绝大部分远古人类对水的认识不是始于海洋。所以渔猎之渔，首先是始于河流，尤其是大江、大河和湖泊，而且最初也只是蹚着水直接用手捕捉，结网则是旧石器时代晚期接近新石器时代的事情。

而狩猎，比捕鱼要艰难得多。许多动物反应敏捷，很难捕捉，而且有的还具有攻击性。在一个人的智慧和力量不足以猎取大的动物或者应对具有攻击性动物的攻击时，利用多个人的智慧和联合起来的力量与之对抗，从而使人类的智慧进化步入了具有原发意义的时期。因而渔猎是比采集更具有进化意义的生产方式。

（三）游牧生存方式　游牧生存方式是由渔猎生存方式演化或发展而来的。狩猎是人类捕捉动物以食其肉的生存方式，随着狩猎经验的积累和狩猎工具的改进以及技艺的提高，捕获的猎物越来越多。一次狩猎，可多日食用。于是，不想让猎物死去就需要喂养。在捕获的动物中较多的是植食动物，一旦需要喂养，遍地都是青草，饲养方便、简易。有时也可以用藤条或用树皮拧成的绳索将喂养的动物拴着让它自己吃草，至此原始的牧放出现雏形。驯养的植食动物越多，对草地的选择越高，一片草地不好，需要寻找更好的草地；一片草地被吃完，需要寻找新的草地，于是转场发生。转场是游牧的发端，最终一套游牧体系完全形成。

游牧体系的形成也意味着一个新的民族的产生。这个民族从采集的人群中分离出来，从采集和渔猎相混合的生存方式中分离出来，成为一个依托草原，以狩猎、驯养、繁殖动物为生存方式的游牧民族。

（四）农耕生存方式　农耕生存方式是采集生存方式的延伸，有着血统般的承继关系，原因就在于人类的劳动对象和生产目的没有发生本质的改变，仍然是生命直需的衣食生产，因而农耕仍然是第一级生产方式。在相当长的时间里，农耕和采集是并存的，特别是在农业技术尚不成熟、农业体系尚未建立时期，农业的不足需要以采集来补充。至今倘若农业歉收，农民自然而然地想到采集野菜和野果以资补救，与其说这是人类的本能，不如说是远古人类的进化留痕。

农耕生产方式决定了人类生存的社会化特点：种植、定居、聚落、城邦、社区。人与人之间的关系因此变得稳固而深刻，不再是擦肩而过。

农耕与采集的最大不同是人类彻底定居下来，把全部的希望寄托于脚下的土地。这使人类有了预期心理。采集的那个伸手摘下浆果放进口中单一的动作，被分解开来：自然果实，直接采取、满足直需。这是自然经济基础的 3 个原始要素，而且自此开始延伸、拓展、变异和演化。自然果实变成人工果实，直接采取变成耕种获取，最终结果也是满足直需，但食物结构比较单一化和固定化了。耕种、收获、食用，作为农业体系的核心元素，产生出开垦与土壤、选种与种植、管理与收获、贮藏与饮食这样一套完整体系。这当中还有一个贯穿始终的被视为耕种与收获的决定性因素——气候与气象。这样，农业体系和农业科学便开始孕育。这是人类进化史上划时代的改变，同时也标志着人地关系、人人关系的划时代的改变。由此而论，农业的起源是远古人类与现代人类行为意义上的分界线。

农业核心元素种植的扩展，开垦和耕种的工具由木制到铜制和铁制，贮藏和饮食器具由窑陶器到青铜器，手工业被自然而然地催生出来。这实际是工业的悄然孕育。所以，农业是百科之业，是有无限包容性的百业之根、百业之母。

农业起源的伴生物是村落。村落和聚落有所区别。在农业起源之前的一个时期内，有氏族部落的临时的并不长久的自然性聚落。没有聚落不可能使游动的人类稳定下来，也不可能有对植物的驯化过程，农业也不可能产生。农业最大的社会特征是村落的伴生。村落的最大特征是社会性，文化开始积淀，并持续积累、稳定发展，人类的社会化开始形成。

农业具有地域性、季节性和周期性的特点。在概念使用的习惯里，地域主要是个水平方向概念，极少作垂直概念使用。所以农业的地域性主要是由水平分异所决定的，受纬度影响；垂直分异受制于海拔高度，对地域也有区分意义。农业的季节性主要是一年之中的节气，纬度不同的地域，季节的内涵不尽相同。农业的周期性主要是由农作物的生长周期所决定的。由于农业主要是植物种植业，所以受自然环境条件特别是气候因素影响最为直接最为巨大。

正是农业的地域性，使农业出现不同的地域类型。农业地域类型是指在一定地域内形成稳定形态和完整体系的区域性农业生产类型。世界农业地域类型可分为：以种植业为主的农业地域类型，以畜牧业为主的农业地域类型，以混合农业为主的农业地域类型。热带迁移农业也算是一种农业类型，是一种土地和住所都不固定的原始农业地域类型，主要分布在南美洲亚马孙河流域和非洲刚果盆地。

农业发展的关键在于建立良好的农业区位。影响农业区位主要有自然条件、社会条件和科技条件 3 个因素。自然条件主要是：地形条件、气候条件、土壤条件和水利条件；社会条件主要是：政策条件、市场条件、劳动力条件、资金条件、运输条件和管理条件；科技条件主要是：种子条件、机械条件、肥料条件、冷藏条件和新技术条件。1826 年，曾是德国梅克伦堡平原农场主的杜能，出版了《孤立国同农业和国民经济的关系》专著，提出农业区位论，被誉为“边际生产率说”的先驱。他假定：平原中央有一座城市，也是惟一一座市场，与周围农业构成一个孤立地区，在各方面条件均等的情况下，离城市越远，运费越高；离城市越近，租金越高；而农民则要选择收益最高的农产品。农业区位是农业发展的重要因素。

（五）工业生存方式 工业生存方式是农耕生存方式长期发展的结果。矿产、冶炼、制造，是工业生存方式的三大体系特征；商品、市场、分工、流通和分配是工业生存方式的五大机制特征。工业生存方式的历史性发展使人类社会自此以工业为发展轴心，以工业生产为经济主导。这种生存方式不以耕种为主，不以生产粮食为目的，而以制造为主，以利润为目的，从而颠覆了农耕生存方式的生存价值观。家庭的社会核心地位被工厂所取代，血缘的社会联结纽带被行业所取代，稳固的家庭单元让位于充满活力的公司单元；生产所需要的能源是工业化能源，是化学能源、石油能源和电力能源，而不再是农业的人力和畜力能源；机器制造代替了手工制造，工业技艺代替了手工技艺，机械运输代替了牲畜运输；汽车催生了公路，火车催生了铁路，轮船开辟了海洋航线，飞机开辟了空中航线。因此，工业时代是人类立体生存的时代。

由于商品、市场、分工、流通和分配是工业生存方式的机制特征，所以工业社会强调集体作用和团队作用，强调环节效应和协作精神，这就更加凸显了人类相互依存的内在联系。由于工业生存方式是集约化很强的生存方式，从而将人人关系推向有史以来最为多元和最为繁复的时代。

工业制造起源于小手工业，但是工业制造作为社会产业，作为社会化生产，无论生产规模、生产手段、生产技艺和生产产品，都是小手工业所不可比拟的。工业社会经历了传统的工业发展阶段和现代工业发展阶段两个大的发展阶段，这两个阶段最显著的区别在于传统工业主要由矿产业和制造业构成，而现代工业则是由高科技产业和信息产业构成。

（六）复合生存方式 复合生存方式是以工业生存方式为基础，以某一产业为主体，多种产业并举的生存方式。这是人类进入21世纪以来的生存方式，是最现代的生存方式。这种生存方式的最大特征是充分利用最高科技成果，制造出最具现代性的应用工具，包括了人类生产和生活的一切方面。这些工具在不同的领域有不同的样式，如汽车、轮船、飞机、火车、计算机、宇宙航天器、地球卫星等。所以，现在除第三世界部分国家和地区是单一的生存方式之外，世界多数国家和地区都是以某一产业为主、多产业并举发展的复合生存方式。

除却这些普遍意义上的生存方式之外，地域之内的特殊自然资源也往往决定着特殊的生存方式。中东最广泛且能够改变世界的自然资源是石油，中东的石油成为了世界性必需的资源，因此，开采石油、出口石油，是中东国家两大程序式的生存方式。俄罗斯最突出的起码能够影响欧洲生产和生活的自然资源是天然气。欧洲国家除极个别之外，都程度不一地依赖俄罗斯的天然气。2014年6月，乌克兰与俄罗斯因天然气的供需问题产生摩擦，乌克兰以俄罗斯向欧洲输气的管道经过乌克兰全境为由而要求优惠价格，俄罗斯则强调乌克兰应该将所欠的天然气款项结清才能考虑优惠价格问题，并一度关闭了向乌克兰输气的管道。天然气生产构成了俄罗斯重要的生存方式。而海湾国家卡塔尔则完全是靠石油和天然气生存的国家，这片弹丸之地拥有储量居世界第三位的天然气。

还有的自然资源并不一定是实实在在的现实资源，而是一种地缘资源，同样也决定着生存方式。历史上丹麦王国在1397年到1523年的卡尔玛联盟时期，包括了挪威王国和瑞典王国，三国共一个国君。这个时期丹麦东部的波罗的海和西部的北海，海上贸易逐渐兴起并繁盛，两海之间的惟一通道厄勒海峡就成了真正的黄金水道。1429年，统治丹麦的国王埃里克七世逼迫经过厄勒海峡的过往船只交纳过境费。贸易越发展，海峡过往船只越多，丹麦王国收费也就越多，王国的王宫、城堡、教堂等建筑，都是用收取的过境费修建的。1523年，卡尔玛联盟瓦解，瑞典王国开始入侵丹麦，争夺波罗的海霸权。1563年，丹麦与瑞典又进行了“北方七年战争”，1611年与瑞典又进行了两年的“卡尔玛战争”，1643年再次与瑞典交战，依据《布勒姆瑟布鲁条约》，丹麦将哥得兰岛、埃泽尔岛等地割让瑞典。1657年，丹麦与波兰、俄国结盟对瑞典宣战，但再次失败，与瑞典签订了《罗斯基勒合约》，失去了斯科讷、布莱金厄和哈兰等大片国土。此后又多次与瑞典交战，直到1814年最终将挪威王国割让瑞典，丹麦王国的国土仅剩下了日德兰半岛及西兰岛等几个小小的岛屿，本来处于国家腹地的国家中心哥本哈根，一夜之间跑到了边境线上。地缘变了，资源丢了。而且丹麦坐拥厄勒海峡生存这种状况一直持续到1857年，长达428年，造成了很大的负面效应，丹麦的农业、工业统统落后于欧洲各国。

还有一种纯属地理条件构成的地缘资源。亚洲与非洲交界处的埃及东北部，红海和地中海之间的陆地仅有约200千米；在中美洲，中美地峡将太平洋和大西洋隔断，最窄处距离不足10千米。后来在这两处分别开凿了苏伊士运河和巴拿马运河，成为得天独厚的地缘资源。苏伊士运河连接着欧洲、非洲及亚洲，是世界上最繁忙的海上航运通道。巴拿马运河连接着太平洋与加勒比海和大西洋。巴拿马国家因巴拿马运河而诞生，先有巴拿马运河，后有巴拿马国家。巴拿马地峡原居民是印第安人，有60多个部落。1501年，西班牙探险家罗德里格·德巴斯蒂达斯来到巴拿马地峡，翌年哥伦布也来到这里，巴拿马地峡因此而成为西班牙殖民地，并建起巴拿马城。1517年西班牙王室运进4000名非洲奴隶，巴拿马城遂成为奴隶贸易的集散中心。此后巴拿马城先后隶属西班牙墨西哥总督和西班牙秘鲁总督管辖区。19世纪初，在西属美洲独立运动中，巴拿马城于1821年宣告独立。1898年美国同西班牙的美西战争，奠定了美国的大国地位，美国总统西奥多·罗斯福从军事战略上考虑，认为在太平洋与大西洋之间应该有一条运河，1902年美国国会通过了法案，决定在巴拿马地峡开凿运河。历时10年，巴拿马运河凿通。运河由美国经营，巴拿马城收取年金。1903年11月4日，巴拿马城决定成立临时政府，半月后的11月18日，美国承认巴拿马独立。1968年5月，巴拿马要求美国将巴拿马运河管辖权交还巴拿马，1999年的最后一天，美国将巴拿马所有权正式移交巴拿马。巴拿马根据发展需要，不断扩建，拓宽河道，加深河床。2006年斥资53亿美元，将河运能力扩大了一倍。现在，巴拿马运河在世界贸易中发挥着举足轻重作用，是巴拿马国家经济的主要支柱。

第五节 自然资源支出的方向

自然资源支出的方向主要在于生物界，在于生物界的植物、动物和人类3个具体方向。这是3个不可同日而语的支出方向。生物界的植物对自然资源的消耗是一个循环过程，植物生长在对土壤资源和水资源消耗的同时又丰富了土壤的化学成分，植物被阳光照射后体内的水分变成气体，加入了大气循环。而且植物本身就是资源，没有植物的生长，就没有植物资源。因此，植物对自然资源的消耗不是本节所界定的消耗的概念。动物对自然资源的消耗主要是植物资源和与自身不同类的动物资源，除了大量的蝗虫对草地和森林的灾害性破坏外，动物本身像植物一样，既是消耗过程也是资源再生和再丰富的过程。最后的问题在于人类。人类对资源的消耗是全方位的，是植物和动物对自然资源的消耗所不可同日而语的。人类对自然资源消耗的选择，形成了自然资源5个支出方向，即生活方向、生产方向、国家管理方向、国家发展方向和人类之间争夺与反争夺的战争方向。

一、用于人类生活支出的自然资源 人类用于生活支出的自然资源在不同的历史阶段有不同的比例。农业起源之前，食物直接从自然界索取，自然资源支出是人类的直食资源。农业起源之后，出现稳定的村落，自然资源便有了人类必需的生活支出，有了村落建造的自然资源的支出。这些支出的自然资源都是可再生资源，直到工业社会出现之前，甚至直到现代化农业出现之前，人类生活所需自然资源基本都是可再生资源，对自然资源没有根本性破坏。在这个时期，地球对人类所需的自然资源的支出，几乎不存在任何负担。

二、用于人类生产支出的自然资源 在严格的意义上，只有农业起源之后，人类才有现代意义上的生产活动。原始农业时期生产十分原始，初期的生产工具依然是原始时代的石器和木器，后期才出现青铜器和铁器农具。在整个传统农业时期，生产所消耗的自然资源的比例和生活所消耗的自然资源的比例都很低。以中国北方的粟作农业为例。北方粟作农业一般一年两季，主要作物是小麦和高粱。农村户型多为三代和四代人，一般是6口至8口之家。生产所需要种子、肥料、农具、水井和牲畜等都是家庭自身所能够解决的。种子是上年留取的，肥料是农家粪肥，农具、水井和牲畜都是一次投资多年使用。牲畜的饲料一部分来自自然的杂草，一部分是庄稼的秸秆。所以传统农业时期自然资源的支出一般是较为适中的。现代农业出现后情况发生了根本性变化。现代农业以运用工业技术和工业成果为特征，最显著的特征是机械化和电气化。这是自然资源全方位消耗时期，特别是现代工业生产时期，对自然资源消耗的程度和广度是亘古未有的。

三、用于国家管理支出的自然资源 国家是社会管理的完整系统。国家管理系统异常庞杂，无所不包，无所不有，无所不管，无所不及，像巨大的树冠，枝上有枝，丫中分丫，枝枝丫丫，各成体统。因此，国家管理的开支是非常巨大的。

（一）机构 国家的管理通过设置机构实施。国家的各个领域、各个行业都有管理机构。在每一个管理系统中，都有多个不同的机构，垂直方向有不同的级层，平行方向有不同的行业，每一个级层有并列部门，每个部门又有垂直级层，不同个级层又有不同的部门，重重叠叠，林林总总。国家中的首都、省会、县城，都是国家各级机构集中的地方。这些机构需要场地、楼房和设备，需要土地资源和水资源的直接支出。

（二）职员 国家机构中的人员是国家的管理职员。在重重叠叠、林林总总的机构里，充斥着形形色色不同职业和职责的职员。由于这些职员是非生产人员，不直接创造财富，他们对自然资源的消费是通过国民生产总值的支出实现的。国家的管理系统也存在着系统的管理。国家管理系统中的系统管理人员通常有着特别的消费，既是特别的系统管理消费，也是特别的系统人员消费。

（三）中央政府 中央政府是国家管理系统的核心，是国家管理的控制中心，同时也直接控制着本国资源支出的方向和量度。中央政府因为国家管理的必需而具有合法性，同时也正是因其具有合法性而具有行政自由度。可以想见，这种行政自由度会导致资源的不当支出，机构重叠、人浮于事、繁文缛节，造成资源的巨型浪费。中央政府除了正常的国家管理开支外，还有非管理的支出，如排场支出。出行和接待的排场往往是不可减少的，然而规格和礼遇需要经济支撑。排场过于讲究，过于铺张，就是资源的浪费。决策是政府的职责和职能，特权是政府实施国家特定管理的特别权力，但使用不当或原本就是滥用特权，往往就是灾难性的后果。国家必须实行科学管理，违背科学规律，就会造成资源的浪费，如普遍性的重复建设，受市场驱动的盲目性生产，缺乏科学性的国家转型等。

四、用于国家发展支出的自然资源 国家要发展，民族要繁荣，国家需要必不可少的自然资源支出，如教育、卫生、科研的自然资源支出。教育、卫生、科研是国家发展的基础，同时也是国家自身必备的 3 种素质，而且三者缺一不可，缺一便不是健全的国家。道理并不深奥，国家智慧在于教育、民族健康在于卫生，国家和民族前进能量在于科研。这三者是有着内在联系的系统整体，教育是基础，没有教育，不可能有卫生和科研的高水平的发展，没有科技高水平的发展，国家就要落后，不可能实现现代化。没有卫生事业的发展，人民健康就没有保障，没有人民的健康，一切都是空谈。现在世界各国都十分注重教育、卫生和科研事业，除部分贫穷国家经济力不从心外，对教育、卫生和科研的投入都是相当大的，占国民生产总值很大的比例。大凡经济落后的国家，或是因为教育落后，或是由于卫生落后，或是在于科研落后，但仔细分析，三者往往互为因果。

五、用于人类战争支出的自然资源 人类战争自进入冷兵器世代以来，自然资源被用于战争的支出量越来越大。14 世纪，英国与法国进行了人类战争史上最长的 116 年战争；之后是持续了 400 年的以殖民为主题的战争；15 世纪末 16 世纪初，葡萄牙征服巴西、攻占果阿和马六甲，西班牙征服阿兹特克和印加帝国；16 世纪英国与西班牙大海战；17 世纪法国占领魏北克、德国三十年战争、英荷战争；18 世纪英法七年战争；19 世纪以来，战争愈发频繁，从 1801 年英国兼并爱尔兰开始，接踵而来的是 1824 年英国与缅甸贡榜王朝战争、爪哇战争、希腊战争、阿富汗战争、鸦片战争、美墨战争、普法战争、克里米亚战争、美国南北战争、亚齐战争、俄罗斯与奥斯曼土耳其战争、法国占领突尼斯战争、英国占领埃及战争、法国与萨摩日七年战争、中日甲午战争、法国吞并马达加斯加战争、美西战争等；20世纪布尔战争、日俄战争、赫雷罗战争、意大利占领利比亚战争、巴尔干战争，第一次世界大战、第二次世界大战和持续不断的区域战争。这些无休止的战争，大量地消耗着自然资源。第一次世界大战是人类战争的转折点，自此人类战争成为陆海空立体化战争，自然资源用于人类战争的支出进入顶峰期。1929年法国修建马其诺防线，全长400千米，共5600个永久性工事，耗资之巨，不言而喻。第二次世界大战中，德国以人类首次大规模空降作战侵占希腊的克里特岛，动用战斗机600架，运输机600架，投入兵力2.2万人。更有甚者，1944年9月在荷兰的阿纳姆空降战役中，美英盟军第一次空降动用飞机2035架，第二次为2563架。苏德库尔斯克战役是十分典型的钢铁大战，两千多辆坦克在十几平方千米的战场上驰骋纵横。苏联为了保证战场上有足够的坦克拼杀，以每月制造2000辆坦克的速度供应战场。诺曼底登陆作战，盟军动用了舰船1.7万艘、飞机1万架、水陆两栖坦克数百辆。第二次世界大战开启了核战争时代，美国在日本广岛投下人类有史以来第一颗原子弹。

二战结束进入冷战时代，军备竞赛使军费开支节节攀升，核讹诈、核垄断，愈演愈烈。美苏英三国没有因为雅尔塔会议而收敛军事野心，为了实施对对方快速有效的核打击，美苏两国都在北极冰盖下长年驻扎着核潜艇。美国甚至计划利用月球控制地球，在月球建立导弹发射基地，打击地球上任何敌对目标。美国艾森豪威尔总统1958年在国情咨文中说是苏联挑起了全面冷战，文中称："在历史上，苏联威胁之所以独特，是因为其无所不包，它强迫每一种人类活动为其扩张服务。"为此美国挑起了一场"喷气推进式"现代军备竞赛，弹道洲际导弹、潜射导弹、B-52轰炸机，就是在这个时期制造出来的。这种军备竞赛，直接刺激着军费飙升，美国人甚至鼓吹"美国的国防开支应该没有上限"。在美苏冷战中，英国全力推行"三环外交"。这是丘吉尔的称霸世界的外交战略。"三环外交"的主体思想是：以英国为一环，以全世界讲英语的地区为二环，以欧洲为三环，将欧洲、非洲、中东直至远东的"巨大资源汇集起来"，把英国操纵下的西欧联盟、西欧各国殖民地统统联结起来，重新取得昔日霸主地位。不仅这美苏英三国，世界上的版图大国、版图小国，人口大国、人口小国，经济大国、经济小国，军事大国、军事小国，其军费开支在国家总收入中的比例也是越来越高。2012年，美国军费开支高达6983亿美元，逼近7000亿美元，位居世界第一。美国各军兵种为了争取军费，甚至在国际上制造种种情况，证明自身存在的必要性和重要性，好向国会讨要军费。

与战争相匹配的军事工业对自然资源的需求量巨大。军事工业是军事大国的支柱产业。美国、俄罗斯、法国、德国和英国都是全球武器出口大国，这5个国家的武器出口总量在21世纪之初占世界武器出口总量的85%以上。2015年全球武器贸易额为800亿美元，美国武器销售额为400亿美元，法国为150亿美元，俄罗斯为111亿美元。

我们有憧憬未来的天性，但是我们不敢憧憬战争的未来。战争的未来将以战争自身的更加“辉煌”而昭示着人类自身的更加可悲。以现在的科技发展趋势完全可以断言，未来的战争是智能化战争，甚至是太空战争，其主要标志是将计算机人工智能嵌入各类武器之中。当前美国军方正在研制“心灵感应头盔”，届时士兵能够不做任何动作，只通过心灵感应就可以沟通设备。或许还有更加令人不可思议的可能：人脑的功能很有可能是通过诸多不同的功能区综合达成的，干预不同的功能区，就有可能改变人脑的不同功能。当然，前提是合乎科学伦理。如今，强化军队智能化建设已经成为世界潮流。人工智能已成为当代科技的重要标识，还在进行的关于“奇点”的争论，已经表明人工智能到达了人类智能的临界点了。这无疑表明智能化战争将成为未来战争的主要样式，改变以军队为主要战争力量的战争样式。

历朝历代的统治者都是强军思维，而不是去军思维。用于战争支出的自然资源，是人类对自然资源消耗的最大部分。

现在，世界国家经济发展格局发生了前所未有的变化。世界国家经济格局的改变，直接导致国家在世界经济格局中地位的改变。这种改变蕴含着发展，也蕴含着战争。这种战争来自两个方向：自身的扩张和外部的挤对。

正是当代人类的经济疯狂，造成了自然资源的严重透支。这关系到环境伦理学。环境伦理学在人与自然的道德关系方面，在受人与自然关系影响的人与人之间的道德关系方面，建立起学科的理论基础和行为规范。环境伦理的重要原则是正义的原则，用正义的原则规范人与自然的关系，规范人与自然关系中的人人关系。环境正义原则要求人类合理而公正地利用环境，建立可持续发展的环境公正原则，实现人类在环境利益上的公正，确立公民的公正环境权。

可持续发展的环境公正原则，包括3个主要方面：一是国际环境公正，世界各个国家和地区享有平等的自然资源的使用权利，限制某些国家过度开发和滥用自然资源；二是国内环境公正，保证自然环境的公益性，共同保护生态平衡，避免生态危机，禁止在行业利益驱动下任意毁坏环境；三是代际环境公正，当代人不可以透支下一代人的环境利益，破坏下一代人发展的环境基础，甚至剥夺下一代人环境发展的权利。所谓公民的公正环境权，就是人人都享有在健康环境和舒适环境中优质生存的权利和权力，这种权利和权力不应因为一味地追求经济发展而被剥夺。对自然环境利益的透支，违背了环境伦理的公正原则。

要实现对自然资源的合理消耗，关键在于处理好生产和消费的关系，保证供给侧结构和需求侧结构的合理性。目前，世界各个国家这两侧的结构都不是完全合理的。供给侧的生产结构很庞杂，多种生产体制、多种生产关系、多种生产目的，甚至存在不法生产的地下工厂。供给侧结构的首要问题是解决哪些生产者在生产、以什么目的和以什么方式生产的问题。需求侧的消费结构也很庞杂，多种消费群体、多种消费渠道、多种消费目的，甚至存在不法消费的地下交易。需求侧结构的首要问题是解决哪些消费者在消费、以什么目的和以什么方式消费的问题。在这两侧之中，金融起着关键作用。金融流向是问题的根本。金融流向什么样的生产领域，流向什么样的消费领域，直接决定着对自然资源消耗的合理性。

合理使用自然资源，不透支自然资源，将是人地关系中的一项重要原则。

第六章　人类的本体创造与精神皈依

创造力是人类独有的。人类的生存在于创造。人类生活在大自然的创造里，同时也生活在自我的创造里。人类创造了世界，也创造了自我。

创造与进化有着必然的联系，人类的创造力是随着进化而增强的，然而进化并不是创造，特别是人类的本体创造，并不是进化的直接结果。

所谓人类的本体创造，就是人类对自身的创造。人类的形体随着进化而变化，在一定的意义上也是一种创造，但人类对本体的创造主要是在发声肌理上创造了说话的本体功能，同时也创造了说话的语言和附属于语言的文字。

在本体精神上，人类创造了精神皈依——信仰。信仰是多元的，不具备惟一性。信仰的多元性可以是信仰的多样性，这种多样性可以是物质的，可以是精神的，也可以是一个个体人的信仰多样性，而且是可变更的。

附属于信仰的宗教，在某种意义上是信仰最大的一元，是绝对多数人的精神皈依。信仰宗教和宗教信仰，是人类的重要文化现象。

第一节　本体创造：话语功能

本体创造的说话功能，可以理解为在本体的本来的发声肌理上的创造，这种创造是在长期的进化中完成的，特别是说话的关键部位舌头。一般动物都有舌头，然而一般动物的舌头只有味觉功能，不具备说话功能。人类说话功能的本体创造，关键就在于对舌头的创造，使人类的舌头既具有所有动物的味觉功能，又具有独特的说话功能。正是说话的功能使人类具有交流与对话的基础条件，而话语达成了人类的交流与对话，从而密切了人类之间的联系，使人类成为整体的人类。话语是人类服务于本体创造的创造，是人类特有的语言，而表现语言的文字则是人类服务于语言创造的又一种创造。语言与文字是人类交流的声音符号和记录符号，是人类生存的另一种工具和保障。

一、语言　语言是人类生理机制发展到一定程度所产生的以声音表达自我意欲的社会现象。随着人类的进化和文明程度的提高，语言的词汇越来越丰富，达意越来越具体、越来越专一、越来越准确，语言的社会性也越来越鲜明。

就人类语言自身而言，共有3个语言体系：一是肢体语言体系，二是口头语言体系，三是文字语言体系。肢体语言是人类的第一种语言，包括表情和手势；口头语言是肢体语言之后的第二种语言；文字语言是文字产生以后的书面语言。

现在世界上大约有5650种语言，英语、汉语、法语、德语、俄语、西班牙语、阿拉伯语是世界上被使用最多最广泛的语言。

（一）语言的产生　发声是绝大多数动物的基本生理功能。人类最起码在人科动物时期就有了良好的发声功能，而且这种功能比一般动物更具有进化潜质，发声比一般动物更具有明显的意向性。从宽泛意义上讲，动物都有自己种类的语言，不会发声的动物只有肢体语言，没有口头语言；会发声的动物既有肢体语言，也有口头语言。语言产生于动物之间交流的需要，是动物交流时的约定俗成。这一点是与人类相同的。人类最初使用的语言是单音节的，如“啊”、“哦”、“噢”之类。在现代人类眼里，这些语言非常原始，等同于叫唤。原始人类的肢体语言被现代人类称之为表情、手势和示意。在今天的现代人类中，高兴时的手舞足蹈、愤怒时的捶胸顿足、惊恐时的尖叫、愤怒时的咆哮，都可以理解为原始人类的肢体语言和单音节语音在进化中的承继或残存。

语言产生于人际交流，诚如《吕氏春秋》所言：“非辞无以相期。”没有人与人之间的交流就不会有语言的产生。人类从一开始就是一个“类”，而不是一个“人”，一个个体的人是不可能存在的，即使世界上只有亚当和夏娃两个人，也构成了人际关系，一经构成人际关系就必然有交流。交流需要沟通和“对话”，表达一方的或双方的意图。这之间就需要媒介，这种媒介可以是肢体动作，如表情、手势和示意，但这些媒介局限性太大，具有太大的模糊性、宽泛性和多义性。人类具备发声生理机理，而且发声从一开始就担任了媒介的角色，以发出的声音作为媒介并与肢体媒介配合使用，渐渐地表现出更多的优势和潜质，在人际交流中担任了主要角色，最终语言成为人类重要的须臾不可或缺的生存部分。

（二）语言的属性　一种语言就是一个社群，一个社群就是一种文化。语言最鲜明的属性就是民族性。语言最初产生于社群，随着社群到氏族部落的演进，氏族部落到民族的最后形成，语言一直跟随着这种演进而演化与扩展。国家产生后，语言又有了国家的属性。因为国家可以形成于多个民族的整合，也可以形成于一个民族的分爨，所以一个国家既可能有多种语言，也可能仅有一种语言。美国民族最初是爱尔兰民族的分纍，其语言是爱尔兰的民族语言。中国是多民族国家，最初是多部落的联盟，后来是多个方国和多个诸侯国的整合。这个整合期很长，语言随着这种联盟和整合而嬗变，使中国的语言既有民族的承袭，又有整合后的规范。许多民族语言由于“盆地”性而被视为方言。方言的概念比较宽泛，是区域性语言，一个民族之中可以有多种不同的方言。多民族国家，民族语言与国家官方语言既有统一性，又有独立性。在民族自治区域的民族语言是独立的语言，通常又与官方语言并用，而与国家主体民族混居的非自治区域的少数民族，民族语言一般不再是独立的语言，既不独立使用也不与官方语言并用，处于逐渐被消解的状态，因而许多此类民族语言濒临消亡。例如，冰岛语是起源于古斯堪的纳维亚语的独特语言，而今使用人数不足40万，正面临消亡危机。

（三）语系和语种 语言产生于特定地域和特定社群。由于远古人类人口稀少，社群和族群都很分散，加之跨区域沟通与交流受到地理隔离和族群局限，尤其是族群有了领地意识和占领意识之后，族群间的血缘隔离愈加严重，彼此之间几乎没有交流，所以语言一般不可能跨族群产生，从而造成了族群语言的独立性，形成独立的语系，族群与族群之间语言体系也因此而不同。后来不同语言在不同基础上融合，最终形成不同的语系。现在世界语言共分为印欧语系、汉藏语系、阿尔泰语系、闪含语系、德拉维达语系、高加索语系和乌拉尔语系等 7 个语系。亦有 9 种语系的分类法。美国麻省理工学院则按地区分类，将世界语言分为 6 个语系：非洲语系、亚洲语系、澳太语系、北美语系、南美语系和欧洲语系。这种分类最大的优点在于语系的分布与世界地理区划是一致的，然而也许对语系的内在机理有所伤害。

语系是个庞大的系统，每个语系都有若干个语族，每个语族都有若干个语支，每个语支都有若干个语种。如印欧语系是世界上最大的语系，这个语系共包含印度语族、伊朗语族、日耳曼语族、拉丁语族、斯拉夫语族、亚美尼亚语族、波罗的海语族、希腊语族、克尔特语族、阿尔巴尼亚语族等 10 个语族。

概略地讲，语系的分布较为规整，汉藏、阿尔泰语系主要分布在亚洲，闪含语系主要分布在非洲，印欧语系主要分布在欧洲、亚洲、美洲、大洋洲的澳大利亚和新西兰。

（四）语言的变异 因为语言产生于原始族群，因而语言是民族文化的重要组成部分，是民族特征的直接表现，其地理分布和民族的地理分布大体是一致的。由于人类迁徙、争战等原因，族群的融合和变异不断发生，语言也随之发生融合和变异，甚至出现消失和新生，所以语言的分布格局也发生着变化。特别是葡萄牙、西班牙、荷兰、英国等国家开创了大航海和殖民时代以来，北美洲、南美洲、非洲、亚洲、大洋洲，到处都有欧洲的殖民式移民，改变了世界人口的原始分布，族群、民族的界限被打破，民族混融使许多土著民族消失，成为殖民民族的一部分。土著民族的语言也因此而发生了变异，甚至消失。在大航海时代开启之后的两百多年间，数百种土著语言发生了变异或消失，北美洲300多种语言、澳大利亚150多种土著语言发生变异或消失，这是英国语言、西班牙语言和葡萄牙语言成为世界性语言的原因。随着全球化时代的发展，文化的全球化、经济的全球化，推动了语言的全球化演变趋向，语言的分布不再具有以往那样明显的边界。

二、文字 在语言最终成为人类交流的声音符号之后，当需要用一种书写符号表示语言的语义和帮助记忆的时候，文字应运而生。文字也因此而称为书面语言。语言和文字同为人类思维工具和记忆工具。

语言最直接的表达是声音，叫做语音，语音符号不同的排列组合，就是话语。话语属于听觉语言。文字是话语的记录符号，是视觉语言。文字语言产生之后，与话语语言相互借鉴，相互补充，共同发展，而且表达越来越准确、越来越细腻、越来越达意。这种现象的主要标志是同义词越来越多。

文字语言与话语语言并列为人类的两种语言样式。

（一）文字的产生 象形、形声、表意，是人类各个族群文字形成的基本原则。

文字最初的样式是象形。象形文字最初是依据物体形象描画的画符，是视觉直观的物象。这种文字与其说是文字，不如说是图画。埃及的象形文字、希腊的米诺斯象形文字、巴比伦的楔形文字、古印度的婆罗米文字、中国的甲骨文等文字，都起源于画符。在中国河南省舞阳县贾湖遗址出土的8000多年前的甲骨刻符，有一个眼睛的画符，就是依照眼睛的形状描画的。它将上眼睑和下眼睑划成了两道弧，而将眼珠划成一个括号，若将其竖起来变成方块字，就是现在的“目”字。在美洲的玛雅文字中，象形的特征非常明显，而且鉴于画出物象的全部过于复杂，就以物象的特征为代表，比如羊的文字以羊角为代表特征，手的文字以五指为代表特征。这类文字在中国的纳西族也有发现，而且至今仍然被使用着。

属于视觉直观的物象，可以用象形的画符来表示，而属于思维或感觉活动则无法用象形的画符表示，于是就借用了话语的声和物象的形共同表示，以形和声组合表达，构成形声文字。于是文字由单体演变为复合体，在中国文字里则形成了部首和偏旁的结构。例如凡是与思维有关的动作，大部分都用了竖心旁和心字底，这些字有“怕”、“恨”、“忧”、“惊”、“愧”、“懂”、“念”、“愁”、“恋”、“忍”等。

（二）文字的种类 古典文字主要有西亚的楔形字、东亚的汉字和北非的圣书字。后来的文字大都是这3种文字的演化或派生。字母文字也是在这3种文字长期使用中孕育而生的，并直接产生于楔形文字。

1. 楔形文字 楔形文字是世界上最早的具有相对完整体系的文字，发祥于西亚的底格里斯河与幼发拉底河的两河流域。楔形文字的发明者是苏美尔人。大约在公元前3000年，已经进入青铜器时代的苏美尔人用芦苇杆在泥板上刻画，发明了楔形文字。楔形文字是苏美尔文明的重要特征，对整个西亚地域的各个民族的语言和文字的形成与发展产生了重要影响。巴比伦、亚述、赫梯、叙利亚等国家都使用过楔形文字，并在长期的使用中对其进行改造。腓尼基人创造的字母也包含了楔形文字的因素。楔形文字共有500多个，大多具有多重含义，造成阅读困难和理解的不确定性，又由于过于繁复，不便于使用和流通，尽管在数千年里一直是美索不达米亚的惟一文字体系，但到了公元1世纪前后，还是彻底消亡。

关于楔形文字的起源，传统的观点认为起源于美索不达米亚的渔猎生活方式。20世纪70年代，考古天文学家提出一个新的观点，认为楔形文字起源于6000年前的一次天文事件。苏美尔学专家发现早期楔形文字泥版上，出现了大量的对同一星球记载的文字，由此推测苏美尔文明的起源与这颗星球有关。1980年，美国天文学家理查德·斯特塞经过精确计算，判定在6000年前船帆星座爆发了一颗超新星，这颗超新星在今天依然能够隐约分辨。爆发之初，这颗超新星亮度很高，白天和太阳一起悬在天空，晚上比月亮还要明亮。天空除了太阳、月亮外，突然出现第三颗明亮的星体，这对人类的心理造成极大的影响。在原始宗教和信仰的社会环境中，这种现象直接影响着人类的信仰与崇拜。所以，苏美尔人就大量描画这颗超新星，从而演变为最初的文字。后来也有材料证明，在早期的楔形文字的使用中，“星”和“神”的出现频率最高。当然，天空出现的这颗超新星不仅苏美尔人能够看到，地球上任何区域差不多都应该看到，如果在地球的其他某一地域发现了6000年前的陶器等文物上有相关的刻符或花纹，这个判定的证据就不再是孤证。

楔形文字主要在西亚和西南亚传播，在巴比伦帝国和亚述帝国时期楔形文字有了很大发展，词汇更加丰富，书写也更加精美。埃及和美索不达米亚地区的各国外交文书和签订条约，也都使用楔形文字。后来伊朗高原上的波斯人对楔形文字进行改进，逐渐演变成字母文字。

2. 汉字 汉字是中华民族特有的文字，汉字的起源可以追溯到公元前6000年甚至更早。山东省大汶口遗址出土的刻符距今大约6400年，河南省贾湖遗址出土的距今大约8000年刻符“目”被考古界认定为目前发现年代最早最接近文字的刻符。

在大汶口文化时期，刻符已有了象形、会意和指代的体系特征，而且具有了不同区域形体的共同性。以图形临摹事物形状从而达到记录和交流的目的，是文字的最早样式和功用。从临图到刻符再到文字，汉字发展大致经历了这样3个阶段。在刻符时期，大汶口的一幅刻符是将山峰、月亮和太阳按照在宇宙空间里的位置以上下结构组合在一起，山是由中间高两侧低的3座山峰组成的图形，月亮是月牙形，太阳是圆形，这是非常典型的临图式刻符。临图的起源可能在公元前8000年到公元前5000年之间，个案可能在几万年前甚至十几万年前就已经出现。刻符盛行时期大致在公元前5000年到公元前2000年之间，中国进入文字成熟阶段大致在夏末商初的公元前2000年的时期。通常将甲骨文作为成熟的汉字。

汉字最大的特点是多音多义和通假。这是汉字的最大优点，也是汉字的最大缺点，既方便使用，也难以规范。中国的出版单位，在“做”与“作”、“惟”与“唯”的使用上，几乎没有一家、没有一部著作不发生错误和混乱的。

3. 圣书字 圣书字产生于古埃及，是公元前3000年埃及的第一王朝所创造的文字，分为碑铭体、僧侣体和大众体。碑铭体实际是圣书字的别称或总称。碑铭体最初是通用的文字，当用在金字塔和神庙的石壁上的时候称作碑铭体，当用在僧侣写经的时候称作僧侣体，当用在大众书写的时候称作大众体，用法不同、名称不同、字体不同。碑铭体字体庄重，僧侣体是草书，而大众体简洁流畅。

楔形文字、汉字、圣书字，构成人类文字的3种体系，对人类的文字语言的发展起到了决定性的作用。

字母文字是世界上使用很普遍的文字，尤其在西半球国家。英语成为世界语言后，英文也成为世界通用文字。一般认为，现在的英文字母是从腓尼基字母演变而来的，中间经历了由腓尼基字母到希腊字母再到拉丁文字母的演化过程。

腓尼基作为地中海东岸的文明古国，受楔形文字的影响于公元前13世纪创造了第一批字母，共有22个字母。这22个字母是人类历史上最早的字母，是世界字母文字的开端。这些字母也遵循了文字产生于临图这样的基本规律，依据古埃及图画文字创制的。这些字母文字在长期的使用中，派生出古希腊字母，古希腊字母逐渐发展成为拉丁字母和斯拉夫字母，并逐渐将字母增加到26个。拉丁字母和斯拉夫字母构成了西方国家字母文字的基础。

世界的文字多种多样，大致可以看做楔形文字、汉字和圣书字这3种古典文字的派生、分爨和演变。中国唐朝时期，日本学者吉备真备在中国留学长达17年之久，回国时带了1700卷书，利用汉字的偏旁和部首创造了片假名。斯拉夫文字是9世纪基督教传教士基里尔在斯拉夫民族传教时依据希腊字母创造的，所以也称之为基里尔文字。斯拉夫民族大多都采用基里尔文字，使用基里尔文字的国家，大多是斯拉夫语族的语言，如俄罗斯语、白俄罗斯语、乌克兰语、保加利亚语、塞尔维亚语等。欧洲的法国、德国、意大利、俄罗斯、南斯拉夫等各国的字母是字母文字的变体，西亚的伊朗和巴基斯坦，南亚的印度和泰国等国的文字是楔形文字的演变。现在，世界上的文字主要有伊斯兰国家的文字样式、中国文字样式、英国文字样式、日本国文字样式、朝鲜半岛文字样式和泰国文字样式。

（三）文字的分布 文字的分布与语言的分布是一致的，但是许多国家和民族只有自己的语言，却没有自己的文字。这种现象的出现在于语言是从肢体发生的约定俗成，而文字则需要一定的结构知识和规范能力，需要专门机构的规范行为。没有这种结构能力、规范能力和机构体系不可能产生文字。于是，出于需要，借用他国或他民族文字现象比较普遍。文字在一定意义上就是语言的记录形式，因而文字和语言有着天赋的一致性，在文字范畴内，文字与语言的非一致性是不存在的。至于有的民族只有语言而没有文字，是因为这个民族在发展中的缺陷，并不表明文字与语言的非一致性。世界上只有没有文字的民族，而不存在没有语言的民族。由于文字有被借用性，所以一个具体的字有不同的读音是可能的。例如，日本借用中国的文字改造成片假名，有许多文字被原封不动地借进片假名，字没变，但读音变了，代表的意思有的也变了。在人类发展的历程中，似乎已经过了语言和文字的整体创造和发明期，故而现在世界上没有哪一个民族正在创造自己的原始语言，发明自己的原始文字。

（四）文献与文献学　行文成章，文字的记录功能使记录的文章成为文化、知识、思想、历史的载体和传承工具，随着历史的演绎而成为文献，成为弥足珍贵的文化遗产。自有文字以来，人类的历史由口传史转换为信史。在文字出现较早的早期文明国家，大都有官方的和民间的历史文献，记述了当时的生产生活、天文地理、社会变革等历史面貌。以史为鉴，后人得益，避免了不该出现的人生挫折和社会弯曲。相对于口传史，文献的文化作用和历史地位具有不可替代性。惟其如此，搜集、整理文献，研究、利用文献，逐步形成文献学。

文献的多学科指涉，使其浩如烟海。古代文献、当代文献，是文献学两大基本构件，其中古代文献由于历算变化、典制更动，语言转音、语义嬗变等种种因素，给当代阅读、释义、辨析和理解上造成诸多困难，因此需要建立专业机构，对其进行甄辨、校勘、辑佚、钩稽，以利对古代文献的研究与利用。

文章千古事，经国之大业。为文者应忠于实终于贞。

第二节　精神皈依：信仰与宗教

信仰是人类精神皈依，是人类精神活动的重要现象，直接决定着人类的精神价值取向和行为价值取向。而人类的精神价值取向和行为价值取向，共同构成了人类社会的基础。如同法国的两位学者德勒兹和加塔利在他们合著的《千高原》书中所说：“信仰和欲望是整个社会的基础。”他们用精神学分析人类的信仰和欲望，既结构出座座“高原”，随之又解构座座“高原”，从而揭露出社会基础的一层层泥土或一块块砖石。

宗教是特定信仰的特定形式，是具有宗教信仰者的精神皈依。但是，作为意识形态，它属于整个社会，是社会形态的构成部分。

一、信仰　分析信仰的意识结构，主要有信任、崇尚和依附等意识成分。信仰的对象可以是物质体，也可以是精神体。对物质体的信仰比如对人民的信仰、对国家和民族的信仰，对精神体的信仰比如对主义的信仰、对神灵的信仰等。

信仰是人类的精神皈依，也是人类精神的最高诉求和为之追求的行为动力。信仰可以是多种多样千差万别的，甚至有着本质不同或相互冲突。这种信仰的冲突也可能导致观念冲突、政治冲突、军事冲突、宗教冲突，甚至战争。如果用价值观来分析信仰，那么人类的一切活动都与信仰有关。

（一）信仰的产生　信仰产生于原始崇拜，原始崇拜产生于对自然的恐惧和依赖。恐惧来自对自然现象的直观感受，地震、洪水、天火、飓风等都会直接威胁和伤害人类的生命，从而使人类感到恐惧。当希望这些现象不要再发生，希望有什么力量能够制止这些现象再发生时，幻想开始在心中萌芽。依赖产生于感知，首先从生存的食物开始，丰富的植物和小动物为人类提供了富足的食物，使人类感到生存离不开自然。当希望能够有一种力量保证这些富足的食物源源不断时，幻想也会在心中萌芽。这种由恐惧与依赖所产生的幻想，渐渐形成具象崇拜物，最终形成原始信仰。

信仰一经形成意识，就会世代传承形成传统文化。古埃及有来世信仰，这是古埃及人在人死后制成木乃伊的主要动因。他们认为只有将死者制成木乃伊才能够在来世复活。他们还要为死者制作动物木乃伊，供死者享用或者作为宠物与其相伴。当时著名的女祭司玛瑞萨姆死后，敬仰她的人们将她制成木乃伊，并将她喜爱的长尾猴也制成木乃伊，与她同棺。古埃及人认为许多动物是神的代表，在圣书文字中，约有四分之一是动物图形。公牛是古埃及人心中最高最神圣的神的代表，阿匹斯公牛是古埃及人最敬仰的神的化身，而猎鹰是在世国王的化身。

信仰与认同和崇拜紧紧联系在一起，而且常常偶像化。政治家、思想家、科学家、军事家、艺术家等人物，都有可能被特定的人群所信仰、所崇拜，成为这部分人群的偶像。在青年人群中，青春偶像具有超凡的魔力，甚至使崇拜者如痴如狂。

（二）信仰的内在机理　信仰属于意识形态范畴，其形成的内在机理主要有生命保障、优质生存、精神皈依3个维度。生命保障是生命延续的基本需求，生命没有保障，生命就陷于不尽的恐惧之中，陷于难以延续的危机之中，因而拯救生命是信仰产生的重要的意识基础。在制度社会里，这种信仰会以制度社会为基础，产生出制度信仰、政治信仰、革命信仰，甚至暴力信仰等。优质生存是生命保障之上的高一级层面上的需求，追求富足、追求完美是人类的天性。富裕生活、幸福人生、美好未来，是人类的普遍愿望。当这种优质生存依赖人类自身的力量——包括社会的力量、群体的力量、个体自身的力量——达成的时候，信仰会以社会和群体甚至某个领域为基础形成，如国家信仰、民族信仰、文化信仰、知识信仰、科学信仰、领袖信仰等。精神皈依是人类生存的重要心理寄托，是人生的灵魂归宿。没有精神皈依，生存如同行尸走肉。这种信仰往往是生存的驱动力量，也是事业的驱动力量，同时也是人生航船的彼岸。

第一次世界大战后，德国在纳粹党的鼓吹之下，产生出德国民族是世界最优秀民族的唯我独尊的民族信仰。这种民族信仰的源头是弗朗西斯·高尔顿的种族优生学和德国优生学家阿尔非德·普洛兹提出的种族卫生学。为了优生，强制正常的人多多生育，完不成生育指标要受到制裁。不仅要数量，更要质量，甚至像实行军国主义的斯巴达城邦那样对所生的婴儿进行优劣筛选，不合格的婴儿要强制扔掉。同时强制残障人不得生育，甚至要彻底除掉残障人。这样，德国人自信他们的人口都是遵循优生学理论出生的，是经过严格的“优胜劣汰”的。在这种民族信仰里，德国人天经地义地认为德国民族是有资格、有能力成为主宰世界的统治者，因此，德国人统治世界也就成为天经地义，形成德意志民族弥赛亚式自命不凡的信念。这是希特勒能够成功地发动第二次世界大战的民族基础和国家基础，也是德国能够在战争初期取胜的思想基础和行为基础。

社会主义国家普遍有坚定的共产主义信仰。这种信仰是建立在科学社会主义发展理论基础之上的。自由、民主、平等是人类生存的本质诉求，利益趋平定律是人类生存诉求的必然结果。社会不平衡，经济不平衡，人类利益群体不平衡，人类世界就要发生倾斜，倾斜的位差必然产生梯度力，那么就会产生出恢复平衡、矫正倾斜的“复平扶正”的“革命”力量，因而“革命或迟或早总会发生”的论点是共产主义信仰的基本理念和思想基础。

（三）由人的本质属性所产生的信仰　人的本质属性主要是自然属性和社会属性，这是人的本质中相互对立相互依存的两种属性。人的自然属性是自然人的本质特性，人的社会属性是社会人的本质特性。人的自然属性的本质是自在性，表现为自由与任意；人的社会属性的本质是自为性，表现为规范与约束。自由与规范、任意与约束，构成了一对矛盾。当自由受到社会压制的时候，当社会受到自由的涣散的时候，两种不同的价值观就产生了两种价值取向，形成两种崇尚，进而形成两种信仰，这就是自由主义信仰和社会主义信仰。

1. 自由主义信仰　古典自由主义产生于古希腊，自由主义信仰的核心价值取向是主张个人自主的权利，要将个人从社会的压制与束缚中解脱出来，并认为这种社会的压制与束缚主要来自阶级、团体、宗教和政府。自由主义信仰在本质上主张人是自然人，而不是社会人，起码不能把人的社会属性放到人的自然属性之上，以社会属性压制自然属性。

自由主义基本价值观有两个核心内涵：第一个核心内涵是人生而自由，这是自然自由主义的自由观；第二个核心内涵是人生而平等，这是自然法的观点。自然法并不是纯粹的自然，“自然”是自然，而“法”是社会。自然法是社会人以社会人的视觉和观念，审视自然人，并赋予自然人以“法权”，包括自由和平等。在血统论看来，人是生而不平等、不自由的，贵族家的孩子和奴隶家的孩子是不平等的，看起来都有第一口乳，可母乳的质量是不一样的。贵族母亲和奴隶母亲是不可能给孩子同质同量的母乳的。但是，人类就是一个既崇尚平等又渴望不平等的悖论体。人们将平等作为工具，其目的在于实现不平等。所以感到不公平时，疾呼人人平等，但骨子里梦寐以求出人头地凌驾于人。这一点，美国人似乎具有典型性，他们将自由定义为拥有平等的机会去实现不平等的成就。新加坡人似乎更率直：我们是争取平等的机会，而不是追求平等的结果。

2. 社会主义信仰　古典社会主义也产生于古希腊，起源于城邦思想。“城邦”是国家的前期称谓，强调公共领域，强化共同体思想。代表人物是苏格拉底、柏拉图和亚里士多德。社会主义信仰的本质在于苏格拉底的城邦主义思想、柏拉图的“理想国”的“构建”和亚里士多德对苏格拉底城邦思想及柏拉图理想国诠释与解读后产生的共同体思想。在这里，亚里士多德做了两个方面的工作：对社会主义的构建和对自由主义的批判。实际上是在对自由主义的批判中，完成社会主义构建。他从人类生存的“自足”切入论证，认为自足不可能通过一个个体人实现。单一的个体人不可能独自“自足”，这是他群体生存观的根本观点，也是他的社会主义观点的理论基础。“自足”是一个富有弹性和变量的概念。最基本的原始的自足，以衣食为标准，能够吃饱、穿暖就算自足。“自足”进入现代社会之后，现代化的自足更加清楚地表明，一个个体人是无论如何也不可能独自实现自足的。在一个个体人的自足里，享用的大都是他人发明创造和制作的东西，汽车、飞机、计算机、手机、影视、网络等，皆非一人所能。即使那种名副其实的自娱自乐的自足也并非那样名副其实，琴是他人制作的，曲是他人创作的。所以，自足需要依靠群体来实现。群体的不同角色和分工，就决定了不同的利益分配，从而需要依据一种尺度和原则，导致契约和制度必然产生。群体演变为共同体，共同体演变为社会。所以，稳定的自足，持久的自足，要依靠社会。于是，亚里士多德说，必须有这样一个结合体，其中成员一旦没有彼，此就不能存在。这一切正如英国人类学家大卫·休谟在其著作《人性论》中所说：“当每一个个体都分开并只能为自己劳作时，他的力量就会太过微弱，以至不能完成重要的工作；由于他的劳动要用于满足他的各种不同需要，所以他在任何一种特殊的技艺方面都不会达到完美的程度；而由于他的力量和成就并不一直都是相等的，所以在任何一个方面的最轻微的失败都肯定带来不可避免的毁灭和不幸。”这是社会主义观念的由来，也是社会主义信仰的现实基础。

人不可能独自存在，必须依靠社会才能生存。这是社会主义信仰的根本观念。

社会主义与自由主义相对立，其核心价值取向是主张社会效应和社会权利，也就是大众权利。因此社会主义的本质就是社会性，承认人首先是自然人，但是一旦构成群体，构成社群，形成共同体，则首先要注重人的社会属性。在社会里过于强调人的自然属性，那么在许多时候，在许多情况下，人与动物的区别就显现不出来，从而直接影响社会文明的构建与发展。社会主义认为，“社会”就是用制度维系共同利益的生存共同体，必须强调整体性共同体才会有公共意义，才会有凝聚力。因而公益要重于私利，社会权利要先于自然权利，强调同命运、共呼吸、休戚与共。社会主义天下为公的思想和理论依据正在这里。所以，用自由主义的自然人的观念，看社会主义的社会人的行为方式，就出现了许许多多截然不同的理论和观点。

社会主义信仰的最高形式是国家信仰。国家是社会最高也是最优化的组织形式，社会主义信仰如若到达不了国家层面，其信仰是散碎状态且无力度的。这是社会主义者必然是国家主义者的内在根据。作为国民，最高信仰理应是国家信仰，报国是国家信仰的自觉行为。中华人民共和国成立之初，百废待兴，1958 年提出大炼钢铁实现钢产量 1070 万吨的目标，为此出现了“全民捐铁”高潮，几乎全国的家庭都捐出了做饭的铁锅。韩国在 1997 年亚洲金融危机中借债 600 亿美元，导致经济乏力，债台高筑。2008 年全国又掀起“以金报国”运动，筹金还债，国民捐出了收藏的黄金、首饰，甚至婚戒。这在全世界国家史上都是震撼人心的篇章。

二、宗教　宗教在人类信仰中是最大精神体，虽然并不是整个人类个体都有宗教信仰，但宗教是人类最普遍最广泛的信仰，它的物化是神像、庙宇和经文。

宗教与信仰有着直接的关系，然而信仰并不直接等于宗教。宗教作为文化，属于全人类，但作为信仰，仅属于其中的部分人类，是部分人类的重要的生存方式。因此可以将世界分为宗教世界和非宗教世界。

（一）宗教产生　宗教起源于人地关系，产生于人类蒙昧时期的意识形态。用法国哲学家亨利·柏格森的话说，这种意识形态是原始心智。他说：“生物界惟一具有理性的物种——智人，也是生物界惟一把自己的生存维系在非理性的事物上的物种。”宗教的产生大致经历了 3 个时期。第一个时期是人类依据吃和用，感觉到了生存与大自然的关系，逐渐形成依赖大自然的原始意识形态时期。诚如费尔巴哈所说，人的依赖感是宗教的基础。第二个时期是自然灾变如雷暴、地震、山火、洪水等，使人类的生存和生命受到威胁，逐渐产生了恐惧大自然的原始意识形态时期。这个时期与第一个时期并非截然分离，多种情况下是交织在一起的，但是从理论上说，肯定后于第一个时期。第三个时期是人类长期感受到生存和生命受制于大自然，顺理成章地产生了企盼能有一种超越自然能够免除灾祸的神圣力量，逐渐产生对“福”的渴求时期。祈福心理产生，宗教开始萌芽；祈福的行为出现并有了一定的形式，祈福的自然心理演变成了祈福的宗教仪式。

宗教萌芽后，有明显的两个发展阶段。第一阶段是自然崇拜时期，也可以称之为泛物崇拜时期，只要感到恐惧之物就由恐惧到敬畏，产生泛物崇拜。蒙昧时期的人类无法解释自然界万生万物包括人类的存在与由来，便产生了神秘感，依据自己所支配事物的如搬移、阻止、变换等经验，而猜想有更大的支配力量能够呼风唤雨，本我有灵，彼我也有灵。搬移、阻止和变换是有灵的本我的力量，那么呼风唤雨的力量也是有灵者的力量。全部问题就从这里发生了，依据当时的认知水平，产生出种种的自然崇拜心理。第二阶段是图腾崇拜时期。图腾是人类自然崇拜发展到一定阶段的产物，在不同的民族有不同的诠释，后来逐渐统一到民族起源的事物，这种事物是有机的或无机的，是有生命的或无生命的。目前，从考古情况看，在旧石器时代并没有图腾崇拜的迹象。中国在进入新石器时代直到公元前5000年左右才有图腾崇拜的遗迹被发现，主要在辽宁省红山文化遗址中发现了龙崇拜，在山东省大汶口文化遗址中发现了鸟崇拜。而在十堰市郧阳区的辽瓦店子遗址也发现了与大汶口一脉相承的鸟崇拜，在湖北省乔家院遗址发现了战国时期的介于鸟与凤之间的凤鸟图案。这是崇龙文化和崇凤文化的源头。

由于崇拜心理产生于个案和个体，再由个案到普遍，从个体到群体，因此一种宗教不可能在不同原始集体的集团或民族部落里同时产生。在不同的地域里，在不同的民族和国家里，都有各自不同的宗教。所以世界上的宗教有数百上千种，如美索不达米亚宗教、腓尼基宗教、印加宗教、迦南宗教、罗马宗教、希腊宗教等。古希腊宗教是影响深远的宗教，在古希腊的城邦中，几乎每个城邦都有卫城或者高地，上面修建了他们认为能够保护城邦的神庙。中国各民族基本上都有自己的宗教，如土家族宗教、景颇族宗教、彝族宗教、侗族宗教和独龙族宗教等。一种宗教往往包含着多个归属于它的体系的不同的宗教，例如美索不达米亚宗教包括苏美尔宗教、巴比伦宗教和亚述宗教，而这些宗教依然有不同的信仰，如巴比伦宗教是多神教，主神是风神马尔都克。景颇族是中国的人口一直很少的少数民族，这个民族的宗教以万物有灵的自然崇拜和先祖崇拜为主体。虽然宗教千差万别，但同世界一切事物一样，具有自相似性。

在宗教类型中，自然宗教是以自然现象和规律为内涵的宗教。中国红山文化的宇宙观是天圆地方，价值观是以“三”为尊。“三”的内涵生成于太阳的三道曲率相同的升落弧线，冬至一条、夏至一条、春分和秋分为同一条。这实际也是赤道线和南北回归线在红山文化中的投影。还有一个重要的根据是最初的对天地人三者的感悟，如同后来道家描述的“道生一，一生二、二生三，三生万物”类似。“一”是天，“二”是地，“三”是天地包括人在内的宇宙。所以，祭祀坛为3层，是3个直径比率相同的同心圆。圆代表天，3个圆的直径比值隐含了方，并用这种比值代表了地，同时“三”又代表了太阳的3条曲率相同的升落弧线。因此红山文化中的巫文化比其或迟或早的其他宗教文化更具有自然哲学内涵，是世界少有的自然宗教类型。

世界性宗教主要产生于亚洲，产生于亚洲的西亚和南亚。西亚产生了基督教和伊斯兰教，南亚产生了佛教。基督教主要是向西传播和发展，最终以欧洲为中心，在殖民时代传播到了美洲、非洲和大洋洲以及亚洲其他部分地区；佛教主要是向东传播和发展，以印度和中国为中心，主要传播范围在亚洲东半部；而伊斯兰教是全方位地传播和发展，以阿拉伯半岛为基地，传播范围在西亚、北非、中亚、东亚、南亚等广大区域。

在世界上，自然宗教活动是最普遍的宗教活动，而且各种各样。这些自然宗教活动与生产方式和生活方式密切相关。进入农业社会之后，自然宗教以农业为中心，主要是各种形式的祈求风调雨顺保佑农业丰收的宗教活动。其中祈雨是最广泛最经常的自然宗教活动。历史上中国是最典型的农业国，因而是祈雨活动最广泛的国家，全国各个区域各个民族都有祈雨活动的记载。

（二）宗教的本质　宗教的本质是对人与自然关系的超乎客观的认知，以神的名义把社会关系、伦理规范、法规律令、政治体制等神圣化，赋予其不可改变、不容侵犯的神圣尊严，强化社会成员对其认同和服从。在唯物主义看来，宗教是唯心主义的世界观，在世界的本原、人的本原、人与世界关系本原的基本问题上，与唯物主义完全相反。所以，马克思说，宗教是一种颠倒的世界观。

然而，它与唯物主义一样，也有一套科学体系。这一套科学体系的本质是唯心主义的，但是它的构建方法却是唯物主义的。

初期，人类是利用宗教来认识和解释世界的。宗教是人类认识世界、解释世界的最初的思想方法和思维方式。后来从宗教中产生出解释世界的科学观，并逐渐替代了宗教观的主导地位。现在人类仍然用两种方式解释世界，即宗教方式和科学方式。这是人类不能不正确认识宗教的根本理由。

宗教是人类认识自然、认识自我的第一步，是人类的第一思维和第一世界观。由于后来的科学思维和科学世界观的形成，人类开始出现了两种思维、两种世界观，即唯心主义的思维与唯物主义的思维、唯心主义的世界观与唯物主义的世界观。唯心主义的思维和唯心主义的世界观，是人类认识自然和自我的最原始的思维和世界观，直到进入文明社会，人类才在自然学科里开始有唯物主义的思维萌芽，唯物主义的世界观才逐步形成，随后在哲学学科里，完成了自然唯物主义的哲学体系，进而辩证唯物主义和历史唯物主义世界观最终形成。辩证唯物主义和历史唯物主义的世界观一经形成，就以“绝对真理”的伟大态度彻底否定唯心主义世界观，并与唯心主义的世界观形成了水火不相容的两大壁垒。实际上，这正是因为没有用唯物主义的世界观来对待唯心主义世界观，没有认识到唯心主义世界观也是一种客观存在，才出现了这种壁垒。宗教的颠倒的世界观，一经再颠倒过来，科学的世界观就主宰了整个世界，宗教世界观以原始的唯心主义形态，成为科学世界观的倒影。

世界浩繁，就关系而言只有两种，一种是客观的事物关系，一种是抽象的价值关系。这实际是事物的两种天然属性，一是客观存在的属性，表现出事物外部关联的形式；二是自身的价值属性，表现出事物内部关联的形式。这种内部关联，不是事物内部结构的各种元素之间的关联，不是微观世界里的那种宏观世界的关联形式，而是事物价值结构。

我们现在所认定的宗教基本是以“有神”为全部根据的，有神为宗教，无神为非宗教。如果以信仰定义宗教，当一种信仰具有了崇拜的教义、教仪和教职的时候，任何信仰都可以被视为宗教。宗教不是社会制度的产物，而是意识形态里的一种认知价值取向。

诅咒属于宗教行为，表现为两层意思：一层是诅咒自我，当我违背自己的诺言的时候，要遭到神灵的惩罚；另一层意思是诅咒他人，他人损害了我的利益，或是造成对我的感情伤害，诅咒他要遭到神灵的惩治。诅咒逸出宗教，长期以来在民间流行。发誓也有宗教的诅咒之意，宣誓也是宗教行为，是宗教仪式和教规里的内容。当宣誓逸出宗教的时候，成为非宗教团体较为普遍采用的表达不可改变的行为和意愿的方式，意味着一经改变就要遭受惩罚。而这种惩罚来自何方，依然又回到了宗教那里，这在无宗教信仰的团体里，是一件匪夷所思的事情。至于宣誓是为了在违背行为和意愿时要用自己的良心来自我谴责，则是一件没有意义的事情。诅咒和宣誓本意就是借助自我之外的力量来实现惩罚和惩治的，自我良心上的事情自然受制于自我的道德规范，宣誓没有自我意义。

（三）宗教的派系 宗教的派系是繁多的，这是因为在宗教产生和发展初期，几乎各个氏族部落都有自己的不同于其他氏族部落的原始宗教。宗教作为一种文化现象，也具有融合与整合的特征。进入文明社会，宗教出现了全面的整合，最终形成了世界性三大宗教。这三大宗教，并非都是原始宗教一直延续下来的，有的是在宗教的文化传统上新产生的，是一种非线性的演变轨迹。这三大宗教分别是基督教、伊斯兰教和佛教。

由于宗教的发展与演变，各宗教的教义、教规等都发生了某些变化，有的甚至离本宗教的原教义相去甚远，因此在20世纪20年代出现了“原教旨主义”宗教思潮，坚持认为宗教兴起之初的传统信仰为正统，对于派生出来的宗教，强调复归和调整。原教旨主义关于正统的标准有4条：第一，赖以产生的经典；第二，赖以产生的经典教义及信条；第三，赖以产生的经典礼仪及法规；第四，与之相应的生活或习俗。例如，基督教赖以产生的经典是《圣经》，伊斯兰教赖以产生的经典是《古兰经》，佛教赖以产生的经典是三藏。

1. 基督教 基督教起源于公元1世纪的西亚，由巴勒斯坦拿撒勒人耶稣所创立，信仰上帝创世说、原罪救赎说和天堂地狱说。《圣经》是基督教的经典，由《旧约全书》和《新约全书》两部分组成。《旧约全书》原本是犹太教的《希伯来圣经》，故而称“旧约”。基督教的标志物是十字架。在罗马，由于罗马人认为基督教就是犹太教，所以对基督教严加排斥和残酷迫害，直到公元313年《米兰敕令》颁布，基督教在罗马才得到合法地位。公元337年君士坦丁大帝接受了基督教的洗礼，基督教遂成为罗马国教。君士坦丁之所以接受基督教的洗礼，原因在于公元312年10月他在罗马内战中击败了对手马克森提乌斯。战争胜利的取得，他认定是得到了基督的启示。公元395年，罗马分成东西两个罗马帝国，基督教也因此而分化为东西两个派别，分裂为天主教和东正教。1054年两派互相开除对方教籍，直至1965年天主教和东正教彼此废除了互加给对方的绝罚，宣读了宽恕书，至此才结束了千年宿怨。1096年至1291年，天主教与伊斯兰教进行过8次宗教战争。1517年新教成立，基督教形成了3个教派。1999年，天主教和新教签署《因信称义联合声明》，称：人的得救和称义，除了来自上帝白白恩赐圣宠外，也需要人本身的努力来配合上帝所赐的得救圣宠。

全球信仰基督教的人口约22亿，分布在世界大多数国家和地区，哥伦比亚、刚果、巴西、菲律宾、意大利、波兰等国家，信仰基督教人口占国家总人口的90%以上。其中哥伦比亚是天主教教化程度最高的国家，全国拥有3500名教士，每个教士教导3650名教徒，国家教育方针都是“按照天主教的教义和道义”制定。

2. 伊斯兰教　伊斯兰教由麦加人穆罕默德于公元7世纪时在阿拉伯半岛创立。“伊斯兰”为阿拉伯语，意为“顺从”、“和平”，顺从和信仰宇宙的惟一主宰安拉，教义为《古兰经》。信奉伊斯兰教的人被称为“穆斯林”。在穆斯林的推动下，阿拉伯半岛获得统一，先后建立了倭马亚、阿拔斯、法蒂玛、德里苏丹、奥斯曼等封建王朝。现在伊斯兰教主要的传播地在亚洲的西亚、中亚和南亚，在非洲的北非和中非，在西欧、大洋洲、北美和南美也有一定的传播。穆斯林总人口16亿，分布在世界200多个国家和地区。

伊斯兰教基本信条为六大信纲：信安拉、信天使、信启示、信先知、信末日、信前定。认为，真主独一、真主造化一切、真主赐示经典、真主差派圣人、人死后可以复活、真主前定善恶法则。

伊斯兰教主要分为逊尼和什叶两个派系。逊尼教派是伊斯兰教的主流教派，被视为正派，一般分布在伊斯兰国家。公元632年，穆罕默德去世后，麦地穆斯林内部在继承人的问题上出现意见分歧，导致分裂，由此造成逊尼派和什叶派产生的客观基础。逊尼派最初仅在阿拉伯半岛的各族穆斯林内，后来发展到两河流域的伊朗人、西亚的波斯人、中亚的突厥人、南亚的印度人、北非的柏柏尔人等人群，形成了一个统一信仰的多民族的宗教群体。

什叶派强调对《古兰经》的遵从，《古兰经》上有的要服从，没有的不得妄想。信徒主要分布区域是伊朗、伊拉克、沙特阿拉伯、土耳其和阿富汗等地。

3. 佛教 佛教是最早的世界性宗教，大约在公元前6世纪由古印度迦毗罗卫国的王子释迦牟尼所创立。现在世界信仰佛教的人口有6亿，主要分布在22个国家和地区。在佛教产生之前，雅利安人由于变游牧为耕种，就要将所信奉的管游牧的旧神转为管耕种的新神，于是产生了以造物神梵天、保佑神毗湿奴、毁灭神湿婆为主体的印度教。祭祀新神的祭司婆罗门因此掌握了神权，他们向求神的人转授神的旨意，求神的人就赠送他们礼物。赠送的礼物多，他们的美言也多，对赠送土地这种厚重礼物的人，他们就说神解除了这些人的一切罪孽。婆罗门用法、因果报应、转世轮回的说教控制民众，并诱使民众为他们赠送礼物，后来就明火执仗地勒索，于是他们拥有了大量土地，引起社会动荡。在社会的动荡中，出现了苦行主义风气，一些有见识、有才智的人开始疏离社会，沉醉于内心自省，并发明了许多训练形式，心无旁骛地修行。这种状况的出现，引发印度教改革，佛教应运而生。佛教的经典是三藏：经藏、律藏、论藏。佛教基本教义是“四谛”和“八正道”。四谛是：苦谛、集谛、灭谛、道谛。苦谛指的是世界和人生是痛苦的；集谛指的是痛苦的原因在于欲，在于人的感官：色是眼睛看到的一切物象，声是耳朵听到的音响，香是鼻子嗅到的气息，味是舌头尝到的滋味，触是周身的感触；灭谛指的是集谛的那些痛苦是可以消除的；道谛指的是解脱的途径。八正道是：正见、正志、正语、正业、正命、正精进、正念、正定。正见指的是正确的见解，正志指的是无邪念，正语指的是不说妄语和绮语，正业指的是从事正当职业，正命指的是无邪行，正精进指的是修行佛法以达理想境界，正念指的是不为外物意欲所诱惑，正定指的是修习佛教禅定。人们常说，佛教是修来世，实际上是以修本世而求来世。佛教源地的印度人普遍认为，佛法是守正道和自我修行的理想标准，人能在战场上制胜千军，然而只有克己才算是最伟大的胜利者。

在贵霜王朝时期，佛教分为大乘和小乘两派，在传播过程中又形成藏传、南传和汉传3个派系。

（1）藏传佛教 藏传佛教是藏语系佛教，又称喇嘛教，形成于11世纪中叶，共有宁玛、噶当、萨迦、噶举和格鲁等5个教派，当初还有希解、觉宇、觉囊、郭扎、夏鲁等教派，后来融入其他教派之中。藏传佛教以大乘佛教为主，大乘佛教又分为密教和显教。藏传佛教的起源很古老，可以追溯到4000多年前藏民族的象雄王朝。象雄王朝早在公元前5世纪就出现过发达的文明，创造了象雄文字和原始宗教。印度佛教传入后，原始宗教逐渐演变成了现代的藏传佛教。现在藏民的许多习俗和生活方式，是象雄王朝时期的遗俗。

（2）南传佛教 南传佛教是当时的印度佛教向南传播到斯里兰卡时在不断的发展中形成的佛教，以八正道为根本，自称为上座部佛教，亦为小乘佛教，主要盛行于斯里兰卡、缅甸、柬埔寨、老挝、越南和泰国等国家。

(3) 汉传佛教 汉传佛教是当时的印度佛教在向北传播到中国的中原过程中形成的佛教，属于北传佛教，唐玄奘自长安去印度取佛经，为印度佛教北传作出了杰出的贡献。由于北传佛教是汉语系，故称汉传佛教，是大乘佛教的主要发扬传系，之后大乘佛教的教义经中国传至朝鲜半岛、日本和越南等地。汉传佛教虽然有别于藏传佛教，但宗派以藏传佛教中的显宗为多数。

(四) 无教信仰 以宗教观点区分人类只有两个部分：持有宗教信仰的人类和非持有宗教信仰的人类。如果说无宗教信仰也是一种信仰，那么可将无宗教信仰的信仰称作无教信仰。

无教信仰者其实也是一个复杂的群体，其中大部分被称作无神论者。无神论者并非一定是唯物主义者。自然科学界似乎天经地义地属于无神论领域，然而许多自然科学家却是有神论者，甚至是宗教徒。由于宗教起源于远古，对自然的崇拜和信仰是原始人类的普遍意识，在整个人类社会演化的历史进程中，除了有组织、有教义的宗教社团外，还有大量流传于民间的宗教信仰碎片。说是碎片，是因为这些民间宗教信仰没有完整的体系，没有教义和仪轨，没有宗教组织和领袖。然而这些碎片却每时每刻地以宗教的方式影响着人们的意识、行为和生活习俗。所以，无教信仰者不是宗教徒，不笃信宗教的信条并不等于无教信仰者身上没有宗教的某些印痕。而且，无教信仰作为一种信仰，与世界三大信仰人口数量排序并不在最后，其顺序为基督教信仰、伊斯兰教信仰、无教信仰、佛教信仰。

无宗教信仰的人口主要在中国。然而，中国人的宗教信仰人口虽然不占多数，但是有凶吉信仰的人几乎是百分之百——起码给人的感觉是百分之百。中国占卜习俗历史悠久，夏代之前就很兴盛，到了商朝更是登峰造极。龟甲占卜，蓍草筮卦，各式各样，左右着人们的思想、行为和生活。中国历朝历代都有祈求吉祥的祭祀和祈祷活动，求苍天恩赐、求先祖佑护，王朝祭坛、家族祭坛，遍及全国，形成了影响广泛而深远的祭祀文化，并由此衍生出五花八门的迷信活动。结果是淫祀泛滥、迷信横行。清朝典籍《广祀典议》对此有详尽的记叙和描写。在今天，凶吉信仰依旧充斥着意识形态，在寺庙和道观中，抽签、算命盛行，甚至城市的街头随处可见蹲在地上给行人算命的算命先生，不少地方政府在修建或修缮政府办公大楼时，要请风水师看风水，许多风水师年收入超百万元。

(五) 宗教的历史作用 宗教在人类的社会领域、思想领域和文化领域，一直有着重大影响。宗教的作用在于对人类精神的塑造。例如基督教的超凡力量就在于灵魂拯救与平等主义。平等主义是基督教的核心信念，其深厚的内涵体现在教义的一个非常直白的语句中："如果你希望别人怎样对待你，你就要怎样对待他。"宗教将"神"作为人的对应体，一直存在于人类社会。

1. 社会管理 宗教与信仰属于人类意识范畴。由于宗教最初产生于氏族部落，因而宗教是氏族部落的主要意识形态，是氏族部落的主要思想体系，也是氏族部落管理的主要依据，政教合一是氏族部落直至文明时代大多数宗教国家的管理机制，法老是政教合一的产物。这种政教合一管理机制在许多宗教国家一直持续到中世纪的完结，直到今天还有政教合一的国家，在大洋洲还有许多政教合一的部落。

政教合一的国家制度一般只存在于一种宗教信仰的国家，或者虽然有多种宗教信仰但有一种宗教被认定为国教的国家。政教合一的国家制度盛行于中世纪欧洲的伊斯兰教国家和基督教国家，教皇制国家都是政教合一的国家。这种政教合一的国家机关在西方又被称作僧侣政府，宗教领袖就是国家领袖，教规就是国法，无论是教徒还是非教徒的公民，都必须信奉和遵守，所以国民要承受着神权与王权的双重统治。在氏族部落和早期国家里，法老就是部落和国家的神与王。法老死后为了显示其最高地位，陵墓也要修得很高，埃及金字塔、玛雅金字塔就是显示法老至高无上地位的法老陵墓。正是政教合一的国家制度，致使 16 世纪下半叶至 17 世纪上半叶遍及欧洲的新教和基督教战争演变成惨烈的王朝对抗，形成欧洲史上的宗教战争年代。也正是这种政教合一的国家制度在欧洲中世纪的普遍存在和宗教战争年代的深刻影响，使西方的社会学家和文化学者有以宗教文明论述社会文明、以宗教战争阐述国家战争，甚至用宗教解释世界的文化传统。

由于宗教世界最终的决定力量是神明，因而神是宗教里的中心角色、主宰角色，神学是宗教的主要学说，成为宗教的教义，对神的崇拜方式就是教规。神学是人本学和自然学的另一学说。

若以宗教观点划分人类社会发展阶段，可以分为蒙昧时期、宗教时期和文明时期 3 个历史阶段。蒙昧时期是人类对自然界内在规律一无所知的时期。在这个时期里，人类只是唯生存而生存，只凭着由人体生理机制所决定的本能来感知世界，被动地适应生存环境中的一切自然规律。对于人类的自身肌理同样是一无所知，不知道肉体的生理，也不知道精神的机理，一切遵从生命的本能。对于人类的繁衍，没有生育的理念和规范，完全是纯粹的性的生理活动。宗教时期的最初阶段在很大程度上是和蒙昧时期的最后阶段叠加在一起的。甚至可以说，直到现代文明的今天，某些宗教依旧带着人类蒙昧时期的深深的印痕。宗教发展的中后期阶段，宗教艺术和宗教哲学产生并日臻成熟，人类文明才真正出现。

2. 宗教艺术　宗教艺术是人类最早产生的艺术，是以体现宗教崇拜为目的的艺术，借以表达宗教观念、宗教教理和宗教情感，是宗教活动的直接产物。在人类对图腾崇拜和各类巫术活动中，跳跃、呼喊、拍击、文身、佩戴面具等，渐渐衍化出舞蹈、歌唱、绘画、雕刻等艺术样式。宗教艺术主要有 4 种：一是美术，二是舞蹈，三是音乐，四是建筑。应该特别强调的是，美术最初也许并不是产生于宗教活动的需要，但正是出于表达宗教信仰和崇拜的时候，宗教的力量使美术得到全面的发展，技艺日臻成熟。舞蹈、音乐和建筑也许同样如此。

（1）美术　在美术中，绘画、石刻和雕塑是最主要的3种美术样式。绘画是最古老的艺术，甚至可以追溯到远古人类对物象临摹的描画。然而作为艺术，作为富有技艺内涵表达的艺术，应该是起源于宗教。在世界各处的旧石器时代遗址中，多有洞穴石壁上的带有疑似宗教色彩的绘画。所发现的新石器时代遗址中的壁画，宗教指向更加鲜明。摩崖石刻是宗教美术的另一种形式，而雕塑则是直接把宗教里的神灵人物化。克里特岛公元前1800年的克诺索斯女神雕像，迈锡尼公元前1500年的黄金墓葬面具，雕塑艺术几近完美。以色列公元前830年玄武岩方碑上的浮雕，表现的是以色列国王耶户向亚述国王萨尔玛那萨尔三世致敬的场景，是以色列可识别的最古老的石刻画像。地中海公元前6世纪的一只提水陶罐上有表现荷马史诗《伊利亚特》情节的绘画。中国的敦煌、云冈、龙门、大足、麦积山等石窟，正是宗教的石刻艺术和雕塑艺术的完美结合，而成为举世闻名的宗教艺术精品。敦煌莫高窟里的壁画有4.5万平方米，彩塑有2400多身。在秘鲁伊卡省纳斯卡地区发现的巨型地面线条绘画，是两千多年的未解之谜，但可与印加帝国的印加宗教发生猜想。也只有宗教的能量能够引发宗教美术的原动力，使宗教美术日臻成熟和完美，并扩展到人类生活的各个方面，成为人类精神生活的重要内容。

（2）舞蹈　舞蹈可以追溯到远古人类兴奋时的舞跳。在舞蹈起源问题上，一直有性爱说、劳动说、巫术说等多种观点。性爱是动物的天性，鸟类求偶时常常伴有欢快的跳跃，而且有明快的欢叫。远古人类狩猎成功也常常有欢庆的舞蹈活动。然而，舞蹈作为一种艺术，而且始终有一种不衰竭的原动力推动着舞蹈的艺术成熟，应该是从巫术那里寻找源头，在宗教里寻找它的足迹。宗教仪式是舞蹈艺术发展的重要条件。

（3）音乐　音乐与舞蹈是相生相伴的艺术，可以追溯到远古人类兴奋时的欢唱，特别是在巫术活动中，由歌唱的乐歌和曲调形成音乐。宗教音乐一直作为对神的情感表达而千年传承。公元6世纪，罗马教皇格里高利一世耗费10多年的时间亲自选出宗教的经典歌曲，并制定演唱规则，最终形成欧洲音乐史上著名的无伴奏齐唱音乐《格里高利圣咏》。

（4）建筑　建筑艺术与绘画、舞蹈和音乐艺术相比，是非常晚的艺术。这是因为人类定居之后建造房屋时才开始有建筑艺术的产生，没有定居就不可能有建筑。如果说人类在几百万年游动的生存方式中，为了躲避猛兽和严寒而暂避于山洞，并逐渐懂得用石块垒砌洞口是建筑的最初萌芽，这也是不可否定的。然而，作为完整的建筑艺术，应该是在定居并且以一种审美对房屋的样式进行构筑时，建筑艺术才真正产生。古埃及的金字塔、古希腊的神庙、欧洲中世纪的哥特式教堂、佛教的各种庙宇、伊斯兰教的清真寺，都是宗教建筑的代表。由于特定的宗教原因，很多宗教场所的建筑需要更加考究和精细，有很多的宗教内容需要在建筑上体现和表达，这才使宗教建筑艺术得到全面的发展。

3. 哲学思想　如果说哲学产生于宗教，显然过于武断和偏颇，然而哲学在宗教的思想和教义里得到充分的发育和日臻成熟当是毫无疑义的。

哲学是关于世界观和方法论的学说，是认识论的理论基础，包括了自然知识、社会知识、思维知识等多个方面，是以探究自然和社会的本原、演化和规律为主要内容的科学，是重要的社会意识形态之一。

哲学是思维方式、认知方式，用于对宇宙的认知，为宇宙论；用于对事物的认知，为认识论；用于对变化的认知，为矛盾论；用于对知识的认知，为知识论；用于对人生的认知，为伦理学；用于对国家的认知，为政治哲学；用于对命运和归宿的认知，为宗教哲学。

一般说来，人们把古希腊时期研究自然科学的人视为最早的哲学家，这些人以理论辅佐证据的方式和方法探究自然界的规律及演变过程。

苏格拉底、柏拉图和亚里士多德，他们是西方哲学的奠基人，他们的形而上学、知识论和伦理学被西方哲学家誉为哲学的终极理论。苏格拉底是古希腊著名的思想家、教育家和哲学家，在雅典被认为是最有智慧的人，公元前 399 年因为发表亵渎神明的言论而被处死，成为人类历史上第一个为自由和真理殉道的人。柏拉图是他的学生，是客观唯心主义的创始人。柏拉图认为世界由“理念世界”和“现象世界”构成，并将理念论和回忆说作为哲学基础。亚里士多德是柏拉图的学生，是古希腊哲学家中最博学的哲学家，堪称是百科全书式的科学家。他对哲学的贡献是全方位的，对哲学的每个学科都有伟大的建树。他的著作包括了伦理学、形而上学、心理学、经济学、政治学、修辞学、自然科学、教育学、风俗学、文学和宪法学等多个学科和领域。苏格拉底、柏拉图、亚里士多德的哲学思想，是人类思想史上的里程碑，是具有划时代意义的理论建树，以至于一些现代的哲学家认为，至今的哲学理论依然没有超越他们设定的范畴，仅仅是在进一步阐释他们的理论。当然，这种说法言过其实，因为虽然从苏格拉底到柏拉图再到亚里士多德，经历了从苏格拉底公元前 469 年生到亚里士多德公元前 322 年卒总计 147 年的时间师生三代的共同努力，但完整的哲学范畴和体系还是在后来的一代一代哲学家们手中逐渐建立起来的。这样认识哲学的产生与发展才符合事物发展辩证法。

“哲学”一词在亚洲最早的使用者是日本的启蒙学家西周。1874 年他在《百一新论》著作中用汉文将古希腊 philosophy 一词翻译为“哲学”。1896 年康有为等人将西周的“哲学”一词介绍到了中国。西周用汉文翻译 philosophy 一词为“哲学”是有着汉文化的历史渊源的。在汉语里，“哲”的字义就是知、智和智慧。中国西周时期多有“哲”字的使用，《诗经》中有“世有哲王”的诗句，哲王就是贤明、智慧的君王。因此，西周用汉文将古希腊的智慧、爱智慧 philosophy 一词翻译为“哲学”，是非常准确的。

在中国，古典哲学思想雏形见之于西周王朝之前的《河图》与《洛书》，大成是西周时期的《易经》。《河图》与《洛书》是两幅图案，这两幅图案是以实心的黑点和空心的白点构成矩阵，其形式有着鲜明的数位性和对称性，其内容反映着数理的和差关系。对称性、和差关系，已经具备了哲学基本的也是根本的内涵，即两分法和对立统一。也正是因为《河图》与《洛书》有了两分法和对立统一的内涵，才有了《易经》的数术八卦、阴阳五行，《易经》才成为大道之源。就本质而论，《易经》是变化的论著，阴阳五行是变化，数术八卦也是变化。八卦代表的是常规的变化，而由八卦演绎出的六十四卦则是代表着非常规的变化。变化是有规律的，认识变化的规律，掌握变化的规律，就能够预知变化的结果。于是，“预知”的功用使《易经》成了一部占筮圣书，在宗教领域，盛行至今。

宗教与哲学，是相互推动并向前发展的。从人类进化史上讲，在意识形成之前，人类脑中的信息是零碎的、杂乱的、互不联结和稍纵即逝的，是软流层的液态状，没有概念和概念化的认知，行为受本能的支配和原欲的驱动，而不是意识的支配、理性的驱动。意识是人类大脑里思维的第一层结晶体，是脑中的第一层固态。由对自然崇拜而产生的宗教，是人类的第一意识形态。这一意识形态在人类演化史上主宰人类意识的时间最为长久。正是在这段长久的时间里，人类认识自然、认识自我、认识事物的演变规律，产生了原始的哲学世界观，哲学作为一种认识论和思想方法才逐渐产生，既推动着科学世界观的发展，也推动着宗教世界观的发展。

宗教哲学是用哲学思想和观点分析与解释宗教的学说，以人本主义、进化论和社会学为基本参照，解释宗教现象和行为。宗教哲学的学科创立者当为德国的黑格尔。他在其《宗教哲学》一书中，首次用哲学的观点对宗教现象进行了系统的思考和阐述。虽然他的宗教哲学属于无神论范畴，但是因为宗教产生与发展合乎人类进化和社会演化规律，对那些视宗教为欺骗的启蒙思想家是很好的教训。

大多数宗教的教义都充满了哲学思想。《吠陀》是印度最古老的宗教经典，它的最后部分《奥义书》是婆罗门教和印度教教义的基础，也是印度哲学的基础，在公元元年前后形成了印度教正统的吠檀多哲学流派。

在西方文化传统中，宗教在其古典时期强调信仰的启示，在琐罗亚斯德圣书《阿维斯陀》、犹太教律法书《托拉》以及基督教的经典中，充满了大量的神的启示，以启示性淡化宗教的哲学性，淡化哲学的理性和思辨性。中世纪以后，这种情况不断改变，基督教神学代表人物托马斯·阿奎那率先以亚里士多德的思辨方法构建他的神学体系，并最终使中世纪神学居于西方思想的主流地位。

神学居于思想主流地位后，哲学的思想地位遭到神学的排斥，神学派将哲学视为神学的“侍女”。对此德国哲学家伊曼努尔·康德作了生动而深邃、形象而精辟、巧妙而辩证的回答：“但是人们并没有正确地看出：‘她究竟是在她的高贵的女主人的前面擎着火把呢，还是在她的后面拽着长裙呢？’”此话意向非常清楚：就算哲学在思想地位上是神学的“侍女”，但她是在神学的前面为神学高高地举着火把照明道路的“侍女”。

哲学虽然是在宗教领域里获得发展的，但在其发展过程中逐渐摆脱了宗教的唯心主义成分的束缚与影响，用手中的“火把”为自己照亮了道路，建立了独立的学科体系，唯物主义辩证法已经成为人类认识世界、认识自我的科学方法论。

（六）宗教学　世界上所有的学科建设大都始于工业革命之后，发生在工业文明的社会环境里。宗教学形成于19世纪，创始人是英国籍的德国语言学家弗雷德里赫·麦克斯·缪勒。

缪勒生于1823年德国的德绍，在莱比锡大学攻读了古典文学、比较语言学和哲学，1843年到柏林大学工作，开始对印度宗教和语言进行研究，1846年到英国伦敦组织翻译印度宗教经典文献梵文本《梨俱吠陀》并分4卷在英国出版，1848年定居英国，1850年担任牛津大学语言学教授。此后，缪勒运用比较语言学的方法研究宗教，自1853年出版了《吠陀与波斯古经》之后，相继出版了《比较神话学》、《东方圣书集》（51卷）和《宗教学导论》等多部宗教研究著作，他在《宗教学导论》一书中，首次提出了“宗教学”的概念，并且对这一概念进行了原则性阐述，从而《宗教学导论》被公认为西方宗教学的奠基之作。

早在古希腊时期，就有人对宗教现象进行观察和研究，注意到了宗教因民族的不同而不同。公元前6世纪，哲学家和宗教评论家色诺芬尼认为，不同的民族都是按照本民族人物特征塑造本民族的神灵形象，因此神具有民族特性。17世纪至18世纪，欧洲出现了一批宗教研究学者，出版了一批宗教研究著作，有赫尔伯特的《论异教》、休谟的《自然宗教史》、布罗塞的《论物神崇拜》等。法国学者杜伯隆用法文翻译了波斯古经《阿维斯陀》，用拉丁文翻译了印度婆罗门教的《奥义书》。德国学者格罗特芬德破译了楔形文字，法国学者商博良破解了埃及的象形文字，许多学者还整理出古巴比伦宗教文献，埃及学、亚述学、伊朗学、印度学、希伯来学在这个时期相继出现。还有一些人类学家对非洲、美洲和大洋洲的原始土著民族进行调查研究，得到了大量的关于原始宗教的材料，并因此而产生了大批宗教学术著作，为宗教学的产生奠定了厚实的基础。

既成的宗教学的内容大致可以分为4个部分：一是分析宗教的构成要素，二是揭示宗教演化规律，三是研究宗教的社会功能和历史作用，四是研究宗教对象与人的关系。从整体上看，宗教学还应增加一个新的重要的部分：宗教体验。这是非常重要的一部分。宗教体验是宗教的最终目的。没有宗教体验就等于没有宗教，也就没有宗教学。宗教体验有群体与个体两个类别。虽然群体寓于个体，但是宗教体验的群体性与个体性迥然不同。个体的宗教体验是非常自我的，没有两个个体人的宗教体验是一样的，就像一棵树的叶子没有两片是相同的一样。

宗教体验是信仰精神活动。对所信仰之物的认知不同和信仰自觉不同，宗教体验也就不同。如拜物教和拜神教的信仰各不相同，拜物教是把某种自然物作为信仰物和崇拜物，人格化、神灵化；拜神教信仰的是独立于物体和躯体的神灵，不是具体的灵物，而是超越自然的独立神灵。所以，拜物教的宗教体验和拜神教的宗教体验是不同的，其神学的理论形体和理论体系也是不同的。

宗教作为一种系统，其构成应该有宗教教旨、宗教徒、宗教意识、宗教制度和宗教行为这样 5 个基本的元素。也有的宗教研究者将宗教的构成归结为观念、感情、行为和组织 4 个元素。无论以什么方式归类，宗教有两个基本的要素就是教徒和教义。世界上没有无教徒的宗教，也没有无教义的宗教。换言之，没有宗教自然也就没有教徒和教义。教徒无论作为个体还是群体，其精神领域或意识形态领域有一种基本的东西：宗教信仰。教徒的宗教信仰是宗教形成的意识基础和情感基础。一种宗教信仰，在前期是零散的、飘忽的，你有你的信仰，我有我的信仰；今天是这种信仰，明天也许是另外一种信仰。当这些信仰由零散归为一体形成共同信仰并将这种信仰加以诠释成为信条的时候，宗教产生了。

宗教形成是一个漫长的历史过程。考古界认定宗教起源的上限在旧石器时代末期，最早不过公元前 10 万年，大约在公元前 5 万年到公元前 3 万年这个时期。

世界古代宗教有 3 个基本系列：一是美索不达米亚宗教和埃及宗教，在这两种宗教的影响下，依次有迦南宗教、腓尼基宗教、赫梯宗教、小亚细亚宗教、希腊宗教和罗马宗教；二是中国宗教、印度宗教和波斯宗教；三是印第安人宗教，包括阿兹特克宗教、玛雅宗教和印加宗教。古代宗教的策源地是两洲三地，两洲是亚洲和南美洲，三地是西亚、东亚与南亚、南美洲。这正是世界文明的发祥地。因此可以说，正是文明催生了宗教，也正是宗教发展了文明。宗教无论对于社会还是意识形态的影响，都是巨大的，对于推进人类文明进程的作用是无可替代的。

宗教是人类的第一意识形态的说法在很大程度上是从宗教学上认定的。就生命学而言，人类的第一意识形态应该是生存意识形态，由生存意识形态派生出种种的社会意识形态和文化意识形态，宗教也正是由生存意识形态派生出来的。这个时期的社会意识形态是由最单纯的群体意识和氏族意识构成，而文化意识形态则由交流和交往意识构成。宗教属于生存意识的反映，它服务于人类生命寄托、生存愿望的需要，正是生命寄托和生存愿望的因素，使宗教成为人类重要的意识形态和行为方式。小亚细亚的查塔尔·墟余坷的安纳托利亚遗址，是公元前5000年的宗教遗址，在9座建筑上分布着40个神坛，供奉的是女神。在相同的时期，中国赤峰的红山文化中，也有祭祀女神的宗教活动。这足以说明宗教服务于生命寄托和生存愿望。

然而，宗教的最大负面效应是消解人类的自主与自为精神，滋生拯救与恩赐的惰性祈望，梦幻自身创造力之外的福祉。这使人类的整体创造力受到严重制约。

第三编

生产方式与社会形态

【谋篇理由】不同的生产方式决定着不同的社会形态。采集生产方式决定了采集社会形态，农耕生产方决定了农业社会形态，开采与制造生产方式决定了工业社会形态，高科技生产方式决定了信息社会形态。因而以生产方式诠释社会形态是最为科学的方法。

第七章　文化、文明及意识形态

地理环境决定了自然资源的样式，地理环境和自然资源共同决定了人类索取生存所必须的自然资源的方式，这种索取方式，就是生产方式。

人类诞生之时，地球为人类准备的食物只有植物和动物两类，这就决定了人类的生存是以采集植物的果实和捕捉小动物为生产和生活方式。当采集需要肢体的延伸或肢体力量的特殊运用时，产生了工具。工具样式和生产方式，决定了人类的文化形态、文明形态和意识形态。

第一节　人类进化的伟大拐点

人类进化史的上限由于同祖性和多次的物种演变以及不同质进化阶段的转化形式过于繁复、时间过于漫长，也由于考古资料匮乏，因而几乎是无法确定的。这期间肯定有多个线性进化的拐点，这些拐点都有其自身的特点和表征，然而，这些拐点依然是无法得知、无法表述的。不过离现代人类最近的一个进化拐点是可以确定的、是可以表述的，这就是发生在公元前 300 万年的一个拐点，这个拐点的特征就是工具，人类认识并应用了自然物工具，发明并制造了人造工具。这是人类进化史上最具现代人类进化意义的伟大拐点。

一、工具产生的或然性与必然性　“工具”首先是开启人类心智的工具，是人类进化史上高高矗立的第一座里程碑。工具决定着人类心智发育登上了一个新的高度，跨入了一个新的阶段，工具制造是告别蒙昧的肇始，是智慧机理开始发育的标志，是人类与动物的最后的界限，工具应用是文化孕育的基线。

人类最初认识、应用和制造的工具主要有两种：石器和木器。石块是人类最先发现的可以作为工具的物质，起初是信手拈来，即用即丢，后来有意识有目的地加以改造，打出棱或角，打出尖或刃，或磨制出更精致的样式，石块变成了石器。考古学正是从这些石器被打制或磨制的年代上，考证出人类在整个石器时期发展的历史印迹。树木是自然界最普遍最普通的木本植物，人类在使用树枝时，最初也是信手拈来，即用即丢。后来肯定对树枝也有所改制，比如折去细枝，只留下粗壮的主枝用以采摘，或特意选择枝叶繁茂的细枝，用以捕打飞扑的昆虫；或将枝条有意劈断，劈出锋锐的尖，用以刺杀爬行的小动物或水中的鱼类；或选择粗壮的木棍，在石头上磨出锋利的尖，用以狩猎，刺杀更大的动物。这样，树枝变成木器。因此人类也发明和制作了木器，只是木器不可能像石器那样不腐不朽数百万年不烂，仅数十年，至多数百年也就腐烂如土不见踪影了。因此现在的人类无法找到与石器同时期的木器，木器也就没有像石器那样有幸得到考古学证明是被人类使用过，更无法从木器上发现和考证原始人类使用的种种行为痕迹，因此木器长期没有被现代人类所认识，人类只知道远古时代的石器，而对木器全然不知。

将“器”字用在300万年前的这个时期令人匪夷所思。将石块和树枝称作“器”显然是不科学的。从狭义上讲，器是工业化的产物，起码也是手工业的产物，只因已经完全生活在工业化时代的丹麦青年克里斯钦·余根森·汤姆森在把考古发掘出的文物进行分类的时候，不经意地将人类最初使用的石块，按照工业化语境里的习惯叫做石器，这样一直叫到今天，已经近两百年了，习惯了，仅仅是个名称和指代而已，没有谁再去较真加以纠正。

现在无法考证作为工具人类是先认识了石块的功用还是树枝的功用，但是对两者功用的认识，很可能有相同的或然缘起——或是紧迫中的急中生智，或是悠闲把玩时的创意——发现了树枝有延展肢体的功用，石块投掷出去，也有延展肢体的功用，同时石块还有砍砸功能。这一大发现，使人类自此热衷于工具的发现和应用，并且从此与工具须臾不离。石器和木器，都是经历了随机使用、改造使用和制作使用的历史过程。

石器和木器是人类进化的巨大引擎。石器的不断改进和创新，木器的不断发明和创造，牵引着人类在一次次改造和创新、发明和创造的过程中，一步步地进化。石器从砍砸器到刮削器，在经历了两百多万年的演化后手斧出现。手斧是双面、双刃石器，集砍砸器与刮削器的功能于一体，而且突破了砍砸器只利于砍砸、刮削器只利于刮削的局限，可以砍断粗大的圆木，以便制造更加锋利的狩猎器具，还可以轻易地砍断大型动物的骨骼，更有利于对大型猎物的交割与分配。对于可以砸开或砸烂而不能砍断不易刮削的东西，手斧则可以轻松地解决问题。这样，手斧成了人类进化史上标志性的器物，也成了人类心智发育的一件标志性器物，对于打制石器和磨制石器具有分界意义。

在中国汉江之滨的100万年前的“郧县人”遗址里伴随出土了手斧，在“郧县人”遗址附近区域的丹江口市双树遗址和彭家河遗址等多处遗址也出土了手斧。这些手斧最早距今已有100万年。尤其是有几件还打出了中轴线。这种手斧的两个面均有中轴线，两侧是斧刃，刃缘规整而对称，这是目前所能够看到距今100万年前的人类就开始有了中线意识和对称审美意识的实物。这是人类认识史上的伟大拐点。中轴与对称是宇宙根本规律的表现形式，自此人类步入了美学世界和哲学世界，尽管直到公元前4000年左右美学思想和哲学思想才刚刚萌芽。

工具承载了人类在随机、信手的生活行为里，非随机、非信手的目的性和选择性的频率日渐增高的信息。这些信息表明人类主观能动性渐渐被开发出来，并从被动地适应自然转变为能动地改造自然——包括自身生产方式和生活方式——的过程中大量物化，物质财富和精神财富空前增加，生存状态趋向理性化、制度化和社会化。

二、工具发展的4个历史时期 工具的发展经历了静态工具发展时期、动态工具发展时期、智能工具发展时期和综合工具发展时期这样4个历史时期。从严格意义上讲，除了静态工具发展时期是单一发展之外，从动态工具发展时期开始，工具的发展就是静态和动态的综合发展；从智能工具发展时期开始，工具的发展就是静态、动态和智能的综合发展。工具发展的第4个时期，实际上在动态工具出现后就已经开始了。

（一）静态工具发展时期 静态工具是自身没有运动机理的工具，最典型的就是原始的石器和木器。原始的石器和木器工具被人类使用了300万年之后，人类通过对木器的使用认识到了杠杆的功能，并制作出来应用于生产和生活。杠杆本身就是工具革命的杠杆，杠杆的作用刺激了人类利用工具的兴趣，杠杆也成为静态工具向动态工具演化的杠杆。在杠杆发明后人类又认识了滑轮的原理。滑轮的发明是工具的重大革命，使静态工具向动态工具演化又迈进了一大步，而且滑轮本身已经有了动态工具的本质，可以称之为动态工具的先祖。杠杆和滑轮是工具发展史上并立的两座里程碑。当公元前3000年的美索不达米亚平原上出现了第一辆双轮手推车的时候，工具随着这辆手推车的车轮进入了动态工具发展时期。

（二）动态工具发展时期 动态工具是具有运动机理或具有机械运动功能的工具，是5000年前米索不达米亚平原上的那辆手推车的衍生物。石器中的磨、木器中的车，都是动态工具。工业社会出现后所制造出的第一台蒸汽机是动态工具的划时代里程碑，它是大型动态工具的基本动力。由蒸汽机时代进入电气化时代后，发动机成为人类历史上最为典型的动态工具，它是人类创造出的具有运动机理的动态工具的心脏。大型动态工具轮船、火车、飞机等都是以发动机为动力。最小的动态工具电风扇甚至牙科医生用的打磨手术器械，也以电动机作为动力。

（三）智能工具发展时期 智能工具是具有自动功能或能够替代某种智力和

思维功能的工具。人类为了计数，曾经创造出多种计算工具，从原始的结绳计数、草棍计数到现代的算盘计数，经历了漫长的发展时期。但是这些用于计数的工具并不具备智力功能，是依照计算口诀进行演算的。最具代表性的智能计算工具是计算机。开启计算机时代的先驱是英国的数学家阿兰·麦席森·图灵，他被称为计算机科学之父、人工智能之父，在第二次世界大战中他利用计算机技术破译了纳粹德国军队的密码系统，为盟军赢得最后的胜利作出了卓越的贡献。1950年他提出著名的“图灵测试”理论，为人工智能的开发与创建奠定了无可替代的基础。第一台计算机是1946年2月14日在美国宾夕法尼亚大学诞生的，整个机器使用了1.88万个电子管，重达30吨，占地170平方米，每秒可进行5000次加法运算。自此以后，计算机迅速发展，体积缩小至一手可提，运算速度每秒钟可达数千万甚至上亿次，而且计算机自此也进入了个人计算机时代，几乎无所不能地为人类提供广泛的智能服务，出行票务、银行业务、信息交流、物品交易等，都可在计算机上进行。最简单智能工具如洗衣机，可以自动地洗涤甩干；智能较高的智能工具如飞机可以自动起飞并安全地在目的地机场降落，靠上廊桥；航天飞机、宇宙飞船的智能水平更高，可以自动在地外星球降落并进行采样作业。

（四）综合工具发展时期　综合工具发展时期是一个综合概念，没有严格的时间段落意义。当代社会就是一个静态工具、动态工具和智能工具的综合发展的社会，是一个数字化的社会。用智能工具制造静态工具，用静态工具操作智能工具，是普遍的正常的现象。静态、动态、智能工具相互利用、综合利用，工具由此进入了综合发展、混合发展和全面发展的时代。这个时期工具的显著特征是与新技术结合为一体，一种工具就是一个技术单元。一套工具就是一个技术体系。在经济领域、文化领域、教育领域、卫生领域、军事领域、科技领域等一切生产和生活的领域，是工具拓展着领域的空间，支撑着领域的架构。新工具还可以开辟新领域。新工具是新技术的载体，也是新技术的本身。全新的工具，必将人类带入全新的时代。

经过4个发展时期，工具遍及整个人类的整个生产和生活领域。工具无时不在、无处不在。人类的生活须臾离不开工具，每时每刻都在运用工具、制造工具。从大的方面讲，有生活工具、生产工具、战争工具、交通工具、交流工具、科研工具、航天工具等，从小的方面讲，耳挖和指甲钳都是不可或缺的工具。

三、工具的人类学意义　工具是人类制造的生产工具、生活工具，是与人类自身进化和社会发展息息相关的生存工具。因此，工具也是认识人类进化、认识人类社会、认识人类历史与发展的工具，具有重要的人类学意义。

（一）工具与劳动　工具的使用意味着劳动的达成。劳动是利用工具达成预期目的和预期规定性内涵的生产行为，运用智能、付出体能、依靠工具、预期目的，是劳动的基本内涵。现代社会出现的分工，使一部分人的劳动不是体能的付出，而是付出脑力，因此被称为脑力劳动。如果比照人类进化，用两分法将人类分为原始人类和现代人类的话，那么相对应的劳动也可分为原始劳动和现代劳动。原始劳动的始点，就是工具的使用。这种工具，显然是经过人类改造或制造的自然物质，借用甲石块打制乙石块使其变为工具，甲石块虽然完全起到了工具的作用，但真正意义的工具是乙石块。乙石块从此不再是自然的石块。甲石块则仍然是自然的石块，一旦再次被借用，仍然还能起到工具的作用，如果被弃之不用，就永远是自然石块。工具与自然界可以被借为工具使用的物质的最大不同，就在于工具上凝结着人的智能和体能。

使用凝结着人的智能和体能的工具进行生产活动，是劳动的基本特征。虽然这种定义涵盖不了人类的徒手劳动，但徒手劳动仅仅是特定情况之下某个劳动环节和时段的一种劳动方式，没有工具的劳动不可能促使人类的全面进化。因此，将劳动定义为使用凝结着人的智能和体能的工具进行有预期目的的生产活动是劳动的基本特征，不仅合乎学理要求，也符合人类学和社会学的要求。人类的进化史证明，正是使用工具的劳动促进了人类的形体发育，前肢变短变细，前掌变短变宽，矢状脊消失，头顶变平，头颅变圆，颅腔增大，脑容量增多。距今440万年前到150万年前的南方古猿的脑容量为400~530毫升，距今250万年前到160万年前的能人的脑容量为510~750毫升，距今170万年前到20万年前的直立人的脑容量为600~1250毫升，距今20万年前到3万年前的智人的脑容量为1100~1500毫升。

（二）工具与生产方式　索取自然资源的方式决定了工具的样式，同时工具的样式也决定着人类对自然资源的索取方式，这种索取方式最终演变成生产方式。最初的工具是随机的对自然物体的信手利用，在长期的使用中有了效用的选择，当这种效用选择受到某种限制时，人们就想到了改造，比如将大石块打小，将长树枝折短或接长。因此，选择自然物体做工具，是改造自然物体工具的意识准备。当“改造”变成稳定的意识现象和思维习惯的时候，制造与创造的意识就水到渠成地产生了，以工具样式为特征的生产方式和生存方式也就形成了。农业起源后，生产工具从刀耕火种的耒耜到锄头、镰刀、木犁，再从木犁到铁犁、拖拉机、抽水机、脱粒机，发生了进化性改变，相应地生产方式也发生了改变。工具和劳动，是原始人类向现代人类进化的先决条件和决定因素。

生产方式包括生产力和生产关系。生产力是人类的智力和体力付诸生产劳动时产生的能量，而生产关系主要是在生产中的人人关系和分配关系。

（三）工具与生活方式　工具不仅决定着人类的生产方式，也改变着人类的生活方式。人类从生食到熟食，从一般用火烧烤到用陶器、青铜缶和锅炖煮，从炖煮到烹饪，人类的饮食方式和习惯发生了改变；人类居住从洞穴到地穴半地穴，从地穴半地穴到茅屋，从茅屋聚落到砖瓦屋村落，从砖瓦屋村落到楼房城镇，从楼房城镇到摩天大楼林立的现代都市，人类的居住方式发生了改变；交通从步行到骑驴骑马，从骑驴骑马到骑自行车，再到乘坐汽车、火车、轮船、飞机，人们的出行方式发生了改变；文字书写从用树枝、羽毛，到石笔、毛笔，从毛笔到铅笔、钢笔、圆珠笔，从钢笔、圆珠笔到计算机键盘书写，发生了书写方式改变。生活的需要，创造了生活工具，生活工具又决定了生活方式。现代人的高度文明的生活方式，正是高科技生活工具所决定的。

（四）工具与战争样式　用于战争的武器是战争的工具，这些战争的工具从石块、木棒，到大刀、火药，从大刀、火药到机枪大炮，从机枪大炮到坦克、飞机、军舰，从坦克、飞机、军舰到导弹和原子弹，使战争的形式发生了改变。核战争是当代人类战争的最高形式，是最具毁灭性的战争样式。于是，人类一方面谴责、限制制造核武器，一方面又不遗余力背信弃义地发展核武器。中国是核武器拥有国。中国的军事战略深受传统文化的影响，主张有理有节，后发制人。中国一再声明决不首先使用核武器。这与欧洲的进攻信仰和美国国家战略的先发制人完全不同。不首先使用核武器就意味着要首先承受他人的核打击。这是个很大的挑战：第一要经得住，第二要打得出。因此，后发制人既要有抗得住的本事，更要有打得狠的招数。抗得住要保证不受到致命伤害，打得狠要有特别招数，不能给对方实施二次打击的机会。在当今大国关系中，中国的这种立场举足轻重。

当然，“首先”与“其后”的概念不再像20世纪前那样粗放，在数字化高科技时代，“首先”与“其后’之间的时差也许仅仅数秒甚至数毫秒。不首先使用核武器不等于等你的核武器落到我的头上了我再出手。也许你的“首先”与我的“其后”仅差那么一秒钟，你首先使用核武器成既定事实，我在下一秒核武器就出手了。谁的核武器飞得快，谁选择的打击对方要害部位的距离近，谁就是胜者。所以，先发制人者未必能先制人，也有可能被先制于人。

由此可见，人类改变着工具，工具改变着人类生活，也改变着人类生存，改变着人类命运。

第二节　文化与文化形态

当今的“文化”概念越用越宽泛，甚至被用滥了。文化该怎样定义，文化形态又该怎样界定，既是学术问题，又是实践问题。

一、文化的概念　“文化”的主流表述，即文化是人类物质财富和精神财富的总和。联合国教科文组织2001年在巴黎第三十一届会议上给出的定义是：“某个社会或某个社会群体特有的精神与物质、智力与情感方面的不同特点之总和。”这些表述是一种积淀文化的表述，是过去式、完成式，无法涵盖正产生着的物质的和精神的财富，少了重要的进行时。还有一种有必要加以纠正的观点，就是把文化看做一种被载体，加上什么载体就是什么文化，例如，把海洋文化定义为“与海洋相关的文化”。用文化定义文化，这是对文化没有本质理解的表现。文化是多元的，界定一种文化应依据5个缺一不可的条件。这就是：具有稳定的形态、具有独特的质量、具有深厚的积淀和持久的传承能力、具有一定的认同空间、具有完整的体系。

（一）具有稳定的形态 所谓稳定的形态是指事物形态不随机发生变异或本质的改变。形态可以直接理解为形式、形状、样态和势态，也可以理解为质的表现样式，是事物本质要素所形成的基本面貌。由于世界物质元素的多元化和社会文化要素的多元化，构成了事物变异的物质环境和文化环境，甚至一种事物还没有最终形成的时候就发生了变异，如同母腹中的胚胎变异。这种情况在世界许多地域，在世界许多国家的历史中都有发生，尤其在战争连续发生持续不断的地域、在占领与反占领反复割据的地域、在不同意识形态时常冲突的地域、在国家主权和民族主体被长期肢解的地域等，文化不可能形成稳定的形态。殖民地文化作为一种文化形态，是内涵非常不确定的文化形态，因为它正是一个国家的主权和意识形态被肢解的结果，这个国家和民族的文化本来有自己的形态或者本来应该形成自己的形态，但是由于占领国或宗主国的强制介入，发生了变异，使其成为既不是本国家本民族文化，也不完全是占领国或宗主国文化的变异文化形态。中国四川有个地方剧种叫川剧，剧中最具特色的艺术是变脸，演员戴着数张假面具，以转身、遮面、低头等动作遮掩，瞬间变换面具。倘若正处在形成期和发育期的文化如此“变脸”，则绝对不可能形成稳定的文化形态。

（二）具有独特的质量 质量是事物本质中的主要属性，是本质内在品性，标示着本质构成要素整体优化程度的高下。事物的本质是由事物内在矛盾的主要矛盾方面所决定的，这是事物千差万别的原因。资本主义文化与社会主义文化的区别，就在于资本主义的主要矛盾体与社会主义的主要矛盾体的区别；农耕文化与工业文化的区别，就在于农耕社会的生产资料和生产方式与工业社会的生产资料和生产方式的区别；内陆文化与海洋文化的区别，则主要在于内陆生产对象与海洋生产对象的区别。有的文化种类之间区别不很明显，甚至还有内涵和外延上的交集，在教学和研究中常常使用“相邻学科”和“交叉学科”的概念来表达。例如历史文化与传统文化、民族文化与国家文化，民间文化与民俗文化等。中国是茶叶大国，是茶树物种的原产地，是茶叶生产和饮茶习俗的发祥地，近年来“茶文化”在中国是出现频率较高的词。然而正是这个词的泛泛运用，很有导向性地引发了许多令人啼笑皆非的“文化”，如：玉米文化、柑橘文化。玉米和柑橘没有像茶那样形成文化的独特质量。

（三）具有深厚的积淀和持久的传承能力 文化有深厚的积淀，流行文化、时尚文化，尽管也是一种文化现象，然而流行的、时尚的事象，往往最终不能成为文化——这和行为的文化属性不是一个概念——的原因在于它的流行和时尚，一阵风而来，一阵风而去，来得铺天盖地，去得悄无踪迹，留不下任何历史的印痕，也不会影响到此后的群体行为，更不要说影响到社会和历史。一般说来积淀和传承是一致的，有积淀的文化一定是有传承的文化，因为有传承才可能有积淀。中国的封建文化是积淀深厚的文化，其原因就在于有两千多年的传承。同样，宗教文化正因为有持久的传承，宗教文化才成为人类文化的重要部分。

（四）具有一定的认同空间 文化有两个相关联的特性：一是群体性，二是持久性。文化是人类群体所形成的相互认同、相互参照的行为样式，表现着一种约定俗成。而个体，尽管是文化中的个体，但个体的行为如果不和另一个个体或更多个个体发生联系，并相互影响，就始终是个体行为，够不成文化。当个体的行为和另一个个体或更多的个体发生了联系，并得到认同或效仿时，这个人就有可能成为一种文化的先驱。群体就是一种空间，群体越大，空间也就越大。没有足够大的认同空间，这种文化必然要逐渐萎缩，并最终消亡。在文化发展史上，有许多地域文化的地方性很强，长久地在一个很小的地方存在着，形成特定的认同空间。这种现象在大洋洲岛屿上的土著部落非常普遍，如巴布亚新几内亚的土著居民，过着非常原始的石器时代的采集和渔猎生活，裸体、文身、崇尚羽毛和贝壳，对于性，完全不同于受到耶稣教深刻影响的大陆文明社会里的人们的性观念，他们保留了原始人类的性习惯，比大陆文明社会里的人更自然地在两性关系中实现自己类属的统一性。巴布亚新几内亚有600多个岛屿，面积为46万平方千米，2006年统计人口为630万。可以看出，巴布亚新几内亚土著文化地域空间虽然很大，但是认同空间较小。如果把不同的土著文化加以区分，不同的土著文化的地域空间和认同空间就更加狭小。这种文化在现代不可能有更大的认同空间，所以将永远作为土著文化被历史珍藏着。英语作为一种语言文化之所以具有全世界地域空间和全人类的认同空间，正是由于大于英国国土111倍的殖民地地理面积和大于英国人口9倍的殖民地人口数量为其奠定了基础。当时英国的殖民地面积和殖民地人口均占世界的四分之一。

（五）具有完整的体系 体系是事物的内在有序有规律的有机联系的各个部分的组合。同时各个部分也是有序有规律的整体。这里有两个关联词，也是关键词，一曰体，二曰系。体是完全的整体，是由各个部分和各种成分结构而成的具有独立品格的整体；系是整体的有机联结，是由若干个既有独立品格又有共同属性的整体有机联结的更大的整体。所以文化与文化成分是比较而言的，在大的文化体系中，一种文化既是另一种文化的文化成分，又是这种文化完整的自身。但是，倘若这种文化不作为另一种文化的文化成分，不在一种文化的体系之中，这种文化的传承就会有很大的局限，甚至被异化。这就是体系的作用和力量。一个民族的文化，既是一种独立的文化，又是由多种不同的区域文化构成的多元文化。中华民族的文化是由56个民族的文化构成的，美国文化是由13个联邦的文化构成的。俄罗斯文化更是由多个民族的文化体系构成的，俄罗斯总人口不足1.5亿，而民族有130多个。俄罗斯的这种文化构成，在世界各个国家中是不多见的，它的文化的多元性在世界上首屈一指。

文化概念使用的领域和范畴不同，其内涵也就不同。在行业中，文化更多的不再是学科意义的概念，而是门类概念，与政治、经济等是并列关系的门类。因此以门类的概念和以学科的概念诠释文化，几乎是大相径庭的。从学科的内涵和外延上讲，文化学当是最大的学科，政治学、经济学等都无法诠释人类完整的生存状态，只有文化学能够诠释人类完整的生存状态。

二、文化的滥觞　以上述5个条件界定的文化是文化学文化，其意义在于对行为学中的文化判定。人类的现实行为是以以往行为为基础，以当下行为为价值准则的，是习惯性和首创性相结合的行为。行为习惯性是有着行为传统的经验行为学文化，行为首创性是有着行为预期的实验行为学文化。文化是行为文化，行为是文化行为。文化滥觞于行为，这应该是文化学和行为学的共识。

（一）文化是人类的生存状态　从宏观上讲，文化是人类的生存状态。这种生存状态，显然囊括了人类生存的全部行为和行为的全部结果，自然也包括已经发生的行为和正在发生的行为、已经形成的结果和正要形成的结果。人类行为所借助的物质和非物质，人类行为对象的物质和非物质，都可以纳入文化范畴。

文化属于人类，在自然界生物中为人类所独有。文化与人类如影相随，自人类诞生之日起，文化也就随之诞生。人类的生活方式、行为方式、表达方式以及交流方式等都是文化。人类诞生之初，人类生存行为简单得只有一个吃的动作，一个只要能放进口、只要能咬得动，什么都咀嚼的过程，凭味觉、凭口感，凭胃舒适度、凭体验，最终选择了有机物作为食物，选定了植物叶子、果实和根块，选定了动物类的昆虫、鱼类、鸟类、爬行动物及小型走兽作为食物。在相当长的一个时段里，人类是分散的，没有形成群体，是一个母亲数个孩子的小小的血缘结合体。这个时期是人类单一的各自独立的徒手自然生存状态，因此这个时期的文化是自然生存文化。

自然生存文化对于人类的进化没有积极的和重大的意义。对人类进化产生着积极意义和重大意义的文化，是人类群体生存时期和以工具生存时期的文化。这个时期的文化有两个特征，或者说有两种内涵，就是社会性和工具化。这个时期的文化是社会生存文化。

社会生存文化很快替代或否定了自然生存文化，并将自然生存文化融于社会生存文化之中，成为文化学所认定的文化。这是文化学文化的滥觞时期。

文化学文化是一个群体性的社会概念，申明这一点至关重要。当文化产生并形成体系的时候，一种文化现象在个体身上的体现和反映，与文化的群体性本质并不矛盾。这一点也必须作充分的申明，否则，会有许多界限和边缘的东西被混淆、被模糊，就像一幅浸了水的水墨画。也正因为如此，将文化学文化的源头放在原始人类的族群里，比同人类起源的源头放在一起，要科学得多，理性得多。

人类心智的发育和发展，是文化的发育和发展的前提。以往学界几乎没有这种认知和关注，文化研究的内容信史胜于史前史、史前的新石器时代胜于旧石器时代。旧石器时代的文化研究基本上就是考古学文化的研究，是另外的一种文化范畴和文化概念。这是文化研究的一种偏离。对于造诣不深的学者而言，也许根本就不知道旧石器时代人类的文化是一种什么状态，与心智有什么关系和关联。还有一种状况，就是文献学研究学者和考古学研究学者始终处于某种隔离状态，长期以来各自处在各自的文化研究状态里。文献学研究学者沉浸在文献里，将前人的理论、观点和思想反反复复地研究，折腾过来又折腾过去，用尽了各种研究方法，其中比较学大显神通，前与后的比较、张与李的比较、一个事件多种观点的比较、自己的观点与文献观点的比较，终于有了颠覆性的发现。这种发现固然可敬可贺，然而毕竟带着重重的牵引与拼接的痕迹。而考古学研究学者重土轻文的现象比较普遍，重文物的年代和形制，轻文物的文化质地和文化面貌。

现代的人们习惯于将采集和捕捉的生产方式，叫做采集文化和渔猎文化。这两种文化是人类历史上最长久的文化，即使将人类认识工具作为这种文化发端的端点，那么这种文化也有 300 万年，一直持续到公元前 1 万年以种植为标志的农耕生产方式的出现。农耕生产方式出现后，采集生产方式在总体上成了历史的终结，成了永久不复的历史。而渔猎生产方式则继续存在，并与农耕生产方式并存，发展为以船舶捕捞为特征的渔业和以牧养为特征的畜牧业。渔业虽然不像农业那样具有全球的普遍性，但它是海洋、湖泊和大河地域人类的重要生存方式；畜牧业虽然也不像农业那样具有全球的普遍性，但它是草原和森林地域人类的主要生存方式，并由此而产生了游牧民族。因此，人类进入新石器时代之后，主要有农耕、渔猎和游牧 3 种文化形态。这 3 种文化持续发展，一并进入了现代社会。

对史前文化的认识，对没有文字记载的文化的认识，田野作业永远是第一位的。没有活生生的第一手资料，不可能有真正的前所未有的伟大发现，不可能有振聋发聩的学术声音。中国的楚文化一直是湖北和湖南两省引以为荣的历史文化，多少代、多少年对楚文化的研究延绵不绝，从未中断。可是不能不遗憾地说，如此跨朝代跨时空的研究，对楚文化的底蕴和内涵究竟又有怎样的认识与把握？甚至直至今天还对楚文化的源头争论不休，对楚国的始都建在何处各执一词。楚国一去两千三百年，今天它的后人还在乐此不疲地在基本的甚至相比之下并不关乎大体的问题上兴师动众，旌旗招展威武雄壮，的确是件令人遗憾的事情。造成如此状况的原因就在于疏离了田野，在于文化学与考古学的隔离。湖北省丹江口市的北泰山庙遗址群非常大，遍及 9 座山头，有两千多座春秋战国时期的楚墓。比邻的河南省淅川县发现的春秋战国时期的楚墓也有两千多座。楚国发祥地应该在汉江与丹江交汇处的丹江口、淅川和郧阳的汉丹三角区。这里不仅有大量的楚文化遗存，还有非常难得的楚文化发展和演化序列。这一点在陶器和青铜器的形制上看得非常清楚。如果不是疏离了田野，不是文化学与考古学发生了隔离，那么楚文化的源头和楚国的始都问题，早就不成问题。

楚文化研究还有一种偏向，就是过于注重楚世谱系。楚世谱系研究固然重要，但这是基础的和基本的研究，与楚学相比如同经学与小学的关系。楚文化研究已经进行了多少代，可是并没有建立起令人满意的楚学体系。

当然，还有一个重要的原因，乃文化学与考古学集于一身者凤毛麟角。文化学者和历史学者常常是生吞活剥地使用考古成果，而考古学的学科局限不可能涵盖文化的全部学科，交集或大或小，价值取向截然不同。

如果能够从人类心智的发育和进化上研究文化的演进与发展，文化的发展轨迹以及文化的谱系会更加清晰和完整。纵观人类历史，人类文化基本是采集文化、渔猎文化、农耕文化、工业文化、机械农业文化、光电科技文化、全球集约文化这样一个谱系和序列。文化有其最初的源头，也可以叫做滥觞和发祥，在文化谱系中的每一个阶段，也有其初始的源头，有其滥觞和发祥。比如，工业文化的源头在18世纪的英国，其标志是蒸汽机的制造；光电科技文化可以从电磁波被发现到电子技术直到激光应用为滥觞期，大约为半个世纪的时间；而全球集约文化可以从殖民扩张到全球化贸易为滥觞期。

（二）文化滥觞的特征 文化在滥觞时期具有原发性、自在性、单一性和超稳性4个特征。

1. 原发性 滥觞文化的原发性是一个复杂的概念。因为一种文化的发生点在时间轴上非常难以确定其精准的刻度，有一个量变积累和质变飞跃的过程。探讨文化原发性的重要意义在于认识一种文化的时空环境，从而获得对这种文化本质的认知。所以文化原发的地域性和时间性，是探究一种文化本质的两个重要维度。地域性包括地理环境和由地理环境所决定的生产方式以及已有的文化传统，时间性是一种文化的一个完整的由量变到质变的过程。亚述人所创造的亚述文化曾经是影响了亚洲和非洲两千多年的文化，亚述学成为研究亚述文化的重要学科。亚述人主体原属闪米特民族，从撒哈拉沙漠北部地区来到两河流域后与当地的亚述人融合而形成亚述民族。可以说这个时期是亚述文化的滥觞期，是亚述文化的原发期。显然，这种界定并不包括亚述民族形成之前的闪米特文化时期，也不包括亚述地区的土著文化时期。所以，原发性是一个相对的概念，是以历史上的某一个节点为参照的相对概念。

2. 自在性 滥觞文化的自在性是一种文化在形成之前各种基本构成元素已经存在的客观性。这种客观性是人类生存方法和生存方式的客观性。自在性还有一层含义就是人类对这种文化元素存在的无意识性和无自觉性。在人类自身的主观因素方面，人类的心智水平还没有达到能够认知文化元素的程度；在客观因素方面，还没有出现过可供人类参照和比对的类似之物、原发之物。所以，这种自在性的时期非常长久。

3. 单一性　单一性是文化滥觞时期的基本特征。就人类文化而言，人类原始的生存方法和生存方式的单一性，决定了人类文化滥觞的单一性。尽管从一开始人类就是以采集植物和捕捉动物获取食物，但生产方式是单一的采食。捕捉也是一种采食。所以，人类最初的文化构成的主体元素就是采食，采食是人类最初的文化形态。后来，种植和驯养的出现，才使采食文化基本走向终结。此后的以种植为主体特征的农作文化，比照采食文化进行称谓，可以叫做作食文化。农作包括畜牧驯养和手工作坊。

4. 超稳性　人类文化的滥觞时期相当漫长，采食文化形成之后，其发展相当缓慢，起码有 300 万年的超长的稳定时期，表现出超稳的惰性。其主要标志就是人类不管怎样使用石器、不管怎样改造和打制石器，人类采食的生存方法和生存方式都没有发生改变。石器文化属于采食文化范畴，是采食文化发展的一个主要分支。300 万年的超稳时期，原因在于自然资源富足，生产手段简便而产量高，基本不存在生存竞争，或少有生存竞争。这种状态，迟滞了人类形体进化，迟滞了人类的心智发育，自然也迟滞了人类文化的发展。

（三）人类行为的 4 种文化现象　从原始人类到现代人类，人类形体和心智的进化过程，表现出人类行为的 4 种文化现象。

1. 人类行为的第一文化现象　人类在采集生存活动中，出现的第一种心智活动是识别。面对漫山遍野五彩缤纷的植物和形形色色种类繁多的动物，人类要识别它们，这是什么，那是什么；这能吃吗？那能吃吗？这种识别，推动着思维的开启，深化对事物的认知。识别和认知是人类行为的第一文化现象。

2. 人类行为的第二文化现象　识别和认知使人类对事物的认识不断深化，逐步了解了事物的某些表征和属性，提高了对事物的鉴别和区分能力。有了鉴别，就有了判断；有了区分，就有了选择。判断和选择使人类行为有了鲜明的目的性。判断什么样的浆果容易采摘，什么样的动物容易捕捉；选择成熟果实，选择好吃的动物。判断和选择的心智活动，决定着、改变着人类的行为方式，这就促进了人类的形体进化。最直接的进化是脑容量增大，颅腔变大，头型趋圆。脑容量增大，智商随之提高。智商提高，行为效率提高，经验被有意识地积累，教训也能及时汲取。判断和选择是人类行为的第二文化现象。

3. 人类行为的第三文化现象　行为的目的性使人类的行为越来越具有理性色彩。经验和失败从正反两个方面给了人类生存行为的感性记忆与理性思维。这些感性记忆与理性思维的长期积累和被反复运用，人类逐渐学会了对经验的扩展运用，举一反三，触类旁通，事半功倍，成就感出现在人类的感官里，激励和驱动着人类的探索和尝试行为。运用经验是人类行为的第三文化现象。这时的人类心智已经进入较为成熟的阶段，开始出现现代人类的某些特征。

4. 人类行为的第四文化现象　运用经验，人类认知活动更加理性化，规律被发现、被运用，理论产生，发明、创造、应用，将人类推进到现代社会。发明与创造是人类行为的第四文化现象。文化与进化在长期的相互作用中，将原始人类的心智和形体一并演化成现代人类的心智和形体。而且即使演化到了今天，人类的心智和形体的演化还在继续。科学家发现，人类的脑容量已经达到了峰值，正在逐渐下落。科学家认为这并不表明人类的心智水平在下降，而表明脑髓的质量发生了变化，这大概如同电线电路向集成电路演变一样。

三、文化的形态　文化形态在本质上所表述的是生存方式。生存方式就是生命存在方式，是生命体得以连续进化和持续繁衍的行为方式，最为直接的表现就是生产方式和由生产方式所决定的生活方式。纵观历史，横观全球，人类生存的方式是采集、渔猎、游牧、农耕、工业和复合多业这样 6 种基本生存方式。这 6 种基本生存方式，就是人类历史行程中所出现的 6 种文化形态。

用原始和现代两分法划分人类演化史，农业起源可以视为人类演化史上的伟大界碑。农业起源之前，可以视为原始时代阶段，农业起源之后可以视为现代社会阶段。从生命支持系统上讲，相对应的文化就是采食文化和作食文化。人类演化史在农业起源之前的原始时代阶段，是最为简约的历史阶段，生产就是采集和渔猎两种方式。游牧在这个阶段的后期可能出现，但形成生产体系成为一种文化形态，则是农业起源之后的现代社会时期。

农业起源后，文化形态是以农耕文化为主体，渔业和畜牧业以农业的补充形式而存在，并在农业体系的大框架中形成自己的体系。由于农业所提供的是人类生命存在的必需食物，所以任何产业都不可能替代农业，任何产业职能都不可能替代农业职能。这是世界上的农业国家和非农业国家都离不开农业的根本原因。

农业起源，人类定居。定居文化和游动文化的最大不同，是文化也像人类一样“定居”下来，自此有了根，开始积淀，逐步繁荣，交际艺术、建筑艺术、绘画艺术、雕刻艺术、表演艺术等，也相继出现，与农业相关的行业纷纷产生，行业文化迅速发展，并作为特定的元素，丰富了农业系统和农业文化的内涵。

工业社会一经出现就自成体系。工业与农业在本质上是人类生存方式的两个类别，农业生产的是粮食，满足人类食用之需；工业生产的是用品，满足人类应用之需。工业以制造为本质特征，以应用为生产目的。农业生产始终伴随着工具的使用和改革。耒、耜、锄、镰、锹、镐，车、筏、舟等，这些农业工具的制造，依靠的是农业社会里不可或缺的小手工业和小制造业。由小作坊、小工场而逐渐发展和扩展为大的制造工厂，使制造业在农业社会的机制里形成了工业的胚胎。英国盛产棉花，一直是用纺锤纺线，为了提高效率，1764 年发明了纺纱机，并建立起纺纱厂，它就替代了传统的家庭纺织，出现了工业生产的基本组织形式——工厂。在农业体系和发展机制里，制造业一直在农业的瞰制之下，几乎是农业体系和机制的附庸。当制造业形成体系，全方位地满足人类应用之需并成为社会经济发展的主导力量的时候，它就替代了农业的主导地位，改变了社会机制和体系，工业社会从农业社会中脱胎而出。

如果将文化作另一学科意义的区分，文化可以分为人文文化和科学文化两类。人文文化是人类最早建立起来的文化学科。人文文化从一开始就是关注人生和人世，生老病死、衣食起居，以及社会事件、朝代更替等。从历史顺序和对人性关怀程度上讲，这应该是第一种文化。这种文化以文学艺术为主体特征，因而在 20 世纪 30 年代出现了一种偏执的文化认知，认为只有人文领域的知识分子才是真正的知识分子，将其他领域的知识分子排除在外，甚至造成了一种普世的观念：一个人若不懂古典文学艺术，比如不谈尼采和莎士比亚就是没有学问。即使到高科技时代的今天，这种偏执的文化认知也没有得到彻底矫正。

自然科学领域里的科学研究，长期以来没有进入文化范畴，这种研究被认为仅仅是物理的、化学的学科研究而已。因而科学家远没有文学家那样被人们所景仰、所崇拜，他们的研究成果甚至被认为是异端邪说。基于这种现实和理念，美国学者 C. P. 斯诺于 1959 年出版了《两种文化》一书，将人类文化定义为人文文化和科学文化两个类别，这无疑对确立完整的文化概念，提高对科学文化的认知产生了重大影响。

但是，在这两个学科文化之间存在着一条鸿沟。人文领域的“知识分子”与科学领域的科学家彼此存在价值偏差和观念隔膜，甚至相互诋毁。怎样能够将两种文化融合起来？于是斯诺在 1962 年又提出了第三种文化的概念。第三种文化既不是第一种人文文化，也不是第二种科学文化，而是将第一种文化与第二种文化融合在一起的文化，也就是融人文文化与科学文化于一体的具有系统涌生意义的文化。这对于弥合“知识分子”与科学家之间的鸿沟起到了重大的作用，对于矫正偏执的文化认知产生了积极的效应。进入 21 世纪以来，第三种文化已经扮演着统领第一种文化和第二种文化的文化角色。在当下，第三种文化的内涵可以借用英国生物学家史蒂夫·琼斯的一句最为经典话来表述：“如果你不能在一般意义上像讨论非科学问题那样讨论科学问题，你就不算有文化的人。”

四、世界文化体系 由于地理禀赋的不同，文化的性质、样式和发展状况也就千差万别，也会相对地出现不同的文化中心。由于历史的原因，也并不是一切文化现象都能够长期发展、持续存在，形成完整的文化体系。世界文化大致可以分为 6 个体系，这 6 个体系是世界文化结构的 6 个源头、6 个中心、6 个文化圈。

（一）中国文化体系 中国文化是持续发展从未中断没有缺环的文化。从采集文化到农耕文化，直到现代文化，中国文化一直是线性发展。从公元前 221 年秦朝统一中国之后，最起码从汉代丝绸之路将中国与欧洲联结起来之时，直到 19 世纪，中国一直是世界文化中心。中国在氏族部落时期就形成了若干个区域性的大集团，最初有“东夷西夏”两大集团，即东部沿海地带东夷集团和中原的华夏集团；后有“华夏、东夷、三苗”三大集团；再以后形成华夏、东夷、西戎、南蛮、北狄五大集团。自夏朝开始进入王朝时代后，夏、商、周、秦、汉、唐、宋、元、明、清、中华民国、中华人民共和国，尽管中间有数不清的分分合合生生灭灭，但五千年文明之路一步步走来，历史主线没有断，文化血脉没有断。这在世界上是惟一的，独一无二的。

周易文化、儒家文化、道家文化是中国传统文化的核心部分，春秋战国时代的列国文化是中国传统文化的基石，孔子和老子是中国传统文化的代表人物。中国文化是东亚文化的核心文化，对亚洲以及欧洲产生了深刻的影响。

（二）印度文化体系　印度文化在本质上是大河文化。公元前 3000 年印度产生了目前已知的最为古老的哈拉帕文化。在时间上与两河流域的文化和古埃及文化相当。奴隶制度产生不久的公元前 1500 年左右，雅利安人进入，随之雅利安文化替代了哈拉帕文化。雅利安文化被认定为印度教和印度文学、哲学以及艺术的源头。公元前 6 世纪，具有种族优越感的雅利安人，把土著人叫做达塞人，为了避免与达塞人混合，在他们原来的祭司、贵族、农民 3 个等级之后，又增加了达塞，作为最低等级，因此而形成了印度的四大种姓：祭司为婆罗门、贵族为刹帝利、农民为吠舍、土著人为首陀罗。种姓出现，使印度社会成为阶级与种姓互制互动的独特的复合形态。公元前 6 世纪末，波斯王国的国王大流士一世占领了印度西北部，并将那里建成波斯王国的一个省。之后马其顿帝国的国王亚历山大对印度的征服，促进了印度孔雀王朝的兴起。亚历山大撤出印度之后，印度第一个帝国式的政权孔雀王朝建立，此后有安度罗、贵霜、笈多、遮娄其等王朝。孔雀王朝在阿育王时期达到鼎盛。阿育王对宗教各派一视同仁，积极推行传教活动，促进佛陀教义的实现，对佛教的发展起了决定性的作用。公元 7 世纪，印度进入大分裂时期，出现了摩揭陀、迦尸和鸯伽等 16 个国家，史称十六雄国。9 世纪至 12 世纪，出现了朱罗国和潘迪亚国等多个国家。至此，种姓、列国、佛教，成为印度文化的 3 个核心元素。11 世纪德里苏丹伊斯兰征服印度，建立德里苏丹国；1526 年蒙古帖木儿后代巴卑尔入侵印度，建立起莫卧儿帝国。莫卧儿帝国之后，印度进入殖民地时代，先后成为葡萄牙、英国、法国殖民地，印度成为英属印度、法属印度和葡属印度。因此，印度文化体系由哈拉帕文化、雅利安文化、佛教文化、列国文化和殖民文化构成。在殖民文化中，有一种重要的文化成分是不可忽略的，这就是掮客文化。印度的掮客在殖民贸易活动中扮演了非常重要的中介和纽带角色，因而有学者说：“17 世纪印度的整个贸易世界都是建立在掮客获利的动机之上。”

印度文化是人类的优秀文化。在宗教、文学、哲学、数学、天文和艺术等多方面，都有辉煌的成就。这与印度的文化传统有关。印度共和国第一任总理尼赫鲁说：“东方，至少被人们称为印度的那部分的东方，一向爱好潜心思索。……印度一向尊重思想，尊重有思想的人和博学的人。”

（三）阿拉伯文化体系　阿拉伯地域辽阔，东起阿拉伯海，西至大西洋，南起非洲中部，北至地中海，跨越欧亚非三洲，面积为1420平方千米，涵盖了腓尼基、古埃及、巴比伦和亚述等多个古代文明发祥地域，共有22个国家和地区，3.39亿人口。在文化上，承接东西两个文化板块，包容欧亚非3个文化圈。

阿拉伯文化分为阿拉伯地区文化和阿拉伯国家文化两层含义。作为阿拉伯地区文化，包括22个国家和地区的文化；作为阿拉伯国家文化，则形成于公元7世纪阿拉伯帝国建立时期。阿拉伯人的主体是闪米特人，因而游牧文化是阿拉伯文化的基底。阿拉伯地处东方与西方交会处，东方的农耕文化、西方的海洋文化、自身的商贸文化三位一体，有着东西方文化的融合特质。伊斯兰教是阿拉伯主要宗教，伊斯兰文化是阿拉伯文化的主要表征。从某种意义上说，伊斯兰教成就了阿拉伯文化的辉煌，使阿拉伯文化自成体系，成为对世界文化影响最为广泛、最为深刻的文化，也是对世界文化有着重大贡献的文化。

（四）欧洲文化体系　欧洲文化的源头在爱琴海。爱琴海位于希腊和土耳其之间，北通黑海，南经克里特岛连接地中海，南北长610千米，东西宽300千米，面积为21.5万平方千米。海中有数百个岛屿，最南端的克里特岛于公元前30世纪就出现了青铜文化和象形文字，并出现了城邦建筑。克里特文化是爱琴海文化的源头。公元前15世纪爱琴海文化中心转移到希腊半岛，自此以迈锡尼文化为主体文化，并成为古希腊文化的源头。古希腊文化经历了荷马时代、城邦和殖民时代、古典时代、马其顿统治时代这样4个发展时期。古希腊文化最高成就是哲学，故而有古希腊是西方哲学故乡之说。古希腊哲学大致形成于公元前7世纪至公元前6世纪的100多年里。古希腊哲学更多的是关于宇宙本原的研究，属于自然哲学。主要有米利都学派、爱非斯学派、毕达哥拉斯学派和爱利亚学派。米利都学派哲学家泰勒斯认为万物生于水，一切生死存亡都是水的变化；爱非斯学派创始人赫拉克利特认为万物永恒，万物皆流，万物皆变，认为“濯足长流，抽足再入，已非前水”。这是他的“一个人不能两次踏进同一条河流”的著名论点。泰勒斯和赫拉克利特等人，都是这个时期的著名唯物论哲学家。公元前5世纪，希腊哲学研究由自然转移到人，苏格拉底是代表人物。公元前4世纪希腊哲学转入系统化研究，代表人物是柏拉图和亚里士多德。他们师生三人的哲学成就，铸就了希腊哲学三圣的荣誉地位，成为希腊哲学的先祖，历史性地带动了希腊文化的发展。

希腊文化、罗马文化是欧洲古典文化的两个核心元素，殖民文化和工业文化是欧洲现代文化的两个核心元素。欧洲世界中心的地位，正是由殖民文化和工业文化所确立的。

（五）南美洲文化体系　南美洲文化体系主体是印第安文化体系。印第安人是美洲大陆最古老的居民。他们在2.5万年前经由白令海海峡从东亚进入美洲大陆，先后在3个地区定居：一是定居在墨西哥东南部和中美洲地区，这部分人为玛雅人；二是定居在墨西哥盆地，这部分人主要是托尔特克人和阿兹特克人；三是定居在南美洲的安第斯山，包括秘鲁、玻利维亚和厄瓜多尔等地，这部分人为印加人。所以，印第安文化由玛雅文化、阿兹特克文化和印加文化组成。至今在印第安人部落里依然可以追寻到他们来南美洲之前的东亚民间习俗与信仰。在东亚许多地区，都有关于每个人都头顶一颗星星的民间信仰，天上划过一颗流星，地上就有一个人死亡。在印第安人的帕塔科族，认为天上掉下一颗雨滴，地上就有一个人出生。这与东亚的人人头顶一颗星的民间信仰看起来大相径庭，然而却是惊人的一致。

玛雅文化是玛雅人创造的文化，公元前2000年左右，玛雅人的祖先来到了危地马拉、洪都拉斯和萨尔瓦多一带定居，从事农业耕种，并利用海水制盐。玛雅文化的基础是家庭，实行父权制度，以若干血缘家庭组成氏族，政治体制较为简单，各个部落都实行世袭制，最高统治者出于一家。玛雅文化的显著特征是艺术和科学的超凡成就，公元前1000年左右贸易市场出现，并以当地生产的可可豆作为货币。大致在公元前400年左右，神庙建筑、石雕、陶器、绘画、表意文字等，都达到了较高的水平，发明了二十进制的计算方法，并且使用了“零”。在天文和历法方面，其成就在当时的人类发展阶段上具有很高水平，所确定的一年为365.2420天，与现代天文学确定的365.2423天相比极为准确。玛雅人善于对规律的认识与把握，“预知”成为玛雅人的崇尚，因而“玛雅预言”成为玛雅文化的特色。以巨石建筑包括金字塔庙宇作为宗教仪式中心，建筑上有精美而神秘的雕刻，这也是玛雅文化的外在特征。由于玛雅文化的先进性，在许多方面具有古文化的最高科学成就，而且人们一时对这种现象找不到准确的解释，所以就产生了神秘论，认为玛雅人得到了外星人的启示和传授，并且在一定的领域成为主流观点。显然，这是缺乏逻辑力量的，且不说目前在太阳系并没有发现外星人的存在，在银河系的可及范围内也没有发现有生命的星体，即使有外星人存在，光顾了地球，然而如此高智慧的外星人如何能够与在地球上的新石器时代的人类沟通呢？如果是神，神者神通广大，可以让万物通神，然而外星人不是神，他们没有神的力量，他们不能使智商和智慧以及知识远远不及他们的玛雅人瞬间变成高智商、高智慧和高学识的人类可以与他们对话，能够理解他们的启示和传授，理解他们的那些玛雅人从来没有接触过、见到过的闻所未闻的知识。把玛雅人如此神秘化，倒使原本很智慧的玛雅人变得连其他地域的一般人类都不如，让整个人类的文化与文明打了折扣。

阿兹特克文化形成于12世纪。12世纪中期阿兹特克人进入墨西哥盆地，征服了这里的原居民托尔特克人，于16世纪建立阿兹特克王国。王国疆域面积很大，东起墨西哥湾，西至太平洋；南临尤卡坦半岛，北抵格兰德河，首都特诺奇蒂特兰是可以与威尼斯媲美的美丽的城市，拥有近30万人口。这个王国与斯巴达王国有相同之处，也是个军国主义王国，全民皆兵，男性公民必须佩带武器。凭借武力，阿兹特克王国拥有多个纳贡的附属国。它对外战争通常有两个目的，威逼不情愿纳贡的附属国及时纳贡和捉俘虏用以祭祀。阿兹特克人的祭祀是空前绝后举世无双的，在此前此后，世界上没有哪一个王国和帝国像他们这样祭祀。他们用活人祭祀，一次祭祀要杀掉不计其数的俘虏，将人头挂满了通往庙宇道路两旁的柱子。

印加文化发祥于公元前1000年的安第斯山中部，这个时期出现了神权政治国家，到公元前200年列国纷起，公元450年开始列国征战，12世纪时由11个艾柳组成印加帝国。艾柳是血缘村落，有相同的习俗和图腾。印加文化最初产生于分布在厄瓜多尔、哥伦比亚、秘鲁、玻利维亚、智利、阿根廷等地的80多个部落，中心在印加帝国首都库斯科。印加文化是农耕文化，农业和手工业及畜牧业都很发达。土地划分为3个部分：庙宇土地、政府土地和农民土地。印加人重视农田建设和水利工程，根据山地特点，修造梯田，筑坝修渠，引水灌溉；讲求精耕细作，以人畜粪便和鸟粪做肥料。农作物有玉米、豆荚、西红柿、辣椒、花生、马铃薯、木薯、菠萝、姜和棉花等40多种。畜牧业发达，牧场像土地一样，分为庙宇、政府和农民牧场3个部分，饲养的牲畜主要是羊驼和骆马，庙宇饲养的用于祭祀，政府饲养的用于产毛，农民饲养的用于运输。印加文化在建筑、制陶、纺织、冶金、文学、音乐、舞蹈、医药、天文、历法等方面，都有较高的成就。穿颅术是印加人的发明，他们用可卡因做局部麻醉，用铜制的手术刀开颅。巨石建筑是印加文明的标志，宫殿、庙宇、城堡、民居甚至坟墓，都是用石块垒砌。垒砌不用粘合物，使用了榫槽，这是印加人智慧的表征。印加人信奉自然神，占卜盛行，民间占卜凶吉，国家也靠占卜作重大决策，包括选定王位继承人，因而帝国时期的宗教体制和政权体制平行。在印加文化中，木乃伊文化是重要的部分。目前考古发现的最早的木乃伊已经有2700多年。这种文化源于秘鲁的沙漠小镇伊洛。伊洛人的死亡观念与众不同，生死分野不那么明显。他们与死后的家人木乃伊生活在一起，出入打招呼，定期为木乃伊换衣服。下葬的木乃伊要为其陪葬许多生活必需品，比如陪葬羊驼和看守羊驼的狗。国王死后，木乃伊要进入太阳神殿，仍然有侍从，而且一直保留着生前的财产。新任国王不能继承前任国王的财富，就只好开辟自己的新领地，这是印加帝国快速扩张最终占据了南美洲的整个安第斯山的文化原因。16 世纪西班牙殖民者强行将供奉的木乃伊销毁，木乃伊文化遭受了毁灭性破坏。

这些文化作为一种体系，早已不复存在，但作为一种文化成分至今还存在于南美洲文化中，存在于印第安人的小区域里。

（六）非洲文化体系 非洲文化体系可以看做两个文化圈。撒哈拉沙漠以北受欧洲文化体系的影响，可以看做地中海文化圈。北非自古就通过地中海与南部欧洲联系在一起，迦太基帝国、罗马帝国、阿拉伯人，都长期统治过北非大部地区，大航海开启全球殖民时期，西班牙、法国、意大利都在北非建立过殖民地，使北非与欧洲更加紧密地联结在一起，从而欧洲人和北非人都习惯将北非看做大地中海文化圈。撒哈拉沙漠以南由于撒哈拉沙漠的阻隔，可以看做非洲特色最为鲜明的独立文化圈。新石器时代，撒哈拉沙漠以南非洲的石器文化分为森林石器文化和草原石器文化。森林石器具有利于木材加工的形制特征，多为大型手斧和高背刨刀以及细长型尖状器。这种石器文化分为两个时期，前期为桑戈亚文化时期，后期为卢本班文化时期。草原石器具有利于收割的形制特征，也分两个时期，前期为福尔史密斯时期，后期为斯特尔拜时期。

非洲的农业起源于尼罗河流域，与欧亚大陆农业起源的年代大致相当，一般界定为公元前 5000 年，主要种植大麦、小麦、高粱、豇豆和可可豆。公元前 3100 年左右，埃及和其他很多地区都出现了中央集权制国家。在东非的苏丹共和国境内，公元前 10 世纪出现了库施国家；在埃塞俄比亚境内，从公元 1 世纪至 7 世纪是阿克苏姆王国，并有自己的文字，4 世纪与拜占庭结盟，基督教成为国教；12 世纪出现了扎格维王朝。在非洲西部，柏柏尔人与腓尼基人在长期的斗争中于公元前 10 世纪建立了努米底亚王国和毛里塔尼亚王国；11 世纪到 13 世纪柏柏尔人又建立起阿尔穆拉比特王朝和阿尔穆瓦希德王朝，阿尔穆瓦希德王朝解体后，产生了麦里尼德、阿卜德瓦德和哈夫斯 3 个新国家；在撒哈拉沙漠以南，从 8 世纪到 16 世纪的 800 年间，出现了许多强大的王国，主要有加纳王国、马里帝国、桑海帝国；还有豪萨城邦、卡涅姆-博尔努王国、贝宁王国等。

非洲居民以黑色人种为主，仅有三分之一的白种人。黑种人主要是苏丹族和班图族。苏丹族主要居住在撒哈拉沙漠以南、赤道线以北地域，主要有富拉尼人、曼丁哥人和阿散蒂人，还有数量较小的科伊桑人和约鲁巴人。班图族主要居住在赤道线以南地域，主要有巴卢巴人、尼扬韦齐人、祖鲁人、科萨人和尼格利罗人。白种人居住在撒哈拉沙漠以北，早期的土著人是柏柏尔人，后来阿拉伯人和埃及人迁入，融合之后，通称阿拉伯人。至今还有土著柏柏尔人居住在原始丛林和大漠的绿洲里。

非洲是全球最落后的洲，经济落后、文化落后、卫生落后，因而直到 1950 年之前，是世界上人口最为稀少的洲。为了增加人口，非洲大部分地区都实行一夫多妻制。后来医疗条件得到改善，一夫多妻制使非洲成了世界人口最密集的洲。非洲在较长的时期里以族群为社会单位，在西非草原上，由村庄组成微型国家，处处各自为政，结构松散，因而文化对世界的影响有很大的局限性。撒哈拉沙漠北部非洲属于地中海文化圈，深受阿拉伯文化影响，因此作为独立的非洲文化影响力很小。撒哈拉沙漠南部非洲文化则相对封闭，地域局限使其文化缺少了世界文化特质。故而学术界并不完全赞同将非洲文化纳入世界文化体系。

至于北美洲，在16世纪之前只有零散的印第安人，发现美洲大陆开始大量殖民后，欧洲人和作为奴隶的非洲人才来到这片大陆，成为这片大陆的新主人。因此，北美洲文化主要是殖民文化，是以欧洲为母体的殖民文化。北美洲的两个主体大国加拿大和美国，是整个北美洲近代文化的承载体。美国近代文化、现代文化和当代文化，都是很有辐射力和影响力的文化，是左右世界当代文化发展走向的重要文化，是当代世界重要的一种文化体系。

五、文化新概念　已经给出的文化概念：文化是人类的生存状态；现在给出的新的文化概念：文化是事物在人类干预下的转化状态。

（一）关于“文”　“文”的原意是天地万物的纹理和形象，是事物的本质与机理。依据人类生存于自然和社会而言，文是自然和社会的一切物象与规律，也就是天文与人文。

天文是宇宙的演变规律。地球作为天体是被涵盖于天文之中的。作为研究，地球并没有相对于天文而称作地文。在地球的各个系统里，文的概念使用很少也很具象，如水文。水文是地球地表水和一定深度地下水的存在机理与形态。在其他系统中原则上虽然也可以以文定义，但没有这种定义习惯。如土壤就没有被定义为土文。再如地形，形本身就属于文的概念，因此没有定义为地文。

人文是人类社会的一切物象与规律。但对物象与规律的认知多是文化学的，而文化学文化属于第一种文化概念。在社会科学中，尽管人类学、社会学、伦理学、经济学、政治学、哲学、法学、宗教学、军事学、心理学都被广泛运用，但不是出于第二种文化概念的认知和自觉。这与当时第二种文化概念尚未建立有关。

（二）关于“化”　“化”的本意是事物纹理与形象的改变，是事物本质与机理的部分或整体的改变。

1. 感化　感化是因感知而化。感知既是对事物最初的因感而知，也是对事物最终的因感而明。在认识上，感知是一个过程，是一个初始过程，也是一个深化过程。因此，感知不是感性。中国有句成语：初生牛犊不怕虎。通常的理解是年少气盛，无所畏惧。而事实上正是因其初生未见过老虎，对老虎没有感知而不知害怕。当对老虎有了感知时，就不会无知地不惧怕老虎，对老虎的态度就发生了改变，甚至此时又用上了另一个成语：谈虎色变。感化在情感上是主动以情感动对方使其情感改变，也是被动地因受到感触而发生情感改变。中国多地都有仁义巷的民间故事。说的是邻里两家房屋重建都想向巷子里推出一墙。巷子本来就窄，这样一来几乎就走不开人了。于是两家都指责对方不该推出一墙，闹得剑拔弩张。其中一方朝中有人，就想以势压人，给朝中人写了封信。朝中人的回信是四句诗："千里修书为一墙，让他三尺又何妨。万里长城今犹在，不见当年秦始皇。"写信的这家人幡然悔悟不仅没有向外扩墙，反而缩进 3 尺。对方见状十分感动，也照此办理缩进 3 尺，结果巷子不仅没有变窄，反而宽出 6 尺。中国有很多礼让的谚语，例如：争着不足，让着有余；你敬我一尺，我敬你一丈。

2. 转化　转化是事物本质或发展维度的改变。这种改变是一个复杂的过程，其中包括转化因子、转化方式、转化能量和转化趋向。在世间一切事物中，转化是每时每刻都在发生的，正是因为转化，事物才能发展或发生本质的改变。在生物界中，气象是生物转化的根本条件，旱涝都会导致生物生存状态的改变。在人类社会中，认知是人人关系转化的根本条件，知和无知都会导致人类行为方式的改变。转化是事物演变的基本形式。

3. 进化　转化通常有进化和退化两层含义。一般地说，进化是积极意义的转化，而退化是消极意义的转化。生物界的繁盛，人类社会的繁荣，都是进化的结果。当然，进化与退化是相辅相成的，没有退化不可能有进化。但是，追求进化、促使进化，是人类行为的永恒动机，进取是人类行为的第一动力。人类的进化、社会的进化，是人类积极进取的必然结果。

（三）以文而化　文化是表现事物遵循规律以文而化的演变过程及结果。以文而化，道法自然，自然而然。以文而化是文化的终极旨意，具有终极旨意以文而化的文化不属于任何范畴，或者说没有范畴学意义。因为这种文化蕴含在各种系统、各个领域、各类学科之中。在自然界，遵循自然规律，以天文而化；在社会中，遵循社会规律，以人文而化。

以文而化，重在启蒙。以天文而化，重在天文启蒙；以人文而化，重在人文启蒙。没有天文启蒙，苏格拉底死了，哥白尼死了；没有人文启蒙，世界大战再一再二，核武器的喧嚣笼罩全球。虽然人类已经进行过文化启蒙、认知启蒙、伦理启蒙、科学启蒙等多领域的启蒙，而且已经走进文明社会，然而人类并没有彻底摆脱蒙昧，其主要特征是蒙昧地生活在自以为文明的蒙昧之中。72 亿人在一个地球空间里逐利、争战，彼此相克。而对人类究竟应该怎样进行全球一体化生存，没有思考，甚至根本就不知道应该思考。这就是蒙昧，这就需要进行全球启蒙，像欧洲启蒙描绘未来社会蓝图那样，描绘全球一体化生存蓝图。

欧洲启蒙运动发祥于 17 世纪的英国，18 世纪在法国形成中心，以反对封建专制统治和宗教思想束缚为宗旨，以实现自由、民主、平等为目的，启蒙运动的历史意义在于形成强大的世界性社会思潮，推动社会变革。启蒙运动代表人物孟德斯鸠三权分立学说、伏尔泰君主立宪制学说、卢梭天赋人权学说、康德世界联邦思想，对欧美社会发展产生了决定性影响。

全球启蒙主旨是以文而化，实现优质的全球一体化生存。到那时，国家依旧存在，法律依旧存在，不同的是国家内涵、法律内涵都发生了根本性改变，国家权力在主体上是自然权力，法律在主体上是自然法而不是宪法，社会财富分为公共财产和个人财产两部分，两者并存不悖。人们有共同的认知法则，有共同的行为法则，有自省能力、自律能力和规范能力，自然法和知行法则在每个人心中，自然自由、自然平等、自然状态，凡事以文而化，以文自化，以文互化。处理国家事务只有一个以文而化的文化管理系统，其他国家机器在以文而化的机制里失去了存在合法性。一旦产生矛盾，能够自化和互化，极少需要法律介入。法律一旦介入，也还是以文而化式的介入，一般不会出现强制执行。即使强制执行，也不是以武装力量作为后盾的强制，只是声明“必须”而已。这一切的大前提，是人类自身的文化能力，以文而化的能力。

第三节　文明与文明形态

文明是人类走出野蛮时期之后精神境界和物质财富都达到一定程度的表述语，文明程度是人类社会进步的标尺。由于地理的和社会的种种因素，文明有多种不同的形态，从而体现出不同文明的不同特征。

一、文明的概念　文化和文明是相关的两个概念。如果说文化产生于人类一般生存状态，那么文明则产生于人类高级生存状态。人类生存文化分为自然生存文化和社会生存文化两个阶段，一般说来文明不可能产生于人类的自然生存文化阶段，只能是产生于社会生存文化阶段。长期以来对文明的界定过于苛刻，界定的内涵过于狭窄，甚至狭隘。传统的观点认为，文明的产生有 4 个标志：城邦、文字、宗教建筑、冶金术。其实，人类在定居之后文化开始积累之时，文明就要生根开花了。文明的基础是文化的积累。文化有了积累，聚落开始变大，管理开始分出层次和类别，生产开始出现分工，手工业开始产生，冶炼开始出现，青铜器、铁器制作成功，文明就像露出东方地平线上的旭日了。文字是文明的重要标志，没有文字，人类的历史没有记载，似乎就只有用史前的概念来描述历史了。然而这并不等于说没有文字就没有文明，否则无法解释没有文字的民族怎样进入了文明社会，怎样用没有文字的思维创造了文明成果，怎样以文明的方式享受文明成果，怎样以文明的方式生活在文明社会里。城邦也不是文明的惟一标志，埃及文明、玛雅文明都不是城邦意义上的文明。

文明不断地改变着人类的生存习惯和生存方式。现代文明可以概括为三类文明：农业文明、工业文明和信息文明。农业文明改变了人类饮食结构，文化和财富开始积累；工业文明改变了人类应用方式，科学技术空前发达；信息文明改变了人们思维方式，空间技术加大了地球的可及空间，地球村意识出现。农业文明起源于土地肥沃的平原和适宜耕作的丘陵地域，而工业文明起源于土地贫瘠农业发展空间狭小的地域，信息文明则起源于工业文明发达的地域。

文明就其发展程度和演化过程而言，可以分为原始文明和现代文明。原始文明上限的划定以人类第一次运用自己的智慧，按照自己的设计制造出了陶器工具为标志，这个时期基本上就是整个陶器时代。这个阶段的文明特征是：第一，定居，聚落出现，以血缘为纽带的聚落转变为以社会为纽带的社团，城邦社会制度形成；第二，陶器作为器具被广泛制作和应用，并有礼器产生；第三，农业起源；第四，民间文化充分发育，民歌民谣、神话传说广泛流传，民间艺术和绘画出现；第五，民间信仰形成，巫术盛行，丧葬形成规制；第六，天文、地理、水文、历法出现；第七，画符出现，这是文字形成的基础；第八，冶炼出现，青铜器、铁器产生。同时，冶炼和青铜器，又是现代文明的肇始。所以，青铜器可以看做原始文明和现代文明分界的标志物。

目前，对于文明一词的使用极不规范。造成这种状况的原因并不在于界定标准的过于宽泛，而在于对文明一词的理解，在于对文明内涵的把握。在许多学术著作里，经常看到一种写作和论述的模式，首先将词语的来源从词源学上作一番交代，如，文明（Civilization）一词源于拉丁文“Civis”，意思是城市的居民；如，中国的文明一词出自《易经》：“见龙在田，天下文明。”于是，依据英文文明的词义界定文明，强调了城邦；而依据中文文明的词义界定文明，强调了农耕。这显然囿于前人的认知，片面性很大，局限性也很大。

其实，无论怎样解释文明、定义文明，给出概念并不是惟一目的。卢梭曾说：“谁第一个把一块地圈起来并且想到说‘这是我的’，而且找到了一些足够单纯的人去相信他，谁就是文明社会的真正奠基人。”卢梭的这种非常含糊的回答却非常精准。文明社会起源于不平等，这也正是卢梭著述《论人类不平等的起源》的核心观点。在马克思主义的经典文献里，不平等正是私有制的起源。文明和私有制同起源于不平等，这似乎令人匪夷所思。这与对私有制的批判有关。其实私有制的产生和文明出现一样是人类社会的巨大进步。凭情感一味地憎恨私有制造成的社会的更大不平等是不可能对私有制获得理性认知的。应该客观地研究私有制的出现对人类社会发展的巨大的无可替代的历史性作用。私有制和文明有孪生的根脉，却不会有相同的命运。私有制终究会被人类所摒弃，不管这个时间还有多么长久，因为这是人类历史发展的规律，是人类生存逻辑的必然选择。而文明将会永远与人类社会并行，这也是人类历史发展的规律，是人类生存逻辑的必然选择。说“这是我的”这个人，卢梭认定其是文明社会的奠基人，其实应该是社会文明的奠基人，因为还有一种理论上成立然而人类发展史上并未出现过的自然文明。自然文明是自然规律下由自然动力作用而产生的文明，不是私有动力作用所产生的文明。社会文明是私有制之下竞争的结果，而自然文明是人类和谐生存公益共利竞相贡献的结果。这种公益共利未必就对应着公有制，但一定是集体主义的，而不是个人主义的。自然文明的最大特征就是人类的自然属性得到全面的最大限度的展现，而人的社会属性只是群体生存的属性，人类发展是自然控制，而不是社会控制，生产方式虽然依旧是社会性的，但是人类的劳动状态是自然状态。自然文明尽管未曾出现，然而它以理论的存在为现实的社会文明提供了参照，更利于认识社会文明的本性、本质和本来面貌。

长期以来，定义“文明”成为了西方人的专利。在西方人的概念里，文明的观点出自18世纪法国的思想家，是这些思想家们在研究人类发展的进程相对于“野蛮状态”而提出来的。于是文明就成为了判定社会发展程度和人类进化程度的标准。时至19世纪，欧洲人就把思想能量、政治能量、外交能量作为文明程度的主要标准，并以此判断非欧洲人社会的文明程度，判断这些非欧洲社会可否被欧洲人所认同而且可否成为欧洲人所支配的国际体系的成员。这中间非常明显地蕴含着两条信息：欧洲是文明的中心；欧洲中心主义形成。“地理大发现”、“新大陆”等，都是典型的欧洲中心主义词句。也正是在欧洲中心主义的理念里，欧洲人开始唯我独尊地评说世界了。

二、人类文明的发祥地域 人类文明的发祥地一般是在较大的江河流域和沿海地区。依据目前文献和考古资料判定，人类文明的发祥地主要有幼发拉底河和底格里斯河流域、尼罗河的古埃及、印度河和恒河、黄河—长江中下游流域、爱琴海。除此之外，在距今3500年左右的墨西哥韦拉克鲁斯州的圣洛伦索高地的热带雨林中，产生了奥尔梅克文明。在中国，东西南北中都有不同的区域文明发育与产生，比如汉江流域文明、淮河流域文明、渭河流域文明、辽河流域文明、海河流域文明、湘江流域文明、赣江流域文明、闽江流域文明和渤海文明等。这些区域性文明有许多并没有被人们认识或论述过。近年来，中国地域文化研究勃然兴起，这些区域性文明才逐渐被人们小心翼翼地提起。

（一）两河文明 两河文明是在幼发拉底河和底格里斯河流域产生的文明，由于两河流域统称为美索不达米亚地域，故而又称美索不达米亚文明。美索不达米亚地域最初主要生活着苏美尔人。公元前2200年，闪米特人进入，与苏美尔人杂居、融合，并建立起巴比伦王国，建立了人类有史以来的第一个城邦，制定了人类有史以来的第一部法典。

（二）尼罗河文明 尼罗河文明发祥于非洲的尼罗河第一瀑布到三角区这一河段，由于文明发祥的核心地域在古埃及，所以又叫做古埃及文明。古埃及文明以公元前3100年上下埃及统一为标志，到公元332年马其顿王国亚历山大占领古埃及结束。古埃及王朝是法老王朝，有三千多年历史。

（三）印度河文明　印度河文明是聚落文明和城邦文明。文明发祥的核心地域是现在的拉贾斯坦邦的卡利班甘、巴基斯坦的哈拉帕和印度河下游的莫亨焦-达罗，考古发现有近200个公元前3000年的大小聚落遗址，有泥版文字和印章，共计300多个不同的单字，还发现青铜舞女像。

（四）黄河文明　黄河文明发祥于黄河中下游流域，核心区域在现在的中原地区，以公元前5000年的仰韶文化和公元前4200年的大汶口文化为主要标志。目前，发现的仰韶文化遗址总计有5220处，分布在山东、湖北、河南、山西、陕西、甘肃、青海、宁夏、河北和内蒙古等省区。

（五）长江文明　长江文明发祥于长江中下游流域，以公元前4400年的大溪文化和同期的河姆渡文化为主要标志。大溪文化和河姆渡文化同是稻作文化，先民普遍种植水稻。这充分说明长江中下游流域是中国稻作农业的发祥地。

（六）爱琴海文明　爱琴海文明发祥于爱琴海地区的古希腊，包括塞科拉迪文明、克里特文明和取代克里特文明的迈锡尼文明。爱琴海文明主要是海洋文明和商业文明。克里特岛是爱琴海文化的发祥地，岛上的居民由牧民、农民和海上商人三部分组成。早期的遗址距今1.2万年，正是农业起源的时期。这里东部平原适宜农耕，主要种植作物有小麦、大麦和小扁豆等，家畜主要是猪、牛和山羊。由于海水含盐量过高，海中生物稀少，因而海上渔猎没有成为主要的生产活动，但从另一方面发展了海上贸易。大约在公元3000年前进入青铜器时代，稍后出现了米诺斯王朝。米诺斯王朝使这个岛屿文化空前繁荣，规模宏大、造型奇特的宫殿和工艺精湛的艺术品，成为这一时期的文化符号。迈锡尼文明是爱琴海文明中最具典型意义的城邦文明。值得特别指出的是，用海洋时代的历史学观点审视爱琴海文明，爱琴海文明是海洋时代的滥觞与奠基，地中海文明承袭了爱琴海文明，成为海洋时代发展的中间环节。

（七）奥尔梅克文明　奥尔梅克文明是目前所发现的美洲最早最古老的文明，为公元前1200年的奥尔梅克印第安人所创造。奥尔梅克文明的主要特征是巨石建筑，以及巨石人头雕像、文字、历法和计数符号，崇拜半人半美洲虎神、羽蛇神和凤鸟。值得关注的是中国东夷民族少昊是奥尔梅克印第安人的神，这使奥尔梅克文明与中国东夷民族搭上了关系，而且农业灌溉技术与中国中原灌溉技术一脉相承。有历史学家认为，公元前11世纪商朝纣王派兵25万征伐东夷，由于周武王姬发突袭朝歌，纣王战败自焚，商朝灭亡，而征伐东夷的25万人下落不明不知所踪。据有关资料显示，这部分人很可能沿白令海海峡到了美洲，成为印第安人的一支。1995年在墨西哥出土的拉文塔4号文物玉圭，上面有4个刻符，被认定与殷商的甲骨文有直接的联系。在墨西哥的婚俗中，讲究男女生辰八字，生辰八字相合才能结婚，而相冲则不宜结婚，这与中国婚俗中讲究男女生辰八字完全一样。

在人类历史上曾出现过多种文明，同样现在世界上也存在着多种文明。由于判定标准不同，所以在判定文明的数量上也不同。有人以个数而论认为全球有16个文明，有人认为有8个文明。汤因比开始认为有20个，后来又认为有26个。西方的大部分学者认定有12个主要文明，其中有7个已经消亡，尚有5个依然存在，这就是中国文明、日本文明、印度文明、伊斯兰文明和西方文明。后来部分学者认为还应该加上东正教文明和拉丁美洲文明。还有一个非洲文明尚未判明是否真实存在。这是一种见仁见智的界定，或是在不同框架里的界定。而且在国家文明的序列中，“西方文明”的界定概念不对等，这是欧洲中心主义后遗症。西方文明也是由富有个性的不同国家文明和区域文明组成的，古代的罗马文明，当代的英国文明，从古至今的斯堪的纳维亚文明和地中海文明都是西方文明。西方文明只有与东方文明对应使用才有其对等意义。欧洲一体、西方一统，貌似出类拔萃一枝独秀，实则是作茧自缚，抹杀了一个个活生生的灵魂。

三、文明形态　决定文明形态的要素是地理环境、自然资源、生产方式、社会制度。这4种要素可以综合决定一种文明形态，也可以单一地决定一种文明形态。特别是社会制度，它虽然也受地理环境和自然资源的制约，但它是与特定社会相匹配的特定制度。这是为什么在相同的地理环境和自然资源的条件下，却产生出不同文明形态的内在原因。

（一）地理环境所决定的文明形态　地理环境是文明产生的地理因素。作为决定文明形态的地理环境主要指地形地貌，不同的地形地貌决定着不同的生产和生活方式。依据陆海环境，人类文明可以分为陆地文明和海洋文明两种类型；依据陆地地形地貌，可以分为山地文明、平原文明和河流文明等类型。

地理面貌是一个综合概念，包括地形、地貌、山系、水系、海拔、温度带、陆海分布关系、地理空间等要素。地理面貌决定了生物体系的面貌，从而决定了依赖自然资源而生存的人类的生产和生活面貌，也就决定了文明形态。

生产方式是认定文明形态的内在根据。随着社会的发展，文明的内涵不断深化和拓展。比如海洋文明不再仅仅是渔猎文明，还包括养殖文明和航海文明。

1. 河流、湖泊、海洋与渔猎文明　渔猎文明源于水，源于河流、湖泊和海洋。在美洲的亚马孙河、西西里比河，在亚洲的黄河、长江，在欧洲的伏尔加河，在非洲的尼罗河等流域，在地中海、里海、渤海、南海等沿海，都有早期的人类渔猎活动。至今南美洲亚马孙热带雨林、西非草原、大洋洲星罗棋布的岛屿上的土著人，依然以原始的捕捞方式过着渔猎文明的生活。

中国在新石器时代，东夷族群居住在东部沿海，华夏族群居住在内陆。华夏族群在仰韶文化时期制陶的时候，东夷人已经在造船了。河姆渡文化更是表明了古老舟船文化的繁荣，多桅多帆、平衡舵、披水板、减摇龙骨等造船技术，都是亘古首创。指南针、船尾舵、水密舱壁、车轮舟，更是人类造船史上的伟大发明。东夷人开创了中华民族的海洋文明。在渤海的大黑山岛有公元前4500年的房屋遗址，可以考证出居民的渔民身份。大黑山岛距离大陆10海里，中间有多个岛屿，各岛间距离仅几海里。后来东夷民族被华夏民族征服，影响了甚至是中断了中华民族海洋文明的进程。齐国建国后，海洋文明再次崛起，渔猎文明进入远海捕捞时期，航海技术得到进一步发展，海洋文明进入了航海文明阶段。

2. 高原、草原与游牧文明 游牧文明源于草原和高原。在世界著名的草原和高原都有游牧民族。北非草原、叙利亚草原、东欧草原、西西伯利亚草原、蒙古草原和青藏高原等都产生了游牧文明。公元4世纪左右，匈奴游牧民族在东欧平原南部逐渐强大起来。这个被中国汉代的汉武帝赶出河套和大漠地区的游牧民族，开始了大规模的征战，自公元410年起连续3年3次进攻罗马，6世纪建起匈牙利王国，疆域延伸到了欧洲和南亚。

蒙古族是生活在蒙古高原的游牧民族，公元13世纪之初开始扩张，征服了周边许多民族，占领了奥得河和亚得里亚海的东部沿岸、叙利亚和上缅甸等地。这个时期，改称成吉思汗的铁木真成为蒙古族的最高统治者，率领整个蒙古族拓疆征战，历经三代，直到1259年他的孙子蒙哥死后征战方才停止，占领了从太平洋西岸到伏尔加河和多瑙河、从贝加尔湖到越南的辽阔的疆域。

3. 平原、丘陵与农耕文明 平原和丘陵利于耕地的开垦，土质肥沃，水网密集，便于灌溉，因而是农业文明的重要地域。两河流域、黄河和长江中下游流域、印度河和恒河流域、尼罗河流域都是平原，间或有低矮的丘陵。这些地域是世界上最早的农业耕作区域，是农耕文明的发祥地。

（二）自然资源所决定的文明形态 自然资源在主体上是活态的，是不断再生的。有一些自然资源生成周期是以百万年甚至亿万年为单位的，对于人类而言，这种资源是静态的，是不可再生的。活态的可再生的自然资源，一般决定着农业文明形态；而静态的不可再生的自然资源，一般决定着工业文明形态。

（三）生产方式所决定的文明形态 生产方式是地理环境和自然资源规制下的人类生存方式。不同的地理环境，不同的自然资源，决定了不同的生产方式。依据这些不同的生产方式，创造出物质财富和精神财富，便形成不同的文明形态。捕捞生产方式，决定渔猎文明形态；种植生产方式，决定农业文明形态；开采和制造生产方式，产生工业文明形态。

（四）社会制度所决定的文明形态 社会制度本来就是文明的体现，但是不同的社会制度决定着不同的文明形态。这种内在的关系紧密得难以划出边界，故而让许多人将文明形态与社会形态混淆起来。最突出的表现就是将一种社会形态的终结说成是文明的终结。这种错误等同于将一种社会的终结视为历史的终结一样。人类不毁灭，历史就不会终结；社会不停滞，文明就不会终结。从纵向上讲，文明形态是人类社会发展的不同阶段的文明形态，目前人类历史经历了奴隶制度的奴隶制社会文明形态、封建制度的封建社会文明形态、资本主义制度的资本主义社会文明形态、社会主义制度的社会主义社会文明形态。从横向上讲，文明形态是同一历史平面上的不同国家社会制度的文明形态，例如，美国社会制度所决定的美国社会文明形态、俄罗斯社会制度所决定的俄罗斯社会文明形态、中国社会制度所决定的中国社会文明形态、印度社会制度所决定的印度社会文明形态、瑞典社会制度所决定的瑞典社会文明形态、英国社会制度所决定的英国社会文明形态、法国社会制度所决定的法国社会文明形态、埃及社会制度所决定的埃及社会文明形态、南非社会制度所决定的南非社会文明形态，等等。

四、文明的差异与冲突 不同的文明在本质上是文化的差异。这种文化差异被西方学者表述为文明冲突，并认为是后冷战时期世界暴力冲突的根本动因。美国哈佛大学教授塞缪尔·亨廷顿于冷战刚刚结束的1993年夏在美国《外交》季刊上发表了《文明的冲突?》一文，后来以此文为蓝本撰写了《文明的冲突》一书。人类的进步是文明的进步，社会的发展是文明的发展，一切都在文明框架里发生，一切的冲突自然可以定义为文明的冲突，一切战争也可以定义为文明的战争。从波斯帝国入侵希腊的希波战争到马其顿东征，从第一次世界大战到第二次世界大战，都可以说成是文明的战争。尤其是希波战争中的马拉松战役，一直被西方史学家认定为拯救了雅典、拯救了希腊，从而拯救了西方文明的战争。就在《文明的冲突?》发表的前一年，也许正是《文明的冲突?》构思和写作的当年，全世界军火开支高达6000亿美元，发生战争29起，死亡人数创17年以来的最高。如果说这是文明的冲突，亨廷顿显然不会认可。亨廷顿将文明冲突定义为文明断层线的冲突。这个命题仍备受质疑。断层线原本是地质用语，是地壳中断层面与地面的交线，是地壳断裂错位形成的断面。起码在19世纪之前，人们认为断层线是地震造成的，而美国地震学家菲尔丁·哈里·里德于1911年发现地震正是由断层线引起的。本是一体的事物分裂为不平衡的两部分，可能出现断层线，不是一体的物体两者间无断层可言，两个物体的接合部是界面，不是断层。一种文明自身可能出现断层线，但是两种不同的文明之间没有断层线。然而，亨廷顿的断层线冲突指的恰恰是不同文明体之间的文明冲突。他认为："敌人会出现在世界各主要文明之间的断层线上。"美国历史学家入江昭曾就美国外交史研究将国家视为权力体和经济体的观点，提出了国家是文化体的论断。将国家视为文化体，那么国家间的冲突就是文化冲突。这种冲突显然不是断层线的冲突。亨廷顿认为："文化认同在最广泛的层面上就是文明认同。"并且认为文明认同"形成了冷战后世界上的结合、分裂和冲突模式"。在这里我们看到了亨廷顿与入江昭在认知上的相同点，当然也看到了不同点。其实，与亨廷顿的见识正好相反：文明认同在最广泛的层面上就是文化认同。不同文明之间的差异在本质上是文化的差异，但文化差异的冲突就是文化差异的冲突，而不是文明的冲突。所以亨廷顿对

“断层线冲突是属于不同文明国家或集团彼此之间社会群体冲突”的定义不为学者们所普遍认可，与所借用地质用语“断层线”的涵义也不吻合。这里的边界极容易弄模糊，但最是模糊不得。

还有重要的一点，亨廷顿对文明概念的判定可能过于宗教化。他非常认同“伟大的宗教是伟大的文明赖以建立的基础”的观点，认为“宗教是界定文明的一个主要特征”，“在所有界定文明的客观因素中，最重要的通常是宗教。人类历史上的各主要文明在很大程度上被基本等同于世界上的各伟大宗教”。因此在他的相关著作里，文明与宗教时常纠缠在一起，两者间画着一个“≌”符号。这使他对文明冲突的判定冒犯了边界所标识的主权尊严。如果文明等同于宗教，那么非宗教人群不是还滞留在上万年前没有进化的野蛮人类时代，就是感到遭受野蛮羞辱而要奋起讨伐引发文明冲突的文明斗士时代。仅凭这一点就可以断定，倘若认定非西方文明的核心国家将携起手来抵制西方文明的支配权是可预测的现实的话，那么认定伊斯兰文明和中华文明以“儒教-伊斯兰教联合”对抗西方文明纯属妄断。这种认定方式，曾于1993年6月联合国在维也纳举行的世界人权大会时出现过，西方认为欧洲和北美洲国家为一方，非西方国家为一方，中国是亚洲-伊斯兰集团的领袖，据此认定儒教将同伊斯兰教联合起来对抗西方文明。宗教的本质特征是神祇信仰，宗教的原发意义是万物有灵的超自然力量。儒教基本上没有神祇信仰，而是文化信仰，所以并不是严格意义上的宗教。“儒”源自巫、史、祝、卜等民间信仰，原意是指通天地之人，习诗书礼乐者为术士。儒最初与周礼并称，汉代独尊儒术，遂将国家宗教“儒化”，并将儒教建立在周公和孔子所奠定的儒家学说基础之上，四书五经是儒教教义的基础，所以没有神祇意义上的教义、教规和教徒。在中国，对儒家学说一直是以文化学进行界定的，极少以宗教学进行界定，界定为文明形态更为鲜见。在中国语境里，儒家学说使用频率最高的是“儒家文化”。儒家文化成为儒教，甚至国教，是在宗教至上的特定历史时期为了提升儒家文化地位的政策用意。即使从宗教意义上研究儒家文化，儒教与伊斯兰教也是不可相提并论的，而且儒教与伊斯兰教存在着完全不同的宗教价值取向。如果说两者在抵制西方文明上有共同的利益从而联合起来，那也是策略层面上的，与本质意义上的文明冲突远不是一个概念，而且这种对抗对于儒教是文化对抗，对于伊斯兰教则是宗教对抗，两者对抗的对象完全不同，尽管都可以叫做文明冲突。在宗教文明框架里，可以以宗教名称冠以文明，如基督教文明、伊斯兰教文明，但是如果两教派发生冲突，一般不可以直接说成文明冲突，教派冲突就是教派冲突，而不是文明冲突。张三是张家之子，李四是李家之子，他们两人发生的冲突，通常不是家族冲突，甚至与家族冲突根本就不是一回事。

文明冲突论一时在西方大行其道，在更多的情况下是因为冷战骤然结束，两极对抗突然少了一极，一国独大，欣欣然之中，恍然觉得世界大战的危险骤然消除了，那么后冷战时期的一个没有世界大战威胁的世界，根据什么来重建世界秩序呢？冷战的长期两极冲突思维一下子无所适从，文明冲突论非常适时地填补了这种思维的空白。

此前的1969年，发生了英国学者拉尔夫·米利班德与法国学者尼科斯·普兰查斯关于国家理论之争。这二人都是国家理论研究的顶尖学者，争论很快形成一股理论风潮。有学者评价这场争论是列宁与卢森堡国家理论之争的延续，许多后续的马克思主义的国家理论是由他们二人之争引发的。他们的争论长达7年之久，焦点是资本主义国家的本质是结构主义的，还是工具主义的。也就是在这个时候，发达资本主义国家的大型跨国公司开始在经济和政治上获得权力，并以其本能的力量和方式侵蚀民族国家主权。随之，公司自由主义产生，全球化的种种理论纷至沓来。这时，西方学术界似乎形成一种共识：资本主义已经进入了新时代，旧有的国家范式已经部分或全部不适用了。为此一些学者鼓吹应把精力放在未来预测上。正是在这个时间节点上，美国学者弗朗西斯·福山提出"历史终结"论。冷战的结束似乎是一种验证，接下来就是带着预言意味的亨廷顿的"文明冲突论"了。梳理这个过程，可以看到文明冲突论理论背景上的某些契合。

如果认为中华文明是西方文明的主要冲突力量，甚至认为儒教和伊斯兰教会联合起来成为西方文明首要的抗衡力量，其实这还是冷战思维，李代桃僵地将冷战一方的苏联替换为中国。照此逻辑，后冷战时期实际上是新冷战时期。虽然中国的军事力量不足以与美国全面抗衡，但是在单兵动作上，难说谁输谁赢。因为中国也有一枪毙命的招数。况且在单极多元的世界格局里，中国是多元中最大的一元、核心的一元，而且中国已经具备世界大国资质：经济大国、军事大国、科研大国、核能大国、航天大国。中国有足够的军事威慑力量。中国还是世界第一人口大国，并且有着强烈的民族认同感，以世界第二大经济体的实力蒸蒸日上，经济总量占全球经济总量的16.5%，对全球经济增长贡献率高达33%。最起码从毛泽东时代起，中国压根就不惧怕美国。毛泽东的逻辑非常清楚，你美国向中国扔原子弹，扔完了还是要派兵占领，最后见分晓就在这一刻。中国制胜的法宝就是人民战争。而美国正为人口出生率低、民族认同感急速消解和经济日渐衰落而焦虑。冷战骤然结束，虽然一国独大，但人去楼空令美国一时惘然失措：如何重新定义自身的大国角色？新的对手在哪里？新的威胁来自哪里？当以"文明冲突"作为答案时，国际舆论一片哗然，点赞者熙熙，吐槽者攘攘。无论怎样评说，美国倒是有所感悟，这种感悟促使美国亚太战略紧锣密鼓登场，认为文明冲突是后冷战时期世界暴力冲突的根本动因，并以此绞杀亚太文明，毕其功于一役，以求霸主不败。认定未来的国家间战争起因于文明，这显然是对战争本质的一种扭曲。自"文明冲突论"提出至今已有23年，世界上发生了数不胜数的大小战争，其中哪一次战争可以认定是文明冲突呢？哪一次是"儒教-伊斯兰教"

联合起来对抗西方文明而引起的冲突呢？国家间的战争永远是利益的战争，而且永远是物质利益大于或者高于精神利益的战争。什么是利益？无须做什么政治的、经济的、军事的、文化的，或物质的精神的论列，最直接最简单的判定方法就是看一事当前彼此的反应。你想要我也想要的就是利益，就有可能起争端；你想要我不想要的或我想要你不想要的，那最多是偏好，未必就是利益，永远不会起争端。利益是价值观之下的心理取向。心理取向不同，利益观不同，各有所好，各得其所，一般不会发生冲突。相反，共同价值追求倒是常常成为冲突的根源。资源是生存的必需，是人类相同的心理取向和利益观。在国家主权框架中的为领土争夺的战争虽然已成为历史，但是为资源争夺的战争或由资源争夺而派生出的战争依然如火如荼。未来国家间战争的宣战书上一般不会写着“为文明而战”，而是写着“为资源而战”。冰岛与英国为争夺鳕鱼资源而发生的“鳕鱼战争”就是一证据。鳕鱼是北大西洋重要水产，是最受欧洲人喜爱的鱼类。自18世纪中叶以来，北大西洋国家捕捞鳕鱼活动不断升级。冰岛为了保护有关民生大计的鳕鱼资源，于1958年宣布12海里领海权，英国不予承认，双方发生战争。1971年再次将领海扩展到50海里，英冰双方再次开战。1974年冰岛又宣布将领海扩展到200海里，英国与冰岛又一次开战。历时28年的英冰鳕鱼资源争夺，导致欧洲共同体于1976年作出欧洲各海洋国家的海洋专属经济区为200海里的最后限定。这也是1982年联合国第三次会议通过海洋法公约划定200海里专属经济区提案的由来。

五、应然文明 应然文明是因生存的直需资源匮乏而利用非直需资源或者他域资源应对生存所需而产生的文明。这种文明是在环境局限效应里的被动状态下产生的文明。也就是说，是在自然资源绝对制约情况下，另辟蹊径所产生的文明，或者说是不受本地域自然资源的控制而超越本地域自然资源的制约而产生的文明。在土地资源匮乏的国家产生的工业文明是应然文明，因为是在没有足够的土地资源无足够的土地可耕种，生产不了足够的必需谷物的情况下，不依赖土地资源而利用本地域的矿藏资源或海洋资源应然而产生的文明。这能够解释为什么工业文明首先出现在岛国的英国，而不是出现在大陆国的中国和印度，能够解释为什么葡萄牙和西班牙首次开创了应然文明的海洋文明。这种应然文明的海洋文明正是利用他域的自然资源所产生的文明。

在宏观上，应然文明是农耕文明之后的文明，通常伴随着掠夺和商贸而产生。掠夺主要是领地的掠夺、资源的掠夺和人口的掠夺。掠夺的形式是征服和战争。这种文明里的战争不同于人类原始时代的战争。这种战争本身就是文明的较量，使用文明社会产生的武器，也就是最初的大刀长矛和后来的坚船利炮。领地的掠夺和人口的掠夺，使人类文明史上首次出现了殖民地和半殖民地社会文明形态。殖民地和半殖民地不是人类历史的必然社会阶段，却是特定社会制度的社会文明形态。中国曾经出现了半封建半殖民地的社会文明形态，其根本原因就在于西方列强的掠夺。18 世纪初，英国开始以侵略和商贸的双重形式向中国输出鸦片。1840 年第一次鸦片战争爆发，1842 年 8 月，中国清政府被迫在英国的炮舰上签订了《南京条约》，割地、赔银，开放了上海、宁波、福州、厦门和广州共 5 处沿海通商口岸；1856 年第二次鸦片战争爆发，清政府又被迫与英国和法国政府签订了《天津条约》，1860 年再次签订了《北京条约》，致使处于中国腹地的汉口开埠，英法的商船从上海沿长江直接开进中国大纵深内地，汉口随后相继出现了英国、俄国、法国、德国和日本五国租界，使中国的腹地有了不同社会制度的国中之国，导致中国的国家主权被阉割，中国的民族经济被扼杀，中国的思想意识被异化。1900 年，英国、法国、德国、俄国、美国、日本、意大利和奥匈等八国联军瓜分中国，一纸《辛丑条约》，将中国推入半殖民地半封建社会的深渊。

以应然文明为面貌特征的工业文明，对人类社会演进最具划时代意义的贡献是广泛地开发利用了与依靠地表自然资源的农业完全不同的地下自然资源。它的全部价值不在于食用，而在于应用。人类诞生数百万年以来，第一次实现了生产的改革，由生产食物到生产工具。所以工业文明实际上就是工具文明，标志着人类进入了全方位工具生产和全方位工具消费的时代。

从一般意义上说，矿产业是在农耕文明走向式微的国家和地区率先兴起的。所谓农耕文明走向式微，是农耕文明已经难以满足这个国家和地区文明发展的需要，表现为土地和人口比例严重失调。因而这种状况首先在土地资源贫乏的国家和地区发生。土地资源贫乏不外乎这样几种情况：第一种情况是高纬度的冻土地带，有土地而无法耕种；第二种情况是岛国和半岛国家，土地极端贫瘠与贫乏；第三种情况是种植面积很少的高海拔国家和地区。这些国家在人口分布稀疏没有造成土地压力的时期，和全人类一同走着农业生产的道路。当粮食因人口急剧增加而相对减少的时候，最原始的办法就是利用和开发本国本地区的其他资源向产粮国家换取粮食。矿产业和工业正是在这种背景下产生的。

英国是典型的岛国，境内大部分是山地，耕地面积只占国土面积的 23%，直到 16 世纪末还是一个仅有 300 万人口的贫弱小国。到了 19 世纪 40 年代，农业开始衰退，19 世纪 70 年代开始从美国、加拿大和阿根廷等国家进口谷物。在农业危机里，英国的生产由地表转入地下，首先开发的是国家的煤炭资源。这个国家的煤炭资源的丰富程度在世界上是首屈一指的，在 24 万平方千米国土下埋藏着 170 亿吨原煤。19 世纪中叶煤炭产业成为英国最新也是最古老的产业，煤炭产量占世界煤炭总产量的三分之二，成为英国工业革命的动力和支柱，到 20 世纪初，煤炭产量达到 2900 万吨，其中三分之一用于出口。20 世纪初人口为 4500 万，到 21 世纪初达到 6000 万，人口密度为每平方千米 248 人，超过世界人口密度平均值 49 人的 5 倍、欧洲人口平均值 32 人的 8 倍。

公元前的青铜器时代和铁器时代，是工业文明的前奏或序幕，然而青铜器文明和铁器文明与工业文明不同，最大的不同在于青铜器文明和铁器文明不是应然文明，而是农业文明的一部分。从青铜器文明和铁器文明到工业文明，人类社会又经历了三千年的演进。这三千年是属于农业文明的三千年，也是人类为工业文明积蓄能量的三千年。工业文明尽管看起来是在农业最不发达的国家和地区首先出现，但正是在人类农业发展最为成熟的时期出现的。因为这些农业最不发达的国家和地区，正是需要农业最发达的国家和地区提供生存的食用物品。农业不发达的国家要得到农业发达国家的食用物品只有两种办法：掠夺和交换。掠夺需要力量，交换需要物品。也正是这样的“一种需要、两种办法”，催生了工业文明。由此看出工业文明产生的世界性。

第四节　意识与意识形态

意识是人类独有的心智活动，上溯空性，下及万有。意识形态是意识的体系，意识与意识形态同属精神范畴。

一、意识　意识是心理学概念。心理学曾是哲学的一个分支，直到1879年德国心理学家冯特创立了现代心理学，心理学才从哲学中脱离出来，成为独立学科。也正是在这个时候，意识被作为一个学科概念提出来。由于心理学在创立之初并没有稳定的范式，学科内研究的取向和方式也不尽相同，有以意识为研究对象的内省研究方法，这以冯特为代表；有以意识活动为研究对象的非实验研究方法，这以德国的布伦塔诺为代表；有以潜意识为研究对象的临床研究方法，这以奥地利的弗洛伊德为代表；有以适应行为为研究对象的研究方法，这以美国的詹姆斯为代表。显然，这些研究缺乏范式的整合，于是意识、无意识、潜意识成了众说纷纭的莫衷一是的概念。直到20世纪50年代，由于认知科学的发展才为心理学的学科研究开辟了新的途径。可是直到目前，“心理学”依然没有心理学家普遍认可的学科定义。

在认识体系中，第一环节是感知。感知是人体所有感官对客观世界的主观反应，通过人体的眼、耳、鼻、舌、身等从客观世界中获得各种感应。眼睛是视觉，感知世界的像，包括色和形；耳朵是听觉，感知世界的声；鼻子是嗅觉，感知世界的气味；舌头是味觉，感知物的体味；身体是触觉，感知事物的温度、硬度和状态等。感知不需要借助主观思维，不需要借助认识过程和逻辑判断，在许多时候许多情况下都是本能。最初，人类对感官的运用是单一的，不会同时运用多种感官感知同一事物，对事物的感知难以有立体效果。当能够同时运用身体各种感官时，对事物的感知达到了立体化的程度，为认识的形成作了必要的准备。

认识在认识体系中是第二环节。当感知的本能反应需要信息处理时，就进入了认识环节，不需要处理的本能反应就随之消失了。当本能反应强烈的时候，需要了解这些被反应的客观存在的原因或本质的时候，就进入了信息处理环节。这时候，首先是感性认识，思维活动出现；继而是理性认识，逻辑思维出现。最后获得本质的认知和规律的发现，结论完成，理论形成。

最后，进入认识体系的第三环节：意识。意识似乎像一个资料库，将结论、理论以及相关的资料一并储存，在时间里积累，在时间里积淀，并且在实践中被反复应用，在应用过程中被反复整合，最终更加系统、更加完善，形成认知惯性力，化为认知自觉，甚至成为认知的本能反射。这时，当初储存的结论和理论，就成了稳定的认知体系。这就是意识。

由感知到认识，由认识到意识，从层面上看，表层是感知的本能反应，不需要思维，想与不想都是那个原本的存在；中层是认识的思维过程，受认知者主观因素影响，见仁见智；深层是意识的理性积累。从梯度上看，底层是感知，中层是认识，高层是意识。

意识在人类的生命学中，在人类的行为学中，是重要的精神机制，意识的最大特征是主观性，世界上每个人的意识都是独立的。

意识在人类尚没有进化成现代人类之前，是低级的、粗糙的。因此，意识进化也是从低级到高级的。世界是多元的，但是人类最初分辨不出各元的区别。最初的分辨或是昼夜和男女二元。白天和黑夜，男人和女人，这是人类最初发现的世界的二元性，以此为启迪，才发现了世界的多元性。人类生存方式最大的转折是农业起源，从此人类的食物由天然的采集变为人工种植。人类的意识发展也就随之有了农业的导向。耕种意识成为人类的主导意识，特别是看到了一颗籽和一穗粒的关系时，人类就对农耕充满了兴趣。据有关资料记载，到公元前2500年左右，庄稼的收成就达到了种子的80倍。在这时期，人类的意识是农耕意识，人类的意识形态是农耕意识形态。这种农耕意识形态也深深地根植于游牧民族和海洋民族中，虽然他们长期以食用兽类和鱼类为主，但是少不了谷物。对粮食的需求，使他们也有着农业情结，有着农耕意识。由此可以看出，不同的地理环境、不同的自然资源、不同的生产方式，使不同地域环境里的人类有了不同的意识。

也正是因为不同的地理环境、不同的自然资源、不同的生产方式才使不同地域环境里的人类有了不同的意识，所以，农业社会时期的人注重伦理，工业社会时期的人注重学理；农业社会时期多思想家，工业社会时期多科学家。以农业为基础的工业社会时期和以工业为基础的农业社会时期，社会的生产结构和生产方式是不一样的，意识和意识形态也是不相同的。世界上的农业国需要工业国的科学技术；世界上的工业国需要农业国的市场。现在除了受环境局限效应制约的国家之外，世界上多数国家都是工业和农业并举的国家。

社会的某个领域或社会的某个方面都可以形成特定的意识，如海洋意识、生态意识、现代意识、民族意识、国防意识、科学意识、政治意识、文化意识、外交意识、本我意识、人格意识、忧患意识、防范意识等。这些意识有着非常鲜明的主观导向、心理取向和行为倾向。

居安思危，是人类生存的普遍意识，也是必备的生存素质。未雨绸缪、防患于未然是人类生存的重要经验。苏联在刚刚取得十月革命成功时，列宁为了防止第一次世界大战战火伤及苏联，与德国签订了《布列斯特—立托夫斯克和约》，将大片土地割让给了德国。斯大林为了规避第二次世界大战的灾难，与德国签订了《苏德互不侵犯条约》。日本现在虽然是世界上顶级富国，但有强烈的忧患意识，生存不安如影相随，从来没有高枕无忧平平静静坦坦荡荡地过日子。日本的粮食基本上全部依赖进口，这让日本政治家们忧心忡忡。粮食在别人手里攥着，就等于命根子被攥在他人手里，哪日他人不高兴，多少钱都买不来粮食，其后果便可想而知了。有一年美国不高兴，尼克松政府对日本实行“大豆禁运”，日本就惶惶不安。为防不测，日本就在本来十分有限的土地上种植水稻，为保证农民的利益，国家给种植水稻的农民生产补贴。虽然种植这点面积的水稻，产不了多少大米，一旦进口不了粮食，这点大米连“杯水车薪”这个词都不配使用，但是，可以应急，还可以给政治家们心理宽慰。这种做法受到日本企业家的讥讽，说这是冷战思维，指责种粮代价太高，而且占了工业用地。他们看重的是每年出口300多万辆汽车，而不是每年产几万吨大米。从这一点可以看出企业家与政治家思维方式、看问题角度确实不同，各有自己的行业意识。

二、意识形态　意识通常是个体的，但意识形态是群体的、集团的和社会的，而不是个体的。个体的意识是具体的个人在特定的文化传统里形成的认识、信仰和价值观以及思维定势。国家的和社会的意识形态，是指这个国家和社会的所有成员在共同的文化传统、共同的价值取向、共同的利害关系等方面，所形成的共识、信仰和价值观以及思维定势的意识体系。个体的意识在宏观上与归属的社会和国家意识形态是一致的，在微观上是绝对个性化的、主观的和独立的。这是人的思想和行为千差万别的根本原因。

意识形态最大的特性是群体性。由于群体的某些特性而使意识形态也具有与之相同的群体特性。比如群体的社会性、群体的阶级性。由于群体的社会性，那么意识形态也具有社会性，不同的社会形态就有不同的意识形态；由于群体的阶级性，那么意识形态也具有阶级性，不同的阶级就有不同的意识形态。封建社会有封建社会的意识形态，资本主义社会有资本主义社会的意识形态。农民阶层有农民阶层的意识形态，工人阶层有工人阶层的意识形态。

然而，意识形态不是个体意识的简单加和。因为，对于群体、对于社会或国家，意识形态又可以看成一个意识整体，像个体一样作为一个完整的独立的意识。比如，中国的国家意识形态可以称作中国意识，美国的国家意识形态可以称作美国意识。中国意识与美国意识是两种不同的意识形态，也是两种不同的国家意识。

由此可以说，意识是个体的，具有独立性、自我性；意识形态是意识的体系，是群体的、社会的。意识与意识形态具有一致性，但是意识不等同于意识形态。当一种意识形态成为完整的独立群体或独立社会的意识形态的时候，这个完整的独立群体或独立社会的意识形态，则可以直接称之为这个完整的独立群体或独立社会的意识。但在特定环境里，国家意识和国家意识形态的内涵有所不同，国家意识形态强调的是社会的大众的意识领域的状态，而国家意识是社会的大众的意识领域状态的集中和抽象，具有更典型更独立的内涵。

汤因比认为，中国的共产主义“站在远东文化的角度来看，它属于一种外来的意识形态”。他的所谓“外来的”自然是指“欧洲的”。这是这位历史学家的历史性的错误。欧洲是共产主义理论原产地，但是欧洲没有共产主义意识形态。欧洲在工业革命之前和亚洲同处在封建主义的农业社会之中。欧洲工业革命催生了资本主义，针对资本主义的社会本质，欧洲的一群批判资本主义的理论学家，提出了社会主义学说。马克思以其巨著《资本论》批判了资本主义社会制度，并根据欧洲的社会理论成果，提出了社会主义理论和共产主义理论。从俄国十月革命开始，中国广泛接受或引进社会主义理论与共产主义理论，并实行社会主义制度。苏联社会理论家将人类社会表述为原始社会、奴隶制社会、封建主义社会、资本主义社会和社会主义社会的“五种社会形态”图式，将社会主义社会认定为人类社会发展必然的历史阶段。在共产国际运动中，中国也是认定社会主义社会和共产主义社会是人类历史发展的必然规律和必定阶段，但并不认为是西方的意识形态。实际情况也是如此，在整体上欧洲只有资本主义社会，只有资本主义社会意识形态，社会主义和共产主义在欧洲仅仅是一种理论，并没有形成社会和社会意识形态。而且中国共产党一向倡导把马克思主义理论与中国革命实践相结合，一贯反对、抵制西方意识形态，提出“中国特色社会主义”理论并付诸实践。社会主义已经中国化，成为中国特有的意识形态。

第八章　社会形态

社会形态的形成是由两种因素决定的，这两种因素就是人地关系和人人关系。人地关系所决定的社会形态体现着生产方式的主体特征，分为石器“社会”形态、农业社会形态、工业社会形态和高新产业社会形态等4种社会形态；人人关系所决定的社会形态体现着制度和意识形态的主体特征，分为游动制“社会”形态、部落制社会形态、奴隶制社会形态、封建制社会形态、资本主义社会形态、社会主义社会形态等6种社会形态。还有一种被共产主义者所认定的目前尚未成为现实的社会形态——共产主义社会形态。这些社会形态是人类社会迄今为止出现过、发生过或是被部分人类所崇尚但并未出现的社会形态，然而这并不意味着任何地域的人类历史都必须逐一经历这些社会形态。长期以来，特别是在以马克思主义理论为社会发展主要理论的国家，坚持人类社会发展必经原始社会、奴隶制社会、封建制社会、资本主义社会和社会主义社会这样5种社会形态。其实，五种形态图式并不科学，某些认定既没有事实依据，也存在理论缺陷，造成了一定的学术混乱。人地关系所决定的社会形态由于是受地的制约，因而是人类所共同经历的社会形态。而人人关系所决定的社会形态由于是受人的制约，因而也就因人而异，并不是人类所共同经历的社会形态。当人类由分散走向整体之后，各个整体的人群各自按照自己的方式行事，社会形态也就各不相同。

第一节　社　　会

人类社会的演化像人类自身的进化一样，有一个从原始到现代的历史过程。

一、社会概念　社会是由个体的人组成的群体。社会构成的基础是人群。从广义上讲原始人群也是社会，但从严格的意义上说社会的本质是制度化的组织，原始人群没有制度，是无制度的人类之间除了血缘之外没有任何必然联系的个体加和。真正的社会时代是从农业起源人类定居下来开始的，因定居而出现了村落，进而形成了由制度维系的部落。村落和部落是社会的最初形态。所以称“石器社会形态”是为了概括人类的整个历史过程而采用的一种描述概念，事实上只有短暂的新石器时代有制度产生，故而旧石器时代并不是社会时代。

社会是群体概念而不是个体概念。社会虽然是群体，但它是能够体现个人意志的群体。这种个人意志，并非某一个个体人的意志，也并非少数人的意志。社会的个人意志，通常以集体的意志和“一个人格”体现出来，所以社会又是有着集体意志的“一个人格”群体。集体意志、一个人格是社会的基本特征。一个人格社会必须满足两个条件：个体成员的社会地位是确定的，群体成员的社会权力是合法的。正如美国心理学家杜威所说：“一个有序的社会被定义为一个由一种公共的正义的观念有效地规制着的社会。”社会具有 5 种特性。

（一）群体性　社会的特性首先表现为群体性。社会是有足够数量个体的集合体。人类群体分为前后两个组合时期：第一个组合时期是没有自觉联系的群体，是没有社会意义的群类；第二个组合时期是有了自觉联系的群体，人类有了交往意识，有了自觉的联系，某一个人与某一个人、某一些人与某一些人有了友好的关系，相互之间有了相互依存的伙伴愿望，进而出现了原始的契约。卢梭认为契约基于人生而自由，人没有支配他人的天然权力，于是契约便是人与人之间合法权利的基础。契约由两个个体扩展到数个个体或群体的时候，契约就成为了群体制度。这个时期的群体，是具有了社会意义的相互联系着的群体。群体有了集体意志和一个人格，真正意义的社会真正形成。因此，社会的群体性决定了民生是社会生态的体质样式，民生工程是社会的基础工程。

（二）历史性　社会的第二个特性是历史性。任何一种社会，都有其产生和发展的历史，或长或短。中国社会是古老的社会，有数千年的历史。而美国社会仅有两百多年的历史，新加坡社会仅有几十年的历史。

（三）区域性　社会的第三个特性是区域性。区域是社会的地理空间，没有一定的地理空间，也就不会有一定的个体数量的群体，因而不可能有社会的产生。俄罗斯、加拿大、中国、美国、印度，都是地理幅员辽阔的国家，是世界上较大的社会群体。在英吉利海峡里有一个未被国际承认的国家西兰公国，这个国家建立在第二次世界大战后废弃的海中军事建筑物上，建筑物的 550 平方米的面积就是它的全部陆地国土，常住人口只有几个人。即使如此，这个近似荒唐的国家也有与之相对应的地理空间，表现出区域性。

（四）组织性　组织性是社会的第四个特性。这种组织性首先是一种联系，其次是联系的形式，再次是联系的规程。达成组织的首要条件是联系。联系是人与人之间最初构成的关系。包括个人与个人、一人与多人、多人与多人的联系。众多的人联系在一起，就构成了原始的组织。联系的形式包括交往方式、交换方式、传递方式和约定方式。联系规程是联系的保障和遵守的办法，同时也是一种制约方式。这种制约方式是组织制度的最初形式。组织的基本内涵是制度，没有制度，组织不可能存在，组织是社会的基本形式，制度是社会的本质特征。

（五）同构性　同构性是社会的第五个特性。同构性是内在认同的外在形式。联系方式同构、生产关系同构、生活方式同构和价值取向同构等的诸多同构，归根结底是文化的同构。一个社会，就是一个文化圈。在这个文化圈内也许会有若干个小的彼此不同的文化圈，然而这些小的文化圈，一定是在整个社会的大文化圈里以各自不同的质量特征而存在，形成大文化圈的结构特征或自身特征。大同小不同，正是文化圈的特质。正如杜威所言："在该社会的成员那里，存在着根本利益和目的多样性，以及相互对立和不相容的基本信念的多元性。"既然如此，怎样实现同构呢？杜威的答案是："每一个人都接受且知道所有其他的人也接受相同的正义原则（相同的正义观）。"这种正义的原则正是文化认同。世界上任何多民族的国家，都是在不同的民族文化里遵循着相同的正义原则而实现文化的同构性，维系着国家的整体性。

二、社会结构　社会结构是一个复杂的概念，在社会学里有详尽而繁复的描述。用最简约的方式表述，社会结构只有 3 个体系：生产体系，消费体系，管理体系。生产体系是人类进行生产的整个系统，包括了物质财富生产和精神财富生产，是保证人类生存和社会发展的基本体系。消费体系是人类进行消费的系统，是消费物质财富和精神财富的过程。管理体系是保障人类正常生产和消费的整个系统，包括制度产生系统和制度实施系统。生产体系、消费体系、管理体系，囊括了人类生活的全部内容。人类生活的全部内容，正是人类社会的完整结构。

在这 3 个体系中，消费体系是目的体系，生产体系是目的实现体系，而管理体系是目的实现的保障体系。因而管理体系是对消费体系和生产体系有着至关重要影响的制约性体系。

三、社会凝聚力　社会的样态是由多个维度交织而成的，社会的凝聚力也是由多个维度的力量集聚而成的。任何一个社会，其凝聚力通常来自 7 个维度。

（一）血缘凝聚力　血缘是由两个互为异性的以血液维持身体生理机能的动物物种生殖繁衍活动而形成的。这对互为异性的动物物种所生育的新的生命，与它们构成了血缘关系。血缘关系的远近，是依据生命体带有相同遗传基因的概率所判定的。在生物学和遗传基因学上，血缘关系的远近与彼此基因相同的概率是一致的。一对互为异性的男女所生育的新的生命个体，与他们的基因相同的概率为二分之一，依据血缘关系定为一级亲属，在社会学上称为父母与子女。子女与父母的同胞，彼此基因相同的概率为四分之一，为二级亲属；子女与父母同胞的子女，彼此之间基因相同的概率为八分之一，为三级亲属。这是至亲。血缘凝聚力是社会中最强的凝聚力量。殖民时期西班牙占领秘鲁后，出于种族歧视的原因，西班牙王室想在秘鲁分别建立西班牙人和印第安人两个“共和国”。由于出现了西班牙人与印第安人混血儿梅斯蒂索人，这给西班牙王室出了个无解的难题：若建立两个“共和国”，混血儿该属于哪个“共和国”？所以秘鲁的学者们调侃说，在秘鲁的历史上怀孕比战斗更具有深远的战果。这种战果基于血缘。

（二）情感凝聚力　情感是人类的本质属性。血缘之间的情感是亲情、两性之间的情感是爱情、众人之间的情感是感情。人类情感不外乎血缘情感、两性情感和普世情感3种类型。血缘情感是家庭和家族情感。两性相爱是异性相悦的情感，特称爱情。爱情由于是人成为父母产生新的血缘的基础，所以爱情是特殊的亲情。普世情感是任何一个个体的人都有可能与任何其他的人所建立的情感，不分男女老少、肤色人种，是人类共同的情感。保加利亚伦理学家基·瓦西列夫从伦理学、心理学和社会学研究情爱，写出研究成果专著《情爱论》。他认为情爱是肉体和精神的结合，情爱具有社会性，性别不同价值相等。情爱是道德、良心和同情心产生的基础。因此，情感凝聚力来自婚姻、家庭、群团和全民大众。

（三）利欲凝聚力　利欲是物质和精神双层面的诉求。物欲与人类与生俱来，是生命延续的生理反应。人类在心智不发达、精神意识不完全的时候，利欲是单纯的物欲。进入群体生活后，人类由于彼此的联系，渐渐形成了本我意识。本我意识派生出尊严意识和人格意识，这时精神诉求出现，利欲进入精神层面。物以类聚，人以群分，共同的物质利益和共同的精神皈依，表现出利欲的凝聚力。

（四）认同凝聚力　认同属于精神领域，属于文化范畴。认同凝聚力是在同一文化圈里达成的。认同的基础是社会的同构，没有社会的同构，不可能产生认同的凝聚力。对“主义”的认同、对领袖的认同，所产生的凝聚力是翻天覆地的。建立国家、推翻王朝，都是认同所凝聚的力量。公司的职员罢工，政府的阁僚辞官，就是“认同”出现了问题。职员不认同公司的理念，阁僚不认同政府的决策，就有可能产生罢工和辞官的认同，表现出认同罢工和辞官的凝聚力。

（五）习俗凝聚力　习俗是久成的习惯和风俗。由自然季节和民间信仰所形成的节庆，是习俗凝聚力的典型表征。信仰和崇拜是宗教文化的源头。宗教是与习俗有着千丝万缕联系又与习俗有着本质区别的文化现象，宗教凝聚力也是社会凝聚力的重要构成部分。然而世界上并不是所有的国家都是宗教国家，也不是所有的社会都是宗教社会。宗教在宗教国家通常是社会的主要凝聚力量，但在非宗教国家，不管国家宪法对宗教存在持有怎样的态度，宗教通常不是国家的凝聚力量，有时甚至是国家的涣散力量。而且当国家对某种宗教存在的合法性持否定态度的时候，便将这种宗教斥之为邪教。从本质上讲，正教、邪教都是宗教，区别仅仅在于信念和信仰。民间信仰在世界上所有的国家和地区都是实实在在源远流长地存在着，信仰影响着生产和生活习俗。习俗凝聚力通常包括认同惯性力和信仰趋同力。

（六）制度凝聚力 制度是共同的物质利益和精神利益的保障，是群体对个体的一般规范和强制约束的社会机理，在特定的环境里，也是群体对群体的一般规范和强制约束的社会机理。制度的凝聚力主要由认同和制约两方面达成。制度通常具有民众性，民众性就是认同性，是民众的普遍认同和认可。任何一个国家的制度不可能违背民众的认同和认可，依仗权力一意孤行的强权制度是不可能产生凝聚力的。制度制约所产生的凝聚力，在于制度的规范性和强制性。规范性是全民行为的规则和准绳，而强制性是在正义前提下对不能自觉遵守制度和接受制度规范的人及群体的强力规范和惩戒，同时以儆效尤，保障制度的严肃性和权威性，从而维护绝大多数社会成员的最大社会利益。

（七）文化凝聚力 在文化的特定意义上，文化凝聚力主要来自本社会的文化圈，其中包括文化传统和文化认同。文化凝聚力通常从观念、理念、意识、思维方式、思想方法、价值取向、审美趋向等方面体现出来。在广义上，上述六维凝聚力都属于文化凝聚力的范畴。文化是社会的血液，文化关系是社会的血缘关系，因而文化凝聚力是社会的血缘凝聚力。2001 年秘鲁大选，竞选人亚历杭德罗·托莱多在竞选演讲中宣称自己要做“秘鲁的新帕查库特克”。帕查库特克是 15 世纪中叶印加帝国的国王，富有开创精神，拓展了疆域，创造了印加帝国的繁盛，成为秘鲁人心中辉煌的象征。托莱多将自己比作 15 世纪的国王，政界嘲讽他求助于祖先拉选票，媒体嘲讽他利用土著象征和土著历史拉选票。然而，托莱多胜选了，没有谁能够肯定地说他的胜选是政治的胜利还是文化的胜利。相反，美国大选常常获得某些组织的资金支持，胜选后就要照顾到这些组织的利益。美国独立研究所经济学家伯顿·A. 艾布拉姆斯对这类情况，习惯使用“政治市场”这个概念，并说：“不论属于哪一个党派，政府决策者们都会倾向于为朋友——尤其是主要的竞选捐助者和特殊利益集团——谋求短期利益，同时将成本强加于其他人或者下几代人身上。”最招惹非议的是美国全国步枪协会。总统大选它出钱，总统当选执政要解决枪支的社会危害，就患了“肌无力”。

四、社会演化动力 在社会动力学范畴里，社会演化的原动力源自原始家庭。原始家庭是血缘自然家庭，在宗族血缘谱系里，同居共产。分支后，祖业分割，家庭形态依旧同居共产。没有家庭，就没有社会。家庭生产，是社会动力学的基础。这是社会演化的内在力量。由于社会结构的内外关联，社会演化还有外在的力量。所以，社会内部力量和社会外部力量，是社会演化的两种基本力量。

（一）内部力量 社会内部力量是社会演化的内在力量。这种内在力量主要来自社会生产力、利益驱动力和差异效应。

1. 社会生产力　社会生产力是社会演化的初始动力，也是贯彻始终的主导力量。没有社会生产力的社会是不可能演化的。同时，生产力本身就是社会的力量。生产力是由具有生产技能的劳动者、以生产工具为主的生产资料和生产对象构成。从事生产的人是生产力的核心，是生产力的第一要素。生产工具是人类依据生产需要在特定智力水平下制造出来的，因此生产工具可以看做二级生产力。生产对象包括最初的生产对象和成为产品的生产对象，最初的生产对象一般是自然资源，是自然界的客观物质。而再生产的生产对象通常是首次生产的产品，例如粮食加工业的生产，纺织业的生产和钢铁制造业的生产。与生产力相对应的生产关系是社会生产力发展的制约因素，生产关系由生产资料所有制形式、生产中的人际关系、产品分配形式三方面构成。生产资料无论是私人所有制、集体所有制或国家公有制，都直接影响着生产者对生产资料的使用权益，同时决定着生产者对生产资料的利用尺度，最终决定着生产的投资规模和开发范围。

2. 利益驱动力　利益是人类永恒的追求。人类对利益的追求具有本性动力。这种利益或是物质的，或是精神的。利益或被表述为私利，或被表述为幸福。私利的表述通常是在道德与法的语境里；而幸福的表述通常是在民族与国家的语境里。利益是人的首要欲望。这种利益或者单一地直接属于个人，或者多元地属于包含着个体的群体，个人的利益从群体利益中兑现。因此，个人利益、家庭利益、群体利益、国家利益，归根结底都是以个人利益为基本单位的利益。

精神范畴里的利益是繁复多元的，而且尺度也往往大相径庭。最一般的精神利益是名誉、人格和尊严。世上的每一个人都有个人的名誉、人格和尊严，但是由于人的社会地位和生存环境及个人修养等因素，关于名誉、人格和尊严的尺度是不一样的。对于民族和国家而言，强国与弱国的名誉、国格和尊严的尺度也是有差别的。这些差别既在于环境效应，也在于自身的修养。一个人不注重自身修养，往往并不看重名誉、人格和尊严。一个民族和国家，不注重民族精神和国家精神的塑造，在国际上也往往随意丢弃民族尊严和国家主权。

但是，无论属于哪一种情况，物质利益和精神利益是人类利益的全部追求，是社会演化的重要动力。

3. 差异效应　个体人与个体人之间的差异效应、家庭与家庭之间的差异效应、群体与群体之间的差异效应、社会与社会之间的差异效应、国家与国家之间的差异效应，是社会演化的另一种内在动力。这种差异效应不像社会生产力和利益驱动力那样容易被认识到或感悟到。差异效应像物理学中的位能和势能。一个社会如果没有位能和势能，社会就不可能发展。因此，社会差异是社会发展的动力。然而，运用社会差异的度很难把握得当，差异过大，过于悬殊，超过某种限度就会产生肢解力、离心力、破坏力，甚至产生对抗力，导致动乱和内部战争。

社会差异的限度与群体意志有关，与群体成员的心理承受力有关。任何一个社会和国家都不希望发生差异效应的负面作用。然而有许多国家已经发生了这种情况，而且没有得力的措施加以矫正和遏制，国家的主导权力旁落富人阶层，经济决定了政治，富人左右了政府。拉美国家是全球不平等程度最高的地区，位于加勒比海北部的海地是世界上两极分化最为严重的国家，全国三分之二的人没有固定的工作，占全国人口5%的人占有全国90%的财富。巴西石油公司行贿案，涉案最多的是拉美国家。中国近些年贫富两极分化越来越严重，私人财富高达19.1万亿美元，居世界第二位。用衡量总体收入差距的基尼系数来表示，0.4以上为高度不平等，中国在2007年就已经达到了0.473。之所以社会依旧稳定，其原因，美国的中国问题专家解读为大多数中国人将分配不公现象归于个人能力，而且认为中国“农民是最不太可能表达批判性和宿命论观点的群体”。美国的贫富差别也非常大，私人财富为51.3万亿美元，居世界第一位。美国人认为华尔街绑架了政府，造成了经济不公。2011年，美国爆发了“占领华尔街”的抗议活动，抗议者宣称他们代表99%的人抗议1%的人。从世界范围看，世界银行提供的数据是，世界人口71%是低收入者。福布斯富豪榜的前十名富豪财富总和为5050亿美元，而占世界人口半数的1天生活费不足2美元的36亿人的财富总数仅为4090亿美元。美国学者拉古拉迈·拉詹将贫富不均的危险性称之为断层线。严重的贫富不均就是诱发经济地震或政治地震的断层线。拉詹在其著作《断层线》中列举了肯尼亚的例子：“这个国家依靠国际援助才得以生存下来，2006年人均收入为463美元。但是，该国议员每年的基本薪资却高达81000美元，不仅免税，还有额外的补助和津贴等，导致他们的实际收入翻了一番。在一个大旱之年，肯尼亚议员们的公务用车竟然是梅赛德斯-奔驰E级轿车，每月的基本车辆补贴高达4719美元。”从这些经济数字中，可以看出政治逻辑。这显然不是为了激发内在动力使用差异效应，而是目的性的不公正行为。政府应该是正义的政府，执政要义就是执“正”，应该以正义的执政避免不公正的发生，避免经济的政治的断层线出现。前几年美国有位学者出版了一本书《伟大的平衡器》，认为和平时期不平等现象必然产生，甚至是不可避免不可消除的，而惟一能够消除不平等的是灾难和战争。这实际是矛盾转移论，是描述性规律而非发生机制。这种论点掩盖了事物本质的真相，否定了制度对不平等的制约与矫正的功用。贫富两极分化是社会发展的最大反作用力，是潜在的威胁，具有不可估量的破坏力。一个民族的沉沦往往是长期的贫富两极分化致使占这个民族绝对多数穷人失去了进取希望和信心而最终彻底绝望所造成的。差异效应的运用前提是社会正义，差异效应运用的根本目的在于激励自律，正义与自律，是社会存在与发展的互为一体的核心要素。

（二）外部力量　外部力量是指一个社会集团或民族或国家之外的力量，而且这种力量通常正是其他社会集团的或民族的或国家的力量。在人类历史上，一个社会集团或民族或国家被外部力量改变了演化轨迹，呈现出另外一种状态和面貌的例子比比皆是。当一种外部的力量顺应了一个民族与国家发展需要的时候，这种外部的力量推动了这个民族或国家沿着既定的方向演化；如果是相悖的力量，那么就干扰或扭转了这个民族或国家既定的演化方向，按照另外一种朝向——或是以外部力量的民族与国家演化的朝向，或完全以陌生的朝向演化下去。闪米特民族的阿卡德人改变了两河流域的苏美尔人的社会发展轨迹，将苏美尔人的国家变成为了阿卡德王国；日耳曼民族的法兰克人改变了罗马人的社会发展轨迹，使罗马人的社会变成为法兰克王国；蒙古民族曾使亚洲、欧洲许多国家和民族的社会改变了既定的发展朝向。大航海时代开启后，葡萄牙和西班牙这两个国家，以他们的力量干预了许多民族和国家演化的轨迹；英国日不落帝国的力量，改变或左右了世界三分之二民族和国家既定的演化方向。英国史学家经过两年多的调查和研究发现，当时世界上几乎所有的国家都被英国的国家力量干预过，只有瑞典和卢森堡等22个国家没有英国占领军的足迹。成为英国殖民地的这些国家不再有完整的自己的国家主权和国家制度，甚至英国国王就是这些国家直接的元首。由此可以看出，英国国家力量对世界其他国家演化的干预是何等的普遍和巨大。这是外部力量成为一个民族或国家社会演化动力的典型案例。

五、社会制度　社会制度是社会个体成员和群体成员的行为规范，是社会意志的体现。社会制度一般指的是国家的政体制度，而在完整的意义上社会制度是一个社会的全部制度，是一个庞杂的体系，大致是由家庭制度、村落制度、团体制度、民族制度和国家制度组成的垂直结构体系。

（一）家庭制度　家庭制度是以家庭为中心的制度，一般由祖规沿袭而来，也包括家学和家训。家庭在原始时代是母系家庭，家庭关系是以血缘联系为自然条件的人与人之间的家庭关系。家庭制度是以血缘为基础的家长制。母系社会母亲为家长。父系社会父亲是家庭的最高权威，决定着家庭里的生产、生活、财产和对外关系以及婚丧嫁娶。父亲不在世的家庭由长子执行父亲的权力。如果家庭没有生育男丁，可以由男系同宗的旁支过继承祧，以免男系绝宗。进入现代社会后，父亲在家庭中虽然还有着至高无上的地位，但以民主的方式处理一切家庭事务成为必然的趋势时期，承祧的习俗也渐渐淡化，在财产继承上男女逐渐趋同。世界上各个民族和国家的家庭制度各不相同，但是都带着父系社会的遗痕，有的甚至还带着母系社会的遗痕，表现为家庭分工是女主外，男主内。

（二）村落制度　村落制度是人类定居形成聚落以来以村落为中心的制度，涵盖着乡规乡约和聚落的各种规程。村落制度是社会的不受血缘制度制约的社会基层制度，最初起源于乡规和乡约，有很大的独立性和民间性。早期的聚落往往是血缘聚落，血缘辈分最高最年长的男性为族长，拥有聚落至高无上的权力。随着社会的发展和种种移民现象的发生，杂居成为村落的普遍现象，村落的首领或由村落原居民中的大家族出人充任，或由村民自由推举产生。在国家制度健全之后，村落首领按照国家选举制度由村落全民选举，产生全村最高统治者，并组成村民委员会。相应的，以往的乡规乡约也变成与国家制度相适应的规范的村落制度，或者就是国家制度的一部分。

城镇制度是村落制度的扩展与提升。城镇也是村落的一种，是大型的或特大型的村落。因其大，而有了与村落不同的内涵。城镇是较大区域人群的生产和生活中心，也是这个区域最大的政治、经济和文化中心。作为省会的城市，是行政省区域的政治、经济和文化中心；而作为国家首都的城市，则是一个国家的政治、经济和文化中心，是这个国家的制度中心。

（三）团体制度　团体制度是以生产形式和事业形式构成的群体或集体形成的制度。团体因为自身构成和职能的不同，有一系列适合自身建设与发展的制度。事业团体的工作制度、企业团体的生产制度、人民团体的管理制度等，都是根据自身发展和组成宗旨而建立的制度。

（四）民族制度　民族制度是依据本民族实际情况而建立的制度，包括了本民族的文化传统和风俗习惯。在民族聚居地或民族自治区，民族制度比较单一，完全依据本民族的传统和风俗习惯而制定。在民族杂居区域，各民族制度不能相互冲突，要在国家制度的框架里达成各民族制度的同一性。国家的主体民族制度一般就是国家制度，没有特别的主体民族制度。为了照顾少数民族的风俗习惯，国家通常应有少数民族政策，充分尊重少数民族的民族文化传统和风俗习惯。

（五）国家制度　国家制度是由国家实施国家管理和统治所制定的制度。这种制度既规范国家行为，也规范本国家内部的家庭、村落、团体和民族的行为。国家制度通常以法的形式出现，涵盖国家内部的各行各业，社会关系的方方面面。在资源方面有海洋法、土地法、森林法等，在行业方面有金融法、交通法等，在制度方面有选举法等。国家制度有两个功能，一是保障国家机器的运转，二是保护国家的统一，维护国家的最高利益。公元前2060年至公元前1955年西亚乌尔王朝制订了《乌尔纳姆法典》。这部法典是为了适应奴隶制社会发展的需要而制定的，主要是保护私有制度和奴隶制度。公元前19世纪巴比伦第六代王朝汉谟拉比制定的法律《汉谟拉比法典》共282条，涉及司法行政、土地房屋、私有财产、商业债务、婚姻家庭，以及农牧、租赁、奴隶买卖、军队等各项事宜，是当时各种社会关系的反映。公元前450年罗马人颁布了自己的成文法《十二铜表法》，这是一部代表农业民族的法律，后来随着商业和对外贸易的发展，又颁布了《万民法》。

所以，社会和国家的任何制度都有两层含义，一层是依据自身存在和发展自主形成的制度，一层是由国家针对其特定的职能实施规范的制度。一个国家或社会的全部制度基本都是由组织形式、行为方式和特定职能构成的制度，一般有家庭制度、行业制度、经济制度、政治制度、文化制度、科学制度、卫生制度、教育制度、宗教制度、外交制度、社会保障制度等。

国家制度繁多，为了统一而不至于多种制度之间发生冲突，一般都有宪法。

国家制度的要义是正义和公正。这种正义和公正是针对个体的，而非指群体的。个体的差异和诉求，在群体里千差万别，需要以正义和公正的尺度加以平衡。而群体的整体诉求，是属于群体本身的，群体自身没有需要正义和公正的前提。亚里士多德认为，人类以由其政治本性实现一种公正社会为特征，人类是在社会中追求公正的政治动物。霍布斯、休谟、卢梭等人都认同亚里士多德这一观点。直到今天，亚里士多德的这个观点依然为学者们所崇奉。然而，这是个有严重偏颇的观点，人类既然有追求公正的政治本性，那么不公正来自何方？是谁制造了不公正？人类原始时代的食、性、王这 3 种欲望在人类本质和本性里是人人都存在着的。也就是说，人类之中的任何人都有可能是不公正的制造者。事实是，之所以人类的政治本性是追求公正，正因为人类首先制造了不公正，正因为有了不公正的前提和背景才去追求公正。毫无疑问，人类有制造不公正的政治本性。完整地说，人类既是追求公正的政治动物，又是制造不公正的政治动物。所以亚里士多德的话只说对了一半，或者根本就没有有意注意另一半，而且还用这一半遮蔽了另一半。人类本性善恶共存。不能以人类追求公正而遮蔽了人类是不公正制造者这一严酷事实。只有这样才能够解释为什么保证个人权利与社会公正匹配，是国家制度的核心问题。在社会伦理学中，最古老的最根本的原理就是正义。社会就意味着聚集在一起的一群人彼此达成了一种共识，共同遵守一定的行为规则。对这种必须共同遵守的行为规则忠诚地遵守，就是正义；依据遵守的程度按照相匹配的原则进行赏罚分配，就是公正。因此，实现公正是人人关系中的首要问题。要解决好这一核心问题，就要创建良好的国家制度。而要创建良好的国家制度，首先要建立起政治正义的理念，将国家制度建立在政治正义上。政治正义是公平意义上的交换原则，在这种交换中，任何人都得不到超份额的利益，每个人都放弃了纯自我的自由，而获得了不受侵犯的安全的自由。以对自我自由的限制换取了自由的保障，以对自我自由的自由性的放弃获得保障性自由的权利，这是制度制定的全部根据。

制度的最高形式是法律。现在世界各个国家都有自己的法律，但是法律的条款是各不相同的，有的甚至完全相反。但是不管怎样，法律必须为公正和正义服务。法官和律师应该是法律上最公正最正义的人。世界许多国家有大法官制度，大法官超越党派，独立行使职权，不受任何干涉，以保障司法公正。依法作为是司法人员的基本职业操守。然而法官枉法、律师偏袒当事人，是最常见的现象。印度中央调查局在调查 2012 年德里一起震惊世界的黑公交轮奸案时，局长竟然说："如果你无法阻止强奸，那就享受它吧！"结果此言比案件本身还要震惊世界。“享受强奸论”在印度掀起轩然大波，全世界一片谴责之声。

康德对国家制度的描述是：“应该是这样地安排和建立他们的体制，以至于尽管他们自己私下的心愿是彼此极其相反的，却又如此之彼此互相防止了这一点，从而在他们的公开行为中其结果又恰好正像他们并没有任何这类恶劣的心愿一样。”印度籍伦敦大学教授阿马蒂亚·森认为：“公正最终是与人们的生活方式相关，而并非仅仅与周遭的制度相关。”因此他说：“人们往往认为改革某些现状（例如废除种族隔离）有助于减少不公正，但即便所有被认为需要改变的现状都得以改变，我们也期盼不到‘绝对公正’。”这等于告诉人们，过分依赖制度难以得到公正，重要的是改变人们不利于公正形成的生活方式，也就是人们自身的素质问题。最根本的问题是，人们要认识到：公正出于己，平等始于我。

六、社会需求 社会需求是社会自身建设和发展的必然。所谓需求，核心的表述是：当有则有，当无则无。当有是需求，当无也是需求。人本哲学认为，社会演化以人类需求为原始动力。依照这种“需求”而论，当有的需求是社会演化的原始动力，当无的需求也是社会演化的原始动力。

纵观现代人类社会发展的整个时期，人类为“当有”的需求而付出的努力与牺牲，和为“当无”的需求而付出的努力与牺牲几乎是对等的。人类为“当无”的杀戮与战争所付出的几乎是整个社会的代价。用战争消灭战争，用正义的战争消灭非正义的战争，曾是一个时期的和平主义者的主张。日本学者石原享一在其《世界往何处去》著作中，从目的、方法和结果3个方面分析战争的正义与否，使人们对战争的本质有了深层的认识。然而，战争虽然有正义与非正义之分，但正义的战争也是流血的战争、死亡的战争，也是消耗资源和财力的战争。即使正义的战争消灭了非正义的战争，和平也是短暂的，因为这只是消灭了非正义战争机器，消灭了非正义战争力量，并没有从根本上消灭战争产生的根源。从根本上说，战争根本不可能用战争消灭。古希腊人在经历了数不清的战争之后，对于战争的危害有更为独到的见解。他们说：“战争之害，就在于它制造的坏人比它消灭的坏人更多。”第一次世界大战，没有消灭战争。第二次世界大战打败了法西斯，战败国投降并在投降书上签了字，世界的新秩序似乎就此建成了，然而战争并没有被消灭，世界上的局部战争依然连绵起伏，依然战火纷飞、炮声隆隆。战败国的悄寂，或许正是战败国的蛰伏，战败国的战争本性并没有改变。这种没有改变受到两种因素的影响：一是自身依然渴求国外资源，掠夺之心不泯；二是世界依然是个充满战争的世界，到处燃烧着战火，它没有因为战败而生活在世界格局之外没有被战争凌辱的危险。备战在战争世界里永远不可懈怠，强了就明火执仗，弱了就暗度陈仓。所以用战争消灭战争，不会是实现世界和平的根本办法，况且“你想要和平，你就要准备战争”的说法一直在哲学式流行。即使主张用战争的武器消灭战争者是真正的和平主义者，也难保其思想和主张能成为全人类的思想和主张。不同地理环境的国家，资源是需要互补的，自然资源贫乏的国家在很长的时间里要依靠他国的资源而生存。如何获取他国的资源，可以使用贸易手段和平获取，也可以使用战争手段暴力强夺。消除战争根源，或者说从根源上消除战争，并不是一代两代人的事，也不是一个世纪两个世纪的事。人类有着自诞生以来千百万年不变的利己生存逻辑。人类从人科动物进化到原始人类，由原始人类进化到现代人，“弱肉强食”的生存逻辑并没有随着进化而完全退化，现代人的生存逻辑依旧深深地根植于人科动物的群落，根植于人科动物的丛林。

在人类社会中，以“当无需求”所产生的社会动力不胜枚举。人类不需要自然灾害，不需要旱灾、水灾、风灾、虫灾、地震、海啸等的自然灾害。为抵御自然灾害所产生的动力是巨大的，投入的人力、物力和财力也是巨大的。人类不需要无序的社会，要保证社会的有序性，就要有规范性投资，从最简单的规范人们走路行为画斑马线、设置护栏，到维护公共治安的公安机构、维护社会公德的法律机构等各类社会规范机构的设置，正是出于摈弃那些“当无”而产生的动力。

还有一种“当无”，就是人类曾经需要的东西弃之不用和失去了应用价值的“不再需要”。比如垃圾。人类生产和生活制造出大量垃圾，要消除这些“当无”的垃圾常常要付出比生产还要大的代价。尤其是工业无机物垃圾，多数是不可消除的。现代社会使用了核能源，无论是和平使用核能源还是战争使用核能源，产生的核废料是无法消除的，有的国家偷偷地将核废料倾倒于海洋。人类航天技术的高度发展，制造出各种各样的航天器。这些航天器产生出大量的太空垃圾。这些太空垃圾因为太空空气极度稀薄而不锈蚀、不腐烂、不老化，世世代代地悬浮在人类头顶。战争时期埋设的地雷，有许多因为战争的结束而没有爆炸，而战后又因为战争的创伤国力不足导致大片大片雷区里的地雷不能被清理。越南北部大片地域里有中越战争时埋下的地雷，因无力清理而使这些雷区成了无人区。

“当有”、“当无”，是社会最基本的需求，也是同社会建设与发展的每一阶段、每一环节有机联系在一起的内在需求。

七、社会功能 社会以其自身的功能作为存在的全部理由。失去功能的社会不是自行消亡就是被替代。这是人类社会为什么会有不同的社会形态和不同的社会阶段的历史缘由。社会的功能一般表现为聚合功能、整合功能、交流功能、制约功能、导向功能、传承功能和保护功能等多种功能，这些不同的功能又形成一个有机联系的社会功能体系。

（一）聚合功能 聚合功能是以社会的组织性、同构性为基础，以社会的凝聚力所达成的功能。这种聚合功能从人类社会形成之日起就牢牢地粘合着社会的躯体，不至于散架。在不同的地域，不同的人群所构成的不同社会，聚合功能都是首先在文化和信仰方面显现。从原始时代到现代社会，从东方社会到西方社会，概莫如此。中国在近代社会初期曾经是一个缺乏聚合功能的国度，原因在于以家庭为生产单位的小农经济的分散性所造成的民族心理结构的松散性。当然，这种松散性也是比较而言的，因为工业国家的出现，家庭的社会核心地位被工厂和行业所取代，家庭单元让位于公司单元，生产方式对人的塑造，产生了约束性凝聚力，农业国家的凝聚力也就相形见绌。

（二）整合功能　整合是一个有中心的组合过程。这种中心包括物质和精神两个类别，具体表现为经济、政治、文化等多个方面。整合在特定的时节是一个分化过程，是一个准备重新聚合的分化的过程。所以，整合首先是一种裂变。20世纪60年代中期的世界大分化、大改组，正是人类社会整合功能的体现。第二次世界大战之后世界形成的两大势力范围，通称社会主义和资本主义两大阵营，也正是人类社会的整合过程中的必然阶段。两大阵营的整合，具有非凡意义，资本主义阵营以经济制度联结世界：自由市场、自由贸易；社会主义阵营以政治原理联结世界：全世界无产者联合起来。很显然，这种整合是全球化的，尽管看起来是各占半壁江山。

统一是整合的过程与结果，分裂也是整合的过程与结果。这不是哲学问题，而是社会的本来面貌。分裂是另一种意义的整合，没有分裂，两种不相匹配的文化和实体，就无法实现新的发展，无法获得新的生机。一种劣势整合出两种优势，整合式的分裂意义并不亚于整合式的统一意义。

社会整合功能重要的是能够整合社会的多种力量，为社会建设和发展服务。最佳社会整合能够将社会的各种力量调整到最大值，将各种功能调整到最佳状态，将社会的潜力充分焕发出来。

（三）交流功能　交流功能是社会必备的功能，社会依靠交流达成一切活动，没有交流就没有了发展。交流首先是在个体之间，之后是在个体与群体之间，最后是在群体与群体之间达成，这是人类交流的3种形式。交流可以分为精神和物质两个领域。精神领域是情感的交流、思想的交流，物质领域是物品的交流。精神领域的交流工具是语言、符号、文字、肢体和表情示意；物质领域的交流工具是货币、金融和物质本身。交流既是思想的情感的交融，使社会各部分协调一致，也是物品的有无互通，资源互补，保证社会的协调发展。

（四）制约功能　制约功能是社会规范的能量。没有制约，社会就是松散的，社会成员就会各行其是，社会中的各种群体、社团就会各自为政，社会就没有整体的力量。中国有句古语：无规矩不成方圆。制约功能分为软制约功能和强制约功能。软制约是由一定规章达成的制约，通常有制度制约、法律制约、政策制约、道德制约、舆论制约和宗教制约等；强制约是以武力手段为基础的制约，通过军队、警察、法庭、监狱等机构达成。

舆论是制约的另一种形式。舆论是以习俗、道德和法为基础。舆论制约是法律制约和道德制约的补充。

宗教制约是建立在某种信仰上。忏悔、救赎等是制约的途径与过程，教堂、寺庙、道观等都是产生信仰制约力的地方，以不同的宗教教义和信仰制约着善男信女的行为，净化着善男信女的心灵。

制约重在自我，倡导社会成员的自我约束力。中国历代圣贤都倡导自我修炼，如孔子的“克己”主张和“己所不欲勿施于人”的人生准则等。修身养性是中华民族的优良传统，是实现自我制约的重要文化方式。

（五）导向功能　社会制度决定了社会性质，而社会性质的本身就是一种导向。社会的导向往往就是社会建立的宗旨，是社会公民的奋斗方向，也是社会和社会公民实现自我价值的方向。法国资产阶级大革命将“自由、平等、博爱”作为革命原则，正是针对封建社会制度的专制与压迫提出来的，表现出它的进步性；社会主义制度提出消灭私有制，是针对资本主义私有制提出来的，显示出它的进步性。社会的各个领域，都是由这种社会制度导向所形成的价值观和审美观决定着行为价值取向。

（六）传承功能　社会发展既是阶段性的，又是连续性的，从一个阶段发展到另一个阶段是有承继关系的。社会持续演化所依据的正是传承功能。即使一种反动、一种罪恶的社会制度，也是人类社会发展中的连环。至于对人类是福还是祸，则是另外一个领域和范畴里的话题。

文化思想传承基本的方式是教育。教育可以分为家庭教育、学校教育和社会教育等多种样式。家庭教育包括幼儿时期的教育，更多的是身体力行的示范教育，思想的启蒙教育；学校的教育根本是文化教育，德、智、体全面发展；社会教育重在社会环境的影响，耳濡目染，也包括国家方针、政策和路线的规范以及国家执政机关行政方式的影响，还包括社会风尚和社会价值取向的直接影响。

（七）保护功能　社会的保护功能体现在社会自身的保护和对社会成员的保护上。社会没有自我保护能力，这个社会不可能存在。同样一个社会没有保护其社会成员的能力，这个社会也不可能存在。即使这个社会能够存在，也不可能是社群所需要的功能社会。政府是社会功能的中枢，是国民利益的代表。可是在现实生活中，政府经济学和国民经济学往往是不一样的，甚至表现出截然不同的学科逻辑。政府经济学是为了国民利益最大化，而国民则认为正是政府经济学的某些决策使国民失去了自身的利益。这里可能有国民的角度问题，但国民利益是政府社会保护功能的最终检验尺度不容置疑。

第二节　按照生产方式分类的社会形态

按照生产方式，人类社会可以分为采集“社会”形态、农业社会形态、工业社会形态和高新产业社会形态。

一、采集“社会”形态 在传统的社会形态分类和定名中，人类的第一个社会形态是原始社会形态。关于原始社会的定名是不科学的，在没有制度产生的石器时代的人类原始时期，是没有社会的，只有家庭和松散的群体。所谓的原始社会更确切的定义应该是原始时代。若以生产方式定义社会形态，则以采集定名更为确切。

在石器时代，起码在整个旧石器时代，人类只是血缘的母系家庭，或者是以母系为轴心的群居，而不可能有今天语境里的“社会”。今天语境里的“社会”是由经济基础和上层建筑所构成的整体，而旧石器时代的人类群体根本就没有上层建筑，而且“经济基础”也仅仅是由采集的干果之类的积累而已。社会应有多种组织形式，而石器时代没有任何组织，如果说有，也是血缘组织，而没有血缘之外的非血缘组织。所以用“社会”定义石器时代显然是不合适的，而且会与其他历史时期的社会概念发生混淆，把此社会与彼社会的内涵和外延等同起来。然而从概括人类社会过程的完整性和统一性考虑，可以借用“社会”表示石器时代的原始时期，以生产方式界定，将整个旧石器时代称作采集“社会”形态。

二、农业社会形态 农业社会形态的形成以种植为标志。人类在经历了漫长的采集生产方式之后，由采集转变为种植。从严格的意义上讲，一种新的生产方式出现，不可能立即出现与之相适应、相匹配的社会形态。社会形态总是滞后于生产方式，因为社会形态是在生产方式长时期运行的过程中形成的。所以，农业社会形态并不是与种植同步产生的。

由于种植依赖土地，所以农业社会就是根植于土地的社会，土地和土地制度是制约农业社会的根本因素，对农业社会的发展产生着决定性影响。在长达 1 万年的农业社会里，一切争战都因土地和土地制度而起，所有的战争都可以称作土地战争，所有的变革都可以称作土地制度的变革。

农业社会形态主要取决于土地耕作方式。一般有家庭耕作方式、集体耕作方式、农庄耕作方式和农场耕作方式等 4 种类型。

（一）家庭耕作方式 家庭耕作方式是农业起源后的第一生产模式。这种生产的组织形式是采集生产组织形式的延续，或者是农业生产形式对采集生产形式的借用。采集从一开始就是以家庭为组织单元的。定居之后，种植依然以家庭为单位，因为农业起源并不是一个社会有组织的所谓革命式的一声令下，而是一个瓜熟蒂落的自然过程，是陆续地出现在不同的家庭的。

家庭耕作方式是以种植为基础，以饲养为辅助，是一主多副的生产模式。乡村和城镇的小手工业、小商业，也是家庭生产模式。粮食的粜与籴，是小农市场的主要交易形式。

至今中国农业耕作方式依然是家庭耕作方式。这对于在世界上可以算得上超级的农业大国来说是一件不可思议的事情。家庭的经济局限、家庭的视野局限、家庭的技术局限，以及家庭的土地局限，束缚了农业的现代化发展，现代化农业的主要标志是机械化耕作，而如今锄头、镰刀和犁耙，依然是主要的生产工具。

（二）集体耕作方式 集体耕作方式是以集体所有制为基础，以多劳多得为分配原则，以国家计划为生产原则的耕作方式。这种生产模式在中国最为典型。1949 年新中国成立后，开始酝酿终结家庭耕作方式实行集体耕作方式。从 1953 年开始，全国各地陆续推行以家庭自愿结合的互帮互助的互助组耕作方式，从 1955 年开始全国普遍成立农业合作社。1958 年 8 月 29 日，中共中央政治局在北戴河举行会议，决定在农村成立人民公社，并确定政社合一，实行集体所有制，以后转变为全民所有制。大约在一个月内，全国农村普遍实现了公社化，继而开展了“大跃进”运动。1959 年发生全国性的自然灾害，一直持续到 1962 年上半年，这是通常所说的“三年自然灾害”。为了抗灾自救，临时决定分田到户，集体耕作方式又转回到家庭耕作方式。1962 年下半年农业情况好转，人民公社化制度全面恢复，直到 1978 年都是集体耕作方式。1978 年 12 月中国共产党第十一届三中全会终结了人民公社，中国农业生产的集体耕作方式同时终结。

（三）农庄耕作方式 农庄耕作方式分为两种：一种是集体农庄，苏联的集体农庄是集体生产模式；一种是庄园式农庄，主要是欧洲封建领主的农庄耕作方式。庄园是家庭耕作方式的升级或变种。中国的庄园都是大地主的庄园，但与欧洲的封建庄园相比要小得多。欧洲的封建庄园像小诸侯国。在欧洲封建庄园里从事农业生产的是奴隶，在中国地主庄园从事生产的是雇农和佃户。

（四）农场耕作方式 农场耕作方式与农庄耕作方式有异有同。美国、加拿大、法国等国家，普遍采取的是农场耕作方式，而且通常是家庭农场耕作方式，每个农场有数十或数百公顷土地，大机械耕作，是真正的工业化的现代农业。

三、工业社会形态 工业社会是以工业生产方式为标志的社会。工业社会有 3 个构成因果关系的标志：矿产、冶炼和制造。矿产在世界许多国家都有数百年甚至数千年的发现史和开采史。在地中海城邦时期，在中国的夏商之交，都有开采和冶炼的历史记载。然而那个时期的矿产、冶炼和制造，都是农耕社会意义上的，是农业产业结构的一部分，没有形成自己的体系。

（一）工业起源 工业起源于矿产业，传统的观点认为工业起源于手工业。手工业与工业有联系，没有手工业的制造，工业化的开采和制造就失去了基础。但是，工业的起源应该是以矿产、冶炼和制造为标志的。

矿产业是工业起源的基础产业，包括有色金属和石油及天然气矿产业。钢铁和石油是工业的骨骼和血液。没有钢铁，没有石油，就不可能有工业的发展。

冶炼包括金属的冶炼和原油的提炼。在各类工厂中，炼钢厂和炼油厂是基础工厂，是工业产业链首个环节，是工业大工厂的第一车间。

制造主要是机器的制造和工具的制造。制造是工业社会突出的特征。从特定的意义上讲，农业活动可叫做耕种，而工业活动就是制造。

（二）工业社会结构　工业社会是以机器生产为躯干、以市场经济为命脉的社会。由于工业社会的生产工具是大体积、大功能、大功率和大功效的大机器，所以使用大机器是工业社会生产的显著特点。这种社会生产的达成，需要有相应的社会结构，而这种社会生产的本身，又决定着既定社会结构的调整和新的社会结构的产生。科学技术结构是工业社会的社会结构中最重要的结构。学界将工业社会分为3个时期：前工业社会时期、工业社会时期和后工业社会时期。这种区分的意义在于说明工业社会发展的3个质变阶段。“前工业社会时期”是工业社会的形成时期，诸多工业社会因素是承袭了农业社会里的工业成分，如制造业是以农业社会的手工业为基础，工业技术也是承袭了农业社会的手工技术，这是自然的，是社会发展的必然规律。“工业社会时期”是工业社会的成熟时期，是完全意义上的工业社会，整个社会结构达到了完美程度。“后工业社会时期”是工业社会的嬗变时期，这种嬗变主要体现在生产资料消耗上的根本转变，大机器仅限于交通等领域，其他生产领域的设备则是朝着小体积大功能的方向发展，计算机和各类通信设备的发展就是最好的说明。手机最初体积很大，仅仅几年的时间手机普遍小型化，口袋里装得下。计算机也小型化，体积仅有笔记本大小。后工业社会时期实际是高新产业社会的前夜。

（三）工业社会形态的主要特征　工业社会形态的主要特征是市场化，从区域的市场化直到全球的市场化。市场的基础是贸易，市场化的基础是分工。分工是工业社会的内在特质。工业制造的多元化使工业社会具有数不胜数的制造行业。制造行业的不同导致社会人员的就业不同，就业的不同本身就是一种分工。在具体的制造业里，又分不同的车间和工种，这又是一种分工，这种分工是行业内的分工。作为市场化的工业社会，分工主要是市场的分工，区域化的市场和全球化的市场，实际上是资源的区域配置和全球配置。这种配置最终的结果是国家和地区生产结构的单一化。因此，生产结构的单一化，将是全球化时代工业社会形态的基本属性。

四、高新产业社会形态　高新产业以高度的工业化为基础，将社会生产尽可能地实现产业化。作为一种社会形态，高新产业社会形态不同于工业社会形态。高新产业社会的显著特征就在于社会生产的集约化和高新技术化。

高新产业社会生产与工业社会生产的最大不同在于生产资料。工业社会生产所利用的资源依旧是自然资源，是物质资源；高新产业社会的生产资料更多地趋向非物质领域，更多地不再以自然资源为生产资料，而是以社会的非物质作为生产资料。信息产业、科技产业、文化产业以及第三产业等，是高新产业社会的标志性产业。

（一）信息产业　信息产业是建立在信息基础上的产业，也是以信息作为生产资料的产业。虽然信息产业中包括信息传递工具的制造业，但信息产业的主体生产是非物质的。主要产业结构是信息工具制造业、通信业和软件业。

信息工具制造业生产计算机、电视机、发射台、卫星、电话机和手机。通信业主要是网络和卫星技术。软件业是各种信息程序和操作程序的编创。

信息产业的核心是信息，然而信息产业的信息概念与传统的信息概念并不相同，在更多的方面是世界经济一体化和文化全球化的发展所需要的信息总量的总体表述。信息产业是这种信息总量传递的整个服务体系。

（二）科技产业 科技产业在当代语境里被称作高科技产业，包括信息产业、生物制药产业、新材料产业、新能源产业、航空航天产业和海洋产业等 6 种产业。高科技产业的特征是：密集的资金、密集的知识、密集的技术、大量的知识产权、高附加值和高回报率。高科技产业内在结构的重要特征是符合摩根定律。摩根定律是表示两个集合关系的定律，两个集合的交集的补集等于它们各自补集的并集，两个集合的并集的补集等于它们各自补集的交集。

（三）文化产业 文化产业是新兴产业，英国是开创者，美国的好莱坞电影、日本的动漫是当今世界较早作为文化产业运作的文化艺术样式，对全球文化产业的兴起产生了积极的推动作用。文化产业在世界各国出现的时间各不相同，对其称谓和概念的界定也有所不同，然而其产业的本质是一致的，就是将文化产业化。具体地说，就是以产业的方式对文化进行规模化、规格化和批量化的生产，使文化产品化、经济化、商品化和市场化。文化产业的本质就是以文化作为生产资料而进行的产业化生产。显然，在学理上文化产业与农业产业、工业产业的内涵和外延的尺度是相等的，也是一个经济学概念。

文化产业首先在工业国家发轫。文化产业的名词出于 1947 年出版的《启蒙辩证法》一书。书作者是法兰克福学派的两位颇具影响力的德国学者阿道尔诺和霍克海默。他们对文化的工业化现象或者说将文化工业化的做法提出了批判，也正是出于批判的需要，提出了“文化工业”的概念。他们从哲学和艺术的双重角度，以否定的态度对文化工业进行了价值评判。他们认为，将文化放进工厂，运用现代科技手段以标准化和规格化的制作方式，大批量地生产出文化产品，并通过电影、广播和报刊等大众传播媒介传递给大众消费，最终肢解了文化内涵，消解了人们的现实批判意识。

随着经济的发展和社会的演进，时过境迁，语境变换，“文化工业”演变成了中性概念，人们放弃了或者有意不再使用“文化工业”一词而叫“文化产业”，联合国教科文组织还特意为“文化产业”一词定性，表述为：按照工业标准，生产、再生产、储存以及分配文化产品和服务的一系列活动。1980 年初，欧洲议会所属的文化合作委员会组织学者、企业家和政府官员，共同研讨文化产业的内涵、文化产业产生的政治背景和经济背景以及对社会对公众的影响，自此文化产业成为“文化”与“经济”的复合体，成为文化经济类型的产业。

从经济学角度讲，美国文化产业在全球是做得最好的，文化产业的产值占全国GDP10%左右；英国是在文化产业发展过程中首先提出创意产业的国家，并以创意产业规划国家文化产业发展战略；日本的文化产业以娱乐观光业号称，产值相当于汽车产业产值的50%左右。在当代，文化产业越来越成为发达国家新的经济增长极。

在中国，文化产业是个新兴产业。中国自古就承认文化的商品属性，却从未将文化的这种属性同本性混淆起来，将文化商品化、市场化，将文化变成经济开发的生产资料，而是一直置放在意识形态的圣殿里。所以，中国的文化产业首先面临着文化观念的挑战，同时自身也存在着理论构建和实践问题。

然而，中国文化产业有优越的先天条件，文化数千年的连续积累，其积蓄力量是十分巨大的。夏代部落纷呈、商代商贸初兴、周代礼制滥觞、春秋战国时期文化百花齐放儒道并生、秦朝天下一统文化整合、汉唐文化大气磅礴、宋明文化张力充盈、清朝以来西学东渐积极吸纳西方文化，这一切并不是世界上任何国家都可比拟的，而且直到19世纪中叶，中国都是强大的东方帝国，是世界最大经济体。从历史上看，中国文化根深叶茂、多元并存，文化积蓄力、文化创新力、文化传承力和文化整合力在世界上当是首屈一指的。

文化产业一经移植到传统文化底蕴深厚的中国立刻生根，并没有因为东西方文化的差异而“水土不服”。这是因为21世纪的中国文化更具世界性，21世纪的中国思维也更具世界性。近代中国思维有3次大的质的飞跃。第一次是鸦片战争，打破了闭关锁国思维；第二次是“五四”运动，打破了旧的封闭思维；第三次是“改革开放”，开始建立世界性思维。这3次思维的质的飞跃，并不是人为设计刻意而求的，也不是在人们有心理准备的情况下迎接而来的，它的到来是突兀的但却神奇般地有着内在的联系。发动鸦片战争的人，并没有意识到他们的坚船利炮打开了中国闭关锁国的大门，同时也打开了中国闭关锁国的思维；“五四”运动是文化运动，也没有意识到这一运动直接冲击着旧的封闭思维；而“改革开放”的初衷是发展经济，虽然也大力提倡解放思想，但在很大程度上是为了配合这场经济运动，在“改革开放”的整个框架里，并没有建立世界性思维的预期。然而，在实践中、在探索中，撞上了世界的南墙，被动地也是茅塞顿开地在国家发展战略里植入了世界思维。这3次质的飞跃的内在联系在于1840年的鸦片战争奠定了中国用新的视觉观察世界的基础，1919年的“五四”运动新的思想启蒙使建立新思想成为必然，使“西学东渐”有了广泛的思想基础，而1978年实行的改革开放，为中国思维趋向世界思维开启了广阔的空间。

（四）第三产业　第三产业的概念是英国经济学家费希尔于1935年提出的。他根据社会生产活动的历史发展顺序和对劳动对象进行加工的顺序，将国家的经济部门划分为三次产业。直接利用自然资源进行生产的部门，为第一次产业；对第一次产业的初级产品进行再加工的部门，为第二次产业；为生产和消费提供各种服务的部门称为第三次产业，也就是服务行业。后来世界各国都认同了这种经济结构三产业的定位。

由于第三产业不是物质产品生产的行业，“生产”和“产品”词语在第三产业里使用，会产生出种种顾此失彼的负面效应。“生产”在工业文明出现之前，一直是个农业概念。人类依靠自身的力量，利用土地和工具进行的种植以及由种植派生的一系列从无到有的活动过程，称之为生产。工业社会出现之后，“生产”被顺理成章地移植或延伸到工业领域，其中只有矿藏开采完全符合生产概念的内涵。这时的生产概念包括了农业生产和工业生产。工业领域十分宽泛，在运用“生产”这个概念的时候，“生产”的内涵变得越来越庞杂，界定越来越模糊，当宽泛到难以把握的程度的时候，导致为生产和消费提供各种服务的部门的“服务”在多数情况下便与“生产”等同或者混淆起来。特别是将文化工业化的时候，文化活动也被称之为生产，文化产业化也就广泛推行。在工业资本主义商业化的时空里，似乎一切活动都要强调资本和产值，那么为了“产值”的一切活动，无论是物质的还是非物质的活动都被叫做生产，生产的本原意义被颠覆了。

中国将第三产业分为流通和服务两部分，共有 4 个单元：一是流通部门，二是为生产和生活服务部门，三是提高文化科技水平和居民素质部门，四是国家机关。第三单元里主要是教育、文化、卫生、出版等部门。在一个时期里，似乎是不假思索地直接推行教育产业化、卫生产业化。教育产业化，学校的教学关系成为生产和生产资料的关系，产值成为最终目的；卫生产业化，医院的医患关系成为生产和生产资料的关系，同样产值成为最终目的。这样，学校的生产资料是学生，医院的生产资料是患者。从学生身上产生产值，从患者身上产生产值，事情走向了反面。

同时，狭义的服务行业也随波逐流，服务业被定义为为社会提供直接服务的行业，涵盖人类的吃住行的各类服务事业。餐饮业是最为广泛最为普及的服务行业，门槛较低，那些布满街头巷尾的小食店尤其如此，多数是传染病的帮凶。快递业务的门槛也很低，假日经济繁盛后，快递人员需求量剧增，许多快递员不经过培训上岗，引发了许多行业问题，甚至社会问题。山东省发生过快递件污染致人死亡的“夺命快递”事件，引发社会高度关注，甚至由此引发快递业务被恐怖分子利用的担忧。

服务行业的本性和本职要求是服务的人性化。所谓人性化就是使服务对象感受到人性温馨和人文关怀。现在世界许多国家都有法律准许或政府默许的性服务行业。这是一个陈旧的又具有现代特征的一直被社会歧视、被人鄙视却又红红火火的行业，又是一个从某种角度来说是污秽的而从另一种角度来说是人性的行业。这是一个社会伦理问题。关于性的伦理，许多国家都持性在婚内不出婚外的伦理观。中华人民共和国建立初期曾取缔妓院、改造妓女，大约有30年没有出现公开的性服务行业。当今中国仍然没有公开的妓院，然而一些宾馆、酒店、歌舞厅都是心照不宣地从事性服务的场所。有关的理论家甚至根据人权的某种原则，认为身体是自己的，自己有权决定肉体的价值取向。这实际是市场原教旨主义，什么都可以卖，什么都可以买。社会正义不允许有绝对一己的价值取向，卖淫的肉体价值取向是靠他人实现的，因而就存在社会伦理问题。现在，子宫出租、代孕公司，已经成为挑战性的社会伦理问题。但在印度，商业代孕合法。有消息称，印度阿南德小镇被称为代孕胜地，镇上有50名代孕妇女，业务遍及世界。

在第三产业中，作为增加国民生产总值的生产，应该是有效的生产。可是有一种情况不能失察，在第三产业中有许多部门尽管是有产值的生产，但不是创造财富的生产，它们的生产产值是财富的消费数值。其中的中介部门的生产、广告部门的生产，基本上就是一种掮客经济活动。在财富与消费之间掮客经济活动无限度膨胀，让国民经济成分里充斥着高比例的掮客经济，是一件大不该的事情。规范第三产业中的以创造财富而创造产值的生产与以消费财富而创造产值的生产两者的比例关系，强化实体经济，弱化虚拟经济，须臾不可懈怠。

还有一种情况，就是第三产业的虚值增长。可以比照这样一个案例：甲乙丙三家原本自家人做家务，洗衣做饭，带小孩，侍奉老人。为了增加家庭收入，三家都有人外出务工做家政服务。甲家人到乙家洗衣做饭，乙家人到丙家带小孩，丙家人到甲家伺候老人。甲家用挣的乙家的钱支付丙家人的工钱，乙家用挣的丙家的钱支付甲家人的工钱，而丙家正是用挣的甲家的钱支付了乙家人的工钱。于是在第三产业的视角里，居民收入增长、居民消费增长，家庭就业率和雇工率也增长了。然而这3个家庭的经济却都是零增长。在国民经济里，这样的家庭越多，国民经济增长率越高，这在统计学上可以理所当然地称之为繁荣，而实际上却等于什么都没有发生，只是发生了原本可以不发生的经济活动。更有甚者，旅游完全是玩的消费，旅游业的生产收入是游客玩的消费支出，彼此都不创造财富。然而，门票收入理所当然地进入了国民生产总值。如果游客不是入境游，那么这部分产值实际是内部转账式收入。货币流通就是货币流通，既不直接等于财富生产，也不直接等于有效产值。

第三节　按照社会制度分类的社会形态

制度始于群居。群居并不特指定居之后的聚落群居，在漫长的游动时期也有成群结伙的现象，只要成群结伙，就有联结的方式、组织的原则，这应该是制度的初始孕育时期。制度可以被理解成群体结合的稳定规制和结合于群体之中的个体的稳定行为范式。

按照社会制度分类，社会形态可分为游动制“社会”形态、部落制社会形态、奴隶制社会形态、封建制社会形态、资本主义社会形态、社会主义社会形态以及共产主义者所追求的共产主义社会形态。

一、游动制“社会”形态 游动制“社会”形态是人类社会的第一社会形态，至今一直使用“原始社会”或“原始公社”的称谓来表述。按照制度对社会形态进行分类，人类在游动生存时期并没有制度，并没有形成社会。出于与使用“采集社会形态”同样的考虑，也借用“社会”来涵盖这个时期。在这个时期，群体既没有稳定的结合，也没有稳定的结合规制和稳定的行为范式。人类群体的结合基本上就是3个因素：一是血缘的因素，二是某种利益合作的因素，三是趣味相投的因素。社会基本的群体是血缘群体，大的群体是由两个或两个以上的血缘群体组成。由于群体的力量和智慧大于个体的缘故，逐渐形成利益共同体。

对于这段漫长时期的表述，马克思主义经典里使用了“原始共产主义社会”的称谓。此称谓始于恩格斯，马克思并不赞同。恩格斯的这一提法基于他对古代氏族社会自由和平等的认定。因为他在表述共产主义社会的时候，将共产主义社会与古代氏族社会穿越不同的时空和理论层面画了等号。他认为，共产主义社会将是古代氏族社会自由、平等和博爱精神在更高物质基础上的回归。氏族包括母系氏族和父系氏族两个时期。母系氏族的时期非常漫长，其组织形式是从人科动物时期带过来的血缘群居方式。如果以社会来定义，那么母系氏族基本上没有进入社会时期，而且父系氏族的初期也未必就一定进入了社会时期。这个时期出现的群体，一般都是非常现实的应景利益共同体，很少有长期的共同利益。这大约是现代理论家喜好用现实主义理论研究利益共同体的根系原由。如若不是将利益共同体误用了社会概念，那么古代氏族社会时期当是非常之短的。恩格斯认定为共产主义的本质就是人的自由的全面发展。既然共产主义社会是古代氏族社会的回归，那么古代氏族社会自然可以叫做原始共产主义社会了。可是，这里有一个不可原谅的疏忽，或者说有一个不可宽恕的错误，那就是古代氏族社会或许有“共产”的形式，但绝对没有“主义”的理念，因此不可能有原始共产主义社会，原始共产主义的命题不合乎历史科学规范。至于被恩格斯称之为的原始共产主义的社会为什么能够出现，这一点马克思和他的认识是一致的，认为根本原因在于没有剩余“产品”，没有剩余产品，也就没有财富可用以剥削。那么根据什么说原始时期“产品”没有剩余呢？惟一的根据是“生产力极端低下”。可是，生产目的也是极其低下的。那时候的自然资源和人类数量比是极端悬殊的，供人类采集的自然资源富足得人人都可以“丰衣足食”。如果在同一个水平上分析生产能力和生产投入与产品的关系，生产力并不是低下的，更不要说极端低下。

游动制“社会”的制度作为社会制度是非常不健全、不成熟的，但原则上仍然可以看做是人类社会初始制度。这种制度以自然自由为基础，是人类社会自然自由表达最充分的社会形态。

制度的本质效用是规范，是约束力，其产生的合理性在于保障群体的组织利益和群体中的个体利益。制度与惩戒是一体的，惩戒既是制度本身又是制度的基本保证，没有惩戒，就没有制度。

惩戒是一种权力，制度的伴生物就是权力，权力的伴生物是领袖。权力与领袖一旦出现，社会就出现了等级，形成了统治者与被统治者两大社会阶层。

群体有了统治者，有关游动的方向、对待偶然遇到其他群体的态度、发生重大变故的处置等就有了决策者。一旦发生与其他群体的冲突，是争战还是让步，也有了决策者；一旦发生争战，采取什么样的战略战术，也由统治者决定。这样，制度一经产生，就有很强的广延性和包罗性。可以说，人类社会无论将会出现多少种不同的形态，其社会的制度之根都深埋在人类社会的第一社会形态里。

二、部落制社会形态　按照社会制度界定社会形态，氏族部落制社会形态应该是第二社会形态。这种社会形态是由游动制“社会”形态演化而来的。在游动制“社会”形态中，虽然已经有了部落的雏形，但这种部落还是非常松散的群体，其成员只有服从部落头领的意识，没有规范或成型的部落社会制度。较之以往，氏族部落的最大不同，就是由游动演变为相对稳定的定居，成为生产共同体和安全共同体，也是命运共同体。它的构成依然是以血缘群体为基本单位，或是一个血缘单位和另一个或数个血缘单位组成的非血缘部落。

（一）血缘氏族部落　血缘氏族部落分为母系血缘氏族部落和父系血缘氏族部落两个阶段或两种形态。母系氏族部落的历史时期很长，在相当长的时期里是以单亲家庭的形式存在着，一个母亲带着一群孩子，再由做了母亲的孩子带着她的一群孩子，形成以母性为轴心的几代家庭组成的部落。这种部落，实际是几代母性组成的大家庭。在这种家庭中，只有未成年的男性，男性一旦成年，就离开了这个家庭，没有任何家庭责任地独自生活。直到父系血缘家庭出现，男性才成为家庭的轴心，而母性自此退出了家庭和部落的轴心地位，父系血缘氏族部落替代了母性血缘氏族部落，男性也从此由家庭轴心走进了社会中心。

（二）非血缘联盟部落　非血缘联盟部落是由若干个血缘氏族部落组成的，主要产生于父系社会时期。形成这种部落联盟主要的动因是生产和战争的需要。在母系血缘氏族部落时期，在理论上也应该有这种非血缘联盟部落。然而这其中偶然因素很多，由于母系氏族属于更为原始的历史阶段，生存的方式只是随机地采食，基本上是植食动物状态，因而没有迫切的群伙联合生存的实际需要，联盟仅是由好感等简单的单一的因素维系，而且没有稳固性，朝聚夕散的情况极为普遍。所以，母系氏族部落时期一般没有稳定的非血缘部落联盟。

1. 生产联盟　出于生产发展的需要，或者出于抗御自然灾害的需要，部落间出现了联合，最终形成了联盟部落。联盟部落具备了国家的雏形，制度分为本部落制度和联盟部落制度。部落联盟制度一般有两种规制：一种是联盟的部落各保留本部落的制度，同时本部落又要遵守联盟部落的制度；另一种是只有联盟部落的一种制度，联盟的各部落不再保留本部落的制度。后一种联盟部落制度因其统一性，而更接近国家雏形。联盟部落制度在很大程度上是参加联盟的部落间的承诺与约定，是一种契约制度，既有联盟的共同利益，又保留着参加联盟的各部落自身的利益。最初，联盟的部落是依靠约定与承诺的契约形式而联合，是比较松散的联盟，后来随着生产能力的提高，协作与合作的机会日益增多，联盟各部落间的联系也随之日益增强，联盟各部落间的关系也日益紧密，逐渐出现了联盟首领。联盟首领先是由联盟的各部落的头领轮流充任，后来出于需要或受氏族部落的家族式传统的影响，由轮流制变为家族制，由家族制变为终身制，由终身制变为世袭制。这样，随着时间的推移，联盟部落演变成越来越大的部落。这些由联盟部落演变而成的大部落，又有可能再次进行联盟，这其中也有与联盟部落或与单一的部落的联盟，形成新的部落联盟。这样不断地重组，部落不断地扩大，地域也不断地扩展，领地问题也不断发生，制度也就不断地趋于完备。

2. 战争联盟 部落扩大，矛盾日益增多。部落内的矛盾和部落外与其他部落的矛盾频繁发生，其中有许多是契约所不能解决的矛盾，最终冲突不可避免，导致部落间的战争爆发。战争爆发，刺激着部落强盛的愿望，促进了生产的发展和生产力的提高，进而促进了社会的进步。出于战争取胜的需要，部落间又出现了战争联盟，或是帮协式联盟，或是有着共同利益的部落联合起来，对付他们共同的敌对部落。敌对部落为了更有效地实现自己的愿望，也需要联合有着共同利益的部落。这样，战争联盟使部落出现了新形式的联盟。生产的发展、生产力的提高、社会的进步、战争的联盟，这一切又进一步促进了部落社会制度的完备。

三、奴隶制社会形态 奴隶制社会的产生以奴隶主奴役奴隶为标志。奴隶和奴隶主构成了奴隶制社会的基本矛盾，也是决定着奴隶制社会面貌的主要矛盾。奴隶制是对奴隶自然自由的彻底毁灭，而奴隶主的自然自由达到了彻底的“随心所欲”的癫狂程度。

（一）奴隶制社会的起源 奴隶制社会的产生是部落制度中的等级因素膨胀至极端的邪恶后果。虽然奴隶制社会在历史唯物主义者看来是历史的进步，但在人类学家眼里却是人性进化的倒退。因为这是进化了的人性倒转而朝向了动物性，而且是在获得了智慧和思维之后倒转朝向了动物性的，人类因此而成了世界上惟一一群高智商超级动物。

1. 奴隶制的产生 当非血缘联盟最终演变为一个以权力为中心的实体部落的时候，部落的内在结构越来越完善，越来越紧密，部落制社会形态的社会质量越来越高。这种社会发展使生产逐步集群化，生产力得到前所未有的提高，相应地社会财富迅速增多，生产管理的权力逐渐演变为政治统治的权力，生产管理权力下的财富分配也随之演变为政治统治权力下的财富分配。于是，整个部落创造出的财富，改变了分配流向，急剧向权力执掌者集中，社会分化出富有阶层和贫困阶层。权力敛聚了财富，财富膨胀了权力。社会的两极分化更加急剧，最终导致社会出现了贫困者依附于富有者生存的奴隶制社会现象。

在血缘氏族部落时期，血缘的亲情是社会的主要情感。定居使人际关系发生了变化，原来的人际关系基本是在血缘范围内发生的，而由于定居和部落之间的通婚，人际关系的血缘范围逐渐拓展，非血缘的人际关系以朋友的友情部分地替代了血缘的亲情。然而友情毕竟不是亲情，当贫困者依附于富有者生存的时候，友情一般难以建立，两者是寡情的雇佣关系，依附者出卖的是劳力，最终出卖的是人身。出卖了人身就等于出卖了生存权利，生死掌握在所依附的富有者手里。

奴隶主财产逐渐增多，权力急剧膨胀，在奴隶主之间发生利益冲突的时候，奴隶主会逼迫奴隶充当打手或战士，冲突升级，双方死伤的都是奴隶。冲突双方的奴隶起初并没有个人恩怨，都是被逼迫为各自的奴隶主效力，但由于在冲突中都要为各自的奴隶主争夺利益，双方的奴隶在冲突中有了他们各自的行为目标和行为目的，也就产生了目标和目的式的利害冲突，双方奴隶之间也就产生了个人仇怨，本是雇佣奴隶，在战争中也形成了自己的战争利益，最终演变成残酷厮杀。由于这种非血缘的利益冲突没有亲情和伦理的束缚与羁绊，人类的动物性得到肆无忌惮的张扬。最后获胜一方的奴隶会以复仇的心理而残酷地折磨甚至任意杀死战败一方的奴隶，奴隶主会以更残酷更无情的手段奴役从战场上俘虏来的敌方的奴隶，这使奴隶主对待奴隶的残酷程度在敌对方的奴隶身上不断地突破人性的底线，并逐渐形成惯例。一旦成了惯例，就会自然而然天经地义地运用到原本是属于他的奴隶或新来的奴隶身上。奴隶被奴役的尺度越来越大，最终成为被奴隶主任意宰割完全失去生存自由的社会群体。

2. 奴隶制社会产生的基本条件 奴隶制社会产生有4个基本条件。

（1）社会结构形成 部落是人类走出家庭化生产结构后的重要生活组织形式和生产组织形式。生产力由分散的零星的粒子状态，逐渐聚结成物块状态。部落形成之前，生产模式是单体生产，自给自足，生产劳动是个体行为，至多有两人之间的互助，或者狩猎大的动物抑或遭遇大的动物袭击时，偶然会有联合行为。部落形成后，生产模式发生了本质的变化，生产或集体形式，或集中形式，最终是产品的统一分配，于是产生出新的生产关系。生产与分配形成了社会的初级结构，为奴隶制社会产生奠定了社会基础。

（2）再生产能力形成 生产水平的不断提高，产品有了积累，生产有了再生产的能力，生产力和生产关系都因此而发生了变化。生产的再生产能力使生产规模不断扩大，产值不断增长，财富不断积累。财富的积累产生了社会分工，社会有了分工，社会也就分化出阶层，阶层所分工的职业，形成职业特权。职业特权的演化，形成社会特权，阶级由此而生。维护阶级的利益，造成了社会的政治分化，社会产生了对抗的利益集团，奴隶制社会显露雏形。

（3）财富等级形成 在本部落内，财富的分配因为人的等级而有了分配的等级。何者该多，何者该寡，多者该多至何种程度，寡者该寡至何等程度，往往不是制度问题，而是尺度问题。与制度相较，尺度有着强烈的主观性和随意性。出于物欲的主观意志，带来了参与分配者的心理落差，心理落差导致了精神层面的人格与尊严问题，物欲的人格化使经济政治化。经济政治化与为了利益集团的利益而形成的政治化不完全相同，经济政治化是由纯财富之争演变的政治纷争，是人类的争夺由纯物质的争夺演化为以政治为目的以物质为表象的政治较量。各部落的自然资源条件和地理环境条件的差异、生产水平的差异，使各部落间的财富积累出现不平衡，形成了部落的财富差异，为部落间的财富征战埋下了伏笔。在本部落内，财富的分配出于个人自身的生产能力、技艺等条件和不公平的分配，造成了本部落个人之间的财富差别。这种财富差别造成了财富等级，形成了人与人之间的尊与卑。因此，财富的争夺，会在本部落的成员之间和部落之间发生。部落间的战争会出现大量的战俘，这些战俘很可能成为彼部落的奴隶。

（4）权力观念形成 权力观念的形成，大致经历了两个演变阶段。第一阶段，生产管理导致生产权力产生。生产进入集体生产模式后，生产的分工不断细化，形成了越来越多的管理方面和管理层面。不同的管理方面有着不同的管理要求，不同的管理层面也有着不同的管理要求。“要求”是一种必须、是一种规范，也就是一种权力。所以，权力最初是职责的属性。如果再向前追溯，权力产生在母爱里。母系社会里的母亲，以母性的天性呵护她的子女，要教育子女学会生活。管教，是一种主观色彩很浓郁的行为，要求子女谨记、遵从。这个时期，权力就自然而然地被孕育出来。苍天赋予了母性的权力，这是人世间最初的权力，是第一权力，是一切权力现象的总源头。这一点，瑞士法学家约翰·雅科布·巴霍芬在其1861年出版的《母权论》书中有详尽论述。恩格斯将《母权论》视为家庭史研究的开端。权力首先产生于家庭，产生于母性，这是无疑的。但是那时没有社会制度，母权并非法权，只是母性对于子女管教与守护的天性与天然。

第二阶段，生产权力导致社会权力和制度权力的产生。生产权力的形成是个体生产发展到集体生产阶段的必然结果。也就是说，社会分工的各个部分有不同的生产规律和生产要求，依据这种规律而产生的必须遵循的种种要求就是最初的权力。这种权力的实施通常是以集体名义，更多的是以具体管理者的个人名义，这样本是职责属性的权力就与职位结合在一起。不同的职位，就被赋予不同的权力，这种职位权力直接演化为社会权力和制度权力。掌权者职位越高，权力越大。权力的规范力体现在权力实施者身上就是主宰力。这种主宰力恰恰迎合了动物的弱肉强食的生存逻辑，从而使权力演变成为对他人实施主宰的工具。这种现象深深地根植于人类的意识之中，权力观念也就根深蒂固地存在于人类的意识之中。以权谋私、以权制人，纯粹的生产管理权力嬗变为政治统治权力。而政治一词所表述的正是人人之间的权利关系。奴隶制社会从社会制度和政治制度上最终形成。

（二）奴隶制社会分布地域 奴隶制社会产生后，奴隶制几乎成了人类社会的普遍现象，然而并非分居在世界各地的人类都不二法门地必然地经历奴隶制社会阶段。奴隶是奴隶制社会的根本标志，但并不等于有奴隶就必然是奴隶制社会。而且奴隶制社会的地区不同，其奴隶制度也有一定差别，甚至在奴隶制最初形成的时期，在某些区域奴隶与奴隶主的关系还是比较和顺的。所以，尽管在这个历史阶段整个人类社会基本上都是奴隶制社会，但各奴隶国家和各区域的奴隶制度是有差异的，不可一概而论。从世界范围来看，奴隶制社会有不同的分布，而且也有不同的历史时期。

1. 古代奴隶制社会分布地域 一般认为，奴隶制出现在部落制社会的晚期。从中国已有的考古资料来看，与奴隶制社会相关的殉葬葬俗最迟出现在中国龙山文化时期。殉葬者不管其社会身份如何都是奴隶。从被奴役式奴隶到没有人身自由的奴隶，再到没有生命权利的奴隶，有一个演变过程，有一个足够发生质变的量变时期。到了公元前3000年左右，任意杀死奴隶、用奴隶陪葬、用奴隶祭祀，已经相当普遍了。

奴隶占有制是奴隶社会的核心制度。奴隶占有制实际是占有奴隶制。依奴隶主而论是奴隶占有制，也是占有奴隶制；以奴隶而论是奴隶被占有制。人类历史上早期奴隶制社会出现在亚洲、非洲和欧洲国家。在这些国家里，居民被分为自由民和奴隶。自由民分为占有奴隶者和完全的自力谋生者。

在非洲，蓄奴习俗很普遍，然而非洲蓄奴制度并不残暴，奴隶还可以与主人社群中的人婚配。可是，作为在奴隶贸易中离开本土的奴隶，情况则截然不同。阿拉伯人从7世纪开始征服非洲北部，他们对非洲奴隶异常残暴，女性沦为性奴或被纳妾生子，而男性奴隶大部分被阉割，充任劳工、卫士和战士。在18世纪的欧洲，歌剧中多有男性女高音，这些人大多是被阉割的奴隶。在梵蒂冈，教廷唱诗班有使用阉人的习俗。

在巴西，奴隶制带来的社会问题似乎更宽泛也更深刻。巴西是世界上最后一个废除奴隶制的国家，时间是1888年。巴西被誉为“种族民主”国家，种族和谐曾让被种族歧视困扰多年的美国总统西奥多·罗斯福大为惊讶。但是，奴隶制造成的种族尊卑意识依然存在，以肤色暗度标示社会分量，确定身份的认同。在20世纪90年代的调查中，47%的人认为自己是黑色或棕色人种，51%的人自称是白人血统，2%的人认为自己属于其他肤色。人口结构占比较大的黑色人种，曾被视为巴西落后的原因，自 20 世纪上半叶起，全国盛行“漂白”信条，企图通过大量输入欧洲白人以种族混血稀释黑人血液，将巴西“漂白”。

与巴西“漂白”思维相反，新加坡则是力避种族化。新加坡有七成华人，故而世界社会曾有一种猜测：新加坡会成为第三中国。时任国家总理的李光耀为防止种族隔阂，去种族化，去民族化，规定所有的新加坡公民只讲是新加坡人，不讲血统和身份，在内阁中，要保证有各种族和各民族的代表。李光耀是个务实的人，只讲实效，不讲主义，成功是硬道理，不强调政治上是否恰当。

中国是世界上较早出现奴隶制的国家，其原因在于部落形成得早，生产发展得快，生产关系成熟得早。中国的奴隶制社会一般被认定为从夏代到战国时期，夏代、商代和西周及东周的春秋时期被看做奴隶制社会，而从战国时期开始过渡到了封建社会。从实际情况看，奴隶制社会和封建制社会有一个重叠并存时期。分封是从西周开始的，“封建亲戚，以藩屏周”治国战略，已经为封建社会制度奠基了。秦国商鞅变法曾使奴隶获得了民权地位，汉代和唐代在法律上有明确的良民和贱民之分，宋代长期受雇于人或以被雇佣为职业的人也属于奴隶的一种。元代是蒙古族侵占中原后建立的朝代，由于蒙古族本来就实行奴隶制度，所以元代奴隶制现象比较普遍，而且渗透到官场，官奴盛行，唯权是尊、唯命是从的犬儒主义对民族性格造成了严重伤害。女真人努尔哈赤血统的满族统治时期，由于女真部落的奴隶制传统，对汉民族也实行奴隶制，直至雍正年间才废止。而在西藏，奴隶制直到 1958 年西藏彻底解放才终止。

然而，中国一直存在着“有奴社会”和“无奴社会”的学术之争。“无奴社会”论者甚至认为世界史上根本就没有一个奴隶制社会阶段。在学术界普遍存在的问题是“方面立场”。事物是一分为二的，认识事物需要两分法，固执于一个方面就会将问题绝对化，扭曲了事物本来面貌。在逻辑学中，有一个重要的概念是前提真假。定义为奴隶制社会基本要素是奴隶，那么，怎样定义奴隶，又是一个关键性问题。说奴隶是依附于他人、没有人身自由、没有财产，甚至是任人宰割的人，那么，自由的尺度、财产的尺度、任人宰割的尺度，怎么把握？有量化问题，也有程度问题。所以，讨论问题，应该有个统一的尺度前提。

奴隶制社会是阶级对立最为严重的社会，其原因就在于奴隶制社会的野蛮性，在于奴隶和奴隶主社会地位的极端分化。奴隶没有物质利益，没有人身权益，甚至像牲畜一样被宰杀。这种极端的无人性的野蛮制度最终导致奴隶的反抗。因而奴隶战争在亚洲、欧洲、非洲，甚至在当时亚洲人、欧洲人和非洲人根本就不知道的美洲，都普遍存在。对奴隶制度打击最大的奴隶起义，发生在欧洲罗马时期的亚平宁半岛。罗马在经历了与迦太基的 3 次布匿战争之后，建立并稳定了在地中海的霸主地位，在没有可以与之匹敌的敌对势力的情况下，罗马的专制统治者更加肆无忌惮，把其征服国家的居民当作奴隶，让他们戴着脚镣做各种苦役，把强壮的人放进斗兽场与凶猛的野兽搏斗或者人与人持剑角斗，为此修建了角斗场科洛休姆斗兽场，并把这些角斗的人叫做角斗士。奴隶们在生不如死的熬煎里，反抗奴隶主渐渐形成一股思潮。公元前73年，在罗马的卡普亚城，有两百多名角斗士因无法忍受这种非人的生活，在角斗士斯巴达克斯率领下起义，组成了7万多人的起义大军，这是罗马史上规模最大破坏性最大的奴隶战争，也是世界史上空前的奴隶战争，严重地打击了罗马奴隶主的残暴统治。

一般说来，世界上的文明发祥地都是奴隶制出现较早的地域。典型的奴隶制社会是古代罗马。古希腊、古埃及、古巴比伦、美洲阿兹特克帝国和印加帝国，都是奴隶制国家。

2. 当代奴隶制度分布地域 奴隶制社会解体后，以奴役、贩卖、杀戮为主要特征的奴隶制度并没有与之一同解体，一直伴随着社会发展而存在。殖民潮在全球兴起后，奴隶制度更是瘟疫般地四处扩散与蔓延。现在，世界各地都有公开半公开的奴隶制度，都有数量庞大的当代奴隶。这些奴隶除在少数国家是公开的身份和称谓外，绝大多数是隐性奴隶，是没有奴隶身份和称谓的奴隶。

世界许多关于奴隶问题的调查报告几乎一字不差地指出：当今世界奴隶制无处不在。2007年英国赫尔大学和国际反奴隶组织发布了一份长达79页的报告《英国当代奴隶制》，报告称：保守的估计全球至少有1230万奴隶，其中有36万奴隶生活在工业国家。

澳大利亚“行动自由”人权组织于2013年10月发布2013年全球奴役指数称，全球有3000万当代奴隶，全世界有162个国家存在当代奴隶制，以西非和南亚最为突出。这使许多国家感到震惊，甚至质疑资料的准确性和调查的权威性。如果从注重事实的客观性上考虑，数据的准确程度并不是主要的问题，定义正确与否也是见仁见智。关于当代奴隶的定义，首先在“奴隶”一词前面加了定语“当代”，其奴隶的内涵也就区别于传统的奴隶。被剥夺人身自由、被奴役劳动、被强迫婚姻和性服务，这是当代奴隶的重要定义依据。

当代奴隶制并不等同于奴隶社会、封建社会和殖民时代的奴隶制度，是一个新的奴隶制度概念，当代奴隶制的主要内涵是以卖淫和奴役劳动为目标的人口贩卖。在2010年8月31日联合国就“发起打击贩卖人口全球行动计划”举行的高级特别会议上，秘书长潘基文说，贩卖人口属于当代奴隶制。尽管如此，当代奴隶制仍然是一个含混的概念，因为它可以以已经废除的奴隶制度作为参照，却又不等同于已经废除的奴隶制度。当代奴隶、当代奴隶制，无论在词义的表达上、在概念的使用上还是在学术的理论上，都有需要进一步界定和明确的问题，但这些被“当代奴隶”所框定的人，被这种“当代奴隶制”所框定的行为，已经完整地准确地界定出当今世界上存在的另一种不同于常人生存状态的人群。

（三）当代奴隶产业 “当代奴隶产业”一语似乎有点危言耸听，而且在定义上也许还存有理论缺陷，可是从规模、体系、运营方式、经济收益等实际情况看，“当代奴隶产业”并非言过其实。从当代奴隶到当代奴隶制，再到当代奴隶产业，一脉相承，既有着外在的链环，也有着内在的机理。当代奴隶产业在外部链条上的构成很完整，有奴隶产业的资源国，也就是奴隶提供国；有奴隶产业的转运国，也就是奴隶运输的中转国；有奴隶产业的目的国，也就是奴隶接受国。在内部机理中，有需求供给关系，有完整的运行体制。《英国当代奴隶制》报告认为，全球奴隶产业年收益在320亿美元以上。

当代奴隶产业有依托基础。这个基础由政治环境、经济环境和治安环境三部分构筑。政治上的民族政策、种族歧视、性别歧视、国家和民族战争及非法移民；经济上的贫富差别，穷奢极欲的富人和极端贫困穷人之间所产生的各自的人身需求关系，构成了人口贸易市场；治安环境的极端恶劣，造成拐卖人口、非法用工，三者构成了当代奴隶产业的客观基础。2012年国际劳工组织统计，全球有2090万人沦为强制劳工，其中7%分布于欧盟和美国等发达经济体。德国《明镜》周刊2013年10月13日披露：欧盟国家生活着88万“奴工”，其中四分之一是“性奴隶”。美国国务院2006年有一份相关的报告称，美国每年贩卖进来的人口有60万到80万，其中八成是女性，未成年人占半数。英国政府由于劳力稀缺而格外重视外籍劳工的数量。也许正是这个原因，英国政府对当代奴隶制的态度非常暧昧，至今没有签署欧洲议会的《反对人口贩卖活动公约》。

四、封建制社会形态　封建制度有两个关键词：封土、等级。这也就是封建社会体制的两个支柱制度：土地分封制度和社会等级制度。法国史学家马克·布洛赫在其著作《封建社会》中将封建社会特征表述为农民对领主的依附关系以及封土与封臣。农民依附和封土的实质也是社会等级的直接结果，封建制度是将等级推向极致的制度。它既有对其之前的社会形态的等级制度继承和总结，又为其之后的社会形态的等级制度奠定了新的基础，而且将等级制度深深地根植于社会形态和意识形态。如果说奴隶制社会是对人类的自然自由的彻底颠覆，那么封建制社会是对人类社会等级制度的全面建立，被彻底颠覆的是人类的自然平等。

封建社会有两种形态：纯粹的封建社会形态和半封建半殖民地的封建社会形态。封建社会在形制上是人类社会的第四种社会形态，是在奴隶制社会形态的基础上形成的。然而在国家框架里，它是部落联盟形成部落方国之后的社会形态，组织形式和结构形式是部落方国被统一之后由国王再次分封而成为宗主国和诸侯国或者叫做宗主国和卫星国这样的社会结构。部落方国是各自并列的横向平行结构，封建国家的各诸侯国是从属王朝的纵向垂直建构。这种封建社会形态没有封建社会制度之外的社会制度，也没有封建社会形态之外的社会形态，是单一的社会形态，是纯粹的封建社会形态。

半封建半殖民地社会形态是封建社会形态与殖民地社会形态的掺和体，是殖民主义者对封建国家实施战争占领后将殖民主义制度强加于封建制国家的结果。“半封建”是相对于完全的封建社会而言，“半殖民地”是相对于完全的殖民地而言。其实质是封建国家虽然是独立的国家，但在政治、经济、文化等各个方面都受到殖民主义国家的控制和奴役。中国曾是半封建半殖民地国家。1840 年英国殖民主义者对中国发动鸦片战争，此后，中国被迫与多个入侵国家签订了一系列丧权辱国的不平等条约，殖民主义势力渗透到中国社会各个领域。中国封建的自然经济体系被殖民主义经济所打破，殖民主义在中国得到前所未有的发展。

封建制在世界上是普遍存在的社会形态，但其形态并不完全相同。

（一）中国封建社会形态 中国是世界上封建制度产生最早的国家，也是封建社会形态非常典型的国家。封建制在中国是“封土建国”的国家制度。

1. 分封制度肇始于商朝 “封建”一词最初的含义是封土建国，最早出现在春秋时期的文献《左传》里，原句是：“封建亲戚，以藩屏周。”具体解释是“列爵曰封，分土曰建”，说的是周武王灭商后分封诸侯的国家制度。然而分封制度有可能始于商朝。在商朝的武丁时期，中原地区就已经有了封国。武丁加封有功的武将统称为侯，后缀以封地地名或原地属名，如封于郑地的侯称为侯郑。对于臣服于商朝的部落方国，也分别赐予封号，如宋侯、周侯。因此，武丁可以被看做中国封建制度的始作俑者，商朝是孕育中国封建制度的第一朝代。

因为“封”字在甲骨文和金文中，依照文字形成的象形原则而形如“植树于堆土”，后将“封”字引申为“起土界”，即植树为田界。后来有学者断言“封”是以植树而立国家疆界之意。这显然是妄断。在商周时期，土地还没有被大量开垦，整个中国也只有两千多万人口，地广人稀，遍地的原始森林，以树木作为国家界碑，怎么能够辨得清呢？而且那时候的国土并没有严格的边界线，通常以明显的地形地物为标志，山东山西、河南河北，粗放得很，概略得很，根本不可能精细到一棵树与一棵树之间那样的尺度。倘若疆界在地表上恰恰是大河中心、大湖中心，或者是一片山石，那该怎么栽树立界呢？封土是分封土地，并非堆土；以“封土”而“建国”，并非以堆土而栽树立界。

据文献记载，中国在黄帝时期，就有按等级封地的制度，黄帝方圆为万里。到了唐虞时期，部落管理层次已经相当分明，到了夏商时期，部落方国里有了公、侯、伯、子、男五等。商周时期，公侯伯子男的封地有了统一的标准，公与侯的封地是 100 里，伯是 70 里，子与男是 50 里。后来有所改变，每一百里为一个档次，公的封地为 500 里，侯 400 里，伯 300 里，子 200 里，男 100 里。这应该是后来分封国家的雏形。

西周的一套分而治之的分封制度和模式已经非常完善。天子独揽、诸侯独立，独揽而不独霸，独立而不独断，这是中国封建社会的基本内涵。天子、诸侯，是这种分封制度和封建社会的两个标志性符号。如此表述这种社会制度和社会形态，表述语为“封建”是恰当的。

2. 封建制度成熟于周朝 周武王灭商后，在宗法制的基础上“封建亲戚，以藩屏周”，分封了71个诸侯国，这应该是中国步入封建社会的社会基础。

武王灭商后，武王的小国一跃而成为天下一统的王朝。可是在这个时候，无论是周王朝的实际控制区域还是非控制区域，都存在着商朝时期的邦国。这些邦国无疑是周王朝的直接威胁和潜在威胁。怎样控制这些邦国，怎样控制已经是各邦国实际控制的区域，周王室采取了“封建亲戚，以藩屏周”的治国大略，以分封的方式，划地分封于王室家族、亲戚和功臣，建立藩国。这样的分封有两次。第一次是武王灭商后，将炎帝的后裔封于焦、黄帝的后裔封于祝、尧的后裔封于蓟、舜的后裔封于陈、大禹的后裔封于杞、吕尚的后裔封于齐、周公封于鲁、召公封于燕、叔鲜封于管、叔度封于蔡，为了缓和灭商后与纣王儿子武庚的矛盾，也是为了表明当初伐纣是出于大义，武王特意将武庚封于其故地商都朝歌。第二次分封是在周公平定武庚、叔鲜和叔度叛乱之后。除了这两次分封外，间或还有些许小规模的分封。

春秋时期，“天下共主”统治分崩离析，诸侯国争战四起，大国兼并小国，强国吞并弱国，至战国时期秦国兼并六国统一了中国，以郡县制替代封建制，并创立封建帝制和中央集权制。中央集权制使中国封建制社会持续了两千多年。

（二）欧洲封建社会形态 所谓的欧洲封建社会是东方的概念。东方学者将欧洲的中世纪认定为封建制度时期，是古罗马文明消亡与近代资本主义社会产生之间的一段千年历史。西方诸多史学家并不认同欧洲封建社会一说。“封建”一词在欧洲的词义与在中国的词义并不相同。有一种说法，欧洲的“封建”一词产生于法国大革命时期，形容过时的法令或风俗习惯。西方学者所说的封建仅仅是指封建制度，欧洲只有封建制度而没有封建社会，而且其封建制度与中国封建制度也有所不同，分封办法也有差异。欧洲的分封制与中国的分封制在分封土地这一点上是相同的，但实行的制度有区别。中国分封是以诸侯国为主要对象，采邑通常是对应年老的功臣。欧洲分封主要是采邑。在法兰克王国的墨洛温王朝时期，宫相查理·马特出于战争需要不断封臣，分封一块土地作为采邑，用作封臣的生活和军需。公元10世纪中叶，英国威廉一世也开始实行采邑制，并且将采邑逐渐变成世袭领地。而法国、德国和意大利，先后都制定了采邑世袭法律，并将世袭的采邑作为封土。

还有重要的一点，欧洲的封建制度是建立在封建主与封臣的契约关系上，并以这种契约代替国家权力。查理曼或许就是这种制度的创建者。查理曼建国初期，支持国家机器运转的资金相当缺乏，他就用地产养着国家职员，将土地作为公职的薪金。这样，得到地产的大臣们就将土地作为领地或采邑。查理曼的权力十分强大，不担心这些拥有土地的大臣们会因此而削弱他的权力。况且，分给他们土地并不是荒着，是要他们以经营而获得收入，“领地”和“采邑”的功用也就暗含其中了，最终形成了代表着国家主权的查理曼与封臣的契约关系。这些大臣们又独自将他们获封的土地分成若干小块分封给他们的部属，由此而成了封建领主。他们下属得到他们的分封，就效忠于他们而不再效忠于国王。这也是人们的效忠法则。人们对家庭的效忠在于血缘，对他人的效忠在于利益。中国民间有一句谚语：端谁的碗，服谁的管。在社会上，如若不想做赐者，就永远获得不了他人的效忠。这是为什么有些人总喜欢玩弄小恩小惠的把戏，即使没有实惠也要有口惠的原因。因此，查理曼王朝的封建领主截获了部属对国王的那份效忠，成了冲兑国王统治的力量，并借助宗教观念和宗教制度各自为政。这与中国不同，中国诸侯国有国家体制和体系，是宗法观念和宗法制度下的分封，天下共主。

欧洲封建制度的形成晚于中国，大约形成于公元 8 世纪。也许英格兰的封建制度的孕育较早一些，5 世纪中叶日耳曼民族中的盎格鲁人、撒克逊人和裘特人进入大不列颠，后来形成 7 个王国，开启了封建化过程的“七国时代”。8 世纪之前，欧洲的奴隶制社会主要是庄园制度，这种庄园制度至 11 世纪时在欧洲各地普遍形成，成为欧洲乡村普遍存在的一种经济组织形式。在西欧还普遍实行了庇护制。因此，欧洲的封建制社会与奴隶制社会也有一个重叠并存时期。无论奴隶制庄园还是封建制庄园，一个庄园就像一个小社会，不仅是经济行为体，也是政治和法律行为体。庄园内有耕地、村舍、城堡、牧场和宗教活动场所，拥有这些庄园的领主，也就是奴隶主和封建主。他们将农民世世代代地束缚在庄园里，成为他们任意宰割的农奴。这些农奴没有人身自由、没有婚姻自由、没有继承权，相反，要承担地租、劳役和捐税义务。“庄园”有 3 个指代：一是指一片居留地，二是指一个生产单位，三是指一种制度。这种制度的核心是领主和农奴的关系。庄园里的土地通常只有两部分，即领主自营地和农奴份地。比较细致的分类可以分为公地、自营地、维兰持有地和自由持有地四类。公地是指有众多拥有者的土地，一般是终年休闲的敞地，使用权属于庄园内的所有成员，每一个成员都有使用权却都没有阻止他人使用的阻止权；自营地是指土地拥有者自主经营的土地，也就是庄园领主实际经营的土地；维兰持有地是指农奴持有的土地，“维兰”是中世纪英国对农奴的总称，指的是人身依附于他人而且承担着奴役性义务的非自由农民；自由持有地是庄园内的佃户持有的土地，这些土地是依据佃户的义务所核定的，而且对土地所拥有的权利被庄园法庭记录在案，佃户持有副本。在封建制度下，领主所分封的采邑可以是一个或数个庄园。庄园人口通常数十人到数百人不等，面积在数百公顷到数千公顷之间。

从 5 世纪到 15 世纪的所谓欧洲的中世纪，基督教也成为欧洲的封建集团。基督教封建集团不仅垄断了土地，也垄断了思想和文化。这种思想与文化的垄断完全超出了宗教范畴，影响到国家制度和国家体制的方方面面。

欧洲封建社会形态形成的基础主要有古希腊和古罗马的社会制度因素、基督教的传统因素、日耳曼人的社会模式等方面的因素，领主、封臣和采邑是欧洲封建社会的主体特征。封臣制是附庸制，采邑制则是封土制，是以土地拥有者的贵族为主体的封臣和封土，封臣和封土构成了欧洲封建社会制度的基本内容。

古希腊和古罗马的社会制度因素主要形成于公元前 3 世纪罗马发生的严重经济危机。经济危机的直接后果是人口锐减、城市衰败，居住在城市中的大的土地所有者退居乡村，实行租佃分散经营的隶农田庄制，从而形成了自给自足的自然经济发展模式。经济的自给自足，使其具有很大的封闭性和独立性，这种经济的封闭性和独立性，直接形成了政治的独立性，因而田庄就是独立王国，结果导致奴隶制过渡到隶农制，生活败落的人可以做富人的平民或附庸，在富人的庇护下生存或寻求再度崛起。做富人的平民或附庸，依靠富人庇护而生存，形成了封建制度的原始内涵，这对欧洲封建形态的形成产生了很大的影响。

基督教的传统因素对欧洲封建社会形态的形成有着重要的影响，甚至改变着人们的思想观念和行为方式。基督教有倡导和鼓励人们捐赠的传统。首先，基督教将人分为 12 种，其中有 4 种人死后是难以进天堂的，为首的是富人，有一句话是这样说的：“富人进天堂比骆驼进针眼还难。”富人死后要想进入天堂，在世时要多行善、多做好事、多捐赠。

日耳曼的法律、亲兵队制度、农村公社制度，对欧洲封建社会形态的形成也产生着重大影响。“日耳曼”是汪达尔人、法兰克人、盎格鲁-撒克逊人等多个部落的总称，这些部落分布在欧洲北部的斯堪的纳维亚半岛、波罗的海沿岸和日德兰半岛一带，公元前 6 世纪开始南迁，公元前 1 世纪逼近罗马帝国边境，并不断向罗马帝国渗透。4 世纪开始攻占罗马，476 年，日耳曼首领奥多亚克废黜西罗马末代皇帝罗慕鲁斯，此后在罗马的废墟上建立起以法兰克为代表的多个日耳曼封建国家，并有相对完善的封建法律。日耳曼人的法律直接产生于习俗，而不是氏族部落统治者的意志，这在世界上是独一无二的，其意义也是非同寻常的。这种法律的特点是王权有限制，即法律超越王权，国王不可绝对专制。亲兵队制度形成于兵士结盟，最初是若干兵士依附于某一个英雄般的兵士，以等级从属关系为基础形成亲兵队，由他率领大家作战并赐给战利品。这种亲兵队制度就是首领与亲兵的契约制度。日耳曼人的农村公社是替代部落血缘关系的经济利益组合体，因为是以经济利益为基础的组合，所以具有民主自治的组织特征，这对日后欧洲的行会制度和议会制度产生了直接影响。所以，欧洲封建形态形成的主要因素是罗马因素和日耳曼因素，而基督教因素促进了这两大因素的结合。

1. 罗马封建社会形态　罗马封建社会形态大约形成于 8 世纪，但是，罗马封建社会从发育到消亡，贯穿了整个欧洲中世纪。

公元 476 年西罗马灭亡，西欧开始了由奴隶制社会向封建制社会的过渡。此时，日耳曼农村公社开始瓦解，导致依附阶层开始形成。此前，在罗马共和国的末期，就已经存在着隶农现象，公元356年皇帝曾颁布隶农可以和土地一起出售的法令。6世纪后期斯拉夫人、阿拉伯人开始入侵拜占庭，大量的移民形成了自由农民阶层，这为罗马封建社会的建立奠定了基础。由于帝国长期对外战争，国家需要军队的力量，于是国家对军队上层多有大规模的土地分封。由此，很自然地就形成了军事贵族阶层。农村公社瓦解、农民阶层产生、军队贵族阶层形成，这一切，都应看做罗马封建社会形态形成的基本因素。最终使罗马封建社会形态一朝分娩的助产婆，当是发生在拜占庭帝国的“圣像破坏运动”。

自4世纪以来，教会因国教地位而受到保护，获得了诸多优惠和特权，从而获得了大量的土地、财产、金钱和粮食。大修教堂、大张教风，教会越来越奢华，修士越来越多，国家和国民的负担因此而越来越重。时至6世纪，战事越来越频繁，瘟疫也接连发生，造成人力资源匮乏，国家经济衰退。而教会的土地和财产还在依旧增加，奢靡之风不见收敛，加之长期以来皇权和教权多有政治冲突，掌握帝国政权的军事贵族与教会也一直存在着利益矛盾，于是，皇帝利奥三世于726年颁布《禁止崇拜偶像法令》，没收了教会和寺院的地产，大批教会的土地充公，大批修士还俗。军事贵族也鼓动农民反对教会和寺院侵占他们的土地，开展了破坏圣像运动。结果，大量的土地落入公职贵族之手，农民担负着实物地租、货币地租和各种徭役及苛捐杂税，遂沦为公职贵族的农奴。如此境况之下，帝国实行颁田制度，封建经济占据了主导地位，封建社会形态逐步形成。封建社会形成后，神圣罗马皇帝大肆加封有功之人，这些人便成了帝国诸侯。有势力的帝国诸侯组成选帝侯会议。神圣罗马皇帝查理四世于1356年颁布《黄金诏书》，规定神圣罗马皇帝由选帝侯会议产生，无需教皇批准，加深了帝国的政治分裂。1459年罗马实施帝国改革，禁止内战，并将帝国划分为6个行政统一体，但改革并未取得预期效果，于1806年灭亡。

2. 法国封建社会形态　法国封建社会形态形成于9世纪。国家土地全部归封建主所有，贵族领主的土地占国家土地的60%，国王和教会各占20%，农民没有土地。封建主拥有土地但不直接经营，而是将土地以“纳赋地”和“租地”的形式租佃给农民耕种，收取地租。地租通常有3种形式：劳役、实物和货币。地租额一般占收成总量的一半左右，最低不小于三分之一。农民除向地主缴纳地租外，还要承担封建义务，这些义务大致分为捐税和劳役两类。捐税有遗产税、买卖税、司法税、磨坊税、城门税、道路税、酿酒税、烤面包税等；劳役主要是修筑道路、建造房屋、修建水渠，甚至还要为地主制止夜间水塘里的青蛙的叫声。除了向地主缴纳各种税赋之外，农民还要向国家缴纳各类杂税，直接税有田赋、财产税、军役税和人头税；间接税有酒税、盐税和烟草税等。农民不堪重负，或向高利贷者借钱，或沦为乞丐。重税使法国成为中世纪时期欧洲最大的封建专制国家。或许正是这种传统的原因，法国进入资本主义社会后大量输出资本，获得高额的利息收入，到20世纪初期，全国食利人口高达200万，形成庞大的食利者阶层，从而国家也成为高利贷帝国。

法国封建社会形态终结于1789年至1799年的法国资产阶级大革命。而资产阶级大革命正是依靠了农民和以农民成分为主体的手工业者。这些农民身份的手工业者恰恰是封建专制重税之下被迫离开土地的农民，他们既是融入资产阶级的农民，又是新生的资产阶级分子。在一定的意义上，正是他们促进了法国资产阶级的发展与壮大，最终以大革命的形式终结了法国的封建专制，终结了法国封建社会形态，使法国进入了资本主义社会。

3. 俄罗斯封建社会形态 公元6世纪，东欧的第聂伯河流域分布着诸多的原始部落，后来以波利安人为中心组成部落联盟。因为这个部落联盟绝大部分居住在第聂伯河的支流罗斯河流域，从而被称为罗斯人。

自8世纪以来，东欧的东斯拉夫人由于社会阶级分化部落间征战连绵，862年，诺曼人留里克应东斯拉夫人请求率领亲兵队前往平息内乱，在诺夫哥罗德建立起罗斯王国，开始了俄罗斯帝国的第一个王朝留里克王朝。882年，诺夫哥罗德王公奥列格征服了基辅，建立起基辅罗斯大公国，国土范围南起基辅北到拉多加湖，东起普斯科夫西到木罗姆。此后，4代王公不断进犯君士坦丁堡，威逼拜占庭与其签订了4个商业性条约，使罗斯人在拜占庭广泛享有商业特权。9世纪末他们开始向外扩张，成为东欧强国，11世纪时陷于混战，分裂成18个公国。

基辅地区的东斯拉夫人很早就进入农业社会。随着封建生产关系的发展，新兴贵族成为封建田庄的拥有者。从10世纪起，亲兵队也经营土地，建立田庄。农民失去土地，变成教会农民、宫廷农民等不同类型的依附农民。为了维护封建主阶级的利益，在11世纪雅罗斯拉夫统治时期，他们制定了《雅罗斯拉夫法典》。

基辅是罗斯王国的政治、经济和文化中心，手工业发达，有炼铁、器械制造、制革和制陶等行业。市内建有希腊拜占庭建筑风格的圣索菲亚大教堂和彼舍拉修道院。第聂伯河与伏尔加河是国内外贸易的重要商业通道，使罗斯王国与拜占庭、西欧各国和东方阿拉伯各国有着密切的贸易关系。所以，拜占庭帝国灭亡后，俄罗斯自诩是拜占庭帝国的继承者，将首都莫斯科称作第三罗马。

12世纪30年代以后，罗斯王国的历史进入封建割据时期，其封建社会形态的主要特征是一方面国家分割成许多独立的自主领地小公国，另一方面这些小公国又以盟约关系连成一片。这些公国不仅是土地占有者，还是他们所占有土地上的立法者和执法者，是这片土地上的法官和行政长官，租用土地的农民必须接受这些土地领主的审判和惩治，这些土地领主几乎就是国君，从而导致私法与公法的成分掺和在一起。由于公国私法横行，国家公法对私法的束缚力越来越弱，封建领主对农民的剥削越来越肆无忌惮，甚至直接效仿欧洲西部的农奴制度。当时德国的农奴制度中有“死手”权，即农奴死后其遗产不是由其子女继承，而是由封建主继承。罗斯的大小公国也一哄而起地实行了这种制度，甚至成为国家法律，在法典上有明确条文写着：“农奴一死，遗产归公爷。”由于私法和公法相混，导致国家分裂。13世纪初蒙古入侵，在东欧建立起钦察汗国，并征服了罗斯王国。他们在转音时将罗斯人称作“俄罗斯”。1478年，留里克王朝的支系莫斯科大公国驱逐了蒙古人，统一了罗斯，建起了多民族的中央集权国家。1547年伊万四世将莫斯科大公国改称沙皇俄国。1598年留里克王朝覆灭。1613年16岁的米哈伊尔·费奥多罗维奇被贵族推举为新沙皇，建立了俄罗斯帝国的第二个王朝罗曼诺夫王朝。

在16世纪到19世纪期间，欧亚大陆时常出现国家没有明确国界现象，有的民族甚至没有国家。这种状况反而更容易导致扩张。17世纪以来沙皇俄国不断进行领土扩张。自1609年瑞典和波兰出兵俄国至1878年俄国与土耳其战争结束，征战连绵不绝，269年间与瑞典战争5次，与土耳其战争7次。期间彼得一世将沙皇俄国推向鼎盛，改称“俄罗斯帝国”。1860年，还夺取了中国乌苏里江地区，并在那里建起一座港口城市符拉迪沃斯托克，汉语称海参崴。符拉迪沃斯托克港口在冬季封冻，交通受限，俄罗斯的不冻港都在黑海沿岸。然而不管有多少港口，常年出口只有一个：博斯普鲁斯海峡，也就是伊斯坦布尔海峡。不仅如此，通过了博斯普鲁斯海峡还不是地中海，中间还有马尔马拉海和达达尼尔海峡，很受自然地理限制。但更大的限制是国家地理的限制，这两峡一海都是奥斯曼土耳其帝国的版图。于是，俄罗斯利用奥斯曼土耳其帝国欧洲部分最大的民族是斯拉夫民族的民族认同感的优势，向地中海扩张，还将归属不明的区域强行划入自己的势力范围。俄罗斯自认为是基辅罗斯和钦察汗国的合法继承者，将11世纪和13世纪时期曾属于基辅罗斯和钦察汗国的土地“归并”俄罗斯。俄罗斯是法定的有阶级的国家，等级非常明显。叶卡捷琳娜女皇亲政时不允许使用“拉勃”即奴隶的称谓。叶卡捷琳娜二世于1765年在她的著名敕令中也宣布：“除非为了国家的利益有绝对的必要之外，不得将人变为奴隶。”显然，这是两个女人的伪善而已，不允许使用“拉勃”称谓不等于没有“拉勃”，只要“国家的利益有绝对的必要”，就可以“将人变为奴隶”。而实际上受封地主可以对奴隶实施任意的惩罚，包括发配、从军和出售。国家甚至颁布禁年法令，禁年期间农民不得离开所依附的主人另寻新雇主，使农民进一步农奴化。进入20世纪，末代沙皇尼古拉二世被发生于1917年的俄国二月革命推翻，俄罗斯封建社会走向终结。

五、资本主义社会形态　封建社会形态走向终结后，人类社会不再是单线条发展，出现了资本主义和社会主义两种社会形态二元共存双向并进的演进模式。

资本主义社会的产生是对封建主义社会的否定。法国资产阶级大革命所倡导的“自由、平等、博爱”，正是对封建制社会等级制度的矫正。它的革命性就在于使人类社会摆脱了封建社会所承袭的奴隶制社会对人的自然自由和自然平等的扼杀，力图复活人的自然自由和自然平等，并试图建立起自由、平等、共和、民主的社会制度。

资本主义社会可以在封建社会里产生，可是作为国家制度，它只能产生于工业社会而不可能产生于农业社会，其原因就在于工业社会的市场和贸易。15 世纪末由于海上航路的开启，美洲金银大量流入欧洲，欧洲的金银储量因此而大增，金储量增加了两成，银储量增加了两倍。海外贸易也因此而更加繁荣，香料贸易、殖民地与母国之间的进出口贸易、奴隶贸易，甚至利用海盗获得的利润，使经济活动中的货币使用量不断增长。经济的货币化冲击着封建经济制度，被束缚在土地上的农奴开始逃离土地，甚至法律还在无意中支持了农奴的这种逃离。有法律规定：如果一个农奴逃到城市并在那里住了一年零一天不被捉住，就可成为自由人。这给了农奴很大的诱惑与希冀。在经济货币化的冲击之下，越来越多的农奴用货币支付地租，而不是劳动。这样的结果就使领主蜕变成了地主，农奴成了自由人。经济货币化也冲击了城市里手工艺和商业的封建行会。封建行会对手工艺产品定价有严格的行业规定，会员都有“公平价格”的观念，行业之间不得以损害同行的利益获取利润。生产制造商为了获取利润而绕开行会，直接购买原材料雇工制作，或者转包给闲散的城里手艺人和乡间的手艺人，货币便源源不断地流进了制造商的腰包，由此金融家族出现了。随着货币的广泛使用，发票、支票、汇票等信用票据陆续出现，银行也应运而生。资本主义这个悄然孕育在封建社会的胎儿，在一个早上突然呱呱坠地了。

意大利是最早出现资本主义的国家，可是资本主义并没有在意大利国家普遍出现，而是首先萌芽于威尼斯、热那亚和佛罗伦萨这 3 座城市。威尼斯是商业城市，热那亚是工业城市，佛罗伦萨是政治、经济和文化的中心城市，由此不能看出资本主义产生与商业、工业和文化的关系。

资本主义社会的建立有两个社会基础，一是封建社会基础，二是工业社会基础。在理论上可以有农业资本主义和工业资本主义，但是实际上，资本主义社会不再依托传统的农业，而是依托新兴的以矿产业和制造业为标志的工业。资本主义的生产是工业化的生产，不再以生产粮食为主要生产目的，而是以生产工业化商品为主要生产目的，农业虽然依旧占据社会生产的重要位置，但不再是惟一的中心位置。将矿产业和制造业资本化、市场化，是资本主义社会的本质特征，利润是整个资本主义社会演进的驱动力和润滑剂。

资本主义社会的总体特征是生产资料使用的共同性和生产部门的整体性。生产资料使用的共同性是生产资料被整个社会所共同使用，生产部门的整体性是部门被国家集体管理和部门内部实施集体管理。国家对生产部门的管理依靠税收，部门内部管理依靠股份。

生产资料使用的共同性并不等于生产资料所有权的共有性。资本主义经济恰恰是以资本家阶级对生产资料垄断性占有、劳动者阶级对生产资料极少占有或者完全不占有靠出卖劳动力并为资本家创造剩余价值为基本特征。从 14 世纪开始，地中海沿岸的一些城市陆续出现了资本主义生产关系的萌芽，尤其是意大利的商业城市威尼斯，资本主义的胚胎正在悄然发育。16 世纪，资本主义时代到来，商品经济突飞猛进的发展，对封建社会的自然经济产生了巨大的冲击力，封建社会的劳动力转化为资本主义社会的商品，封建社会的生产资料转化为资本主义社会的资本，资本主义经济以商品化生产、占领市场和追求利润最大化为主要特征。在生产组织形式上，公司化替代了封建社会生产组织形式的家庭化和田庄化。

资本主义政治制度相对于封建政治制度而言是社会的巨大进步。资本主义政治制度建立在资本主义经济基础上，主要由民主与法制、政权组织、选举制度和政党制度 4 个部分组成。民主与法治是资本主义法制与资本主义民主相结合，宪法是法制制度的核心。政权组织形式是“三权分立”，这是 1748 年法国法学家孟德斯鸠提出的具有里程碑意义的政治学观点，并于 1787 年在美国得以实现。“三权分立”的政治组织形式分为立法权、司法权和行政权 3 个部分，并且 3 个权力主体独立行政，立法权属于国会，司法权属于法院，而行政权属于总统。选举制度是一种通过竞选产生国家议会和总统的政治机制。政党制度的核心是多党制，由两个以上的政党交替或轮流或联合执政。

资产阶级的各种思想、理论和价值观念，形成资本主义意识形态，并充分反映在政治、经济、文化、法律、哲学、伦理、历史、文学和宗教等各个领域，由此构成了资本主义国家的上层建筑。资本主义国家的意识形态的本质是体现资本主义的阶级意志和价值取向，秉承自由主义衣钵，将自由主义作为社会的本质特征，从自由人，到自由竞争、自由市场、自由社会。在人类经历了奴隶制社会和封建制社会后，资本主义作为社会的进步力量，在对封建社会的否定与替代和自身发展中，创造了与之相应的物质财富和精神财富，这些财富既促进了资本主义意识形态的最终形成，同时也以文化的方式蕴藏在资本主义意识形态之中。

六、社会主义社会形态　社会主义社会在许多方面与资本主义社会的原始蓝本有很大的一致性，同以实现人的自由、平等和民主为主旨，但是资本主义认为社会主义社会并不是社会主义者所认定的社会。的确，社会主义社会并非是社会主义者普遍认同的社会，根本点在于制度，因为社会主义者并非一定认同公有制社会制度。在人类群体生存这一点上，有不同的社群理论和观念。资本主义与社会主义的不同是根本制度的不同，并非是社群理论和观念的不同，不然无法解释资本主义的工厂和公司的出现，无法解释资本主义的大生产。其实，此前的社会形态，都是社群理论和观念制导的社会形态，无论是部落制社会形态还是奴隶制社会形态，以至资本主义社会形态和社会主义社会形态。资本主义制度以私有制为根本，而社会主义制度则是以公有制为根本。社会主义公有制是人类社会自私有制产生以来，第一次对私有制的颠覆和否定，因此，可以看做人类发展史上的第二块里程碑。第一块里程碑上写着“私有制”，第二块里程碑上写着“公有制”，从此人类社会的发展进入了第三阶段。然而第三阶段并不是整个人类的，而是部分人类的。因为社会主义社会目前并没有成为整个人类的社会形态，占绝大多数的国家是资本主义社会形态。社会主义社会自诞生以来，就开展了对资本主义的批判，人类社会的矛盾呈现出社会主义与资本主义的两种社会制度之间的矛盾。

社会主义制度的国家机构不仅是政治机构，也是生产机构，国家按照统一生产计划配置生产资料，进行计划性生产，也就是说，生产是由政府主导，而不像资本主义国家的生产完全由市场主导。资本主义国家的生产无政府状态，在思想上培育了无政府主义，而且渗透到意识形态及生活的各个方面。

社会主义社会先后呈现出 3 种形态，也是社会主义社会发展的 3 个不同时期，这就是空想社会主义、科学社会主义和特色社会主义。

（一）空想社会主义 空想社会主义是 16 世纪的一种理论上的社会形态，起源于英国托马斯·莫尔和他 1516 年出版的著作《关于最完美的国家制度和乌托邦新岛的既有益又有趣的书》。书中提出了公有制和人人劳动按需分配的原则。18 世纪，以摩莱里和巴贝夫为代表人物的空想社会主义学家，对空想社会主义进行更深层的理论探讨，对社会主义的蓝图设计是以农村公社和手工工厂为原型。19 世纪早期，空想社会主义代表人物是法国的圣西门、傅立叶和英国的欧文。他们对社会主义的蓝图设计是以大工厂为原型，并进行了“社会主义社会”实验，欧文于 1824 年在美国印第安纳州买下 1214 公顷土地，并且组织移民，将移民作为社会主义社会的公民，结果失败，欧文也因此而破产。

从范畴学上讲，空想社会主义是多种多样的。19 世纪末 20 世纪初国际工人运动的米勒主义主张用选票夺取国家政权而实行社会主义，显然这也是一种空想社会主义。米勒主义其实质是右倾机会主义。英国费边社会主义主张以改良主义对资本主义进行改良，也是一种空想社会主义。

（二）科学社会主义 科学社会主义是马克思、恩格斯创立的社会科学理论，其思想动机是批判空想社会主义。在本质上，科学社会主义也就是社会主义。

“社会主义”于 16 世纪被空想社会主义者使用之后一直在西欧流传。19 世纪，《合作》《环球》等杂志，都以相当高的频率使用社会主义这个词。共产主义者马克思和恩格斯在他们的文章里，把社会主义作为资本主义与共产主义社会之间的过渡阶段。19 世纪下半叶，日本效法欧洲，使得社会主义一词在日本流传，1902 年，梁启超从日本将“社会主义”一词引入中国。

1917 年 11 月 7 日，苏联在世界上建立起第一个社会主义国家，这是人类历史上出现的第一个社会主义社会形态。苏联的社会主义形态是在斯大林时期定型的，其特征是人民主权，一党执政，国家工业化，农业集体化，国家经济现代化。之后，波兰、民主德国、捷克斯洛伐克、匈牙利、罗马尼亚、保加利亚、阿尔巴尼亚、南斯拉夫、中华人民共和国、蒙古人民共和国、朝鲜民主主义人民共和国、越南社会主义共和国、南也门、古巴、安哥拉、埃塞俄比亚等17个国家相继建立起社会主义制度。苏联为了与美国抗衡，将实行社会主义制度的国家联合起来，组成社会主义阵营。

1953年斯大林去世后，苏联由赫鲁晓夫执掌大权，国家的社会制度因之发生了变化，与一直追随苏联的中国分裂之后，社会主义阵营出现了裂痕，一部分社会主义国家依旧追随苏联，而相当一部分社会主义国家开始追随中国。社会主义阵营又分为两大阵营，形成了社会主义与修正主义的两个理论派系。中苏双方公开进行社会主义理论的论战。1991年12月，东欧剧变，苏联解体，这是米哈伊尔·谢尔盖耶维奇·戈尔巴乔夫解散苏联共产党的直接后果。

（三）特色社会主义 特色社会主义目前仅有中国一个国家。中国走社会主义道路在很大程度上受到苏联的影响，1949年中华人民共和国成立之际就确定中国要走社会主义道路，并设立了一个准备期，也叫过渡期。在这个时期要实现对农业、手工业和资本主义工商业的社会主义改造，实施公私合营。1956年，这一改造任务完成，实现了由新民主主义到社会主义的过渡。同时，确立了社会主义计划经济模式。就在这一年，中苏关系出现裂痕，毛泽东主席适时地提出国家建设“以自力更生为主，争取外援为辅”的战略方针。这实际是进一步明确了中国经济发展的内向型战略，确立了“鼓足干劲、力争上游，多快好省地建设社会主义”的社会主义总路线，大炼钢铁，建立民族工业区，自主研发制造万吨水压机、原子弹、氢弹、人造地球卫星、核潜艇、人工合成牛胰岛素等世界先进水平的科研项目。在国际市场方面，适度进入，保证人民币升值，以降低进口商品成本；加强关税保护，对最终消费品征收高关税；严格进口配额，控制最终消费品与资本品和中间产品的比例。这种发展模式用当时最新概念表述就是进口替代模式。后来，进口替代战略随着国家经济的全面发展，局限性日益显露出来。1978年开始着手转换经济发展模式，将计划性生产逐渐转为市场化生产，将进口替代战略转变为出口导向战略。首先开放市场，实现贸易自由，政府放权，政企分开，企业在自主权日益增大的时候，生产逐渐成为企业自主行为，形成“国家对生产进行宏观控制、企业生产全面进入市场”的经济发展模式。在宏观战略上，中国要进入世界经济格局，融入经济全球化，在国家发展的具体战略上，则是立足本土，依据国情，借鉴不照搬，引进不依赖，建立起将进口替代和出口导向两者融合或对两者选项侧重而不失之偏颇的发展理念，适时地转变以出口驱动发展为以内需驱动发展，增加国家肌体内力，从而形成了“有中国特色的社会主义”。

七、社会主义国家和马克思主义者所尊崇的共产主义社会形态 共产主义社会形态并非是已经存在的社会形态，它是一种社会理论，是社会主义国家和马克思主义者所崇仰与追求的在马克思社会理论中人类最完美最高级的社会形态。1847年6月马克思和恩格斯等人创建共产主义者同盟，翌年2月发表同盟纲领《共产党宣言》，共产主义社会理论就此创立。共产主义信仰一直受到共产主义者的追捧，也一直受到非共产主义者的非议。1925年，凯恩斯新婚不久访问了苏联。他对列宁主义给予了最严苛的抨击，在其《苏联掠影》一文中称“列宁主义是宗教与企业这两种事物的结合”，是“创新宗教”；“列宁是一个穆罕默德式人物，而不是俾斯麦式的人物”；拥护列宁主义的是“政治上的犬儒主义的政治家”。凯恩斯这种带着明显偏激情绪的批评，令共产主义者不屑一顾。但是也正在这种同样以偏激情绪应对的不屑一顾中，影响了某些共产主义者对共产主义本质的把握，出现了法国布朗基和德国魏特林的空想共产主义。更有甚者，1975年，几内亚在对共产主义的崇尚中积极推行社会主义制度，制定《经济宪法》，号称让社会主义占领一切阵地，取缔私人商业、关闭农村集贸市场、取消县级商店，商品不再经过市场依靠货币进行分配，而是直接由政府分配。柬埔寨是君主立宪制国家，柬埔寨共产党在夺取政权后以十分激进的方式建设共产主义，总书记波尔布特称要将柬埔寨建成最纯粹的共产主义国家，在全柬埔寨推行按需分配的供给制，取消城市、取消货币、取消市场、取消家庭、取消宗教、消灭阶级，为此清除异己，大肆杀戮，上演了柬埔寨历史上最荒诞的一场悲剧。

共产主义作为最高级的社会形态，虽然作为学说已经有100多年的时间，对这一学说也进行了100多年的研究和讨论，可是仍然还有许多重大理论问题尚未解决。所谓的国家消亡、世界大同，各尽所能、按需分配，是一个什么样的世界社会形态？还有没有权力体系，还有没有管理世界的中心机构？按需分配，“需”是怎样一个尺度？何者执掌“分配”？“需”本身就是一种不同，“分配”本身就是权力行为。当然，人类最终要走进最高级的世界社会形态，资本主义社会、社会主义社会，这种二元共存双向并进演化的历史必将终结，在社会发展的规律里最终要同轨共行走向一体，今天的全球化正是这种演化的端倪与肇始。

第九章　地缘生态

地缘是一种关系，通常被表述为既定的地理位置及既定的地理质量。“地缘生态”一词一般作为自然生态环境中的人类生态之用，没有特别说明则并不专指自然生态，因此地缘生态可以理解为既定的地理位置和既定的地理质量环境里的人类生存状态。地理位置、地理质量、人类生态，是地缘生态的3个关键词。

地理位置有自然地理位置和社会地理位置两个层面的含义。自然地理位置是地球表面既定地域；社会地理位置是社区或国家既定位置。自然地理位置标示着一个既定地域与周边自然地理的关系，社会地理位置标示着一个既定社区或国家与周边社区或国家地理的关系。地理质量包括自然地理和社会地理的双重质量。

第一节　地缘理论与地缘要素

地缘理论与地缘要素是研究地缘生态的两个基本问题。

一、地缘理论的产生与地缘政治学的复兴　“地缘”由“地理”一词演化或派生而来。一般说来，“地缘”是拉采尔的学生瑞典政治学家约翰·鲁道夫·契伦继承了拉采尔的地理环境决定论思想，于1905年创立地缘政治学时提出来的新概念，备受西方学界推崇。

（一）地缘理论的产生　地缘理论纵深大、正面宽，其中有3种理论与地缘直接相关，这就是社会与动物体相似理论、国家有机体理论和地缘政治理论。

1. 社会与动物体相似理论　社会与动物体相似理论的创立者是英国哲学家赫伯特·斯宾塞。斯宾塞出身于英国德比城的教育世家，是进化论先驱，与《物种起源》的作者达尔文和《天演论》的作者赫胥黎是同时代的进化论学者。赫胥黎的《天演论》基本内容就是进化论，是在达尔文进化论的基础上阐明了“物竞天择，适者生存”的万物自然选择原理。斯宾塞认为，社会科学同自然科学的性质和方法是相通的，主张对社会进行实证研究。他在《社会静力学》著作中提出了社会进化是一个不断个性化的过程，劳动的不断分化促进了社会的不断进化的思想。他用动物有机体比照人类社会，发现两者有 3 个相同的系统：一是调节系统——动物调节系统是中央神经系统，人类社会调节系统是政府系统；二是产生能量系统——生物产生能量的系统是消化系统，人类社会产生能量的系统是经济系统；三是分布系统——生物分布系统是血管，人类社会分布系统是通信和道路。在社会成员和社会肌体的关系上，他将社会成员分为 3 个类别：调节系统的政府职员，产生能量系统的农民和工人，分布系统的商人、企业家和金融家。他认为，社会成员的三类人是由社会有机体的本质所决定的，也是社会进化的必然结果。同时他认为，动物有机体和社会有机体目的机理迥然不同：动物有机体的各个器官都是为着整体的生存而存在；社会有机体是为其部分的生存而存在，是为社会成员的生存而存在。

斯宾塞将进化论引入社会学，将社会视为有机体，并把社会分为 3 个系统，将社会成员对应地划归到这 3 个系统之中。他的这种理论是社会达尔文主义。

社会达尔文主义忽视人类文化特质与动物兽性特质的根本区别，机械地套用了达尔文的进化论，过分地夸张了社会的丛林法则，引申出优化人种的优生学，将人类分为优等民族和劣等民族，运用优胜劣汰的原则，物竞天择的法则来对待人类社会，成为法西斯发动战争的理论依据。

对于斯宾塞的社会达尔文主义，赫胥黎撰文《进化论与伦理学》对其进行批判。他运用伦理学的观点，观照人类的进化，认为人类社会不是动物世界，人类进化受伦理学的影响和制约，而动物的进化是纯粹自然的进化，人类与动物的不同在于天然人格与人为人格的差别。动物是“天然”人格，而人类是“人为”人格。所谓人为，就是受人人关系的伦理制约，来自两部分：一部分是自我，一部分是他人和群体。因此，“人为人格”实际就是“政治人格”。这种人格的塑造力量也是来自两部分：一部分是自我的力量，一部分是他人和群体的力量。显然，赫胥黎在达尔文进化论的基础上提升了自己的进化观点，达尔文的进化论是自然进化论，赫胥黎的进化论是自然进化叠加着社会进化的进化论。如果将达尔文和赫胥黎两人的进化论结合起来进行深入探讨就会发现，生物自然进化不是纯自然的进化，相对来说植物的进化可以纯自然一些，而动物进化则不是纯自然的。动物在自然进化过程中，受到了“群”的干预，人类进化受到了“社会”的干预。而社会的干预主要是制度、伦理和习惯，可以叫做伦理学干预。显然，自然进化的根基是隔离，社会进化的根基是融合，两者的根基恰恰相反。没有隔离，没有地理隔离、没有生殖隔离，就没有物种的多样性，没有物种的多样性，就不可能有自然进化；没有融合，没有族群的融合、没有文化的融合，就没有伦理，没有伦理，就不可能有社会进化。动物界没有制度，没有伦理，因而不可能像人类社会那样也有一个动物社会，所谓的动物社会只能是个“群”的概念。人类在自然进化的过程里，始终有着社会的干预，这种社会的干预，使人类走向文明；动物在自然进化的过程里，受的是“群”的干预，而这种“群”的干预愈加强大，愈加不可能摆脱兽性，反而更强化了兽性。也正是在这里社会达尔文主义理论出现了缺陷。当然，切切不可忘记人类进化和动物进化首先是一个自然进化过程，否则社会达尔文主义不会造成那样的严重后果。

2. 国家有机体理论 国家有机体理论的创立者是拉采尔。拉采尔根据斯宾塞社会有机体的观点，提出了国家有机体理论，其主要论点是：第一，特定社会的群体都是在特定的地域里形成的组织；第二，国家是一群人和一片土地的有机体；第三，国家是一个空间性有机体，国家的发展是土地与国民结合关系的增长；第四，国家有机体是生长的，国家对外扩张是体内生长力的反应。据此，拉采尔的理论被称为地理达尔文主义。

拉采尔是德国人文地理学家，1844 年出生于德国西南部的卡尔斯鲁厄，早年当过记者，先后在慕尼黑技术专科学校和莱比锡大学任教，出版了《人类地理学》《地理政治学》《地球与生命：比较地理学》等多部著作。他认为，人类是地理环境的产物，同时他又认为地理环境对人类的控制是有限的。他把位置、空间和界限，作为地理的 3 个要素，并认为这 3 个地理要素支配着人类的分布。在这些观点和理论的基础上，他提出了“国家有机体说”，创立了“生存空间学”。

自拉采尔之后，许多学者将国家人格化，认为国家像一个具体的人，有各种个体人的特征，有饥渴需求、安全需求、社交需求、尊严需求和自我实现需求，并以此解析国家的各种行为动机和行为方式。

3. 地缘政治理论 地缘政治理论主要产生于约翰·鲁道夫·契伦的地缘政治学和卡尔·豪斯霍弗尔地缘政治思想。

（1）约翰·鲁道夫·契伦的地缘政治学 约翰·鲁道夫·契伦 1864 年生于瑞典，1901 年任歌德堡大学政治学教授，1916 年任乌普萨拉大学教授，做过议员。他发展了拉采尔的“国家有机体说”和“生存空间学”理论，创立了地缘政治学，并发表了论文《国家为一有机体》。他认为一个国家要成为世界强国，必须具备 3 个条件：广阔的空间、对国民的控制和自由活动的权力。在契伦的地缘政治学中，地缘与地理概念不完全相同，其内涵和外延都大于地理概念，而且更具有人文内涵。可以说地缘是由人地关系和人人关系融合而成的抽象概念。

（2）卡尔·豪斯霍弗尔地缘政治思想 第一次世界大战之后，德国出现了地缘政治思想，倡导者是德国将军卡尔·豪斯霍弗尔。卡尔·豪斯霍弗尔在论证他的扩张性“全球泛区”地理时使用了“地缘政治”这个概念。他从狭隘的民族主义出发，推崇拉采尔的“国家有机体说”和“生存空间学”。他认为，生存空间是国家发展的决定性条件，而德国缺乏必须的生存空间，缺乏足够的生存资源，主张重新分配世界土地和资源，并把世界划分为几个泛区域，将欧洲、非洲和西亚的大部分地区划为德国势力范围。他利用其所办的期刊，推行他的这种德国式地缘政治，为纳粹德国的扩张主义提供了理论基础。

（二）地缘政治学的复兴　第二次世界大战以后，地缘政治学退出了世界学术视野。直至1960年，西方一些学者认为地缘政治学由于研究方法存有某些缺陷而被纳粹德国别有用心地歪曲，从而成为纳粹分子军事扩张的理论工具，所以应该以科学的态度，科学地分析地缘政治学的科学内涵。12年后的1972年，美国国务卿基辛格陪同尼克松总统访华，在中美会谈中正式使用了“地缘政治学”这个概念，22年后出版了鸿篇巨制《大外交》，通篇贯穿着地缘政治的思想。基辛格在尼克松访华时使用“地缘政治”这个词，何许是同尼克松的一种默契，因为尼克松在接受记者采访时语惊四座，其见解令人耳目一新：我们这个星球太小，这个星球上的中国太大，这个星球不能承受可能是最聪明的10亿中国人长期处在被隔绝与被围堵的状态。美国是宁肯信任一个拿枪的士兵，也不愿信任一屋子外交官的国家，尼克松作出的这种外交姿态，当是美国书写外交史的新范式。

随着地缘政治学的复兴，地缘政治学不断发展与完善。斯宾塞将人类社会与动物世界比照找出了那3个相同的系统，虽然说不是偶然的，与达尔文的进化论所引起广泛关注的学术背景有关，但是将人类社会与动物世界比照毕竟有很大的或然性，而且方法也有浓郁的机械性。当然，将动物的进化规律引入社会使人们看到了社会演化的规律，无疑是一个开创性的贡献。也正因为如此，拉采尔才有了“国家有机体”的说法。将国家比作有机体不仅准确地表达了斯宾塞的思想，也发展和深化了斯宾塞的理论。斯宾塞的社会达尔文主义思想转化为地缘政治，中间环节就是拉采尔的“国家有机体说”，特别是“国家是一群人和一片土地的有机体”的观点，直接表述了人类和地理的关系，地缘政治理论也就被孕育其中。再向前，他的“国家有机体是生长的，国家对外扩张，是体内生长力的反应”的观点，就是客观唯心主义的了。这为卡尔·豪斯霍弗尔地缘政治思想提供了理论基础，地缘政治学因此而成为纳粹德国军事扩张的帮凶。

如今地缘政治学作为方法论，已被人们普遍接受，并把地理因素看做国家政治的基本因素，据此分析某地域范围的战略格局和相关国家的政治行为，依照地缘要素构建地缘理论。如果以地缘要素为前提条件讨论经济，也可以建立地缘经济学；以地缘要素为前提条件讨论政治，也可以建立地缘政治学；以地缘要素为前提条件讨论文化，也可以建立地缘文化学；以地缘要素为前提条件讨论军事，也可以建立地缘军事学；以地缘要素为前提条件讨论外交，也可以建立地缘外交学；以地缘要素为前提条件讨论生态，还可以建立地缘生态学，等等。

地缘不同于地理，地缘政治也不同于地理政治。“地缘政治”本质的词义是受地理的作用和影响而缘于地理的政治，在很大程度上取决于地缘的人文内涵，因而地缘一词一经产生就打着政治的底色。拉采尔、契伦这几位地理教育家在长期的地理教学中，发现抑或感悟到了地理要素对人类、对国家和对民族的决定性影响，首先创建了地理政治学，继而创立了地缘政治学。

如同事物具有内部联系和外部关联一样，地缘也具有内在的联系和外在的关联。外在关联显而易见，是周边的相邻或相近或相关的地理联系，所不易看到的是与之相关联的地理单元也有其自身的地缘内在联系，形成不同的地缘关系。内在联系是地缘自身的资质，这是地缘特质的构成要素。如果将地缘仅仅理解为外在的关联，那就失之偏颇了，成了失去主体内核的空泛关联。

地缘在一定意义上就是地理尺度，得益于内在，受益于外在。地缘经济、地缘政治和地缘文化是地缘生态产生的基础，地缘生态是地缘经济、地缘政治和地缘文化的整体表现。人类生存说到底就是地缘生存，尤其是在全球化的今天。

二、地缘要素 地缘是由地理区位、幅员广度、地形地貌、土地资源、地质资源、陆地水利、海洋资源、气候条件和人口状况等要素构成的。

地理区位对于人类生存而言，有两个维度最为重要，一是纬度，二是海拔。由于地球公转和太阳所构成的关系，日照的中心位置在地球的赤道两侧，最佳区域在南北回归线之间，形成了纬度越高日照越少地表温度随着纬度变化而变化的自然现象。影响地表温度的另一个因素就是海拔，海拔越高，温度越低。生物自然资源在低纬度和低海拔这个区域最为丰富。在地缘的理论范畴里讨论的地理区位，不是单纯的方位概念，并不特别关注其方位意义。这里的“地理”是一个具有多种内涵的概念。首先是自然地理，自然地理的内涵主要是自然资源，地理区位凸显的是本地域自然资源在全球自然资源中的地位；其次是人文地理，其内涵是人文社会的文明程度，凸显的是本区域的社会文明在全球社会文明中的位次；最后是关联意义，凸显的是受周边环境的可能的和实际的影响程度。

幅员广度所表明和暗示的是特定区域的面积大小与发展潜质。幅员广度也是空间容量，直接决定了土地面积和人口比率。平均每平方千米 1 个人和平均每平方千米 10 个人的幅员绝对不是一个概念。这种人地比率直接决定了人地的种种关系，也直接决定了人人的种种关系。幅员广度同时也就表明地缘要素的多寡。地理面积狭小的国家，很难拥有丰富的地缘要素。当一个国家没有河流、山川，没有森林、矿产，这个国家即使能够存在，也是先天不足难以发展。

地形地貌直接决定了自然资源的样式和人类生存的方式。高山族和平原族、陆地族和海洋族的生产方式与生活方式是截然不同的。高山族多以林业和畜牧业为主要生产方式，平原族多以农业和交通运输业为主要生产方式，而海洋族多以渔业和海水养殖业为主要生产方式。他们的生产方式和生活方式不折不扣地折射出地形地貌的特征。

土地资源专指土地本身的资源，土地不是地域的概念，土地资源基本是地表可供人类种植的土地和可供开发利用的土地。

地质资源主要是地质结构形成的矿物资源。矿物资源主要指的是金属矿藏、非金属矿藏和能源矿藏的资源。金属矿藏如金、银、铜、铁、锡等矿藏，非金属矿藏如金刚石、石灰岩、粘土等矿藏，能源矿藏如石油、天然气、煤、地热等矿藏，都是重要的地质资源。地质结构状况也可以作为判定地质资源的标准，良好的稳定的地质结构，与地质结构不稳定如环太平洋的地震带相比，就是一种资源。不在地质板块边缘和跨越两大地质板块的国家，没有或者少有地震的破坏，没有或者少有地质灾害，就是一种地质资源。

陆地水利主要指地球表面和地下一定深度的可供饮用、灌溉、航运、养殖、发电的水利资源。地表河流和湖泊，地下暗河和可汲取水，都是陆地水利资源。

海洋资源是广义上的水利资源。海洋这一片巨大水体，蕴藏了人类生命、人类生存和社会生产等多种资源，主要有海洋生物、海洋物理、海洋化学、海洋地质、海洋交通、海洋养殖、海洋空间等资源。现代社会的发展更加依赖海洋，海洋开发利用技术如同原子能工程技术和宇宙空间技术一样，成为当代尖端技术。

气候条件指的是常态气候和气候变化的规律，如四季暖凉和风雨冰雪。

人口状况包括了人口的一切方面，如人口数量、两性比例、年龄结构、身体素质、受教育程度，甚至人际关系、生活习俗和宗教信仰。

地理上的国家分布对于具体的国家而言，其周边国家环境也应看成地缘，这种地缘不是自然地理的，而是人文地理的。

地缘的这些要素很难在一个特定的地域里全部存在，总有某些要素缺位，这又是地缘不同于地理的一个原因。地缘之缘，就是表示地缘要素的状况，是地理机缘的表述。占尽地理机缘，是最圆满的地缘，是最佳的地理环境。在这个意义上，地缘是在认识、利用和调整地理机缘时使用的概念。

第二节　地缘政治、地缘经济和地缘文化

人类自诞生之日起就选择最适合生存的地域生存，较为集中地生活在地理的水平分异与垂直分异适中的温带和热带以及海拔 200 米之下的自然带上。尽管如此，由于社会地理和自然地理的原因造成地缘差异非常之大，岛国和半岛国以及大陆国、幅员广大国和幅员狭小国，地缘圆满程度往往是不可同日而语的。因此，地缘就有了特别意义，集中表现为地缘政治、地缘经济和地缘文化。

一、地缘政治　地缘政治有两种基本内涵，一是自然地理禀赋所决定的地缘政治内涵，二是人文地理禀赋所决定的地缘政治内涵。

（一）自然地理禀赋所决定的地缘政治内涵　如果运用实例讨论这个问题，最好的实例是中国。中国大陆大海大洲的地理禀赋，决定了中国大邦大国大东方的世界地位。新近中央电视台拍摄了一部大型纪录片《航拍中国》，全面系统地介绍了中国地理禀赋。自人类进入文明社会以来，直至19世纪中叶，中国一直是世界第一帝国，是世界的中心。起码一百万年以来，中国有着完整的人类进化序列，有着完整的人类文化谱系。这当中有地理的原因：幅员辽阔，而且有一道东北—西南走向的地理屏障，这就是大兴安岭、蒙古高原、塔克拉玛干沙漠、青藏高原、云贵高原，而东面和南面是浩瀚的海洋，自秦朝以来，又横贯东西地修筑了直线距离近2000千米实际长度7000多千米的长城，自然和人为双重因素将中国屏蔽起来；有文化的原因：中国一直有自己独特的文字，并广泛持久地使用书面语言，而且教育一直是以四书五经为主要内容并有严格的考试制度；还有生产方式原因：中国一直是农业大国，农业生产方式的一贯性保证了中国文化的一贯性；最主要的是人口的原因：中国人口一直占据着世界总人口的四分之一左右，最多时占三分之一，最少时也占五分之一。故而英国学者维克托·基尔南在评论欧洲文明与中国文明时说："欧洲的变动性最大，而中国的连贯性最高。"如果说连贯性是一种质量，那么这种质量需要足够数量的支持。农业起源之后，人类在中国大陆分布广泛，东部的后李文化、北辛文化、大汶口文化、河姆渡文化，西部的大地湾文化、半坡文化，南部的彭头山文化、甑皮岩文化、玉蟾岩文化、大溪文化，北部的兴隆洼文化、红山文化，中部的裴李岗文化、仰韶文化等，这些文化都发生在公元前5000年前后甚至更早一些时期。进入王朝社会以后，朝代更迭而文化连续。这种历史现象，与足够大的地理面积和足够好的地理禀赋有直接关系。

欧洲许多强盛一时的帝国最后的衰落与瓦解，也与其地理禀赋有关。虽然有几个帝国曾将国土版图扩张了许多倍，有了足够大的地理面积，但是最终仍逃脱不了衰落与瓦解的厄运，其深层原因还是当初的狭小地理幅员所造就的局地文化适应不了突如其来的膨胀的版图面积。巴比伦帝国、亚述帝国、罗马帝国，概莫如此。

如果再讨论一个实例，这个实例是日本。日本不仅地理面积小，而且又在四海茫茫不着陆地的海中孤岛上，有强烈的束缚感，害怕一旦遭到入侵逃无可逃，抗击也没有周旋余地，最终难逃灭顶之灾。正如日本史学家坂本太郎所言："素称岛国根性的封闭、排他的精神，就是从四面环海的地理环境中产生的。"1637年，日本就发生了由这种心理状态引发的锁国大事件。早在1596年，西班牙的一艘名为"圣·菲利普"号的商船海上遇难漂流到了日本土佐。在处理这个海事事件中，船长向日本使节透露出西班牙利用天主教建立殖民地的内幕，这让当政的丰臣秀吉国王惊恐万状，决定在国内全面禁教，并将日本各地的天主教信徒和传教士逮捕，共26人，在长崎处决。1620年，日本一艘海外贸易船上有两名西班牙传教士，国王不仅将船长和船员全部处斩，还在全国大肆搜捕传教士和天主教教徒，共55人，处以火刑。自此严厉禁教，并实行锁国政策。到了1637年，九州岛爆发了大规模的天主教起义，当地农民以天主教为旗帜，使日本幕府看到了天主教的力量，穷凶极恶地进行镇压，屠杀外国传教士和接受洗礼的日本国民，并实行更加严厉的锁国政策，一锁就是两百多年。自闭令日本吃尽了脱离世界的苦头，权衡再三，决定自己走出困境，于是1861年5月幕府大臣提议派员考察中国上海和香港，翌年5月组成51人访华团到达上海，1868年开始了明治维新运动并以天皇的名义颁布《五条誓文》，提出“求知识于世界”，1871年12月派出囊括了政府所有部门的庞大“欧美使节团”到欧美考察学习，历时1年零9个月。自此日本才逐步走出了心理自闭的阴霾，逐步走上了开放强国之路。但是，地理禀赋残缺所造成的民族压抑心理，不会因为国家强盛而消解。

（二）人文地理禀赋所决定的地缘政治内涵 人文地理禀赋所决定的地缘政治内涵，在更多的时候更多的情况下是由周边国家环境所决定的政治内涵。具体说，一个国家的政治，首先是地缘政治，是依据自己国家的地理禀赋和周边国家政治环境所决定的国家政治。亚洲、欧洲、非洲、美洲、大洋洲是人类居住的陆地，但是，各洲的地理禀赋各不相同，各洲的国家地理禀赋更是千差万别。中国有句古语：“近朱者赤，近墨者黑。”相邻两国之间的相互影响是潜移默化的。所以，在中国文化里“睦邻”是重要的处世哲学和外交理念，崇尚以邻为伴，鄙薄以邻为壑。历史上，中国与苏联、朝鲜、越南、印度和东南亚各国都曾有过或仍然保持着良好的关系。这是中国文化效应，也是地缘政治的结果。

随着地理阻隔的逐渐被打破，人文交流的广泛展开，大尺度的地理视野使地缘政治内涵受到影响的因素越来越多，越来越广泛，甚至越来越全球化。印度在国土幅员和国家人口上都堪称大国，可是印度人做梦都没有想到会被遥远的大西北的弹丸小国英国所统治。当时印度的莫卧儿王朝正处在如日中天的兴盛时期，1608年英国的第一批商船花了四五个月的时间开到了印度，并取得了莫卧儿皇帝的信任，签订了通商条约，允许东印度公司在印度建立贸易据点，从事棉花等贸易。后来东印度公司在印度可以获得领土、建立军队，而且拥有铸造货币的特权。1757年英国和印度发生了普拉西战役，英国获胜后印度沦为英国殖民地。对于这一点，印度人不好理解，但是在拉采尔和亚里士多德那里则非常容易理解，因为英国的这种做法，正是他们地缘政治的实践。

二、地缘经济 地缘经济的内涵像地缘政治的内涵一样，也是由自然地理禀赋和人文地理禀赋所决定的。

（一）地缘自然经济 地缘经济首先是由地理区位的自然资源所决定的经济。这是一种天赐经济，可以分为大陆自然经济和海洋自然经济。大陆自然经济可以分为平原自然经济、山地自然经济、湖泊自然经济、草原自然经济等若干类型。海洋自然经济主要是捕捞经济。自然资源是地缘经济的决定因素，没有土地资源，没有水利资源，就不可能有农业产生；没有草原和山地草甸，就不可能有畜牧业的出现。同样，没有江河湖海，就不可能有渔猎经济出现。因此，地缘经济首先是自然经济。

中原是中国农业的核心地域，是中国农耕文明的发祥地。河北省武安市的磁山文化遗址距今 8000 年，出土了 300 多件石器，几乎都是农业生产工具和农业生活用具，还发现了多个粮食窖穴，容量可达 5 万多千克。从出土的农具性质可以判定，磁山农业已经完成了由刀耕火种到锄耕农业的转变。与磁山文化遗址同期的河南省新郑市的裴李岗文化遗址，在石器上与磁山遗址有相同的发现，所不同的是还发现了大量的猪和羊的头骨及牙齿，表明裴李岗农业有了驯养成分，饲养家畜成为农业的一部分。到了仰韶文化时期，出现了蔬菜种植，家畜饲养，鸡和狗进入了人类的家庭生活。在仰韶文化遗址中还有牛和马的遗骨，与其他因素综合考虑，很可能在这个时期已经有了牛和马的驯养，这是以畜力代耕的先兆。

世界上有许多民族都形成于地缘。平原和丘陵地带的农耕民族、草原和山地草甸地带的游牧民族、海洋及沿海地域的渔猎民族等，都是由地理禀赋所决定的地缘民族。

（二）地缘人文经济　地缘人文经济在很大程度上受制于人文地理。人文地理是依据人文状况而建立的地理概念。人文地理的形成是在地人类利用自然资源经过长期生产和生活的结果。这种结果是自此以后经济发展的基础，因而人文地理本身也是一种资源。14 世纪到 17 世纪西欧的文艺复兴，尽管被一些史学家称之为贵族和知识分子的玩意儿，但文艺复兴使古老的欧洲完成了向现代欧洲的转型，形成了重要的包括意大利、德国、法国、英国、西班牙和尼德兰在内的欧洲人文地理。欧洲完成从古老到现代的转型，在经济上的表现就是生产的现代化直接催生了工业革命，欧洲因此而成为世界的中心。这种转变，是在中国的大清帝国的睡梦中完成的。中国一梦醒来，愕然发现卧榻之侧的世界中心的大玺不翼而飞移主欧洲。这同时也表明，世界中心的本质不再是农业的，而是工业的。人类经济将以工业经济为主体、为导向，这对于人类历史进程是里程碑意义的转折。

世界经济地理从此也被重新界定，欧洲将被标定为工业经济地理，而中国依旧标定为农业经济地理。在欧洲各国之间，相邻国家基本都是工业经济国家，而亚洲各国之间，相邻国家大都是农业经济国家。

当然，同为工业经济的国家和同为农业经济的国家也各有不同。这是同类别中的区别。对于东亚而言，有史以来朝鲜半岛需要进口中国的农产品，而岛国的日本尽管深耕细作，粮食的产量依旧满足不了日益增多的人口之需，中国粮食也源源不断地填满日本的粮仓。朝鲜半岛很希望向中国学习农业技术，而日本的土地早就告诉他们，农业技术再高也解决不了粮食问题，这时的日本还在那两百多年的自闭之中，很纠结、很无奈。世界中心转移欧洲，中心的性质由农业变成工业，这给了日本很大的启示。欧洲中心刚刚形成的第一缕阳光竟然从欧亚大陆的最西端直通通地射到了最东端，日本紧步后尘，尾随欧洲开始了工业化道路。日本的人文地理使欧亚大陆东西两端标绘成了同一种颜色：钢铁颜色。

三、地缘文化　地缘文化是由地理区位的地理禀赋所决定的生产方式和生活方式而形成的文化，这种文化具有鲜明的地域性，同时又受到周边国家文化的渗透或干预。在地缘文化学意义上，每个国家的文化都是地缘文化。中国是传统的农业大国，同世界各农业国家相比，中国的农业结构最为繁复，农业内涵最为丰富。中国的农业在20世纪70年代的结构定位是“农林牧副渔”五业合一。这在世界上是少有的。因为世界上许多国家不具备这样的地理基础。五业中“副”的成分最为复杂，包括家庭饲养、小手工业和村办企业。这种五脏俱全的农业结构决定了中国的农业是典型的自给自足的农业。中国农业文化的本质是自给自足的价值取向，这也是中国一直“重农抑商”的文化根源，甚至直到20世纪70年代，在“革命大批判运动”中一直抓住“重商轻农”的思想倾向死死不放。欧洲文化在工业革命之前也是农业文化，但与中国农业文化内涵并不相同。爱琴海上的几百个以克里特岛为文化中心的岛屿，既因海水而彼此孤立，又因海水而彼此相连。各个岛屿都不可能生产出生活所需要的全部物品，所以各岛屿物品要相互交换，也要从东海岸的小亚细亚陆地和从西海岸的巴尔干半岛获取各种物品。因此，爱琴海文明的重要特征是贸易。欧洲各国小地幅的国家地理特征，与爱琴海各岛的地理格局非常相似，所以爱琴海文明能够成为欧洲文明的底蕴，成为欧洲文明的血脉。欧洲国家地幅普遍较小，在同中国陆地面积差不多相等的地域里拥挤着40多个国家，各个国家都不可能有中国这样辽阔的幅员涵盖了地球上所有的地形地貌，也就不可能有中国的“农林牧副渔”五业合一的农业结构，所以欧洲的任何国家都没有实现自给自足的地理条件，不交换，不交流，不进行贸易活动，就不可能获得足够的生产和生活必需的各种物品。所以同是农业国家，中国和欧洲诸国有不同的国家内涵；同是农业文化，中国和欧洲诸国有不同的文化本质。这正是地缘文化本征所在。

第三节　地缘海权、地缘陆权和地缘空权

地缘海权、地缘陆权和地缘空权，属于地缘自然权利的命题。这种命题本是地缘的天赋权利，然而在自觉不自觉中染上了国防意义，或者说在某些时候需要依靠国防维护和保障国家所拥有的自然地缘权利。这种时候的地缘海权是地缘军

事海权，这时候的地缘陆权是地缘军事陆权，这时候的地缘空权是地缘军事空权。这多多少少带上了悲哀与壮烈的色彩。

一、地缘海权　海权是一个国家对海洋所拥有的权利。这种权利主要体现在海疆、海空、海洋资源、海洋公地以及海洋公地与内海权属的某些连带关系等方面。同时海权在战争意义上是依仗海上军事实力所体现出的对海洋的控制能力。

制海权对于海洋国家至关重要。海权的理论是海洋国家战略构建的理论基础。美国海军战略家艾尔弗雷德·塞耶·马汉分析了英国在拿破仑战争时期控制海洋成为海洋霸权的历史案例，于 1890 年提出海权的概念并出版了《海权论》一书，1911 年又出版了《海军战略论》专著，这是他海权论的两部主要著作。

英国是被英吉利海峡隔离了欧洲大陆的岛国。英国的国家安全战略自然是凭借英吉利海峡发展海军，守住了英吉利海峡就守住了国土。发展海军、控制海洋，是英国天赋的战略思维。

14 世纪英国曾与法国为争夺王位和土地发生过历史上最长的百年战争，战争持续了 116 年。因为英国要渡海作战，这场百年战争使英国积累了丰富的海上作战的经验。后来到了拿破仑时代，拿破仑意欲征服英国，可是几次强渡英吉利海峡均未获成功。1798 年，拿破仑为了切断英国经地中海到印度的交通线，举兵征服埃及，结果在尼罗河口遭到英国海军重创，丧失了地中海制海权。1801 年，拿破仑为了削弱英国正在崛起的国际商贸业，联合俄国、丹麦、瑞典和普鲁士等国征讨英国。英国派出波罗的海舰队，在哥本哈根海战中击败丹麦海军舰队、在特拉法尔加海战中击败法国和西班牙著名的联合舰队，建立起海上霸权。

马汉正是依据英国成为海上霸权的历史事实而提出了海权论，并考虑了诸多要素，主要是地理位置、海岸线长度、国土幅员、人口数量、民族特点和国家战略。

地理位置在很大程度上是地缘的第一要素。一个国家的海岸线往往就是这个国家发展的疆界。马汉认为，凡是一个国家的疆界易于与外界接触，就容易向外发展，土地平坦肥沃，国民就不愿意投身海洋；而岛国和半岛国受地形限制，不得不讨海维生，要富强，就得重视海权的发展。英国、荷兰、葡萄牙和西班牙，就属于后者国家。早在 18 世纪，英国就在地中海南岸修建了众多的基地，足以封锁法国的海岸。海峡是陆地与陆地之间的纽带，有时却又是陆地与陆地之间的鸿沟。利用海军的力量控制海峡，就从根本上控制了海洋。地中海因为是陆间海，沿岸国家多，欧洲许多海洋国家都傍着地中海。而地中海的海峡之多，在世界的属海中是名列前茅的。所以对于欧洲海洋国家而言，要获得制海权，首先要有足够的控制海峡的军事力量。俄罗斯的海洋战略就受制于波罗的海与大西洋的斯卡格拉克海峡、黑海与地中海的博斯普鲁斯海峡和达达尼尔海峡。如若没有控制这些海峡的能力，俄罗斯就不可能向海洋发展。英国的英吉利海峡是英国突破英格兰岛空间向欧洲大陆发展的决定性条件。英国的命脉与英吉利海峡紧密地联系在一起。1889 年，英国政府通过了《海军防御法案》，实施扩建海军的计划，在世界海军建设中，英国的海军建设始终独占鳌头。

法国在海上与英国交手连吃苦头，更加领悟到海权论的真谛，认为海权理论很有创建性。

德国对马汉的海权理论更有切身体会。第二次世界大战初期，德国与英法联合舰队争夺大西洋海上霸权，失败后于 1940 年的五六月间攻占低地国家，占领法国，削弱了英法联合舰队的力量。就此联合意大利再次与英国争夺大西洋霸权。1942 年，英国与美国联合作战，最终德国再次失去大西洋霸权。

作为马汉祖国的美国，对马汉的海权思想有独到的领悟。1933 年罗斯福当选总统，他开创性地发展海权势力范围，扩大舰队建设、夺取太平洋战略岛屿、开凿巴拿马运河、建设加勒比海海上战略基地，使美国很快就成了海上霸主。它的舰队任意游弋在世界各大洋，海上势力渗透到海洋的每个角落。这种海上霸主的地位，为美国国家主权创立了一个新的“非主权领土”维度，它的那些庞大的舰队开到哪里，就等于那里成了美国的领土。主权里增加了非主权领土的维度，成就了美国首屈一指的全球霸权的大国地位。非领土驻军也是美国一大特色，美国海外军事基地有 3 个战略区，14 个基地群，驻军 20 多万人，大大小小总共有两千多个基地。

与英国有着相同地缘的日本，也是海权意识很强的国家，与英国不同的是日本处在亚洲东部边缘双重海岸线的外层海岸线上，向东是太平洋，而向西是亚洲大陆东部边缘，直接面对着朝鲜半岛和中国大陆。利用外层海岸线的屏风岛系，向内翘首朝鲜半岛和中国大陆，是日本命中注定的生存逻辑。因此它要不遗余力地将外层海岸线属于它的这一节向两端延伸。1879 年，日本举兵废琉球王国，使其成为日本地方冲绳县，并以此为跳板谋求中国台湾。这样，日本就像一道屏障，屏蔽着中国东部海面，隔断了中国大陆与太平洋的直接联系。日本的命中注定的生存逻辑命中注定不会舍近求远，宁肯以邻为壑。

中国的海权建设可以归纳成很不对称的两句话八个字：源远流长，启蒙滞后。早在新石器时代中国就有航海活动，古籍《易・系辞下》有“刳木为舟，剡木为楫”的记载，春秋战国时期齐国有“海王之国”之誉、吴国有“不能一日而废舟楫之用”之说，秦代徐福东渡、汉代海上丝绸之路、唐代鉴真和尚到日本传授佛学、明代郑和率庞大的船队 7 次下西洋开创了人类有史以来的大航海活动，这都是中国乃至世界航海史上的大事件。然而，这些航海活动都不是能够催生海权意识产生的海上军事行为。尽管梁启超曾说齐国有海权思想，但那是基于齐国治国的“通商工之业，便鱼盐之利”战略，只是作为海洋开发意识而已，不同于马汉立论的海权。尤其是从元朝开始，明朝、清朝都实行过海禁，时间长短不一，最长者达30年。这种极端的海洋封闭，目的在于海防，结果却严重地妨害了国家海洋意识的培育。直到海外列强的坚船利炮轰击中国闭关锁国的大门了，方才懵懂地感到海洋有点文章：海上的军事力量可以像陆上的军事力量一样强大。这可以视为海权意识的启蒙，还不是海权意识的建立。创建海军则是19世纪中叶的事情，最初是因虎门销烟而声名显赫的林则徐的一个愿望，他委托魏源写了《海国图志》一书，并寄希望于左宗棠。左宗棠和后来的沈葆桢为创建海军买船、造船、办学，可谓殚精竭虑，然而这都是出于海防战略，并不是海权战略。在强大的大陆农业帝国里，制海权远远提不上强国议程。林则徐也好，左宗棠和沈葆桢也好，包括朝中洋务大臣李鸿章也好，他们能够看到英国海军的力量，但还不能够看到英国的海权战略。倒是日本刺激了一下大清帝国，于1874年4月27日登陆台湾。日本此举令大清帝国万分震惊，深感日本必是海上大患，于是加强海防，筹建南洋水师和北洋水师。此时海权意识似乎萌芽，然而并没有发育。这个结论有充分的证据，那就是1884年7月法国的8艘军舰和两艘鱼雷艇开到了福州马江海峡，清政府不允许开战，称："彼若不动，我亦不发。"实际上彼已动，把军舰开到你家门口了。李鸿章主张赔款保和。结果马江海战仅半个小时，南洋水师全军覆没。更有甚者，在日本发展海军对华虎视眈眈的情况下，朝廷竟用海军建设的经费修建皇家园林颐和园，1894年7月25日爆发甲午海战，北洋水师全军覆没。从1884年7月到1894年7月，整整10年的时间，作为中国海军的南洋水师和北洋水师先后覆没。更令人不解的是，南洋水师覆没之后的10年里清廷没有追悔、没有反思、没有醒悟、没有汲取教训强化北洋水师，强化海军的建设，反而用海军经费修建颐和园，致使北洋水师重蹈南洋水师的覆辙。海权意识的滞后，其后果就是在海洋时代的海洋问题上穷于应付，受制于人。而今中国的南海问题、东海问题，已经充分地说明了这一点。也正是这一点警示了今日中国。中国海军目前已经走向深蓝，中国已经成为海权大国。

二、地缘陆权　陆权在一般意义上就是控制陆地的权力，是在陆地上控制某一领地和区域的能力。这本来就是与人类社会同生共存的在部落、族群和国家之间发生的一种权力现象，但是一直没有陆权这样一个概念。自从马汉提出海权概念之后，英国地理学家哈尔福德·麦德金随之提出了陆权概念。

麦德金是在陆地机械运输革命发生后，比照海权提出陆权概念的。1904年，他在英国皇家地理学会上宣读了他的著名论文《历史的地理枢纽》，以全球战略观点分析世界政治力量，提出了"心脏地带"的概念。他站在英国的国家地理立场上，把世界的国家分为陆地国和海洋国，并把从大航海以来的世界战争，视为大陆强国和海洋强国的战争。他认为大陆国人力资源和物力资源都比海洋国家丰富，而且工业发展和机械交通能力突飞猛进，人力资源和物力资源被得到很好的利用，海洋国家最终会被陆地国家所压制。因此，他认为世界力量中心地带在欧洲、亚洲和非洲，并且在发达的陆地交通作用下，形成世界力量凸起的世界岛，这个世界岛的中心在欧亚大陆的中部，大致范围西起东欧，东到中西伯利亚和蒙古；南起小亚细亚、亚美尼亚、波斯和中国西藏，北到北冰洋。他认为这种世界力量的中心具有钳制和左右全球的战略意义。因此，麦德金提出一个三段式逻辑：谁控制了东欧，谁就控制了世界心脏地带；谁控制了世界心脏地带，谁就控制了世界岛；谁控制了世界岛，谁就控制了整个世界。同时他又分析，最有可能控制世界心脏地带的是处于东欧的德国和俄国两个国家。因此，防止德国和俄国的扩张，防止德国和俄国联盟，是英国所面临的挑战。作为海权国家，英国必须修改国家战略和外交政策。

在麦德金提出陆权论之后的一个多世纪里，陆权论被地缘政治学一直使用。因为陆权论的产生依据于地缘，其本身也是一种地缘理论。陆权论正是因为属于地缘政治学范畴，所以直到今天大多数西方政治家、军事家，还习惯按照麦德金陆权论的观点来观察世界，制定政治战略和军事战略。

陆权的争夺是直接的资源争夺。占领和扩张都是为着陆地资源，包括自然资源和人口资源。欧洲由于国家密集，自古以来国家之间的战争几乎都是以占领与扩张为目的的战争，都是地缘陆权的争战。例如1870年的普法战争，是普鲁士和法国都想独霸欧洲而引发的战争。法国首先向莱茵河流域扩张，阻止德国实现统一，以利谋求欧洲霸权。而普鲁士正全力以赴地要完成国家统一，以利用强势的国家力量占领法国的阿尔萨斯地区和洛林地区，进而霸占欧洲。在现代立体化战争的战略里，陆权不仅有陆地军事意义，还有海洋和空中的军事意义。

三、地缘空权　空权是出现在海权和陆权之后的概念。在“三权”概念中属于出现得最晚的一个。空权的概念是意大利空军战略家杜黑提出来的，他依据地理环境研究空军战略，写出了构建和阐述他的空权论的著作《制空论》。他的著名观点是：航空为人类开辟了一个新的活动领域，结果就必然成为一个新的战场。他认为，空中力量比海上和陆地力量更具有机动性，飞机在行动方向上有绝对的自由，可以直接飞行，不像在陆地机动受到高山大河和各种障碍物的阻挡而绕路。也不像海上航行遇到岛屿和陆地需要绕行。所以，飞机作为独特的军事武器，它的无障碍飞行必然对未来战争产生决定性影响。

在杜黑的空权论的观点制导下，世界各国的空军发展很快。太空武器出现后，飞机的战略地位和战术作用大大削弱，但是空权论的理论并没有因为太空武器出现而过时，相反，这些太空武器都是为了提高太空进入能力和太空控制能力，将空权论推向了极致。

空权论完全是建立在陆地和海洋之上的空间里，似乎与地缘没有关系。其实就国家而言，空间是以陆地为参照的，国家领土的版图对应着国家领空的版图。所以，地域对应空域，领土决定领空。地缘空权是一个复合概念。

在海权、陆权和空权的综合思维里，建造航空母舰成了发展海军力量的重要途径。航空母舰航行于海洋，有岛屿一样的陆地禀赋，是移动陆地，也是移动的天空，集海权、陆权和空权于一体，是实现海权战略的重要物质条件。1942 年 4 月 18 日，美国作为对日本轰炸珍珠港的报复，利用航空母舰空袭了日本。本来从美国本土到日本隔着辽阔的太平洋，飞机的续航能力根本不可能飞达日本。若使用航空母舰，在临近日本的海域又没有制海权。总统罗斯福作出惊人的决策，要航空母舰将飞机送到西太平洋的恰当位置在飞机起飞后立即返航，让飞行员在实施空袭后自己设法降落，生死由命。结果“大黄蜂”号航空母舰舰载 16 架 B-25 米切尔式轰炸机，在日本东部的西太平洋海域发起空袭，16 架轰炸机轻而易举地轰炸了东京、大阪和名古屋等多座城市，成功地实施了报复计划。也正是在海权、陆权和空权的综合思维制导下，美国于 1945 年 2 月 18 日又发动了对硫磺岛日本守军的进攻，2 月 23 日美国的国旗插在了硫磺岛折钵山山顶，这是美日战争以来美国第一次将国旗插在日本领土。罗斯福总统扬眉吐气，将插旗的现场照片作为金牌宣传照，广为宣传，并将这一历史瞬间定格为美国精神。

事物都是以一定的量作为度，以一定的度作为质的分界点。空权是建立在陆地和海洋的上空，这个上空是有一定的限度的，尽管建立空权论时杜黑并没有想到上空的具体高度，但是这个限度是客观存在的。地域对应的空域是相对的，作为权力意义的上空并非是一个无限的高度，可以对应到银河系。因为谁都知道，随着太空武器的出现，太空就如同陆地公地和海洋公地一样，也产生了空中公地，任何一个国家的太空航天器，都可以在任何国家上空的太空高度飞行，甚至利用卫星名正言顺地在任何国家上空的太空高度拍摄任何国家的一切军事和民用设施。这不合道义却不违法。这是空权在新的形势下的新的权利内涵。

战争是推动历史发展的另一种力量。武器制造技术始终处在科学发展的最前沿，战争以生存竞争的动力推动着科技的发展。许多国家都是倾尽国力研制武器，军事科学的发展直接拉动着社会发展的进程。没有战争的动力，科技发展的速度也许会慢下许多。

战争也是人类思维和思想方法的推进器，和平条件下一种思维一种决策正确与否，或许需要长时间的检验，而在战争条件下立竿见影立见分晓，或是旗开得胜，或是一败涂地。战争强化了人类思维与决策的严肃性、严密性和科学性，因此，出现了军事家和战略家，亚历山大、诸葛亮、拿破仑、华盛顿、成吉思汗、斯大林、毛泽东，他们都是战争史上著名的军事家和战略家。《孙子兵法》《论持久战》《战争论》《战略论》《军事战略》《大战略》等许多通古博今的军事著作，都是军事思想和军事战略在战争中反复演练的结晶。

第四节 地缘互补与互斥

地缘具有互补性和互斥性。地缘的互补性，在于地缘的互异性；地缘的互斥性，在于地缘的互似性。

一、地缘互补 地缘不同、地缘要素不同，资源的种类与数量往往也不同。不同地缘的两个国家或群体，可以互通有无，以满足不同地缘的国家和群体获得相同物类的共同需求。地缘互补一般依靠和平形式或战争形式实现。战争形式就是强行的赤裸裸的掠夺，而和平形式通常是合作形式和市场形式。

（一）合作形式 地缘互补的合作形式，是以契约为基础的平等、互信、友好的资源互补方式。国家之间，通常会缔结友好条约成为缔约国，之后签订贸易协议，进行一系列的贸易活动，其中不乏经济、政治和文化的活动，并把这种合作视为本国家或本民族的最高利益。为了维护这种利益，两国可能缔结和平条约或军事同盟，两国既互不侵犯，又可以共同对付他国可能实施的对其一方或对其双方的战争威胁，实行集体自卫。

契约在国际合作中是极为重要的行为规则，契约制约着双方的行为规范、诚信规范。契约论在西方世界有着很重要的影响，甚至认为国家起源于契约，对契约有着特别的文化情感，相信契约重于相信忠诚。在人际关系、国际关系等事务中，都是重契约而轻诚信。而东方则相反，重诚信而轻契约，在人际交往中注重诚信，言必行，信必果。没有了诚信，就失去了人缘。东方文化与西方文化的差异，是文化基奠与积淀的差异。在国际合作中，东方世界和西方世界都认识到了这一点，并且注意到了这一点。但是，契约的本身也含有诚信的因素，也需要诚信的支撑，没有诚信的支撑，没有道义的制约，契约有可能随时成为废纸。人际间、国际间，背信弃义、违反契约、单方毁约的事件屡见不鲜。1960 年，中苏关系出现危机，赫鲁晓夫单方终止《中苏友好同盟互助条约》，撤走支持中国建设的项目专家，给中国带来极大的损失。在实现地缘互补的国家之间，因为双方都是出于各自利益的考虑，而且是最直接地从对方那里获得利益，零和博弈是最常见的思维，利害关系始终处于最敏感的地位。

1. 贸易协议 贸易协议是交易条款和实施规则。贸易协议可以是国家对国家的，也可以是完全商业化的买卖交易约定，是两个商业集团或两个国家之间的进行贸易活动的一种书面协议。国家贸易协议签订由国家元首或代表签字生效，内容大致上有最惠国待遇条款、进出口商品货单和贸易额、作价原则和使用货币规定、支付和清算办法规定、优惠关税规定和其他事项规定等几个方面。

国家之间即使没有缔结友好条约，也可以有贸易往来。有的国家进行地缘修补需要敌对国家的资源，而且与敌对国家之间一般又少有正常贸易往来，于是就通过与敌对国家有正常贸易往来的国家转手获得敌对国家的资源和产品。

2. 友好条约 签订友好条约一般出于地缘互补的利益关系和国际政治需要。中国在和平共处的理念下，与周边许多国家签订了友好条约。新中国成立后，1950 年 2 月 14 日首先与苏联签订了《中苏友好同盟互助条约》，之后与朝鲜、蒙古、马来西亚、缅甸等国家签订了友好条约。

3. 军事同盟 军事同盟是两个或多个国家或政治集团为了有效地抗御共同敌方可能的侵害通过缔结盟约而建立的军事合作关系。这种关系也许并非直接与地缘互补有关，但是既然有共同的敌人，必定有共同的利益，那么捍卫共同的利益，建立双方军事同盟关系，就显得既必要又现实。

地缘互补并不是采用一对一的均衡的有一缺必有一补的方式，一个国家圆满的地缘可能成为多个地缘残缺国家进行地缘修补时谋求的对象，因此也就可能成为多个地缘残缺国家窥视的对象。八国联军侵略中国，除却政治原因，其中首要因素就是这些国家以军事同盟的方式，从地缘圆满的中国索取他们所需的资源。

（二）市场形式 市场形式是介于合作形式和战争形式之间的中性形式，在运作方式上更倾向于合作形式，通过市场贸易活动实现资源互补。因此在更多的时候是友好合作，保持良好的进出口关系。然而，市场又是另一种战争，市场的尔虞我诈、市场的欺骗性，表现出暗中侵犯和隐性掠夺，甚至市场直接演变为战场。在经济基础薄弱经受不起国际市场冲击的时候，国家一般是采取内向型经济发展模式，韬光养晦，自主自强。当有了一定实力的时候，则慢慢转向外向型经济发展模式。这是 21 世纪以来许多发展中国家放弃了进口替代经济发展模式而转换为出口导向模式的根本原因。这是个必然的过程。20 世纪 90 年代，身为发展中国家的阿根廷忽视了这个过程，举债施行贸易和金融市场自由化，推行新自由主义经济政策，依赖进口，依赖外资，结果债台高筑，政府对贸易赤字、资本外逃和外商撤资束手无策，最终爆发了债务危机，经济瓦解，政府倒台，半月之内换了 5 个总统。

二、地缘互斥 地缘互斥是因为地缘互似，彼此都拥有对方的地理环境和自然资源，互不相求，可以“鸡犬之声相闻，老死不相往来”。所以，地缘决定了彼此没有合作基础和往来基础，同时也决定了没有战争基础和掠夺基础。地缘互斥，一般说来，彼此倒可以相安无事。

中国与美国地理位置和版图面积基本相同，区别仅在于一个是地处东半球，一个是地处西半球，中间又隔着宽阔的太平洋，在地缘理论上两个国家不应该有战事。而且在 1943 年，美国处于均衡论的考虑，推行“使中国成为大国”的对华政策，欲将中国扶上世界第四大国地位，维持第二次世界大战后的亚太地区均势。这也是《开罗宣言》的基调。自雅尔塔会议之后，罗斯福要建立全球战略，他不可能不想到战后的中国，中国是人口大国、地理大国、资源大国，让中国成为第四大国维持亚太地区均势，可能会使中国迅速成为全球性决定力量，对美国全球战略构成威胁。所以罗斯福向日本扔原子弹，从深层意义上可能不是为了加速日本投降，而是为了把战后的日本直接置于美国的控制之下，变成美国亚太棋盘上的棋子。

日本地处屏风岛系的北段，也就是美国所称的第一岛链上。“岛链”是美国于1951年独创的战略用语，不是地理名词，其意是将西太平洋南北一线的诸多岛屿作为锁链封堵苏联和中国。所以，“岛链”的核心内涵是“封堵”，是绞索，“链”字使用动机是功用而非形状。

现在，亚太地区成为美国当今战略中心，利用日本屏风岛系的地理区位屏蔽中国和俄罗斯，这使日本在亚太事务和国际事务中的地位骤然飙升。用经济底气驱动政治冒险，是日本的心理定势和行为模式，始终幻想以经济实力干预国际政治，攫取政治利益。在国际政治舞台上，日本不分场合地频频置喙，在国际大三边关系中也缺少自知之明，时常没有尺度地显示自己的存在。就美国而言，美中日三边关系是其亚太战略的核心内容。这是因为，美中关系是当今世界政治格局中最重要的双边关系。在亚太战略中的美中日三边关系，每一组的双边关系都直接影响着第三国。在理论上，三角形3个边的任何一个边的长度发生改变，都直接导致三角形3个内角的改变，导致三角形形状的改变。这是美国在亚太战略里包孕着以“双稳定”实现亚洲“再平衡”战略的深层原因。

美国的亚太战略也被解释为重返亚太战略。进入21世纪，亚洲成为当今最具活力的区域，相对而言欧洲就显得国家老化，而且亚洲的最大活力正在于崛起的中国。2000年，中国设想加入东盟，2010年建立中国-东盟自由贸易区（简称CAFTA）。这令美国不安。2002年美国“国家安全战略”强调通过先发制人的战争保护美国总统所认定的任何美国利益；2008年美国则筹划加入跨太平洋伙伴关系（简称TPP），2015年美国与其他11个国家达成一致，成立TPP，以此作为亚太战略的经济支撑点，削弱中国在亚太地区的经济实力和政治影响，此举被国际称为“经济北约”；美国还假借《WTO反倾销协定》对中国产品进行反倾销调查，游说欧盟国家不承认中国市场经济地位，以便于利用“替代国”手段增加对中国反倾销附加税，使中国成为世界贸易中被反倾销调查最多、受损害最严重的国家。所以对美国的亚洲再平衡战略不能仅从字面上理解，认为是平衡亚洲各方的实力。美国固执地认为，只有保证有对中国的绝对优势的不平衡，美国才能够保证亚洲的平衡。美国的这种霸道心态显然是一种不自信。美国原副总统艾伯特·戈尔倒是非常坦然，他说：“最近150年来，美国和欧洲在全球经济上的主导地位只不过是亚洲占据世界国内生产总值主导地位这么一个长期阶段的间歇期。”他认为，世界经济力量正在从西方移向东方，中国正在赶超美国成为全球经济的重心。同时他认为：“现在塑造世界未来的能力已经被分散至全球。”因而

“全世界所面对的决定不能由任何单独一个国家或一小部分国家作出。”

在世界格局中，中国、俄罗斯和美国这3个世界大国，是决定着世界发展走向的核心国家。中美俄三边关系是决定世界格局的大三角。在冷战时期，美苏形成对峙的两极，但是中国仍处在世界第三大国的地位，所以尽管是两极世界，而实际上起着潜移默化作用的是中美苏三角关系。中美苏是主宰世界风云的大三角。冷战结束，苏联解体，中国崛起，美国虽然成为冷战的胜利者，然而美国实力衰落已成事实。俄罗斯虽然是苏联解体后的主体继承者，然而已经没有了苏联的实力。这样，中国趋于强盛，俄罗斯趋于东山再起，而美国趋于衰落，这3种趋势，使3个大国的实力在某一个时间节点上趋向平衡，于是3个大国从地缘关系和战略结构等方面，形成了新的大国关系。这种新的大国关系与冷战时期最大的不同，是以合作为基调，变“双边对抗”为“三边对话”。避免零和博弈，恪守互利共赢，成了三国大国关系的核心内涵。尽管“战略互疑”始终存在，而且三边关系的现实更加增强了“战略互疑”，然而共同的利害、大国的责任，使3个大国在国际事务中，更能够采取明智的态度和理性的思维。还有更重要的一点，3个大国间彼此都知道“战略互疑”的症结在哪里。中美的“战略互疑”是结构形成的，中俄的“战略互疑”是地缘造成的，俄美的“战略互疑”则更多的是冷战的后遗症。冷战的主要特征是战略互疑、两极争霸和军备竞赛。冷战结束的主要标志是两极变为一极，而战略互疑、军备竞赛并没有消弭，只是改变了指向，转换了对象。如果美国的战略家们认定谁是美国霸权的潜在威胁，或者是挑战者，美国就依旧会用冷战的思维来确定其行为方式。这是最可怕的事情。就美国而言，“疑”来自自身。用基辛格的话讲，“美国坚信自己的原则具有普世性，这给国际体系带来了挑战，因为它暗示不实行民主原则的政府就不是完全合法的政府”。而且美国判定这些政府“他们与美国这个世界最强大的国家之间的关系肯定也含有潜在的敌意”。这应该是美国之疑之根。美国如此疑人，因为美国原本就是个“疑”的国度，公民依法持枪就是“疑”的暗喻。枪是“疑”物，公民依法持枪就等于从法律上判定国家环境是高疑值环境，也等于在法律上宣判国家是高疑值国家。中美俄大三边的战略互信的建立，尽管困难重重，许多变数在偶然和必然中起着方方面面的作用，但还是可以作良好景愿的预期的。中美建交以来，已经建立起90多个对话机制，还将建立外交安全对话、全面经济对话、执法及网络安全对话、社会和人文对话等4个新的对话机制，进一步强化危机管理。合作，将是全球化时代的主题，全球化本身就是合作的隐喻，没有合作就不可能有全球化。美国学者、社会活动家迈克尔·爱德华兹有一个很积极的观点：合作是积极的未来。只要中美两国在新的大国关系中，既能够认准两国共同的利益，又能够认清各自的责任和义务，就能够建立起良好的战略互信的关系。美国部分专家预测世界权力中心将由美国和中国分享，美国和中国将是对世界影响最大的“两国集团”。依照中国文化观念，大国应该有大者风范，大者应是达者，不以小见识处事，而以大智慧示人。中美两个大国，应该自尊自律，为人垂范，和衷共济，积极合作，同抵世间风雨，共为国家榜样。

第五节 地缘残缺及修补

地缘残缺是指地缘要素不全面，意味着自然资源种类的稀少和数量的不足，或发展空间的有限，对生存造成影响甚至危机。因此，地缘修补是地缘残缺国家生就的本能，是生死攸关的使命。在21世纪之前，这种地缘修补的主要思维是殖民扩张、军事扩张和战争征伐，21世纪以后地缘修补的主要思维是国际市场。

一、殖民扩张 殖民扩张在近代史上是地缘修补的重要方式。地缘残缺的国家依据自己经济的或军事的力量，将本国的居民移到国外，在他国进行经济活动，形成国家的离岸经济。被外移的本国居民，大多是生活在社会底层的人，或者是罪犯和奴隶。殖民国家利用这种方式进行资源掠夺、资本输出和商品倾销，是一个国家对另一个国家实施经济、政治和文化的占有行为。历史上最早的殖民行为出现在地中海沿岸。公元前13世纪在今天的叙利亚临近地中海一带，腓尼基人建起国家，到了公元前10世纪，出于粮食的需要他们加强海上贸易活动，渐渐成为航海国家。这个国家的人驾驶着狭长的木船，走遍地中海的每个角落。为了方便商船的往来，他们在滨海的西班牙和北非等地建立起殖民点，公元前814年在今天的突尼斯建起40万人口的迦太基城，以殖民的手段掠夺的财富之多，被形容为“堆银如土，堆金如山”。

欧洲殖民时期，无论是拓殖殖民、掠夺殖民还是商业殖民，其结果是欧洲人以殖民方式统治了世界，欧洲成为世界中心。欧洲人获得的殖民利益，不仅是经济的，还有文化的，也还有未被人们觉察到的权益，那就是欧洲人获得了对整个世界的历史的、现实的几乎是全方位的话语权。自此，欧洲人对亚洲前恭后倨，将这种话语权直接变为权力性话语，并旁若无人地以自我为中心建立起世界公共知识架构，把欧洲称之为统一的西方，余者皆为非西方，后来演绎成“西方”与“东方”的概念。当在世界文化框架中说事的时候，西方文化与东方文化就成了自然而然的概念，致使非西方乃至整个世界原本的历史与现实屈从了殖民者的视角和观念，进了欧洲人的欧洲中心主义“哈哈镜”。

（一）葡萄牙殖民者 葡萄牙是在伊比利亚半岛上诞生的国家。伊比利亚半岛最早的居民是公元前1000年之前来自北非不同部落被笼统称作的伊比利亚人和来自中欧的凯尔特人。之后又有腓尼基人、希腊人和迦太基人迁徙而来。海上贸易出现后，罗马人与迦太基人争夺海上贸易主权，伊比利亚半岛成为罗马人和迦太基人争夺贸易主权的焦点地区，公元前206年罗马人战胜迦太基人，自此控制伊比利亚半岛长达6个世纪。公元419年日耳曼族的西哥特人建立王国，585年统治了伊比利亚半岛。711年摩尔人入侵西哥特王国，占领了格拉纳达城。西哥特人退到北部山区建立了阿斯都里亚王国，开始收复失地。11世纪收复雷翁城，建立雷翁王国。雷翁王国收复葡萄卡莱地区后，建立葡萄牙州。公元1143年，葡萄牙建立起独立的君主制国家，并得到罗马教皇的承认，成为欧洲大陆上第一个统一民族的国家。

葡萄牙地理面积不足10万平方千米，发展空间狭小，资源极度匮乏，一旦有获取资源的机遇，就会死死抓住而不让其错过。葡萄牙政府1960年做了个船型纪念碑，碑文是这样写的：献给恩里克和发现海上之路的英雄。恩里克是14世纪末葡萄牙国王若奥一世的三儿子亨利，出生于1394年，被誉为开创欧洲海上探险时代的先驱。1417年亨利决定从海上去非洲撒哈拉沙漠南边的国家寻找胡椒和黄金，这样可以不经过危险的撒哈拉沙漠。为此他创办了航海学校，培养水手；设立观象台，积累气象资料；招募地理专家，绘制地图；改进航海仪、象限仪、横标仪；研制建造出适宜大西洋航海的多桅杆三角帆航船。正是他带领葡萄牙水手发现了海上之路，成为开创欧洲海上探险时代的航海家。

正因为恩里克开辟了海上之路，葡萄牙成为殖民帝国历史上第一个全球殖民的国家，是在欧洲建立起来的时间最早、持续时间最久的殖民帝国。从1415年征服北非地中海沿岸城市休达算起，至1999年它的最后殖民地澳门回归中国为止，长达584年。在这584年里，其领土范围扩大到了非洲、美洲、亚洲以及大西洋。自从1427年发现了亚速尔群岛之后，葡萄牙凭借船队的力量，于1434年至1446年的12年间到达保加多尔岛、塞内加尔岛、马德拉、佛得角和塞拉利昂许多岛屿，并开始移民；1482年发现了刚果，1488年航海绕过了好望角，1490年到达埃塞俄比亚，1498年到达印度，开辟了第一条由欧洲通往南亚的海上航线，并在果阿建立起亚洲第一处殖民地；1506年霸占了索科特拉岛和锡兰，1509年击败了奥斯曼土耳其帝国和威尼斯共和国的军事力量，成为印度洋上的霸主。葡萄牙开辟的海上航线，将经济触角伸向它可以获得地缘补偿的任何地域，借助他国和他域资源，使本国残缺的地缘得以修复，迅速成为强大帝国，不仅严密地控制着所开辟的殖民地，就连哥伦布发现的西印度群岛、伊斯兰人统治的莫桑比克和肯尼亚的蒙巴萨等地，也归于它的殖民地版图。在东非，葡萄牙几乎统治了东部沿海的斯瓦西里地区，改变了这一地区从未有外国政治势力控制的历史，使这一地区从此与世界体系的中心印度果阿和葡萄牙里斯本密切相连。

葡萄牙之所以能够顺利地进行大规模的殖民活动，就在于当时欧洲的政治和社会环境。在葡萄牙向海洋进军的近百年里，欧洲一直处在中世纪的封闭中，而且纷争不断，英格兰、法兰西等地还没有像葡萄牙这样形成统一的民族国家，贵族之间的战火一直在燃烧；德意志的几百个邦国之间也在明争暗斗；西班牙也燃烧着战火，在为光复国土而战斗；而意大利的城邦正在有条不紊地进行着传统贸易，同时也在享受着这种贸易带来的富足。随着海上新航线的不断开辟，葡萄牙开辟了从大西洋到印度洋的50多个商贸据点，垄断了半个地球的商贸航线，在16世纪的头5年，香料的交易额从15世纪末的22万英镑上升到230万英镑，成为世界第一海上贸易强国。它的殖民地已经遍布整个世界，非洲、亚洲、美洲、大西洋，到处是它的殖民地。

（二）西班牙殖民者 最初的西班牙是由许多独立或者半独立的基督教王国构成的，其中卡斯蒂利亚是最大的王国。公元711年摩尔人入侵伊比利亚半岛，卡斯蒂利亚王国带领众王国进行反对摩尔人统治收复土地的战争。1469年，卡斯蒂利亚王国与阿拉贡王国联姻，卡斯蒂利亚国王四世的妹妹伊萨贝拉嫁给了阿拉贡国王约翰二世的儿子费迪南德。1492年1月2日伊萨贝拉女王和国王费迪南德率领军队攻克格拉纳达城，最终战胜摩尔人，建立起西班牙王国。

西班牙是山地国家，境内大部分是古老的高原，海拔2000多米的比利牛斯山山脉将这个国家与欧洲中心隔断，整个国家相当于一座孤岛，发展空间受到很大限制。有邻国葡萄牙海外殖民的范例，西班牙积极效法，谋划着向海外殖民。正在这时出现了克里斯托夫·哥伦布。1492年8月3日哥伦布率3艘帆船出发，10月12日到达北美洲的巴哈马群岛，就是这一天，人类的足迹将整个世界被海洋阻隔的地质陆块连在了一起。这为西班牙成为全球殖民帝国打下了基础。西班牙在美洲接二连三地征服了多个印第安王国，建立起大片的殖民地，很快就成了与葡萄牙争霸世界的劲敌。1494年6月7日，在罗马教皇的仲裁下，在当今看来偏居世界一隅的两个小国，瓜分了整个世界，罗马教皇仿佛手持一把罗马短刀，将地球像切西瓜一样，从教皇子午线一刀劈下，一半给了葡萄牙，一半给了西班牙，两个小国蛇吞象一样地各自吞下了半个地球。4年后葡萄牙到达了印度，获得了东方香料。西班牙不甘落后，启用了被葡萄牙打入冷宫的航海家麦哲伦，于1519年9月20日由麦哲伦率领5艘船只265名船员，开始了人类历史上的第一次环球航行。在一个半世纪的殖民过程中，西班牙得到了1.8万吨白银，200吨黄金，占全世界黄金和白银总量的83%。随着西班牙越来越强大，国家版图也在逐渐扩展，总面积达到了两千万平方千米。

（三）荷兰殖民者 荷兰原属尼德兰地区，国家版图比葡萄牙还要小，刚刚超过4万平方千米。尼德兰最初属于罗马帝国和法兰克王国统治，8世纪全境归属法兰克王国。11世纪分裂为诸多小领地。12世纪之后，或许是因为有人发现这一带沿海有一种鲱鱼，除去内脏撒上盐一年都不变质，所以一些人到这里来捕捞鲱鱼，久而久之这里的人口逐渐增多，成了荷兰人祖先的土地，属于勃艮第公国，1482年归属哈布斯堡家族，1556年转属西班牙，1566年爆发尼德兰资产阶级革命，1581年7月26日决定建立北方七省尼德兰联省共和国，1588年正式成立后亦称荷兰共和国，1609 年尼德兰资产阶级革命成功，摆脱西班牙殖民统治获得独立。

葡萄牙、西班牙成为殖民帝国，对荷兰产生着巨大影响，荷兰人也看到了国家地理空间狭小，随着人口增长国家发展受到很大局限，更不能把荷兰人的命运始终与鲱鱼连在一起。为了突破这种局限，借用现成的经验，荷兰也开始向海外殖民，依仗在 16 世纪壮大起来的海上军事力量，建起荷兰西印度公司和荷兰东印度公司，凭借这两个公司建立起全球贸易，逐渐成为强大的殖民帝国。到了 17 世纪中叶，荷兰东印度公司在全球的分支机构多达 1.5 万个，数千艘商船穿梭于世界的四大洋，贸易额占了全球总贸易额的二分之一。荷兰的势力几乎达到世界的每一个角落，在亚洲，占据了中国台湾、印度尼西亚；在非洲，占据了好望角；在大洋洲，建立起新西兰一个完整的国家；在南美洲，占据了巴西；在北美洲，建立起一个新城纽约。这个弹丸之地的地理小国，正如荷兰的“莎士比亚”诗人冯德尔的歌词所写的那样：“利润指引我们跨海越洋，为了爱财之心，我们走遍世界上所有的海港。”荷兰最终成为世界上最富有的国家，成为强大的军事大国和经济大国，甚至是世界的经济中心。

（四）英国殖民者 英国是继荷兰崛起成为殖民帝国之后的殖民帝国。英国殖民地比葡萄牙、西班牙和荷兰更加广大，地球的七大洲除了南极洲之外六个大洲都有英国的殖民地，故而称为“日不落帝国”。

英国最初的海洋意识是西班牙培育起来的。西班牙海外贸易和海外殖民之盛，让英国人眼热，因为英国的版图也仅仅 24 万平方千米，而且是个典型的岛国，国家发展空间非常有限。于是女王伊丽莎白一世开始了她的强国谋略。这位年仅 25 岁的姑娘坐在王位上，开始琢磨利用本国任何一处都直通大海的海洋优势对抗西班牙。可是英国力量很弱，无法与西班牙正面交锋，于是她就想出了一个聪明的，也是卑鄙的消耗西班牙海上力量的办法，秘密出台了“私掠船”计划，鼓励海盗袭击、抢掠西班牙的商船，所获财物国家与海盗按比例分成。这样，她就可以左右逢源：海盗获胜了，她笑嘻嘻地与海盗坐地分赃；西班牙人找上门来了，她假惺惺地佯装不知，还迎合着西班牙人的情绪说这群海盗的行为是违反大不列颠国家法律的，严惩、法办云云，将西班牙人高高兴兴地哄回去。当然，伊丽莎白一世这种海盗行径并非空穴来风，而是有着历史渊源。500 年前的英格兰王位上坐的就是海盗，是丹麦的海盗首领卡努特。身为国王的伊丽莎白一世不可能不知道卡努特，也不可能不了解那段历史，没有理由说她的“私掠船”计划不是秉承了先王卡努特的衣钵。西班牙在南美洲开采的黄金和白银，都是经海上运送回国，加勒比海是必经之地。加勒比海最早的海盗是猎人，正当陆地打猎收入微薄的时候，西班牙人一艘艘装满财富的船把他们吸引到了海上，成了叫做海盗的海上猎人。这些人居住在伊斯帕尼奥拉岛的偏远地区，大多是欧洲人，多数是合同期满后不想回欧洲的白人雇工，也有从奴隶主那里逃出来的印第安人。1580年9月，声名显赫的海盗船长德雷克向伊丽莎白献上从西班牙手中抢掠的16.3万英镑的“红利”。这一份红利，几乎能够满足政府一年的支出。

意大利思想家尼科洛·马基雅维利是现实主义的创始人，他认为，人应该从现实生活的角度而不是从应该怎样生活的角度来确定自己的处世方式。伊丽莎白一世在他去世后6年出生，无论从哪个方面讲伊丽莎白一世与他都没有血缘关系，但是两个人的品行相似性让世人瞠目结舌。伊丽莎白一世不折不扣地把他的思想变成了现实。马基雅维利被称作“不择手段的爱国主义者”，也应该是政治哲学的鼻祖，他以“帝师”的心态写了《君主论》一书。他说：“政治无道德，为了维护权力可不择手段。”“目的总是证明手段是正确的。”“任何一位英明的统治者绝对不能够也不应当遵守信义。”当伊丽莎白一世的“私掠船”计划受到世人指责的时候，不知道伊丽莎白一世有没有把马基雅维利当作祖师爷抬出来。其实，伊丽莎白一世和马基雅维利同属古罗马血统。

英国人以伊丽莎白的行径和马基雅维利的手段垂涎中国。最初妄图以贸易掠夺中国资源，结果未能如愿。中国东方农业帝国地位虽已撼动，但自给自足的经济却坚如磐石。中国人不需要英国的商品。英国无法打开中国市场大门。于是，英国人使用了比伊丽莎白一世“私掠船”计划还卑劣的手段，丧心病狂地向中国输出鸦片，经过两次鸦片战争，撬开中国大门终成现实。

海外贸易和海外殖民，不仅为英国带来了海洋霸权的地位和国家经济的富足，也推进了国家工业化进程，1814年就造出了世界第一个蒸汽机火车头，1851年全国就有22个铁路网，钢铁的产量超过了全世界所有国家钢铁产量的总和。

英国依靠殖民成为日不落帝国，其手段是残忍和肮脏的。这一点英国政府极其心虚，在殖民地独立运动兴起以来，就不断销毁殖民时期的文件，将这些文件焚烧和倾倒于深海，以系统化的方式销毁殖民的肮脏手段和罪恶行径的证据。他们自称：这些文件“可能让英国政府感到尴尬”。

二、军事扩张　军事扩张与殖民扩张在严格的意义上不是一个概念。殖民扩张需要军事的力量，但不是直接的军事扩张。军事扩张是以扩大本国空间为目的而发动战争，通过战争霸占他国国土，占有他国资源。从原始战争到现代战争，极少不是因为疆域和资源，而且疆域的本质也就是资源。远古时期，部落之间的战争有占领地盘称王的欲望驱动，不完全是资源问题。当人类进入国家社会的时候，这种情况基本不复存在。国家已经不同于部落，国家机器的完整性，国家之间的制约性，使个人的任何动机都受到了制约，哪怕是世界上最大的独裁者，他的外衣上也印满了“民族”和“国家”甚至“人类”的字样。

（一）德国的军事扩张　德国在公元10世纪是德意志王国，前身是东法兰克王国。东法兰克王国是5世纪日耳曼人建立的法兰克王国的一部分。公元843年，法兰克王国被帝国缔造者查理曼大帝的3个孙子瓜分，形成了德国、法国和意大利3个国家。德国地处欧洲中央，东西两面是开阔的平原，没有任何天然屏障，周边与多个强国接壤，极容易受到外侵，安全环境不佳。因此，德国的历代统治者都视国土安全为重中之重，保卫国家安全是国家最高战略。正如德国历史学家弗朗茨·施纳贝尔所言："在欧洲所有的民族当中，德意志人由于他们居住空间上的地理条件，使他们成为了一个负担最为沉重的民族，特别是地理上的负担，造成了他们历史上的一种特别有负担的传统。"在提防外侵的传统里，在不甘心消极防御的思维里，德国酝酿了主动出击的战略，并且逐渐形成了后来的欧洲军事特色的"进攻"信仰。在这种进攻信仰里，一旦发现周边有不利于国家安全的势力，就主动趁其未成气候而灭之，于是，德国逐渐形成了对外扩张的战略传统，与东部和西部国家的种种冲突和历史积怨，使德国问题成为一个"欧洲问题"。14世纪由于从地中海到北海和波罗的海的商路经过德国北部沿海，德国从而成为欧洲贸易中心，北部波罗的海沿岸不来梅、吕贝克、斯德丁、但泽等90多个城市逐渐形成商贸组织汉萨联盟，逼迫外国承认它们的商业特权，于是它们控制着北欧贸易垄断权，德国欧洲贸易中心的地位因此而更加巩固。15世纪末大航海开启后，商路由地中海转移到了大西洋，商路的中心因此而移到了荷兰和英国，德国红红火火的贸易被釜底抽薪。1618年到1648年的"三十年战争"，北海和波罗的海的出海口又被荷兰和瑞典夺占，贸易的海港汉堡港、不来梅港和罗斯托克港完全被夺占者控制，这等于使德国由沿海国家变成了内陆国家，严重地削弱了德国的地缘优势，曾经驰名欧洲的纺织、采矿、印刷和武器制造等工商业急剧衰落下来。奥格斯堡市曾经有六千多名手工业者，最后只剩下500人，全国的纺织业也缩减了90%，后来由于工业革命和垄断资本发展等原因虽然有了转机，可是地缘优势已经不复存在。德国没有统一前是一个松散的说德语的联邦，其中最大的两个邦国是奥地利和普鲁士。1862年9月，奥托·冯·俾斯麦出任普鲁士王国首相，他决心征服各邦国，成立统一的德国，1864年联合奥地利征服了丹麦王国，1866年联合意大利征服了奥地利王国，1870年进行了普法战争，占领了法国的阿尔萨斯省和洛林省，1871年德意志帝国成立，仅仅9年的时间完成了德国统一。国家一经统一，德国就不仅想成为欧洲大国，还梦想成为世界大国，便于1896年开始推行"世界政策"。它迈出的第一步，是紧步英、法等国后尘走上殖民扩张道路，首先染指非洲沿岸，接着侵占了太平洋的伊里安岛，1897年侵占了中国胶州湾，殖民地面积达到了290多万平方千米，人口1230万。进入20世纪，世界各殖民国家为了争夺新的殖民地和保护既有的老殖民地展开了全面的争夺战，并形成了英国、法国和俄国的三国协约国与德意志帝国、奥匈帝国和意大利王国的三国同盟国的两大集团，最终导致第一次世界大战爆发。德国作为战败国，按照1919年6月28日协约国和各参战国在法国巴黎凡尔赛宫与德国签订的

《凡尔赛条约》，需要赔偿2260亿马克，并且以黄金支付。作为领土赔偿，德国丧失了13%的国土和全部的海外殖民地，战争中被占领的殖民地也依据条约纷纷独立，致使“必须的生存空间”更加狭小，国家复仇主义的民族心理因此而越来越强烈。从1916年开始，德国实际上是由陆军最高指挥官兴登堡为首的军事独裁者所统治。1925年兴登堡大选获胜成为魏玛共和国第二任总统，1930年3月德国国会解体，实行“总统内阁制”，兴登堡直接任命希特勒为国家总理。20世纪30年代世界出现了新的殖民主义思潮。意大利提出了“法西斯帝国”的口号，西班牙提出“大西班牙主义”的口号，日本提出“大东亚共荣圈”的口号，而德国阿道夫·希特勒在德国将军豪斯霍弗尔德国式地缘政治的直接影响下，认同德国缺乏必须的生存空间的说法，赞赏豪斯霍弗尔重新划分世界土地和资源，把世界划分为若干个泛区域，将欧洲、非洲和西亚大部分地区划为德国势力范围的主张，统治世界之心蠢蠢欲动。希特勒借助民族主义心理，宣布废除民主制度，宣称要重新修正世界秩序，在获得民意支持的情况下推翻了《凡尔赛条约》，大规模征兵，扩军备战。1936年3月，希特勒派兵进驻莱茵兰，10月德国和意大利组成柏林—罗马轴心。1938年3月希特勒首先出兵奥地利，将奥地利与德国重新合并，结果喜出望外地受到了奥地利人的欢迎，成为“鲜花之战”。接着，他又准备将居住着300多万日耳曼人的捷克斯洛伐克苏台德地区归并于德国。苏台德原属奥匈帝国，奥匈帝国在第一次世界大战后分成奥地利、匈牙利和捷克斯洛伐克3个国家，苏台德地区属于捷克斯洛伐克。为了避免战争，英国和法国采取绥靖政策，在德国慕尼黑签订了《慕尼黑协定》，要捷克斯洛伐克将苏台德让予德国。这又是一次“鲜花之战”，希特勒被誉为“不流血将军”。希特勒更加肆无忌惮，于1939年9月1日4时45分大举进犯波兰，英国和法国对此发出严重警告，限定德国48小时撤出波兰，希特勒不予理睬，英国和法国因此于1939年9月3日向德国宣战，第二次世界大战爆发。

（二）日本的军事扩张 日本的军事扩张似乎是命中注定的。日本远离大陆孤立于太平洋，国土面积狭小，自然灾害繁多，环境危机，土地危机，给生存造成很大的压力。

日本的历史在考古学上开始于绳纹时代。最迟在公元前3世纪的弥生时代日本社会就有了少数人的统治，到了古坟时代已经是部族林立纷争不断了。正是在这种纷争中大和国诞生。大和国的元首称大王，后来改称天皇，立国之初就坚持扩张政策，逐渐征服了日本中部，奈良时代又开始向东北扩疆。此后的平安时代、镰仓幕府、南北朝时期、室町幕府、安土桃山时代，直到江户幕府，国内的纷争此起彼伏，群雄割据。到了明治时代，结束了封建割据局面，成立明治维新政府，天皇亲政，国号为大日本帝国。

在人文方面，日本从古代开始长期没有文字，文化积累与传承受到严重影响。到了中国唐代时期，日本借用中国文字创造了片假名。此前的历史记载都在中国的古代文献里，《汉书》和《魏志》等典籍都记录了日本国的原始面貌。公元57年，时为百余个倭国的日本，纷纷与中国通交。公元266年至413年国家完成统一后，立刻对朝鲜半岛举兵，意在统治朝鲜半岛的各个国家，并首先进攻高句丽。自5世纪开始，日本频繁向中国派遣使节，从421年到502年的80年间派出使节12次，请求中国授予爵号，想以此说明中国承认其统治朝鲜半岛各国的正当性。公元600年确立文化立国的战略方针之后，开始大量向中国派出遣唐使团和留学生，甚至还有僧侣，学习中国文化，包括生产技术。国家教育仿照中国，大学的教科书是《诗经》《周易》《尚书》《论语》《左传》和《孝经》等中国的典籍，甚至下令全国家家户户必备一本《孝经》，精读勤诵。宪法制定参照了中国的四书五经，以及《史记》《老子》《孟子》《墨子》《庄子》《管子》和《左传》等典籍，还有许多儒家经典。在司法律令中，充分地体现了中国儒家的家族道德传统和社会秩序观念，其中有参考唐朝法典列为最为严重和特殊的罪行“八虐”，即谋反、谋大逆、谋叛、谋恶逆、不道、大不敬、不孝和不义。1911年，桂太郎内阁利用这一司法律令以大逆罪镇压社会主义运动，判处运动组织者幸德秋水等26人死刑或有期徒刑，幸德秋水等12人被杀，遭到国际社会的强烈谴责。

日本虽然饱受中国传统文化影响，但是大陆之外孤岛环境决定了它不可能像中国文化那样泰然自若，整个民族有生死相伴的忧患心理。这种忧患心理导致突围意识的产生，突围意识导致扩张意识，扩张意识导致战争意识。因此以邻为壑成为根性传统，日本与俄罗斯、中国、朝鲜、韩国所有的相邻国家时常剑拔弩张穷兵黩武。从5世纪开始，对外扩张成为国策，明治维新时代天皇亲政收回了德川幕府大权，逐渐形成了日本近代史上的大陆政策，对外扩张愈演愈烈。日本的扩张战略可以概括为“两线”战略，也就是1890年时任首相的山县有朋提出的“主权线”和“利益线”两线，守住主权线，设立利益线，之后将利益线变为主权线，以新的主权线再设立新的利益线。这是一种蚕食战略。它的扩张频度越来越高，规模越来越大：1894年入侵中国发生了甲午海战，1904年发动日俄战争侵略朝鲜半岛，1910年以一纸《韩日合并条约》吞并了韩国，昭和时代再度入侵中国，1931年入侵中国东三省，1937年发动卢沟桥事变，1940年9月27日在柏林签订了《德意日三国同盟条约》，成为第二次世界大战的法西斯轴心国，1941年发动太平洋战争，建立包括朝鲜、韩国、蒙古、中国、印度东部、孟加拉国、老挝、缅甸、柬埔寨、越南、泰国、马来西亚、新加坡、印度尼西亚、菲律宾和西太平洋偌大范围的“大东亚共荣圈”，1942年作出向东进攻到中途岛、向北进攻到阿留申群岛、向南进攻到斐济岛一线的扩大进攻计划，同年8月进攻南太平洋所罗门群岛的瓜达尔卡纳尔岛，1943年9月30日御前会议划定包括日本本土、朝鲜半岛、中国东三省和山东省以及整个东部沿海、中南半岛、印度尼西亚和菲律宾广大地理范围的绝对国防线，1944年秋将越南北部粮食强行征光致使200万人饿死……如此频度的战争，如此规模的扩张，最终耗尽了日本的国力，1944年7月塞班岛战役失败后，太平洋战争的战略格局发生逆转，同年10月被迫以4艘航空母舰对美国35艘航空母舰进行了以卵击石的莱特湾航母大海战，航母力量被彻底摧毁，1945年2月12日最后物资船队的船只被美军250架飞机纷纷击沉，油轮“圣路易斯丸”号中了无数炮弹，为了留下船体而闯入浅海搁浅，南洋运输线被切断，绝对国防线被击破，与此同时菲律宾失守，“大东亚共荣圈”胎死腹中。至此太平洋战争失败已成定局，半年后的1945年8月无条件投降。

为了不让日本军国主义复活，1945年2月美英苏三国首脑罗斯福、丘吉尔和斯大林代表战胜国在苏联的克里米亚半岛的雅尔塔举行会议，签订了《雅尔塔条约》，规定日本国必须取消军队。此种情况之下，日本不管是服与不服，只能规规矩矩接受现实。事实证明，日本并不服气，二战中，日本和美军较量，偷袭珍珠港、强占菲律宾，节节胜利；与英军较量，势如破竹般地占领马来西亚、攻克新加坡岛，夺下了英国在东南亚殖民地的全部资源；在中国，易如反掌地将东三省揣入囊中，之后入关，占领北京，一路南下，直指海南岛，长驱直入到南沙。尽管雅尔塔会议3个月后苏联对日宣战进行远东战役获胜，但那是因为第二次世界大战进入尾声，日本已成强弩之末。对苏联的作战能力日本有既定的看法，1904年2月为争夺朝鲜半岛和俄国打了一年半的战争，俄国战败，仁川海战、黄海海战、蔚山海战、对马海峡海战这4次海战，日本四战四胜。所以，日本心中不服，咽不下这口气。无奈之下，日本确立了贸易立国的战略，复古1350多年前的文化立国的方针，在大力发展以钢铁、汽车、船舶和电子科技工业的同时，着力进行文化开发，将动漫产业发展成为全国的第三大产业，动漫产品占世界动漫产品的70%，成为世界第一动漫大国。战后的日本，由战争机器变成了世界工业基地，创建了地缘残缺而成为世界经济大国的发展模式，创造了超地缘生存的奇迹。

经济大国不等于政治大国，更不等于军事大国。日本要称霸，地缘是日本的阿喀琉斯之踵。地幅狭小、资源匮乏、人口有限，是日本不可能成为世界霸主的天数。但是，日本一向没有这种自知之明。尤其是日本民族的双重人格，是日本民族性格的阿喀琉斯之踵。太平洋战争后期，美国感到胜券在握，但日本最终会不会投降还难以判定，从后来的亚太战略推断，美国还想到了战后操控日本的问题。正是处于这样一些考虑，委派本国女性文化人类学家鲁思·本尼迪克特对日本民族进行研究。鲁思·本尼迪克特以日本皇室的家徽菊花和民间的武士佩刀作为日本民族性格的两个悖论性特征，揭示日本人脸上总是菊花般地灿烂彬彬有礼，骨子里钢刀般地凶残冷酷无情的表里截然相反的畸形性格。鲁思·本尼迪克特认为："他们非常强大，但他们的行为和思维习惯又与我们熟悉的方式截然不同……日本是一个全副武装并经过良好训练但又完全在西方文化传统之外的强悍民族。在日本人那里，我们熟悉的那些战争中公认的基于人性的惯例，并不存在。"日本最早的国名叫邪马台国，由于不甘心长期臣服于中国，在中国《隋书》中发现"日出处天子"语句后，心想中国在海西，日出晚，就以压中国一头的心理将国名定为"日出处天子"，后又将"日出处天子"改称为"日本"。这让人难以判定是日本民族的雄心还是狭隘。在太平洋战争和整个第二次世界大战中日本野心勃勃地制订过蛇吞象的战略计划，劳师远征打过超远程的远离本土 6000 千米的瓜达尔卡纳尔岛之战、远离本土 4000 千米的中途岛之战，然而均以失败而告终，惟远离本土 5000 千米的珍珠港之战获胜。日本还打过不依靠本土补给的"无补给之役"英帕尔之战。英帕尔之战是赶着作为军需给养的缅甸的牛羊跋山涉水穿越原始丛林后发动进攻的，结果招致惨败；而从泰国发起进攻的"无补给之役"新加坡之战，利用马来西亚和盟军补给阴差阳错地取得了冒险性胜利。如果以偶尔的某次"超远程之战"和"无补给之役"的胜利而认定可以用"超远程之战"和"无补给之役"征服世界，那可是真正的"南柯一梦"。美国一位州立大学日本研究所所长说："日本领导人没有实际的国际知识，他们不了解日本国土只是亚洲东部的一群岛屿，没有称霸的实力。"历史经验表明，日本可以利用国际贸易成为世界经济大国，成为一个用国际货币裱糊起来的老虎，但不可能利用国际政治成为政治大国。天皇信仰下的武士道精神常常让这个民族莫名其妙地突发螳臂当车的狂妄，不承认失败为失败、不承认事实为事实，掩盖丑恶、鸵鸟政策、褊狭、倨傲与固执成了这个民族的心理痼疾，在国际事务中少了大智慧。二战时期外务大臣东乡茂德的秘书官加濑俊一针对当时的国家局势说："不能自省就不能外交。"此语可谓一言中的。孤岛的国家地理决定了资源上的"离岸生存"的天数。日本社会评论家山本肇说："资源缺乏的日本不能自存自卫，只有与世界共存协作才能生存。"既然只有与世界共存协作才能生存，那么日本的生存逻辑只能是加法，而不是减法。

（三）美国的军事扩张 美国的军事扩张与德国和日本的军事扩张都不相同，美国也没有德国和日本那么深远的扩张历史，其主旨也不是地缘修补，而是称霸世界。美国芝加哥大学国际关系学教授约翰·米尔斯海默在其著作《大国政治的悲剧》中说："生存的最高保证是成为霸主，因为再没有其他国家能严重威胁此类巨无霸。"也许这正是美国军事扩张的信仰依据。美国的军事扩张可以分为不同性质和不同目的的 4 个阶段。

第一阶段是以拓荒者的角色进行开疆扩土的军事扩张。美国独立后，自东向西扩张，拓展国家版图，主要战争对象是印第安人，致使北美洲的印第安人人口锐减。

第二阶段是以邻居角色进行侵吞掠地的军事扩张。最疯狂的一次侵略战争是美墨战争，这次战争确定了美国国家版图。1846 年 5 月美国向墨西哥发起进攻，以强凌弱夺取了墨西哥 230 万平方千米国土，这些国土在美国今天的地图上分别叫做加利福尼亚州、内华达州、犹他州、亚利桑那州、新墨西哥州、科罗拉多州、怀俄明州，还有此前以另一种方式夺得的得克萨斯州。墨西哥人流着泪说："结束这场战争的协约，即《瓜达卢佩·伊达尔戈条约》要求的不只是领土割让，而是一次截肢。这次痛苦的外科手术仅仅旨在保留残余的肢体。"

第三阶段是以世界警察角色实施"非主权领土"的军事扩张。这个阶段是从西奥多·罗斯福总统时代开始的，他是美国海外"非主权领土"军事扩张的创造者，首次将美国扮演成世界警察的角色。他奉行门罗主义和大棒政策。门罗主义是门罗总统接受国务卿亚当斯的建议，将欧洲殖民主义驱逐出美洲确定为 1823 年所发布的《罗门宣言》的主旨，以大西洋为界，美国不涉入欧洲的权力斗争，欧洲也不得涉入美国的事务。看起来这是个很中性的宣示，实际上暗露锋芒，警告欧洲各个强权国家，美国为维护西半球的利益不惜一战。大棒政策主要针对邻国和美洲国家。西奥多·罗斯福借用门罗主义和大棒政策诠释他的干预行为，接连做了 4 件事：第一件事是 1902 年迫使海地解决与欧洲各银行的贷款问题；第二件事是 1903 年挑动巴拿马动乱，让哥伦比亚争取独立；第三件事是 1905 年将多米尼加作为美国的财政保护国；第四件事是 1906 年派兵攻占了古巴。为了炫耀武力，显示其征服世界的能力，1907 年 12 月 16 日组成"大白舰队"巡航世界。西奥多·罗斯福认为，在欧洲，德国是最大的威胁；在亚洲，俄罗斯是最大的潜在威胁。他说，世界上没有任何国家比俄罗斯更掌握着未来的命运。这使他深感美国获取世界霸权受到潜在威胁。但是，他并不让美国直接与俄罗斯对抗，而是利用日本牵制俄罗斯。在日俄战争中，他表面宣布中立，暗中却偏向日本。日本击溃了俄罗斯的舰队，他高兴地说："我对日本的胜利极为兴奋。因为日本遵从我们的规则。"后来的历届总统都奉行罗斯福主义，并将罗斯福主义演变成"离岸平衡手"战略。"离岸平衡手"是米尔斯海默在其《大国政治的悲剧》书中提出的一个概念，也就是发现潜在霸主或者地区霸主时，美国一般不直接亲自与之对抗，而是利用相关的大国和势力与之抗衡，或相互消解，也就是我的目的利用他人实现。在整个 20 世纪，美国靠这一伎俩确保了惟一地区霸权国的世界地位。

第四阶段是以世界领袖角色实施全球军事扩张。1945 年第二次世界大战结束后，世界经济进入开放性发展阶段，美国借助这种开放性构建世界霸权秩序，以西方领袖的角色扩大其世界军事势力范围。为了遏制苏联，与苏联争霸世界，杜鲁门政府确定要做 4 件事：建立核威慑力量；实施马歇尔计划重建欧洲；以布雷顿森林协议及其基础机构国际货币基金组织、世界银行、关税贸易总协定，建立世界新经济秩序；推行西方发展模式，对抗社会主义模式。美国从 1947 年开始支持欧洲联合，建立欧洲联盟，推动欧洲政治经济一体化。1950 年对朝鲜半岛的军事扩张、1960 年对古巴的军事扩张、1961 年对越南的军事扩张，都以军事实力为基础，包括冷战时期的军备竞赛，都是在竭力扩张美国在世界上的势力范围。成为世界军事强国后，美国或明或暗地宣称，不会把自己局限在本国疆界之内，也不会把自己局限在本国所处的西半球。1961 年提出了“两个半战争战略”：在欧洲打一场同苏联的战争，在亚洲打一场同中国的战争，在亚洲、拉丁美洲、非洲和中东等地打一场较小规模的局部战争，谓之“半个战争”。苏联解体后，美国的军事扩张进入新的阶段，这个阶段以老布什总统为起点。1992 年 1 月，老布什说：“美国已从西方领袖变成世界领袖。”也就是从这个时候起，美国成了世界僭主，时时事事处处都自诩为世界领袖。米尔斯海默在其著作《大国政治的悲剧》前言的一句话入木三分：“美国的精英们常常用理想主义术语谈论外交政策，却以现实主义方式行事。”以领袖的面貌示人，以大鳄的行径凌人，已成美国方式。这与英国殖民时期的世界主义如出一辙。多少年来，美国一直以军事势力为基础，扩张势力范围，崇信战略均衡论，惯用的军事手段是设立基地、非领土驻军，在世界各地建立各类军事基地，在各大洋驻扎联合舰队航母群，凡此种种，也还是“离岸平衡手”的伎俩，是离岸介入平衡的模式。即使迫不得已必须直接进行的战争，也是离岸战争，既要进行战争，又不让战火在本国国土上燃烧。不仅如此，还强力实施全球军事干预，卫星侦察、互联网监测、窃听他国首脑电话，以种种手段控制世界其他国家，建立世界领袖的霸主地位。为了这种霸主地位的确立和巩固，在政治上美国会与英国和法国走得更近；在经济上美国会与德国和日本走得更近。但在某种特定的战略上，美国会非常现实主义地决定亲疏，如在亚太战略上，美国会与日本和澳大利亚走得更近。或许美国学者们比政府决策者们要温良恭俭让一点，认为不宜在国际关系中太过张扬，锋芒毕露，自命不凡。其实，美国是将对世界事务的干预，当成了对世界的统治。近百年来，所谓的美国统治世界实际上是美国的幻觉，自我误导。在现代国际关系中，美国一直有领袖国、强权国、宗主国 3 种国家情绪。领袖国情绪始于杜鲁门执政时期，表现为全球驻兵，以美国价值观对世界事务指手画脚；强权国情绪始于西奥多·罗斯福执政时期，表现为单边行为，双重标准；宗主国情绪形成于二战结束前后，这种情绪表现为以家长面孔操纵依附于美国的那些国家的国家事务，集中反映在对日本、韩国和菲律宾等一些国家的外交政策上。充当世界领袖，必须亲政亲临事必躬亲，对任何国际事务倘若置身事外，就等于把这部分权力和势力范围拱手让出。2005 年 11 月 14 日美国前总统卡特在《洛杉矶日报》撰文批评说：“无论付出怎样的代价，美国最高领导人都决意要在全世界发挥美帝国主义无与伦比的威力。”同时说：“当我们与其他国家有重大分歧时，我们就把它们贬为国际贱民，并拒绝以直接谈判的方式解决分歧。”其实，从本质上讲，美国并没有统治世界，也没有成为世界领袖。美国对世界的干预不具有领袖内涵。

三、战争征伐 利用战争手段实现地缘修复或弥补，是自古以来最常用的方法，是人类出于本能的无师自通。人类的历史从战争学上定义，就是一部战争史，是一部人类以战争相互征伐的历史。人类世界社会体系就是战争体系，无论战争打与不打，人类都深陷战争的深渊。因此，人类既制造战争又诅咒战争。美国学者查尔斯·梯利在其《发动战争与缔造国家类似于有组织的犯罪》一文中有一段语惊四座的话："如果说黑社会代表了公认的有组织犯罪，那么发动战争和缔造国家就算得上是有组织的犯罪之典范，是具备合法性优势的典型的黑社会。"因此，利用战争进行地缘修补，是最平常不过的事情，无论其战争是多么不具备合法性。

历史上地缘的概念是在人类有了领地意识多少代之后才形成的。领地之间的差异，可以看做微观地缘的差异。地缘真正内涵的形成是在人类定居之后，特别是国家出现之后，人类生存区域化、集团化，彼此不得侵犯，成了生存的区域格式，全部的地缘关系就此形成了。此格式与彼格式的差异，此区域与彼区域的差异，直接反映着不同的生存环境和条件，直接决定着生存质量，要提高生存质量，要改变生存方式，就要改变生存格式。这种格式改变通常情况下是经过战争，以强硬暴力的不容反抗的战争方式，打破格式规范，扩大生存区域，容纳更多的生存需要的地缘要素。这种战争概念的完整内涵是军事扩张。

人类疯狂地发动了两次世界大战。这两次世界大战，将人类的高级智能动物的本性暴露无遗，展示得淋漓尽致。两次世界大战的发生并不是浅层的地缘修补，其深层原因是地缘恐惧，是生存恐惧，是对同类的恐惧。所以，尽管交战的双方都是不同国家的利益组合，最终战胜方还会发生分裂，甚至发生新的战争。第一次世界大战战胜国的巴黎和会，第二次世界大战战胜国的雅尔塔会议，战胜国的明争暗斗，已经充分显现出这种必然的趋向，美国和苏联争夺世界霸权，持续近半个世纪的冷战，正是这种趋向的严酷后果。地缘恐惧、生存恐惧注定使战争与人类共存，但是用积极一点的眼光会发现，人类已经对战争深恶痛绝。两次世界大战使人类切实看到了战争的残酷，切身感受到了战争是毁灭性的灾难。从这个角度讲，两次世界大战给人类留下的最大一笔遗产是和平。也正是这两次世界大战的发生，使爆发第三次世界大战的概率大幅度降低。

在全球化进程日益加快的今天，利用战争形式、依靠战争手段来改变生存格式，基本是件不可能的事情，尽管战争妄想者并不这样认为。人类进化到今天，赤裸裸地以掠地为目的的"领地战争"时代已经过去，这种领地战争已经完全不适合今天的语境。谁欲为之，必被诛之；谁先与之，必先亡之。那么，战争对于地缘的修补，不可能是领域意义的，而只能是资源意义上的"资源战争"。尽管如此，资源战争仍需要许多由谎言堆积起来的堂而皇之的理由。如果选择最典型的例子，莫过于中东战争了。

中东在地理上差不多是西亚的全部、从地中海东岸到波斯湾及部分北非这样一片区域，其中包括土耳其、阿塞拜疆、塞浦路斯、黎巴嫩、叙利亚、伊拉克、伊朗、埃及、以色列、约旦、沙特阿拉伯、科威特、巴林、卡塔尔、阿联酋、也门和阿曼等近 20 个国家。“中东”同“近东”和“远东”一样，是欧洲中心论的称谓，指的是介于近东和远东之间的区域。由于中东地跨欧亚非三大洲，西连大西洋，东接印度洋，中间有里海、黑海、地中海、红海和阿拉伯海，故而是欧亚非三大洲的交通枢纽地带，在世界政治、经济、文化和军事上占有重要地位。

但是，中东战争发生的原因更多的并不在于地理位置，而在于自然资源，在于波斯湾一带占据世界首位的石油储量，蕴藏量占现已探明的全球石油蕴藏量的 74%。自从石油成为世界主要能源以来，石油也就成为世界各国争夺的资源，中东也就成了风风雨雨的是非之地。自 1948 年以来，中东共发生了 5 次战争，5 次战争都直接地或间接地与石油联系在一起。

第一次中东战争发生在 1948 年。由于第二次世界大战的原因，英国对巴勒斯坦实施委任统治。英国一直支持犹太复国。19 世纪末，欧洲出现反犹太主义浪潮，同时犹太人掀起以依据古犹太人宗教中心耶路撒冷锡安山定名的锡安主义为旗帜的运动，呼吁建立犹太人民族国家，并于 1897 年 8 月在瑞士巴塞尔举行第一次世界锡安主义组织大会，通过了在巴勒斯坦复国纲领。英国出于谋求中东利益的考虑，以《贝尔福宣言》形式支持犹太人复国。出于同样的目的，英国于 1948 年 5 月 14 日提前两个半月结束对巴勒斯坦的委任统治，同意以色列建国。建国仅 12 小时，阿拉伯联军就开始进攻以色列。此后“阿以”战争持续不断。

第二次中东战争发生在 1956 年。英国、法国和以色列这 3 个国家以收回苏伊士运河公司为借口，于当年 10 月 29 日共同向埃及发动进攻。

第三次中东战争发生在 1967 年。美苏对中东的争夺不断升级。以色列在美国的支持下持续向外扩张，6 月 5 日向埃及发动进攻，4 天内占领了西奈半岛和加沙地区，第六天攻占叙利亚戈兰高地，约旦、埃及和叙利亚被迫同意停火。以色列占领了阿拉伯 6.5 万平方千米土地，几十万巴勒斯坦阿拉伯人被赶出家园。

第四次中东战争发生在 1973 年 10 月。埃及和叙利亚为收复在第三次中东战争中的失地，向以色列发动进攻。

第五次中东战争发生在 1982 年 6 月。以色列借口他们国家驻英国大使被巴勒斯坦游击队杀害而出动 10 万兵力，陆海空立体对黎巴嫩境内的巴勒斯坦解放组织游击队和叙利亚驻军大举进攻，占领了黎巴嫩大部分土地。

五次中东战争，看起来引起战争的原因各有不同，尤其是第一次中东战争，看起来是宗教战争，但是，从深层次上看，每次战争都是因为中东利益，而中东利益的核心是石油。自一百多年前发现并开采利用石油和天然气以来，整个世界、整个人类社会发生了翻天覆地的变化，天上飞的、地下跑的、天上地下转动的，都是油气的能量。石油和天然气都是不可再生的资源，因此对石油的争夺愈演愈烈。自20世纪初至今的一百年里，控制石油和天然气，一直是英国、苏联和美国的核心战略，是工业国家行为的核心目的。早在1941年，英国和苏联的军队就占领了伊朗。苏联霸道地要求独家开采伊朗北部的石油，英国则主张在伊朗拥有更多的石油开采权。1943年美国总统罗斯福对英国驻美国大使哈里法克斯勋爵说，波斯的石油是你们的，伊拉克和科威特的石油我们共享，而沙特阿拉伯石油是我们的。1944年，伊朗为了保护国家利益，民族主义领袖莫萨台向国会提出，禁止同外国进行石油谈判。由此看来，第一次中东战争远在7年前就已经“山雨欲来风满楼”了。

最能够说明问题的就是海湾战争。

海湾战争起因就是美国为了控制海湾石油，以保障美国巨大的能源需求供给。因而美国策动西方国家组成反伊拉克联盟，组成多国部队，进攻伊拉克。

海湾是波斯湾的俗称。1990年8月1日，伊拉克与科威特这两个海湾石油国家因为石油问题反目成仇。伊拉克想吞并科威特，以此解决两国长期以来存在的边界问题和由边界问题带来的边界地区石油开采的问题。第二天，伊拉克以迅雷不及掩耳之势对科威特发起闪电式进攻，经过一天的战斗，8月3日就占领了科威特全境。美国感到在海湾的利益受到威胁，不能由着伊拉克性子来，当天美国总统布什就谴责伊拉克此番行动是“赤裸裸的侵略”，而且对美国的国家利益“构成了真正的威胁”，宣布冻结伊拉克在美国的所有资产，同时派两个航母战斗群直驶海湾，8月7日又将地面部队开赴与伊拉克接壤的沙特阿拉伯。联合国安理会先后通过了10多个决议谴责和制裁伊拉克，其中第678号决议严厉声明：如若伊拉克在1991年1月15日前不从科威特撤军，就将使用“一切必要手段”执行联合国安理会通过的有关伊拉克入侵科威特的各项决议。1991年1月17日，以美国为首由34个国家组成的多国部队实施对伊拉克首都巴格达轰炸，海湾战争爆发。这是美国主导的大规模的局地战争，通过这场战争，美国进一步加强了与海湾地区各国的军事合作，强化了美国在海湾地区军事影响力，为2003年美国对伊拉克“满门抄斩”式的进攻，奠定了基础。

而苏联于伊拉克进攻科威特的第二天即8月3日，与美国达成共识，发表《联合声明》，一致要求伊拉克无条件撤军，并停止了对伊拉克的军事援助和武器供应。

美国在制造对伊拉克作战的全国舆论时，核心的支撑点是石油对美国经济的重要性，而反战的美国人强烈呼吁“不要用鲜血换石油”。这充分表明海湾战争的实质是一场资源战争。

2003年，美国再次对伊拉克动武，所谓的理由显然是借口，说伊拉克总统萨达姆·侯赛因与世界恐怖组织有关系。其实司马昭之心路人皆知，美国是为了石油。所以，尽管联合国安理会的5个常任理事国中有3个常任理事国强烈反对，然而布什政府还是联合英国发动了对伊拉克的战争。战争爆发半月后，英国军队首先控制了伊拉克南部的石油重镇巴士拉。3个星期后，美军进入伊拉克首都巴格达。早在1945年6月26日，美国总统杜鲁门在联合国成立大会上讲话时，在建立一个没有战争的世界的理念下，他信誓旦旦地说："让理智在世界上占主导地位。"然而，至今还是一个战火四起的世界，美国所发动所进行的一场场战争是不是出于理智、出于什么样的理智，美国自己心知肚明，世人也不言自明。

四、国际市场 当今是全球化配备着大数据的时代。大数据数量的计量单位使用太字节、拍字节和艾字节等，太字节为2的40次方字节，拍字节为2的50次方字节，艾字节为2的60次方字节。举一个可以比照的例子，谷歌公司每天处理的数据为24拍字节，这个数量是美国国家图书馆所有纸质出版物所含数据量的上千倍。大数据时代是思维大变革的时代，传统作为统计学意义的数据，如今已经成为一种新的资源，改变了人们的思维方式，样本=总体、概率重于精确、相关关系重于因果关系，成为大数据时代的重要标志。大数据是一种思维方式和分析工具，是运用宏观数据把握事物本质和演化规律，更利于对量变积累与质变临界的认知和把握。对于传统的经验管理，大数据管理更显出科学性和时代性，满足了全球化大视野的大尺度。大数据应用和大数据管理，成了全球化的内在特征，世界绝大多数国家都有超级计算中心。在全球化大数据的时代背景下，以大数据处理国际事务成为时代特征，国际贸易也进入了大数据时代，并以全新的面貌拉动着国际市场的振兴。国际市场是国家市场的拓展，以国家间的贸易为基本形式。用大数据分析国际市场和国家间贸易走势，以更科学的方式从国际市场上获得本国稀缺资源和商品，是经济全球化背景下国家实现地缘修补的主要途径。

利用国际贸易进行地缘修补，除利用自然资源之外，还有更多的人文资源，包括先进的生产技术和科技发明。这种地缘修补是先进科学技术对由于地缘因素或人为因素而造成的落后的弥补，改变落后面貌，促进国家的全面发展。

国际市场的概念基本等同于世界市场，但是其中有局部区域的国际市场，例如亚洲国际市场、欧洲国际市场和非洲国际市场；也有相对于本国而言的外国市场，例如相对于白俄罗斯而言的乌克兰外国市场和相对于智利而言的阿根廷外国市场。

外国市场是指一个国家之外的任何市场，包括外国的国家市场及其国家内部市场。如泰国出产的大米销往老挝是国家市场，若直接销往万象、琅勃拉邦，则是老挝国家的内部市场，对于泰国而言，依旧是外国市场。日本的电视机、收录机和照相机等家用电器产品，在20世纪80年代的主要外国市场是中国市场。中国各地都大量进口日本的彩色电视机和照相机等家用电子产品，创造了日本电器占领了整个中国电器市场的奇观。在国家间的贸易活动中，商业集团的市场活动通常更多的是针对需求大销路好的某些特定国家的市场，而且更直接地针对这些国家中需求量最大的地区市场。中国海尔集团的产品拥有广泛的国际市场，但是在营销学上依然是外国市场和外国国内局部市场。中国卫星、火箭等航天产品的国际市场，一般是外国的国家市场。

国际区域市场是比外国市场概念更大的市场，如亚洲市场、欧洲市场、非洲市场、中东市场和南亚市场。国际区域市场通常包含着多个国家市场，需要进行贸易交流的国家根据产品种类、质量和技术含量以及营销环境等选择一个或多个国家进行贸易交流。

世界市场是全球化的市场，是世界上所有国家或地区在国际市场的国际生产分工体系里，进行商品交换、劳务交换和资源配置所形成的贸易统一体。世界市场和国际区域市场在地理上没有多少差别，国际区域市场往往就是世界市场，差别在于市场机理。如果按照国家制度划分，可以分为资本主义国家市场和社会主义国家市场；如果按照经济集团划分，可以分为欧洲联盟市场、东南亚联盟市场、西非国家经济共同体市场等；如果按照商品构成状况划分，可以分为工业制成品市场、农产品市场和原材料市场等。这些市场还可以进一步划分，如工业制成品市场又可分为机械产品市场、电子产品市场和纺织品市场；如果按照交易对象划分，可以分为商品市场、劳务市场、资本市场和技术市场等。

殖民、军事扩张、战争、国际市场，这是地缘残缺国家实现地缘修补的主要方式和途径。在经济全球化的21世纪，国际市场将成为地缘残缺国家进行地缘修补的最佳方式和最佳途径，自然也是最佳选择。

第六节　地缘的相对性与绝对性

地缘是一个局地概念，是相对于整个地球或某个地理整体而言的局地概念。它的本质是揭示地球或地理整体任意局地的各种与人类生存相关要素对人类生存的影响。这种影响既有地对人的影响，也有人对人的影响。同时，地缘是个比较而言的概念，因而地缘具有比较学意义上的相对性和绝对性。

一、地缘的相对性　地缘的相对性主要指地理环境中自然资源的相对性，包括种类的相对性和数量的相对性。在某种地理环境中，自然资源中的某些资源只能提供生存的部分必需，另外部分的补给有两种渠道：一种渠道是从域外寻找这种补给，另外一种渠道是本域自我改造。在南美洲的热带雨林里，土著民族食物直接来自雨林，需要的粮食或是开垦种植，或者用木材和土产换取。蒙古草原民族依靠草原过着游牧生活，草原的土地资源很好，可以开垦土地种植需要的粮食，然而因传统的游牧生活习惯不擅长种植业，没有农耕的传统，粮食只能来自域外。马来西亚虽然土地条件很好，然而这个国家并不是农耕文明的国家，全国到处都是橡胶林，橡胶是这个国家的经济命脉，粮食依赖进口。而泰国则林业和农业并行发展，两者生产水平都很高。

地缘圆满的国家容易在自给自足的情况下自闭，形成在国际上的万事不求人的生存心理。这类国家能够形成独立的生存空间、独立的生存体系、独立的生存原则，而不需要借助他国资源进行地缘修补。中国曾经是典型的自给自足的国家，这种状况就在于地缘的圆满，有条件有能力闭关锁国，尽管享受不到他人的文明成果，但是也不受世界大环境的制约。工业文明出现后，中国工业的落后在现代化世界格局里显现出它的局限性，最突出的一点就是频频遭受工业国的侵略，被人宰割，割不完的土地、赔不完的银子，于是开展自强运动，学习西方，学习科学技术，发展工业。经过世代努力，中国又具备了现代化生存的自给自足的条件，完全可以进入一个全新的全方位的立体的“自给自足”的轮回。当然，中国不会再走封闭的道路，然而这是中国的国家底气，并不是世界上所有国家都能够关起门来过自己的日子。

对于中国历史上自给自足的闭关锁国，中国历史学界一向是一味地贬斥，缺少了辩证的分析。这需要重新反思。现在已经进入了全球化时代，国际生存空间、全球化的国际生存体系、全球化的国际生存原则，将各种不同地缘的国家融为一个整体，一旦全球化的生存体系出现问题，就会牵一发动全身，任何一个链环上发生问题，全球所有国家一起遭殃。1929 年华尔街股市崩盘，全世界经济大萧条，就是一个警示。然而，这个全世界的经济大萧条恰恰没有波及自给自足闭关锁国的中国。这一点，人们在声讨中国闭关锁国的落后时被忽略掉了，或者形象一点说被屏蔽掉了。融入世界，甚至自觉地担负世界责任，这需要高度的理性，否则得到了世界的蜜桃，却失去了自家的桃树。

二、地缘的绝对性　地缘的绝对性主要指地理环境中自然资源的绝对性，包括种类的绝对性和数量的绝对性。在全世界的国家中，有两个国家是说明地缘绝对性的极端例子，一个是梵蒂冈，一个是新加坡。梵蒂冈这个国家是国中之国，内飞地，面积不足半平方千米，整个国家在意大利罗马城西北角的梵蒂冈山地上，四面与意大利的国土接壤，国界线就是梵蒂冈城的城墙，除了脚下站立的那一点点地球的地表外，没有任何自然资源，没有高山、没有江河、没有森林、没有草原、没有耕地、没有矿藏、没有海洋。奇异的是，这个什么资源都没有的国家，很有意思地成了纯粹的宗教国家，而且是天主教的中心。

新加坡这个国家的主要国土是新加坡岛，整个岛的东西与南北的长度都是 40 千米多一点，即使是贯穿全岛的河流也长不过 40 千米，淡水资源奇缺，全国共有

32 条河流，都很短小。即使河流再短、流量再小，也不能让它白白地流到海里去，于是就拦坝筑堤把河流变成了蓄水池。

然而，新加坡却恰恰有很好的另一种地缘优势。大航海时代开启以来，航海业突飞猛进地发展，内海航运迅速发展成为越洋航运和跨洲的远洋航运，新加坡岛的海洋航运上的地理位置成了优势。正因为有这种优势，英国东印度公司在这里修建码头作为航运转运站和航运补给站，新加坡的港口和城市就是这样发育起来的。1963 年马来西亚联邦成立，新加坡是马来西亚领土的一部分。1965 年新加坡脱离马来西亚联邦，成为独立的国家。这个国家秉承了自 1819 年 1 月 30 日柔佛部落酋长天猛公与英国东印度公司代表斯坦福·莱佛士签订的那份允许英国在当地建立贸易点的协议开始的英属殖民地既定的海洋战略的衣钵，整个国家就成了世界海洋航运的转运站和补给站，立足于转口贸易，将整个国家变成了一座大码头，全国的经济发展不是依靠本土自然资源，而是依靠世界各国的资源，船舶在这里补给的同时，也就不断地为这个国家补给。吃着“百家饭”，这个国家日益富强，成为东南亚重要的港口国家。所以，对于这个国家，与其说是国家管理，不如说是码头经营；与其说是海洋文化，不如说是客栈文化。这也正如一些西方学者所言：“新加坡很像一家公司。”在当今的世界上，没有哪一个海洋国家像新加坡这样，是一个纯而又纯的海洋富国。正是有了扼守马六甲海峡的新加坡岛这样的地缘，新加坡成了发达的新兴工业国家。

如果翻开历史，可以看到 15 世纪的马六甲王国与其同出一辙。马六甲海峡的地缘使马六甲成为繁华的港口小镇。那时马六甲首次提出了“港口政策”，也就是王国向经过马六甲海峡的各国商船开放港口，将马六甲变成了各国商船的补给站和货物转运站。1511 年葡萄牙占领马六甲时，外交官托梅·皮里士作了考察：一天之内可以听到 84 种语言。马六甲的繁荣程度可见一斑。

地缘是地理环境某种尺度的表述，表明地理环境中适合人类生存的要素多寡与优劣程度。地理环境决定论的立论依据也正是在这里，也正是在这里把地理环境绝对化。有时候，从一种角度看是一种结果，从另一种角度看又是一种结果，可谓“横看成岭侧成峰”。从一般角度看，新加坡是个岛国，没有供国人生存的自然资源，地缘残缺。而从另一种角度看，新加坡之所以能够富强，正是地理区位的结果。没有海洋要道的地理位置，不可能有“吃百家饭”的地缘；没有“吃百家饭”的地缘，就不可能成为发达的新兴工业国家。可是有一点必须从根本上弄清楚，这种地缘是人人关系形成的地缘，是人类社会发展到了海洋时代的结果，而不是新加坡岛地理环境的自然结果。

对地缘绝对性的认知不可绝对化。强调这一点非常必要。其必要性就在于避免陷入地理环境决定论的误区。在一个家庭环境中，一母所生的孩子其性格、思维、行为方式并不相同。整个世界的国家从地理上分类只有大陆国和海洋国两大类，但是国家的性质却千差万别。美国和中国同是大陆国，却是两个性质完全不同的国家。朝鲜与韩国比邻，同在地理幅员狭小的朝鲜半岛上，而且有着相同的民族血缘，但两个国家的性质完全不同。而有的国家虽然地缘因素不同、地理相距遥远，却有很大的相似性。所以才有了东方国家和西方国家、社会主义国家和资本主义国家等以不同形式合并的同类项。文化圈也可以从一定程度上诠释对地缘绝对性的认知不可绝对化的根由。显而易见，在相同的文化圈里，有地缘完全不同的国家，其中就有地理完全不同的大陆国和海洋国。

无论从哲学范畴还是现实世界分析问题，都不可以以单一的因素判定事物的本质和发展趋向。因为任何事物的发展和演变都不是单一因素所能够决定的，而是综合因素的共同作用，尽管或许其中有一种因素是具有决定意义的，是主要矛盾或主要矛盾方面。

第四编

社会形态与国家行为

【谋篇理由】世界进入了全球化时代，国家主权正在被消解，国家主权的概念正在被重新定义。世界社会的管理是遵循传统的国家主权模式线性地进入“世界联邦”模式，还是非线性地终结国家主权模式进入无政府状态的自然自由模式？全球化时代注定了人类的全球化一体生存，这必将导致人类生存逻辑体系的重新构建。

第十章　行为的本质及行为的理论诉求

行为是生命的属性，是生命的本能，也是维持生命的基本的和必要的肢体活动。行为是人类生命活动的外在形式，行为的目的是自我实现。行为目的的自我实现是在自然环境和社会环境中达成的。

社会性行为是个体或群体行为的社会性，不等同于完整意义上的社会行为。社会行为通常是社会的组织行为，一般是由社会组织、民族、国家和政党达成的。

社会形态决定着社会行为。个人社会行为如此，群体社会行为如此，民族和国家的社会行为亦如此。

第一节　行为的本质

人类的行为是一个复杂的过程。分解行为结构，也是一个复杂的过程。

一、行为的前提　行为是由思维驱动的，思维可以不付诸行为，但凡是行为必然是思维的驱动，是思维的结果。行为的出现，可以反证思维的存在；由行为的方式可以推导出思维的方式。因而要认识行为，必须首先认识思维。

（一）思维定义　当哲学家、心理学家在表述人的脑功能运行的时候，借用了“思维”这两个字或者说这个词。思维是客观事物反映到人的头脑时引起脑功能的一系列活动。这是个难作精确表述的概念，因为思维是个非常复杂的主客观共同作用的过程。在一般意义上可以说思维是人脑对客观世界的反映，是对客观事物本质和各种联系的认知过程。根据思维方式或思维运行的模式，可以分为形象思维和逻辑思维。哲学家和心理学家习惯于将思维专指逻辑思维。

无论当时哪个学者对大脑功能的运行使用了“思维”二字或一词来表述，我们都可以将思维理解成主观和客观两个世界的东西。“思”是主观世界的，而“维”是客观世界的，是客观世界的维度。以主观思想通过不同的客观维度而实现对客观世界的认知，就是思维。

思维是人类生存的首要保障。没有思维，认识不了立足之地，认识不了周围环境，认识不了与人类相关的事物，认识不了生存必需的自然资源，当然也认识不了自然界种种事物对人类生存的利与害。可以说，生存的首要条件是思维，没有思维就不可能有生存。

人类具有高级思维能力，是地球上惟一具有高级思维能力的生物物种。长期以来，人类一直武断地认为自己是地球上惟一有思维能力的物种，这种认识实际上等于从一个特定的方面否定了人类与其他动物物种的联系。应该说，动物都是具有思维能力的，只是高级和低级而已。灵长动物猩猩、猴子和猿都是有思维能力的。地球上几乎所有的动物都有一定的判断能力和行为能力。燕子确定迁徙路线，大雁夜间宿营设有岗哨，蜘蛛结网捕食，章鱼是能够完成复杂行为的海洋动物，甚至苍蝇和蚊子也知道逃避，这应该毫无疑问是思维能力的体现。头是什么？头是脑的容器，没有脑长头何用？有头必有脑，多少而已；有脑必有思维，高下而已；有思维必有行为，简单与复杂而已。思维的终端是行为。凡是动物都有行为，行为反证着思维。在进化论里，动物躯体上是没有多余的器官的，没有用的器官最终是要被进化掉的。欧洲比利牛斯山的胡秃鹫喜欢吃动物的尸骨，遇到大的尸骨无法吞咽时，它们会抓起尸骨飞到七八十米的高空，对准山上的岩石将尸骨抛下摔碎。如果没有破碎到适合的大小，还会继续重复这样的高空摔骨动作。在诱发达尔文撰写《物种起源》的加拉帕戈斯群岛上，短耳鸥鸮能够潜伏在小海燕的石缝巢中猎捕归巢的小海燕。岛上还有一种名叫鸐形树雀的小鸟，能够借用树枝掏出树洞中的虫子。它的智慧表现在：第一，折断树枝，而且选择干枯的树枝，这样容易折断，且粗细适中；第二，折断动作是脚踩住树枝，用嘴折断，且长短适中；第三，用嘴衔住树枝的顶端，最大限度地将树枝插入树洞。倘若没有思维，这些目的性行为从何而来？2007 年 9 月美国《纽约时报》和英国《卫报》等多家报纸为一只死去的鹦鹉发讣告。这只鹦鹉是美国哈佛大学动物认知学讲师艾林·佩普伯格驯养的，名叫亚历克斯。它是一只非洲黑鹦鹉，能做简单的加法数学题，能说 150 个英语单词，能够识别各种颜色和 50 多种物体，能够理解“零”的概念和“相同”与“不同”的概念，能够用语言表达自己的愿望，并且直接与人对话。现在已经发现，许多动物物种都有自己的语言，特别是肢体语言。科学家甚至发现病毒都有相互沟通的能力。以色列科学家称细菌有“群体感应”，根据周围其他细菌的数量控制自己的行为。犬类的嗅觉是极其灵敏的，通过训练的警犬其嗅觉的灵敏度是难以想象的，一滴血被大于数万亿倍的水稀释后，依然可以嗅出来。这种超凡的嗅觉有天赋的生理机能，也有后天的训练技巧。如果警犬没有思维，这种训练是如何实现的呢？许多科学工作者在致力于动物的思维能力和创造能力的试验与研究。人类与动物的区别不在于有没有思维，而在于有没有高级的思维。否则，对一般动物的属于思维属性的记忆、判断和应对等行为，无法作出解释。

（二）思维过程　思维过程可以划分出不同的阶段，也可以说是不同的步骤。一般认为完整的思维过程有采取信息、记忆储存、分析推理和达成认知这样4个不同阶段或基本步骤。

采取信息是指通过人体的眼、耳、鼻、舌、身等全身的感官机制从客观世界中搜集各种信息，通过看、听、闻、品、感受这5条基本途径，从客观世界获取立体的、全方位的信息。

记忆储存是把对多种事物的感知或对一种事物的多种感知储存起来，作为形成逻辑的基础，或者作为再次采取信息时的参照和比对。最新研究发现，大脑的记忆来自大脑对事件认知的备份。大脑认知事物同时制作两份记忆，一份即时使用，一份作为备份长期使用。

分析推理是将采取的信息进行综合处理，形成一种基本的感知。

达成认知是通过上述3个阶段或步骤，形成对一事物内在规律的理性认识，对事物作出科学的判断和界定，最终形成新的主观信息，进入生活的信息库，或直接使用，或作为某种思维材料储存。

在理论上思维过程大致是这样的，但是具体到个人，思维过程有时并非这样有条不紊按部就班，有发生紊乱的时候，也有发生逻辑错误的时候，所以会出现异于平常的反常行为和现象。一个少年，到了青春期会出现叛逆现象，甚至利用家庭的爱要挟家庭及父母，做违反常理的事情。邻里间也常常会出现一些“丢了斧子的人”，甚至国家间也闹出种种“思维问题”。日本养牛使用的谷物完全来自美国，因此从地理因素上讲，美国牛肉和日本牛肉的品质是没有什么区别的，然而日本一直从美国进口牛肉。后来日本决定限制从美国进口牛肉，为此美日两国弄出一出不大不小的美国强卖日本强不买的闹剧。

（三）思维传递　就个体而言，思维的传递可以有内在与外在两种传递的分类。内在传递是在思维运行的空间里传递，如感想、回忆、憧憬、推理等。这种传递往往是由此及彼、由表及里，去粗取精、去伪存真的思维传递，是一个由量变到质变的过程。信息积累、信息处理、信息抽象、达成逻辑认知，这一切都是依靠内在传递实现的。外在传递是内在传递达成逻辑认知后表达这种逻辑认知的行为传递，一般是通过肢体动作、神态表情、情绪和语言表达出来。

（四）思维方法　思维是一个极其复杂的动态系统。思维由思维对象、思维主体和思维程式三要素构成。思维对象是思维的原材料，思维主体是具有思维能力的个体，思维程式是思维主体对思维对象认知的方式。思维程式在结构上构成思维方法，思维方法可以是辩证唯物主义的，也可以是唯心主义和形而上学的。这与思维个体的后天方法论有直接关系。但是，无论是辩证唯物主义的思维方法，还是唯心主义形而上学的思维方法，都有其形成的途径和方式，如比较、排列、连接、拆分、分类、筛选、综合、归纳、演绎、推理、抽象、整合和概括等。由此可以列分出各种思维方法，诸如形象思维、逻辑思维、归纳思维、联想思维、逆向思维、移植思维、聚合思维和发散思维等。

在思维运行中，各种思维方法是融会贯通的，其中逻辑思维具有特定的思维方法。逻辑思维的首要条件是前提真假。假前提之下，推理过程再严密、再合乎逻辑，也得不出正确的结论。在现实生活中，多数人疏于在前提辨伪上下工夫，依据并不真实的并不全面的前提，甚至是一个假前提，进行了严格、缜密的推理，可是结果却大相径庭。这是为什么“公说公有理、婆说婆有理”的原因。对一种逻辑分析，不是看其推导多么严密与精彩，而是要看其前提的真与假。对于前提真假的判断，也需要逻辑推理，也是个逻辑推理的过程。所以逻辑思维的基本前提是信息材料的准确度。有了信息材料的准确度，才有逻辑推理的精确度。

思维方法是依据客观现实形成的认知方式，思维活动必须依据客观事实，否则得不到对事物的科学认知，认识不到事物的本原。《红楼梦》是中国文学经典，原名是《石头记》，人物也有以石头取名的，如宝玉、黛玉和妙玉。贾宝玉实际是假宝玉，意为一块石头而已。曹雪芹意在演绎石头与玉的关系与蕴含，揭示人与社会的内涵。而程伟元和高鹗将其《石头记》改名《红楼梦》，尽管比“石头记”的名称文得多、雅得多，但不知楼与玉是怎样一种关系，是怎样一种蕴含，而且失去的正是原名所蕴藏的世俗的力量。显然，程伟元和高鹗并没有理解曹雪芹写《石头记》的本意与初衷。所以不管红学界怎样评价程伟元和高鹗后续的 40 回，仅从他们不得曹雪芹写《石头记》的本意和初衷这一点上可以肯定地说，后续 40 回与曹雪芹原作的 80 回在蕴意上是两张皮。

思维方法带有浓烈的主观色彩，这种主观色彩与思维的个体人的生存环境、社会地位、阅历、学识和修养有直接关系。同时与个体利益也有直接关系，利欲容易造成思维的遮蔽性和片面性，甚至完全是唯利是图，“利令智昏”就是对这种逻辑关系的描述。在经济全球化公司竞争日益激烈的今天，许多公司失却了应有的人文关怀。药品研制公司对所研制的新药物，没有经过严格的临床检验就进入医院用于人体；生物技术公司为了抢占商机，匆匆将转基因生物推向市场；化工厂为了经济利润而肆意排放……而对政府的监控和对人体健康与环境的潜在威胁置若罔闻。现代环境保护运动的先驱、美国海洋学家蕾切尔·卡森早在 1962 年就以《寂静的春天》一书呼吁环境保护，但遭到来自污染制造者的强烈抵制，美国的几家大型化工公司试图禁止《寂静的春天》出版，甚至进行人身攻击。许多发展中国家为了发展而漠视或否认环境问题，企业唯利是图，政府态度暧昧，以致环境问题成为世界性问题。如若尼采尚在，他还会说那句话：上帝死了。

思维结果一般是直接表达，然而出于某种需要也可能曲意表达。曲意表达发生在下列两种情况：一是为了隐藏真实目的，有意将真实的思维结果隐藏起来，否则会失去自身的利益或带来某种威胁；二是为了规避真实结果而歪曲事实，用被歪曲的事实作为思维的材料进行诡辩，或是为了攫取不正当权利。

（五）思维的个体性与群体性 思维永远都是个体的精神活动，永远不可能发生两个个体在同一个思维空间里进行思维活动的现象。集体思维可以在同一主题空间里进行，但绝不是数个人在同一个思维空间里进行，只能是个体思维结果的汇集与整合，当然这种整合绝不是加和。所以会出现两个或几个人的会商形式，会有多人或集体的讨论形式。这是人类需要会议的原因。个人思维的主观色彩，往往是造成思维局限的根本原因。任何个体人的思维，由于其生活、职业、阅历、受教育程度和知识层面等的局限，一般不可能全面地完整地认识某种客观事物。对一种事物的认识由两个人进行思维，就会有两人的特定的思维方式，思维的人越多越能够集思广益，反映出事物的本来面貌。集中众人的智慧是弥补个体人思维局限的最好办法，也是惟一办法。思维的群体性，对于个体和群体都是有益的。所以，群体、集团，需要有决策机构、领导集体。一个国家和民族，实行民主集中制是集中全民智慧，民主集中制是全民决策的有益制度。

二、行为的动力 行为可分为个体行为和群体行为两个类别。从人类学上还可以分为自然行为和社会行为，从社会学上可以分为公民行为和国家行为。

行为是意识和思维的目的性的实践方式。思维与行为永远是一致的，思维的目的性与行为的目的性永远是同一的。

行为的发生以及发生的形式和目的，与行为者的意识、性格、学识、观念、习惯和社会地位有关，行为产生出的能量具有建设性和破坏性正反两种性质，如推动力与抑制力、融合力与消解力、凝聚力与涣散力等。

行为的方式分为意志自由的方式和意志被迫的方式。意志自由的方式可以称作自律方式，意志被迫的方式可以称作他律方式。自律方式是根据自己给自己提供的行为法则而行为，行为的动因来自自我；他律方式是根据除自己而外他者所提供的行为法则而行为，行为的动因来自他方。但是，自律方式和他律方式不一定就是对立的。当他律方式与个人偏好达成一致，或者虽然与偏好相左但有利益在其中，他律方式和自律方式就可能达成一致。例如，你可能自觉服从法律，因为不服从法律担心受到法律的制裁，你的兴趣是避免被法律制裁；你也可能不服从法律，你的兴趣是侥幸能够逃避法律的制裁，为了某种利益铤而走险。

行为是生命的体征，是生命的重要形式。如果说人类是物质的，那么指的是人类的肉体；如果说人类是精神的，那么指的是人类的灵魂。人类是灵与肉的有机结合体。行为包罗人类一切活动。在宏观上的社会革命、工程建设，在微观上的使一个眼色、一个下意识的动作，都是行为。研究人类行为的科学称为行为学。

行为学作为一门研究学科，既可以从宏观分类，也可以从微观分类。宏观行为学可以分为基础行为学和社会行为学。基础行为学研究人类行为的基本方式和基本规律及行为结果；社会行为学研究群体行为的基本方式和基本规律以及行为结果。微观行为学的研究范围比宏观行为学要宽泛和繁杂。社会的每一个门类和系统都可以建立相应的行为学：社会管理门类可以建立管理行为学，教育系统可建立教育行为学，经济贸易系统可以建立经济行为学、贸易行为学、市场行为学等。行为学是人类学的重要组成部分，也是人类学学科研究的基础。

如果将人类的本质属性只限定两项的话，则只有思维和行为。思维是内在的，行为是外在的；思维是无形的，行为是有形的；思维是封闭的，行为是开放的：思维是不可干预的，行为是可干预的；思维是行为的精神准备，行为是思维的目的实现。思维与行为两者相互依存，构成人类活动的全部内容。从广泛的意义上讲，思维活动也可看做一种行为，是抽象行为。

行为的动力有两个基本类别：第一是行为发生的动力，第二是行为产生的动力。

（一）行为发生的动力　行为发生的动力是行为的“行为”动力，是行为的原始动力，是驱动行为达成的力量。这种力量分为主动动力和被动动力。主动动力是由行为者自身产生的行为欲望而产生的动力；被动动力是由行为者自身之外的扰动而被动地抵御、调整和适应这种扰动而产生的动力。

1. 主动动力　主动动力是人类生存的主要行为动力。这种动力包括物质目的动力和精神目的动力。这种物质和精神的目的构成行为的报偿结构。行为目的的实现就是报偿的达成。物质目的动力一般是以获得生存必需的或生存优越的报偿而发生的动力，精神目的动力一般是以获得精神报偿而发生的动力。物质追求和精神追求是行为的两大驱动力，实现物质追求和精神追求是行为的全部目的。

（1）物质目的动力　从生命学层面上讲，生命的过程是物质的过程，是消耗物质和产生物质的过程。这种物质主要是食用和应用两大部分。为了食用而产生行为动力是物质目的动力的基本内涵。食用物质主要是粮食。粮食的生产是人类的主动动力的普遍行为。人类的个体如此，人类的群体也是如此。只是随着社会的发展，人类生产有了分工，这种主动动力被繁复的分工遮掩起来。地理环境和自然资源决定了在地人类对食用物质追求的主要种类，也决定了人类对这些种类的食用物质追求的行为方式，如大陆的谷物生产、海洋的鱼类捕捞、草原的牲畜牧养、山地的狩猎活动。依据这种食用生产的行为方式将人类分为农民、渔民、牧民和猎人等不同的职业身份。

应用物质主要是工具。随着人类的进化、历史的发展、社会的进步、文明程度的增强、科技水平的提高，作为应用物质的工具应用范围越来越广泛，生产、交通、信息、物流、医疗都依靠工具，轮船、火车、飞机、B超、摄像机、计算机、航天器和机器人等，都是应用工具。现在的工具从生活应用工具到生产应用工具一应俱全。这些应用工具的生产，以应用工具的使用价值实现其货币价值，应用工具的货币价值成为应用工具生产的经济学动力。

（2）精神目的动力　精神目的动力是行为原始动力的另一大部分。精神追求是人类意识形态范畴里活动的核心内容，包括人生价值体系、审美体系、道德意识、尊卑意识、荣辱观念和等级观念等。

人生价值体系属于人生一切行为的价值标准系统。任何一个人只要他活在世上，就有他的人生价值体系，有一系列的价值欲望，产生一系列的价值追求。活得体面、活得尊贵，是人类生存的通俗的价值尺度。大卫·休谟在其《人性论》一书中详尽地分析和论述了人性，从观念到行为，从欲望到权利，从恶行到德行，全面论述了人生的价值体系。

审美体系的核心是美与丑。审美首先是追求自身的美，追求自身的形体美、容貌美、语言美、仪态美等方面的审美。对群体的审美是追求整体的和谐美，追求婚姻美、家庭美、社会美、人文环境美等方面的审美。人文环境美包括空间布局美、建筑美、雕刻美、绘画美、语言美和行为美等方面的审美。对自然环境的审美追求主要是自然美、山水美、花草美等方面的审美。与美相对应的是丑。对美的追求与欣赏，对丑的规避与粉饰，都产生着精神目的动力。

道德意识的核心是善与恶。道德法则本身是先验的原则，法则的特质在于普遍性。康德在善恶之间主张"良心律令"，为善避恶。康德认为，善与恶是同时存在的。《新约·马太福音》经书中说："你们要灵巧像蛇，驯良像鸽子。"于是康德在论述政治和道德的善与恶时说："政治说：'你们要聪明如蛇。'道德又补充说：'还要老实如鸽。'如果这两者不可能共处于一项诫命之中，那么政治和道德就确实是有争议的。但是，如果这两者完全可以结合，那么这一对立的概念就是荒唐的。"政治与道德是一个永远扯不清的话题。政治是最高利益的表述语。为了最高利益无所不用其极，已经逃匿出了道德的辖区。为了政治需要，歪曲历史、篡改历史、伪造历史、否定历史、抹杀历史，在政客中和政治集团里已经司空见惯。在中国春秋列国中，楚国是个重利轻义的国家，可以称之为中国的实用主义鼻祖，没有人伦，不讲纲常，好几代都有弑君事件发生，楚成王弑君杀了自己的亲侄儿，而楚成王被自己儿子的弑君长剑刺入腹中。中国儒家文化的核心是"仁"，仁者爱人。上善、从善、行善，是尚德的基本内涵。偷盗、抢掠为大不道，奸淫、杀戮为大不仁。中国《旧唐书·刑法志》志书有十恶的表述：谋反、谋大逆、谋叛、恶逆、不道、大不敬、不孝、不睦、不义、内乱。为"孝"立法，固然可以判定为出于对儒家文化的尊崇和对“家庭安则社会稳”的理性认知，但事实并非如此单纯。统治者主导孝行，重要的是在于维护其政治统治。历代封建王朝都是以“家”为依托，锻造国民的家国观念，以家喻国，以父子喻君臣，以家庭伦理为基底构建国家伦理，以血缘伦理为本源构建社会伦理，最终目的在于以血缘之孝谋求政治之忠，因而自封建社会以来忠孝同格，为家行孝，为国尽忠，同为大道大德。

尊卑意识产生于社会分工出现之后。社会分工出现了生产工种的差异，劳作的简与繁、轻与重，逐渐形成体力劳动和脑力劳动的差异、管理与被管理的差异，与此同时尊与卑的意识开始萌生，在社会出现等级之后尊卑意识完全形成。尊卑差异是精神领域里的一种位能，激励人类尚上、向上，如同中国的“人往高处走，水往低处流”那句古谚，尊卑位能产生出巨大的精神目的动力。

荣辱观念可以认定是由尊卑意识派生出来，但又不是绝对意义上的尊卑意识。荣与尊的内涵有很大的交集部分，然而两者并不完全重合。当受到他人的敬重时方为荣，而积极获取他人敬重和褒奖则来自个人的自尊。不下作、知羞耻，是自尊的基底。自尊在主体上是主观的，在总体上是主动动力，但也有客观的他人因素和被动动力。在印度，视家族荣辱胜过性命，子女婚姻不合家族规范，比如种姓不般配，若子女抗婚，宁肯将子女杀死。财富和地位使一些人荣华富贵，虽然也受人艳羡和仰慕，但这仅是人们荣辱观念中极其狭窄的一部分，因为有些所谓的荣华富贵也被人鄙视和唾弃，这些荣华富贵是怎么得来的世人心知肚明。

等级观念是在部落时期孕育产生的，奴隶制社会达到了极致。到了封建社会等级观念渗透到了社会的各个方面和各个层面。这种等级制度既是政治上的人为划分，也是经济上的自然形成。在阿拉伯帝国，上层由穆罕默德的先知家族、历代哈里发家族、总督家族、麦加迁士和麦地那辅士家族组成；下层由普通的阿拉伯武士组成。在中国，西周封国有公、侯、伯、子、男五等级制度。在西欧，封爵有公爵、侯爵、伯爵、子爵、男爵、骑士六等级制度。在日本，德川幕府时期将百姓分为“四民”：士、农、工、商，也就是武士、农民、手工业者、商人，还有一种不入等的人：贱民。贱民被称作“秽多”、“非人”，不能与“四民”混居，不能与“四民”通婚，只能从事狱卒、更夫、屠夫和刽子手等职业。在法国，整个国民分为3个等级：第一等级是僧侣，第二等级是贵族，第三等级是农民和手工业者。于是，法国人说，一等人以祷告为国王服务，二等人以宝剑为国王服务，三等人以财富为国王服务。中世纪西欧较为普遍地将人分为三等：一等人是教士，二等人是劳动者，三等人是骑士。在16世纪的匈牙利，贵族是整个国家最高等级的群体，他们只服从加冕的国王，在任何情况下都不纳税，没有法律的预先判决不能被逮捕，国王无论以什么形式一旦侵害了他们的权利，他们都有反抗国王的权利。在殖民地时期的巴西王国，非纯血统的人不能担任高官。有一位军事长官因与非洲黑人结婚而被降为印第安人，理由就是玷污了自己的血统。索马里是个没有政治集权传统、由英属索马里和意属索马里合并起来的国家，在索马里游牧社会中没有权力等级制度，决策程序是民主的，甚至是无政府状态的。然而，萨卜人被视为低等人，他们从事低下的工作，如狩猎、皮革加工和理发，并且不得与其他索马里人通婚和共同生活。

人类生活基于群体。群体生存派生出等级观念和等级制度。等级决定着人的身份和社会地位，人被分为上层人和下层人，社会被分为上流社会和下流社会。追逐上层人和上流社会地位是人的精神目的的重要内容，为此付诸的行动也是以精神目的为动力。中国封建社会时期，有许多怀才不遇的有识之士，空悲切，白了少年头。陆游、李白、辛弃疾正因为仕途不如意而成了诗人。欧洲封建社会的贵族是欧洲人仰慕的阶级，贵族政权更令人仰慕和攀附。法国伟大的思想家、哲学家、文学家卢梭，也未能免俗，在他的《论人类不平等的起源》一书的前言里，竭尽对贵族的谦卑和逢迎。更有甚者，意大利思想家马基雅维利在其所著的《君主论》中，通篇都是对贵族王权诚惶诚恐的献媚讨欢，令人生厌。

等级的存在需要社会机构和社会角色持续的强化。这需要等级共识。在社会支配论的视角里，等级是社会支配论的核心内容。等级决定了支配者和被支配者，这是在社会机构的强化作用下实现的，同时也是在社会角色的规范下实现的。支配者与被支配者的共识就是两者都认为等级制度是必要的，都承认支配与被支配的合法性，甚至看成是天经地义的。为此弗朗西斯·福山指出：“合法性不是绝对意义上的正义和正确，它是一种存在于人们主观理解之中的相对概念。任何一种政治制度如能有效运行，都必须以某种合法性原则为基础。”

社会等级不仅仅是政治的阶级的等级，还有方方面面各种学科里的等级。这些等级也需要相关机构和相关角色的不断强化。例如，技术等级、专业等级、艺术等级等。在教育系统，教授的等级高于讲师，因而教授的话语权就强于讲师；在科技系统，工程师的等级高于技术员，因而工程师的话语权就强于技术员。追求支配权和支配地位，是人类社会生活和精神生活的主要动力。

还有一种普遍形成的主动动力的因素是策略性环境。在社会中，人类的群体生存使任何人的行为必然会对他人产生影响，同时任何人也都是在他人的影响之下决定自己的行为方式。因此，人类的生存策略就是策略生存，从而造就了策略性环境。这种策略性环境造成了生存的事事处处的博弈。人与人之间的博弈、群体与群体之间的博弈、民族与民族之间的博弈、国家与国家之间的博弈，已经成为人类生存的普遍现象。尤其是军事和市场，这是人类主要的两大博弈场。早在16世纪中期，重商主义产生，这是国际贸易的第一个理论。重商主义的主要特征是提倡出口、限制进口。出口的目的是从所对应的进口方获利，进口方因此而蒙受损失，于是零和博弈的理论相应产生。可以看出，零和博弈的理论是民族主义者和贸易保护主义者所追捧的理论。零和博弈理论由于建立在贸易利益不对等的基础上而失去了影响力。随着全球贸易的兴起，为了保证贸易关系的对称和贸易双方权益的平等，零和博弈理论被从积极的方面再次提出，当然，也被从消极的方面再次利用。垄断和倾销的现象不绝于国家和国际市场，正是零和博弈的幽灵使然。那种商场就是战场的观点，是一种错误的理论嫁接。毫无疑问，战争就是零和博弈，刺刀、子弹，就是你死我活，没有共赢。即使言和也是双方零和博弈的缓兵之计，以获喘息机会，再作生死较量。中国历史上的“澶渊之盟”被新一代史学家说成是宋辽共赢，这是没有从战争本质上看问题。尽管双方都实现了边境安定的愿望，然而宋的“三十万岁币”是抹不掉的屈辱。从本质上说，无论零和还是共赢，都是博弈，这使策略性环境更加充满策略效应，运用博弈理论生存的策略性环境，成为人类主动动力发生的社会基础。

善解人意，设身处地，也属于策略性环境范畴。暗示、委婉、领悟、体谅，都是策略性环境的行为方式。在经济全球化的时代，经济情绪日益高涨，社会的信任度越来越低，欺骗性越来越强，更需要善解人意设身处地地处理人人关系。

2. 被动动力　被动动力是在客观压力下所产生的抗争、解脱和超越的力量。这种客观压力通常来自侵害、障碍、灾变、疾病和袭扰等，对生命、财产和精神所造成的威胁。从拍死一只叮咬的蚊虫，到打死一只袭人的老虎；从消灭一群强盗，到推翻一朝暴君；从提水浇灌旱蔫的禾苗，到躲避波涛汹涌的洪水；从扑打熊熊燃烧的山火，到重建被地震摧毁的家园，都是被动力量。特别是被支配群体，摆脱被支配的压迫，是一股来自身心的力量。

1941 年 6 月 22 日，德国悍然发动了对苏联的袭击，出动了 190 个师、3700 辆坦克、4900 架飞机、4.7 万门大炮、190 艘军舰，兵分三路，扬言 3 个月内消灭苏联。战争进行到第 10 天，德军向苏联境内推进了 600 千米，半个月后，苏联到了危亡关头。7 月 3 日，斯大林向全国发表广播讲话，号召全体苏联人民全力以赴同侵略者进行殊死战斗。在成功地进行了斯大林格勒保卫战后，扭转了战局，苏军自此进入了战略反攻，并于 1945 年 5 月 2 日攻克德国首都柏林，5 月 8 日德国被迫无条件投降。这次战争，苏联有 1700 个城镇被破坏，7 万多个村庄被摧毁，10 万多个集体农庄和国营农场变成废墟，3 万多个企业被炸垮，6.5 万千米铁路被切断。战争使苏联死亡 2700 万人，而当时苏联人口仅 1.8 亿。这是国家和民族的灾难，取得战争的胜利是国家和民族的幸运。苏联反攻的动力是在国家危亡时刻发生的被动动力，是来自国家和民族身心的力量。

1972 年 1 月 26 日，在澳大利亚首都堪培拉国会大厦前的草坪上出现了“帐篷使馆”。其实这并不是使馆，而是当地的土著人为争取土地权的特别斗争方式。1971 年，在裁定一起土著居民土地权法律纠纷时，根据澳大利亚法律土著居民不享有任何形式的土地权。这种裁定激起了土著居民的强烈不满。他们说：“我们是大地的孩子，可是我们却没有任何属于自己的土地。”“帐篷使馆”的一位土著男子说：“我们变成了这块土地上的外国人，因此，像其他国家一样，我们也需要一个使馆。”愤怒的土著居民从阿纳姆、伊尔卡拉、悉尼和墨尔本等地汇集到国会大厦前，搭起帐篷，生火做饭住下来，开展了持久的示威活动。建立“帐篷使馆”和土著居民的这场示威活动，显然是被动动力。

主动动力与被动动力往往是交织在一起的，达成的主动动力往往包括了此前的许多被动动力；而造成的被动动力，也往往包含着此前的许多主动动力。一贯到底的主动动力或一贯到底的被动动力基本是不存在的。公元前338年马其顿国王腓力二世依靠主动动力征服了希腊，公元前336年他被波斯刺客刺死，其子亚历山大年仅20岁继承了王位。此时希腊被征服的城邦开始暴动，要摆脱马其顿的控制。亚历山大被动地出手平息暴乱，接着就转为主动，开始东征讨伐波斯帝国。波斯帝国小亚细亚总督调集数万人在格拉尼斯库河与亚历山大决战，被亚历山大击败。旗开得胜后，亚历山大向波斯腹地挺进。波斯帝国大流士三世以16万兵力在伊苏斯对抗亚历山大的3.5万兵力，结果又被亚历山大击败。两年后，大流士三世率25万兵力，在高加米拉与亚历山大4万兵力决战，结果溃不成军，亚历山大率大军直捣波斯首都，宣告了波斯帝国的灭亡。在这段历史过程中，亚历山大平息希腊暴乱是被动的，而东征波斯是主动的；在东征过程中遭遇抵抗与波斯军队交战是被动的，而向波斯腹地挺进直捣波斯首都又是主动的。

（二）行为产生的动力　行为产生的动力是由行为所产生的对事件的推动力。可以概括为建设性动力和破坏性动力。在人类历史发展过程中，建设性动力是推动历史前进的力量，破坏性动力是迟滞、干扰和阻止历史前进的力量，尽管建设与破坏之间存在转换与辩证法。人类文明、社会进步，是靠人类群体行为产生的建设性动力实现的。而战争是以人类群体行为产生的破坏性动力推动的。世界性的恐怖组织的恐怖行为产生的破坏性动力，推动着一个个恐怖事件的发生与实现，不仅破坏了人类平安的生活环境，也造成了人们的精神伤害。历史的发展需要尽可能多的建设性动力，尽可能少的破坏性动力。要创造良好的生存环境，需要富有创造性的行为动力。积极合作，平衡利益，避免对抗，是社会发展的基本准则，也是人类社会行为的基本准则。

三、行为的制导要素　人的行为达成要依靠主观动机和客观条件，因而人的行为受主观和客观两个方面的制导。

（一）主观因素对行为的制导　主观因素对行为的制导最为直接。一种行为的产生，主要是由主观因素决定的。一般来说，这种主观因素主要有4个义项：感性与理性，素养与习性、志趣与性格、体质与智能。

1. 感性与理性对行为的制导　感性因素对行为的制导最为普遍，一件事情做与不做，往往是由感觉直接引发的。兴趣是行为最常见的动力，爱好、嗜好，通常都是感性的作用。人生之中依凭感性的行为要占绝大多数。感性认知在认识论中通常被解释为外界事物作用于人的感觉器官而产生的感觉、知觉和映像等直观的认识。还有一种解释是凭借感官认知、由感觉决定的并未经过深思熟虑仅凭第一印象而作出的判断。对感性认知的这两种解释都忽视了一个基本的事实：感性认知往往以经验为基础。经验融在感性中，任何人的感觉表面看来是以直观为特征，但是直观的判断之中借助了经验。所以人的感性认识是因人而异的，阅历深的人与阅历浅的人的感觉是不同的，故而有“井蛙不可以语于海，夏虫不可以语于冰”之说。许多人很尊重直觉，因为直觉是由经验积累而成的思维习惯，因而感性认识并不是没有实践依据的随意妄断。尽管如此，感性是认识的最初阶段，并没有上升到理性，因此由感性产生的行为达到预期目的概率要低于经过逻辑分析和推理的理性所产生的行为。情人眼里出西施、爱屋及乌，是对感情影响判断的形象描写。人类行为要讲究科学性，力避盲目和鲁莽，可是感性的行为往往比理性还要坚挺，其根本原因就在于非理性的情感怂恿。17 世纪发生在荷兰的郁金香投机狂热，是登峰造极的非理性行为。一朵花的观赏价值被炒作到了极致，致使有钱的人和无钱的人都在疯狂地利用郁金香投机，结果成千上万的人血本无归倾家荡产。1994 年，墨西哥总统任期将满，为了取悦选民，非理性地肆意扩大财政支出，储蓄额下降的幅度达到国内生产总值的 3. 3%，在新增支出中，政府的新增支出占了很大部分，最终酿成经济危机。宗教信念有时也会造成对理性的干扰，当发现了美洲大陆，发现了印第安人的时候，对于印第安人起源按常规的思考要么是当地起源，要么是迁移而来。然而独立起源不符合基督教信念，因为这样就有了两个“创世纪”，两个亚当和夏娃。这种信念干扰了对印第安人起源的认知。所以信念不全等于理性，有的信念明显是非理性的。

理性是认识的高级阶段，一般指形成概念后进行分析、推理和判断等方面的较高的思维活动。理性可以分为理论理性和实践理性。理论理性是思维的理性，实践理性是行为的理性。理性认识是对事物本质的认知，认识到了事物的内在联系，就把握了事物发展趋向。理论理性不是单一的独立的思维过程，不是一种线性逻辑过程，理性也凭借经验，而且理论理性正是经验在量的积累后实现了质的升华。弗朗西斯·培根被誉为经验派开山祖师，他以“经验”批判神学，重视理性。笛卡儿赞同培根的观点，他相信理性而不相信感觉。欧洲的史学家将 18 世纪称作“理性时期”，汤玛斯·潘著《常识》一书，倡导凡事应遵理法，认为理性与情绪是相对的。20 世纪中叶，西欧流行批判理性主义哲学思潮。该思潮认为，科学理论既不是来自逻辑经验主义的经验归纳，也不是来自先验论的公理推演，而是来自科学家的灵感或猜测。灵感或猜测是沿着问题、假设、证伪、新问题这种“从问题到问题”的动态逻辑模式形成真知的。中国程、朱“致知格物”不尚空谈，也在于强调理性。理性对于行为的重要性使理论成为行为的基础、指导和根据。一个有理论修养的人，他的行为是具有严密逻辑性和鲜明指向性的，不是紊乱的、含混的和犹疑不定的，也不是飘忽的、鲁莽的和随心所欲的。马克思正是深刻分析了资本主义生产方式，揭示出资本主义社会发展规律，在理性观念的制导下，几乎用毕生的心血写出了《资本论》。哥白尼正是因为从事天文研究，在理性的规制下坚持不懈并且不畏惧罗马天主教教廷的压力，提出“日心说”，完成天文著述《天体运行论》，认定地球是圆的，是运动的，而太阳是不动的，对占星术和《圣经》是一次公开的挑战。爱因斯坦的相对论是理性行为的结果，牛顿发现运动三定律和万有引力定律同样是理性行为的结果。纵观历史，所有的思想家、理论家和科学家，都是依据理性并在理性的制导下，完成既定研究，实现理论建树的。

2. 素养与习性对行为的制导 素养与习性对一个人的行为方式产生着直接的影响。素养是一种养成，是由学养和实践长期形成的思想方法和思维能力。中国人自古就注重素养，《汉书·李寻传》云：“马不伏枥，不可以趋道；士不素养，不可以重国。”宋代陆游著《上殿札子》说：“气不素养，临事惶遽。”在一般情况下，素养能够从行为中反映出来，在紧急关头千钧一发之际，更能够反映出素养对行为的制约。凡是能够迅速作出准确反应者，大多是素养高者；而素养低者，正如陆游所说，临事惶遽。诸葛亮是中国家喻户晓的智慧人物，在司马懿大兵压境城中无兵的情况下，洞开城门，坐在城门楼上抚琴，吓退了司马懿，导演了千古传诵的《空城计》。尽管其中有文学成分，然而诸葛亮的素养与习性对其行为方式产生着直接的影响。素养和习性在许多时候是感性和理性交织在一起的，时常无法区别是感性大于理性，还是理性大于感性。在既得利益面前有些很理性的认知却用感性的方式来处置，正如休谟在其《人性论》著述中所说的那样：“人们总是倾向于选择当前的利益，而不是选择长远利益。而且他们也不容易由于害怕遥远的不幸，就抵抗他们可以立即享有的任何利益的诱惑。”既得利益对行为的制导，因其兑现直接，享用即时，因而具有相当大的诱惑性。

3. 志趣与性格对行为的制导 志趣与性格是人类本质的重要属性，对行为产生着重大影响。世界上许多名人之所以成为名人，志趣与性格起了很大的甚至是决定性的作用。中国西汉的匡衡喜好读书，因家境贫穷就在墙壁上凿个孔，夜晚借邻居家的灯光读书，后来成为经学家，做了西汉汉元帝时期的丞相。苏联高尔基也有读书的喜好，甚至与凿壁偷光的匡衡有类似的读书经历，最终成为苏联现代文学的重要奠基人。美国爱迪生是举世闻名的发明家，一生中有两千多项发明，1999 年美国《生活》杂志评选一千年以来全球最有贡献的 100 位人物中，爱迪生名列榜首。然而爱迪生是个失聪的残疾人，上学读书仅 3 个月就被迫退学，后来他的曾经做过小学教师的母亲教他读书识字。作为世界著名的大发明家，这点文化基础显然是不匹配的，他的成就显然是凭借了志趣与性格的力量。

对行为的制导还有一种与性格有同也有异的力量——性情。性情是性格和情感交融在一起的一种情绪和心理的较为稳固的内在力量。性情作用下的行为，或少犹疑，多率性，常在一时性起之际发生，却又不是冲动，说干就干，干脆利落；或瞻前顾后，游移不定，凡事不温不火。

4. 体质与智能对行为的制导　体质与智能决定着一个人行为力的极限，量力而行是人类行为的最普通的准则。对于不自量力者，人们称之为“螳臂当车”，不知其不胜。体质是行为的物质基础。体质单指身体质量，这种质量是由先天遗传基因决定的和后天实践活动锻就的，是个体人在体态结构和功能结构等方面所独有的相对稳定的特性。与体质并论的是体能，是由体质而产生的能量。一个人的总体能量包括体能和智能两部分。任何人做事，要充分考虑体能与智能。一副担子挑得起挑不起，体力直接决定着；一部文稿写得了写不了，智能直接决定着。中国一度初中生写长篇小说成为时髦。一个孩子和一部长篇小说，力量和重量是不对称的，阅历和内涵是不匹配的。世界各地都有狼孩的故事发生，一个正常的人类婴儿被狼叼走后由狼抚养，在狼的生活环境中长大。狼孩的智商是正常的，然而智能是低下的，不会说话，不懂得人类生活方式，不具备人类思维方法，甚至不直立行走。狼孩的故事，说明了体能和智能形成的先天与后天的关系，过分渲染先天的因素，夸大天赋的作用，多是伪科学的鼓噪。

（二）客观环境对行为的制导　客观环境对行为的制导，是通过存在决定意识的过程实现的，也是通过人地关系和人人关系实现的。通过人地关系实现对人类行为的制导，表现为自然环境对人类行为的制导；通过人人关系实现对人类行为的制导，表现为社会环境对人类行为的制导。

1. 自然环境对行为的制导　对人类行为产生显著制导作用的自然环境主要是自然地理环境和自然资源环境。

（1）自然地理环境对行为的制导　人类生活在具体的地球表面上，自然地理环境对人类行为的制导是不以人的意志为转移的，无论是群体还是个体都摆脱不了自然地理环境对行为的制导作用。

爱琴海的海域与海岛的自然地理环境，使生活在爱琴海的居民很早就从事了海上捕捞和海上贸易活动。爱琴海最南边与地中海相连的克里特岛面积为8300平方千米，岛上有高山和平原，有森林和草地，加之四面环海的自然地理环境，克里特岛上的居民从新石器时代早期就有了农耕、游牧和渔猎的生产和生活方式，也就是农耕、游牧和渔猎的行为方式。在克里特岛沿海的聚落里，一个家庭极有可能将农耕、游牧和渔猎生产和生活方式融为一体，一个家庭成员，出海是渔民、下田是农民、上山是猎人。农业种植除小麦、大麦和小扁豆外，葡萄和橄榄种植最为广泛，这是克里特岛种植的最大特色，因而橄榄油和葡萄酒成为克里特岛对外贸易的主要产品。正是由于四面环水，造船业很发达，发达的造船业极大地促进了海上贸易。米诺斯王朝建立后，造船业更加发达，海上贸易更是盛况空前。正是在这个时期这个地方，人类历史上第一次出现了海军，米诺斯王朝建立起海上霸权。凭借海上力量，米诺斯王朝不仅保持着与埃及、巴比伦、小亚细亚等地的贸易往来，还不断进行扩张和殖民，一时称霸爱琴海、地中海、希腊半岛和小亚细亚西部海岸。这是克里特人创造克里特文明的自然地理环境制导因素。

（2）自然资源环境对行为的制导　自然资源存在于一定的自然地理环境之中，自然资源环境是自然地理环境的一部分。自然资源除了陆地没有海洋资源和海洋没有陆地资源而外，其他资源是地球表面共有的，仅是数量和质量的差别而已。土地资源丰富的自然资源环境里的人类，多是农业生产行为方式和农业生活行为方式；海洋资源丰富的自然资源环境里的人类，多是渔业生产行为方式和渔业生活行为方式，或兼而有农业生产行为方式和农业生活行为方式；矿物资源丰富的自然资源环境里的人类，多是矿产生产行为方式和矿产生活行为方式，兼而或有农业、渔业、牧业生产行为方式和生活行为方式；土地资源匮乏而矿物资源丰富的地域里的人类，往往是单一的矿产生产行为方式和生活行为方式。北极圈里的居民纽因特人，是生活在冻土带上的人群，既不能耕种，也不能开采；既不能捕捞，也不能采集。他们的生产和生活方式主要是狩猎，猎取海豹和驯鹿，甚至在岛屿上圈养驯鹿。所以，他们的生产行为方式和生活行为方式比较单一，是世界上生产行为方式和生活行为方式最为单一的人群。

2. 社会环境对行为的制导　社会环境对行为的制导在本质上是人人关系所形成的制导。

（1）他人对行为的制导　他人对行为的制导的命题，论述的是一个个体人对一个个体他人行为的制导。这个世界上哪怕只有两个人，也会对彼此的行为产生彼此制导。《圣经》伊甸园里的亚当和夏娃是人类最初的两个人，他们的行为的相互制导是在夏娃偷吃了知善恶树上的果子后，怂恿亚当也吃了知善恶树上的果子，于是就有了人间的全部故事。

就人生阶段而论，对行为最具制导力的第一个他人应该是母亲。婴儿一出世，行为就受到母亲的制导。尽管婴儿的行为不是意识制导下的行为，而是本能的生理行为，但是在母亲的制导下，对后来的意识行为产生了潜移默化的影响。对行为最具制导力的第二个他人应该是学校的老师。老师对学生行为的制导更多的是属于教育学范畴，具有知识性、道德性、纪律性和规范性，因而具有人生行为规范的全面性。对行为最具制导力的第三个他人应该是工作单位的上司。上司对职员行为的制导具有很强的专业性和规范性。专业行为是人生的主体行为，当一个人的专业被确定后，他的人生的全部行为几乎都与本专业有着直接的和间接的关系，思维行为、语言行为、阅读行为、交际行为、业务行为，都与本专业有了千丝万缕的联系。不管在人生的哪个阶段，不管是何种身份的他人，对他人行为的制导只能通过语言和行为两种途径。语言可能是循循善诱的，也可能是严厉的；行为可能是以身垂范的，也可能是暴力的。“谏”是皇家和朝廷里一种制度化的他人对行为的制导的方式，是帝王自觉接受他人对自己行为制导的民主形式，或者说是幕僚、智囊形式。中国春秋时期，列国纷争，齐国齐桓公接受管仲的山海之策攘外强齐。山指的是铁，海指的是盐；铁是兵器之材，盐是生命之需。山海之策就是国家控制盐铁贸易，不为他国任意所用。山海之策使齐国在列国纷争中独占鳌头，最终成为春秋五霸之首。西汉时期汉武帝将盐铁贸易作为王朝强盛之大端，推行盐铁官营，汉昭帝举行盐铁会议，听取贤士策论，产生宏论大略《盐铁论》，成为历朝历代帝王必读经典。

在中国历史上，还有许多因行为受他人制导而产生悲剧的故事。夏、商、周3个王朝和春秋时期的晋国，都是在他人对其行为的制导之下亡朝亡国的。夏朝的夏桀在讨伐有施部落时得到美女妹喜，极其宠爱，“听用其言，昏乱失道”，导致夏朝的灭亡；商朝的纣王“好酒淫乐，嬖于妇人。爱妲己，妲己之言是从”，导致商朝的灭亡；周朝的幽王宠爱褒姒，为逗褒姒一笑，不惜烽火戏诸侯，演绎最初版本“狼来了”的故事，导致周朝的灭亡；春秋时期的晋国献公宠爱骊姬，言听计从，导致晋国灭亡。这4个女人被民间称之为“中国古代四大妖妃”。这是他人对行为制导的反面例子。

他人对行为的制导有具体的范畴、背景、指向和目的。就范畴而言，有和睦共处、相互依存的友睦范畴，有水火不容、相互排斥的敌对范畴；就背景而言，有文化背景和利害背景；就指向而言，往往是一个具体事项，一个具体过程；就目的而言，可能是一件事情、一个对象、一种情感、一种预期。以牙还牙、以怨报德、以德报怨、报复与宽容、谅解与仇恨、教导与惩治、褒奖与欺辱、崇拜与鄙视、榜样与效仿、美好与追求，都可能是他人对行为制导的动因。

他人对行为的制导通常是以说服、规劝、诱引、欺骗、蛊惑、唆使、怂恿、威逼、胁迫、训诫、命令等手段实现的。命令是一种特别的他人制导方式，尤其发生在军队中。二战期间，德军攻打斯大林格勒，先是使用空中的力量对斯大林格勒进行疯狂轰炸，后来又实施地面炮火轰击。斯大林格勒成了废墟。指挥作战的保卢斯接到了希特勒的命令，要其将坦克开进斯大林格勒实施完全的占领。保卢斯明知在这种情况下不可以采取这种战术，可是他必须执行命令，结果坦克开进了已成废墟的街巷，失去了必需的战术空间，甚至受仰角限制连附近的楼顶都打不到，最终导致斯大林格勒战役的失败。而另一个事例是英军的指挥官伯纳德·蒙哥马利在1942年北非阿拉曼沙漠战役中，他独立自主当机立断地依据战场情况决定自己的战略战术。当时英国在欧洲战场连连失利，丘吉尔的政治压力很大，很渴望打一场胜仗，不管在哪个方向、哪个战场。蒙哥马利的对手是擅长沙漠作战的德军著名指挥官“沙漠之狐”埃尔温·隆美尔。隆美尔在战斗失利时也嘲笑蒙哥马利不懂得抓住战机对他实施反攻。为此丘吉尔大为不悦，多次命令蒙哥马利主动实施反攻，可是蒙哥马利不为丘吉尔的命令所动，说，没有准备之前，不能反攻。数次丧失有利战机。然而，这些战机都是战术的，不是战役的，如果抓住战机取胜，也仅仅是战术的胜利，对于战役并没有多大的影响。蒙哥马利的反攻准备最起码有两项：一是士兵要适应沙漠战斗；二是反攻时成千辆坦克在无遮无拦的浩瀚大漠里，伪装问题必须解决。在坦克伪装这个问题上，他甚至请来了魔术大师，运用了致幻手段。正是蒙哥马利胸有成竹，不违心地屈从命令，自己的行为不被他人制导，最终取得了阿拉曼战役的胜利，扭转了非洲战场的战局。丘吉尔笑逐颜开，感到蒙哥马利让英国恢复了战场上的尊严，遂将蒙哥马利提升为盟军司令官。

（2）群体对行为的制导　群体对行为的制导的命题，论述的是一群人或一个社会整体对一个个体人行为的制导，如一个家庭群体对一个家庭成员的行为制导、一个班组群体对一个班组成员的行为制导、一个社区群体对一个社区成员的行为制导。就一般情况而言，群体对行为的制导正作用是主流，非主流的东西不会成为制导力量。但是，由于文化传统和现实条件，非主流的东西也会成为难以抗衡的力量。在中国，自古就有明君与昏君、忠臣与奸臣、英雄与败类正负两种力量。在抗日战争中，一边是地无分南北，人无分老幼的全民抗战，一边是多达300万的伪军，其人数比侵华日军还多。在社会主义建设时期的群体行为中，积极与消极行为依旧是相互伴随的，不作为与乱作为成为顽疾。人们抱怨干的不如说的，说的不如看的。实干不如投机的经济环境，伤害了第一产业和第二产业生产积极性。这种群体行为和群体环境，对个体人的影响往往是决定性的。

群体对行为的制导有两种形式，一种是平和的潜移默化的，一种是强制的立竿见影的。在平和式的行为制导中，通常依靠感化和说服等形式实现，而在强制式的行为制导中，最常见的形式是处分、处罚，甚至暴力。

如果将群体的概念上升到社会整体，构成政府的或国家的概念，那么平和式的行为制导还有集体主义精神、团队精神、民族精神、国家精神等。这些精神以激励和鞭策等形式实现对团体成员和国家公民行为的制导。强制式的行为制导最常见的形式是法律，依据法律实行强制的行为制导，实行经济处罚、刑事处罚、逮捕、拘留、判处徒刑等。监狱是强行制导罪犯个体行为的重要场所。

还有一种介于平和与暴力之间的方式，如罢工、游行、抗议和请愿，这是民众群体对执政者行为制导方式。1831年法国里昂纺织工人的大罢工、1836年至1848年为获得普选权的英国宪章运动、1886年美国芝加哥工人为争取8小时工作日的罢工、中国1919年的“五四运动”等，都是介于平和与暴力之间的民众群体对执政者行为制导的方式。

（3）文化与习俗对行为的制导　文化、习俗都是非常宽泛的概念，几乎宽泛到了无所不包的程度。文化在相对狭窄的范畴里，主要包括教育的全部内涵和家学的全部内涵，也包括知识和经验。而习俗主要是习惯和风俗两个合二为一的范畴。习惯也是宽泛得几乎无所不包，精神方面有思维习惯、认知习惯，物质方面有生活习惯、生产习惯，行为方面有处事习惯、行动习惯等。人的思维习惯对于行为的影响作用往往是不容易直接被察觉的，这里有两个方面的原因，一个是自我方面的思维习惯，一个是被动方面的思维习惯。自我方面的思维通常是不受外界干扰和介入情况下的思维，形成一种定势，也就是思维定势，凡事都是一种惯性思维方式，很难走出自我，形成较为稳定的处事风格和处世态度。而在被动方面的思维，主要是对他人制导方面的反应。这种反应有两种思维定势，一种是顺向思维定势，一种是逆向思维定势。顺向思维定势以认同为先，对于他人的观点首先从认同这条思维维度上起步，之后与自己的认识相比较，作出鉴别。有这种思维定势的人通常容易被说服，应变反应较为迟缓。而逆向思维定势以质疑为先，对于他人的观点首先从质疑这条思维维度上起步，之后与自己的认识相比较，作出鉴别。有这种思维定势的人通常不易被说服，应变反应机敏，在辩论中应变机警，语言锋利，巧言善辩。风俗是指一个社会区域或一个特定文化区域的约定成俗的文化习惯，包括习尚、审美、交际、语言、情感和行为等诸多方面，这对于人的性格形成产生着重要影响。性格和行为的密切关联性，表现出文化与习俗对行为的普遍制导性。

（4）社会条件对行为的制导　社会条件对行为的制导从根本上说，主要取决于社会的生产发展水平和科技发展水平两个方面。由于生产发展水平和科技发展水平决定着社会文化环境和生活水平，所以可以一言以蔽之地说社会条件对行为的制导程度取决于社会的文明程度。社会文明对行为制导，是从不同区域和不同国度的民众行为上体现出来的。从世界范围看，各大洲的社会条件是各不相同的，各大洲的人的行为方式也是各不相同的。文明程度较高的英国人崇尚高贵和矜持，在公众场所尤其如此。有英国学者剖析这种崇尚，认定一半是自傲，一半是面具。其实这种自傲源自16世纪都铎王朝征伐爱尔兰建立种植园时期，英格兰人自恃新罗马人，视爱尔兰人野蛮、愚昧，极度蔑视，心中鼓胀着教化爱尔兰这种野蛮民族的情绪。后来随着殖民扩张将这种情绪从爱尔兰扩展到美洲、非洲和亚洲的印度。有这样的自傲与自恃，面具也就必不可少了。英国在印度殖民地时期，驻印度的公务员55岁之前就要结束在那里的公务和供职而回国，目的在于不能在印度出现老态，似乎不想让印度人知道，英国人也有老迈昏聩的时候。此举正是自傲与面具的写照。

法律法规和政策对行为的制导是社会条件对行为制导的重要部分。法律法规和政策本身就是一种规范。作为一个个体人，没人无端地去触犯法律违反政策的。但是，如果法律法规和政策不健全或者有某些偏颇或偏废，在人的行为导向上就会产生程度不一的不良后果。例如，经济工作以 GDP 为衡量标准，就容易导致资源浪费和重复建设；教育方针偏重于分数，教学就会以分数论高下；医院以经济为指标，就会削弱医德建设。现在，医德问题几乎成了世界性问题，在发展中国家尤其突出。在经济利益诱使下，许多医院和医生医德沦丧，内科医生追求处方效益，外科医生追求手术刀效益。这对法律社会和诚信社会的建设，造成了难以修复的伤害。

（5）群体与群体之间的行为制导以及个体对群体行为的制导　群体对群体行为的制导以及个体对群体行为的制导义项的提出，是出于在论述了各种情况下对个体行为制导的基础上，全面讨论行为制导的各种状况的补遗，也是对上述论述义项的深化与拓展。

群体与群体之间的行为制导，可以分为 6 种情况：第一种情况是发生在几个人与几个人之间的行为制导，第二种情况是发生在团体之间的行为制导，第三种情况是发生在阶层之间及行业之间的行为制导，第四种情况是发生在民族之间的行为制导，第五种情况是发生在国家之间的行为制导，第六种情况是发生在国际联盟之间的行为制导。

发生在几个人与几个人之间的行为制导，是最为普遍的随时随地的行为现象。这几个人与那几个人之间或有一定的联系，或有某种特别的关系，使之发生了行为制导现象。

发生在团体之间的行为制导，同几个人与几个人之间的行为制导相比较，有了团体的集体性，规模也大得多。因而这种行为制导不像几个人与几个人之间的行为制导那样普遍和随时随地。

发生在阶层之间及行业之间的行为制导，具有鲜明的阶层性和行业性，不是一般的泛泛的行为制导，通常带着鲜明的阶层主体意识和行业主体意识。阶层之间的脑力劳动阶层与体力劳动阶层、工人阶层和农民阶层、知识分子阶层和普通劳动者阶层、领导阶层和职员阶层、权力阶层和大众阶层、白领阶层和蓝领阶层等，行业之间的电子行业与通信行业、航天行业与材料行业、纺织行业与制衣行业、军工行业与民用行业等，都有鲜明的阶层主体意识和行业主体意识。

发生在民族之间的行为制导，通常是文化的，是和平式的、演变式的，分为发生在国内民族和国际民族之间两种情况。世界上的国家除个别是单一民族外，通常都包含多个民族，这些民族之间的行为制导发生在不同的民族文化环境里，同时又是发生在相同的国家文化环境里。如中国的汉族与藏族、侗族与瑶族、朝鲜族与满族之间的制导，俄罗斯联邦的俄罗斯族与车臣族、鞑靼族与乌克兰族之间的制导，都是发生在相同的国家文化环境里。而国际民族之间的行为制导，既是发生在不同的民族文化环境里，同时又是发生在不同的国家文化环境里。如英国的爱尔兰民族与德国的日耳曼民族之间的制导，乌干达的巴索加部族与坦桑尼亚的苏库马部族之间的制导，都是发生在不同的民族、不同的国家文化环境里。

发生在国家之间的行为制导，有文化的，有经贸的，也有军事的。在全球经济一体化的背景下，人们的思维和行为越来越经济化，人格和国格也越来越经济化。经济标准成了普世标准。自从殖民地时期以来，西方人掌握了世界话语权，西方价值观对世界产生了巨大影响。中国在急于追求经济发展的时候，言之凿凿地声称与世界接轨。接轨就是并道，并到同一条轨道上去。这就等于在许多方面认同了或者屈从了西方价值观和“游戏规则”。其结果是经济发展了，不该失却的东西却失却了。这时候人们困惑了：经济就是一切吗？

还有一个更为具体的国家对国家制导的例子。1986 年 10 月，美国和苏联两国元首里根和戈尔巴乔夫在冰岛的雷克雅未克海边的霍夫迪楼举行“峰前会议”，为即将举行的峰会作准备。戈尔巴乔夫在裁减中程核武器问题上向里根作出了无奈的也是抱有幻想的妥协。这是已经持续了近半个世纪的冷战的历史性转折，标志着冷战开始进入尾声。事后美国国务卿乔治·舒尔茨乐滋滋地说：“戈尔巴乔夫在雷克雅未克作出的让步，实际上，将永远不能收回。我们已经窥知了苏联的底线。”这是一个国家对一个国家的制导，是美国以冷战的强势对渐入冷战弱势的苏联的行为的制导。

发生在国际联盟之间的行为制导比国家之间的行为制导更深了一层。这种制导虽然文化的、经贸的、政治的和军事的都有可能发生，但是经常发生的是经贸的行为制导。20 世纪 70 年代以来，西方国家对石油的需求迅猛增长。石油生产国家要求提高石油价格，而西方石油公司不肯作出价格让步，双方剑拔弩张。石油生产国的阿拉伯国家决定利用石油武器制裁西方国家，1973 年 10 月 16 日石油输出组织决定提高石油价格，10 月 17 日中东阿拉伯石油生产国决定减少石油生产，并对西方国家实行石油禁运。到 1973 年底，石油价格由原来的每桶 3.01 美元飙升到 11.651 美元，引发了二战后资本主义世界的最大经济危机。

欧盟因为伊朗强硬地坚持本国的高纯度铀浓缩主张，二十七国外长于 2012 年 1 月 23 日通过对伊朗实行石油禁运制裁，并于 7 月 1 日实施。制裁的目的是想造成依靠石油出口的伊朗的经济萎缩，从而放弃既定的行为主张。可是，这种制裁对自己的行为也产生了制导作用，欧盟国家内部的石油价格大涨，给债台高筑国家的经济发展带来严重影响。

个体对群体行为的制导是普遍现象。任何一个人的语言和行为都有可能对身边的人产生行为制导作用。个体对群体行为的制导最有力度的是两种人：一曰名人，如思想家、哲学家、军事家、社会活动家、艺术家等，一个歌星、一个影星，会影响大批人的审美和偏好，粉丝现象是个人对群体行为制导的典型反映；二曰首领，如企业总裁、政府官员和国家首脑。在历史唯物主义那里，经常的争论是群众创造历史还是英雄创造历史的问题。陷于这种争论往往导致思维的片面性，非此即彼，走向了极端。在不同的时间和空间里，在不同的条件下，英雄和群众都有可能从矛盾的主要方面决定着那个历史条件下的大事变。一个企业做得如何，在于总裁的理念和管理。世界上富强的国家，一般是民主的国家，然而也有独裁的国家是最强大的国家，在资本主义社会出现之前的封建制国家和奴隶制国家都是国王独裁的国家，这些国家有很多是强大的专制帝国，如葡萄牙帝国、西班牙帝国、大英帝国、罗马帝国和大唐帝国。

在国际事务中，一个国家对一个国家或多个国家对一个国家、多个国家对多个国家行为的制导，是最为普遍和最为经常的事情。近年来朝鲜半岛的朝韩两国互制行为导致半岛危机，朝鲜的核试验频频进行，破坏半岛无核化，许多国家发出谴责之声，联合国多次作出相关决定。朝鲜半岛问题的根子在哪里？朝鲜战争最终签署的是停战协定，不是和平协定，至今美国还在韩国驻扎着近 4 万兵力，令朝鲜随时准备拼死一搏。进入 21 世纪以来，国际上流传着一个新词：颜色革命。指的是一国策动他国的非暴力颠覆活动，是一种离岸颠覆行为，有浓厚的策反成分。一国利益受到他国行为的威胁，如果谈判不奏效，就容易导致颜色革命的发生，利用高科技和特工手段，揭露该国家元首有违宪法、国家利益和政党宗旨的行为，渲染丑闻罗织罪名，利用该国国民和政党的力量，将元首赶下台。这都属于群体与群体之间的行为制导。

（6）行为制导的互因性 行为制导的互因性是指原发行为与制导行为互为动因。生活在社会中的人，其行为总带着社会的烙印，就如同基因与血缘的遗传承继一样，因而原发行为往往正是制导行为的结果，而一种制导行为的结果正是另一种原发行为的动因。一个家庭中的孩子，他的许多原发行为正是这个家庭制导的结果。而一个制导行为，特别是实施具有针对性和目的性的制导行为，就是以所要制导的行为为动因。一个警察要制止一场犯罪，正是以罪犯的行为为动因。警察的日常训练行为，也正是以虚拟的罪犯犯罪行为为动因。而罪犯对警察实施攻击行为时，正是以警察对其行为有制导力量为动因。利用行为互因性理论分析行为性质、过程和结果，是科学的重要的思想方法。

四、行为预期 行为预期是行为发生前对行为报偿的估计。人类的行为特别是重大行为，都是以报偿目标为导向的。无论是个体行为还是集体行为，行为都有特定的具体的报偿预期。这种行为报偿预期，构成了行为的目的性。要建立科学的行为预期，行动之前必须做好行为设计及情境框定。情境框定是行为设计的全部依据。情境框定分为人地情境框定和人人情境框定两类。人地情境框定是人与自然的关系，自然情境是较为稳定少有变数的情境，相对而言行为设计较为简单，譬如，乌云密布，就可以框定为雨天情境，出门就要带雨具。人人情境框定最为复杂，人的变数最大，而且对方也有人人情境框定。任何一方做情境框定时都要将对方的情境框定框定其中。譬如，丛林战争。丛林地理条件复杂，利用丛林的隐蔽性是双方情境框定都不可或缺的内容，因而双方战术也是情境框定的内容，敌变我变，随机应变，都是行为设计必须考虑的因素。行为与预期是不可分割的整体，在人类活动中，没有预期的行为和没有行为的预期是不可思议的，是不存在的。制作预期的方案设计也是一种行为，是没有付诸实践的思维行为。完全没有行为的预期是虚妄的、臆幻的。当然，从绝对意义上讲，虚妄和臆幻也是思维行为的一类。

（一）预期是行为的前提　预期是人们常用的概念。因为预期的基本含义就是对未来情况的判断和估计，其中包括将会怎样和将不会怎样的双重预测、双重预计或双重预想。现实中有两种预期，一是对确定因素条件下的预期，二是对不确定因素条件下的预期。对确定因素条件下的预期通常较为准确和乐观，一般不会出现大的偏差，不会出现意想不到的情况。而对不确定因素条件下的预期较为纠结，容易出现大的偏差，甚至出现不可预测的意外，南辕北辙，事与愿违。如果根据现实与逻辑、因变量与变量形成预期，则为理性预期；如果凭借经验和以往的行为方式形成预期，则为适应性预期。对不同的事物或不同的过程的预期，遵循不同的规律，从而形成不同类别的预期。对经济发展的判断，形成经济预期；对通货膨胀必然性的判定，形成通货膨胀预期；对中美关系的发展情况的分析与判断，形成中美关系预期；还有工程的预期、人口增长的预期和军事的预期等。军事预期由于双方都是军事家和富有作战经验的军人，既有战场上的较量，也有军事谋略的较量，往往敌变我变、瞬息万变，所以最难以作出准确的预期，战略预期、战术预期、战役预期和战斗预期等都是难以掌控得好的预期。

1. 关于预期理论　预期概念最初被作为预测之意较多地应用于经济领域，甚至被经济学家们垄断为经济学概念，因而关于预期的理论都是以经济理论为依托，完全建立在经济学上的。经济预算，是经济学上的重要预期。这种预算制度最早出现在13世纪的英国，施行的政府财经预算制度为合理使用国家资金提供了最科学的方式，后被世界各个国家普遍采用。目前，在行为学上预期理论还没有获得应有的地位，这也许与预期理论被经济学率先广泛使用而且具有了垄断性有关。行为学是内涵非常宽泛的学科，行为学所建立的一切学科都是为行为服务的，同时任何一个学科又都是行为的结晶。正因为如此，预期理论应该是行为学的重要理论，是与行为有机联系的不可肢解的整体。

预期理论的建立，需要心理学和行为学的支持，也需要哲学和逻辑学的支持。美国休斯敦大学以色列籍教授卡尼曼，将心理学与经济学结合研究，解释不确定状况下的决策，建立起预期理论。预期概念首先在经济领域产生，这似乎暗示着一个判定：人类的行为都是图有报偿的功利性行为。美国心理学家罗特似乎又以他的预期理论来诠释这种判定。他说，一种行为被选择的可能性，取决于行为者认为这种行为能够带来多少回报以及带来回报的可能性。他认为，行为具有潜势，行为潜势是行为在特定的情境下发生的可能性的大小。对于特定情境下的特定目标而言，在多种可行性行为中的每一种都有发生的可能性，都具有行为潜势，只不过有的行为的潜势较高而有的则较低。较高者发生概率就高，而较低者发生的概率就低。行为预期和行为潜势是研究人类行为的重要理论。由于人的综合素质的差异，在同一种情境下会有不同的目标，在同一种目标下会有不同的预期，在同一种预期里会有不同的行为，在同一种行为中会有不同的潜势。

至此不难理解，行为都是有预期的行为，都是被预期制导的行为。所以，预期是行为的前提。就行为学而言，预期应该是行为学的重要组成部分，也是研究行为的前提。对于一个个体人，预期是一种行为设计，而对于社会集团和国家，预期或是一种战略，或是一种规划，或是一种政策。

2002 年 11 月至 2003 年 10 月，发生了一场世界性严重急性呼吸综合征传染病，由于这种疾病是因为感染了 SARS 冠状病毒而引起的，所以也简称为 SARS。首例于 2002 年 11 月出现在中国的广东省佛山市，在很短的时间内迅速形成大流行之势。至 2003 年 7 月 11 日，全球 32 个国家报告临床诊断病例 8437 人，死亡 813 人，死亡率为 9.6%。这是全球同一情境下的事件，因为有同一目标和统一预防，控制 SARS 成为整个人类的行为预期。

2. 预期与方法论 预期在思维过程中就是预测，预期理论就是方法论。要通过一系列的预测，判定预期目的达成概率。如果预测尊重了事物发展和演变规律，而且依据事物发展和演变规律采取科学的行之有效的方法，那么预期就是理性的、科学的，可达成的，否则就是非理性的、不科学的。1979 年 11 月 4 日，美国驻伊朗大使馆受到一百多名伊朗学生的冲击，冲击的目的是要将前国王巴列维从美国引渡回国受审，这显然是伊朗政府的预期。学生们扣留了 100 名人质，其中有 66 名美国人。美国在多次谈判未果的情况下，于 11 月 9 日开始实行一系列报复：驱逐伊朗在美国的留学生、驱逐伊朗外交官、停止进口伊朗石油、冻结伊朗在美国的资产、断绝与伊朗的外交关系等。伊朗的回应是德黑兰百万市民反美游行、关闭美国领事馆、全国进入战备状态。美国向海牙国际法院控告伊朗扣押人质，伊朗向海牙国际法院指控美国总统卡特的种种罪行。正当双方剑拔弩张之时，1980 年 9 月 22 日伊拉克突然向伊朗发动军事进攻，两伊战争爆发。伊朗首尾难顾，妥协让步，于 1981 年 1 月 9 日与美国达成释放人质的协议，持续 14 个月的人质危机方才结束。伊朗预期未果，而美国预期得以实现。至于为什么在人质危机长期未决的僵持时刻，爆发了两伊战争，美国是否借助了伊拉克，这是个谜。由于两伊战争发展为旷日持久长达 8 年的消耗战争，人们只关注着这场战争的实际影响，没有将这场战争与美伊人质危机进行某些联系和某种联想，美伊人质危机似乎就成了一个孤立事件。

3. 预期依据 一种预期的建立需要可靠的依据，依据不可靠则预期不科学。

由于人类依据自然生态系统和人类生态系统这两大系统以及人地关系和人人关系这两大关系形成生存逻辑，也就在自然生态系统和人类生态系统这两大系统、人地关系和人人关系这两大关系中形成行为方式。与此同时，行为的预期也发生在这两大系统和两大关系之中，而预期的全部依据也就是这两大系统和两大关系。在理论上，预期分属两个范畴，一类是人地关系范畴里的预期，一类是人人关系范畴里的预期。人地关系中的预期，一般发生在自然生态系统中；人人关系范畴里的预期，则一般发生在人类生态系统中。

（1）人地关系预期的依据　人地关系预期的全部依据是在自然生态系统中。无须赘言，自然生态系统包含了自然的各个部分，包括有机部分和无机部分。而在人地关系中论述自然生态系统，显然不包括本是自然生态系统中的人类生态系统。原因在于顾及论述的独立性，从而将本是自然生态系统一部分的人类生态系统独立出来，并与自然生态系统并列为两大生态系统。

人地关系中的预期依据主要在于自然对象和时空环境的各种要素。如耕种预期的依据在于土地和气象，开采预期的依据在于矿物性质和储藏量，捕捞预期的依据在于水域和鱼群。

科学的预期应该是在经过对各种因素综合考虑和全面分析后所形成的预期。例如，人类对水利的利用预期主要是灌溉、航运和电力的预期。都江堰的修建是古代中国人对灌溉和防洪的预期；三峡大坝的修建则是现代中国人对防洪和电力的预期，附带有航运预期。三峡大坝蓄水 393 亿立方米，水面面积 1084 平方千米，地表被作了重大改变，与之相关的地下和上空的许多参数必定因之而改变；水对于阳光热量的吸收、对温度有明显的调节作用；地球因为地表重量分布的改变能否引起自转的不均匀性和抖动甚至轴心偏移等，这都是预期中必须预期的问题。科学证明，人类活动引发自然灾害的概率急速增加。采矿、建筑、地热能开发、水利压裂等引发越来越多的地震。台湾于 2003 年落成的世界第一高楼台北 101，被认定是附近地区地震频发的罪魁祸首。

（2）人人关系预期的依据　人人关系预期的全部依据是在人类生态系统中。对个体人的预期，要依据该个体人的专长、素质、学识和品行等诸多因素。对于群体或国家的预期，要依据这个群体或国家的各种因素，这种预期通常是战略学范畴的预期。世界各国都注重智库建设。智库的主要研究对象是战略问题和公共政策，根本职能就是战略预期。美国是世界上智库最多的国家，共有 1835 家，中国居第二位，有 435 家。其次是英国、印度和俄罗斯等国家。英国的智库地位并非与其数量位次一致，英国的学术研究是久负盛誉的。

智库是人类群体决策的产物，历史悠久。在西方，罗马帝国时期的缪赛学院是当时声名显赫的智库。在东方，中国于春秋战国时期，智库发展就进入高峰期和成熟期，齐国的稷下学宫是诸子百家争鸣的学术中心，是中国最大的智库。相对而言，中国现代的智库建设倒显现出诸多不足和局限，习惯于用中国的思维逻辑和文化心理分析西方国家事变，部分教育系统和研究机构的智库学者，对未来的预测既使用传统的趋势外推法，也不断地尝试运用一些新的甚至时尚的推导模式，然而依旧难以跳出函数模型之类的窠臼，偏好理论和概念，沉溺于教条化的概念游戏，对现实缺乏必需的洞察力，对新的变量反应不敏捷，对不确定性的应变力被线性惯性力所迟滞，在运用描述逻辑时，时常成为逻辑描述，许多新发明和创造的词汇，也缺乏内在联系的缜密度，因而对于国际重大事件预测准确率较低，影响了国家对国际事件应对的时效性。例如对中国加入 WTO 可能遭受反倾销的加害、南海石油资源可能引发的国际争端、海洋文化研究与海洋战略构建关系、经济金融化、文化自由主义对国家意志的消解、国家转型的不利因素影响力等的预测，都存在明显的缺陷。“立足现实，把握未来”，这是智库座右铭，智库之智不是从理论到理论之智，而是认知现实、把握现实之智。

自 20 世纪末以来，中国对世界经济发展走向和国际政治格局演变的预测进入最佳期，把握时代机遇，以调整国际战略确立新的大国关系，以调整经济结构确立新的全球贸易体系，迅速成为世界第二大经济体、全球贸易大国和全球供应链中心，人民币也成为世界第二大常用国际贸易金融货币，仅次于美元。一时间欧洲的伦敦、巴黎、法兰克福、卢森堡、苏黎世，亚洲的新加坡，大洋洲的悉尼等世界许多大都市都在争当人民币交易中心。伦敦各家银行自 2012 年初就开始以人民币进行贸易结算，伦敦已经成为全球离岸人民币交易中心。德国还要在柏林建立欧洲最大的中国问题研究中心，以便了解中国，赢得未来。现在中国逐步走进了世界舞台的中心，显现出主导世界秩序和引领全球化演进的能力，为全球治理提出中国方案，贡献中国智慧，向世界社会提供国际体系和世界秩序及全球规则等公共产品的能力逐步增强。世界舆论普遍看好中国正塑造着和正扮演着的世界角色，认为世界不仅不能少了中国的声音，更不能少了中国的作为，希望中国在全球事务中有更多更有力的话语权。欧洲学者撰文称：失去中国支撑会给欧洲国家造成严重后果，也会导致深度持久的全球经济衰退。俄罗斯舆论认为，西方主导的世界秩序正在走向终结，美国已不再适合当世界领袖。而美国舆论认为世界权力中心正在从美国移向中国。世界有一种舆论：中国正在获得全球控制权的机会。在世界更加充满不确定的时刻，一切皆有可能。但是，中国需要保持清醒的头脑，抵御诱惑，知其胜，知其不胜，避免跌入修昔底德陷阱。

西方国家与东方国家由于东西文化的差异，预期的思维是不同的。西方学者习惯于以西方文化逻辑推导东方国家预期。美国部分学者根本就把握不了东方文化精髓，自以为是地以西方文化思维推导中国战略预期，常常令人啼笑皆非。米尔斯海默大概可以算作其中一人。他的《大国政治的悲剧》专著在许多方面是他以西方文化思维替代东方文化思维、以美国思维替代中国思维所推演出来的杞人忧天式的悲剧。美国有自己的门罗主义，而中国未必也要有门罗主义。如果坚信中国不会奉行门罗主义，那么米尔斯海默眼前的世界一定是另一番景象。

（二）预期达成的要素 预期能否成为现实就在于达成的要素。人类社会是在自然生态系统和人类生态系统两大系统、人地关系和人人关系两大关系的综合因素中发展的。因此，行为的预期要素就在“两大系统”和“两大关系”之中。而且在人地关系预期中，悄然地包含着人人关系的因素；在人人关系的预期中，悄然地包含着人地关系因素，只是行为的目的属于哪个范畴，哪种因素是矛盾的主要方面罢了。从宏观上讲，这些要素不外乎主观要素和客观要素。主观要素在于预期者的综合素质，包括思想方法和认知水平，对事物的发展和演变的判断能力以及意志行为等。客观要素主要是各种客观条件。由于行为是人的行为，预期是人的预期，所以人是预期达成的第一要素。中国是世界上最早发现石油的国家，也是最早开采石油的国家，东汉时期就有发现石油的记载，元朝时期就有石油井的记载，然而直到20世纪60年代，中国还没有自己的油田。当中国决定建设自己国家的油田的时候，正值三年自然灾害时期，国家经济极度困难，苏联落井下石趁机逼债，世界掀起反华浪潮，国内经济环境和国际政治环境都不好，建设油田的各种条件均不具备。然而正是依据人的因素，国家作了建设大庆油田的预期。大庆人发扬“有条件上，没有条件创造条件也要上”的精神，最终建起了中国的首个大油田，创造了震惊世界的奇迹。

中国自古讲“天时、地利、人和”，“和为贵”的思想理念和文化传统影响了中国几千年。中国人信奉“人心齐，泰山移”；崇尚“见贤思齐”、“他人第一”；倡导“与人为善，以邻为伴”；鄙视“损人利己，见利忘义”；憎恨“与人交恶，以邻为壑”。中国的国家政治、国家法律、国家政策、价值观念、行为准则，都渗透着这些思想理念和文化传统。因而中国的人事制度重德。在具体人事考核中，德才兼备是总原则，但德才比重不同，故而考核一个干部优秀程度都是依照德才的加权平均值。在处理国际关系和国际事务时，也是秉承自己的思想理念和文化传统，“和平共处五项原则”的提出，就是最好的证明。中国的文化传统，利于中国在国际事务中以己方的诚信与他方建立起互信的合作关系。

第二节 行为的属性

行为是人的属性，是人的个体的属性也是人的群体的属性，首先是人的个体的属性。行为的群体性是行为的个体性的集中体现。群体行为包含着个体意志，个体意志是群体行为的意志单位。

一、行为的个体性 行为首先是个体行为。行为的个体性是行为的第一属性、根本属性。人的行为是目的行为，不仅有思维的前提，也有意志的前提。

（一）意志　意志是建立在思维基础上的意识形式，是在先天遗传与后天环境共同作用下形成的具有理性特征和性格特征的定型而稳固的意识状态。具体意志的形成和达成，都需要以特定的具体的事物为前提，对此托马斯·霍布斯有著名断言：任何人都不可能脱离具体事物而达成做任何事的意志。杜威则说："明确的意识活动就是意志。"

1. 意志与思维　意志与思维同是人类的意识形式，但两者有很大的不同。思维是人类具有先天体质特征的本能，是人类先天的生理功能，而意志则有诸多的后天因素。生活在不同的地域环境、生活在不同的社会环境的人的意志质量是不同的。渔民和山民的意志一般要比农民更坚韧些，士兵的意志要比一般人的意志坚毅得多。有怎样的意志状态，就有怎样的思维方式。美国著名作家海明威的小说《老人与海》正是海上捕猎者坚强意志和服务于这种意志的思维的写照。主人公古巴老渔夫与一条大马林鱼在大海中搏斗的整个过程，体现出老渔夫坚韧不拔的意志。小说的成功就在于对人的意志描写和刻画的成功。

美国钢铁大亨安德鲁·卡内基以钢铁般的意志创建了美国最大的钢铁集团，与石油大亨约翰·洛克菲勒和电力大亨约翰·皮尔庞特·摩根三人以钢铁、石油和电力支撑起20世纪现代化的美国。卡内基晚年决定将自己的资产捐赠社会，捐赠3.5亿美元在世界各地建造图书馆，是世界上首位慈善捐献的大资本家。

2. 意志与意识　意志与意识有同一性，同是后天因素占很大的成分。意识是凭借思维在后天的活动中形成的较为稳定的感知、经验和理念。意志借用了意识中的这些感知、经验和理念，成为一种鲜明而强烈的意识倾向。所以，意志与意识有密切的关联，意识越强烈，意志越坚强。凡有成就者，没有一个是意识淡漠意志薄弱者。百折不挠的毅力，来自强烈的成功意识和坚强的决胜意志，而懦弱者，都是意识淡漠意志薄弱者。科学家是意志坚强者，许多科学家为了一个发明的设想，始终不渝，穷毕生的精力。有的成功了，有的没有成功。没有成功也是一种成功，因为他成功地提出了课题，并为之作了理论和实践的准备，为后来者开辟了研究方向，奠定了理论基础，同时也像探路者一样，证明了某些走不通的路径，给后来者以警示，避免走弯路。光学研究在科学发展中是一条艰难的道路。从凸透镜成像到照相机发明，从照相机快门速度的几分之一秒到数万亿分之一秒，是失败者和成功者共同的成果。伽利略发明了天文望远镜，他成功了。可是他的成功在更大的意义上是开辟了道路，因为这是个多少代人才能完成和完善的发明。当伽利略的天文望远镜做到46米长的时候，牛顿将其缩短为十几厘米，又经过多少代人的努力，才达到今天这样的消除色差、高分辨率，可以捕捉到100亿光年宇宙光的天文望远镜。也正是今天的天文望远镜与卫星技术配合，揭开了宇宙的一个又一个谜团，如土星的光环是几个世纪未能解开的谜，正是今天的天文望远镜在卫星技术的配合下，发现土星的光环是由土星喷发的气体形成的。1994年，中国决定利用喀斯特地貌的天坑建造一台口径500米的世界最大的射电望远镜，如今已投入使用。这是中国科学家以崇高的国家意识和坚定的创新意志所创造的人类天文史上里程碑意义的人间奇迹。

3. 意志与性格 意志与性格也有同一性，意志由性格展现出来，而性格直接体现着意志。性格与意志密切相关，性格坚毅者意志也往往坚强，性格脆弱者意志也往往薄弱。所谓人的悲剧是性格悲剧，就是这个道理。性格具有先天遗传因素，但主要是在后天形成的。后天的环境与职业往往是性格形成的决定因素。性格坚毅、性格脆弱，性格开朗、性格内向，大都取决于后天的因素。军人的性格较其他人坚毅原因在于军人是经过特殊训练的人。美国乔治·巴顿将军在第二次世界大战中是叱咤风云的人物，他率部横渡大西洋登陆北非，占领法属摩洛哥；与英国将军蒙哥马利合作肃清北非德军；参加西西里岛和诺曼底登陆；强渡莱茵河，挺进德国腹地，占领捷克斯洛伐克西部。在参战的9个月里，歼敌140万，占领城镇1.3万座，成为二战史上赫赫有名的将军。

美国汽车大亨福特凭借坚强的意志和坚毅的性格创造出自己的第一台汽车，但是获得不了美国特许汽车制造商协会的特许制造权。无奈之下他开着自己制造的汽车参加汽车大赛，获得成功声名大振，于是筹集2800万美元创办汽车制造厂，并赢了特许汽车制造商协会对他的侵权起诉，合理合法名正言顺地制造汽车。他采用流水线生产方式，工厂每天生产15台汽车，每台售价仅825美元，是每个美国人都可以买得起的价格，从而使美国真正进入了汽车时代。

4. 意志与动机 意志与动机是相辅相成的，两者的一致性在于动机的价值取向与意志的价值取向的一致性。英国科学家斯蒂芬·威廉·霍金21岁患卢伽雷氏症，肌肉萎缩，只有3根手指能够活动。可他以超人的毅力，怀着深入研究爱因斯坦相对论的动机，于1972年研究宇宙黑洞附近的量子效应，将引力学、量子力学和统计力学融为一体，于1974年研究量子引力理论，于1980年研究量子宇宙理论，成为当今世界上杰出的科学家，为研究宇宙和宇宙研究的理论体系建设作出了巨大贡献。世界顶级音乐家贝多芬的音乐动机与音乐意志是超凡的，他26岁那年耳朵失聪，绝大部分音乐作品是在失聪的情况下完成的。失聪的人进行音乐创作几乎是件不可能的事情，而贝多芬一生中创作了9首编号交响曲、35首钢琴奏鸣曲、10部小提琴奏鸣曲、16首弦乐四重奏、1部歌剧等大量的音乐作品。

（二）个体与个体意志 意志首先是个体的，就像人类首先是个体的一样。这也正是没有个性即无共性、共性寓于个性之中的哲学观点。意志作为个体是千差万别的，意志的个体性是意志千差万别的根本所在。这些差别在宏观上比较容易界定，而在微观上许多细小的差别几乎是无法界定、无法区分的。所以，研究个体意志和意志的个体性，对于把握意志的内在构成具有重要的学科意义。

作为个体意志，首先是年龄差别和性别的差别，再者是意志素质的差别。

1. 个体意志的年龄差别 一个健康的人意志是在什么时期形成的？要弄清这个问题不得不将意志作进一步的区分，分为幼年人意志和成年人意志。人在幼年就有意志特征，一个还不会说话的婴儿往往也表现出意志行为，看到喜欢的玩具时，就一定想得到手，不达目的会哭叫不停。这是幼儿先天的意志特征，由于这种意志不是依靠理性的支持，可以界定为是感性意志。而成年人的意志通常都是理性意志。因为成年人力避没有理性的行为、做没有理性的事情。在人生的成年与幼年之间，是青少年时期。这个年龄段的个体意志是感性意志与理性意志并存的，而且随着年龄的增长，两种意志此消彼长比例不断变化，感性意志比值逐渐下降，理性意志比值逐渐上升。然而，感性意志并不会在进入成年人时期之后比值归于零。成年人时期的感性意志依然存在，是一种潜在形式，通常情况下不会显露出来，只是到了一定的或者说极端的情况下才会以突发的形式暴露出来。例如受情绪驱动时会失去理智，一旦理性意志抑制不住感性意志，就会做出丧失理智的事情来。民族战争、国家战争乃至世界大战，看起来是深思熟虑、战略战术反复论证，很有理性思维，然而在宏观上终归是感性意志的结果。所以，在核武时代，研究人类的感性意志是一件极为重要的事情。如果发生第三次世界大战，那么这次世界大战的发动者，绝对不是第二次世界大战的发动者希特勒的思维、希特勒的疯狂、希特勒的能量，也许整个地球将被核武摧毁而万劫不复。

2. 个体意志的性别差别 个体意志的性别差别指的是男女意志的差别。人类的两性差别有两种，一种是自然差别，另一种是社会差别。自然差别是生理差别，生理差别是性差别，是躯体的差别，包括结构和体质。性别的社会差别主要在于性别规范和性别角色。性别规范和性别角色是社会塑造的。社会的男女分工，是性别规范和性别角色塑造的主要因素，同时也是对性别意志塑造的主要因素。研究发现，男性脑容量略高于女性，而女性大脑皮层厚于男性。脑容量在海马区、杏仁核、纹状体和脑丘等不同部位的大小，决定着感知、记忆、情绪、决策和抑制等诸方面水平，而大脑皮层对意识、语言、认知等功能发挥着重要作用。但是，男女个体意志的性别差别主要来自生理的和体质的差别，也来自性格的两性差别和角色的两性差别，这些差别有时体现在某种具体的时空里，有时体现在某些具体的事物上。历史上有许多女中豪杰，如中国的武则天、法国的贞德、西班牙的伊萨贝拉、英国的伊丽莎白和撒切尔，这些女性的意志品质是很多男性所不具备的。

3. 个体意志的素质差别 意志的素质差别是后天的以受教育程度不同而形成的思想的和文化的综合素质的差别。一个受过高等教育的人和一个没有经过学校教育的人的素质是不同的。学识与意志有关，特别与理性意志有关。这是因为，对于事物有本质的认识和无本质的认识，直接决定着行为所必须的认知前提。一个人对某一目的的实现，如果能够认识到所要达到目的的种种有利因素和不利因素，就能够胜不骄败不馁；如果不能够认识到所要达到目的的种种有利因素和不利因素，就有可能在顺利时盲目乐观，甚至得意忘形，而在遇到不利因素时，就会气馁，丧失信心，表现出懦弱和动摇，缺乏意志力。

1968 年 4 月，有 30 多名科学家、教育家、经济学家、人类学家、实业家从不同的 10 个国家来到意大利首都罗马，在山猫学院聚会。他们不代表任何国家，也不局限于任何意识形态，讨论现在的和将来的人类的困境问题，因此而形成了罗马俱乐部。因为美国麻省理工学院教授杰伊·福里斯特创立了系统动力学，罗马俱乐部就请麻省理工学院系统动力小组利用系统动力学建模技术，对地球生态系统与经济增长之间的动态关系进行研究。系统动力小组从人口、农业生产、自然资源、工业生产和污染等 5 个有关人类经济增长的基本因素进行考察，写出了考察报告。报告的主旨在于通过技术、文化和制度上的前瞻性社会创新，避免人类生态足迹的增长超出地球的承载能力。1972 年报告公开出版，1992 年修订出版，后来再次修改出版，这就是产生了过冲效应的学术专著《增长的极限》。该书对正确认识人类与地球的关系、人类生存与自然资源的关系、人类经济增长与地球承载力的关系产生了积极的前所未有的影响，使整个人类去掉了许多的生存盲点，增强了生存理性。正是因为罗马俱乐部和麻省理工大学课题小组里的人受了高等的教育，而且有高度的理性自觉，才能提出和研究这样关乎人类与地球未来的重大课题，为人类理性生存作出了杰出的贡献。

当然，素质并不以在校教育为惟一的判定标准。以画作《蒙娜丽莎》而名扬四海的意大利画家达·芬奇没有受过在校教育，但他凭借自己坚毅的意志成为科学家、发明家和画家，成为欧洲文艺复兴时期的代表性人物。

（三）意志与意志行为　意志行为可以泛指一切行为，因为人的任何行为都是意志驱动下的行为，这种意志行为可以是大的时间尺度和空间尺度，也可以是微不足道的极其微小的时间尺度和空间尺度。如国家航天战略行为属于大的时间尺度和空间尺度，而一篇文章修改则属于小的时间尺度和空间尺度。意志行为与意志质量有关。意志的质量决定着行为的质量。理性意志的行为质量较高，而感性的意志行为质量较低。意志质量不具备纯粹性，一种意志往往是理性意志与感性意志的混合体，或是以理性意志为主体意志，包含感性意志；或是以感性意志为主体意志，包含理性意志。

1. 感性意志行为　感性意志行为可以直接理解为感性里的意志行为，或由感性达成的意志行为。感性与感情时常像一对孪生子一样相伴相随，为感情而为，常常就是感性意志行为。感情用事也成了人类的一大通病。利用感情、贿赂感情，是从古到今屡试不爽的手段。世界各国的政界和商界出现的觊觎权力、觊觎财富的贪腐分子，让这个世界变得异常龌龊，经济分赃、政治分肥，让世人对社会越来越没有信心。这也应验了中国古人司马迁的那句话：“天下熙熙，皆为利来；天下攘攘，皆为利往。”

2. 理性意志行为　理性意志行为是一种尊重客观规律的意志行为。理性是建立在对事物发展规律以及内部联系与外部联系的全面分析和综合思考上，不为一叶所障目，不为一时顺利而忘形，也不为一时挫折而气馁，这是理性意志行为与感性意志行为的本质区别。中国制造人造卫星是理性意志行为。为了确保这一被命名为“651 工程”的科学性，在北京举行了 42 天的论证会。中国本来就是农业国，工业技术十分落后，太空知识也少之又少。卫星轨道计算使用的是手摇计算机和中国特有的算盘，计算一条轨道要花一年的时间，想做一个 21 芯的插头都需要全力攻关。由于卫星是绕地球飞行，远地距离 2300 多千米，所以当阳面和背阳面温差很大，温控问题、材料问题成为卫星的生死问题，这也是先行将卫星送上天的国家都没有最终解决的问题——法国的卫星是“冻死”的，日本的卫星是“烧死”的。中国人凭理性意志，解决了这两大难题，卫星在太空有效工作 28 天，圆满地完成了既定任务，至今半个世纪过去，还在太空运行着。

理性意志还包括理智的含义，对情感有理智的控制，而不是任凭感情左右。作为个人，要保证行为出自理性意志，通常会注重思想方法和调查研究，不会发生只知其一不知其二的妄断，更不会连其一都不知而妄言其三其四。作为群体理性意志行为更关乎群体兴盛。在公司运营中，股权一直举足轻重，拥有 51%的控股权就拥有了全部，而即使拥有 49%的控股权也等于一无所有。因而股权在公司制度中所产生的控制权思想根深蒂固，导致几乎是百分之百的企业都在盲目地追求 51%的控股权，尤其是建在国外的离岸公司，这种追求 51%的控股权的现象非常普遍。后来发现，股权并不是合作成功的关键，公司的效益也不是由控股权实现的，合作的成功不在于谁控制谁，而在于双方平等决策和齐心协力，任何一方想通过股权来控制对方，都会破坏双方的合作关系。倘若持有 51%控股权的一方恃财傲物一意孤行，不知寸长尺短，势必众叛亲离。作为国家，有没有普遍的持续的理性意志行为关乎国家生死存亡。在国际政治和国家关系中，世界各国都是非常理性地决定自己的政策和行为，世界各个国家都设有针对他国的情报机构和研究机构。这些机构的研究人员往往既是学者又是谋士。还有一些专业人员如外交人员、大学教授，他们的身份和职业，都有可能使他们成为国家的智囊人物或谋士。美国的乔治·凯南是美国冷战的谋士，美国对苏联的遏制战略正是出自他的思维。1946 年 2 月 22 日身为美国驻苏联大使代办的凯南，向美国国务院发了一封 6000 字的电文，提出对苏联的遏制政策。1947 年，他又在美国《外交事务》杂志上以“X”署名发表文章，明确指出美国对苏联要采取长期的、耐心的、坚定的遏制政策，对世界的政治格局产生了决定性的影响。美国有许多学者在政府和大学间不断变换角色，是走政府和非政府之间的“旋转门”的人，他们一时为政府职员，一时是大学教授，是非常典型的学政复合型人物。

作为领袖，理性意志更是关乎国家命运。1937 年 7 月 7 日，日本发动了灭绝人寰的侵华战争，中外舆论都认为中国必亡。然而作为中国共产党领袖的毛泽东并没有被日本帝国主义的这种军事气势所吓倒，也没被这些亡国论调所俘虏。他在分析了中日双方的各种因素之后，认定中国必胜，日本必败，写出了《论持久战》等著作，指出“日本是小国，地小、物少、人少、兵少，中国是大国，地大、物博、人多、兵多”，日本“退步、寡助”，中国“进步、多助”，这是中国绝不会亡的根据。他的战胜日本帝国主义的意志和立足于他的远见卓识，是理性意志。事实证明，在国际力量的支持下，中国人民经过浴血奋战，赢得了抗日战争的最后胜利。

3. 行为中感性意志与理性意志的交错 行为在整个行为过程中有不同的阶段，有时难以将其行为阶段严格地分为感性意志行为阶段和理性意志行为阶段。一个行为过程在总体上是理性行为或是感性行为，但在不同的阶段有不同的行为表现，会受到性质不同的意志支配。在一个行为过程中，理性意志行为和感性意志行为交错是非常普遍的。

2001 年 9 月 11 日，美国发生了震惊世界的恐怖事件。当日 8 时 46 分，一架波音 767 客机以每小时 490 英里的速度撞入世界贸易中心大楼北楼的 94 层到 98 层；8 时 50 分，一架小型飞机撞进世界贸易中心大楼；9 时 02 分，又一架波音 767 客机以每小时 590 英里的速度撞入世界贸易中心大楼南楼的 78 层到 84 层，引起大爆炸；9 时 37 分一架波音 757 客机撞击五角大楼，引起大火。这一事件被称为“9・11 事件”，导致 2998 人死亡。

这起恐怖事件的制造者是沙特阿拉伯的奥萨马・本・拉登。本・拉登是极端恐怖分子，他制造了人类有史以来最恐怖的事件。他行为的预期是在非理性意志下形成的，然而行为的过程是理性意志制导的，所以能够成功地实施恐怖计划。

尽管是以理性和非理性两个对立的概念讨论问题，但是，不能理想主义地认为理性就是纯粹的。人的感情尺度在任何问题上都是存在的，本想是理性的，然而却是理性化的非理性。丝毫不用怀疑，理想主义往往就是非理性的。因而尼采建议人们要认识到这一现实，避免过于理想化。他认为，相信人性是纯粹逻辑性的，是天真的，最有理性的人也需要不时地恢复天性，也就是恢复他对一切事物的非逻辑的基本姿态，于是理性往往被人性所替代。所以他能够坦然地论述常人不易理解的非逻辑的必要和不公正的必要。

二、行为的群体性 行为的群体性是行为的第二属性。人类的生存行为本身就是群体性行为。世界上的任何一个男性个体或女性个体，都无法使人类产生与繁衍，这可以看做人类行为群体性的原始定义。当人类进入文明社会之后，从广义上说任何行为都是群体行为。当一个人进行写作时，看起来是纯粹个人行为，其实不然，他使用的写作工具笔、纸或计算机，是他人制造的，他的书房也是他人建造的，他写作的内容是群体实践活动所创造的，是人类的文明成果。所以，当一个人利用他人的成果和产品达成某种行为时，他的行为就具有群体性，只是他人做出成果和产品时的行为不在他当前的行为环境之中。这是行为的群体性的核心表述。没有群体就不可能有行为的群体性，行为的群体性和群体性的行为的表述在原则上是一致的。在字义上，行为的群体性是直接表述行为的属性，群体性的行为是以定语的句式定义行为的属性。

无须赘言，我们在讨论行为群体性的基本范畴时已经暗含了他人成果和产品的多个个体人的个体行为和多个群体的集体行为。当然，在同一时空环境里的群体行为和不同时空环境里的群体行为并不是一个概念。至此我们可以明显地感悟到行为的群体性有两种时空关系：一是同一时空里的群体行为所达成的行为的群体性，二是不同时空里的群体行为所达成的行为的群体性。

（一）同一时空里的群体行为所达成的行为的群体性　同一时空里的群体行为所达成的行为的群体性在于任何群体行为都是个体行为现时现场的组合、集合与联结。这种群体行为具有结构性、外联性和内敛性。同时从结构意义上讲，还具有契约性、功利性、制约性，在行为方式上具有合同性、协调性与合成性。行为的群体性是不同个体意志所构成的群体意志倾向付诸实践的群体性。

1. 群体行为的结构性　群体行为是个体行为的组合与联结，是以特定方式联结起来的行为集合。具有两个以上个体的联合行为或共同行为，就构成群体行为。群体行为的外在形式是组合，内在形式是关联。没有内在关联，就没有外在组合。两个人没有内在关联地置于特定的空间，就构不成群体行为结构。可是，如果两个彼此互不相识的人由于特定原由而置于特定的空间，即使彼此没有语言，没有目光交流，也是群体行为结构。如等待商店开门的几个人站在商店门前，构成了购买的群体行为结构；在银行办理存取款业务的两个或几个互不相识的人坐在大厅里排号，构成了办理银行业务的群体行为结构；在同一家上市公司买股票的人，即使各居一方彼此互不相识没有来往，也构成了这家公司股民的群体行为结构；电视台播放电视节目，不管在什么区域收看的人，就构成了这一档节目受众群体行为结构。这种结构通常只有内在关联，而没有内在互动，因而是一种加和结构，也就是没有整合效应的形式结构。

2. 群体行为的外联性　群体行为的外联性是指构成群体行为的个体之间的外部联系。没有外联性就构不成群体行为。这种外部关联的达成在于内在关联的作用。外在关联与内在关联通常是统一的不可分割的。在生活和生产中，能够表明群体行为外在关联和内在关联统一性的例子很多，两人抬一件东西、几人采摘一片茶园、一场晚会的歌舞表演、航天飞船里的几名宇航员、一个集团军的军事演习等，都可以看出群体行为的外在关联和内在关联。

3. 群体行为的内敛性 群体行为的内敛性集中表现为目的性、纪律性和规范性。群体行为通常具有一个目的，为了共同目的群体中的每个个体都做一致的努力，产生出凝聚力量。纪律是群体行为内敛性的组织保证。这种纪律既是行为规则，又是行为范式。像国家这样大的特殊的群体，有比纪律和规章更为广泛和深刻的法律。依照法律管理国家，实际就是依照法律强化国家的内敛性，使国家成为整齐划一的整体。

4. 群体行为的契约性 由较多个个体或数个小群体构成的较大规模的群体行为，一般是为了在个体和小群体无法实现利益追求的情况下组合成较大群体所产生的群体行为，这种群体行为，一般是“力量共出、成果共享”的契约性群体合作行为。合作是群体行为的基本样式。在某些时候，即使是两个人的群体行为也构成合作行为，具有契约性。两个人从事某类商业活动，或许一个人出资，一个人出智，赢了、赚了，效益利润有一个“蛋糕”分割原则；亏了、赔了，经济债务也有个分割原则。由于群体行为的本质就是合作行为，有合作，就有契约。契约可以是章法式的，也可以是口头式的。群体行为即使是没有现实利益的合作，约定也往往是必不可少的。比如两个人一同出行，同坐一个航班，两人就需要一个约定，不能因为其中一个人影响另一个人的行程。这种约定不是处罚式的，不具有契约那样强的约束力量，然而是必须遵守的。

5. 群体行为的功利性 群体行为通常具有很鲜明的功利性。近年来，在中国市场上出现了“团购”的消费样式，有共同消费需求的消费者联合起来，共同消费。这种消费样式便于市场压价，获得优惠价格。2006 年深圳出现了“万人不买房运动”，抵制房价上涨；2008 年又出现了“万人住房团购行动”，成交价格要低两成。这都是群体行为鲜明的功利性。兴修水利、合资办厂、开发旅游、金融贸易、劳务输出、港口建设等，都是具有功利性的群体行为。战争的情况更是如此。战争的双方都是功利性的群体行为，最直接的功利就是战胜对方取得胜利。因而联盟和条约是军事功利性群体行为的普遍行为样式。美国双月刊《国家利益》网于 2016 年 5 月 31 日发文称：STEM 才能决定美国未来。STEM 代表的是科学、技术、工程和数学。文章认为，崇拜运动员和艺人风气应该制止，因为运动员和艺人不可能决定美国的未来。这种呼吁，正是国家群体的功利性使然。

6. 群体行为的制约性 制约性不单单是行为各方的行为方式的制约，更重要的是行为质量的制约。群体行为中的各方都是行为有机联系的一个部分，就如同一台机器的各个部件，一个部件不完成，整个机器无法组装；一个部件不成功，整个机器全报废。这种制约就是行为质量的制约，“短板效应”是群体行为全力规避的。在国际技术合作中，常常一个项目是多个国家的技术。波音飞机、空中客车的制造，都是多个国家承担着不同的零部件制造。中国的高铁，也是由多家企业承担着不同部件的生产。这种群体合作，没有制约是无法达成的。

7. 群体行为的合同性　合同性的主要含义是共时性，指的是一个事项的完成依靠几个人或多个群体同时的力量，在同一时间同一系统里共同行为，而且只有在同一个时间段里完成所分属的任务，总体任务才能够完成，也才有可能进行下一个阶段任务。如几个人打夯、军队合同作战，都表现出群体行为的合同性。

8. 群体行为的协调性　协调性指的是群体行为在行为主旨之下协调一致的动作。日本尼桑公司曾在美国、欧洲和本国汽车市场上连连失利，其中问题之一是研发部门、销售部门、决策部门三者缺乏协调一致的动作，根本的问题是销售部门在决策上没有应有的发言权，公司的战略从一开就瞄着竞争对手，其结果不是硬碰硬两败俱伤，就是跟在对手屁股后面亦步亦趋。后来三部门加强协调，汇总信息，改变了战略，重新认识市场，针对市场搞研发，确立新的座右铭：做回自己。最终生产出了颇受市场欢迎的热销车型。

9. 群体行为的合成性　合成性的主要含义是组合性。一个事项有多个部分构成，分工合作，最后组合。一颗人造地球卫星有数以百万计的部件，就需要多个技术工种、多种技术门类的技术合成；一个战役同时有几个战场，需要各个战场的合成力量，一个战场失利，就会影响整个战役。

人类是以群体形式而存在的。这种群体的构成遵循了“物以类聚，人以群分”的原则。尽管一般来讲，许多群体是没有结构主义原则的，没有法律资质，但是无论有法律资质或没有法律资质，对于依托群体参与社会互动的个体而言，群体是一种认同资格和类别资格。团体声誉、家族的荣辱、国家的兴衰，都会使团体、家族和国家中的个体深深地感受到群体资格和类别资格发生在他们身上的社会认同和价值判定，这是群体行为的群体效应。

（二）不同时空里的群体行为所达成的行为的群体性　人类每时每刻都在利用前人和他人的经验和成果，这是不同时空里的群体行为所达成的行为的群体性的核心表述。不同时空里的群体行为所达成的行为的群体性具有两个鲜明的特性：异地特性和时差特性。

1. 异地特性　人类居住分布在世界各地，一个国家人口的居住分布在该国家的各地，一个省人口的居住分布在该省的各地，一座城市人口的居住分布在该市的各城区、各街道。地域不同、文化不同，人群的行为方式不同，那么不同时空里的群体行为的群体性就是一个异地群体的不同文化和不同行为方式经过吸纳、融汇、整合后的群体性。甲地的海洋文化行为，不能够与乙地的山地文化行为相互整合，就构不成行为的群体性。地中海的海上贸易文化行为与渤海的海上贸易文化行为相互借鉴，融会贯通，就可能构成行为的群体性。苏联的十月革命和中国的“五四运动”具有同一的革命性，两个国家的行为可以构成革命行为的群体性。二战时期，德国进攻苏联，日本侵略中国，具有法西斯的同一性，两个法西斯国家构成了法西斯行为的群体性。

异地行为构成群体性在于相同相通的内在因素，因而异地行为方式具有相互借鉴性，但是其内在因素一般不具有互替性。东方文化行为的群体性属于东方群体，西方文化行为的群体性属于西方群体，东西文化可以相互借鉴，但不可以相互替代。文艺复兴和宗教改革是西欧各国新兴资产阶级反对封建主义的斗争形式，文艺复兴和宗教改革行为的群体性，是西欧新兴资产阶级反对封建主义的群体性，而不可能是中国农民阶级反对封建主义的群体性。此时的中国变革依旧表现为当朝的朝政变革，或者是王朝更替的斗争，这当中没有新兴资产阶级成分，其原因是在强大而完备的农业体系里，根本就没有资产阶级充分发育的土壤。中国的农民起义和西欧的文艺复兴，有着截然不同的内涵，尽管历史唯物主义者可以说两者都在推动社会的变革，都在推动世界历史车轮的前进。西欧文艺复兴与中国农民起义，是两种理论，是两种行为，不可以用文艺复兴的理论指导中国农民起义的行为，也不可以用中国农民起义的理论指导文艺复兴的行为。“放之四海而皆准的真理”是对真理的科学性的宏观认知，其实任何真理都是相对的。对于真理的运用，最佳的办法是因地制宜。照搬照抄的拿来主义，生吞活剥的教条主义，是百害而无一益的，甚至会走向事与愿违的反面。

2. 时差特性　时间的单向性决定了事物的发展只能向前，而不可逆转，不可重复，因而事物的发展就有了时差特性，昨天与今天不同，今天与明天不同，昨天的经验未必适用于今天，今天的经验也未必适用于明天。所以，在历史的长河中，经验都具有时效性，因而真理总被笼罩在过时的阴影里。博古通今的人，是善于将前人的经验与当下的现实融会贯通，在生产与生活中，达成古人与今人的经验的综合运用，达成古人与今人行为的群体性。人的经验包括直接经验和间接经验两个部分，直接经验是自己的，间接经验是他人的——周围的他人、遥远的他人，在世的他人、作古的他人。由直接经验加间接经验达成的行为，即使是一个单人行为，在本质上也是群体性行为，因为他的行为里，除了自己的经验，还有前人或现世他人的经验。

认识不同时空里群体行为所达成的行为群体性的时差特性，不仅仅在于对这种时差特性的理论认知，重要的在于对经验和理论的实际运用。经验主义，复古主义，是落后的思维方式和行为习惯，这一类人固执呆板，抱残守缺，思想观念适应不了时时变化的情势。

当然，不重视历史经验，不重视经典理论，动辄以过时论否认历史经验和经典理论的现实意义，也是极其无知、极其错误的，不是历史唯物主义和辩证唯物主义的科学态度。

概括不同时空里群体行为所达成的行为群体性的异地特性和时差特性，其本质意义可以借用斯大林的一句话：一切以时间、地点和条件为转移。

（三）行为的群体性与人人关系　行为的群体性在本质上是由人人关系达成

的。行为的群体性蕴含着行为群体中个体与个体、个体与群体、群体与群体之间的人人关系。

1. 个体与个体之间的人人关系　个体与个体之间的人人关系，是最基本最简单的人人关系形式。最初的人人关系出现在家庭。以家庭而论，世界第一种人人关系是夫妻关系；依照人生历程而论，第一种人人关系是母子关系，其次是父子关系、兄妹关系、伙伴关系、同事关系和夫妻关系等。家庭里的人人关系主要的关系原则是家庭伦理。在家庭之外的人人关系是社会的人人关系，社会里的人人关系主要的关系原则是社会伦理。中国传统文化所提倡的伦理是天伦、人伦、三纲五常。天伦是天、地、君、亲、师；人伦是君臣、父子、兄妹、夫妇、朋友；三纲是君为臣纲、父为子纲、夫为妻纲；五常是仁、义、礼、智、信。人伦关系的准则是忠、孝、悌、忍、善。臣忠君主，子孝父母、兄妹之间敬重长上，夫妻之间相互忍让，朋友之间诚善相待。这种人伦原则，是中国传统人人关系的基本准则。这种伦理曾被视为封建社会的东西，认为它违背了人人关系的基本原则：平等。但是，按照社会学的观点，平等不可能是绝对意义上的平等，中国如果没了忠孝也就不成其为中国了。资本主义社会提倡的“自由、平等、博爱”的人人关系也是如此，自由也不可能是绝对意义上的自由，任何妨碍或伤害了他人自由的自由，都违背了人人平等的原则。

2. 个体与群体之间的人人关系　个体与群体之间的人人关系，最初也是出现在家庭，依照人生历程，第一个群体关系是子女与父母间的关系，之后是家庭与家族的关系，家庭和家族与社会的关系。在社会的个体与群体的人人关系中，可以分为个体与自由群体、个体与随机群体、个体与既定群体、个体与利益群体和个体与机构群体之间的人人关系。

个体与自由群体之间的人人关系通常不具有恒定性。自由群体是自由组合的群体，剧场的观众、旅游的散团、同一飞机上的乘客等群体，都是自由群体。自由群体的最大特点是自由聚散。个体与这类自由群体的人人关系是暂时构成的关系，在自由群体里的个体，彼此之间难有深层交流，也没有恒定的利害关系。

个体与随机群体之间的人人关系的显著特征是此种关系构成的随机性。随机群体是随时而成不断变换的群体，通常以擦肩而过的陌生群体为多。如商场、证券大厅、火车站等公共场所里的群体。这种群体并不是有意识、有目的地加入或参与而构成的群体。通常情况下，个人与这类群体是没有任何关系的，彼此互不相干。但是有时又会因为某些原因而有了关系，比如这种随机群体里有老人、小孩、孕妇等需要得到他人帮助的人，因为帮助行为而与这些人有了临时关系，或者因此相识而建立了长久的友谊。

个体与既定群体之间的人人关系具有既定性。既定群体是多个个体由稳定的生活、生产或工作等形式而组成的群体。家庭是基本的既定群体，学校、工厂、公司、机关、科研机构等，是学生、工人、职员、公务员和科学家等个体的既定社会单位，是由其中的个体成员构成的既定群体。社会既定群体与社会随机群体最大的不同在于社会既定群体是由一定组织形式、行为主旨和工作方式连结为一体的整体，成员相互了解，相互合作，能够建立起持久的诚信和友谊。

个体与利益群体之间的人人关系由于利益群体的性质不同而有不同的关系形式。利益群体是以某种利益而组成的群体，其成员有着共同的报偿目标和报偿方式。以经营为目的的群体、以学习为目的的群体、以生产为目的的群体、以安全保护为目的的群体、以军事为目的的群体等，都是利益群体。在利益群体里，个人与群体休戚相关、患难与共。最直接的利益群体是家庭，最大的利益群体是国家。在全球化视野里，最大的利益群体是整个人类本身。风雨同舟、和衷共济是利益群体中人人关系的基本原则。

个体与机构群体之间的人人关系是从属关系。机构群体是国家的行政机构和社会民间组织机构，包括人民团体和民间社团。在国家体系中，有国民与政府机构之间的人人关系、有职员与机关科室之间的人人关系。在依据某种章程而形成的人民团体中，有会员与协会、学会、商会和研究会等之间的人人关系。个体与机构群体之间的人人关系，一般指个人与机构群体的行为体的关系，并非特指个体与机构群体某些成员的人人关系。

3. 群体与群体之间的人人关系　群体与群体之间的人人关系是最庞杂的人人关系。群体与群体之间的人人关系既是群体之中的人人关系，又是作为人人关系的整体的群体关系。群体与群体之间的关系，因为群体之间的空间关系而不同。这种空间关系有并列和垂直两种，在组织形式上主要是社会群体和国家群体。

社会群体是指依法存在的国家内部的政府机构和人民团体。

社会群体的特质在于社会性。社会的构成体现了人类具有的广泛立法性意志。社会的每一个成员都存有为意志本身制定法则的意志，依据每个社会成员制定法则的意志制定的法则，法则就把所有成员按照法则的规制统一于该法则之中，形成法则共同体，一个统一法则的目的共同体，也就是原本不同意志的个体与群体通过共同法则构成的有完整系统共同意志的理想化共同体。但是，共同意志的理想化共同体中的不同理性的自由意志，是破坏这种理想化共同体的潜在力量。正如康德所说："一群有理性的生物为了保存自己而在一起要求普遍的法律。但是他们的每一个人又秘密地倾向于使自己免除这些约束。"这样，理想化共同体就不再那么纯粹，就会有两种基本的人群，一部分是思想与行为合乎法律规范的守法人群，另一部分是思想与行为不合乎法律规范的不守法人群。这是法律群体中基本的人人关系类型。这种人人关系有 3 个关系层面：守法人群中的人人关系、不守法人群中的人人关系、守法人群与不守法人群的人人关系。作为法制社会，就存在对不守法人群的容忍度问题。这种容忍度有 3 个度量：可容忍、准容忍、零容忍。可容忍的量度，对应不守法人群中的一般违法者；准容忍的量度，对应不守法人群中严重违法但并没有造成严重危害者；零容忍的量度，对应不守法人群中危害极大的极端恶劣者。

在社会群体之间的行政关系上，分为并列和垂直两种。并列关系的社会群体分为两种情况：一种是同一系统之中群体之间的并列关系，如一个行政部门的各处室之间是并列关系；另一种是不同系统中的群体之间的并列关系，不同系统中的相应级别的群体是并列的、对等的，如不同省份里的市、县、乡镇，不同机关的处、室等，都是并列对等的。不同系统的群体之间一般没有严格的等级观念，需要合作时，不同级别的群体都是以并列的平等身份出现。垂直关系的社会群体是本系统中具有上下级关系的群体。在政府行政序列中的群体，有着严格的等级制度，因此也就有着严格的组织纪律，强调下级服从上级，局部服从全局。

国家群体是指世界上依据国际法而存在的国家和地区。

在国际关系中，国家不分大小，一律平等。所以，世界上的国家都是并列关系。国家因为发展的程度不同，有贫富与强弱的差别，这种贫富与强弱的差别直接影响到国家在国际上的地位，在处理国际事务中往往并不是以并列关系处理问题的，这是一种客观的现实，但不是国际伦理上的差别。

从国家起源到 21 世纪的今天，国家间关系一直是并列的，然而在现实中始终存在着某种垂直关系。从国家出现之初直到 19 世纪，一直存在着国家之下的诸侯国、附庸国、藩属国、殖民国。封建社会结束后，诸侯国、附庸国和藩国基本消失，进入 20 世纪，随着殖民地国家的独立，国家群体的垂直关系逐渐消失，但至今仍然还有因为殖民地时期而形成的垂直关系的国家群体，这种国家一般在国际上是独立主权而实际上是某个国家的附属国。还有一种情况是世界上的地区。世界上的地区有很大的独立性，是类国家、准国家，也属于并列关系的国家群体，但在国际关系中往往隶属于某个国家。

联合国成立，等于世界成立了一个“准政府”，世界各国之间的事务在并列关系的框架里不易解决或最终不能解决的时候，通常会请联合国仲裁和调解，有时联合国也可依照章程而自行决定出面干预。这样，世界上的国家与联合国之间有了某种程度的垂直关系。

在近半个世纪的冷战中，世界政治格局与国家关系主要是由美国和苏联两个超级大国的“两极对抗”所决定的。世界由此形成了两大政治体系，分为资本主义阵营和社会主义阵营。两极对抗、两大体系、两大阵营，支配着整个世界事务，几乎整个世界所有国家的国家政治和国家战略，都受制于这种世界政治格局。苏联解体冷战结束后，世界成为美国一国独大的单极格局，美国霸权的力量支配着世界事务，无论世界各国意识到还是没有意识到、承认还是不承认，世界各国与美国之间实际上存在着一种隐形的非法定的不同程度的垂直关系。

三、行为的文化性　行为的文化性是行为的第三属性。行为的文化性主要体现在地域性、民俗性、阶级性、民族性和国家性等5个方面。

（一）行为的地域性　不同地理环境、不同的自然资源所产生的不同的生产方式和生活方式，就是行为的地域性。行为的地域性取决于地理环境，受地理环境制约和规范。在中国的河西走廊和宁夏大部分地区，水源相当奇缺，生活用水是直接储存的雨水，这与江南水乡形成天壤之别。在人与水的行为中，河西走廊人和宁夏人的用水行为同江南水乡人的用水行为是截然不同的。在沙漠地区水源更是奇缺，人们常常在浩瀚的沙漠里走几天几夜去某一处取水。智利的阿塔卡马沙漠紧傍太平洋，却是世界上最干旱的地区，沙漠里没有一处水源。人们为了饮水，在沙漠里支撑起一张张6米多高的大网从空气中采集水。由于临近太平洋，空气湿度较高，常常有雾气飘在沙漠上，雾气飘过设置的大网时，雾中细微水粒就挂在大网的专门设计制作的丝绒上，多了就汇成了水滴，一滴一滴汇集起来流入收集水的大容器里。在非洲的极度干旱地区，由于水的极度缺乏，那里的人用牲畜的尿洗脸、洗头，更是为其他地域环境中的人所不可理解。同是渔民，湖泊中的渔民和海洋中的渔民的行为也是不同的。湖泊中的渔民，常年生活在船上，船既是生产工具，又是生活的家，湖边、港汊是他们的宿地，常常一个湖汊中停泊着几十条渔船，俨然一个水上村落。而海洋渔民则不可能住在船上，海上风浪大、海流急，避风处多因风向不同而不同，风向的多变，常常让渔民无所适从。所以，他们必须在岸边建造房屋，休养生息。在世界不同的温度带和垂直温度层生活的人的自然行为，也是由温度带和温度层所决定的，赤道上居民和北极圈里居民的自然行为是不一样的，高原人和平原人的自然行为也是不一样的。

（二）行为的民俗性　民俗是一定区域、一定人群生产和生活习惯的约定俗成。民俗主要是生产、生活、审美和民间信仰等方面的风俗习惯。这种风俗习惯，对行为具有制导性，从而使行为具有民俗性。不同区域的人的生产和生活行为，有鲜明的本区域的民俗特点。许多民俗是由经验积累而成，对行为产生着直接影响。地中海的伊特拉斯坎民族的每个星期为8天，每一天开始于日落。在14世纪，每天的开始更是多种多样：意大利人以日落开始，巴比伦人以日出开始，法国人以午夜开始。世界有些国家，凡国家重大行动包括战争，必先由占星师预测凶吉。泰国一度经济状况不好，风水师说原因是九世皇庙背后的七珍山风水不好，于是将山劈开，在劈开的石壁上以契合当朝九世王的“九”字和九世王即位50周年的数字，用950千克黄金画出一尊佛像镇妖辟邪。

还有一些具有象征意义的习俗。在德国，靴子在订婚仪式上有象征意义。未婚夫带一双靴子给未婚妻，如果未婚妻穿上了这双靴子，就表示她将顺从于她的丈夫。钥匙在德国也有特别的象征意义，象征着妻子，结婚时新娘身上要挂着婆家的钥匙，离婚时妻子要把钥匙交还丈夫。而在俄罗斯钥匙象征着奴才，并且写进了法律。法典中说："这是第三种奴才身份：无等级的季乌思，给自己挂上的是无等级的钥匙。""季乌思"是无等级的官吏。在土耳其，胡子带有政治色彩，而且不断变化样式，诸如弯刀胡、近卫军胡。也有些民俗是落后的原始生存方式的留存，如印度的童婚，最低的年龄仅4岁。毛利人崇尚羽毛和独木舟、泰国北部帕督安部落女性戴项圈、埃塞俄比亚奥莫山谷部落的女人佩戴唇盘、印度结婚后的妇女戴鼻环、中国清朝女人裹脚等行为，都是由特定的审美观念所形成的习俗行为。

（三）行为的阶级性　任何人都是生活在社会的特定层面和地位上，是在特定的阶级地位中生活，因而行为具有阶级性。这种阶级性是由社会地位和社会财富所形成的行为方式。人类分化出阶级之后，阶级行为不断地演变，剥削、压迫，被剥削、被压迫，斗争、革命，镇压、杀戮等，都是阶级行为的直接反映或间接反映，都是行为的阶级性表现。尤其是阶级行为上升至革命或反革命的时候，为了革命或反革命的需要产生了种种理论，甚至出现了军队。军队是阶级行为的集中体现，军队行为的阶级性最具典型性。军队的出现，也衍生出种种属于军队行为的生产，如从一般兵器的手工作坊生产到大型兵器的兵工厂生产。

（四）行为的民族性　人的民族从属性，决定了人的行为的民族性。行为的民族性主要受制于民族文化，行为的民族性差异在于民族文化的差异。民族文化本质是由本民族的价值观、世界观和处事方式的内在因素决定的。所以，行为的民族性，在于民族的文化本质和传统。从世界范围看，东方民族与西方民族行为的族性差异，正是东方文化与西方文化的文化差异。

（五）行为的国家性　人的国家从属性，决定了人的行为的国家性。不同的国度里的人的行为，从思维方式到行为方式都是不相同的。东方国家、西方国家，欧洲国家、亚洲国家、非洲国家、美洲国家以及大洋洲国家，其国民行为都是带着本国度的文化烙印的。行为的国家性与行为的民族性有很大的同一性。

世界上所有的国家，都是由特定文化形成的国家。地中海城邦国家的贸易文化是地中海周边国家的根脉，蒙古大草原的游牧文化是蒙古国的根脉，中国的黄河和长江中下游的农耕文化是中国的根脉，北美洲殖民文化是加拿大和美国的根脉。而南美洲的印第安人虽然在殖民时期遭到殖民者的大屠杀，但是印第安文化深深地根植于这片以热带雨林为主体特征的大地，印第安文化是南美洲许多国家的根脉。这些国家的人的行为带有各自国家文化的烙印，表现出行为的国家性。

世界各个国家的世界地位是不相同的，经济实力不同、政治地位不同、军事力量不同、文化内涵不同，因而形成国家在世界舞台上的各自的不同的行为方式。这种国家的行为方式，对国民产生着直接影响，甚至直接左右着国民的行为。国民的这种行为，直接表现出行为的国家性。

第三节　行为的理性诉求与理论的行为使命

人类生命的全部内容在于思维与行为，人类的整个生命过程就是思维体系和行为体系两大体系的运行过程。

思维体系是人类生命过程的制导体系，也是理论体系。思维决定着个体人生命的发展方向。行为体系是人类生命过程的动作体系，也是实践体系。

一、行为的理论诉求　行为的理论诉求，犹如夜海上的航船对灯塔的诉求。人类社会的发展过程，就是行为的理论诉求的过程，而且随着人类社会的发展，这种理论诉求越来越自觉。在封建社会之前，人类社会行为的理论诉求基本是一致的，封建社会之后，人类社会出现了分异：资本主义和社会主义。相应地也出现了两种价值观，资本主义核心价值观是私有制，社会主义核心价值观是公有制。两种所有制哪种更为科学，至今还在争论和实验中。美国加州大学转轨国家研究领域首席研究员热拉尔·罗兰主编了《私有化：成功与失败》论文集，书中包括他本人和序作者共 14 位学者专题讨论了这个问题。书中的私有化指的是国有资产向私有资产的转制。国有资产向私有资产转制在美国里根主政和英国撒切尔夫人当权时期形成高潮。1989 年葡萄牙、西班牙、荷兰、瑞典等国，稍后比利时、希腊、爱尔兰等国，都推行国有资产向私有化转制。为什么会发生这种现象而且成为一种倾向？由这个问题引出了对私有制和公有制两种社会制度的比较。罗兰在书中首先分析了私有制和公有制的经济理论。他说：“对局外观察者来说，和公有制相比，私有制更富有经济效率这个命题，也许是没有争议的。但在经济理论上却是另一回事……”“从另一方面看，效率的提升是以降低质量和放弃其他有价值的社会目标为代价的。”他认为，公有制立场更关注“放弃其他有价值的社会目标为代价”这一评判。资本主义一直认为私有制优越于公有制。优越于何处？两个字：效率。何种效率？同样两个字：经济。经济效率是资本主义社会行为的第一理论诉求。正是这种理论诉求兴起了私有化浪潮。该论文集的序作者世界银行高级副总裁、诺贝尔经济学奖得主约瑟夫·E. 斯蒂格利茨在序中说：“从总体上说，私有企业的盈利能力强于国有企业。这是事实。但这并非绝对地意味着私有企业就更有效率。”“即使能够证明私有制比公有制更有效率，也并不能说私有化就是可取的。”私有化最终并没有出现预期的辉煌，“唯经济效率”正是私有制的终极局限。法国在 20 世纪里出现过 3 次国有化浪潮，先后对铁路、航空、军工、煤炭、电力、新闻、金融等行业实行国有化。自 19 世纪以来，发达资本主义国家相继出现了工业衰退的“铁锈地带”。美国的五大湖地区，英国的伦敦地区，德国的鲁尔地区，法国的洛林地区，日本的北九州地区，都是这类的铁锈地带。20世纪末中国的东北老工业区也成为铁锈地带。分析这种铁锈地带现象，也许能够回答公有制与私有制这两种制度在某些特定的方面何者更为科学的问题。

二、科学性是行为理性诉求的根本动因　行为的科学性，是实现行为目的的基本保障。行为缺乏科学性，行为的目的就不可能实现或不可能完整实现。行为的科学性首先在于思维的科学性。思维与行为的一致性，如同物体与影子。在人类的活动中，总是思维在先，理论和目的先于行为。有了目的，为目的而行为，不仅表现出行为的目的性，也表现出思维的行为诉求。个体人要保证行为的科学性，要“三思而后行”；集体要保证行为的科学性，要讨论和论证，作出可行性报告，作出方案或规划；国家要保证行为的科学性，要有方针、政策、路线做保障。没有科学的思维，就不会有科学的行动，行为目的的实现就没有保障，甚至适得其反。

在经济全球化的今天，资源、生产、市场、竞争、效益等许多生死存亡的问题困扰着企业与公司。英国的剑桥学派和新剑桥学派，都是研究全球经济的主导力量，对全球经济理论建设有着不可替代的贡献。日本著名经济战略家大前研一提出，公司战略要从客户、竞争对手、公司、国家、货币这5个方面构建。因为这5个名词的英文都是C字开头，故而称为“五个C战略”。他认为，真正的公司需要真正的战略，企业家必须专注于战略，要为客户创造可持续性的价值。最好的战略是创新，要审时度势地将既定系统“归零”，之后再“从零到一”。他将企业战略分为功能战略和产品战略，而且功能战略更为重要。

行为的理性在于思想方法的科学性。但是，理性行为在理性诉求时，科学思想方法往往缺席，非此即彼的绝对化和派性依旧是痼疾。人格主义曾是西方宗教哲学的一个流派，强调人格对社会发展的决定性作用。这与革命主义强调阶级斗争是社会发展的决定力量的理论相悖，于是革命主义否定人格主义，形成长期的理论斗争。人格主义在本体论上立足于道德主体，革命主义在本体论上立足于阶级主体，立场不同，视角不同，维度不同，但并非非此即彼。人格主义鞭笞人性之恶的积极意义是革命主义革除社会之弊的积极意义所不可能全面替代的。理论的融汇不是调和，行为的宽容不是折中。许多时候，对事物的认知需要借助融汇的拼图，对预期的建构需要借助宽容的选材。

三、理论的创建与发展　行为的理论主要是哲学或产生于哲学。哲学是认知的学问，是人类认识世界规律的学问。在古希腊时代，苏格拉底之前的哲人们就在寻找世界的“序”。因为在这个时期，人类看世界是无序的，是无规则无规律的，类似一种混沌状态。开创寻找“序”的人是人类的第一位自然哲学家泰勒斯。后来的苏格拉底在泰勒斯开创的道路上，不断取得新的成就，为创建完整的哲学体系奠定了基础。哲学认为对立统一规律是宇宙的根本规律，这应该是一切学科和理论的核心与根本。宇宙的存在和演化，可以概括为 3 个字：差、势、动，也就是差异、势能、运动。其内在的联系是差异产生势能，势能产生运动。这种由差异而产生势能，由势能而产生运动的规律无论在微观世界还是在宏观世界概莫如此，河流产生于地理的高差，高差产生位能，位能产生势能，使河流奔腾不息。在直观上平静的海洋没有地理高差，没有位能和势能。然而这是表面现象。海洋由于温度的差异和含盐程度的差异而产生势能，温度低的水体和含盐高的水体比重大，温度高的水体和含盐低的水体比重小，这种大与小的差异，产生了势能，温度低的水体和含盐高的水体向下沉，温度高的水体和含盐低的水体向上升，形成了海水的上下运动，下沉或上升区域的水体由于下沉或上升而与周边区域的水体产生梯度，周边区域水体以补充的形式流向下沉或上升区域，形成海水平行运动。所以，海流有垂直流和平行流两种。

差、势、动，三者是大自然存在的根据，是大自然演化的动力，也是事物内在的演变规律。人类社会也是如此，所不同的是，还要有一个字：度。这是人为问题，是把“差、势、动”理论引入人类社会时，人对差异的度的把握、对势能的度的把握和对运动的度的把握，这是最为关键的问题。“度”是哲学理论体系中的根本，没有“度”一切理论都失去了意义。对“度”把握失当，会产生事与愿违的后果，甚至产生破坏性和颠覆性。其原因在于自然界的差异是自然差异，而人为追求的差异是不平等。差异和不平等貌似相同，而内涵则完全不同，一个是物理的，一个是人文的。借用自然差异图式，激励社会经济效率，是一种依猫画虎的素描，激励起来的往往不是社会经济效率，而是社会不公情绪。奖惩制度是一种差异的运用，中国的“让一部分人先富起来”的政策性差异运用，当时是针对计划经济的平均主义，意在打破平均主义，激励社会生产的积极性。可是在这种人为制造差异的同时，也制造了不平等，导致两极分化。至于得失相权，见仁见智。财富多寡、身份高低，是人类社会中两大基本位差，是影响人人关系的两个核心要素。

四、理论的行为使命 理论的终极使命是服务于行为。文化不同，行为不同，因而理论也有所不同。东西文化的差异，形成东西理论的差异。东方理论注重义理，西方理论关注现实。

当今全球化的理论，占主导地位的是西方理论，而东方理论相对逊色。在公元 1500 年之前，没有全球理论的产生。西方由于全球殖民和资本主义制度的原因，成为全球理论的最早构建者。而东方由于农业帝国的封闭，由于封建社会制度的持续，全球化理论的产生远远迟于西方。这也是现代欧美盛产思想和政策建议的时代背景和社会原因。

现在的世界秩序并不是全球化的新秩序，甚至没有关于构建全球化世界新秩序的成熟的新理论。目前世界秩序处在断层期，传统的以规则为准绳的世界秩序正在瓦解，冷战结束后的以霸权为标准的单极世界秩序也正在瓦解，先是“单极多元”，后是“一超多强”，现在已经成为中美俄三足鼎立的三极制衡。关于全球化世界新秩序建立的构想，人类的思维并没有跳出旧秩序形成的思维模式，还禁锢在规则秩序与统治秩序的框架中。

也正因为如此，以军事实力讨论世界秩序仍大有市场。新的军备竞赛成了21世纪的开篇。美国依然以超级大国的资质将一贯奉行的均衡论作为构建世界新秩序的支点理论。

第十一章　民族、国家、联合国及世界政府

民族、国家是历史概念，是人类由无组织生存方式进入有组织生存方式、由非社会生存方式进入社会生存方式的主要标志。家庭是以血缘为基础的血缘组织生存方式。家庭的这种以血缘为纽带的组织方式，是由人类繁衍本能自然形成的，然而它却人为地构成社会组织的基本单位，成为社会组织的基础。

第一节　民　　族

民族是生活在同一地域有着共同的语言、共同的生产方式、共同的经济生活、共同的文化传统、共同的风俗习惯和共同的价值取向及心理认同的稳定的族群。民族是从血缘关系直接发展起来的，是由家庭到家族、由家族到宗族、由宗族到氏族、由氏族到部落、由部落到民族这样一个发展和演变历程。

一、民族形成与演变　由于民族是由家族和氏族部落发展而来的，因此民族大致可以分为血缘民族、文化民族和国家民族这样3个大的类别。

（一）血缘民族　血缘民族是依据血缘关系而形成的民族，是一个自然群体。最初的家庭不断地分爨，形成了若干个和若干代脱离初祖家庭的经济独立的家庭。经过多少代后，形成了家庭承袭关系逐渐模糊的氏族，以至发展成民族。在古希腊，原居民非希腊语的皮拉斯基人和后来的希腊语多利安人、亚加亚人、爱奥尼亚人、伊奥利亚人，都以血缘群体作为公民团体的基础，并逐渐演变为城邦，而这个城邦往往又是更大民族形成的基础。在中国，由于农耕生产方式的一直延续，农民和土地的密切关系，所以村落始终与耕种联结在一起。这样，家庭的分爨伴随着祖地的分割，新的家庭依靠分到的祖地耕种，同时随着家庭人口的

增多，不断开垦或购置新的土地。在姓氏产生之前血缘关系是没有任何社会标识的。在中国，到了五帝时期人们才开始使用名称，并渐渐以名称标识血缘。当时还有“以官为氏”的习俗，也就是以官职称谓作为姓氏。五帝时代舜时期有一个掌管山林的官，职称为虞，“虞”就成为这个掌管山林官员的姓。后来姓氏由王室赐予，姓氏的社会意义陡然显著。十分显然，无论“以官为氏”还是王室赐姓，并不都是依据血缘。但这个姓的世系一直延续下来之后，便成了血缘世系。

与姓氏相匹配的是世代谱系。在中国汉族姓氏中，每一代人确立一个字作为代的标识，再用一个字作为人的标识，就成为姓名。如“赵仁德”。赵是姓，氏族标识；仁是世代标识，德是个体的名称。世代谱系标识使用的字，通常是连贯的语句，譬如“仁义礼智信”。如果赵仁德的谱系标识其中正是这样一句话，那么赵仁德的下一代人就是赵义×、再下一代就是赵礼×，之后为赵智×、赵信×。由此看出赵仁德是父辈、赵义×是子辈，赵礼×是孙辈、赵智×是曾孙辈、赵信×是玄孙辈。对于赵信×而言，赵智×是父辈、赵礼×是祖辈、赵义×是曾祖辈，赵仁德是高祖辈。这是汉族人传统的名字都是 3 个字的原因。由于是父系社会，世代谱系是依据男性而定的，所以女性的名字不受谱系标识限制。

在相当长的时间里，中国一直认定炎帝和黄帝为已知的祖先。后来学界认定还有一祖，即东夷部落的蚩尤。这种“三祖说”符合 20 世纪初学界提出的江汉族、河洛族和海岱族的“三族说”。其实“三祖”仅仅是一种历史的推断，他们当时的部落也未必是同一血缘。他们能够成为当时中国的三大部落首领，是部落战争兼并的结果，而不是他们先祖的子孙到了他们这一代繁衍成这样大的家族。

在今天，在世界各国，已经很难发现纯粹的血缘民族。在大洋洲岛屿上的土著中，在南美洲亚马孙热带雨林里的土著中，或许还存在少量纯粹的血缘民族。血缘民族的依据是血缘，由血缘引申而认同一个祖先就认定为同一个民族。所以认同一个祖先，是现代血缘民族的基本特征。

（二）文化民族　现在世界上的民族基本都是文化民族。文化民族概念的提出，是基于血缘民族的不纯粹性和区域人群的文化认同性。现在的血缘民族已经不纯粹，即使被认定血缘民族，在普通的概念里也仅仅是认同一个祖先而已。现在的民族概念越来越游离于血统范畴，而走进文化范畴，从而民族概念里的血统因素越来越少，而文化因素越来越多。文化因素主要是语言、风俗习惯、信仰和崇拜、生产方式和生活方式、价值观念和审美观念以及文化传统。中国的土家族以血缘而论不是一个血统，有阿尔泰血统、百越血统、羌氐血统、汉族血统、苗族血统、瑶族血统和羯族血统以及月氏血统等多种血统。可是这个族群有共同的民间信仰和图腾崇拜，有共同的文化传统，经过民族识别，1956 年 10 月国家民族事务委员会确定这个族群为一个民族，称作土家族。显然，这是个文化民族。

（三）国家民族　国家民族是以国家而论的民族，通常将一个国家视为一个民族。世界上所有的国家在族群构成方面有族裔同质和族裔异质两种情况。如果一个国家的全部或绝大部分人口是占国家主导地位的民族，那么这个国家就是族裔同质国家；如果一个国家由两个以上的民族构成，并且没有明显地占据主导地位的民族，那么这个国家就是族裔异质国家。由于历史的发展与演变，一个国家的族裔同质和族裔异质的情况也是变化的，是可以转换的。从当今世界的情况看，族裔同质的国家较少，绝大多数为族裔异质的国家。

族裔同质的情况比较单纯。韩国和日本可以算作单一民族国家，民族即国家，国家即民族，是族裔同质的国家；德国和中国不是单一民族国家，然而是族裔同质的国家，德国是日耳曼民族占国家人口的主导地位，中国是汉民族占国家人口的主导地位。

族裔异质的情况比较复杂。以色列是中东的一个小国家，土生土长的以色列人占据大多数，可是500多万国民来自世界103个国家，讲70多种语言。以色列尽管被称作犹太人国家，但族群的构成十分复杂。犹太人本身也有两大族裔群体，一是欧洲犹太人中的阿什克纳兹人，他们是欧洲和北美洲犹太人的后裔；二是非洲和亚洲犹太人，他们是来自中东或北非国家的犹太人移民。此外，还有埃塞俄比亚、印度和俄罗斯等不同国家的犹太人。国家的族裔异质特点十分显著。

法国族裔异质情况也较为复杂，整个国家有来自世界各地的100多个民族。

丹麦现在是族裔异质国家，但在第二次世界大战之前是族裔同质国家，整个国家几乎都是丹麦人，仅在北部的斯堪的纳维亚山地有少部分斯堪的纳维亚族裔，南部有少量的德意志人。第二次世界大战后，大批劳工从南欧移居丹麦，丹麦的移民数量不断增长，后来还有来自亚洲和中东的移民，来自非洲、欧洲和亚洲的难民。到20世纪90年代，丹麦共有23个非丹麦族群。

英国的情况也很类似。第二次世界大战之前，英国是族裔同质的国家，占国家主导地位的民族是英格兰。英格兰人的祖先是6世纪到7世纪期间征服不列颠群岛的盎格鲁-撒克逊人。第二次世界大战之后，英国殖民帝国瓦解，数十万非英裔人群到了英格兰，致使英国族裔成分复杂化。现在英国有英格兰人、苏格兰人、威尔士人、爱尔兰人、印度人、华人、美国人、犹太人等不同的族裔。

南非是族裔异质包括了种族异质的国家，一般认定有4个族群：非洲人族群、欧裔族群、亚裔族群和混血人族群。非洲人族群由科萨人族群和祖鲁人族群两个主要族群和若干支系族群构成；欧裔族群主要是由荷兰移民的后裔和英国移民的后裔组成；亚裔族群几乎全部是印度人的后裔，因为19世纪后期英国人从印度带来了大批契约劳工；混血人族群是殖民地时期欧洲人与土著人的混血后裔。

不管属于那种情况，同属一个国家即可视为一个民族，如，中华民族、美利坚民族和俄罗斯民族。

二、民族性格与民族精神　“民族”是不同人群的区分符号，生活地域不同、生产方式不同、文化传统不同，自然有不同的心理认同和不同的精神诉求，形成不同的群体性格和群体精神。群体性格和群体精神往往也是民族的象征，是民族内在的标志。以生产方式界定的农耕民族、游牧民族和渔猎民族，以地理环境界定的大陆民族和海洋民族，民族性格和民族精神是不同的。人类社会最初被混合运用的采集、游牧和渔猎生产方式，逐渐分裂成独立的生产方式。当采集生产方式首先演变为种植生产方式的时候，农业成为人类的主要生产方式，游牧民族则逐渐被农业挤出中心区域，相对聚集于边陲的大草原，渔猎民族则分散于农业地理的缝隙之中。大航海时代开启之后，海洋民族大显身手，以殖民的方式成为强盛的民族。至此，按照居住地理特征可以将人类分为 3 个民族：土地民族、草原民族和海洋民族。在总体上就欧亚大陆而言，这 3 个民族谱写了国家发展历史的三部曲：土地民族首先建起了王国，而草原民族将这些王国摧毁建起帝国，海洋民族则把各种各样的国家一揽子推向全球一体化。

（一）游牧民族 全世界有蒙古系、闪米特系和印欧系 3 个游牧民族族系，这 3 个游牧民族族系在世界历史上产生过重大影响，这些族系的人性格坚毅、骁勇善战，习惯于征服与扩张，古代王国的崩溃多与这 3 个游牧民族有关。

蒙古系游牧民族起源于蒙古高原，包括蒙古人和突厥人，两者通常又被称作匈奴人。突厥人一般被认为是高加索人，但不是同一民族。6 世纪中期，突厥人统治了从蒙古草原到阿姆河的平原地区，8 世纪阿拉伯人征服波斯，突厥人开始受到伊斯兰教的影响，最终皈依了伊斯兰教。公元 1000 年前后，他们给阿拔斯王朝当雇佣军，两百年后，他们成了这个王朝的主人，并将疆土扩展到小亚细亚和印度北部。蒙古系游牧民族人的性格剽悍，善于机动战，有很强的征服力，在历史上建立起匈奴帝国、蒙古帝国和奥斯曼帝国。现今这个族系主要分布在东北亚和中亚地区。

闪米特系游牧民族起源于阿拉伯沙漠，包括阿拉伯人、犹太人和腓尼基人。闪米特系游牧民族人的适应性强，喜好迁徙，个性意识很强，勇于探索，善于征战，先后建立起对世界文明产生过重大影响的古巴比伦王国、迦太基帝国和阿拉伯帝国，现今主要分布在中东地区。

印欧系游牧民族起源于南俄罗斯大草原，包括波斯人、希腊人、拉丁人和日耳曼人。印欧系游牧民族人善于经营，富有坚韧的性格和首创精神，创建了波斯帝国、古罗马帝国和古希腊文明，在世界文明史上产生过重大影响，现今主要分布在欧洲和美洲以及亚洲的伊朗、印度等国家。

（二）农耕民族 农耕民族是世界上数量最多、人口最多的民族。世界各地农业发祥时间不一，但是从公元前 10000 年到公元前 2000 年这段时间里，整个人类除极少数部族外，都选择了农业种植的生产方式，成为农耕民族。自从农业起源以来，由于土地、温度带、降水量、海拔高度等地理环境的原因，农业文明主要在欧亚大陆的南半部发育；而北半部同样由于土地、温度带、降雨量、海拔高度等地理环境的原因，保持了原始的游牧文明。于是形成了欧亚大陆北牧南耕的人文地理格局。安于土地，守土持家，是农耕文化的本质，也是农耕文明的显著特征。因此，无论处于什么地域的农耕文明，都是由人、地、家这3个要素构成的。农耕民族由于受到地理和季节的制约，靠天吃饭，不误农时，养成了勤劳节俭的品格，培育起邻里和睦、尊老爱幼和耕读传家的优良传统。

中国国土大部分在温带和亚热带，水系丰富，境内有黄河和长江两条著名的世界级大河。正是这种地理优势，中国才能够有粟作和稻作两个农业起源点。中国自古就是地大物博人口众多的国家，人口与土地是农业生产的两大主体。人口是主动主体，土地是被动主体，两者有机结合形成农业发展的先决条件。中国农业体系健全，早在商朝就有土地制度。农业体系中的林业、畜牧业、渔业和手工制造业，在世界上都是名列前茅的。先秦时期的国家整合、汉朝的丝绸之路、唐朝的东方中心、宋朝的国民富足、元朝的辽阔疆域、明朝的跨洋航海、清朝的康熙盛世，都是发达的农业所给予的支撑。

（三）渔猎民族 渔猎民族表述的是打鱼和狩猎两个族群，打鱼族群生存于水系，狩猎族群生存于山系。渔猎族群可以分为内陆和海洋两类。

内陆渔猎民族主要生活在江河两岸与湖泊周边。全球所有的大江、大河和湖泊，都有渔猎民族分布。亚洲的长江、黄河、恒河，欧洲的第聂伯河、多瑙河，非洲的尼罗河，南美洲的亚马孙河，北美洲的密西西比河，世界上的大湖泊里海、苏必利尔湖、维多利亚湖、休伦湖、密西根湖、坦噶尼喀湖、贝加尔湖、大熊湖、马拉维湖和大奴湖等，都是内陆渔猎民族分布的区域。

海洋渔猎民族分布在沿海和海洋的岛屿地区，除北冰洋的北极圈和南极沿海而外，世界各沿海地域和海洋的岛屿上，都有海洋渔猎民族分布。数以万计岛屿的大洋洲是世界海洋渔猎民族分布最为集中的地区。海洋渔猎民族与陆地的游牧民族有着相似的品格，不畏艰险，具有冒险精神和牺牲精神。

（四）大陆民族 大陆民族有山地民族和平原民族两个类别。山地民族由于生活在山地，农耕、狩猎、畜牧、采集多业并举，混合经营。东非高原、科迪勒拉山系、青藏高原、云贵高原和蒙古高原，都有山地民族分布。这些民族尽管各有自己的独特民族文化和生产生活方式，但是同属于山地民族，有着山地民族共同的生活特征和性格特征。平原民族主要生活在平原上，西西伯利亚平原、东欧平原、华北平原、亚马孙平原和北美洲的大小平原，均有平原民族分布。

（五）海洋民族 海洋民族是主要依靠海洋生存的族群，或居住在岛屿，或沿海岸线分布。纯粹的名副其实的海洋民族是居住在海洋中的大小岛屿上的人群。他们依靠海洋捕捞和养殖生存。爱琴海上的民族是最为典型的海洋民族，他们创造了最为完整的古典海洋文化体系。地中海周边国家的沿海地域也是海洋民族的居住地，他们承袭和发展了爱琴海的古典海洋文化体系，为人类最终走向海洋时代奠定了基础。爪哇海和渤海也是海洋文化的重要发祥地。爪哇海沿岸的国家和民族创造了爪哇海海洋文化体系，渤海沿岸的海洋民族创造了渤海海洋文化体系。爱琴海和地中海、爪哇海、渤海，是世界海洋文化的3个重要源头，是世界海洋文化的3个重要板块。

三、民族分布状态　民族的分布地域相对集中而且间有杂处。随着社会发展、人口流动和生产分工的不断强化，民族居住区域的民族纯度越来越低。世界各国都有各种原因和各种形式的移民活动，这也是造成民族居住区域的民族纯度越来越低的原因之一。从历史发展过程看，人类在部落时期，部落之间就有了疆界，而且是两种疆界：一是看得见的地理疆界，二是看不见的不通婚的族性疆界。因此，民族居住地是较为纯粹的，氏族、部族杂居现象很少发生。到了部落联盟时期，联盟部落间的疆界的严格程度不再那样高，甚至可以通婚，部落制度的封闭和人口的封闭皆被打破。到了城邦和方国时期，部落一般被融合于城邦和方国之中，氏族部落的阻隔被完全打破，部落之间已经不再存在疆界问题。到了真正意义的国家产生之后，城邦和方国的疆界又被国家疆界所替代，城邦和方国之间的疆界被最后打破。到了帝国时期，小国被大国征服，弱国被强国吞并，各国的民族都在帝国的框架里融合，人口也随之大融合。后来一国之中的民族概念，通常是文化民族的概念，而国家民族的概念基本是以国家特征为民族内涵的概念。此种情况下，一国之内民族的分布地域只能保持相对集中。在中国，新疆是维吾尔族集中居住地、蒙古高原是蒙古族集中居住地、青藏高原是藏族集中居住地。但是在新疆、蒙古高原、青藏高原，都有其他民族一同混居着。许多民族具有国际性，同一民族分居在不同的多个国家。

（一）类民族　类民族是相同历史背景下生活在某个民族区域的民系，他们或同属一个民族或分属多个民族，具有独立的民族特征，成为不同于当地民族的类民族。类民族通常是因为某种特定的历史原因大规模移民和迁徙而形成的。

在公元前10世纪的某个时期，亚平宁半岛上土著居民在与腓尼基人以及南部希腊殖民地居民的长期贸易中，逐渐融合成为一个新的社会族群伊特鲁里亚人。伊特鲁里亚人建起王国，统治了坎帕尼亚的拉丁人的族群，也就是后来的罗马的一部分。很显然，伊特鲁里亚是一个类民族。在世界历史上尤其是欧洲历史上产生过深刻影响的维京族，也是类民族。维京人最初是斯堪的纳维亚半岛上的居民，他们主要是挪威和瑞典原居民，也包括了丹麦的原居民，或许还有少量的芬兰人和俄罗斯人。由于生存的地理环境较差，自然资源缺乏，他们驾驶长舟从海上袭扰加洛林帝国沿海地区，掠夺西北欧各国资源。后来为了进一步摆脱越来越差的自然环境，开始寻找商路，大多数人成群南迁，迁往加洛林帝国沿海和英格兰一带。由于他们来自半岛海湾，便自称“Viking”，即维京人。公元5世纪罗马帝国崩溃，日耳曼部落趁虚而入，掠地移民，形成了近两百年的“移民时代”，这其中包括了维京人；865年以丹麦人为主体的维京人开始入侵英国，150年后的公元1016年维京人海盗首领卡努特夺取英格兰王位；907年，瑞典的维京人攻打俄罗斯，途中从海路以2000艘战船8万兵士袭击了拜占庭帝国国都君士坦丁堡；911年，丹麦和挪威的维京人攻击法国，国王查理三世被迫与海盗首领罗洛签约，封罗洛为公爵，将塞纳河口一带归他统治，建立诺曼底公国。至此维京人在征战、掠夺和殖民扩张中，控制了波罗的海沿岸、俄罗斯内陆、西西里、巴勒斯坦、意大利南部、法国诺曼底、英国、冰岛和格陵兰等地，他们贸易活动涉足范围更宽广，里海沿岸、伊拉克的巴格达、北美洲北部，都有他们的贸易路线。所以，史学家称8世纪至10世纪是欧洲的“维京时期”。纵观维京时期的出现，分析维京民族的构成，可以明显看出维京民族是典型的类民族。

还有另外一种情况。从亚洲到了美洲的印第安人，无论在亚洲是属于哪个民族，到了美洲后可以称为印第安民族，对于这一点，人类学家和历史学家都不会持异议。而实际情况是印第安人从没有形成一个真正的印第安民族，不仅他们居住异常分散，而且族群之间通常都是敌对的。葡萄牙和西班牙殖民者来到美洲的时候，遇到某个印第安部族的抵抗，就可以使点小手段联合另外的印第安部族将这个部族打垮或者全部消灭。这与本民族——起码是类民族——在文化上没有形成民族认同，在组织上没有形成民族结构有关。

（二）泛民族 泛民族通常是生活在同一较大地域的群体，由于相同的地理环境而产生了相同的生产方式和生活习惯，便以地理环境称这种地理民族，如中国的中原民族、岭南民族，北欧的斯堪的纳维亚民族。泛民族通常泛指由多个民族混合而成的地理民族。以国家而称的民族也是泛民族，如中华民族、俄罗斯民族、阿拉伯民族。这一点等同于文化民族。

世界有很多泛民族国家。泛民族国家的内在结构各不相同，大多数泛民族国家是联邦制，虽同为联邦制其内部也有所不同。美国和苏联都是联邦制国家，然而美国的联邦与苏联的联邦不同。美国联邦是同为欧洲血统的13个邦联结在一起。1861年3月4日，新当选的总统林肯即将就职，南方的密西西比、佛罗里达和得克萨斯等7个州宣布退出联邦，并成立美利坚联盟国，因此引发了南北战争。林肯为了美国统一，废除了奴隶制。虽然经历了南北战争，但是这个民族依旧能够密切地联合在一起，而且能够成为世界首屈一指的强国。而苏联的联邦是当年俄罗斯扩张时征服的周边邻国，然后拼成一个帝国，各国依然保持着自己的制度和文化传统。所以俄罗斯帝国是加和帝国，就像电子游戏的“俄罗斯方块”，也像没有榫口的积木，垒得再大，也是一碰即垮，容易解体。因而有人称以俄罗斯为主体的苏联是“民族的马赛克”。直到今天，美国学者帕拉格·卡纳仍认定在地域上不要把俄罗斯看成一个整体。他认为，在地域上有4个俄罗斯：欧洲俄罗斯、高加索俄罗斯、西伯利亚俄罗斯、太平洋俄罗斯。欧洲俄罗斯位于伏尔加盆地，高加索俄罗斯位于黑海和里海之间，西伯利亚俄罗斯位于乌拉尔山和西西伯利亚平原，太平洋俄罗斯位于毗邻蒙古和中国连接太平洋的俄罗斯的整个东部地区。“民族的马赛克”是苏联解体的文化原因。

在泛民族中还有一些特例，比如奥地利民族。奥地利史学家史蒂芬·贝莱尔在其所著的《奥地利史》一书中宣称：“奥地利人可以说是个没有历史的民族，奥地利历史则是一段没有民族的历史。直到1945年以后，奥地利人才真正尝试建构一种同德国人分离的民族身份。”奥地利的历史发端可以追溯到10世纪后期巴伐利亚公爵领的日耳曼王国东部的一个军事管辖区，1945年之前奥地利一直是在奥匈和德国的统治之下。第一次世界大战之后，哈布斯堡君主国被分割成匈牙利、捷克斯洛伐克和德意志奥地利这样3个国家。奥地利于1918年成立共和国，但被视为哈布斯堡君主国的孤儿，一个只有意志没有根基的国家。也只是在这个时候，人们才将哈布斯堡君主国的这一部分被政治分割到一起的人与国家称谓一致起来，称作奥地利民族。奥地利民族是由多个不同民族组成的，就国家而言，它的地区多样性是其他国家所少有的，它的9个省都有自己的地区特色。

四、中国的民族分布 中国有56个民族，分布在中国整个版图内，其中汉族是主体民族，人口在12亿以上。

汉族源自五帝时期的华夏部落，是中国最为古老的民族，经过春秋五霸和战国七雄争战的整合，形成稳定的华夏民族。三国时期刘邦成为汉中王，打败西楚霸王统一天下建立汉朝，华夏民族在名称上逐渐称为汉族。汉族的语言称汉语，属于汉藏语系，有7种方言，分别是北方方言、吴方言、湘方言、赣方言、客家方言、闽方言和粤方言。现代的汉语以北方方言为基础，以北京语音为标准音。文字称作汉字，由象形文字、甲骨文和金文演变而来。

中国的民族分布有两种状况，一种状况是大致的分布区域，整个国家版图的中心区域是汉族，周边是少数民族；另一种状况是融合分布，汉族人口遍布整个国家版图，除相对集中的区域外，还有一部分掺杂在少数民族居住区。全国有5个民族自治区：内蒙古自治区、宁夏回族自治区、新疆维吾尔自治区、西藏自治区和广西壮族自治区。在汉民族省份中有106个自治县，自治县最多的省份是云南，共有29个，其次是贵州有11个。自治县较为集中的市是湖南省怀化，全省的7个少数民族自治县有6个在怀化市。内蒙古、新疆和广西也有不同的民族自治县。青海省有一个海西蒙古族藏族自治州。

中国的民族自治区域是在国家统一领导下的区域自治，设立自治机关，行使自治权。但是拥有自治机关和自治权的自治区域，仅限自治区、自治州和自治县（旗）三级。还有许多地方设立自治乡，这仅仅是因为少数民族居住集中便于称谓和利于民族政策的实施，并没有自治权利和自治机关。

客家是中国一个独特的民系，类似民族，主要分布在福建、广东、广西、海南、澳门和台湾等地，印度尼西亚、美国和秘鲁等国家也有一定数量的分布。客家人的祖先是中原汉族群体，因天灾人祸等原因而逐步迁徙到现在分布的区域。

五、世界的民族分布　全世界约有两千个民族，分布格局是随着社会发展而变化的。人类经历了彼此隔离的部落时期、相对隔离的国家时期和逐渐融合的全球化时期。在这 3 个时期中，民族分布的世界格局是完全不同的。

（一）部落时期的民族分布　部落时期民族相对纯粹，各自独立地居住在特定的狭小区域内。后来，部落战争频发，且规模越来越大，地区的大规模战争使部落彼此相连，王国、帝国渐次出现，部落的隔离最终被破除。民族分布区域虽然并没有随着部落隔离的破除而混杂，但是民族已经不再像以往那样纯粹。从世界范围看，在总体上非洲分布的是黑色人种的民族，欧洲和中东分布的是白色人种的民族，而亚洲东部和美洲分布的是黄色人种的民族，大洋洲的岛屿和澳大利亚陆块分布的是红色人种的土著民族。

（二）国家时期的民族分布　国家在地域和人口上可以看成更大更庞杂的部落。这个时期最初是部落民族的拼合，大陆陆块彼此隔离，洲的划分和概念尚未出现，在总体上欧亚陆块上的民族不知非洲陆块上的民族，更不知美洲陆块上的民族。人类交往的视野虽然已经相当开阔，但仍在本陆块之内，直到16 世纪，在总体上非洲分布的依然是黑色人种的民族，欧洲和中东分布的依然是白色人种的民族，亚洲东部和美洲分布的依然是黄色人种的民族，大洋洲的岛屿和澳大利亚陆块分布的依然是红色人种的土著民族。但是，民族之间的分布格局却发生了巨大变化，许多民族已经发生了居住地的融合和民族文化的融合。民族分布的小区块联结或拼合成了大区块。在国家的格局和视野里，民族的隔阂越来越小，国家成为多民族共同的大家庭。

（三）全球化时期的民族分布　全球化时期，民族的分布格局也成了全球化状态。大航海发现了美洲大陆，从 16 世纪开始人类有了全球视野，国家被大陆陆块的阻隔逐渐破除，民族分布的全球化状态开始出现。特别是大殖民时期，国家时期的民族板块掺入了殖民民族，混居、杂居的格局形成，杂交与混血主要是发生在这个时期。非洲黑色人种民族的人以奴隶的身份被贩卖到美洲、欧洲、大洋洲和东南亚，而欧洲白色人种民族的人以殖民者身份分赴美洲、大洋洲和东南亚等地，民族地域界限变得模糊不清，在同一地区，同时有多个民族作为常住人口而杂居，临时居住人口的杂居更是普遍。拉丁美洲就是殖民地形成后的区划，拉丁语系的西班牙、葡萄牙和法国在这个地区实施殖民统治达 300 年之久，拉丁语成为官方语言，故将美洲使用拉丁语的地区称为拉丁美洲。在世界各大城市里，更是居住着世界不同民族的人口。中国的北京、俄罗斯的莫斯科、英国的伦敦、法国的巴黎、加拿大的渥太华、美国的华盛顿、巴西的巴西利亚等城市，除了居住着世界各国的使节外，还定居着不同国家不同民族的企业家、科学家、商人和一般平民。

六、民族文化圈　世界各民族都有各自不同的民族文化，同时又有民族之间相互认同的文化，形成民族文化圈。依据民族相互认同的文化，世界可以概略地分为东方文化圈和西方文化圈，进而又可以具体分为拉丁文化圈、汉字文化圈、伊斯兰文化圈、印度文化圈和斯拉夫文化圈。

（一）拉丁文化圈　拉丁文化圈的地理范围主要在白种人居住区域，包括欧洲、美洲、新西兰和澳大利亚等地。拉丁文化圈是西方文化的核心圈层，故而也直接称为西方文化圈。这种文化圈的特征是实行资本主义的市场经济制度，坚定地认为市场对于政治表达比选票更有效，对于公共利益的认定比议会更民主。中产阶级是社会的主要力量，国家实行议会政治，重视消费与享受，基督教是主要宗教，基督教的价值观是主流价值观。

（二）汉字文化圈　汉字文化圈地域范围主要在东亚，以中国为核心，文化特色是汉字、儒家思想、中国化的佛教、以中国法律为蓝本制定本国法律。日本史学家曾于1962年提出了由中国、日本、朝鲜、韩国、越南等国家构成东亚世界的概念，并认定“东亚世界是以中国文明的发生及发展为基轴而形成的”，是“以中国文明为中心而自我完成的文化圈”。汉字进入朝鲜半岛最迟是在中国的战国时期，3世纪时，朝鲜半岛的汉字使用已经非常普遍。日本受中国影响更为久远，早在4000多年前就有大量的东夷人通过朝鲜半岛，越过对马海峡到达日本，与当地的土著人结合，成为日本民族的祖先，这在血缘上有了汉字文化圈的根脉。后来日本多方面学习中国，儒家文化和中国化的佛教对日本文化的影响尤为广泛而深刻。日本的俳句源于中国古代诗词和绝句，多家电视台都有俳句节目，他们把自己创作的汉语诗词称为汉诗。越南自中国秦朝时期使用汉字，原因是越南北部属于秦朝领地，汉代以后越南成为中国的一个州，儒家思想随着汉代兴学也广泛传于越南。越南在属于中国的整个历史时期内，其法律一直是中国的法律，这对后来的越南国家法律产生了深刻的影响。

（三）伊斯兰文化圈　伊斯兰文化圈地理范围主要为阿拉伯半岛、印度半岛、东南亚和非洲。文化圈的核心区域在阿拉伯国家。该文化圈有两大文化特色，一是伊斯兰教的信仰，二是阿拉伯文字的使用。

（四）印度文化圈　印度文化圈地域相对狭小，地理范围为印度半岛和东南亚的部分地区，主要国家是印度、孟加拉国、缅甸、尼泊尔、斯里兰卡、泰国、老挝和柬埔寨。该文化圈的文化特征是印度教和佛教信仰以及梵文使用。

（五）斯拉夫文化圈　斯拉夫是欧洲最大的民族，6世纪末7世纪初分为3支，西支为维尼德人，东支为安特人，南支为斯克拉文人。7世纪各支斯拉夫人都建立了国家。斯拉夫文化圈主要地理范围为俄罗斯、东欧八国和巴尔干半岛。

主要文化特征是东正教信仰和斯拉夫文字使用，社会制度一般为社会主义。苏联解体之后，斯拉夫文化圈的社会主义特征发生了彻底改变，苏联分裂成为15个国家，各国都实行多党制；东欧八国也都以比较激进的态度，放弃了一党专制而实行多党制，社会主义特征消失殆尽。

第二节　国　　家

国家是公民利益共同体。其利益表述有3个关键词：根本、最大、长远。

国家是人类以不同的历史因素和共同的国家准则所构成的基本国际单位。

一、国家定义　国家定义有3个基本要素：领土、人口和主权。这三者是定义国家缺一不可的要素。

（一）领土　国家应拥有一定范围的领土，或大或小，没有一定的领土范围，则不可能建立国家。领土是国家第一要素，也是第一定义特征。

国家领土通常沿袭历史的既成。这里面有许多复杂的、历史的、社会的和随机的因素。一个国家的产生本身就是个历史演变的过程。有的国家是沿袭了方国和城邦的地理范围，有的国家是扩张后的地理范围，有的国家是兼并或吞并其他国家后的地理范围，还有的是旧国家或民族分裂之后国土分割的结果。然而无论是哪种情况，一个国家必须有自己的领土。对于国家领土的合法性，一是要根据本国的大法判定，二是要依据国际法判定，三是要得到世界其他国家的承认。国际法的判定只有法律意义，并不决定这个国家领土的实际拥有和处置。

（二）人口　国家应拥有一定数量的人口，或多或少，没有一定的人口数量，不可能建立国家。如果说领土是国家的静态要素，那么人口是国家的活态要素。人口是国家第二定义特征。

人口问题是国家的首要问题。人口是国家生生不息的有生国力。人口的繁衍、人口的生存质量、人口的综合素质、人口的生产技能、人口的文化水平等，都是国家建设中的重要因素。联合国1990年发布的人类发展报告开宗明义地指出："人民是一个国家真正的财富。"国家发展的最终力量来自人口，人口的多寡和人口的整体水平，决定着国家的质量，尤其是人口的整体水平，对国家的发展有着至关重要的影响，最能够说明问题的例子是一些国家领土面积并不大、人口数量并不多、自然资源也并不丰富，然而却很强盛，甚至成为世界强国。因此，国家的人口质量和人口结构，是国家建设大端。

正是因为人民是一个国家真正的财富，所以国民教育和健康就直接关系着财富的价值含量。惟其如此，许多国家认为教育和卫生，是实现国家发展和社会进步的根本投资方向。

在人口结构中，年龄结构、性别结构、脑体结构是基本的3种结构。年龄结构是不同年龄段的人口结构。人类的人口结构直到20世纪初一直是金字塔形的，儿童数量最大，少年、青年、中年、老年依次递减，老年是金字塔顶，人口最少。进入20世纪后，不少国家的生育观发生了变化，有的国家人口出现了负增长，也有的国家实行计划生育，依法限制人口出生率。这两大因素使相关的国家人口结构发生了重大改变，甚至出现倒金字塔结构，社会产生了老龄化。在医疗条件改善，卫生水平提高，人口平均寿命增长的国家，老龄化问题尤为突出，65岁以上人口在国家人口中占比越来越高。在瑞士65岁以上老年人口占国家总人口的19%，日本为17%，英国为16%，法国为14%，美国为12%。人口年龄结构不合理，直接影响到国家的整体建设与发展。

性别结构也是国家人口结构的重要方面，性别结构失衡直接影响到家庭的建立。性别问题缘起于父系社会继承权。为了继承家庭财产，要确保自己的女人不怀上别人的孩子，于是限制女人的活动，有的甚至给女人穿戴贞洁带，采取种种防范手段。女人受这种性别歧视久而久之形成了女人的贞洁意识，并传授给自己的女儿，还会以自己的感悟告诫女儿要守住童贞，否则嫁出去不能得到丈夫的信任，甚至根本就不可能嫁出去，形成了全社会的女性贞节观，也形成了男尊女卑的文化传统。受传统的“男尊女卑”和“传宗接代”观念的影响，生男孩成为绝大多数新婚夫妇及其双方家庭的热切愿望，最终导致性别结构失调。

脑体结构是一个国家中的脑力劳动者和体力劳动者的比例结构。一般体力劳动和技术型体力劳动、一般脑力劳动和科技型脑力劳动，脑体两者的比例结构是国家发展战略和实际建设需要而形成的结构。在非洲各国，脑体结构一般都不合理，脑力劳动者极度缺少，这是非洲各国科技落后和经济落后的重要原因。而这与非洲各国的教育和卫生普遍落后有直接关系。当下的中国，脑体结构过分受制于市场，学非所用成为普遍现象，打工潮席卷全国，雇佣思想渗透社会各个领域和各个层面，影响了对事业的忠诚度，对国家的建设与发展产生了不利影响。

（三）主权 国家应拥有完整的主权。主权是国家固有的最高权力，其全部权能是独立自主地处理国家内部事务和外部事务，国际上习惯叫做“自决”。主权可以分解为管辖权、独立权、自卫权、平等权等多个部分。管辖权是国家对其领土和领土内的人口以及领土外的本国人口与事务所实行管辖的权力，按照本国实际情况确定国家体制、管理体系和建制，确立政治制度和经济制度；独立权是国家独立自主不受外来干涉地行使自己的权力，处理国内事务和国际事务；自卫权是国家为了维护领土完整和政治独立而对来自国家外部的侵略和威胁进行防卫的权力；平等权是国家不论大小、贫富、强弱，也不论政治制度、经济制度、意识形态、社会制度的异同，国际地位一律平等。主权是国家第三定义特征。

1. 关于主权的概念 主权是国家对管辖的领土和人口所拥有的至高无上的权力，是自我主张和自我决断具有排他性的最高权力。这种权力对内是国家立法、司法和行政的根据，是国家法律权力的来源；对外则是国家的力量和意志，独立自主地处理国家间的事务。主权是权力也是权利，在国内表现为至高无上的最高权，在国际表现为自我而排他的独立权和防止外侵的自卫权。防止外侵的自卫权是对待一切武装与非武装侵略的自卫权力。

主权的概念是同国家的概念紧密联系在一起的。还在国家未形成的城邦和部落时期，主权的雏形就已经存在。现在主权的概念是现代国家主权的概念。1576年，法国法学家让·博丹创立了近代资产阶级主权学说，被认定为现代主权概念的创始人。他的《国家论》是创立国家主权学说的主要著作。

2. 关于主权归属的主张 “归属”一词用于国家主权的时候，词义包括产生和行使两个义项，即国家主权的产生归属和国家主权的行使归属。所谓国家主权的产生归属，其内涵是国家主权怎样产生的，它的产权归于谁；所谓国家主权的行使归属，其内涵是国家主权怎么实现的，它的执掌权归于谁。

（1）人民主权说 人民主权说主张国家主权归属于人民。公元前5世纪雅典政体是个“主权在民”的民主政体，设立了3个相应的机构：公民大会、五百人会议、民众法庭。具有决定意义的是公民大会。在伯里克利时代，公民大会选举产生雅典最高权力机构和国家公职人员。卢梭的《社会契约论》详尽地阐发了民权思想。在苏联十月革命后产生的社会主义国家中，人民主权的思想是社会主义国家的政治指导思想。列宁说，宪法就是一张写着人民权利的纸。在民主制国家里主权属于人民。人民主权由国民大会等形式直接行使，由人民选举代议士参与政府的代议政制，目前多数西方国家和旧殖民地国家采用的就是这种形式。人民主权也可有其他行使形式，如君主立宪制和公民投票制。

（2）国会主权说 国会主权说是19世纪英国著名的法理学家约翰·奥斯丁提出来的。在法理研究上，奥斯丁提出“应当是这样的法律”和“实际是这样的法律”的重要学术思想。他认为“法律乃主权者之命令”。由于当时英国的法律由国会制定，由此引申出国会主权说。后来英国宪法学者戴雪将主权分解为法律主权和政治主权，法律主权是国家最高意志，政治主权是国家最高权力。

（3）国家主权说 国家主权说盛行于19世纪到20世纪初的德国，因为当时德意志联邦正在将各个主权邦国统一为联邦国家。国家主权说认为主权归于国家，国家是法人，有人格意志。国家主权说最初见于法国大革命时期的《人权和公民权宣言》，称：“主权本质上属于国家。”德意志联邦为了实现统一的联邦国家，借用了这个观点。

（4）君主主权说 意大利思想家尼科洛·马基雅维利在其《君主论》书中提出了君主主权思想。正是为了维护君主主权，法国让·博丹提出君王总揽国家主权的思想。17世纪王权与教权合并，英国詹姆斯一世又提出“君权神授说”，并鼓吹“君权无限”的观点。“君权神授”的行径始自君士坦丁，他在皈依基督教后，作出一副神圣不可一世的架势，似乎他的权力不是公民授予而是来自神，甚至自诩是弥赛亚，是受膏者。自他以后的皇帝们都将手中的权力说成是从神那里得来的。托马斯・霍布斯在他的著作《利维坦》中宣扬了“丛林法则”的观点：人类社会就像丛林一样是个弱肉强食的世界，在自然状态下的人必然要尽一切可能保护自己。他认为，保护自己免于死亡就是人类的最高“必要”，而权力正是来自这种最高“必要”。

（5）团体主权说　团体主权说的本质是强调主权多方运用，以人与人结合的团体去影响主权权力的分配和运用，并且主权的掌握归于团体。

（6）主权否定说　主权否定说有两个来源：一是无政府主义者和自由意志主义者，他们否定国家主权；二是在国际体系频繁互动中，主权的内涵和特性受到肢解和挑战。有的国家或组织的主权仅仅是一个概念，更多的时候主权实际是多元协商和妥协让步所达成的共识。

3. 非国家主权　国家主权虽然在国际法律以及国际语境中是国家固有的，但是在世界上也存在非国家主权。也就是说，即使不是国家的非国家也拥有主权，而且非国家主权与国家主权具有同等的法律意义和国家效力。世界上有些地区虽然没有国家主权，却有相当高的自主权，在国际事务中通常与国家主权并提。

（1）地区主权　世界上有 30 多个相当于国家的地区，其中有 3 个地区拥有地区主权，分别是纽埃、马耳他骑士团和库克群岛。

纽埃位于新西兰东北的波利尼西亚群岛，早在一千多年前就有波利尼西亚人居住，1900 年成为英国保护地，1904 年成立行政机构，1974 年实行内部自治，有完全独立的立法权和行政权，防务和外交事务由新西兰政府提供协助。

马耳他骑士团是拥有地区主权的天主教骑士会，联合国授予其观察员资格，总部设在罗马马耳他宫，没有国土，但有宪法和国歌，并与世界上 100 多个国家建立了外交关系。

库克群岛的原居民是毛利人，1888 年成为英国保护地，1901 年成为新西兰属地，1964 年全民公决通过宪法，实行内部自治，享有完全独立的立法权和行政权，防务和外交事务也是由新西兰政府提供协助。

还有一些类似地区主权的情况，例如魁北克和克什米尔。

魁北克是加拿大的一个省，同时又是这个省的省城。省内绝大多数人是法国人后裔，法语为官方语言，日常用语也是法语。因为历史的原因，魁北克省与加拿大其他地方的语言和风俗等各方面差异很大，因此这个省的居民希望脱离加拿大而独立，并于 1980 年和 1995 年举行过两次全民公决，虽然未获通过，但这个省行政权力相当于国家主权。

克什米尔是南亚次大陆的一个地区，位于印度、巴基斯坦、阿富汗和中国 4 个国家之间，全地区 77%的人口信仰伊斯兰教，20%信仰印度教，还有少数信仰锡克教和佛教。公元7世纪克什米尔东半部属于吐蕃即今天的西藏，1242年吐蕃全境并入中国元朝的版图，1845年整个地区被英国占领，成为英属印度的一个邦，1948年根据“蒙巴顿方案”由印度和巴基斯坦分治。

（2）部落主权　世界上至今还存在许多部落，一般情况下部落不拥有主权。然而也有的部落尽管不拥有名义上的主权却拥有实质上的主权。在南太平洋众多岛屿上的部落，有的没有国家的称谓却拥有实实在在的主权。海湾地区的酋长国在本质上是部落国家，酋长是部落首领，这些酋长国原是英国的保护国。1968年2月18日，阿布扎比酋长扎耶德与迪拜酋长谢赫拉希德商量成立酋长国联盟，1971年3月英国宣布保护条约到期终止，12月2日由阿布扎比、迪拜、沙迦、富查伊拉、乌姆盖万和阿治曼共6个酋长国组成阿拉伯联合酋长国，后哈伊马角酋长国也加入其中。阿拉伯联合酋长国拥有与世界各主权国家一样的国家主权。

（3）形体主权　梵蒂冈是意大利罗马城中的国家，是罗马教皇驻地，教皇是国家元首。然而罗马教廷与梵蒂冈不完全是一个概念，梵蒂冈是个主权国家，而罗马教廷是全世界天主教会的中心机构，在国际法上与实体的梵蒂冈是分离的，是一个形体主权。

4. 主权的特性　主权有其自身的特性，主要是不可分割、不可让与和不可叠加3种特性。

不可分割是由主权完整性所决定的。任何主权，只要构成主权就具有不可分割性。主权一旦被分割，就意味着国家的分裂。历史上有许多主权被分割的国家，最终都是导致国家分裂，或内战，或碎片化地一国变多国。

主权独立自主的性质决定了主权的不可让与性，主权一旦让与也就不成其为主权。历史上，从没有哪一个国家将国家主权让与他国，相反，某一国家获得他国主权都是以侵略和吞并的形式将他国领土纳入本国版图，将他国人口纳入本国人口。一个国家的主权一旦让与另一个国家，这个国家或被兼并，或成为另一个国家的附庸。然而，主权是可以让渡的。所谓让渡，是主权永在，只是把主权的某些、某种或附属或派生的权力，过渡或授予他者使用，而且通常是一时、一事、一地的。有时限、有主题、有范围，不可延伸、不可拓展、不可转移。

不可叠加是不容许存在任何其他与国家主权分庭抗礼和高于国家主权的权力。邦国在组织形式上是联邦国家，其中任何一邦都是这个联邦国家中的一部分。邦国在组织形式上不是独立的国家，而实际上是一个独立的国家形态，所以邦国的主权依然是国家主权。历史上，古希腊城邦时期斯巴达实行双王制，双王产生于两个王族，但最高权力机关是长老议事会。国家主权貌似叠加而事实上并不叠加。而哈布斯堡王朝则不同。1866年普奥战争战败后，王朝皇帝弗朗茨·约瑟夫一世为了讨好企图摆脱他的统治的匈牙利人，同意帝国实行两国制，帝国设有两个首都——维也纳和布达佩斯，管辖两片国土——内莱塔尼亚和外莱塔尼亚，分为两种国民——德意志人和匈牙利人。虽然他大权独揽，身为皇帝兼国王，国家主权貌似不叠加，但事实上是叠加的。这种一国二元制最后结局是奥匈帝国的解体。

5. 关于主权的重新定义　随着全球化格局的形成，国家主权的内涵也发生了某些演变。1992 年 1 月 31 日，联合国安理会在纽约举行会议，签署了《和平纲领》文件。文件指出："绝对和专属主权时代已经过去了。"同时指出："不必将全球主义和民族主义看成互相对立的趋向。"显然，国家主权需要重新定义。国家主权就其根本意义而言，是服务于国民的工具，而不是相反。因而应以整个国际社会作为国际法律体系的基础，将单一的国家个体置于世界整体系统之内，将人类共同利益置于单一的国家利益之上。这实际上是国家主权产生基本原则的拓展与升级。历史已经这样做了，国家主权产生时，就是将各地方置于国家整体系统之内，将全国的利益置于单一的地方利益之上的。国家主权被重新定义，正是全球化发展的必然结果，是人类作为一个整体、世界作为一个共同体的实际需要。现在已经发生的全球性的危机，如资源危机、环境危机和生态危机，必须在世界整体系统内才能获得全面解决。世界的海洋由于流动性而成为整个人类的，全球的空气由于流动性而成为人类共有的。任何国家对自己领海的污染、对本国大气的污染，最终是全球性的，终将危害整个人类。倘若一个国家过分强调主权的独立性，我行我素，任意污染海洋和大气，而邻国或其他国家无权干涉，甚至联合国也不能干预，那么受害的显然是整个人类。因此，绝对的、排他的国家主权时代已经不能适应全球化时代的要求，不适合人类社会发展的要求。家务与国务的关系，成为国家事务与世界事务关系的参照。现在，在国际关系中，出现了新的国家之外的行为体，如国际组织和跨国公司，它们正在以自己的行为方式改变着国家主权的内涵。这种改变，其本质是传统国家主权的弱化。这是人类进步的表现，是历史发展到"地球村"阶段人类的整体发展、一体生存，同呼吸共命运的必然要求。人类的整体发展，使人类成为利益共同体、命运共同体。不顾人类的整体利益而强调国家主权，只能是狭隘的国家主义，造成的伤害不仅是人类共同体的，也包括它自己。一个特定的国家是在地球的特定位置上，这个特定位置上的资源是地球特定资源的特定部分。在全球化的观念里，居住在地球任何部位的人群和国家，只能合理利用地球资源，保护地球的每一特定部分，绝对不允许任意作践地球、毁坏地球。可是，有多少国家在国家主权的绝对性和排他性的合法外衣下，在不可分割、不可让与、不可叠加的公认的原则下，我行我素，任意砍伐、肆意开采、恣意排放。这已成顽疾，已是积重难返的问题。

事实充分证明，必须重新定义国家主权，才能有效地管理地球，管理全球化一体生存的人类社会。

二、国家起源　在经典文献里，国家起源已经是个老生常谈的话题。在目前所涉及国家起源的社会学科著作里，基本上都是引用和沿用经典文献的观点，学者们或出于对经典的敬重，或出于无暇深究，固守着经典没有再前进一步。

（一）关于“起源”的定义 “起源”的本意是事物产生的最初源头。但是，就事物产生和演变的规律而言，起源不是零时的那个起点，而是一事物演变为他事物那个质变的节点。事物演化的不同阶段所形成不同的初始状态，也就是源。最初的源头可以称之为本源，阶段之源可以称之为导源。所以研究国家起源涉及本源和导源两个问题。立足于本源的研究，是从根本源头进行研究；立足于导源的探究，是限定于事物演化阶段的研究。

国家的出现，是历史演化阶段的产物。以往对国家起源的研究一般是导源研究，涉及的主题是国家怎么来的。

这里首先涉及的问题是关于国家概念问题。关于国家概念的定义至今也不是精确的。因为研究国家起源之初并没有完整的既定国家概念，研究者是依据自己对国家的理解而想定国家的概念，或者依照一个或多个现实的国家抽象出国家的概念，之后以此为参照。因此，差异的显著是不言而喻的。德国19世纪的社会学家韦伯将国家定义为“一群有组织的人群合理独占着某一特定区域”。这个定义在当时很有代表性，然而可以明显地看出这个定义将国家定义为“人群”独占的“区域”，与部落的定义甚至聚落的定义并没有什么本质的区别。

依据领土、人口和主权3个基本要素定义国家，依然并不精确。领土，部落也有；人口，聚落和部落都有；剩下的是主权。主权是什么？独立行政权？这，部落里有，城邦里也有。那么，国家究竟以什么独特的本质成为国家，而与以往的集团形式有本质不同？这就要求对事物质变节点有准确的界定，对一事物转变为他事物的转变刻度有精确的认定。这样才能发现事物在转变之前与转变之后的本质区别，不至于在本源研究与导源研究之间摇摆，模糊了事物的边界。

（二）摩尔根与“易洛魁启示” 美国政治人类学家弗里德在其1967年出版的专著中提出人类社会4个阶段的演化模式：原始平等社会、等级社会、阶层社会、阶级社会。看似颇有新意，然而“原始平等社会”是对既定观点“原始共产主义”的借用。

原始社会是平等的社会吗？依据在哪里？全部依据来自摩尔根，来自“易洛魁启示”。

1877年美国人类学家路易斯·亨利·摩尔根深入到印第安人部落考察后出版了专著《古代社会》。摩尔根认为，在古代原始部落里，自由、平等、博爱虽然没有明确规定，然而却是氏族的根本原则。摩尔根有可能是“原始平等社会”观点的第一持有者。马克思和恩格斯都非常认可摩尔根的研究，并将其作为他们关于人类社会和阶级观点的立论依据。恩格斯还认为摩尔根是第一个尝试给人类史前史建立一个确定系统的人，他也正是以摩尔根的《古代社会》为基础特别是依据摩尔根的“是私有财产导致奴隶制和国家的产生”的观点写了《家庭、私有制和国家的起源》论著。摩尔根多次到印第安人易洛魁部落考察，甚至长期居住在那里，他以易洛魁部落的生产方式和生活方式为参照而判定数万年前的原始人类的生活方式。美国学者威廉·威斯特曼在论述古代奴隶制的时候，针对资料的严重缺乏，告诫自己——当然也是真知灼见：“把古代奴隶制度与现代奴隶制度进行比较并据此推断结论的做法是危险甚至是错误的。”摩尔根存在犯有威斯特曼所说的错误的嫌疑，他只注意了易洛魁部落的原始性，并没有以坚挺的意识注意到易洛魁部落并不是数千上万年前的原始部落，而是公元19世纪的部落，是由于17世纪欧洲向美洲移民欧洲文化已经渗透到了美洲大陆，欧洲殖民政策已经使他们深受其害这样一个基本事实。

摩尔根认定人类在原始部落时期都经历过有血缘关系的同辈男女保持性关系的血婚制度。他的这个结论基于巴霍芬《母权论》著作中的最初人类毫无限制的性关系的“淫游婚”观点，稍后还鉴于苏格兰法学家约翰·弗格森·麦克伦南的《原始婚姻》著作中的有关观点。血婚制度或许有，但肯定不会千篇一律。那时的普天之下，大陆陆块彼此孤立，各陆块上的氏族部落间没有交通、没有通信，没有社会的因素，只有自然的生活因素和生理因素。摩尔根的误判在于他的一种观念，他在其《古代社会》的序言中说：“由于人类起源只有一个，所以经历基本相同。”“因此，美洲印第安人诸部落的历史和经验，多少可以代表我们的远祖处于相等状况下的历史和经验。”其实人类起源地不止一个，即使是一个也未必就是一处。摩尔根也明知此时的人类已经分布在各个大陆，但仍然断言发展途径是一样的。再者，“血婚”的定义也不准确。当然也包括巴霍芬的“淫游婚”定义。巴霍芬的“淫”字用得很不恰当，“淫”是现代习俗用字，那时无淫可言。“婚”是个法律词语，那时还没有形成社会，根本就没有法律，因而不可能是婚姻家庭。在人科动物时期，人类的两性活动不是出于生育和繁殖的需要，纯粹是生理需要，是厄洛斯情欲，两性活动不分兄妹甚至母子都是可能的，但却不是绝对意义上的。即使在印第安人的印加文明中有兄妹成亲的实例，但也没有血婚的传统，只是贵族家族鉴于一种观念，认为兄妹之间成婚能够保证血统的纯正，故而贵族无论有几个妻子，其中必须有一个是自己的姐姐或妹妹。由此而论，原始时代并不是一种“社会”形态，各个族群有各族群不同的生活习俗。研究现存的原始部落是认识原始时代的重要途径，但是若以还原论的思维用某个原始部落的生存状态的个案推断整个原始时代，就带有很大的以偏概全的风险。那么，摩尔根比照现代的易洛魁部落的生存状态而推断数千逾万年的原始时代的“社会”形态，就在根本的问题上出现了问题，致使他的许多观点有着先天缺陷因而备受质疑。美国人类学家R. H. 罗维专门针对摩尔根的《古代社会》一书写了《初民社会》专著，用大量的例子批评了摩尔根缺乏严谨的例证而妄加推断的做法，认为

“摩尔根对社会的概念是一种原子论的说法”。

（三）恩格斯与他的“国家起源” 恩格斯以私有制论证国家起源。那么，深入探讨私有制的起源，就便于认识国家的起源了。这个历史节点，顺理成章就在原始平等上。

在今天的非洲喀麦隆的原始森林里还存在着没有私有制的原始部落，他们是俾格米人，穿着现代人的衣服过着首领统治下的没有私有制度的原始生活。但是，没有私有制度不等于没有私有观念，没有私有观念不等于没有私欲。亚里士多德在他的《政治学》著作中批判柏拉图的理想国共产制度的妻子与孩子的公有问题时举了个例子，说上利比亚有公妻制度，如同柏拉图在《理想国》中所说的妻子与孩子公有制，然而，即便如此，父亲还是能够从一大群公共的孩子之中，依长相看出哪个孩子更像自己，而其他的父亲们也能够从公共孩子中辨别出哪个孩子更像哪个公共的父亲。且不说血缘的自然的亲密会导致某个公共的孩子特别亲近某个公共的父亲，某个公共的父亲也会特别呵护某个公共的孩子而产生出自私性，这种辨认本身就非常私欲化。私欲是天性，这是不容置疑的。喀麦隆的俾格米人过着没有私有制度的原始生活，可是他们首领却非常天经地义非常私有化地说：“森林属于我，所有的东西属于我。”即使在一个部落里没有私有制度，但在这一区域的整个部落群里，私有制度很明显地显现出来了，各部落间是私有制的，甲部落不可以占有乙部落的森林，乙部落也不可占有甲部落的住地。如果说部落里没有私有制，实行的是公有制的话，那么这种公有制也是在部落私有制和部落首领私有制里的公有制。

现在世界上还有绝对数量并不少的原始部落，分布在非洲草原、南美洲亚马孙热带雨林、大洋洲岛屿、亚洲菲律宾岛屿和喜马拉雅山山系等地，一般都是过着石器时代采集和渔猎的原始生活。20 世纪 50 年代在厄瓜多尔发现了瓦奥拉尼部落。这个部落的人原始得赤裸着身体，完全没有文明人的性意识，没有性的排他性，没有恋爱和婚姻的概念，婚姻倒像是一种工作关系，几个男人或几个女人拥有一个配偶时，通常也不会出现情感摩擦。女子与一个男子成为配偶，可以与这个男子的所有兄弟有性关系；男子与一个女子成为配偶，也可以与这个女子的所有姐妹有性关系。这种状况既不同于母系时代，也不同于父系时代。夏威夷至今还保留着普纳路亚家庭。“普纳路亚”是亲密伙伴的意思，是一种族外群婚制度。世上如此之多的原始部落，有一样的原始却有不同的原始状态。即使高度文明的日本，天皇家族为了血统的纯正而不惜世代乱伦，姑姑即为母亲是正常事，甚至大尺度超辈分的乱伦也不受伦理的谴责。世界著名的罗斯柴尔德金融家族为防止财富稀释与外流，一度严格实行家族通婚，这一切都能够说明，原始平等是一个伪命题。

不管考古学和现有的考古材料能否给予支持，在人类生命逻辑和进化逻辑上，原始共产主义式的平等社会是根本不存在的。平等是一个理性概念，是一个政治概念，是一个制度概念，也是一个伦理概念。在人类初期动物性大于人性的弱肉强食的状态里，没有现代人的理性和伦理，也没有政治和制度，有什么平等可言呢？发现一个果子，强者先食天经地义。强者先食，是人类原始时代的天则，不是制度，不是政治，也不是伦理，而是由本性、本能和体质所决定的“法则”。所以，人类从一开始就是不平等的。平等是由不平等而引发的概念，没有不平等造成的心理和生存的落差，不会有平等的诉求。等到人类的心智水平发展到利用制度规范群体的时候，有了制度，首先将不平等制度化，从而更加不平等。不平等制度的受益者，越来越成为强势群体，而不平等制度的受害者，越来越成为弱势群体。于是，不平等制度的受害者就要求平等。平等的概念就是在这样的社会背景下后于不平等而产生的。所以，原始共产主义的提法，违背原始时代的基本事实，扭曲了原始时代的本来面貌，歪曲了人性进化历程。试想，如果平等在前并形成了社会制度，那么是什么力量打破了社会平等定势，推翻了平等制度而建立起不平等制度呢？那种社会生产力低下、财富没有积累所以只有平均分配的断言，实在缺乏逻辑力量。如若因为生产力提高了，财富有了积累，而出现了私有制，而产生了不平等，那就更加匪夷所思了，在财富没有积累的情况下人类尚且能够平等，没有争夺，财富多了反而不平等了，出现争夺了？物欲是因为物质丰富而产生的吗？所谓的物质极大丰富是共产主义的主要特征，与财富有了积累而产生私有制，这两种说法是不是自相矛盾了呢？显然不合乎人类生命进化的生理逻辑和社会进化的历史逻辑。

私有制度和私有意识不是一个概念，私有意识与生俱来，而私有制度只有在人类形成群体生存，从而有了约定、有了制度、有了政治之后，才会产生。所以，私有制的起源，是人类自诞生以来经历了数百万年的演变之后的事情。制度是行为体的主张，不是一般的个人之间的约定。没有行为体的制度是很难被理解的。那么私有制的行为体是什么？经典的说法是奴隶主，那么奴隶主是个体还是集体？显然指的是个体，因为奴隶主时代没有奴隶主集团，奴隶制社会实际上是多个奴隶主各自为政的社会，因此国家起源前的私有制并不等同于国家起源后的私有制。关于国家起源于私有制的观点，是建立在私有制产生的基础上。在私有制产生之前，私欲已经使群体中的个体之间存在着不平等。一部分人多占有了利益，从而致使一部分人减少了或者失去了本该拥有的利益。这样，减少了或失去了利益的人想找回或者讨回那部分利益，而多占了利益的这部分人想保住多得的利益，两部分人都需要依靠联合起来的集体的力量维护自己的利益，于是产生了利益集团。其实，原始公社本来就不是“原始公社”含义上的“公社”，是个先天不公的并非利益均等的历史时期，所以并不存在分化的问题，也没有分化的发生，只是随着人类历史的演进而使利益不均等壁垒更加分明，群体效应和社会化使其逐渐制度化。这是私有制产生的历史基础。正因为不平等的制度化、法律化、政治化，所以从人类伦理出发，强调人类应该是平等的。美国《独立宣言》中的一段文字，精辟地道出了这种机理：“人人生而平等，造物主赋予他们若干不可让与的权利，其中包括生存权、自由权和追求幸福的权利。为了保障这些权利，人们才在他们中间建立政府……”政府是国家政府，可以直接理解为国家。

现在有许多部落国家，实行部落制度，却是国家形态。海湾地区的酋长国就是部落国家，它显示出由部落到国家的演化过程。在原始的部落时期，部落的领土、人口和主权达到了现在国家层面的领土、人口和主权各要素的要求，部落也就演化为国家。在演化的程序上，国家起源于部落。然而，部落的领土、人口和主权，与国家的领土、人口和主权在内涵上是有质的差异的。部落的领土是部落单方面决定的，没有明确的疆界，没有稳固的形态，随机的扩大和缩小是时常发生的。部落的人口没有户籍的管理，而且人口是没有部落意识和义务与权利的，部落之间出现战争，参战是部落的应急的行为，全部落不分男女老少一起上阵拼杀。部落主权内外不平衡，通常只是内部主权，部落首领在本部落拥有个人的首领统治权力，部落之间并不承认部落的主权，而且往往也不需要有这种承认。因此，部落尽管也有领土、人口和主权这样的国家构成的要素，但不是国家。

国家和部落都是人类发展史上的一个特定阶段，两者有着血缘一样的承继关系。在社会学意义上，人类从个体行为发展成为群体行为，由个体走向群体，这是部落形成的原始要素，而从个体走向群体的根本要素是原始协同。

何为原始协同？原始协同是人类最初的生产协同和利益协同。生产协同发生于自然界，采集时一人树上摘，一人树下接；狩猎时多人围猎跑得快或者凶猛的动物，或者集中居住互相照应，以防食肉动物的袭击。利益协同发生于人类社会，一个人发现大片果实累累的山林，另一个人也要进入采集，可能发生两种情况：一种情况是最先发现者不允许后来者进入，两人发生争斗；另一种情况是两人联合起来，防止第三者进入。如果本来就是多人同时发现，那么直接联合起来，防止另一部分人来抢摘的可能性更大，甚至有分工，大部分人采摘，少部分人放哨。如此协同，显然要有个组织者，于是领导者和被领导者的关系悄然出现。

部落有的就是一个单一的氏族，有的是多个氏族的联盟，因此部落有血缘部落和非血缘部落之分。氏族的头领是家族的，而部落的头领通常是非家族的，由参加联盟的氏族集体推举，或者联盟中最大氏族的头领充任。在整体上，本部落的利益高于一切，但是，在单一的氏族部落内部，有家庭与家庭、家庭与氏族之间的利益矛盾；在部落联盟内部，有部落与部落之间、部落与部落联盟之间的利益矛盾。因此部落内部各利益团体之间的争斗、部落之间的争斗是时常发生的。有战争，就要有战斗员，有战斗员就要有指挥员，战争体系同部落战争一起发育。后来的国家战争机器，实际上在原始部落里已经以最为原始的形式运转了。

战争毕竟是利益的争夺与守护的最高形式，部落间的最大利益是异地共处、资源共享。山前部落和山后部落、山上部落和山下部落、河东部落和河西部落，地域相同，自然资源相同，互不相求，如无贪婪则相安无事；山地部落和平原部落、森林部落和草原部落、大陆部落和沿海部落，地域不同，自然资源也不同，部落需求相同，资源共享就带来了许多具体问题，如何解决这些问题，实现资源互补，就出现了交换或争夺，于是就产生了原始的贸易与外交。

用经济学的观点讨论国家起源，形成经济起源说；用法学的观点讨论国家起源，形成社会契约说；用军事学的观点讨论国家起源，形成征服说；用历史学的观点讨论国家起源，形成城邦说；用文学的观点讨论国家起源，形成神话说；用考古学的观点讨论国家起源，形成早期古国说……总之，当一种思维或逻辑深陷于某一学科的思维模式后，极容易走到这一学科的极端，因而片面性也就在所难免。而且，从某一点或者从某一个方面比如契约、征服、经济等论证或探索国家起源，本身的思想方法就存在着问题。国家是多种元素所构成的庞大、繁复的综合体，单一的因素不可能导致国家的起源。美国社会建构主义学者亚历山大·温特注重“本质国家”的研究，认为国家理论主要有3种：韦伯理论、多元理论和马克思主义理论。韦伯理论强调国家施动作用，多元理论认为国家就是政府，马克思主义理论则是整合利用了韦伯理论和多元理论的理论架构。

恩格斯在《家庭、私有制和国家的起源》论著中以雅典、罗马和德意志这3个国家的形成，认定国家形成有3种模式：一是直接从氏族演化而来的国家，是雅典模式；二是阶级对立所产生的国家，是罗马模式；三是征服和战争而产生的国家，是德意志模式。恩格斯由此得出结论：“国家是社会在一定发展阶段上的产物；国家是承认：这个社会陷入了不可解决的自我矛盾，分裂为不可调和的对立面而又无力摆脱这些对立面。而为了使这些对立面，这些经济利益互相冲突的阶级，不致在无谓的斗争中把自己和社会消灭，就需要有一种表面上凌驾于社会之上的力量，这种力量应当缓和冲突，把冲突保持在‘秩序’的范围以内；这种从社会中产生但又自居于社会之上并且日益同社会相异化的力量，就是国家。”于是，许多学者就将这3种模式作为国家起源的3种因素：氏族、阶级、战争。

然而，恩格斯论证的这3种国家形成模式，仅是论证国家形成模式，并不是论证国家起源。国家形成模式和国家起源不完全是一个概念。形成可以直接表示建立，建立和起源两个概念相距更远。雅典是由氏族演化的国家，雅典模式表达了雅典导源于氏族的重要思想，尤其强调了国家是社会在一定发展阶段上的产物。而阶级对立是国家产生的一个因素或动因，不是起源。至于征服和战争产生的国家，离国家起源的那一点更远。德意志是由国家战争形成的新国家，不是最初起源的国家。公元5世纪末，日耳曼人在已经灭亡的西罗马帝国的废墟上建立起许多的国家，这已经是在国家之上再建国家了。后来其中的法兰克王国成为强大的帝国，9 世纪这个帝国被一分为三，德国是其中之一。这个时间是德国产生之日，但不是德国国家起源之日，德国国家的根应该在日耳曼氏族里。

（四）原生态国家与次生态国家 由于陆块相隔的原因，国家出现的时期是不相同的。世界最早的国家出现在世界早期的文明区域：两河流域、爱琴海、尼罗河下游、恒河、黄河—长江中下游流域。因而古巴比伦、古埃及、古印度和中国是被世界公认的最古老的国家。两河流域在公元前 4700 年就产生了城邦国家，先后出现了苏美尔王国、阿卡德王国、巴比伦王国和亚述帝国；尼罗河下游在公元前 4000 年出现了古埃及王国；爱琴海在公元前 3000 年产生了雅典王国；公元前 2500 年恒河产生了雅利安人创建的国家，后来统一为摩揭陀王国；中国则最迟在公元前 2100 年出现了国家。

国家有特定的内涵，不是说说话，发发声明就可以称为国家。1967 年以第二次世界大战后废弃的海上军事建筑物为依托建立的那个西兰公国并不是个国家，因为它完全不具备国家的内涵，起码不符合传统的国家定义。后来有人称其为私人国家。这是无知，国家不属于私人。至于君主专制国家的君主把国家视为私有财产，这是另一种概念。还有的人买上几公顷土地便以个人的名义宣布建国，自称国家元首，更是荒唐之事。国家如果可以这样诞生、可以这样建立，那么现有的国家都将失去国家尊严。

正因为国家有特定的内涵，所以在国家的演变过程中，又出现了宗主国和附庸国，15 世纪开始又出现了宗主国和殖民地，随后又产生了大批殖民地国家。尤其在美洲，这块大陆基本就是欧洲人的殖民地。但是，随着殖民地的不断扩张，争夺殖民地的军事斗争越来越多，为维持对殖民地的统治所付出的代价也越来越大，甚至超过了从殖民地所获得的利益，殖民统治的力度因此而受到削弱。正在此种时刻，殖民地以实现独立为宗旨的民族解放运动爆发，美洲大陆雨后春笋般地出现了几乎是整整一大陆新国家。在北美洲有早期的美国和而后的加拿大、墨西哥、巴拿马等国家，南美洲出现了哥伦比亚、厄瓜多尔、委内瑞拉、玻利维亚、巴西等国家。这些由殖民地而产生的国家相对于宗主国是一种次生态国家。由次生态国家再反观过来，宗主国应该是原生态国家。对国家作这样一种界定和区分，对于分析国家的性质与机理，也许更便于界定与把握。

从发生在北美洲的两个事件可管中窥豹略见一斑，看到这种次生态国家的生态机理。一个事件是美国 1785 年至 1787 年经济大萧条期间，失业者联合起来以暴力的方式向州首府讨救济，而依据 1777 年的《邦联条例》，邦联政府没有处置此类事件足够的权力。鉴于这种情势，保守有产业者觉得应该设立中央政府来控制局势。于是 1787 年在费城召开制宪会议，经过 16 周的激烈辩论，不仅将 13 个邦由此联结成一体组成了世界上第一个联邦国家，同时还有一个国家机理的历史性创意：设立4个独立政府机构，分别是众议院、参议院、总统机构和最高法院。众议院由全民普选，参议院制约众议院，两院组成国会，国会制约总统，最高法院制约国会。显然，这是一个制约与平衡的机制。这种机制的运行，培育出美国的权力使用原则，将权力分散在相互竞争的领域。

另一件事情发生在北美洲的北半部，英国有两块相连的殖民地：上加拿大和下加拿大。这两个加拿大于1837年爆发起义，英国政府派德拉姆公爵任总督调查处理。德拉姆公爵深入考察了5个月之后作出报告，建议将上加拿大和下加拿大两块殖民地合并为一块殖民地，同时提出了“代议制政体”方案，即允许殖民地实行责任政府制，殖民地议会拥有同英国议会一样多的权力。这是解决殖民地与宗主国之间矛盾的里程碑意义的建议。此建议在北美取得成功后，推广到其他各大洲殖民地。代议制政体制度，维系了日不落大英帝国的殖民统治。

三、国家形态　在目前所见到的文献中，对国家形态的定义有多种不同的角度。依照马克思主义的观点，定义国家形态的依据是国家的结构体制。在国家的领土、人口和主权3个基本要素中，领土和人口并不决定国家形态，那么只有主权才是决定国家形态的惟一要素，所以国家形态也可以叫做主权形态。主权形态的标志是国家政权性质，也就是国家的根本制度。国家的根本制度直接决定了国家的社会制度，因而许多社会学家将国家形态等同于社会形态。一般说来这并没有原则性错误，但若从严格意义上讲，国家形态和社会形态并不是一个概念。

国家的主权形态从历史上看，大致有君主主权形态、政党主权形态和人民主权形态3个类别。君主主权形态的结构体制是君主制和君主立宪制，政党主权形态结构体制是党派执政制，人民主权形态结构体制是民主共和制。现在还有一些由部落延续而来的酋长国，其主权形态可以归为君主主权形态范畴。

（一）君主主权形态　君主主权形态的主要特征是君主为主权的执掌者。君主主权形态的国家一般是君主专制国家，国家元首即为君主，君主的不同称谓是国王、皇帝和苏丹。君主为终身制和世袭制，拥有至高无上的权力，君主的意志就是法律。历史上的奴隶制国家和封建制国家，一般都实行这种君主专制制度。这些君主制国家是以土地为基础建立的国家。后来出现了以海洋和海上贸易为基础建立的新的君主国家。新的君主国家利用资本的力量，将国家建成更有凝聚力的政权机构。西班牙的斐迪南和伊萨贝拉、英国的亨利八世、法国的弗朗西斯一世，就是这样的君主，他们的国家就是这样的新的君主国家。也正是这样的新君主国家，奠定了资本主义制度的社会基础。现在世界上仍然有许多君主制国家，如亚洲的日本、泰国、柬埔寨、科威特、约旦和沙特阿拉伯，欧洲的英国、西班牙、荷兰、瑞典、卢森堡、丹麦、挪威和比利时，非洲的摩洛哥、莱索托和斯威士兰，大洋洲的汤加等国家，都是君主主权形态的国家。

有的君主主权国家，为了限制君主的独断专行而实行君主立宪制。1701年，英国议会通过的《王位继承法案》，目的正是为进一步限制王权，巩固君主立宪制。宪法是国家大法，体现国家意志，是国家最高权力，君主必须依照宪法行使君主的权力。在主权形态上君主与民主融为一体。

君主主权国家一般都实行议会民主制度。英国是世界上最早实行议会民主制度的国家，被称作“议会之母”。早在13世纪的时候，英国就创立了议会民主制。1343年，议会形成上下两院，上院由贵族组成，称贵族院；下院由骑士和市民组成，称众议院。经过不断改革和完善，英国议会最终成为世界各资本主义国家议会民主制度的圭臬。

（二）政党主权形态 政党主权形态的主要特征是政党为主权的执掌者，或一党执掌主权，或两党竞选执掌主权，或多党轮流执掌主权。

一党执掌主权的国家通常是社会主义国家或共产党执政的国家。这与早期国际共产主义组织和共产主义信仰以及国家实际情况有关。已经解体的苏联、现在的东欧八国、中国、越南、朝鲜等都曾经是或者依然是共产党一党执政的国家。

两党竞选执掌主权的两党制国家一般是资本主义内阁制国家或联邦总统制国家。国家内的两个党派竞选执政，执掌国家主权。美国、加拿大、澳大利亚和新西兰等都是两党制国家。

两党制产生于17世纪的英国，因为当时议会中有两个政党，政权也就由两个政党交替执掌，形成议会内阁制的两党制。后来美国等国家相继实行两党制，只是它们的两党制不同于英国的议会内阁制的两党制，而是总统制的两党制。总统制的两党制是总统竞选获胜者的政党作为执政党，总统一般只掌握行政权，不一定掌握立法权。立法权属于议会的下院，下院的多数席位若为总统竞选失败的政党占有，那么立法权便不属于执政党；如果多数席位为总统竞选获胜的政党占有，那么立法权也就掌握在执政党手中。

多党轮流制执掌主权，其机制与两党制基本相同。

（三）人民主权形态 人民主权形态为冷战时期两大阵营对垒中的社会主义阵营所推崇。人民是国家主人为社会主义阵营所有国家的最高法则。在两大阵营的另一个资本主义阵营中，人民也时常被作为国家主人在法律和宣言中予以肯定。然而，两大阵营中的人民概念是有差异的，社会主义阵营所有国家的人民概念是拥护国家宪法的人群，是有着阶级性的概念；而资本主义阵营所有国家的人民概念是没有阶级性的，是与国民和公民相等的概念。不过无论怎样定义人民概念，人民主权是人民执掌和行使主权。近几年，俄罗斯也强调主权的民主性，称为主权民主。强调主权民主给人的第一感觉是对应着主权不民主或曰民不主。这是一种信号。在许多人民主权形态的国家，人民主权不为民所主的情况很普遍。这里有一个重大的因素，就是人民为国家最大的群体，这个群体执掌国家主权应该是群体意志，而不是个体意志。那么，如此之大的本由个体组成的群体，是每个个体都长着自己脑袋的群体，怎样才能够让每个个体的意志成为群体意志？只有一个天大的法则：民主集中制，少数服从多数。精英主义和民粹主义是两种对立的理论思潮。民粹主义声索民主，主张全民意志，认为人人都是能动者，而非他人权力的被动者，反对精英专权；精英主义则谴责民粹主义是民主原教旨主义。人民主权不等同公民权，不是每人分一份攥在每个公民手中，于是，要有公民代表，这个代表是公民认为能够代表人民的人或机构，于是人民主权的执掌和行使，最终不是在君主手中就是在政党手中。若是能够真正代表人民的君主和政党，人民主权就真正属于人民，倘若相反，人民主权就成了君主和政党的装饰。

从根本上说，国家主权基本上就是君主制与共和制两种。君主制主要的特征是“主权在君”，共和制的主要特征是“主权在民”。其他的各种政体都由这两种政体演化而来。柏拉图曾在其所著的《理想国》中从国家的政体上作过设想，分为贵族政体、勋阀政体、寡头政体、民主政体和僭主政体。贵族政体是建立在德性、知识和真理上的国家政体，勋阀政体是建立在功勋和荣誉上的国家政体，寡头政体是建立在财富上的国家政体，民主政体是建立在民主上的国家政体，僭主政体是民主政体的另一种形式。显然，最理想的是德才兼备的贵族政体。柏拉图认定的“贵族”不是后来在强烈的阶级意识里所定义的贵族，而是世界上最具高尚品德和深厚学识的高贵群体。因而“理想国”应该是贵族政体的国家。18 世纪英国哲学家约翰·洛克把国家政体分为君主制、寡头制和民主制三类。法国卢梭将国家政体分为国君制、贵族制和民主制三类。

在国家结构的形制上，一般分为单一制国家和复合制国家两种形制。复合制国家又分为联邦制和邦联制两种类型。

单一制国家是统一的整体，是有统一主权的中央集权国家，国家只有一部宪法、一个立法机关、一个中央政府，地方政府是以国家统治需要按照一定的原则所进行的区域划分，作为国家的行政区并设立的行政区政府。所以，地方行政区不是独立的政治实体，而是国家主权下的权力机构，没有任何主权行为和特征，其行政权力源于中央授受，自主权或自治权由国家宪法授予，在国际上不是国家行为体，不具有独立性，也没有单独退出国属的权利。

世界绝大多数国家是单一制国家，如中国、蒙古、法国、日本、朝鲜、意大利、挪威、瑞典、波兰和匈牙利。

复合制国家是由联邦或邦联构成的国家。联邦国家是以“联邦主义”为组织原则，拒绝中央集权，无论是像古希腊联盟那种松散型联盟国家，还是像奥地利联邦共和国那样由国家形式的单元结合而成的联邦国家，都不是中央集权制国家。美国的名称美利坚合众国非常鲜明地用“合众”表明了国家的联邦制性质，然而它被称作典型的中央集权制帝国，原因在于美国虽然没有帝国的中央集权，但有帝国之实，在世界上奉行帝国强权政治。

联邦国家通常是几个小国依据一定的协约联合起来组成的国家，有统一的国家主权，加入联邦的成员国家不再享有完全的主权，只保留管理内部事务的权力，而且也不再称为国家，依据一个国家的建制被称为州或省。世界上有20多个联邦国家，如美国、俄罗斯、阿拉伯联合酋长国、印度、澳大利亚、墨西哥、阿根廷、加拿大、马来西亚和巴基斯坦等国家。

邦联与联邦不同。从国家本质上讲，邦联不是严格意义上的国家，而是国家联盟。联邦国家有自己的立法机关和中央政府，有自己的宪法和法律，一切重大权力属于联邦中央政府，联邦法律是国家的最高法律。而邦联国家没有最高立法和行政机构，主要机构是邦联议会或者成员国首脑会议，邦联成员国保留自己的主权。在理论上，邦联国家中可以有联邦国家，而联邦国家中则不再有邦联国家。

四、国家的群体性与个体性　国家具有群体和个体双重性。国家的群体性具有双重含义，而国家的个体性就是国家的完整性和独立性。

国家是由众多的个体人组成的群体，这是国家群体性的基本含义。所以，国家首先是人口国家，人口对于国家大小具有根本意义。美国人口普查局依据国家人口多寡将全世界的国家分为6个种类：一类是人口超级大国，二类是人口大国，三类是人口中等国，四类是人口小国，五类是人口超小国，六类是人口袖珍国。人口超级大国是人口超过10亿的国家，世界上只有中国和印度。而人口袖珍国是不足百万人口的国家。人口袖珍国有斐济、赤道几内亚和文莱等国家。

国家的群体性的另一层含义是，全世界是一个国家的群体。这是世界上每一个国家都具有群体性的实质含义。

国家的个体性在于国家的完整性，相对于世界国家群体，每一个国家都是独立的个体。正因为国家是在世界的国家群里，所以国家具有群体性；也正是因为国家是在世界国家群里，所以国家具有个体性。就像一个人既具有个体性又具有群体性一样。所不同的是，国家的个体性具有群体的决定性意义，国家若不具有个体性，不是一个独立的完整的国家个体，那么世界就没有国家群体。

五、国家主权的三元结构　完整的国家主权应该是三元结构：政治、经济、军事。这三元是三位一体，不可肢解，不可分割。当然，国家主权结构中的这三元既不可整体地也不可拆分地为少数人据有。倘若一个国家，政治在政客手里，经济在寡头手里，军事在军阀手里，这个国家就到了分崩离析的解体之日了。

（一）政治　政治是国家主权的灵魂部分。政治主要包含国家政权、国家体制、国家制度、国家政策、国家战略和国家机构设置原则等内容。国家根本职能就是国家管理，是国民的生存管理与国家的发展管理。政治统治主要体现于国家上层建筑。上层建筑是在一定经济基础上的社会意识形态以及与之相匹配的政治制度和法律制度，包括了政治思想、文化思想、法律思想、哲学思想和艺术思想多种成分。政权是上层建筑的核心。国家机器是国家政权必要的构成部分，也是国家政权的存在形式，主要是国家行政机构和行政保障机构，如政府、军队、警察、法庭和监狱。国家管理在宏观上可以分为内外两部分，在国家内部，是社会管理，包括政治统治和生产与生活管理；在国家外部，是捍卫国家主权，保卫国家安全，履行国际关系中的国家行为体职能。

在国家政权建设中，国家对政治有几分情有独钟的关注，因为政治关乎两大问题，一是国家发展问题，二是政权执掌问题。资本主义国家和社会主义国家对这两个问题的关注是一致的，但关注的方式和表现形式是不同的，主要的不同是由一党执政还是两党或多党执政所带来的不同。在一党执政的国家，这个问题是唯我的，一切责无旁贷。所以，一党执政的国家一直强调的是政权掌握在什么人手里，有一个接班人问题。而多党执政的国家，一直强调的是政权掌握在哪个政党的手里，没有那么鲜明那么具体的接班人问题。

然而，无论是什么制度的国家，都面临着相同的政治统治问题。怎样实施政治统治，是治国的方略问题。许多国家似乎不容置疑地认为，治国就是治民。所以有很多的关于“治民”的治国经典和治国格言。

自从国家诞生以来，国民始终处于被统治的地位。在一般意义上“统治”和“管理”是相同的内涵和外延，但是由于最初发现权力效能的统治者过分相信和依赖权力，极端化地使用权力，使管理变成极权化统治。奴隶制国家是将管理妖魔化为极权化统治的罪魁祸首。在奴隶制国家制度里，奴隶主有着与生俱来的狭隘的非常实际的一己主义私欲，权力成为利己的罪恶手段和谋私的合法外衣。这使权力从一开始就带着长长的浓郁的阴影出现在国家制度和国家意识形态中。

以国家结构而论，治国就是治民的思维定势应该被打破。治国重在治吏。民族部落的管理是没有中间环节的，部落头领直接对应部落成员，管理形式是互动、双向的两个密切相连的端点。到了城邦和方国初期出现了中间管理职员，到了封建国家时期，逐渐形成了庞大的中间权力阶层。国家管理出现中间环节是社会和历史发展的必然。可是中间环节的出现，隔断了君王与庶民最初的直接双向互动。或许此后的全部问题就从这里发端。中间权力使管理层不断膨胀，“管理层膨胀”给国家带来了严重的问题：管理人员与生产人员的比例问题，国家的管理成本问题，国民的负担问题，还有一点就是膨胀性低效问题。机构越多，效率越低。机构未必可以一直趋向细化，机构细化意味着管理权力的整体性被肢解，导致责任碎片化并出现碎片间离，机构重叠、管理重叠，必然人浮于事，相互推诿，甚至权力阶层行为失范。由于中间阶层承上启下，联结着君与民两端，所以在特定的意义上，治吏比治民更为重要。

（二）经济 经济是国家主权的血肉部分，主要包括自然资源、生产资料、生产所创造的物质产品以及这些物质产品的交换和贸易体系、整个生产体系所创造的全部剩余价值等。

1. 经济体制　经济体制决定国家经济发展模式。资本主义国家是自由经济和市场经济的经济体制；社会主义国家经济体制一般是计划经济体制，有的国家先是计划经济后来又改为市场经济体制。中国是实行社会主义计划经济的国家，20世纪80年代开始转型，进入21世纪之后建立起市场经济体制，与多个国家签署了自由贸易协定。2013年8月22日国务院正式批准设立中国自由贸易区，9月29日首个自由贸易试验区在上海挂牌。2014年12月28日，广东、天津、福建自由贸易试验区成立。以后还要分批分期地建立多个自由贸易试验区。当今世界上的国家都依据本国的国情创建不同的经济体制。从世界范围看，除个别国家实行比较原始的经济体制外，不外乎计划经济和市场经济两种经济体制，而且绝大多数国家是市场经济体制。这为经济全球化提供了有利的基础。

从根本上说，资本主义国家的经济体制和社会主义国家的经济体制原本就是截然不同的。社会主义的计划经济体制不可能像资本主义市场经济体制那样具有国际市场上的自由度和灵活性。计划经济虽然也离不开国际市场，但是进入方式和进入程度较之市场经济有很大的不同。在20世纪初期社会主义国家苏联诞生之时，同时就诞生了计划经济模式。中国采取计划经济模式是在中华人民共和国成立之初，在经过从新民主主义到社会主义的过渡，完成了对资本主义工商业的改造之后，正式进入社会主义社会，正式进入计划经济体制。这种计划经济的体制持续了大约25年的时间，到20世纪80年代先从舆论上后在实践上，逐步地但是并不缓慢地走上了市场经济的道路。从中华大地遍地的皮包公司，到政企分离的经济发展政策，中国市场经济开始走向了正规化。加入WTO可以看做中国彻底放弃计划经济体制完全建立市场经济体制的分水岭。

计划经济与市场经济相比较，计划经济最大的优势在于计划性，致命的劣势在于计划演变为桎梏；而市场经济最大的优势在于开放性，致命的劣势在于由开放演化的无限自由度。两者劣势引发的计划经济里的暗倒，市场经济里的明炒，对实体经济发展都是极其有害的。中国经历了30多年的市场经济的体验，感触最深的是如何汲取计划经济的计划性长处，规避市场经济开放性的负面影响。计划经济与市场经济并非水火不相容，完全可以作兼而有之的尝试。

最初，中国欲向市场经济转型的时候，市场培育不起来，适应不了国际市场运作模式，自省政府不可以对市场干预过多，要遵循市场规律，防止计划经济的惯性力。由于这种自省缺乏对系统和体系的认知，结果市场的自由度越来越大，市场的唯利是图遂成了强大的无政府主义势力，造成国家对市场掌控越来越难，“上有政策，下有对策”，时常发生失控危机。甚至有一种理论称，既然是市场经济，政府本来就不该管市场。政府不管市场几乎就等于不管经济。经济是国家命脉，政府不管国家经济建设，对经济不作为，政府存在的合法性在哪里？

中国对市场经济的管理，还有最重要的一个方面就是对跨国公司的管理。目前中国对跨国公司采取的是制约和培育双向管理方针。中国深知市场管理既要借鉴世界经验更要探索自己的道路。因为中国不是资本主义国家，更不是老牌资本主义国家，中国的跨国公司在资本主义占主导优势的国际市场和世界经济中，是个刚出道的新手。而且中国已经放弃了计划经济模式，探索适合自己国情的市场经济模式，在全球一体化的世界经济中也是个新手。中国在新中国建设时期崇尚"不破不立"的哲学观念，但许多时候是在理论准备不足的情况下，先破了。怎么立？"边干边学"也是中国崇尚的哲学理念。其实，在市场经济的问题上，中国经济和世界市场并没有发生遭遇战，也就是说，世界市场并没有逼着中国仓促上阵，有充分的备战时间。然而中国还是在没有充分的思想和理论准备的情况下，急打了方向盘，一夜之间公司像雨后春笋遍及中华大地。这些公司多数是没有公司理念只有赚钱渴望而组成的团伙，也有些公司并没有大公司的宏图，只有做大做强的狂热。后来在"捆绑效应"的妄想中，盲目拼合，说来是强强联合，实则是虚张声势。这样的公司在国际市场上是没有竞争力的。资本主义国家的跨国公司多数是由家族公司发展起来的，有几百年的历史了。当年美国的钢铁公司、石油公司、电力公司和银行，都是不仅决定着美国国家命运，也影响着世界发展的巨型公司。而中国的跨国公司多数是国家企业以拼凑的方式组建起来的，其历史之短，只有十几年或二十几年的时间。这种差别，会让人产生许多联想。

还应该看到，中国的跨国公司至今还处在初级的集聚财富阶段，还没有更高的文化追求和政治视觉。美国跨国公司的世界目光和未来视野是值得中国跨国公司学习的。洛克菲勒家族的石油公司正在做"将世界上最优秀的大脑整合起来解决未来的问题"的宏大课题，并创立了北美、西欧、日本 3 个地区 14 个国家的精英组织"三边委员会"，成员包括商界、政界、学术界、新闻界、公共服务界等各路精英，每 9 个月举行一次会议，研讨世界政治、经济、安全和秩序问题。这是中国跨国公司未有涉足的领域，也是目光未能触及的高度。

然而，市场经济从一定的意义上说就是培养经济寡头，尤其是国家主权在经济建设上被消解的时候。政企分开，是为了让企业拥有更大的生产自主权，但是不可让企业变成一匹脱缰的野马，法兰西第三共和国时期的巴拿马运河公司贪污受贿案，21 世纪伊始美国安然公司因逃避政府监管造假而破产案，是全世界的教训。国家是人民共同体，也是社会综合体，一个国家的实力是综合性的，政治、经济、军事和文化，是国家综合实力的四要素，其中任何单一的要素，都不可能支撑起一个国家的真正实力。在国家发展战略中，单纯经济观点，是财主思维；单纯政治观点，是政客思维；单纯军事观点，是军阀思维；单纯文化观点，是书生思维。不管愿意与不愿意都必须承认，公司的能量是巨大的，它既然能用转基因手段打破造物主设置的连造物主都认为是牢不可破的物种隔墙，就能用最有效的手段打破国家法律设定的它认为必须打破的种种关节。对此科顿悲愤地说："公司改变了化学物质、电磁波和地球的基因环境——在某些情况下，这种改变是永久性的、不可逆转的。对我们来说，让公司控制着这种改变的决定权已经日益成为一件很愚蠢的事。"

应该承认，在全球化时代，跨国公司应有自身的利益，应有超国家的思维和眼光，它的发展战略不能简单地囿于归属国利益。美国法院在法律上已经将公司规定为"虚拟的个人"，视为"公司公民"，有个人公民一样的权利和义务。但是起码在当代，不是国家让跨国公司失控的时期。尽管公司自由主义者认为应由公司统治世界，然而历史的经验和当今的现实都证明，公司有再健全、再完善的经济体系和管理机制，在本质上它是生产的组织形式，而不是政权的结构形式，它先天就没有后天也不可能建立管理国家的体系和机制。韩国三星公司是富可敌国的公司，韩国人说人生绕不开3件事：死亡、税收和三星。尽管如此，三星可敌国但不能治国。美国孟山都是转基因种子和草甘膦除草剂领先技术的生产商，控制和改变生物基因是该公司发展的方向，甚至声称要改变人类的原始遗传基因。德国拜耳公司发明了造福人类的阿司匹林，同时也研制出祸害世界的海洛因。即使这些公司能够利用产品改变人类，但也不能够统治世界。国家应当充分尊重公司的首创精神，全力支持公司的引领时代的产品创新和品牌创建，但不应该屈从于公司的经济能量，更不可被那些巨型公司所玩弄。美国学界普遍认为，跨国公司"打到底线的竞争"，是国家主权和民主的威胁。国家要全力保证国家的整体性，不可自我肢解、自我消解。囿于一时之事一时之利，多生权宜之计，那真正是应了中国古诗所说的话：医得眼前疮，剜却心头肉。

为了应对全球经济一体化，国家要像建设军队一样造就本国的经济军团。这可能招来"经济国家主义"、"经济民族主义"的责难和骂名，然而既然国家的军队有存在的合法性，那么经济军团就有存在的合法性。这是历史赋予国家的使命。经济军团与跨国公司不同，经济军团的首脑就是国家经济大区的"军区司令"。对大军区司令军权的控制，在于保证不发生军事政变颠覆国家主权；加强对经济军团权力的控制，在于保证国家的经济命脉不被公司控制，有效地防止资本投机和资本外逃，抵制公司的市场原教旨主义，遏制巨型公司超国家权力的增长与泛滥。要树立这样一个信念：无论农业、工业还是服务业，都应由国家直接制定宏观发展战略，而任何产业的公司，都是在国家经济战略总框架里运营。这不仅使生产配置和资源使用具有计划性，防止生产的无政府主义，而且对于国家主权建设也将是全新的大战略。这样，国家的主权不是在经济全球化中弱化，而是强化，政府也不会被公司绑架，为了经济发展而向公司讨好。这种思维可能是经济全球化的一种反动，然而也许又正是对经济全球化的一种矫正。

2. 金融　金融是经济学概念，是货币流通、信用活动以及与货币信用相关联的经济活动的总称。

（1）金融历史　金融史的源头可以追溯到原始时代物物交换后期的介物交换时期。贝壳之类的具有货币功能的介物，构成了金融最初的基础和要素。在中国，贝壳作为介物或者就是货币出现在公元前3000年，持续时间大约两千年。在这个时期，中国古人的原始经济活动方式就是使用贝壳货币进行各种经济交易。中国凡与金钱相关的字多由“贝”字做偏旁部首，如“财”、“账”、“赌”、“赚”、“赔”、“资”和“贿赂”等。在这两千年的贝壳交易的后期，大约在公元前1150年的时候，中国开始铸造比贝壳更具自身价值的铜贝。这是世界上最早的金属质货币。公元前7世纪，地中海出现本区域最早的货币；公元前6世纪希腊出现第一批私人银行；公元前3世纪罗马创办第一座铸币工场；公元前221年秦始皇统一中国货币，将原来各个国家的刀币、布币、环钱和蚁鼻钱等货币统一为“半两”铜钱；公元前114年中国汉代颁布《告缗令》，“缗”是穿铜钱的线绳，《告缗令》是奖励告发商人隐藏财产逃税的法令，这是货币产生以来第一次发布的关于惩治逃避税收的法令；公元500年中国南北朝时期，产生了押物放款收息的“质库”，信用业务出现；8世纪法兰克王国加洛林王朝查理曼大帝制定银本位；9世纪纸币在中国产生，自宋代、元代直至明清都是银钞并用；10世纪越南铸造太平兴宝，朝鲜铸造铁钱和铜钱；1252年，意大利佛罗伦萨铸造了西方最初的金币佛罗林；1360年，法国铸造了法郎；1531年世界第一个交易所安特卫普交易所创立；1715年法国成立纪律检查法庭，对非法银行家和金融家课以重税；1724年巴黎交易所成立；1816年英国建立黄金本位制；1850年法国创立动产信贷银行和地产信贷银行；1878年拉丁同盟各国采用近似金本位制的“波足金本位制”；19世纪黄金与白银成为世界货币；1900年美国采纳金本位制；1910年中国采用银本位制；1913年美国建立联邦储备制度；1930年国际结算银行在巴塞尔成立；1941年法国颁布银行法；1944年布雷顿森林金融体系产生；1945年世界银行和国际货币组织成立；1950年成立欧洲支付同盟；1963年成立国际经济合作银行；1973年成立国际银行间金融电信协会；1995年美国成立世界首家网络银行；1999年欧盟18个国家实行欧元统一货币政策，欧元由欧洲中央银行和欧元区各国家的中央银行组成的欧洲中央银行系统负责管理。进入21世纪，银行遍布世界各国，数以亿计，全球72亿人口都直接或间接地接受银行金融服务，都与金融有着千丝万缕息息相关的联系。国际金融为全球经济一体化提供全方位服务，同时又是全球经济一体化的重要构成部分。

金融的历史可以分为5个阶段：物物交换阶段、介物兑换阶段、铸币通用阶段、纸币流通阶段和数字存值阶段。物物交换是最原始的阶段，交换的局限性促使介物兑换阶段的到来。由于介物交换是不规范的，于是铸币开始出现。后来将黄金和白银作为通货，黄金和白银的重量造成了流通的不便，便将黄金和白银的价值用便捷的纸币等价标示出来，而把贵重的黄金和白银存储不动，所以纸币在本质上就是一种票据。这使民间铸造金币的许多金匠成为私人银行的银行家。私人银行唯利是图不以黄金储备量发行等量货币，而是膨胀通货，以钱生钱，其结果必然诱发金融危机。随着市场和贸易的国际化，需要有国际市场和国际贸易的统一的金融体系，1944 年布雷顿森林金融体系产生，由美国政府保证黄金与美元固定的兑换比价，一美元兑换 35 盎司黄金，体系中各国的货币以固定的汇率与美元兑换。在国际市场和国际贸易中，大笔交易需要大量的纸币，流通依旧不便，于是银行承担了转账业务，数字代替了纸币流通，最终数字存值将逐步代替货币流通，购物通过刷卡或利用手机支付，付现款的机会越来越少，在线消费成为时尚。可以预计，物质货币终将淡出金融体系，数字货币时代终将到来。

（2）金融本质 金融的本质是资金的通融，保证资金使用效率的最大化。金融的基础是货币和信用。货币自从产生以来，它的最强大的功能就在于达成人类主观愿望的即时实现和以客观存在的客体形式储存未来期望。正因为如此，货币具有动态特征和潜在可能，动态特征就是货币的流通特性。货币流通有 3 层含义：第一，进出式流通，收进来、付出去，这是流通的基本形式；第二，区域流通，在一定的区域范围通用和通行；第三，在国家和世界流通，一国通用通行为国家货币，世界通用通行为世界货币。货币的内涵是信用，信用实质就是借贷行为，金融本意就是借用货币，信贷是融通资金的主要形式。金融经济的本质是以钱生钱，与以物生钱的实体经济截然不同。融通资金的重要形式是发行股票。货币的潜在可能是价值储存，以价值储存实现期望储存，以保障期望的即时实现。

信贷是以偿还为条件的债权人和债务人两者达成的货币交易形式，债权人贷出货币，债务人按契约时间偿还并支付利息。在本质上是凭借信用债权人通过转让资金的使用权而获取收益，实现原来资金的增值。而债务人则是以一定的代价有偿使用债权人的资金。信贷活动在民间两者是直接交易，而依照国家法律，受法律保护的信贷活动必须以银行为中介，银行在债权人和债务人之间以存款、贷款和结算业务的方式，达成债权人和债务人的资金交易活动。信贷的基本原则是安全性、流动性和收益性，从而避免信贷风险，提高信贷资金使用效益。

股票是股份公司为筹集资金而发行给股东作为持有股份凭证的有价证券，证券的价值以股息和红利的方式体现，不包括出资。同类股票的每一份所代表的公司所有权是相等的，每股股票都代表股东对公司拥有一个基本单位的所有权。每个股东所拥有的公司所有权份额的大小，取决于股东所持有的股票数量在公司总股本中的比重。股票是股份公司资本的构成部分，可以转让、买卖和抵押。在资本市场中是主要的长期信用工具。

金融流通主要有货币的发行与回笼、存款的吸收与付出、贷款的发放与回收、金银及外汇的买卖、有价证券的发行与转让、保险结算、信托结算、国内国际的货币结算等形式。金融的全部内容在于交易，是交易活动中的资本化过程。金融还有一个特定的含义，就是专指信用货币的流通。信用货币是由国家法律规定的强制流通的货币，不以任何贵金属作为基础和前提，独立地发挥货币功能。目前世界各国的货币都是信用货币。

黄金在金本位制普遍建立的形势下成为国际货币，在国民经济中发挥着国内货币作用，在国际关系中发挥着国际货币作用，并成为惟一的国际储备货币。黄金储备成为整个货币信用制度的支柱。

（3）金融体系　金融体系通常有5个健全的系统：调控系统、银行系统、监管系统、市场系统和环境系统。

调控系统是金融体系归属国的国家宏观调控的组成部分，其中包括货币政策、财政政策、币值与总量、传导机制和统计监测等诸多方面。

银行系统包括各类各级银行及信用社、证券公司、保险公司和信托公司。

监管系统包括风险监控机制、预警与处置机制和市场退出制度。金融制度和秩序，不仅关乎经济制度和秩序，也关乎政治制度和秩序，直接干预社会运行。

市场系统包括融资模式、市场结构、产品结构、债券发行和期货市场。

环境系统包括产权制度、政府管理、社会信用、投资体制和法人管理。

世界各国的国家制度不同，金融制度也就不同。金融制度不同，相应的金融体系也就不同。大致可以分为两类：市场主导型和银行主导型。市场主导型的代表性国家主要是英国和美国；银行主导型代表性国家主要是法国、德国和日本。市场主导型和银行主导型的界定，在于市场产值和银行产值与国内总产值的比重。金融市场的产值占国内总产值的比重大，为市场主导型；银行产值占国内总产值比重大，为银行主导型。

无论是市场主导型国家还是银行主导型国家，都面临着影子银行的问题。影子银行是游离于正式银行监管体系之外的信用中介体系，因而不受完全监管，甚至完全不受监管，极度可能引发系统风险。影子银行的概念是2007年美联储年度会议提出的，意在阐释一种规避监管的金融功能。如理财产品，通常由银行以及其他金融机构向民众和投资者出售，但民众并不知道是投资何种产品，更不知道这些资金投向何者。据2012年数据显示，全世界影子银行的规模为71.2万亿美元，其中美国为26万亿美元、欧元区为22万亿美元。

金融体系具有融通资金功能、清算与支付功能、股权细化功能、资源配置功能、风险管理功能、信息提供功能和激励功能。

融通资金是金融体系的基本功能。这种功能可以将社会分散的资金聚集起来，从而发挥资金的规模效应。通过资金的流动与转移，可有效解决长期投资者的资本来源问题。

清算与支付功能是货币交易的必要手段，是货币交易规制的重要保证，也是提高货币交易率、降低社会交易成本、促进金融专业化的重要步骤。

股权细化功能是在大型投资项目没有巨额资金相匹配的情况下，将项目分解为小额股份，以利于中小投资者能够参与大项目的投资，也使大项目获得更多的监督者，从而获得更大的监控力量。

资源配置功能是金融运营的主要特征。资源配置过程中会面临着生产率风险、项目回报信息不完全、经营者实际能力的不可知等未知因素，需要有专业化程度高的运作机制。

风险管理功能在于规避交易风险。由于信息不对称和交易成本等问题，容易形成交易风险。对风险进行分散和转移，是金融体系特有的功能。

信息提供功能在于提供各类金融信息，以满足投资者与筹资者的需要。他们可以根据相关的信息，对投资或筹资作出正确的决策。

激励功能产生的前提是交易的经济个体存在目标和利益的不一致性。由于交易的经济个体双方容易受到其他行为体和信息的左右，影响交易的达成。而激励功能主要是股票和股票期权，使股票发行者与持有者不再有相悖利益。

正是金融体系有如此之多的功能，所以对金融体系的建立有更高的要求，使之有相匹配的运作能力。

世界上任何国家的社会发展和经济建设，依靠的都是金融资本的力量。在宏观上所依靠是 3 种金融资本力量：国家金融资本、国际金融资本、民间金融资本。金融资本的多元化，有利于经济全球化的推进，同时也增加了金融危机发生的风险。由于国际金融资本的趋利流向，且不受所流入国家主权监管，可控性较低，极容易成为金融危机的导火索或始作俑者。金融资本的多元化、货币不匹配、货币市场与经济总量的不匹配，是造成金融不稳定的根源。当然，在本质意义上，金融的不稳定与生俱来。因为金融机制是由货币储蓄者和货币投资者以及达成两者愿望的银行这三者构成的。在货币经济中，货币资源由储蓄者向投资者的转移是货币权力的定期让渡。这种让渡的达成机制是银行。因此，在货币市场上，银行是经纪人；在借贷关系上，银行既是储蓄者的债务人，又是投资者的债权人。储蓄者希望如期收回所让渡的货币权力，而投资者则希望推迟归还被让渡的货币权力。两者的博弈，银行首当其冲。由于货币储蓄者众，货币投资者众，两者的大数目在大数定理的作用下，使银行在两者博弈中获得缓冲效应和周旋余地，在前后夹击中而左右逢源，然而大数定理对银行无法提供终极保护，金融危机总会爆发。因此，金融不稳定与生俱来。丹麦国家环境评估研究所针对全球危机达成“哥本哈根共识”，以排序的方式列出全球面临的十大挑战，其中将金融不稳定作为第五大挑战，并从金融不稳定的表象、根源、危害、波及范围以及解决路径，将现有的金融制度以格式化的方式进行虚拟处理，提出替代方案。

金融不仅是现代经济的核心，也是经济全球化重要的引擎。金融既是货币的体现而本身又是货币，是金融市场上的货币。金融市场的竞争，促进了金融科技的发展，新金融机构应运而生。这些新金融机构，大多是非银行金融机构，以与银行金融机构二分天下之势，同银行金融机构争夺金融市场，其结果必然诱发竞争手段和竞争方式的创新，促使金融科技的更快更大的发展。在世界金融科技的行列中，中国的金融科技跃居前列，投资额度已达 67 亿美元，电子商务迅速普及，扫二维码的微信支付、互联网借贷、网络理财，将中国市场推进数字时代。

金融机构多元化，金融科技现代化，加深了金融市场的复杂化。世界各国都有各自的金融体系和各自的金融市场，有各自的金融机构在岸银行和离岸银行。在岸银行的金融市场体系和离岸银行所在国的金融市场体系，是一国金融市场体系的两个系统，也是构成世界金融市场体系的基本建筑模块。经济全球化终将各个国家的金融体系和金融市场融入一体的全球化金融体系和金融市场，这是个复杂而活跃的过程。在这个过程中，各个国家都在依托自己的金融体系和金融市场争取全球化金融体系和金融市场中的最高权益与最大利益，其中汇率是各个国家实现此种目的的金融手段。操纵汇率、货币战争、贸易壁垒、关税征收，是这个过程中最普遍、最常见的由金融所导致的经济行为现象。在现代国际关系中，国家间的相互影响越来越取决于利益而非价值观，从而增强了世界金融体系基本模块的活性。这当是全球金融不稳定的体制性和结构性原因。那么，从全球化金融体制和全球化金融结构着手解决问题，就成为应对金融不稳定挑战的必要路径。

在金融市场上还有一种网络虚拟货币比特币。这是一位网名叫中本聪的人于 2009 年发明的电子货币。这种货币不属于任何国家和金融机构，只在数字世界流通，目前全球总量大约为 2100 万枚，最高值相当于 210 亿美元。比特币分散、匿名、不易监管，极易为非法活动如洗钱、保证金交易和向国外转移资金等所利用，从而扰乱金融秩序。2013 年，美国政府承认其合法地位。中国是比特币最大交易市场，交易量占全球交易量的 90%。因此，中国面临着巨大的监管压力。

（三）军事　军事是国家主权的体魄，也是实施国家主权的保障。弗朗西斯·福山说过："军事力量是国际政治领域真正的货币。"此言意在表明军事力量在国际政治关系中的无所不能。

1. 军队历史轨迹　在能够确定的考古材料里，猎头是人类历史上较早的有组织的武装行为。中国在大汶口文化时期就有猎头行为。猎头是敌对部落间一部落偷袭他部落割下人头用以祭祀的暴力行为。这种行为有组织有计划，拟定偷袭对象、挑选勇士、携带武器、制订行动计划，具备了军事行为的基本要素。公元前 2600 年五帝时期的阪泉之战，已经是大规模的部落战争了。到了公元前 2100 年的夏王朝，就有了王朝控制下的军队。而到了公元前 1060 年，周武王与商纣王发生牧野之战，双方战场用兵逾百万。春秋战国时期，五国争霸、七国争雄的战争使军队有了全面发展，产生了人类史上第一部军事著作《孙子兵法》。

在古埃及，公元前3500年进入格尔塞文化时期，产生出众多的奴隶制小国诺姆，随之出现了诺姆间的争霸，应运而生的军队获得不断的发展。两河流域众多的城邦国家在彼此征战中军队也得到发展，弓箭、战斧、长矛、投石索和牲畜拉的战车被广泛用于战争。后来的阿卡德、巴比伦、亚述、马其顿等王国和帝国都建立起本国的军队。

公元前550年，波斯人居鲁士二世凭借强大的军队打败了米底王国，在伊朗高原上建立起波斯帝国。国王大流士一世又凭借强大的军队，将帝国的版图扩展到700万平方千米，成为世界上第一个地跨欧、亚、非三洲的跨洲帝国。公元前334年，亚历山大率领3.5万人和160艘战船开始东征，征服了波斯帝国，最终建立起马其顿帝国。历史已经表明了军队在国家行为中的角色。

随着造船技术的出现，水上作战有了战船，以陆军为主体的军队有了水军。公元前1200年前后埃及、腓尼基和希腊等地，出现了以木桨和风帆为动力的战船。公元前5世纪，地中海国家组建了海上舰队。中国在春秋战国时期就能够建造适合水战的大型战船，明代造出了世界最大的战船，可载水兵3000多人。

18世纪的蒸汽机发明，为近代海军发展奠定了基础。舰船应用了蒸汽机动力装置，使海军发展步入了近代化并朝着现代化迈进的时期。

1903年美国莱特兄弟发明了飞机，空军随之诞生，标志着以陆军和海军为主体的二元结构的军队，发展成为陆海空三元的立体结构的现代军队。

火药的发明，是军队武器发展的转折点。火药使战争终结了冷兵器时代，枪炮拉开了热兵器时代的序幕，从此，军队开始步入现代化建设阶段。

核动力与核武器将军队建设推进到高科技发展时期。核武器的制造、原子弹和氢弹的出现，使核大战的危险时时悬在人类的头顶，人类的灭顶之灾瞬间即可发生。军队因此而肩负着更加重大的使命。

2. 军队性质 由于军队是武装集团，是国家和政权的主体构成部分，因而军队具有国家性、颠覆性和建设性。

军队的国家性在于军队归属于国家，特定国家的军队从属、依附和服务于这个国家，在国家中央政权的领导下，完成国内和国际的军事任务。同时军队又从属特定的阶级，是特定的阶级从本阶级利益出发建立的本阶级军队，依靠本阶级的军队实现本阶级的意志和愿望。在统一国度内，如果存在两个对立的阶级，一般就会出现一个国家两支军队的现象。在不少的国家长期存在着反政府的武装力量，与政府军对抗，形成一个国家两支敌对武装的现象。

颠覆性是军队的重要属性，一支军队如果没有颠覆性，就不可能完成自己的使命。要推翻一种社会制度和国家制度，没有军队是难以实现的。要征服某个国家，甚至消灭某个国家，没有军队是绝对办不到的。所以，军队有着天生的颠覆性。这是军队的本质属性。颠覆性与破坏性有很大的同一性，倘若核大战爆发，核武器毁灭了人类、毁灭了地球，那么军队的颠覆性就达到了极致。

建设性是与颠覆性对应的概念。颠覆的目的是建设。这种建设要有军队的安全保障和程序保障，否则，颠覆之后就有可能被反颠覆，颠覆结果付之东流。

3. 军队职能 军队职能在本质上就是进行战争。军队是有灵魂的战争工具，是有思维的战争武器，是庞大的战争机器，在国内维护国家治安、维护社会秩序，在国际上抵御国外势力的入侵、维护国家主权、维护国家领土完整和国家安全。正因为军队是一个特殊的武装集团，所以为了凸显军队的特殊职能，从军队内部制度到外表服装，都与众不同。内部有铁的纪律，外部有威严的仪表。1857年法国费德尔布将军成立了500人的步兵团，他亲自设计军队的制服：红色帽子、黑色带有风帽的斗篷、短小的上衣、蓝色马甲、红色腰带、蓝色土耳其式裤子、白色护脚鞋子。这套步兵制服，成了欧洲军队服装的经典。

4. 军队编成 军队在初期只有陆地步兵，后来出现海军和空军。世界大多数有海岸线国家的现代国防体系都是由陆军、海军和空军三军构成的。在这3个军种的各自体系中，又有不同的兵种和部队。兵种是依据作战样式、武器装备和战术技术特点所划分的基本种类。现代兵种有数十个之多，每个军种至少有5个兵种。有的国家根据作战部队的任务性质，将兵种分为战斗兵种、战斗支援兵种和战斗勤务兵种。也有的国家将兵种只分为两大类，作战兵种和作战保障兵种。根据作战任务的特点，还可以分出特殊兵种。拿破仑在战争中创造性地设置了参谋机构，并将以团为最大作战单位的军队编成先后提升为以师、军、集团军为最大作战单位的军队编成，因此成就了拿破仑欧洲霸主地位。世界各国根据本国军队的特点和习惯，兵种的划分不尽相同。美国为了应对全球军事突发事件，维护美国在全球的利益，在20世纪70年代成立了快速反应部队。

陆军最初只有步兵和骑兵两个兵种。中国古代的步兵分为轻步兵、重步兵、弓弩兵、器械兵、盾牌手、朴刀手、斧兵和长枪兵；骑兵分为轻骑兵、重骑兵、弓弩骑兵、骑射手和战车兵。现代陆军兵种主要有步兵、炮兵、装甲兵，通信兵、宪兵、化学兵、军事情报兵、电子对抗兵和特种兵。

海军是海上作战部队，海军的发展以战船为主线，从原始的木质人力战船，发展到现代的铁质机动和核动力舰艇。现代海军兵种主要有：水面舰队、潜艇部队、海军航空兵、海军岸防兵、海军陆战队和专业部队。

空军主要的特点是利用飞机作战。空军的兵种主要是航空兵、高射炮兵、地空导弹兵、雷达兵、空降兵和地勤部队。现在，有些大国已经或正在将空军升级为空天军。俄罗斯合并空军和航空航天防御部队组建空天部队，中国成立空天一体部队，美国则将空天部队称为天军。

军队编成是实施军兵种合同作战与合成作战的结构要素，因而现代战争需要现代的军队编成。军队编成的改革是时代的必然。如今军队编成正趋向模块化。

这种模块化就是一个基本作战单位为一个模块，具有单元性、独立性、自主性和拼合性。战争对模块的运用，就是模块的排列组合。模块的不同的排列组合产生不同的作战质量，形成不同的战争效果。现代战争，地面部队将越来越少，作战方式将越来越科技化，军队在战场上将越来越像变形金刚。未来的战争多是只见火光不见兵的战争，战争的目的也不仅仅是一地一城的争夺，实施对战争敌方国“终结政权”将是交战双方的最高战争行为。以核战争或网络战争终结敌方国的国家政权，使其军队因失去国家指挥而丧失作战能力或军权因此而转移至亲获胜国者手中。此法古称擒贼先擒王，今称斩首。“终结政权”是对战争敌方国政权的颠覆，是终极意义的斩首。

5. 军队的国家意义 军队对于国家具有绝对意义。不过世界上也有没有军队的国家。这样的国家有23个，一般是国土面积很小的国家。这些没有军队的国家大致分为3类：第一类没有军队却有警察；第二类国防由他国代管，或者直接由他国保护；第三类有关国际条约规定不得拥有军队。第一类无军队国家为大多数，如毛里求斯、巴拿马、瓦努阿图和哥斯达黎加等国家。第二类国家有：冰岛，国防由美国驻兵负责；密克罗尼西亚，国防由美国负责；摩纳哥，国防由法国负责；萨摩亚，国防由新西兰负责；安道尔，国防由西班牙和法国共同负责；瑙鲁，国防由澳大利亚负责。还有一些类似的国家。第三类只有3个国家，是第二次世界大战的3个法西斯轴心国：德国、意大利和日本。《雅尔塔条约》规定这3个国家不得拥有军队，只能保留自卫队。

尽管世界上存在无军队国家，然而没有军队不等于没有武装，没有军队不等于没有国防。从根本意义上说，军事力量依旧是这些无军队国家须臾不可或缺的国家力量，就连世界上最小的国家梵蒂冈，在借用了瑞士卫队的同时，还有自己的百余名宪兵。迄今为止，世界上有无军队的国家，却没有无武装的国家。

哥斯达黎加共和国是自己解散了军队。1948年大选之后，宣布解散军队，翌年写进宪法。没有军队，消除了政变威胁，节约了人力物力和财政支出，加快了国家发展步伐。但是，这个国家仍有武装力量，维护国家治安。

现在世界上还有一些主权国家在军事上依靠某个国家，虽然不属于上述三类国家，也没有相关的条约规定由某国家保护，而实际上是依靠他国的军事力量维护国家安全。这类国家在实际意义上是他国的军事附庸国。

军队建设关系着国家生死存亡。一个国家若没有一支强大的军队，这个国家就不能成为军事意义上的强国。在全球化的世界里，军队的任务不再仅仅是国防保卫，还担负着国家利益边疆的捍卫。国家利益在哪里，国家军事力量就体现在哪里。任何国家的军事战略都是以军事力量为基础的。所以，了解一个国家的军事战略并不重要，重要的是了解这个国家真正的军事力量。没有足够的军事力量，军事战略再宏大，也只能是想想而已，说说而已。有些国家别有用心地发出种种军事狂言，而实际并没有那种军事实力，所以没有人会当回事去理睬它。由于军事力量有着国家安全和国家发展的决定性意义，故而有军事主义者和军事决定论者鼓吹以军队定乾坤。正因为如此，军队必须在国家政权的控制之下，一不能掌握在军阀手里，二不能成为政治寡头的工具。历史上的斯巴达王国、马其顿帝国、罗马帝国、印度孔雀帝国和蒙古帝国，都有强大的军队，都是凭借军队的力量进行军事扩张而强大起来的。然而多数帝国的衰落和灭亡也正在于军队。

在全球化时代，世界各个国家尤其是军事大国，都在研制和发展全球战略武器。美国、俄罗斯在发展核战略武器方面速度都是前所未有的。美国在全球战略的框架里，建立全球反弹道导弹防御系统，它的欧洲反弹道导弹系统部署在北约的波兰和罗马尼亚，东亚的反弹道导弹防御系统重点是在韩国部署萨德。对此，俄罗斯和中国都在采取反制措施。

六、国家幅员与人口密度 全球的国家处在不断的变化之中，有合并，有分裂，但自从殖民地国家普遍独立以来，国家和地区的总数一直在230个左右浮动。有关数据显示，大陆陆块上国家和地区占世界国家和地区总数的比例是：欧亚大陆为41.44%，美洲大陆为22.52%，非洲大陆为25.23%，大洋洲为10.81%。可以看出，北半球上的国家多于南半球，东半球的国家多于西半球。

国家分布的不均匀性与人类早期居住地有关，也与地理环境有关。早期人类主要在欧亚大陆和非洲大陆这两大陆块上，美洲大陆人类的历史也不过几万年。与地理环境有关的主要是土地条件和温度条件，最适合人类生存的地带是人类密集居住区。中国的人口主要集中居住在国家的中东部，俄罗斯的人口集中居住在国家的中南部，澳大利亚人口集中居住在国家东部沿海地带，欧洲人口集中居住在中欧、南欧、东欧和西欧，北欧人口相对较少。

国家分布密集度高的洲是亚洲、欧洲和非洲。亚洲国家数量占世界国家总数的21.6%，人口数量和密度均居世界第一位，全洲2011年人口为42亿，占世界总人口的60.2%，每平方千米约为87人。孟加拉国是亚洲人口密度最大的国家，每平方千米1199人。澳门是亚洲人口密度最大的地区，每平方千米19851人。印度和中国是亚洲人口密度最大的两个大国，印度人口密度为每平方千米392人，中国人口密度为每平方千米140人。

欧洲也是国家分布较密集的洲，同时也是人口较为密集的洲。国家数量占世界国家总数的19.9%，2011年人口为7.6亿，占世界总人口的11%，除北欧外，欧洲各国人口密度都在每平方千米70人左右。

而非洲的情况有所不同。非洲是世界国家分布最为密集的洲，在占世界陆地总面积五分之一的大陆上分布着56个国家，2011年人口为10.5亿，人口密度为每平方千米33人，低于亚洲和欧洲。

国家密度和人口密度的关系，既受地理环境和生存条件的制约，也受生育观念的制约。非洲是高出生率和高死亡率的洲，这是非洲国家密度大，而人口密度并不高的根本原因。

研究国家分布，有利于生态学的诸如资源、环境和能源等课题研究与学科建设，对于分析人类生存状态和生存逻辑有着重要的意义。

第三节　联　合　国

联合国是世界上成员国最多、机构最庞大、职能最广泛的国际组织。联合国有 193 个成员国、7 个常设机构、数十个附属机构。联合国的常设机构有联合国大会、联合国安全理事会、联合国人权理事会、联合国经济及社会理事会、联合国托管理事会、国际法院和秘书处。

联合国可以解释为国家联合体，是由国家联合而成的国际组织，是全面管理世界的具备世界政府某些职能的国际组织，在国际事务中发挥了积极的任何单一国家所不可能发挥的作用，具有世界性和不可替代性。

一、联合国产生　联合国是第二次世界大战结束后于 1945 年 10 月 24 日由世界主权国家成立的国际组织。太平洋战争爆发后，为了加强反法西斯国家的统一行动，美国总统罗斯福和英国首相丘吉尔拟定了一个反法西斯国家共同遵守的原则，并征得了苏联的认同，于是在 1942 年元旦这一天，美国、英国、苏联和中国等 26 个国家在美国华盛顿发表了《联合国共同宣言》，意为自愿联合起来的国家的宣言。1944 年 8 月 21 日至 10 月 7 日，美国、英国和苏联在美国华盛顿举行的会议上，草拟了建立联合国组织的章程。1945 年 2 月，在苏联克里米亚半岛的雅尔塔会议上，罗斯福、丘吉尔和斯大林进一步商讨了建立联合国事宜，并在会议公报中声明："建立一个一般性的国际组织，以维护和平与安全。" 4 月 25 日在美国旧金山召开了由反法西斯的 50 个国家参加的联合国制定宪章会议，10 月 24 日《联合国宪章》生效，标志着联合国正式成立。

联合国是一个国际组织，并不是一个国家，没有国家的人口、领土和主权的基本要素。但联合国与合众国和联邦国家有着相同的组成形式，是一个多邦和多国的联合体。也许正是考虑到了这一点，联合国有国徽、国旗和国歌。国徽的设计由两部分构成：地图和橄榄枝。地图的视觉角度是北极，橄榄枝环绕着地球，象征着世界和平；国旗样式是将国徽置于浅蓝色旗面正中，国徽为白色；国歌的名称为《联合国国歌》，根据时任美国总统罗斯福提议由美国著名诗人 U. J. 罗梅进行歌词创作，依据苏联电影《相逢》主题歌的曲调填词而成。

联合国自成立以来，遵照《联合国宪章》服务于世界，在维护国际和平与安全、发展国际间友好关系和促进国际合作等方面作出了卓越的贡献，尤其是在和平、发展、环境、文化和人口等方面，作出了有益于整个世界、有益于整个人类的历史性贡献和前瞻性努力。

二、联合国基因图谱 联合国的产生，可以绘制出这样一个基因图谱：《威斯特伐利亚条约》启迪、“世界联邦”猜想、“欧洲协调”尝试、“国际国会联盟”实验、《凡尔赛条约》模型、“雅尔塔会议”功成。

（一）《威斯特伐利亚条约》启迪 1618年5月23日，奥地利统治下的波希米亚捷克新教徒在布拉格起义，反对宗教迫害。新教徒们冲进王宫将皇帝的两个大主教钦差扔出窗外，恼怒的奥地利哈布斯堡王朝出兵征服捷克，战争爆发。欧洲各国由此展开了争夺霸权的战争。这是一场旷日持久的国家权利和领土的争夺战，多个参加争夺战的国家形成了哈布斯堡王朝集团和反哈布斯堡集团两个对立集团。哈布斯堡王朝集团由奥地利、西班牙和德意志天主教联盟组成，罗马教皇和波兰给予支持；反哈布斯堡集团由法国、丹麦、瑞典、荷兰和德意志新教联盟组成，英国和俄国给予支持。战争持续30年后，各方国力消耗都很大，停战合约纷纷签订。1648年10月24日签订了《西荷和约》，史称的欧洲三十年战争正式结束，并正式确定将战争各方的一系列和约统称为《威斯特伐利亚条约》。《威斯特伐利亚条约》开创了利用国际会议解决国际争端的先河，确立了“条约”必须遵守并对违约方可以实施集体制裁的原则，划定了欧洲各国的疆界，并确立了国家主权、国家领土、国家一律独立平等的国家关系准则，创建了国际新的关系体系，后来被称为“威斯特伐利亚模式”。《威斯特伐利亚条约》不仅是欧洲三十年战争结束后新秩序和新格局形成的法律依据，为欧洲创立了新的政治制度，而且传播到其他大陆成为世界性制度。这种制度的世界性，特别是“集体制裁”的原则为联合国的产生作了历史性的铺垫。《威斯特伐利亚条约》是多边条约，正是这种多边的制约性，使“条约”凸显了处理国际事务的主权价值与平等价值，确定的以平等和主权为基础的国家关系准则，为国际法的产生奠定了基础。同时也就创造出以国际会议解决国际争端处理国际事务模式，尊重国家主权、尊重国家领土、尊重国家独立，成为处理国际争端必须遵循的原则，这为联合国的产生开辟了历史契机，尤其是“威斯特伐利亚体制”保持了150年，对世界联合体制的可行性作了有益的探索，成为建立联合国的首次启迪。

（二）“世界联邦”猜想 康德在1795年出版《论永久和平》专著，提出了共和制、世界公民和世界联邦的构想。他认为，“每个国家的公民体制都应该是共和制”、“国际权利应该以自由国家的联盟为基础”、“世界公民权利应限于以普遍的友好为其条件”，并将国家权利、国际权利和世界公民权利作为公共权利的全部内容。为此，他认为共和制是国家自由联盟，并认为要有3个权利体制作保障：一是国家公民权利体制，二是国家与国家之间相互关系的国际权利体制，三是世界公民权利体制。首先自由联盟的国家必须有完整完善的国家公民权利体制，任何一个国家的公民权利体制不完善，必然影响共和制之下的世界公民权利体制的完整性和完善性。其次是国家与国家之间必须有完整完善的国际权利体制。这当中以大欺小，以强凌弱，都不可能实现国家的自由联盟。最后就是世界公民权利体制的完整建立。在共和制自由国家联盟里，每一个公民的权利都是世界意义的，不再是国家意义的。所有世界公民的权利是一样的，一样的法律前提、一样的平等、一样的独立、一样的完整。这种国家自由联盟实际就是世界联邦，为联合国的产生奠定了理论基础，勾画出基本框架。

（三）"欧洲协调"尝试 "欧洲协调"是奥地利帝国外交大臣、首相克莱门斯·梅特涅为了遏制强国的野心，利用强国互制的均势理念，提出了欧洲协调的思想。自从1806年神圣罗马灭亡之后，奥地利一直自称中欧老大，自主地维护奥匈帝国的领导地位。正因为奥地利有这样的自觉，它于1814年9月召集拿破仑战争的战胜国奥地利、英国、俄罗斯和普鲁士4个国家的代表，在奥地利的维也纳举行会议，目的是重新划定欧洲国家版图，以实现实力均衡和持续稳定。与会的四国代表们都明白，要实现这一目的，就必须打破1600年法国红衣主教兼首相黎塞留刻意设定"弱欧强法"使法国始终保留侵略野心的定势，从根本上打破法国已有150多年的称霸欧洲的企图。在拿破仑时代之前，欧洲有300多个邦国，纷争不断，后来合并成30个国家，欧洲依旧不安宁，奥地利、英国、俄罗斯、普鲁士和法国成为欧洲的5个强国。法国一直妄图称霸欧洲，这种野心在拿破仑时代达到了顶峰，当然也因滑铁卢战争而跌入低谷。拿破仑战争也使获胜的四国认识到，遏制强国，实行大国势力均衡，是欧洲和平的保障。这些国家因共同的价值观坐到了一起，共同的道德观和正义观，构成了在势力均衡国家之间协调处理国际事务的基础，几乎共同认定了梅特涅的观点，奥地利、英国、普鲁士和俄罗斯结成四国同盟，同时奥地利、普鲁士和俄罗斯结成神圣同盟。这种"维也纳体制"存在了近百年，对世界"联合体制"的可行性作了有益的尝试。

（四）"国际国会联盟"实验 "欧洲协调"在国际上产生了积极的作用。1889年，英国和平主义者威廉兰德尔·克里默和法国和平主义者弗雷德克里·帕西共同倡导并成立国际国会联盟，宗旨是以和平的方式解决国际争端。国际国会联盟的成立，为联合国提供了核心价值观。

（五）《凡尔赛条约》模型 1919年1月18日至6月28日在法国巴黎由第一次世界大战战胜国召开和平会议，即巴黎和会，会议在巴黎凡尔赛宫签订了《凡尔赛条约》。尽管这个和平会议开得勾心斗角，被世俗指责为胜利国的分赃会议，但会议最大成果是以条约的方式确立了欧洲和世界的和平路径及新秩序。和约正式生效的1920年1月10日，依据和约正式成立了国际联盟，共42个会员国，后来逐渐增加到63个。早在1917年1月22日，美国总统威尔逊就提出了一个全新的概念"权力共同体"，倡议设立由美国主导的机构国际联盟，用道德共识保卫国际秩序，并设想世界权力在这一组织的监督之下，臣服于道德，武力将受民意指挥。正是在威尔逊的理念指导下，国际联盟的宗旨就是促进国际合作，保障世界和平与安全。国际联盟实际是联合国的雏形。

（六）“雅尔塔会议”功成 从《威斯特伐利亚条约》到“世界联邦”、“欧洲协调”、“国际国会联盟”、《凡尔赛条约》，最终到“雅尔塔会议”，正因为有着这样深厚的历史基础和历史渊源，所以在雅尔塔会议上罗斯福、丘吉尔和斯大林能够一拍即合，共同商讨筹建联合国，并有50个国家在美国旧金山参加联合国制定宪章会议，最终于1945年10月24日宣告联合国正式成立。

三、全球化时空下联合国所面临的局势与使命局限及担当理念 在全球化时空下联合国所面临的前所未有的全球局势，凸显出联合国的使命局限。

（一）全球局势 全球化给人类带来了一个超越任何时代的全球大空间生存的时代。大空间生存融入了以往的相对小空间生存的各个利益集团，使人类的利益关系更加复杂化。利益集团最高形式的国家，以前所未有的速度和方式不断地进行政治联合与经济重组，是全球大空间生存的显著特征。各个国家的政治联合与经济重组每时每刻都在抗衡的目的下调整着各种势力之间的力量对比。这既是世界不稳定的本质因素，又是世界和平的重要保证。同时我们也看到，正因为当今的世界和平是抗衡式的和平，因而任何对立方的发展和强盛，都会招致“威胁论”者的指责。因为抗衡体的组合性具有利益的暂时性，所以即使抗衡一方的盟国强大，也会令其他同盟国惴惴不安。对此，亨廷顿的《文明的冲突》书中有一段站在美国立场上其用意昭然若揭的话：“亚洲的经济发展和亚洲社会日益增长的自信，至少从三个方面扰乱了国际政治。首先，经济发展使得亚洲国家能够增强其军事能力，给这些国家未来的关系带来不稳定性，使冷战中被抑制的问题和矛盾显现出来，从而增加在这一地区出现冲突和不稳定局面的可能性。第二，经济发展加深了亚洲社会和西方之间，主要是与美国之间的冲突的强度，并增强了亚洲社会在斗争中取胜的能力。第三，中国这个亚洲最大国家的经济增长会扩大其在该地区的影响，以及恢复其在东亚传统霸权的可能性，迫使其他国家要么‘搭车’和适应这一发展，要么‘用均势来平衡’和试图遏制中国的影响。”

今天，世界依旧充满掠夺和争战，依旧充满杀戮。所不同的是，一般不再是以领土的扩张与争夺为目的，除了为捍卫国家尊严和传统的主权在有争议的疆界和局部区域发生领土纠纷或者局部战争外，发生大规模的领土战争或者以领土扩张为主要目的的战争的概率已经很低。其情形类似以掠夺财富为目的并不以占领土地为目的的原始战争。当今世界的争战在于市场的和文化的占领，在于在想定的任何区域的土地上进行自己的经营。比如，在他国的领地上办企业、建工厂、转嫁环境污染危机和利用他国的廉价劳动力实现成本外化。在全球范围内，劳动力薪资极度不平衡，北美和西欧最高，亚洲、拉丁美洲和欧洲东部及南部最低。制造业每小时薪资成本挪威最高，为63.36美元，菲律宾最低，为2.10美元。这种30倍劳动力差价，是发达国家域外办厂和劳动力成本外化的首要因素。日本在菲律宾建造冶铜厂，工厂排放出来的毒气和废水污染了当地的空气和水源以及土地，渔业、农业和林业都受到了破坏，当地的人呼吸道发病率很高。而日本运回国的是干干净净的铜产品。这种成本外化的“文明”掠夺比那种赤裸裸的战争掠夺更节省成本，而且也没有人员的伤亡。

在全球化的浪潮中，许多民族和国家担心本土文化像掉进浪潮里的雪孩子一样被融化。虽说这种担忧并非杞人忧天，但全球化绝不可能是文化的单一化。全球化可以理解为全球一体化，却不可以理解为全球文化的一元化或单质化。现在，反对、抵制全球化也有一股潮流，国际上一旦出现某些世界性组织或者共同体就会遭到反对和抗议。这与观察全球化的角度和学科立场有关。时至今日，对全球化的理解几乎都是站在既定学科角度上的理解，使全球化成为学科全球化或行业全球化。许多研究全球化的学者，观点相左，概念相悖，思维方式貌似依托了宏观的全局大视野，而实际是微观的局部大视野，其结果，只见一斑，不见全豹。因此，目前全球化的概念是缺乏全方位视角的全球化概念。尽管如此，无论人们是犹疑、观望，还是反对、抵制，全球化是历史的必然进程，是人们梦寐以求的现代化发展的必然结果。废弃现代化，人类生存只能回到刀耕火种的原始状态。

早在古希腊时期，苏格拉底就有“城邦愈一致愈好”的观点，柏拉图在他《理想国》的著作中，主张财产共有制。虽然共有不等同于公有，但柏拉图和苏格拉底都在共同说明共同体的一体化原则。亚里士多德在他的《政治学》著作中批判了这种观点。他认为：“城邦的本性就是多样化，如果逐步向整齐划一的方向发展，那么它将变成一个家庭，而不再是城邦；再进一步，就不是家庭而是个人。因为我们认为，家庭比城邦具有更大的‘整齐划一’性，同样，个人比家庭具有更大的‘整齐划一’性。所以，即使我们能够达到这样一致性也不能这样去做，因为这种行为将是城邦的毁坏者。”通观全文，可以看出亚里士多德对苏格拉底和柏拉图的观点的理解过于绝对化，“整齐划一”不可能是个性的完全消失，而是共性的高度一致。对于全球化的认知也是如此，没有高度的整齐划一，不可能有真正的全球化，但是，全球化并非是没有个性的全球化。我们所说的全球经济一体化，是全球经济的交流一体化、市场一体化、贸易一体化、运用一体化和效应一体化，而非经济制度的一体化。

不同的国家和不同的民族对全球化恐惧是不尽相同的，然而在根本点上却是同一的，那就是恐惧来自由战争和掠夺、侵略和吞并，或者市场垄断、文化渗透可能造成的霸权式的全球一体化。全球化的确存在着世界极权趋向，某些大国依仗自身的强势利用种种因素为这种趋向推波助澜。这中间很容易被利用的因素就是在全球化演进过程中的无序的紊乱状态。应该坦率地承认，第三次世界大战爆发的可能性随着全球化的演进越来越小。但是，自 1914 年第一次世界大战爆发一百年以来，战争的阴霾始终笼罩着整个地球。巴尔干半岛曾是第一次世界大战的导火索，直到今日巴尔干半岛还有爆发第一次世界大战时的某些征兆。中东则始终战乱不断，是世界上战火不时燃起的地区。东亚的朝鲜半岛问题，中国与日本的关系问题，使东亚存在着事关全球的危机。中国与日本关系的问题有中国与日本两国的历史原因，也有美国世界战略和具体的亚太战略的原因。十分显然，美国对日本的战略基于对中国的战略。

世界由于人类的本我性和个体性，始终如同一锅沸水那样地翻腾着。也许我们对一向以为天经地义的事情就一直是那样天经地义地以为着，没有重新审视的自觉意识，没有自觉意识到世界正处在这种前所未有的紊乱之中：经济紊乱、政治紊乱、文化紊乱、信仰紊乱、信息紊乱、军事紊乱……历史给我们的教训是警惕战争的动乱，而对于那些不直接导致毁灭和死亡的紊乱，我们几乎处于无意识状态。这种无序的紊乱状态，促成了全球化的某些不可轻易逆转的负面效应。我们希望全球化是有序的全球化，是以有序化替代危及人类发展的种种紊乱，使人类能够进入更充分地、更广泛地、更自由地、最大限度地享受人类文明成果的全球化。这是全球化最大的正面效应。与其那样地去恐惧，不如这样地来追求。

全球化首先是一个空间概念，是一个空间联系的概念，是人类全球空间生存的样式。这种空间生存样式，是人类之间和区域文明之间密度更高的联结，从而实现不同民族和不同区域文化伦理的认知、趋同和认同，形成牵一发动全身式的相互依存。现代的生活已经是全球化的生活，已经是全球大空间生存模式里的生活。人们用着世界各国的产品，书房堆着世界各国典籍，银行存着世界各国货币，电话打到世界各个角落，眼睛能够实时看到世界任何角落发生的事情……这正是全球大空间生活方式。城市中交通工具、建筑风格、传媒手段、管理方式，国际间交流方式、外交行为、对话原则、求同理念等，已经融进了全球文化，这也正是全球大空间生活方式的特征。

正因为全球化是空间概念，所以全球化直接拓展出区域文明发展的更加广阔的空间。区域文明建设是全球大空间生存的基本保证，各区域文明之间应该公平对话和彼此尊重，相依互补，共同发展。认知的一致性，更容易达成共识，实现人类共同管理世界事务。这是地球村和地球村公民的本质意义，也是实现世界和谐的根本途径。全球化不仅是一种规律，也应该是一种境界。严峻的事实是全球化虽然在突飞猛进，但却没有建立起全球化理性构建所不可或缺的世界各个国家和民族共同的价值体系。目前，警惕一些国家利用文化实现经济目的或者霸权目的，依然是全球化里的各国所须臾不可懈怠的事情。对国际安全真正构成威胁的不是经济、不是政治，而是文化。

如今，世界各国都是以制度维系着稳定和统一，大多数国家崇尚法制。其实，人的个体和群体都需要自律。文化的良知式自律出自觉悟，法律的约束式自律出于屈从。所以文化国度社会稳定，而法治国家社会动荡是再正常不过的事情。可是对于这一点，并非世人皆知。因而从古到今，世界绝大多数国家过分重视制度建设，而忽视了制度的文化因素，没有弄懂不同制度正是不同文化的结果。从古巴比伦《汉谟拉比法典》，到后来的各国的大法，之间的变化皆因文化的不同。《汉谟拉比法典》体现的是“以眼还眼、以牙还牙”的同态复仇法则，“如果一个人伤害了贵族的眼睛，判还伤其眼；如果一个人折断了贵族的手足，判还折其手足。”这种同态复仇法则，在今天的文化背景里基本不再可行，即使是保持了死刑制度的国家所坚持的偿命原则，也与《汉谟拉比法典》的同态复仇法则有着本质的不同，它不再以“以眼还眼、以牙还牙”为最终目的，而是以维护国家和社会整体利益为最终目的。

很显然，全球化并不是具有主权意义的社会制度，也不是全人类刻意追求的结果，而是随着人类文明的进程、随着现代化发展的自然而然的过程，是人类活动和行为的必然结果，因此人类对全球化的干预也是必然的，特别是具有全球化意义的全球性机构的干预。世界贸易组织、国际货币基金组织和世界银行是世界经济的三大支柱，如若这些全球性机构在运行和运营过程中，不是从全球的整个人类的利益出发，偏离了服务整个人类社会的轨道，甚至自身牟利行为全球化，就会遭到被损害利益的个体、群体和国家的反对和抗议，因为社会中的任何群体都会本能性地关注对其物质利益和精神利益影响最大和最为深刻的那些部分。事实上，这些主宰世界经济命脉的机构一直是在借助大公司的经济行为推动经济全球化，偏袒大公司已是本质特征。

正因为如此，人们习惯地将对这些全球性机构全球化牟利行径的反对同反对全球化混淆在一起。1999 年 11 月 30 日世界贸易组织在美国西雅图举行第三届部长会议，遭到 5 万多人的抗议，新闻媒体将这次抗议活动称之为拉开了反对全球化的序幕；2001 年 7 月 22 日八国峰会在意大利热那亚举行，会议中心议题是讨论经济、贸易和环保问题，结果遭到近 20 万人的抗议，世界各地还有 324 个各类组织向意大利当局申请参加抗议活动，要求世界上少数先进工业国家停止以全球化为借口谋取本国私利，实际上也就是抗议这些少数先进工业国家利用全球化时代制造更多的全球性不公正。抗议风暴的规模和强度是热那亚这座小城亘古未有的。此后类似抗议活动不断发生。这些抗议都是对全球性机构和具有控制全球能力的国家所采取的政策和行动对全球化社会的全球化负面作用的抗议，是对大公司市场原教旨主义的抗议，很难绝对认定就是反对全球化。全球化本身没有问题，只因大国大公司控制了最大化的市场空间，操纵着全球化的游戏规则。所以根本的问题在于政府，在于公司。孟山都公司和印度政府推广转基因棉花，因歉收十几年里有 20 万农民自杀，农民们发起了要求“孟山都退出印度”运动。不仅印度，日本等国也先后出现“全球反孟山都游行”。转基因技术霸权的隐性掠夺，已经激起全球震荡。目前，全球转基因作物种植面积约1.9亿公顷。英国媒体曾宣称转基因背后有政治推手，“转基因阴谋论”一直不绝于耳。其实许多问题的发生虽然与全球化时代有关，但不是全球化的问题。

寻根溯源，许多问题的发生在多数情况下是公司自由主义者鼓吹经济新自由主义的结果。全球化不是公司全球化，也不是全球公司化，更不可能将全球变成地球公司。尽管公司自由主义者希望是这样，甚至在东欧剧变之后，公司自由主义者欢呼雀跃地高呼是自由市场的胜利，并怂恿东欧和苏联解体前的那些国家开放边界，推荐专家去帮助进行国家转型，制定相关法律。索尼公司董事长盛田昭夫于东欧剧变的第二年，为在东京召开的七国首脑会议写了一封公开信，赤裸裸地说：“降低在北美、欧洲和日本之间——包括贸易、投资、法律等方面在内——的所有经济壁垒，从而开始创建新经济秩序的核心，其中包括创造一个和谐的世界贸易体系，这一体系中应该有超越国界之上的统一规则和程序。”超越国界之上的统一规则就是公司全球化。NCR公司首席执行官查尔斯·埃克斯利直言不讳地对《纽约时报》说：“NCR公司不是美国公司，它是一个世界公司，它只是碰巧把总部设在美国而已。”世界公司的概念基本接近地球公司的概念，但是NCR无论如何都称不上世界公司。不管话怎么说，也不管勃勃雄心怎么表达，说到底都是公司自由主义者的一厢情愿。

把全球化等同于地球公司化，这是对全球化的误读或别有用心的歪曲。但是，又必须警惕将全球化演变成地球公司化，因为跨国公司能够不受限制地在全球转移它们的设施、实验室、技术力量、资金和投资方向。1993年，美国通用汽车公司与日本丰田汽车公司达成一项协议：通用公司在美国本土每年生产2万辆上丰田标牌的汽车，并在日本市场销售。公司不受国界限制，也不受道德约束了。它的市场的世界性，身份的多国性，都是演变成世界公司的路径。在公司自由主义者们的眼中未来世界起码有4个主要特征：第一，世界财富包括技术和市场由全球化公司掌管；第二，共同消费文化将分享物质满足感的所有人联结成一体；第三，公司以利益为主旨自由地采取行动，不考虑行动对国家和地方产生的后果；第四，不存在公司对地方和社区的忠诚问题。如此这般，这个未来的世界是公司的未来世界，不是全人类的未来世界。这的确令人不寒而栗。但是应该申明，全球化发生的问题，并不完全是那些全球化反对者所认定的问题。诚如曾任克林顿总统经济顾问委员会主席的经济学家约瑟夫·E. 斯蒂格利茨在其《全球化及其不满》一书中一针见血指出的那样：“问题不在于全球化，而在于如何管理全球化。部分问题也在于国际经济机构，主要是国际货币基金组织、世界银行和世界贸易组织，这些机构帮助建立了博弈规则。通常情况下，它们这样做是为了更发达的工业化国家的利益——和这些国家的特殊利益——服务而不是为发展中国家的利益服务。但它们不只是为这些利益服务，时常，它们也以特定的经济和社会视角所形成的特定的狭隘观点来处理全球化问题。”事实的确如此。1999年，世界贸易组织裁决欧洲不得对加勒比海小香蕉合作社生产的香蕉给予进口优惠，为的是保护美国两个在中美洲生产香蕉大公司的市场利益，遭欧洲拒绝后，竟然支持美国实施制裁，对欧洲一系列出口产品课以百分之一百的关税。因此，全球化反对者的全球化概念需要重新界定，将历史进程的“全球化”和全球性机构的“全球化”以及公司的“全球化”区别开来。

毫无疑问，人类需要全球化的社会，这是人类社会发展的必然。德国社会学家乌尔里希·贝克坦言：“一个已经形成疆界和基础的世界是没有任何前途的。”在民族的东西渐渐失去民族身份，国家的东西逐渐失去国家属性，它们不再具有民族和国家身份和属性的时候，人类应该认识这种必然过程，不可再固执地坚守民族和国家视角下的政治现实主义，要能够认识到以民族和国家为主导的合法的世界秩序正在合法地自我毁灭，从而转向在还没有充分的思想准备和理论准备的情况下到来的全球主义。要学会控制世界市场的经济学及其自身独特的原动力，同时又能够使世界市场的恣意张力在确保社会的持续性和正义性的政治框架内得到应有的抑制。

在对全球化的预期和描述中，“地球村”和“地球公民”的概念，似乎显现出与马克思关于共产主义描述的某些相同的特征，只是马克思的共产主义学说多以政治和制度的方式描述。现在，全球化的公开掠夺和扩张，全球化的暴力和战争，已经失掉了往日的文化环境。人们习惯于两极的二分思维，如正义与非正义，革命与反革命等，习惯于用革命的暴力对抗反革命的暴力，用正义的战争消灭非正义的战争，运用武力使对立双方达到统一。而实际上世界大同不可能是建立在一方屈从于另一方武力之下的大同，那顶多是“大统”，而不是“大同”。用暴力即使是革命的暴力实现共产主义，也不合乎马克思所表述的共产主义的社会形态。所以，全球化不可能是帝国主义的，也不可能等同于共产主义，而是一种多元文化并存，而且各种文化都有广阔发展空间的世界社会。

有两个大事件似乎让人们看到这种世界社会的前景。第一个大事件是2008年5月12日中国汶川发生大地震，就是由这一天的地质灾难，引发了一场前所未有的没有国别、没有族别、没有政治制度和意识形态以及宗教信仰区分的全球大救援。第二个大事件是2014年3月8日凌晨2时40分马来西亚航空公司MH370航班的一架波音777-200客机空中失联，机上有乘客227名，机组人员12名，乘客共有14种国籍。事发后，马来西亚、中国、澳大利亚、美国等26个国家参加搜寻，这是人类史上从未曾有过的全球意义的行为。

由地质的和人为的两大事件引发的全球化大救援，与其说这是国际人道主义的力量，毋宁说这是文化全球化的力量。

同时，我们也应该看到，由于全球化的复杂性，政治秩序与贸易规则的不可操控性，国家间的互信正在弱化，全球合作意识逐渐衰减。

（二）联合国的使命局限　在这样的局势之下，联合国的使命局限非常凸显。造成这种局限有联合国自身内在的先天因素，也有外在的后天因素。由于联合国本身不是真正意义的主权国家，所以，不可能像主权国家管理国家那样管理世界。联合国的各成员国在联合国活动中都是以双重身份和双重立场表达自己的观点及主张。这是联合国肌体上生就的软肋，这种软肋容易导致联合国在处理世界公务中不公正的发生，容易被某些国家所利用或者被某些国家所操纵。如何才能不被利用和操纵，避免发生不公正呢？阿马蒂亚·森在其《正义的理念》一书中论述"公正"时说到的《三个小孩和一支长笛》的故事，似有启迪。卡拉做了支长笛，而安妮和鲍勃都想得到。安妮的理由是只有她会吹长笛，应该属于她；鲍勃的理由是家里穷买不起玩具，这支长笛正好做他的玩具；而卡拉的理由很干脆：长笛是我做的，应该属于我。究竟应该将长笛判给谁呢？功利主义理论家会判给安妮，因为只有她会吹长笛，人尽其才、物尽其用；经济平均主义理论家会判给鲍勃，因为鲍勃家里穷买不起玩具；而务实自由主义理论家则会判给卡拉，因为长笛是卡拉制作的，他拥有这个长笛的天然权利。这 3 个理论家都出于公正的立场，都认为他们拥有充分理由律，都有实实在在的理论根据和严谨的逻辑判断，可是最终并没有相同的判决，足见公正达成的难度。那么问题出在哪里？问题在于理论家们在专门的学科研究中，形成了独特的学科视觉和学术立场，难免出现由"专"而在不经意中形成的偏执。理论家的高明不在于对某一学科透彻的诠释，而在于能够诠释这一学科在自然或社会中的准确的价值坐标和内在关系。当然，如果不是理论问题，而是别有用心的政治问题，那么问题就更难办、更复杂了。所以，联合国的决策不应该囿于单一学科，不应该囿于领域和门类，也不应该囿于一国立场。如若被操纵，多数情况下不是理论问题，而是政治问题。

1. 内在的先天因素　联合国本来就是一个由多国家联合起来的国际性组织，在组织形式上超越国家，貌似在世界各国之上，与世界各国构成了垂直的关系，而实际上并不是主权国家。联合国成立的初衷是作为超国家的世界组织，处理世界事务，维护世界和平，同时也维护世界各个国家的利益。联合、协调、维护、促进是联合国的基本职能和运作方式，其主要职责涉及几个方面：维护世界和平，必要时组成联合国军打击侵略者；发展国家之间的友好关系；与各国共同努力，改善贫困人民的生活，战胜饥饿、疾病和扫除文盲，并鼓励各国尊重彼此的权利和自由；成为协调各国行动实现上述目标的中心。

国际冲突理论专家澳大利亚学者约翰·W. 伯顿认为，联合国有一个最大的缺陷是《联合国宪章》排除了对各国内部问题的管辖权。他认为："国际社会的冲突，即使不完全是也在很大程度上是国内冲突外溢的结果。"他的观点是，联合国由于排除了对国家内部问题的管辖权，则无法介入国内冲突。而正是这种国内冲突外溢形成为国际问题。所以仅限于从国家间的外部关系上，很难从根本上解决问题。这是个很有见地的观点，也是个很值得商榷的观点。也许这正是联合国的使命局限，它不可能全觉全能，况且它没有主权。它的权力是世界各国让渡的，因而它不可能有直接管辖世界各个国家内部事务的权力。

客观地说，联合国尽管有其深厚的历史根基，然而它是二战的产物。二战的历史背景决定了联合国的性质。二战时期的背景、二战时期的思维、二战时期的世界格局、二战时期的世界走向，决定了联合国的先天禀赋。在二战历史基点上的联合国，不可能是全球化时代基点上的联合国，所以，联合国面临着全球化的挑战，却又身存应对这种挑战的二战禀赋的局限和二战时期思维形成的运作模式和惯性力的局限。非常现实的问题是，联合国是脱胎换骨成为适应全球化时代的自我，还是只做一个升级版的自我。

联合国成员国和理事国决定了联合国的最大效能空间。尽管《联合国宪章》是联合国的基本法、大法，它确立了联合国的宗旨、组织原则和组织机构的设置，规定了成员国的责任、权利和义务，制定了处理国际关系、维护世界和平与安全的基本原则和基本方法；同时也申明，遵守《联合国宪章》是成员国的义务和责任，但是显而易见，这是一种维护和维持的思维，创新的职能根本就没有进入联合国机制，不可能是一个以创新为主旨的联合国。

成员国可以分为成立时的成员国和后来加入的成员国两部分。初始成员国共50个，后加入成员国143个，共计193个成员国。发起的50个成员国又可以进一步划分为核心成员国和一般成员国。核心成员国是谋划并运作成立联合国的国家，主要是二战的战胜国，其中最主要的是美国、英国和苏联以及中国。因此，美国、英国、苏联和中国这4个国家的国家品质、国家价值观，对联合国产生着至关重要的影响。

2. 外在的后天因素 事实证明，某些大国确实是在利用联合国。这些大国若能够公开地合法利用时就名正言顺地公开利用，若不能公开地合法利用时就或暗中操纵或公然藐视联合国，明火执仗地架空联合国我行我素。有两个很能说明问题的例证：一个是朝鲜战争，一个是美伊战争。

20世纪50年代的朝鲜战争本是朝鲜与韩国的战争，事情最初也许并不那么复杂，可是问题最终复杂化了，联合国出兵支持韩国。这其中以美国为主导力量，美国出动了本国陆军三分之一、海军二分之一的兵力，总数达30多万。下如此之大的赌注，就在于美国时任总统杜鲁门分析了太平洋战争，分析了苏联的战略企图，在既定的欧洲战略的基础上，梦想控制亚太地区。这实际上是全球霸权欲望的生成和尝试。

2003年3月20日美英这两个有着“血缘”关系的国家，绕开了联合国安理会对伊拉克发动了长达7年多的美伊战争，发动战争的理由是伊拉克拥有大规模杀伤性武器并暗中支持恐怖组织。后来事实证明并非如此。美国说当时的情报有错误，英国说不知道会有这样的结果。这件事总让人感到是历史在嘲弄那些习惯于自作聪明的人。60年前美英两国的元首殚精竭虑地运筹帷幄，共同策划、倡导和筹备并身体力行地成立联合国，60年后恰恰是美英两国的元首则绞尽脑汁煞费心机地共同密谋践踏联合国宪章，绕开联合国发动一场不义战争。正是这场战争破坏了中东既定格局，搅乱了中东，埋下了后患，导致非法武装“伊斯兰国”在伊拉克和叙利亚地区崛起，致使中东局势长期动荡，造成了数百万难民。

（三）全新理念 如果将世界比作地球村，而且成比例地微缩一下设定这个村只有100人，网上有人作了这样描述：全村有61个亚洲人，12个欧洲人，13个非洲人；70个为有色人种，30个是白人，男女数量对等各50人；33人信仰基督教，67人是其他信仰；30人不能接受在校教育，只有7人受到中等教育，1人上大学；80人的住房不合标准，60人没有安全用水，50人营养不良，20人一天开销不超过1美元；1个最富有的人相当于57个不富裕人财富的总和，6个人掌握全村一半财富；一年总开支为300万美元，其中18万美元用于军费和战争，15.9万美元用于教育，13.2万美元用于医疗卫生。

由此看来，地球村中问题多多。如果要找解决问题的村委会，那么只能是联合国，联合国的193个成员国就是这个村委会的委员。要解决好地球村的问题，最重要的是这些委员要履行委员的职责，发挥出更多的积极的作用。特别是创建联合国的50个成员国，更应该作出表率。作为大会主席、常务理事国，要恪尽职守地履行职务和职责，树立全球思维，站稳全球立场，处理好本人立场、本国立场和全球立场三者关系，处理好本国利益与全球利益的关系，依照公理，公平、公正、公开地处理好全球事务，服务于整个人类。公理是全球之理、全人类之理，而不是一国一地一己之理，更不是歪理、邪理。常务理事国要有担当精神，树立“立足本国，服务世界”的理念。联合国的主体精神是服务于全人类。脱离这种主体精神，联合国就不可能完成其历史使命，甚至走向助纣为虐之路。

现在的世界依然是一个动荡不安的世界、充满凶险的世界。大国耀武扬威，小国装腔作势，何也？“丛林法则”下的“利维坦效应”。崇尚“利维坦”、恐惧“利维坦”，做“巨灵”的美梦、怕“巨灵”的幽灵，使整个世界上的所有国家和整个世界上的所有人群都被笼罩在“巨灵”的阴影里，导致了畸形心理、畸形思维和畸形行为。历史已经反反复复地告诫那些崇尚“利维坦”的人，哼一哼狂想曲可以，要当一回“利维坦”，那要看神的情绪。

在经济和市场问题上，以美国为首的多个国家崇尚自由经济和自由市场。这种崇尚的核心理念是：没有规则的自由市场机制是比以投票作决定的规则更为有效的机制。因为企业必须以人们的喜好为根本原则，而且人们的喜好在市场上一看便知。然而，在国家问题上，则是正相反的崇尚：遏制。国家彼此遏制，造成了任何国家都难以自主发展和自由发展的窘迫局面，形成了普天之下最大的世界悖论。如此一来，整个世界都没有真正意义上的自由发展的国家。恰如英国大作家哈代所说："哪怕是最有正当理由地向前挪动一步，都会触痛别人脚跟上的冻疮。"人类发展是在国家之间和人类群体之间的相互敌视、相互遏制的夹缝里，走着十分艰难的路程。本来任何一个国家的发展和富裕，都是整个人类的福祉，然而事实并非如此，任何一个国家的快速发展都被视为"威胁"。试想，倘若当初比尔·盖茨被征兵上了战场，今天的世界会是一个什么样子?

在国际事务中，联合国要有新的理念，当"泥瓦匠"和"消防队"的理念已经不适应21世纪的全球化时代。在地球村的村委会中，可以分为3个领导圈层，大圈层是193个成员国的这193个委员，小圈层是50个创建国这50个元老委员，核心圈层是4个创始国的这4个核心委员。苏联解体后，苏联的主体部分是现在的俄罗斯。核心圈层的这4个国家要严于律己，恪守联合国宪章，身体力行地去完成联合国使命；小圈层的国家是联合国的主体力量，是联合国组织的重要构成，要不辱使命，恪尽职守；大圈层是联合国的基本力量，是认同《联合国章程》自愿为实现联合国神圣使命而付出努力的国家，这些国家要忠于自己的信念，履行自己的诺言。可以明显看出，世界百分之百的主权国家都是联合国的成员国，在实际工作中，这些成员国不分新老大小，要努力建立共同立场，并首先做好自己。成员国把事情做好了，联合国的事情就做好了，那么世界的事情也就好做了。诚如联合国《和平纲领》文件所言："联合国是由主权国家组成，它能做什么，取决于这些国家彼此之间建立的共同立场。"因此，联合国成员国的共同立场关乎整个世界，关乎整个人类。

公正出于己，平等始于我；全球之责，人类之心。这应该是联合国成员国的新理念，也应该是联合国的新思维。

第四节　世界政府

讨论世界政府问题出于双重考虑：第一，世界需要不需要中央权威；第二，世界政府会不会产生。这个话题在公司自由主义者和唯经济主义者那里已经没有什么意义，他们认为世界本来就不应该产生出个政府来，公司是世界天经地义的管理者。而美国的银行家们出于让金融统治世界的理念，早就说应该建立世界政府。显然，银行家所谓的世界政府，绝不是社会学家和政治家所谓的世界政府。

一、系统学视角下的世界　现在的世界社会在宏观上有两大系统：一是世界系统，二是国家系统。世界系统是平面的加和系统，并列着193个主权国家和30

多个地区；国家系统是垂直系统，从中央到地方，有若干个权力梯次。关于系统的定义，按照系统论的开创者加拿大籍澳大利亚地理生物学家冯·贝塔朗菲的观点，系统是“相互作用的多元素的复合体”，其中包括3个义项：多元性、相干性、整体性。世界193个主权国家构成了多元性，而且经济、政治、文化相互交流、相互影响，具有相干性。但是，这些并列着的主权国家的主权是至高无上的，世界上没有再高于主权国家主权的权力，每个主权国家都可以无限地追逐自身利益而没有中央权威的限制。在这一点上，常常令人想到丛林里的动物群落，觉得这个世界既像霍布斯式的自然状态，又像洛克式的市民社会，世界系统的整体性备受质疑。系统科学是关于整体性的科学，但是这种整体性分为加和整体性和组合整体性。加和整体是没有制约的缺乏定义整体决定性要素的各自为政的集合。整体的决定性要素在于组合的不可分割性。可以拆分、可以割裂的整体，不是有机联系的整体。因此，世界系统在系统学上不是组合系统，表面上193个主权国家都在它的系统中，然而是作为独立元素加和在这个整体中，没有一个国家是它的子系统。没有子系统的系统就不成其为组合系统。子系统是系统的组分，在理论上系统没有组分的就没有涌生性，没有涌生性的系统就是一个缺少建设意义的系统。从这个角度讲，世界要成为富有建设意义的系统，国家就应该成为它的组分，成为它的子系统。

于是，全部的问题就从这里风生水起：世界要成为以国家作为组分的系统，就应该在主权国家之上有主权，这个主权就是世界社会的主权，那么顺理成章地就应该有一个世界政府。然而，世界的发展最终会不会产生一个世界政府，世界会不会成为一个主权社会？世界各国学者和政治家们对此争论不休各抒己见。

关于这个问题，能够作出回答的是赫胥黎；能够作出让世界各国的那些争论不休的学者和政治家们人人佩服的回答的，还是赫胥黎。这里需要首先建立起一个逻辑前提：将国家作为独立的个体，在比较学意义上等同于个体人。那么，我们再重温一次赫胥黎的这段话，就会有一种新视角令人豁然开朗：“除非聚集在一起的人们同意相互遵守一定的行为规则，否则社会是不可能形成的。……这种对共同协议的服从，以及随之而来的根据公认的规则对赏罚进行分配，就叫做正义。”世界各国如果不同意相互遵守一定的行为规则，那么世界社会就不可能形成，世界上的230多个国家和地区就构不成世界社会，而是处于一种“自然自由”的“自然状态”，并且过渡不到“公民社会”。倘若如此，这是一件荒唐的没有逻辑的事情，那整个人类就应该被定义为“现代原始人类”了。事实上，现在世界的主权国家体系和中世纪欧洲的政治体系一脉相承，同是没有中央统治的无政府体系。如果同意相互遵守一定的行为规则，形成世界社会，那么谁来“根据公认的规则对赏罚进行分配”呢？显然是要建立中央主权，建立国家政府那样的世界政府。只有世界社会形成，世界政府形成，世界社会有了各个国家同意相互遵守的行为规则，并且能够根据公认的规则对赏罚进行分配，才会有世界正义。

二、关于“世界政府”的历史话题　“世界政府”并不是一个新概念。关于世界政府的理念可以追溯到 14 世纪的古希腊和古罗马时期。那时就有关于“世界政府”的讨论，并有相关的著述出版。如果将这个时期的讨论再向前追溯，“世界政府”理念的最初萌芽是在犹太教里。耶和华就是犹太人塑造的一位管理世界、管理整个人类的人。犹太教和基督教在一定的意义上就是宣扬一人主宰世界的理念。当“上帝”的理念在人们头脑中形成的时候，人们的“世界政府”的理念也就同时形成了，只是它躲在上帝的宗教外衣底下，人们没有从现实世界的管理层面上发现它的存在。当人们审视这个由人类组成的世界而认识到需要人类自己主宰这个世界的时候，哲学家和社会学家们开始像最初的先哲们在无序的世界中寻找有序一样寻找建立有序世界的主宰力量，寻找统领世界的中央权威。康德是这个时期这些哲学家和社会学家中的代表人物，1795 年他提出了世界联邦的构想。随之，1852 年在伊朗新产生的巴哈伊教的宗旨是“人类一体”，设计了建立全球联邦的构想；爱因斯坦作为科学家从科学的角度呼吁建立世界政府；1920 年英国小说家 H. G. 韦尔斯出版社会科学论著《世界史纲》，提出建立世界公共政府，并给出达此目的的相关建议；而罗斯福和丘吉尔正是在成立世界政府的思维里建议成立联合国；1943 年和 1945 年分别出版的《一个世界》和《和平析》两本书，都倡导成立世界政府；20 世纪 50 年代前后出现了世界联邦主义运动，更有甚者，1953 年 9 月的一天，美国人戴维斯在美国缅因州宣布成立世界政府，并在纽约市成立了联邦世界管理局，还向全世界发了数十万本世界公民护照。所以，关于世界政府的话题，已经有着悠久的历史了。

三、关于世界政府的相关讨论　当前，关于世界政府会不会产生、世界究竟应该怎样管理，是全球化问题中的一个绕不开的前沿性话题。

这里首先涉及一个学术问题：历史有方向吗？这实际是历史乐观主义者和历史悲观主义者两种人的争论。历史乐观主义者认为历史是线性的，是有方向的，而且是可以驾驭的，所以历史的未来是美好的；历史悲观主义者认为历史是非线性的，无方向的，战争是永恒的，未来充满变数和不确定性。历史的发展有多个维度，有多个方向，从与历史有直接关系的人类进化这个维度上讲，历史的方向非常清晰、非常确定，那就是从原始走向文明，从野蛮人进化到文明人；从自然科学这个维度上讲，历史的方向也是非常清晰、非常确定的，从人类认识工具、使用工具到制作工具，从学会使用火，到烧制陶器、到冶炼，直到今天的各类高科技智能工具的制造与使用；从政治维度上讲，虽然变数最大，甚至常常让人琢磨不透，但还是有方向的，群居、定居、部落、城邦、民族、国家，轨迹依然是清晰的，规律下的方向也是既定的。经济维度也是如此，从物物交换到货币产生，从集市贸易到国际贸易，方向也是既定的。无论从哪个维度讲，历史从低级到高级的方向是始终没有改变的。所以，在全球化的今天，在弗朗西斯·福山所说的“历史终结”的今天，人类迷茫了。因为依照福山的“历史终结”说，构成历史的最基本的原则和制度不可能再进步了，所有的重大问题都已经解决了。实际等于说，这一段历史走到尽头了，下一个阶段的历史怎样开启，令人不知所措。于是人们见仁见智众说纷纭。俄罗斯戈尔巴乔夫基金会的部分学者认为全球化会产生一个控制中心，但不会是世界政府，理由是任何过去的形式和模式都不适应全球化，而且同时认为民族和国家并不会因为全球化而消失。这似乎是一个矛盾的观点，既然任何过去的形式和模式都不适应全球化，为什么现存的已是过去式的不适应全球化的形式和模式的民族与国家还要在全球化中存在而不消失呢？会产生一个控制中心却又不是世界政府，世界政府的本质意义就是控制中心，如果不是世界政府那么这个控制中心该是怎样的组织建构？这部分学者尽管没有给出明确答案，但有一点是明确的，那就是：世界将会产生一个控制中心。

如果将世界体系置换成国家模式，一个世界就是一个国家，整个世界是一个世界国，似乎有许多问题并非像一个国家的建立那样顺理成章。

20世纪50年代至70年代的二十几年的时间里，中国的社会主义理论界曾把社会主义表述为共产主义的初级阶段。国家实行生产资料公有制，没有剥削、没有压迫，人民是国家的主人，而且全民一致在培育共产主义人生观和价值观。“文化大革命”爆发后，全国人民怀着共同的目的和共同的心愿进行无产阶级专政条件下的继续革命。革命刚开始，群众就分成了两大对立的派系，最后出现暴力冲突。于是中共中央发出通知声称，两派群众都是革命群众，要文斗、不要武斗。后来“文化大革命”被定性为一场动乱。无论社会主义国家还是资本主义国家，都会对此进行思考：在生产资料公有制、没有压迫和剥削的全民有着共同革命目标和革命理想的社会主义国家里，怎么会出现了这样一场动乱？中国在世界上是一个非常纯粹的国家：一个国家、一部宪法、一个执政党、一种政权、一种制度、一种思想体系、一种信仰、一种理想、一种精神，国家是人民共和国、宪法是社会主义宪法、执政党是共产党、政权是无产阶级政权、制度是社会主义制度、思想体系是毛泽东思想体系、信仰是共产主义信仰、理想是共产主义理想、精神是共产主义精神，这样纯粹的国家无论是过去还是现在，在全世界都是没有过的，是独一无二的。在这样一个高度集中统一的国度里，发生这样的社会现象无论是偶然还是必然，都是一个历史事实，将这个历史事实同“世界联邦共和国”作一个比照，会作怎么样的思考？

还有一种理论，认为世界政府是一定会出现的。而且，出现已不是重要的问题，重要的问题是这个世界政府的构成。大致有3种观点：一是改装联合国，赋予联合国主权国家那样的主权；二是世界大家庭各国共管；三是交美国托管。第二种和第三种观点显得不现实。世界大家庭成员都是在一个水平面上，没有管与被管的垂直关系不合乎刚刚讨论过的赫胥黎的观点。交美国托管理由是现在为单极世界，而且美国已经在军事政治、科学技术、经济和大众文化这 4 个主要领域占有统治地位。当然，此提议也有可能受到汤因比观点的影响，汤因比曾认为，世界政府的所在地不是华盛顿就是莫斯科。还有可能是因为美国有一个成功的托管案例阿拉斯加永久基金公司。阿拉斯加州法律认为公共财产属于居民，于是将开发石油收益的 25%归于永久基金公司并资本化，再依一定的比例给居民发放红利。地球是全人类的公共财产，如果比照阿拉斯加州的做法将世界交给美国托管，那么交付者是谁呢？立法者又是谁呢？如果是联合国，那么不如由联合国直接管理。固然美国的综合实力是全面的，特别是美国的政治民主和经济发展并驾齐驱有机结合的发展战略，将理想主义与利己主义从伦理学上融为一体，是美国式成功，而且美国的部分学者也认为当今的世界已经是由美国主导的世界，是在美国主导世界的权力下由不同地区构成的世界。美国有主宰世界心理的历史传统。1912 年，时任总统塔夫脱提出“金元外交”政策，他主张“以金元代替子弹”。自 1945 年以来，经济全球化的演进轨迹一直是在美国霸权干预之下。富兰克林·罗斯福曾直言不讳地宣称，世界将在美国领导下走向繁荣。为此，罗斯福给出的路径是开放门户、结束殖民主义、推行自由民主的民族国家形式。这既是世界责任意识，同时也是温和的专制主义。美国所发动的危地马拉战争和越南战争，除了军事上的全球战略外，其中重要的用意是在其世界主义下控制前殖民地国家，使这些国家走向美国可控的美国式全球化轨道。杜鲁门在 1961 年回答时任记者的基辛格提问时说的一句话十分耐人寻味：“我们彻底打垮了我们的敌人，随后又把他们拉回到国际大家庭中。”而且基辛格说杜鲁门之后历届美国总统都作过类似的表述。基辛格认为：“美国笃信自己的道路将塑造人类的命运，然而历史上，它在世界秩序问题上却扮演了矛盾的角色：它以‘天定命运’之名在整个美洲大陆扩张，却宣称绝无帝国企图；对重大事件发挥着决定性影响，却矢口否认有国家利益的动机；最终成为超级大国，却声言无意施行强权政治。”正因为有这样的历史事实和现实原因，不可以在刚刚失去两极制衡格局的单极世界里，让一个国家的主权飙升为世界主权。倘若如此，显然是对其他 192 个主权国家主权的压制与剥夺，况且“托管”在国际范畴里是一个殖民地词语。

现在有一个更加非同寻常的事实，美国主权不像其他国家的主权，领土只有一个维度，而是有两个维度：主权领土维度和非主权领土维度。这种例外，正是美国“例外论”和卓异主义信仰的反映。还有一个非常现实的原因，那就是如今已经不是殖民时代，在非殖民时代里，领土扩张与征服已经成为国际禁忌。不易进行领土扩张与征服，那么寻求非主权领土就成为了一种方略。因此非主权领土的主权维度使美国在世界 153 个国家驻军，在 38 个国家建立重要军事基地。从制度体系上讲，一个世界交给一个国家独管，这不应该是世界政府的创建模式，世界政府应该是在国家基础上产生，而不是交给一个现成的国家托管，这和霸权主义很相似，说不定就是一个独霸全球的“利维坦”。美国遏制中国崛起，在内心深处并不是惧怕中国成为世界经济大国，而是惧怕中国成为具有强大经济实力的世界领袖大国。毛泽东成为第三世界事实领袖的那段历史，已经显露出中国成为世界领袖大国的潜质与可能。领袖不等于统治。领袖在于思想与理念，统治在于实力与强权。美国追崇的正是统治的强权。中国与美国不同，中国是文明古国，从历史深处谙熟文化的能量。中国的全球理念最迟在 20 世纪 50 年代就以“和平共处五项原则”诏示于世。而今昭然天下的“以邻为伴”、“合作共赢”的理念，正是中国文化的一贯始终。中国全球理念一经被世界广泛认同和认可，美国以经济实力为基础的霸权体系就要彻底崩塌。如今在影响着世界经济命运的二十国集团中，正悄然形成一个共识：中国贡献于世界的不仅是 GDP，还有全球理念。在卡特总统任期里担任国家安全助理的兹比格涅夫·布热津斯基说：“从长远看，全球政治注定变得与一国独掌霸权力量的状况越来越不相协调。”事实很清楚，因为冷战美国才积极地面对和承担某些世界事务，没有冷战，美国的世界权力在世界上更缺少合法性。长期以来，美国肆无忌惮地奉行美国中心主义，世界事务要以美国为中心，一切要以美国利益为标准，只要美国说“这不符合美国利益”，接下来不是制裁就是战争。在世界棋盘上，美国越来越任性，行为的任意度越来越高。全球化带来的生态危机，引起了全球的关注。1992 年联合国主持世界 180 多个国家的代表在巴西里约热内卢召开地球峰会，签署了《联合国气候变化框架公约》，在很大程度上这是个务虚的会议，美国参加了会议并签署了这个公约。但是到了 1997 年，在日本东京召开的框架公约参加国第三次会议的时候，由于这是个务实的会议，美国因排放量占全球排放量的 75%，平均每人每年排放二氧化碳 19.5 吨，理应承担全球减排负担的 50%～80%，应该说，这没有什么不公正。当时美国代表不持异议并在《京都议定书》文件上签了字，但回国后此文件却没有递到国会山，因而成了没有国会批准的一纸空文，美国成为世界大国中惟一一个没有正式签署这个议定书的国家。2001 年，布什总统还公然反对《京都议定书》。美国如此没有担当精神，又如何担当管理世界的重任？

另一种担忧是来自美国的“国家破产”危机。有资料表明，2015 年美国政府的债务逼近 19 万亿美元，超过国家 GDP 的 17.56 万亿美元，从 2009 年到 2015 年累计财政赤字 7.15 万亿美元。如此境况，对于世界上任何国家经济来说都必定破产。可美国经济为什么没有破产呢？最根本的一点是美元是世界货币基础，美国可以发行美元支付外债，并且 1971 年美国宣布停止美元兑换黄金的新经济政策，打破了 1 盎司黄金等于 35 美元的黄金-美元本位制，将固定汇率变为浮动汇率，从而握有自由发行世界基础货币的特权，财政赤字和贸易赤字可以通过发行国债解决，偿还不了国债就直接印刷美元来解决。早在1787年美国宪法就明确规定“国会拥有货币的制造和价值设定的权力”。林肯任总统期间，为了减缓债务压力，采取了“绿币”政策，发行了5亿美元不需要黄金赎回的纸币。至今，美国不想偿还外债，就采取被凯恩斯指责为“偷窃行为”的通货膨胀手段，卑劣地向世界经济注入美钞，致使世界经济陷入通货膨胀，从而达到其所欠外债贬值的目的。所以当年法国总统戴高乐说美国的赤字是不流眼泪的赤字。其实，美国有发行不需要金银抵押货币的历史传统。最初美国人从欧洲来到美洲，没有货币，生产和生活一下子退回到原始的物物交换时期。后来当地政府就印刷和发行了不需要任何实物抵押的信用货币，当时叫殖民券，也就是后来林肯发行的“绿币”。

美元体制使美国没有外贸之说，在世界任何地方买东西都像在美国本土一样，不需要像其他国家那样必须挣美元、存美元，必须有以美元为基础的外汇储备，也不需要用调整美元币值来平衡贸易，甚至还可以印刷它自己所需要的全部美元。这让许多人据此认定美国在实质上已经主管着世界。事情也并非那样绝对，如果哪个国家与美国进行贸易硬是不用美元结算，美国就得借外币购买进口产品，国家的经济系统就要增加一个外贸体系。这对美国来说就是个非常严重的问题。2000年伊拉克总统萨达姆·侯赛因鉴于美国货币政策而强力抵制美元，宣布：“作为石油货款，今后一概不接受美元，全部用欧元来销售。”这在美国看来显然是要颠覆美元的世界货币基础的地位，于是萨达姆招来杀身之祸。利比亚最高领导人卡扎菲主张以“非洲单一货币”替代美元，结果被赶下台。现在，世界正掀起去美元风潮。

“整体来看，一个全球性机构像其他所有机构一样，需要遵循某些规则，这样我们才能够共同生存。因此，政策的结果必须是公平公正的，而且我们需要看到结果是公平公正的。”这是约瑟夫·E. 斯蒂格利茨在其所著的《全球化及其不满》一书中表达的观点。那么，若要担当世界政府之责者，是否首先具备了这样的公平公正的品质呢？事事关注一己之利者，跳不出一己之利的狭隘的藩篱，绝不可能具备普适整个人类的公平公正之为。

康德说：“一个国家一旦处于不受制于任何外来法律的地位，就不会在自己应该怎样反对别的国家而追求自己权利的方式上，使自己依赖于别的国家的裁判。”美国正是这样国家。美国在国际事务中走了两个极端。

20世纪前，美国在国际事务中奉行孤立主义，甚至是反战主义。基于地缘政治因素，首任总统华盛顿就说：“涉入欧洲政治常见的变动中，或盟国与敌对国之间的分分合合‘非明智之举’。美国距欧洲遥远，采取不介入的态度，使我们得以走不同的方向。”而到了威尔逊总统时，第一次世界大战期间的1915年5月7日，德国潜艇用鱼雷击沉了英国的“卢西塔尼亚”号邮轮，死亡1195人，其中有128名美国人。作为总统，威尔逊得到了德国的限制潜艇战的承诺。然而两年后，德国出于对英国作战的需要，恢复了潜艇战。威尔逊大怒，骂德国是野蛮的日耳曼人。1917 年 4 月 6 日，国会决定对德国及其盟国开战。威尔逊向战场派出 200 万名军人，自此起步，美国走向世界舞台中心。他说："我们缔造这个国家是为使世人获得自由，这个观念与目的不限于美国，现在我们便是要解放世人。如果不这么做，美国将失去声誉，实力也会消散。"美国在国际事务中终结了孤立主义，奉行开放主义。这种开放主义最终发展成为介入加干预为本质特征的"四海为家"的开放主义，跨越大西洋、跨越太平洋，到了任意摆布世界的程度。1902 年，西奥多·罗斯福总统认为大西洋和太平洋这两大洋不再足以使美国与世隔绝。他认为，达尔文的适者生存的进化论用在历史上比用在个人身上更为恰当，"势力范围"就是世事的自然法则。他坚信，温驯的民族必须强大才能继承地球的传承。正是这些历史的和现实的种种因素，促使美国以寻求强大的动机和以面貌强大的角色走进了国际事务中。1997 年白宫《新世纪国家安全战略》报告扉页上写着这样一段文字："为了更加安全、更加繁荣的明天，今天必须领导世界。"

众所周知，美国社会不公平日益加剧，物质主义的铺张文化日甚一日、激励资本投机的金融制度根深蒂固、市场提供的激励不是引向创造新财富而是引向攫取他人的财富、促使两极分化的政治制度难以改变，这一切与管理世界的使命是格格不入的。而且世界管理本来就不应该是托管模式，托管本身就意味着在世界之上还有一个更高的超世界的世界。况且一直沉溺在为一国争霸的意识里，怎会突然为世界造福？作为美国，即使你身边围满了追随强者的国家，也不要醉心于做世界的僭主。做僭主也有做僭主的规则，并非随心所欲。庇西特拉图是公元前 560 年雅典历史上的第一位僭主，他做僭主重要意图是弘扬雅典执政官也就是他的老师梭伦的改革主张。梭伦是雅典著名改革家，为解除债务奴役而制定《解负令》，为保证权利正义，他按照土地收入的财产资格划分公民等级，以此分配政治权利。因此，尽管庇西特拉图推行专制的僭主政治，但以独裁的形式推进了民主进程。而美国自诩例外，自称利他，自封领袖，然而谁会相信美国会以霸权的形式推进世界民主进程呢？美国在国家的主权领土和非主权领土的两个维度里，极力加长非主权领土维度，满世界驻兵，时常在"非主权领土"的他国领土上旁若无人理直气壮地采取单边行动，鼓动"颜色革命"，甚至公开宣称更迭他国政权，以干预他人为常态，常常做出种种令人匪夷所思的事情。1951 年，伊朗首相穆罕默德·摩萨台推行石油产业国有化政策，美国中央情报局就策划政变，将摩萨台赶下台。为了对抗苏联，美国向本·拉登提供资金和武器，结果本·拉登制造了"9·11"事件。1980 年到 1988 年的两伊战争期间，为了对抗伊朗革命政权，美国支持萨达姆，向伊拉克提供军火支持，而海湾战争又攻打伊拉克，萨达姆最终死在美国的枪口之下。美国在自身利益驱使下，支持危地马拉、智利、巴拿马、萨尔瓦多、菲律宾、南越和印度尼西亚等国家的独裁政权。世人皆知美国在巴以冲突中是怎样偏袒以色列的，甚至还知道美国政策受制于犹太人的强势集团“美国-以色列公共事务委员会”，因为在美国的犹太人虽然仅占美国人口微乎其微的百分之三，却掌控着巨额政治资金，这些政治资金一直产生着左右美国总统大选的巨大的政治力量。美国学者威廉·格雷德在他所著的《美联储》一书中，一针见血地指出：“美国体制更多依靠的是交易，而非选举。”美国学者约瑟夫·奈在他的著作《美国实力的悖论：为什么单极世界不能单独行动》中，对美国主管世界的观点也作了否定性回答。挪威和平研究学者约翰·加尔通则认为美国正在走向崩溃，原因在于美国的经济榨取、政治压服、军事干涉和文化克隆的4种权力正在崩溃，而且这种崩溃基于美国人的“三不会”：美国人不会从整体来思考问题，美国人不会辩证地思考问题，美国人不会考虑公平的问题。还有一个坦诚的告诫来自基辛格：“美国的领袖总把自身的理想视为当然，很少认清这些价值对旁人而言是多么离经叛道、多么令人寝食难安。”美国政治失能，经济衰退，实力下降，全球霸权的地位正在坍塌，干预全球已经力不从心。2013年10月1日，联邦政府停摆关门，而且这是第18次停摆，自1977年到1996年，已经发生过17次停摆。中国新华社对此发表评论，使用了前所未有的犀利言辞：“这种由一个虚伪国家主宰别国命运的恐怖日子必须结束。华盛顿僵局也许是这个糊涂世界开始考虑去美国化的好时机。”“去美国化”瞬间搅沸了整个世界。阿根廷南南网站发表署名文章：《迈向一个“去美国化”的世界》。《华盛顿时报》发文称：“中国正利用美国政府关门和国会山预算危机在国际舞台上为自己谋利，在告诉其他国家，未来数十年如果再依赖美国便是愚蠢。”停摆刚刚恢复第11天，墨西哥《每日报》发文：布热津斯基宣告“美国霸权的终结”。第33天，国务卿宣称：“门罗主义时代已经结束。”

现在的国家大致分为3种类型，即帝国解体后裂变出来的国家、殖民地基础上形成的国家和传统国家。早期帝国分裂出来的国家又成为帝国，而且又走过了解体的过程，德意志帝国解体分裂为东德与西德，苏联解体分裂成15个国家，南斯拉夫解体分裂成6个国家，这类国家原则上可以叫做新民族主义国家，它们的问题是民族问题。殖民地基础上形成的国家，是早期殖民产生的国家和殖民地体系瓦解后经过民族独立运动而产生的国家，美国属于前者，而加拿大、墨西哥、巴西和秘鲁等国家属于后者。1960年是“非洲独立年”，这一年非洲有17个殖民地国家获得独立。这些国家的边界是殖民地时期殖民国家划定的，这里面掩藏着许多问题。传统国家是早期国家延续至今的国家，如中国。传统国家一般不存在第一、第二类国家的问题，如有这类问题也属于历史遗留问题。

有一点是不容置疑的：倘若一个地球一个国，那么这个国家叫“世界联邦共和国”应该最为恰当。由于全球化对国家主权的消解，国家的主权被重新定义，主权意义正趋向于自治邦，真正意义的国家主权将是世界联邦共和国的国家主权，共和的主要内涵是邦的平等。

世界怎样才能成为一个实实在在的全球共同体？欧洲联盟这个超国家实体似乎提供了参照。1957 年 3 月 25 日，德国和法国等 6 个国家在罗马签订了《罗马条约》，标志着欧洲共同体的诞生。此后经过半个多世纪的发展，1992 年 2 月 7 日欧洲共同体签订《欧洲联盟条约》，欧盟成立。欧盟成为介于“国家”和“国际组织”之间集政治实体和经济实体于一身的区域性国家联合体和享有国际法人资格的国际行为体。1992 年 12 月 12 日，当时欧盟的 12 个成员国在英国爱丁堡举行首脑会议，决定将布鲁塞尔作为欧盟的首都，并采用欧洲委员会的会旗和会歌作为盟旗及盟歌。2000 年 12 月举行的欧盟尼斯峰会提出了制宪问题，2004 年 6 月 18 日举行的欧盟布鲁塞尔峰会通过了《欧盟宪法条约》。欧盟的组织机构体系由共同体机构、咨询机构、金融机构和专责机构构成，其中共同体机构包括欧盟理事会、欧盟委员会、欧洲议会、欧洲法院和欧洲审计院，这“三会两院”是欧盟的最高级别的机构，按照三权分立的原则设立；咨询机构包括欧洲经济委员会和社会委员会、欧洲地区委员会；金融机构包括欧洲中央银行和欧洲投资银行，中央银行主管欧盟的货币政策，投资银行主管欧盟的欠发达地区和中小企业的发展项目筹资；专责机构是欧盟为实施特定法律、技术和科学项目而设立的次级分权机构。欧盟半个多世纪的历史行程，为欧洲的经济、政治、文化和军事等各方面的发展起到了积极的无可替代的作用，也为全球共同体的形成，提供了有益的参照。当然，欧盟是否能够持续存在也可能由于面临来自成员国自身利益的挑战而产生变数，2016 年 6 月 23 日英国全民公投决定脱离欧盟，就是一例。早在年初，《金融时报》就曾发表署名文章，称欧洲出现了东西、南北、中边 3 条断层线：东部专制与西部自由断层线，南部负债与北部繁荣断层线，中心亲欧与边缘仇欧断层线。这 3 条断层线成了英国脱欧的深层原因。在中国人的认知逻辑里，天下大势，分久必合，合久必分。应对变数，是永恒的法则。

什么样的体制才能够保证有一个人类共同的世界？什么样的管理才能够维持一个和平发展优质生存的世界？人类很纠结：有中央集权，一国独霸，万马齐喑；无中央集权，列国纷争，征战四起。其实，根本的问题在于世界社会应该有本体价值观。世界社会需要一个人格，需要一个人格的价值观，就像一个国家需要一个人格和一个人格的价值观一样。这很难做到，但必须认识到。

四、全球治理 现在的世界秩序恰如爱尔兰文艺复兴中心人物威廉·巴特勒·叶芝的诗篇《第二次降临》中的诗句：“万物都已解体，中心难再维系。”以美国为中心的世界秩序正在崩溃，多元多中心的世界秩序也没有建立，因为多元多中心的那些中心绝大多数也难再维系，甚至正在崩溃或者已经崩溃。

尽管如此，对于世界的治理不能像一个国家颠覆政权那样可以一下子推倒从头再来，只能在既定的基础上，采取极度现实的适应性循序渐进的方略，施行与建立世界政府不同的思维和理论的全球治理。“全球治理”的概念有两层书面含义：一是对全球进行治理，二是全球人参与治理。在本质上是“全球治理、全球参与”的思路和模式。

全球治理的理念是1990年时任德国总理勃兰特提出来的。很多理论家认为，勃兰特这个理念是治理世界的一个新思想。1992年具有国际影响力的28位知名人士成立了全球治理委员会，1995年发表了《天涯成比邻——全球治理委员会报告》，对于全球治理提出了建设性的意见；1994年以美国为首的几位学者成立了全球性的研究全球化组织——全球化国际论坛，论坛的21位学者认为世界大公司主导全球化带来了广泛的破坏性后果，并针对这种后果为经济全球化设计了替代方案；1995年，联合国秘书长安南提出“社会规则”和“全球契约”设想，2000年联合国正式启动“全球契约”计划；近年丹麦“哥本哈根共识”产生的成果《全球危机：全球解决方案》等，都是全球治理的实际行动。

全球治理理论的建立，起码要基于两个前提。第一个是现实的前提。自20世纪80年代以来，随着全球化推进正面的大尺度展开和推进速度的大幅度提升，传统的以民族和国家为惟一行为体的世界秩序渐次瓦解，国家主权和政府作用受到深度削弱，国际政治内涵也发生了根本性的变化，对国际事务的处理原则也不再囿于以往的地缘政治和权力政治。世界事务已经被概念化为两个体系：一个是国家和国家政府间构成的体系，一个是非国家非政府的拥有主体竞争权威和实际能力的各类集团构成的多元中心体系。后者与前者既有合作，也有竞争。无论是合作还是竞争，后者都是对前者的挑战和对冲。第二个是未来的前提。从柏拉图到洛克再到马克思的一代又一代的哲学家所普遍关心的问题，是如何使个人的权利与社会公正相匹配。这是人类和人类社会的根本的问题，也是全球正义的根本问题。自国家诞生以来，中央集权的垂直权力体系并没有解决好这个问题。无论是君主制、君主立宪制，还是民主共和制，演绎的都是权力的故事，都是权力这个“野孩子”主演并导演的故事。人类已经习惯于有中央权威的生存秩序。20世纪70年代盛行的“霸权稳定论”，正是人类权威秩序观的反射，这也是美国成为“世界领导者”的世界性思想基础。在国际关系中，拳头政治学是第一学科。即使对话，也是强国叉着腰抡拳头，弱国弓着腰双手合十。英国学者洛斯·迪金森在分析第一世界大战的原因时说：“既不是德国，也不是其他大国，真正的罪责在于欧洲的无政府状态为国家获得高于其他国家的优势力量酿造了巨大诱惑。”未来去权威的秩序能否实现秩序的全部功用？问题很显然，全球治理已陷于新的悖论：参与治理者是平等的行为者和行为体，应该不应该需要不需要确立治理主体？治理主体会不会又溜进垂直权力体系的家门？更令人困惑的是：去权威秩序观的全球治理还在苦苦寻求世界领导者。

现在的全球治理是在一体二分系统框架中进行的，一种是由各自独立的主权国家构成的多元的平面系统，也就是世界的自然状态或无政府状态系统；另一种是独立主权国家的国家实体系统。这种一体二分系统本身就是个矛盾系统，全球利益与国家利益的矛盾充斥在这个一体二分系统的各种元素之中。如果还可以确立一个游离于世界与国家之间的系统，那就是国际组织系统。国际组织可以是国家政府间的，也可以是非国家非政府间的；可以是经济的，也可以是政治的；可以是技术的，也可以是文化的。区域性国家联盟，是全球治理的重要举措，上海合作组织、东盟、欧盟、北极理事会，在全球治理中充当越来越重要的角色。国际组织系统甚至还在某种特定的范畴里涵盖了跨国公司。跨国公司这个系统以其独特的身份和品质，影响着国家系统和世界系统。在概念和内涵上，世界系统理所当然的是个统领地位上的系统，统领着国家系统和国际组织系统。在这种逻辑关系里，全球治理是国家系统与国际组织系统为主体的全球治理，是一种主权系统与非主权系统的互动过程。那么，全球治理在国家系统里，就是一种主权运作模式，而在国际组织系统里，则是一种非主权运作模式。主权运作模式的权力边界是规范的、清晰的，权力与责任是一体的；而非主权运动模式的权力边界是随机的、模糊的，权力与责任缺乏机制性的一体性，脱节、脱轨、游离，随时都可能发生。如果世界是一个完整的系统，那么按照系统理论，就要有一个中心化处理者，控制着系统各元素的所有行动和反应。

在平面的世界系统里，作为系统元素的国家和国际组织，它们都有各自的行为方式和行为准则。作为国家，由于拥有自己的主权，而且不可能无条件地将主权权益交予世界系统，国家间的合作是为了各自的利益，共赢是它们双方的共赢，而不是与世界的共赢。所以，依靠国家系统实施全球治理，只有在全球事务与它们发生直接的利害关系的时候，在压力或危机的情况下，它们才会承担相应的义务。

但是，世界还是有特定的主导中心，这是历史的特定原因形成的。很明显，19 世纪的世界主导是欧洲，中心在英国；20 世纪的世界主导北美洲，中心在美国。英国对世界的主导形式是殖民；美国对世界的主导形式是霸权。欧美诸多精英预言 21 世纪是中国的世纪，中国在 21 世纪的世界治理中，将担任主导角色。现在，越来越多的事实证明这种预言的可信度还是很高的。然而，受 20 世纪惯性力的影响，对 21 世纪世界的主导，有许多方略是针对 20 世纪惯性力的，这是对 21 世纪发展战略的掣肘。因此，中国向世界提供的公共产品，就包括现实策略、发展战略和未来方略三部分。中国在 21 世纪的角色，不仅要有脑袋的智慧，还要有肩膀的担力。那么审时度势，量力而行就成为 21 世纪中国的行为守则。

作为世界系统中另一个元素国际组织，它们有的是在国家之上，有的是在国家之中。在国家之上者，地位在，权位不在，主要的行为方式是协商与对话。在国家之中者，归属国的利益永远高于一切，一般不会舍弃和削减归属国的利益而去维护世界的利益，更不会从归属国内为世界争取利益。至于国际组织与国家间的关系，更是带着血缘的色彩，甚至始终拖着母体的脐带。国际组织或明或暗地为归属国或发起国谋取利益，已是路人皆知的事。自 1975 年六国集团创立，到 1997 年演变为八国集团，再到 1999 年二十国集团建立，这些集团都是对世界经济发展尤其是资本主义经济发展有着中流砥柱作用的工业国家集团，对于防止和消除世界经济危机和货币危机起到了积极的作用，甚至对全球治理也产生着积极的影响。然而这 3 个集团并不是以全球的利益作为集团的宗旨，六国集团和八国集团是以六国和八国的根本利益为宗旨，二十国集团是以二十国的根本利益为宗旨，否则也就不会成立这种非常受局限的集团，倘若要成为全球利益创造者，要自觉地引领世界并被世界认可，还有一个相当长的过程。近几年流传“G2 共治”的说法，即中美两个大国共同统治世界。中国明确表示此说毫无根据。中国主张全球治理，共商、共建、共享。联合国是世界最具影响力的国际组织，但是美英苏这 3 个发起国与联合国的特别关系，也是有目共睹的。华盛顿和莫斯科长时期以来，总在千方百计地以操纵人事制度和限制预算等方式使联合国处于弱势。在联合国体系中的 3 个最有影响力的机构安全理事会、世界货币组织和世界银行中，它们做事时常令人费解。在安全理事会的 5 个常任理事国中，华盛顿、莫斯科和伦敦的席位如同是世袭的。世界货币组织和世界银行自创建以来，世界货币组织总裁的位子上坐的总是欧洲人，世界银行行长位子上坐的总是美国人。2011 年欧洲领导人甚至公开宣称，欧洲对世界货币组织领导地位有世袭合法权。同时美国也宣称，2012 年世界银行当任行长退休后仍然由美国人接替。国会山议员们也一直在说，世界银行行长职位应该保留在美国人手里。肯尼迪任总统时，将自己 35 岁的弟弟任命为司法部长。1967 年约翰逊总统因此而力主建立《反裙带关系法》，明确规定禁止总统任命亲属担任内阁公职。但是，此后多位总统还是“举贤不避亲”，裙带关系始终充斥在政治关系之中。这种情况也远远不止美国。

全球治理是一种举措，更多的还是一种愿景。但是没有理由也没有任何根据能够表明我们不可期待着有一个管理全球化世界的终极之策。

第十二章　国家行为体的行为逻辑

当今世界有一个总体的形态，就是全球化社会形态。这是人类不分国家形态和社会制度由国家利益引领的大聚合的结果。

人类社会发展与演变始终遵循了“从个体到群体，从群体到一体，从小一体到大一体”的规律。这是人类与自然抗争的必然结果，也是人类内部抗争的必然结果，是人地关系和人人关系演化的必然。全球化这个大一体的聚合与国家联盟和部落联盟不同，国家联盟和部落联盟的聚合是出于非常明确的指向与目的的。15 世纪北美洲东北部林地易洛魁人的莫霍克、奥奈达、奥农达加、尤卡加和塞尼卡等 5 个部落争斗不断。一个叫海华沙的人决心将易洛魁人统一为一个民族，他佩戴着用贝壳制成的代表着联合与团结的绶带，穿行于 5 个部族之间，告诉他们只有终止残杀、统一合作才能生存，最终创立了“易洛魁联盟”。今天的全球化里没有海华沙的身影，世界各国原本分散的一己立场却在利益诱引下，“鬼使神差”不可逆转地聚合成了全球一体化。因此，曾任联合国秘书长的安南认为：“全球化是一个不可逆转的过程，我们不能选择——它是一种积极的力量，但是它又是盲目的，我们需要小心地去利用它。”

全球化至今没有规范的定义，没有全球认同的内涵和外延，因为有种种不同的甚至完全相悖的论点。有的观点认为根本就没有出现全球化，有的观点认为全球化时代结束了，还有的观点认为全球化已经结束了第一波，现在正是第二波全球化。西班牙银行家圭拉姆・德拉德赫萨认为，第一波全球化是在 1870 年至 1914 年，第二波全球化自 20 世纪 50 年代至今。而美国经济学家道格拉斯・多德认为全球化始于殖民主义，由殖民主义演变为帝国主义，进而演变为全球化。以美国约翰・卡瓦纳为代表的部分学者认为全球化是“为了一些特殊的目标而人为设计出来的”。这些观点明显囿于经济主义或资本主义，缺乏应有的维度和高度，是站在某一个维度认定全球化，站在看不到全景的高度上判定全球化。全球化开启于大航海时代，经过了从一个维度到数个维度的发展，至20世纪80年代基本成型，现在正进入快速发育期。全球化形成的大致轨迹，至今清晰可辨。

14世纪末，中国的明朝为了向纳贡的藩国显示朝廷的实力从而获得更多纳贡藩国和贡品，酝酿航海行动，随后派郑和率领船队下西洋，谱写了人类跨海远航史的第一篇章。虽然随着下西洋次数的增多，郑和的船队越来越大，经验越来越丰富，距离越来越远，然而初衷未改。15世纪，伊比利亚半岛上的葡萄牙和西班牙在生存的局限里，开始寻求更广阔的空间和资源，怀着忐忑的心理，战战兢兢地把疑惑的目光投向大西洋，最终喜出望外地发现了新的大陆。这为欧洲殖民打下了地理基础。殖民地出现，人类的陆块居住格局被打破。20世纪中叶，随着第二次世界大战的推动，跨国公司出现，世界市场出现雏形，生产的国际分工和产品的国际分配露出端倪；20世纪下半叶，正是随着国际市场发育成熟，以计算机为标志的高科技才得以出现，互联网的全球网络才得以形成。大航海开启，人类居住的陆块局限被打破、世界市场的出现、高科技和互联网的出现等一系列进程，促使全球化格局基本形成。

全球化发生的原始主导动力是由资本主义自由经济内在逻辑扩展而产生的。这一点是毫无疑义的。世界各国尤其是世界大国，像在茫茫大海航行寻求航标一样普遍寻求全球化的可控性。有这种概率，但是很难。国家自身利益的局限，与全球化的全球空间相悖。全球化无论如何不能没有国家的力量，没有政府的作为，尤其是大国的力量和大国政府的作为，然而全球化无论如何容不得国家和政府的“一己”的力量和“一己”的作为。全球化需要国家和政府积极的参与，需要国家和政府积极的作为。1944年，在美国新罕布什尔州的布雷顿森林，由美国、英国和其他盟国的成员国共同举行的国际会议，创建了对世界经济发展有着决定性意义的经济体系。尽管布雷顿经济体系并没有建立全球化的初衷，只是布雷顿森林会议参加国出于各自的利益联合举行会议达成的符合与会国利益的共识，但对全球化的进程产生了积极的影响。这种秩序在1973年因为同样的各自利益的原因而走向了终结。这年的3月发生了汇率浮动后的货币危机；4月，美国国务卿基辛格提出新大西洋宪章，企图将欧洲拉回到美国卫星国的轨道而遭到欧洲的否决；夏季，美国禁止40种农产品和金属出口；10月，爆发了中东战争，美军进驻欧洲，阿拉伯国家宣布对美国实行石油禁运。在接踵而至的重大事件连续冲击下，二战以来的世界经济秩序全面崩溃。国家与全球化、政府与全球化是密切相关的，然而国家和政府囿于本国的利益而意欲操控全球化，这对全球化的健康发展无疑是有害的。这是全球化面临的一个既不可没有国家和政府，又不可被国家和政府操控的两难局面。正如美国经济学家丹尼·罗德克里所说：“政府是每个国家的政府，市场却是全球化的。这就是全球化的致命弱点。”现在，新自由主义者与国家政府形成了全球化立场的对立。新自由主义者以经济达尔文主义的立场希望市场自由化，不容政府的任何干预。

全球化时代的全球社会，基本涵义是全球化。全球化时代是一个过程，一个全球化各种元素互依互存的融合过程，是品质独特有异于任何历史阶段的发展的特定时期。在全球化社会形态里虽然依旧存在着诸如资本主义、社会主义甚至还有原始部落等各种社会形态，然而，这些社会形态处于全球化社会形态的瞰制之下、包裹之下和制约之下。世界各国无论其意愿如何，其行为不得不以全球化社会形态为基本依据和基本参照。于是，世界各国都有两种行为方式，也是两种行为逻辑：国家行为方式或行为逻辑，全球行为方式或行为逻辑。

在国际关系中，国家以个体的身份作为行为体单位。在世界国家群体中，任何一个国家都是这个世界国家群体中的一分子，是一个独立的行为体。同时国家作为行为体的行为，受到两种制约：一是自身的制约，二是国家群体的制约。因此国家行为的基点有两个：一个是自身的意志，一个是国家群体的意志。这是任何国家在世界国家群体中作为行为体的行为基点。

国际关系学学科形成于第一次世界大战之后的数年间。由于受第一次世界大战的影响，国际关系学的核心内涵被确定为国家安全。“国际”一词最早出现在1781年英国功利主义哲学家杰米里·边沁出版的《道德与立法原理导论》著作中。他首次将法律分为“国内法”和“国际法”。国家之间的国际问题导致了国际关系学的学科孕育与诞生。关于国际关系学的学科建立，有两种截然不同的理论基础：一种是现实主义的，一种是理性主义的。

现实主义国际关系的学科理论是建立在悲观主义基础上的，认为国家本身就是人类原欲的集中体现。这种理论基础的代表人物是霍布斯，他出版的关于国家的著作《利维坦》将国家描述为怪兽，是人类原欲恶的集中表现。他基于一个基本认定：人的能力都是差不多的，而且能力是平等的，因而人都有结果平等的愿望。霍布斯将这种“平等”定义为“自然状态”，并认定这是无政府状态。在这种无政府状态里，人人都有不受限制的“自然权利”，所以当结果不平等时，就相互妒忌和仇视。在没有人人敬畏的共同权力的时代，人们便处于每一个人对每一个人的战争的恐怖和危险之中。这时，人们需要联合，国家就是在这种状态下产生了。所以，在霍布斯看来，国家就是为消除战争而产生的，因而国家就意味着战争，国家就是“利维坦”。这是现实主义国际关系学学科体系的原始的理论基础。还有一个代表人物是马基雅维利，他认同霍布斯的国家理论，因而在他的《君主论》著作中，鼓吹国家君主要以恶对恶，以暴制暴，不择手段。

理性主义国际关系的学科理论是建立在乐观主义基础上的，认为人与动物最大的区别在于理性，坚信人类最终能够以善抑恶、以善胜恶，以道德和法的力量从野蛮走向文明。这种理论代表人物是康德和马克思。康德的这种理论主要体现在他的著作《永久和平论》中，马克思的这种理论集中体现在他的著作《共产党宣言》中。在一定的意义上，马克思的《资本论》是他的这种理论观点的理论准备和材料铺垫。康德主张成立世界联邦，马克思主张建立共产主义社会。

由于在国家关系中，国家主权是国家利益的重要体现，因此许多国家在国际事务中常常抱有悲观主义的态度，彼此极度缺乏信任感，以恶制恶，冤冤相报，导致了国际关系中善恶交融、伦理混乱的浑浊状态，使人们不得不常常要回到亚里士多德那里去研究善与恶，重读他的经典之作《尼各马可伦理学》。

行为逻辑有两层含义，第一层是最直接的一层，也就是行为的规律，或者受内在规律所制导的行为，重心在行为；第二层就是行为的逻辑学，重心在逻辑。

“逻辑”本身就是内在的东西，抽象的东西，所以人类对“逻辑”认识和把握很晚，因为不认识思维就不可能认识逻辑，没有高度的抽象能力和成熟的认知方法，思维不可能成为人类认识的对象。思维成为人类的认识对象至多可以追溯到公元前的亚里士多德时期，甚至就直接追溯到他本人身上。

国家行为逻辑可以分为两个不同时期，一是陆块彼此隔离时期，二是全球化时期。

第一节　国家行为体

国家行为体是相对于国际关系的概念。国家行为体最为直接的理解就是能够代表国家在国际关系中行使主权的实体。在国际关系中，国家是主要行为体。国家行为体在国际关系中通常有两种行为意义：一是在国际关系中，通过发挥自己的作用和影响来获取本国家利益，包括物质的和精神的利益；二是在国际关系中，以国家的身份对世界事务发表意见和直接参与处理。国家行为体仅就词义而言，可以理解为行为中国家的本身，也可以理解为国家与行为体有着从属关系的两个概念。在国际活动的特殊语境里，国家是国际事务中的行为体，例如可以直接理解为美国行为体、中国行为体。然而，既然是国家行为体，也就包括能够与国家一起在国际关系中行使国家主权的实体。

许多有关国际关系的著作主张将世界事务的参与者分为国家行为体和非国家行为体。这种界定有学理上的缺陷。在行为学中，有行为能力的个体和群体都是行为体。由于国家行为体是国际关系中的基本单位，在国际关系的语境里“国家行为体”是一个特定的概念或称谓，不是词组。在学理上，“非国家行为体”存有两种界定：“非国家”行为体，非“国家行为体”。直接理解就是除国家行为体而外的一切都不是国家行为体。在国际关系行为中，有许多行为体并不具备国家行为体的实际意义，甚至完全不搭界，自然可以称作非国家行为体。这样便会发生误读。现在使用的“非国家行为体”的概念，实际上指的是国家行为体的一种，在国际关系中的地位和作用仅次于国家行为体，仅仅不代表国家主权和不行使国家主权而已。如果将这类国家行为体称为“非国家”行为体或非“国家行为体”，那么既不是本意，也不是事实。因而，将这类国家行为体定义为“次国家行为体”才是确切的。这种界定在词义和语句结构上，首先明确了“次国家行为体”属于国家行为体的一类，是仅仅次于“国家行为体”的次级国家行为体。

一、国家行为体及其行为方式　国家是国际社会中的行为主体，是主要行为体。国家以领土、人口和主权等完整的国家要素参加国际活动，以独立的国家身份参与国际事务，通过在国际关系中所发挥的作用和影响，实现本国的利益。国家行为体的代表是政党和政府。

（一）政党　政党是有着政治纲领、政治章程和政治宗旨的政治组织。早期政党可追溯到公元前6世纪的雅典。雅典政治由海岸党和平原党主导，僭主庇西特拉图感到这两个政党难以掌控，就创建了山地党。现代政党17世纪产生于欧洲，最初是国家政府内部不同政见者的组织，逐渐演变成现代意义的政党。全世界有5000多个政党。许多国家都是多政党国家，多者有数十个政党。

政党也可特指执政党，是国家中执政的党派。就国家行为体而言，只有执政的政党才能够成为国家行为体。而非执政的政党或称在野党，在未获取执政地位之前不属于国家行为体。

（二）政府　政府是国家权力的执行机构，是国家的行政机关。在中国，“政府”一词最早出现在明朝，源于唐朝的“政事堂”和宋朝的“二府”。唐宋时期，自汉代以来逐步完善的三省六部制，成为国家中央机构稳定的行政建制。三省为尚书省、中书省和门下省；六部为吏、户、礼、兵、刑、工，都是尚书省的下属机构。中书省职责是起草政令，门下省职责是审核政令，尚书省是执行机构。唐朝时期将中书省和尚书省合署办公，称“政事堂”。宋朝时期为了加强军事管理，设立枢密院，与中书省并称“二府”。明朝时期将“政事堂”和“二府”并称政府，自此逐渐演变为国家政权机构和行政机关的名称。政府是名副其实的国家行为体，在国际事务中，行使国家主权；在国际法律中是国家法人。

二、次国家行为体及其行为方式　次国家行为体是主权国家政党和政府之外的能够独立参与国际事务并且能够体现国家主权意志的各类实体，在国际事务中的角色仅次于国家行为体。次国家行为体自17世纪初陆续出现，20世纪在国际关系中确立了应有的地位。次国家行为体主要是国际组织和跨国公司。国际组织是具有国际行为的组织，分为政府间国际组织和非政府间国际组织两类。政府间国际组织是通过政府间的协议而建立的组织，一般都是主权国家参与，也有非主权国家参与的国际组织，如世界贸易组织。在很多情况下，国家行为体是在次国家行为体中实现国家主权诉求和主权利益的。

这些次国家行为体直接或间接地参与国际事务，在国际事务中发挥着越来越大的作用，这不仅使国际关系较之传统的只有主权国家参与的时代越来越多元化和复杂化，也使国家内部的关系越来越多元化和复杂化，甚至消解着国家行为体的主体品格，消解着国家主权不可分割、不可让与和不可重叠特性的某些属性。

（一）次国家行为体的特征　次国家行为体具有非国家性、整体性、独立性、跨国性和归属性 5 种主要特征。

1. 非国家性　次国家行为体可能是一个影响着整个世界的庞大集团，但不是国家，更不是主权国家。它有成千上万的职员，但没有居民；有覆盖全国甚至世界的园区，但没有领土，也不拥有飞地；它有健全的安全保卫体系，但没有军队；它有主宰能力，但没有主权资格；它甚至在许多方面具有国家力量，但没有国家体系。这就是次国家行为体的非国家性。

2. 整体性　整体性是次国家行为体的重要特征之一，在许多次国家行为体中，都有层层叠叠纵横交错的分支实体或机构。这些分支实体和机构一般都是独立运营，自主核算，但有一种体系和机制能够把这些分支实体和机构融为一体，形成机制健全结构完整的实体，整体运行，形成整体的特质和品格。

3. 独立性　次国家行为体不在国家政府编制序列，不属于政府建制，不是国家财政开支，其项目、业务、经营方式和运营系统不受政府的控制和干预。即使承接国家的建设任务和发展项目，也是按照其自身的经营方式与国家合作，如航空、铁路、航天和海运。还有一些外援项目，诸如帮助某国家修建机场、铁路、水电大坝、航天发射场甚至是军事工程等，也是国家指导，独立运作。

4. 跨国性　由于次国家行为体是国际关系中的行为体，所以次国家行为体必须要有跨国运行能力，要有国际参与能力。这是构成次国家行为体的首要条件。各个国家都有国内关系中的行为体，并且很有影响力，但是若没有跨国运行能力、没有跨国性则不可能成为次国家行为体。有些国内关系中的行为体协助或者被雇用参与了跨国行为，但自身没有跨国运行能力，仍不能算作次国家行为体。

5. 归属性　次国家行为体具有明确的主权国家归属，没有主权国家归属不能成为次国家行为体。因为国际关系的主体是国家，国际机构的基础是国家，在国际关系和国际政治中，主权国家是基本单位，是合法的有资格的国际关系参与者，所以没有主权国家归属，次国家行为体在国际关系中也就没有合法资格。

（二）次国家行为体的类别　次国家行为体不外乎政治类型和经济类型两个类别，政治类型一般是政府间的国际组织，经济类型一般是非政府间的跨国公司。

1. 国际组织　国际组织是两个以上主权国家的政党和政府基于特定的目的，以相应的协议和条约而成立的具有国际法律资质的组织机构，而且都是建立在主权国家的基础之上。19 世纪“欧洲协调”和“国际国会联盟”拉开了国际组织广泛产生的序幕，20世纪国际联盟和联合国的成立，带动了国际组织的全面发展。国际组织成立的主旨都是关乎成员国或整个世界，如国家合作、维护和平、促进经济发展、管理和解决世界性问题、促进世界政治民主化进程和保护人权等，它的权力来自成员国的主权让渡。国际组织有多种类型，有世界型的，也有地区型的；有综合型的，也有专业型的；有政府间的，也有非政府间的。在涉及事务上无所不包地涵盖政治、经济、文化、科学、卫生、宗教、军事、环境和生态等各个领域和门类。现在全球已经形成了以联合国为中心的国际组织网络。

政府间国际组织是在特定目的下若干个国家以条约形式而建立的常设机构，是以公约为基础的国家之间多边合作的合作形式，拥有独立参与国际事务行为的主体地位，在国际法律上具有国际法主体资格，具有直接承受国际法权利和义务的能力，在条约和宗旨规定的范围内，拥有参与国家事务活动的独立地位。在国际关系和国际事务中，在某些情况下其职能、地位和权力接近国家行为体。实际上在诸多次国家行为体中，政府间国际组织最接近国家行为体，因为这些组织首先表达的正是所属国家的诉求。

某些全球性的国际组织，允许世界所有国家参与，如联合国、世界贸易组织、国际刑警组织、国际原子能机构和国际货币基金组织等。有些国际组织则是地区性的，成员国都是本地区的国家，如欧盟。

政府间的国际组织行为是在同一条约和共同利益之下的行为，在共同利益达成的运行法则基础上，按照既定原则获取本国的主权利益。在有争议的方面和环节上，通过协商或表决及仲裁等方式，完成利益的最后分配。

非政府间国际组织是世界各国的社会团体以及个人，为了促进世界范围的政治、经济、文化、科学技术、宗教、人道主义和在其他人类活动领域的国际合作而建立的非官方组织。非政府间国际组织一般是未经过政府间协议而建立的国家组织，大致有6个种类：人道主义救助、文化交流、发展援助、人权、和平与裁军、环境保护。目前世界上有数以万计的合乎国际法律的非政府间国际组织，有两千多个非政府间国际组织在联合国中有正式的咨询资格和地位。

由于非政府间国际组织在国际法上没有独立参与国际事务的资格，不具备国际诉求和偿还能力，通常获取不了国际法主体地位，因而不能承受国际法地位上的权利和义务，但在特殊情况之下，也有获取国际法地位的可能与先例。非政府间国际组织，并非与政府没有任何关系而各行其是，恰恰相反，非政府间国际组织与政府和衷共济，多有合作，甚至成为政府依靠的力量。国际奥林匹克委员会是世界上最大的非政府间国际组织，它不仅促进了世界体育运动的发展，也促进了各国政府间的了解与合作。正是在奥林匹克精神推动下，1971年中国提出以乒乓球带动地球的“小球带大球”的“乒乓外交”理念。这一年，中国和美国两国运动员在中国举行乒乓球比赛，翌年中美两国实现邦交正常化。红十字国际委员会是1863年创立的世界上很有影响的人道主义非政府间国际组织，但它又是自1864年至1949年的85年间《日内瓦公约》的体现者和践行者。它以公正、中立、独立、保护在武装冲突及其他暴力局势中受难者的生命与尊严并提供援助的人道使命为宗旨，为世界和平作出了不懈的努力。

非政府间国际组织虽然不代表政府旨意，然而不一定不符合政府的意向，在公益性方面，往往会突破政府所在国的局限，从更宽阔的层面上思考问题、权衡利弊，更符合整个人类和整个世界的利益。联合国1296号文件规定，非政府间国际组织要获得咨询地位，其宗旨和使命不得与《联合国宪章》相抵触，首要的是致力于联合国经济和社会理事会及其附属机关所关注的问题，如国际经济、社会、环境、文化、教育、科学、人权和人道主义。故而许多国家习惯将非政府间国际组织排在称作第一部门的政府政治部门、第二部门的企业经济部门之后，称为“第三部门”。非政府间国际组织对第一部门和第二部门的监督、舆论和建议作用，在国际关系中是非常重要的。在当今国际关系中，政府和企业如何与非政府间国际组织连为一体，相互促进、相互补充、共同发展，是一个崭新的课题。

不合乎国际法律的非政府间国际组织，是非法国际组织。恐怖组织和黑社会组织都是非法国际组织。1866年美国恐怖组织三K党，是非法国际组织的先驱。本·拉登于1988年建立伊斯兰教军事组织，是当代典型的非法国际组织。

以地区为中心的国家间组织由于它是由特定区域国家组成，因而也是国际组织的一种，如亚洲—太平洋经济合作组织、非洲—马达加斯加经济联盟、安第斯山共同体、阿拉伯共同市场、加勒比共同体、中欧自由贸易区、中非经济和关税同盟、海湾合作委员会、拉美一体化组织等，都是区域国家建立的国际组织。

2. 跨国公司 跨国公司是由多个经济实体所组成的大型企业，通过一个或多个决策中心实施共同的战略，是归属国家的公司通过国外投资在其他国家或地区建立分支机构或子公司的国际性垄断组织。跨国公司在全球有自己的产业链，在世界经济活动中是主体力量和主导力量，扮演着世界生产组织者的角色，是国际分工的主导者，也是全球直接投资的重要经济实体。它的主体特征是资源全球化、资本国家化，跨国家生产、跨国家销售。跨国公司的独立性使世界经济具有自在性。跨国公司以国际市场为导向，追求利润最大化，在自身的垂直系统中，统领着成百上千的子公司，在各跨国公司之间，横向合作、兼并和重组，结成了不同方式的种种联系，形成巨大的生产、销售、资源配置、科技开发和金融流通网络。

跨国公司的出现，是市场经济发展的必然结果。因此，它首先在经济发达的国家出现，有的是伴随着殖民地而产生的。二战结束后，美国实行的马歇尔计划，为其在欧洲建立跨国公司提供了理所当然的机会。历史上的英国、荷兰、葡萄牙、法国、美国和日本都是跨国公司非常兴盛的国家，这些国家有着发展跨国公司的文化传统。现在世界上著名的跨国公司大都产生于这些国家。

世界经济非独立体经济，而是诸如跨国公司这样的独立体经济的加和。所谓经济一体化就是这样的经济实体的一体化，是这样的经济实体经济行为过程的一体化，而不是生产的一体化组织。英国人1600年成立了东印度公司，这个公司很快就成了英国掠夺印度资源的桥头堡。仅迟英国两年，荷兰于1602年成立了“尼德兰联合东印度公司”，这个东印度公司在娘胎里就带有国家政治色彩，其初衷是为了与西班牙和葡萄牙两国争夺东南亚资源而积聚雄厚资本，便以阿姆斯特丹为主联合本国其他城市建立起这个跨国公司，而且国会授予了这个公司贸易垄断、殖民地开拓和军事开战等多项特权。殖民地和开战根本就不是公司概念里的义项，在今天看来，怎么也不会是公司的职能。1784年《皮特印度法案》产生后，东印度公司在某种程度上变成了统治实体，职员成了地方行政长官和法官。1616年丹麦、1628年葡萄牙、1664年法国、1731年瑞典，也成立了东印度公司。这些不同国家的不同的东印度公司，由于使命相同，因而其性质和构成也基本相同：成立政府、对殖民地实施统治、发行货币、垄断贸易、设立法庭、拥有军队，甚至还有宣战权。这些公司起初以经济面貌出现，以支配性的经济制度统治其经济势力范围，在实际运营中迅速蜕变为国家派出机构，甚至直接行使国家主权。由此可以看出，堪称世界早期跨国公司的各国东印度公司，无一例外地是具有替代国家政府某些职能的跨国公司，是不是国家行为体的国家行为体。

现在欧洲各国的跨国公司几乎都有着东印度公司的文化传统，甚至依旧带着东印度公司殖民主义色彩。最突出的特征就是以财力影响和左右在地国政府，甚至直接干预在地国的国家政策。有的跨国公司机构比在地国的国家政府机构还要庞大，以经济实力胁迫在地国接受其一己要求，甚至还直接要挟归属国制定种种有利于公司扩张的政策，满足公司的最大利益。孟山都公司发言人这样刻画了大公司的运营行径：“全球的生产商和贸易商同时代替了病人、诊治医生和处方医生的角色。”更有甚者，有的公司还暗中操纵国家选举，最臭名昭著的莫过于1876年美国大选了。虽然最终是拉瑟福德·海斯胜出，出任美国第19任总统，但是他对公司操纵政府深表不满，悲叹：“现在政府不再是民治、民有、民享的了，而是公司治理、公司所有、公司享有的政府了。”20年后的1896年公司操纵美国大选更是肆无忌惮，公开宣称要收买一个总统。竞选人威廉·詹宁斯·布莱恩为此十分愤懑，四处演讲，宣传自己的总统理念和承诺，争取选票，开美国总统竞选演讲拉选票的先河。然而在财富就是王权的美国，钢铁大亨安德鲁·卡内基、石油大亨约翰·洛克菲勒和电力大亨约翰·皮尔庞特·摩根三人联手出资相当于现今6000万美金公开操纵选举，使他们拟定的人选威廉·麦金莱当选。直到今天，在国际贸易的舞台上有些公司还在以老牌国家跨国公司的公司范式，影响殖民地解放运动后新兴国家和发展中国家的跨国公司，迫使这些国家的跨国公司认同它们的公司范式。世界贸易组织成立的动议本来是为了防止全球卡特尔的，但它却以卡特尔的行事风格偏袒跨国公司。科顿在其专著《当公司统治世界》中直言："现代公司是15世纪和16世纪英格兰与荷兰的大商业公司的继承者。"书中对欧洲跨国公司和世界上大的跨国公司作了详尽介绍和本质剖析，从跨国公司的运行机制上揭示了公司达成统治世界的演进过程，以及给世界带来的灾难性后果，这让人觉得是在读科顿版的《利维坦》。

跨国公司原称多国公司、国际公司和超国家公司，1974年联合国经济和社会理事会作出决定，统一定名为跨国公司。世界各发达国家和部分发展中国家都有跨国公司。1929年创刊的美国《财富》杂志每年评出世界最强的500家公司，俗称"世界500强"。"世界500强"都是盈利巨大的垄断性的跨国公司。目前世界共有跨国公司包括跨国银行近7万家，是推动全球化最主要的经济力量。如果形象地为地球划上翱翔的翅膀，那么这两翼一边是政治，一边是经济。政治一翼是国家政府，主导国际政治；经济一翼是跨国公司，主导全球经济。因此，国家如何培养锻造自己的跨国公司，将是重要的经济战略。跨国公司如何铁肩担道义，肩负国家经济使命，将是所面临的国家伦理的考验。

跨国公司可以经营工业、农业、交通、航空航天等各种行业的业务。以业务类型划分，跨国公司类型数不胜数；若以公司主体结构而论，跨国公司基本是"一国主体"和"国际并购"两种类型。

"一国主体"型跨国公司的主体公司或母公司归属一个国家，例如中国石油化工集团公司是中国的"一国主体"型的跨国公司，公司成员企业98家，拥有超过百万的股东。如果说在工业革命初期，刚刚产生的跨国公司完全是资本主义制度的产物，而跨国公司完全是为了公司的发展在经营中不自觉地做成了跨国公司的话，那么在经济全球化的今天，一个国家自觉地、有意识有目的地培养和造就能够完整地体现国家意志最大化地实现国家利益的跨国公司，是该国家应对经济全球化并在经济全球化的进程中体现本国作用参与国际分工的重要的经济战略和政治战略。可以预见，跨国公司在全球经济中作用将越来越大，地位将越来越高。国家经济的竞争，将集中体现在跨国公司之间的较量上。

"国际并购"型跨国公司的主体公司或母公司归属于两个以上的国家。这正是跨国公司跨国并购的结果。跨国并购是跨国公司为了扩大市场份额、增强国际竞争力和获得垄断地位的重要方式。"一国主体"型跨国公司在并购他国跨国公司或国家公司后，就涉及两个或两个以上国家的市场、法律和政府控制下的运营环境。近年来，并购已成风潮，中国和澳大利亚成为亚太地区最活跃的2个并购市场。中国2015年并购交易总额为7236亿美元，创年度新高。

跨国公司正是由于它的跨国性，才能够利用归属国和在地国的各种政策为其实现利益最大化服务，有的跨国公司甚至不惜违背归属国的政策损害归属国的国家利益。许多跨国公司不仅富可敌国，而且力可敌国。有数据表明，全球所有技术和专利90%掌握在跨国公司手中，有70%的国际贸易为跨国公司所垄断。由此可以说，跨国公司归属国加强对跨国公司的全面管理，当成为国策。

目前，跨国公司在全球化中的决定性作用是在经济方面，在文化全球化方面跨国公司的作用也是从经济维度发生的，而没有直接对文化全球化发生作用，原因就在于目前没有文化类的跨国公司。文化产业公司并不是纯粹的文化公司，纯粹的文化公司的主旨应该是文化人类学的，没有以文化人类学为运营主旨的跨国公司，公司所推动的文化全球化只能是泛化意义上的文化全球化。

（三）次国家行为体的行为方式 次国家行为体的行为方式不同于国家行为体，在国际关系中的行为方式有自己的特性。

1. 参与国际事务的非直接性 由于次国家行为体不具备国家法人资格，因而也就不能直接参与国际事务。它对国际事务的参与是间接地通过主权国家政府或领导人有关国际事务处置的二级活动程序来实现的。有时扮演着政府或国家领导人处置某项国际事务的顾问或高参的角色，提出建议，拿出方案，提供相关的咨询。1972年9月日本首相田中角荣访华，实现中日邦交正常化。此前由于日本在1894年、1931年和1937年的43年间3次侵华，给中华民族造成了深重的灾难，两个一衣带水国家的民族隔阂很深，要实现邦交正常化困难重重。为此两个国家先后都成立了两国友好协会。日本于1950年成立的日本中国友好协会，以公正的态度对待日中关系和日中历史问题，推动两国友好关系进展，促进日中邦交正常化。中国于1963年正式成立中国日本友好协会。这个协会是由中华全国总工会、中国人民对外友好协会和中国文学艺术界联合会等19个全国性人民团体发起，利用19个全国性人民团体的职能，全方位地开展了对日友好工作，为推动中日友好条约缔结、加速邦交正常化，发挥出国家行为体所不能直接发挥的作用。所以，田中角荣访华成功，两国的次国家行为体发挥了重要的间接作用。

2. 施加影响的非指令性 在国际事务中，次国家行为体的行为目的通常是需要通过特定的国家来达成的。然而，就国际行政惯例、行政程序和国际法律而论，次国家行为体不可能对任何国家发号施令，包括联合国这样的全球性政府间的国际组织。但是任何国际组织都有由成员国国家主权让渡的权力，联合国的权力就是成员国国家主权让渡的权力，联合国使用让渡权力，协调当事国间的关系。尽管联合国安理会5个常任理事国可以作出决议，但不是指令性的。当然，有的让渡权力本身就赋予了某种强制性。1990年伊拉克入侵科索沃，联合国授权以美国为首的多国联盟，以恢复科索沃领土完整为目的进行了海湾战争。联合国所授的权力，是联合国成员国的国家主权通过安理会让渡的权力，而非联合国本身的法定主权权力，因为它本来就没有。《联合国宪章》中的权力一般是“建议”权，因此，历届的联合国秘书长都是跑遍全球的游说家和调停家。

三、国家行为体与次国家行为体的关系　国家行为体是在国际社会中行使国家主权的实体。次国家行为体则是建立在主权国家基础上，归属于特定的主权国家的非主权实体，其行为不能游离于国家主权之外。国家行为体和次国家行为体都是一个特定国家在国际关系中的行为体，维护国家利益是国家行为体与次国家行为体关系的总体原则，因而一体性是国家行为体与次国家行为体关系的基点。

（一）同属下的隶属关系　国家行为体与次国家行为体有共同的主权国家归属。国家行为体在国际关系中一般都是国家主权行为，是国家法人行为，不存在国家归属问题，只存在国家归属确认问题。而次国家行为体在国际关系中，首先遇到的就是国家归属问题。从这个层面上讲，国家行为体和次国家行为体有着同属关系，也就是说，国家行为体和次国家行为体都是一个特定国家的行为体。但是，正是次国家行为体在国家关系中的地位，决定了次国家行为体在国际事务中必须遵从国家行为体。倘若次国家行为体在国家行为体框架里的行为有悖于国家行为体旨意，即使合乎国际法，在归属国的法律里也是绝对不允许的。

（二）合作关系　国家行为体与次国家行为体在国家层面上存有合作关系。国家在国际政治关系中，为了同某个国家建立某种关系或者已经建立了某种关系而兑现相关条款、约定或承诺，国家首脑出访时带领庞大的企业领袖队伍是常见现象。2011 年，中国国家领导人带领 400 多名中国企业家出访美国，签署了购买美国 200 架波音飞机的合同，总价 190 亿美元；签署了购买一系列产品的合同，总价 249 亿美元；签署了向美国投资合同，总价 32.4 亿美元。美国白宫称：本次中国签署的贸易投资合同将为美国创造 23.5 万个工作岗位。

（三）互依互补关系　国家行为体与次国家行为体各有自己的独立性，但同时又归属于同一国家主权，俱荣俱衰的共同命运决定了它们的互依互补关系。经济繁荣是国家富强的主要因素，发展经济是世界各国的首要战略，而企业的状况往往直接决定着国家的经济状态。在国家所有企业中，占据龙头地位的是跨国公司，由此可以看出国家与本国跨国公司的互依互补关系。跨国公司不仅是归属国家经济命脉的主宰，在国际经济中也是主角。这种主宰和主角的经济地位致使跨国公司为了经济要素的全球化配置，其决策往往与归属国家的政策发生抵触。要求归属国改变相关政策，直接或间接地、明显或变相地抗拒或者违背归属国政策，是跨国公司时常发生的行为。但是，在跨国公司发生致命危机的时候，政府不管出于自愿还是出于无奈，都不能隔岸观火坐视不管，最普遍、最常见、最有效也是最无奈的做法就是“救市”。2007 年 9 月，美国发生了金融危机，美国政府于 2008 年先是宣布 1680 亿美元的减税方案，接着又确定 7000 亿美元的“救市”方案，2009 年又出台了 7870 亿美元的经济刺激计划。然而，国际货币基金组织首席经济学家拉古拉迈·拉詹认为，自由资本主义的特征在于让失败和成功拥有同样的自由。他在其《断层线》论著中以标题形式警示：“政府不应该成为危机的救命稻草。”书中还有一个标题是《有政府做后台还有什么好担心的》，分析债务持有人持续暴露于风险之中却并不认为他们会承担损失的心理状态，因为他们相信政府会最后收拾残局，“他们相信在房产和信用市场政府不会让事情变得无法收拾”。拉詹警告说：“如果政府为上述机构注资救市的话，银行债务持有人不用承担任何违约风险。……由于债务持有者完全放心，因此管理层采取越来越大胆的杠杆策略以提升债券收益。”最终结果是“这样的保护扭曲了竞争形态”。

第二节　陆块时空里的国家行为逻辑

人类居住的陆块时期由于陆块彼此分离，国家行为都是陆块范围的行为。陆块的局限，造成了国家发展的局限，直到这个时期的最后阶段，国家的生产基本也还是以自然资源为基础，国家行为也还是在自然资源框架里的行为。

一、以掠夺为手段的国家行为　掠夺是带着动物本性和本能的弱肉强食的野蛮行径。掠夺主要是对自然资源的掠夺和对人口的掠夺，掠夺的形式有战争形式的掠夺、殖民形式的掠夺和金融形式的掠夺等多种形式，可谓无所不用其极。

欧洲在封建制度时期以及封建制度向资本主义制度转变时期，是掠夺最为疯狂的时期。英国的圈地运动是最具典型性的为资本原始积累而进行的掠夺。从13世纪开始，英国养羊业逐步发展起来，到了15世纪对牧场需求越来越大，持续300余年的圈地运动便开始发生。一部分领主开始抢占农民的牧场，将林地、荒地和沼泽地等公有地，用栅栏、篱笆和壕沟等形式圈成他们的牧场。随着羊毛出口量的大幅增长和毛纺织业的发展，这种圈地运动在全国普遍兴盛起来。许多耕地和村庄都变成了牧场，农民流离失所，沦为流浪者和乞丐。当时的都铎王朝为了把这些流浪者变为“自食其力”的人，以立法的手段迫使他们进入农场和工厂做雇佣工人。1530年政府发给老弱病残失去劳动力的人乞食特许证，视为合法乞丐，而身强力壮的流浪者则要受到监禁和鞭刑。1536年政府又规定，有劳动能力流浪者1次被抓，要被游街和鞭刑；2次被抓割去半只耳朵；3次被抓，处以死刑。1547年政府更进一步规定，谁检举告发有劳动能力的游民或拒绝劳动的人，谁就可以将他们变成自己的奴隶；而奴隶一旦逃跑超过14天者，就被判为终身奴隶，并在脸上烙上“奴隶”的英文字头“S”；若3次逃跑，就处以死刑。这种残酷的立法使被剥夺了土地的农民成了工厂的雇佣大军，为英国资本主义发展提供了人力资源保障。

二、以占领为目的的国家行为　以占领土地和扩张版图为目的是这个时期普遍的国家行为，国家之间的征战与吞并愈演愈烈。中国最迟从周朝以来，以占领为目的的国家行为在中国的历史上谱写了无以计数的悲戚与壮烈的篇章。西周时期建立藩国，以藩屏周，就足以见到以占领为目的的国家行为已经成为常态。春秋战国时期，是中国历史上以占领为目的的国家行为的登峰造极时期。这一时期的马其顿帝国亚历山大大帝东征，占领了小亚细亚、征服了波斯帝国、攻占了印度西北大部地域，建立了两座亚历山大城，使马其顿成为西亚和欧洲最强大的帝国。而13世纪的成吉思汗以铁蹄和弯刀横扫了欧亚大陆，将全球五分之一的陆地，以战马的铁掌划进了他们的疆界。

三、以帝国为中心的国家行为 国家产生不久，便进入了王国征战时期，继而进入帝国争霸时期，强化王国实力、扩张帝国疆域，建立帝国、抗御帝国，成为这个时期国家行为的总体特征。早期帝国主要在亚洲和欧洲地区形成。公元前的帝国有亚述帝国、罗马帝国、马其顿帝国和波斯帝国，公元后的帝国有拜占庭帝国、孔雀帝国、莫卧儿帝国、阿拉伯帝国、加洛林帝国、奥斯曼帝国、法兰西帝国和德意志帝国。中国自秦朝至清朝各朝代都是帝国王朝。在美洲大陆上主要是公元11世纪以后的阿兹特克帝国和印加帝国。世界上曾有上百个帝国，至今还有30多个保留帝制的国家。

四、以睦邻为方略的国家行为 以“睦邻”为方略的国家行为据文字记载最早是中国西周时期的齐国。当时周武王封吕尚到东夷的莱夷之地创建齐国。吕尚建国之策的核心可以用8个字概括：因俗、简礼、通便、睦邻。“因俗”就是尊重莱夷的风俗习惯和文化传统，允许他们的生活方式陈陈相因；“简礼”是减少不必要的法规和制度，减少贡赋，保障国民休养生息；“通便”是“通商工之业，便鱼盐之利”，“通”与“便”有着内在的辩证关系，通则便，便则通，不通则闭，闭则不便，不便则不兴；“睦邻”是处理国家外部事务的大政方针。齐国因此而创建了成熟的国家政体和国体模式，为此后历朝历代的国家建设留下了宝贵的遗产。唐朝是中国史上最为鼎盛的朝代，其鼎盛自然有其自身的内在因素，但在文化上，唐承袭于汉，而汉则承袭于秦，秦在很大程度上则是承袭于齐。

五、以盟约为依存的国家行为 地理条件不同，资源条件不同，国家间倚强凌弱是普遍现象，所以弱国之间联盟就成了对抗强国欺凌的有效办法。当一个强国对付不了联合起来的众多弱国的时候，强国也会出现联合和联盟意识及行为；当同一地域的国家受到外来国家的欺凌时，这个区域的国家不分强弱，联合起来一致对敌也是顺理成章的事情，所以强弱联合也成为一种抗衡形式。弱弱联合、强强联合、强弱联合，成为抗衡的必要形式。国家随着人类地理视野的不断开阔，国家间征战距离越来越长，联盟越来越成为一种趋势。联盟、结盟，成为休戚与共的政治共同体和利益共同体，形成集体自卫权。

第三节　全球化和全球学时空里的国家行为逻辑

全球化应该是当代人们行为的基本范式，是人类生存的终极方式。

一、全球化与全球学　在很多时候，我们是从国际化那里去认识全球化。这种认识路径并不正确，而且一直伴随着一条随时都有可能跌入的歧途。全球化与国际化在多数情况下都是极度容易发生混淆的。全球化与国际化是名副其实的不等式，两者看似相近，实则相去甚远。国际化是国家间的行为关系，是作为独立体的国家之间的互动；全球化是世界社会整体化和一体化，国家间的互动是全球社会的内部运动，不再具有独立意义。所以，国际化与全球化的根本区别在于各个独立体间的个体互动与由多元的越来越不具有独立意义的独立体构成的一体的内部运动的区别。因而全球化与国际化尽管是互动互补相互依存的，但是两者的向量空间元素是不对称的：国际化的一切行为都在促进全球化的扩展，而全球化的一切行为都在促使国际化的萎缩，国际化的全部行为越来越成为全球化的内部行为。这是全球学的原子内核。

全球化作为一种现实，至今有近五百年的历史，大航海和海外扩张的遗痕仍深深地刻录在地球的表体上。这些刻录像考古学资料一样证实着那个伟大而又疯狂的时代。英国至今在本土之外还有它的许多属地，如圣赫勒拿岛、查戈斯群岛、皮特凯恩群岛、百慕大群岛和维尔京群岛，离本土最远的皮特凯恩群岛有 1 万千米之遥；法国本土之外的属地也很多，如留尼汪岛、凯尔盖朗岛、新喀里多尼亚岛、马克萨斯群岛、瓜德罗普岛和马提尼克岛，其中凯尔盖朗岛远离法国本土 100 个纬度，也是 1 万千米之遥。这些岛屿，都是海外扩张时代的历史碎片，但每一碎片都完整地记录着那个时代的全部历史。

全球化作为一个学科，滥觞于20世纪下半叶世界市场形成时期。可是，这是一种后续论证的概念。全球化的概念实际是缘起于太空开发和环境保护。由于太空开发和环境保护的全球性，使全球化的概念呼之欲出。在探讨全球化形成的基本要素的时候，首先要明确两个基础性的问题：一个是人文地理，另一个是社会制度。也就是首先要有全球人文地理的整体性。整体的地球地表地理是大陆加海洋。海洋本是陆块间的阻隔，只有海洋成为陆块的联结体的时候，陆地和海洋连为一体，人文地理的整体性才得以实现，于是将全球化起始点追溯到了大航海时期。社会制度中有一个关键词：殖民化。首先是欧洲殖民，殖民化以殖民制度代替了殖民地原本的各式各样的制度，将世界各区域的社会制度以殖民化作了第一次整合；接着是以美国为主导推行的非殖民化对世界各区域的社会制度作了更大范围的第二次整合，在世界范围内推行以自由资本主义和代议制民主为主体架构的经济与政治制度。此后迅速发展的交通和通信，成为全球化的经络与血脉。

应该承认，全球化概念的提出并非有一个既定的统一的全球化标准，最先是某一学科的学者以某一学科的视角提出来的。所以，全球化概念的使用者有各自不同的重心。经济学家对全球化概念的把握主要在于经济的一体化，在于国际市场和国际分工；文化学者对全球化概念的把握主要在于文化的一体化，在于信息、网络和地球村；政治学家对全球化概念的把握主要在于世界的政治格局，在于世界政治关系的全球性。在经济领域，对全球化的定义太囿于经济立场，所谓全球化就是经济的全球化。全球化不可能只有经济 1 个维度，起码还有政治和文化两个维度。离开这 3 个维度定义全球化，全球化的概念是残缺的。这大约也是西方经济学家定义全球化的通病。用全球学的观点来定义全球化，则必须有这样几个依据：全球化的人文地理依据，全球化的时空依据，全球化的政治、经济、文化和科学技术等依据。没有人文地理依据，世界上的人类彼此是隔离的，就没有全球化的基础，就没有全球化的前提条件；没有时空依据，人类没有进入同一时空，就没有全球化的格局，就没有全球化的外在形式；没有政治、经济、文化和科技等依据，人们的生产与生活互不相关，文化与信息互不相通，科技成果不能共同享用，就没有全球化的实际内涵。全球化有 4 个量度：广度、深度、速度、溶度。广度是全球化涉及的量度，通常以国家为基本单位，全球有多少个国家已经融入了全球化，如果没有超过绝大多数的广度，就构不成全球化；深度是渗透程度；速度是进展程度；溶度不仅仅是融汇程度，最根本的是作为国际基本单位的国家在全球化中的溶解程度，实际上也就是国家要素的消解程度。如果国家主权还是像最初那样具有至高无上的自主性和绝对的排他性，那么全球化只能是个加和的拼盘。因此，全球化的外在形式是地理的水陆一体、时空的世界一体；内在形式是政治的命运一体、经济的生产一体、文化的多元一体、信息的网络一体、交通的流储一体、科技的应用一体。

（一）经济全球化 经济全球化的实质就是国家经济边界消失，世界成为了一个经济单位。生产一体、贸易一体、消费一体，这是经济全球化最显著的 3 个本质特征。

18 世纪的中后期，人类社会首次出现了大规模的洲际贸易活动。在此之前，尽管很早就有跨洲的贸易活动，然而是小规模的、零星的和不成体系的。18 世纪中后期的大西洋贸易活动创造出一种全面的跨洲贸易模式，欧洲需要的烟草、蔗糖和咖啡，由美洲的种植园提供；美洲种植园的劳动力由非洲的奴隶充任；非洲需要的朗姆酒、布匹和金属产品，由欧洲提供。这样，就形成了洲际三角贸易模式。这种洲际三角贸易模式，是经济全球化的母本。

布雷顿经济体系、世界银行、国际货币组织和世界贸易组织，搭建了经济全球化的基本构架。世界经济论坛可以看做经济全球化的引领者。这个论坛由 1000 多个规模超级、技术顶级、世界品级的跨国公司组成，吸纳了全球的企业精英和经济学家。论坛以年会的形式讨论和预期全球经济发展走向。许多国家政要积极参加年会，共商世界经济发展大计。例如，2010 年年会主题是“改善世界状况——重新思考、重新设计、重新建设”，2014 年年会的主题是“重塑世界：对社会、政治和商业的影响”。中国自 1993 年起一直积极参与论坛活动，1981 年至 2006 年，该论坛与中国联合在华举办“中国企业高峰会”，2007 年开始每年在中国举行“夏季达沃斯论坛”，也称之为“世界领军者年会”。现在世界经济论坛中有中国会员 60 多家。自进入 21 世纪以来，全球跨国公司的数目激增，新兴市场如雨后春笋，经济全球化突飞猛进。在经济全球化框架中的各国，已经实行或即将实行出口导向经济发展模式，激发交通运输业立体膨胀。与之相随的是能源市场的旌旗招展。同时也应该看到，经济全球化导致资源极度透支，资源的消耗率超越了资源的再生率和替代率，环境的污染速度超越了自然分解的速度，这种透支实际上是透支未来，人类自己将自己推向绝地。因此，控制经济增长、遏制消费欲望，成为当前亟待解决的问题。

（二）文化全球化　经济和文化虽然是两个性质不同的概念，但两者是不可分割的，在大文化学里，经济活动本身就是文化。所以，经济一旦全球化，文化全球化就成为一种必然，在多数情况下经济全球化就已经标示着文化的全球化。

文化是人类生存状态。当麦哲伦环球航以他行为的轨迹将地球的陆地与海洋完整地连在一起的时候，文化全球化的底色便已经铺就了，其余都属于在这片底色上的文化绘画。从这个层面上讲，文化的全球化要远远早于经济的全球化。

1. 东方文化与西方文化的对接与交流　东方文化是世界上最为古老的文化。世界 5 处文明发祥地有 4 处在东方的亚洲。在许多个世纪里，欧洲一直仰慕中国的先秦文化。中国在 2800 年前就有了世界第一部诗歌集《诗经》，春秋战国时期有诸子百家，有老子、孔子、墨子、孟子、庄子和荀子等诸子，有法家、道家、儒家、墨家、阴阳家和名家等百家，2300 年前就有了大诗人屈原。陆上丝绸之路激发了欧洲人从丝绸和瓷器以及茶叶等方面了解中国文化的兴趣。欧洲的作家们认为在古代世界三大洲中，亚洲是最富庶的地方，是人类的故乡，是耶稣现身人世之地，是伊甸园所在地，是宗教、艺术、法律和城市生活以及君主国家政体起源地，是文化发散的中心地。尤其是 13 世纪马可·波罗游历中国后撰写的游记问世，使欧洲掀起了了解中国的热潮。当年的一位德国学者惊讶而钦佩地说：“在欧洲人的导师希腊人学会阅读以前，东方民族已经产生编年史和诗歌，并且拥有完整的宗教和伦理。”

奥斯曼帝国曾经是欧洲人仰慕的帝国，这群突厥人以自己的首领奥斯曼命名的帝国，疆域跨中东、北非和巴尔干半岛，称雄世界。但是 17 世纪之后奥斯曼帝国因王朝堕落、行政腐败和军事软弱等原因渐渐在欧洲人心目中失去地位。而这时，正是中国文化影响欧洲渐成强势时期，欧洲人的兴趣完全转移到了中国。

2. 欧洲文化在南北美洲的移植　美国成立后文化几乎一片空白。美国从公元1776年建国直到19世纪20年代，国家的书籍有80%是从欧洲引进的。英国的一位评论家说："在全球各地，有谁读过一本美国的书？看过一场美国的戏，见过一幅美国的画或一尊美国的塑像呢？"那时美国人心虚，拼命模仿欧洲文化，甚至把希腊式的教堂作为公共建筑物，还有人去欧洲购买城堡，拆了石头运回国，再一块一块地复原建起来。那时的美国人甚至都不说自己是美国人，而自封为英国人，这并不是要获取瞧不起他们的英国人的认可，而是为了在本国人面前提高身价。所以，美国的欧洲文化不仅有殖民的移植，也有美国人自己的引进。19世纪20年代之后，特别是美墨战争之后，领土扩张基本结束，国家版图基本定型，社会科学研究和文学艺术创作才渐渐兴盛起来，至70年代摩尔根的专著《古代社会》出版，著名作家马克·吐温出现，美国文化才有了跨越式发展。到20世纪中期，大约也就是经历半个世纪的时间，美国文化就风靡全球了。这是英国人没有料到的速度，这种效应，即使有着五千年文明史的中国也自愧弗如。中国正在重新确立中国文化在文化全球化中的定位，有关部门自2004年至2013年相继在世界117个国家和地区建立起435所"孔子学院"，这是一种传统的承继——中国早在20世纪初就在日本、韩国、越南、马来西亚和印度尼西亚等国家建立起多个孔教会和孔学会，因此"孔子学院"之举是将中国文化推向世界文化中心的预期性努力。

3. 遍布全球的殖民文化　欧洲是航海时代开启之洲，也是殖民文化滥觞之洲。殖民文化可以直接表述为由殖民而产生的文化。殖民文化交流是世界多国文化交流的特别形式，尽管是带着血迹弥漫着血腥的交流，然而却是文化全球化的首次推动。殖民文化传播有征战形式，也有商贸形式，因而传播广泛，像山火一样燃烧全球。非洲、南美洲、北美洲、大洋洲和亚洲，到处燃烧着殖民文化的山火。

非洲大陆是殖民掠夺的重灾区，同时也是殖民文化的富集区。1788年，英国人成立了"非洲协会"，宗旨是"探测神秘的地理环境，查明资源，改善这块招致不幸的大陆的条件"，先后对尼日尔河和尼罗河等流域进行考察。时过82年后，1870年比利时国王利奥波德以帮助非洲引进文明为由，在布鲁塞尔召开会议，成立了"中非洲探险与开化之国际协会"，实施对非洲资源的掠夺。此后法国、德国、葡萄牙和英国等国家，参与了对非洲的争夺。为此，1884年在柏林召开了国际会议，对瓜分非洲作出决议。30年后的1914年，非洲完全成了另一种欧洲版图：法国占有突尼斯、阿尔及利亚、摩洛哥、马达加斯加、法属刚果和法属索马里等地；英国占有南非联邦、巴苏陀兰、贝专纳、尼亚萨兰、罗得西亚、英属东非、乌干达、桑给巴尔、索马里兰、冈比亚、埃及、塞拉利昂和尼日利亚等地；德国占有东非（部分）、西南非、喀麦隆和多哥兰等地；比利时占有刚果等地；葡萄牙占有东非（部分）、西非和几内亚等地；意大利占有厄立特里亚、利比亚和意属索马里兰等地；西班牙占有里奥德奥罗等地。在奴隶贸易出现之前，非洲各种族都有完善的政治、经济和社会体系，欧洲殖民主义斩断了非洲既定的发展连环，破坏了既定的发展建构，致使非洲出现全面分裂，融入欧洲中心主义文化，欧洲的语言也成了这片大陆的主要语言，道德规范也由欧洲价值观决定。有学者断言，欧洲殖民主义对非洲文化的破坏比对其结构的破坏更为严重。

（三）政治全球化　政治全球化主要体现在各国政治主张的全球化博弈。这种博弈是在全球视域里进行，碰撞、对冲，貌似各持己见，其实质是裂变式整合，这种整合的驱动力是全球正义。全球正义正是政治全球化的核心内涵。由于国家主权的至高无上性，因而全球政治不同于国家政治。国家政治可以在国家主权干预下推行，依靠既定的政治方针和政治路线，实现国家的政治主旨和政治纲领。而世界社会没有主权，没有中央权威的主张，世界政治没有中央权威干预和推行，依靠的是联合国的倡导，依靠的是世界各国的共同立场和国际舆论的力量。因而大国政治的力量就显得举足轻重，大国政治对政治全球化的影响力更显得非同小可。这种影响力往往从大国关系上反映出来。所以，大国政治和大国关系，是影响政治全球化的两个重要因素。

美国自信拥有世界最好的政治制度，认定美国的价值观是普适的，自诩美国是人类的代表。所以美国一向主张以美国的政治主导世界，做世界领袖。正因为如此，美国政治家们在谈论美国政治的时候，几乎是一个声音：美国最大的政治是不可以有敌对的超级大国出现。而且他们把世界大国分为既成大国和崛起大国。既成大国显然是美国，而崛起大国也许不止一个，然而美国眼中只盯准一个，这就是中国。所以，遏制中国崛起，就成为美国的最大政治。

中国早在20世纪60年代就宣称“不称霸”。实行改革开放后，更是反复声明中国珍惜世界和平环境，在外交上恪守“结伴不结盟，对话不对抗”的理念，以图民族复兴。然而复兴就是崛起，美国认为崛起就触及了美国政治。美国从骨子里就不相信世界上有不称霸的大国，大国的逻辑就是称霸逻辑。米尔斯海默认为，在没有国际权威统治国家的世界里，大国就是支配性国家，损人利己，追逐权力，因此大国间必然产生冲突。米尔斯海默一直认定中国是美国最大威胁。2012年5月他来华时同中国人民大学一位执行院长有过一次对话，并将对话内容在《环球时报》上发表。他说：“美国忙于中东战争是中国之幸。”言外之意美国一时腾不出手来收拾中国这个隐患。他还说：“我一直认为，中国不能和平崛起。”何为不能和平崛起？是他人不让和平崛起，还是自身不能够和平崛起？显然这其中还隐匿着一个论断：中国只能非和平崛起。于是，“中国威胁论”席卷全球，人云亦云，风声鹤唳，遏制中国崛起，似乎成了全球政治。

于是，世界许多国家在中美关系中选边站，成为政治全球化的一大特色。

中美关系因此而成为世界政治的轴心。由于这个轴心的旋转与辐射，导致中美关系全球化。事实应该非常清楚，中美关系全球化并不等于中美政治全球化，可是最终还是被误读误判了。尽管大国政治往往对全球政治有很强的导向力，然而大国政治绝不等于全球政治。作为大国理应对全球有更大的贡献，但不可以以大国自居而恣意左右甚至妄图控制全球政治。

由于经济的全球化，由于文化的全球化，从经济体系和文化体系中折射出的政治也就皈依了经济和文化的全球化范式。也就是说，政治全球化不可能脱离或超越经济全球化和文化全球化的范式。这种状况是不以大国政治为转移的。也等于说，不管是既成大国还是崛起大国，要控制全球政治是根本不可能的。

如此种种认识上和理论上误区的出现，在于全球学尚没有完整地建立起来。学科创建和完善总是要依赖于现实成果，全球学直到世界市场出现雏形时方才孕育。从发展的实际情况看，全球化的各种因素并非同时形成并驾齐驱地发展，世界各国对全球化的认知、态度和把握差异很大，应对措施也大不一样。学者们对全球化的理解不同，认定依据不同，研究全球化的出发点和关注点也不同。英国、美国、加拿大等国都成立了全球学学术团体，中国对全球学研究也较为关注，但这仅仅是十几二十年的事情，而且全球学的学科建设并没有统一学科根据和统一学科行为，已出版的全球学论著更是凤毛麟角。所以，全球学要完善学科建设和健全学科体系，还有很长的路要走。

就目前进程而言，全球化具有不均匀性和不可控性。所谓不均匀性主要是地理和时间上的不均匀性，全球化并非实际发生在所有国家和地区，也并非在相对集中的时间里同时发生在世界的各个角落；所谓不可控性，主要是全球化的发生和进展，并没有与之相适应的控制和管理的中央行政机构。还有一个原因，全球化本来就是一个自在过程，要实现人为的控制很难，至少不会被现在的世界社会结构体系所轻易驾驭。美国和英国都自以为是全球化的引领者，但这仅仅在自由经济领域，而且也未必能够坚持到底。

二、全球化时代的全球化危机　关于全球化的危机，联合国开发计划署曾以全球化的后果作过这样的表述：全球化的后果是“不公正和不平等日益扩散——财富和权力越来越向某些特定人口、国家和企业集中，其他人口、国家和企业则被边缘化。”这既是全球化的后果，也是全球化后果的根源。遏制不公正和不平等蔓延，是消除全球化危机的重要措施。

公正与平等，主要体现在财富和权力上。以公元1500年划线，之前的财富和权力都局限在地球的各个陆块上，欧洲和亚洲的财富和权力仅在欧亚陆块上，非洲的财富和权力仅在非洲陆块上，美洲的财富和权力仅在美洲陆块上，没有跨陆块的财富流动和权力扩散，财富和权力造成的不公正和不平等也仅在各自的陆块上，没有全球化的后果。公元1500年之后陆块被连在了一起，全球成为一个整体，财富全球流通，权力全球扩张，不公正和不平等全球蔓延。这种状况分为两个时期，一是1500年到1800年，这300年是全球殖民鼎盛时期，财富流向殖民国家、权力聚集于殖民帝国。殖民帝国是不公正和不平等的最大制造者。二是1800年工业革命之后的时期。这个时期工业国家依靠先进的科学技术手段，以优于非工业国家的实力掠夺世界资源，财富流向工业国家，权力聚集于工业帝国。

自公元1500年以来世界有4次大动荡和1次大僵局，这就是全球殖民、两次世界大战和经济大萧条，1次大僵局是美苏冷战。这4次大动荡和1次大僵局，全面诱发了以财富和权力为主体特征的全球化不公正与全球化不平等。

全球殖民发端于奴隶贸易。1442年葡萄牙亨利王子的两个船长把12个非洲奴隶带回里斯本，两年后，再次从非洲带回235个奴隶，并在拉古什出售，跨度400年的奴隶贸易自此开始。1510年欧洲人开始向南美洲种植园输送奴隶，奴隶贸易如火如荼地兴盛起来。欧洲人从本国港口载上货物航行到非洲，卖完货物装上奴隶，从非洲经大西洋运到南美洲卖给甘蔗种植园主，随后再装上甘蔗种植园的糖浆、稻米和烟草返回欧洲。财富由此开始跨洲流动，殖民的敛聚力量，使世界财富源源不断地流向欧洲。有数字表明：被贩卖的非洲人有42%沦为加勒比海甘蔗种植园奴隶，有38%在巴西矿山和甘蔗种植园，有15%在拉丁美洲，有5%在北美从事低下劳动。殖民时期仅从非洲运出的奴隶就有4000万名。这些奴隶创造了大量财富，这些财富以不公正的流向，汇入殖民国家麇集的欧洲。

世界大战前后共发生两次。第一次起因是1914年6月28日奥匈帝国皇储斐迪南大公夫妇在巴尔干半岛的萨拉热窝被刺杀。第二次世界大战起因是1939年9月1日德国以闪电战入侵波兰。在两次世界大战之间，1929年发生了全球性的经济大萧条，信贷货币危机、工业危机和农业危机同时爆发，持续了4年。大萧条源于美国，波及全球，中欧、东欧和拉丁美洲尤为严重，德国、英国、法国和日本等主要资本主义国家急剧动荡，企业破产，银行倒闭，工业产值下降三分之一，国际贸易额下降三分之二，失业人口三千多万。仅美国就有13万家企业破产，半数银行倒闭，全国三分之一的人口断了收入来源。这些资本主义国家急切地想转嫁危机，使危机波及殖民地和半殖民地国家。这种状况诱发了欧洲普遍的右倾思潮，希特勒和墨索里尼在这种经济环境和政治气候里上台，间接地成为诱发第二次世界大战的潜在因素。

美苏冷战，不打不和僵持44年，世界各国以美苏合并同类项，财富和权力也形成了以美苏所制导的两大流向与聚集方向。

全球殖民、两次世界大战、经济大萧条和美苏冷战，这是五百年来世界的5个超级大事件，导致了世界财富全球化的不公正流向，世界权力全球化的不平等聚集。最终结果是，欧洲世界首富，美国全球独大。世界的这种一洲首富一国独大的单极格局，更是加剧了不公正和不平等的日益蔓延，财富和权力越来越向特定人口、特定国家、特定企业集中，而其他人口、国家和企业则被边缘化。

五百年来的这5个超级大事件，造就了世界一洲首富一国独大的畸形格局，使世界的天平发生严重倾斜，这种倾斜的直接后果是削弱了人类化解全球化自在危机的能力，并旧疤加新伤般地叠加上人类在全球化行为中所造成的自为危机，这些危机主要是生态危机、科技危机、文化危机和信仰危机。

（一）生态危机 时至20世纪下半叶，卫星的全球视野将整个世界一览无余，这种状况不仅激励了人类全球意识，也刺激了人类干预和控制全球的欲望。人类开始全方位地获取自然资源，世界成为了大生产的大基地。生产在高科技条件下快速发展，资源的被无度开发导致资源消耗的急剧增加，生态失去平衡，生态系统日趋崩溃。2013年5月在肯尼亚内罗毕召开的第二届联合国环境大会发布的《全球环境展望》报告指出：亚洲西部和中东地区土地退化和沙化，拉美和加勒比海地区污染加剧，非洲地区自然资源正面临城市化、工业化和人口增长压力，亚太地区经济快速增长为生态系统带来严重压力，欧洲的自然资源被过度开发。这种全球化的生态危机严重地危及人类的生存。

全球化的生态危机并不完全是全球化直接造成的，而是时代造成的。工业文明出现后，生产和污染成为一对矛盾，由于重生产轻治理，污染问题日益加剧。1930年12月比利时马斯河谷烟雾事件，上千人中毒，60多人死亡；1952年12月伦敦烟雾事件，4000多人死亡；1965年日本四日市二氧化硫排放量高达14万吨，导致两千多人患哮喘病；1986年4月26日苏联切尔诺贝利核电站爆炸，当时宣布死亡31人，后来，当时属于苏联的乌克兰于1992年公布为7000多人死亡；1999年5月28日比利时发生饲料加工厂和养鸡的鸡饲料被致癌物质二恶英污染事件，与鸡和鸡蛋相关的数百种食品被污染，严重威胁着比利时及整个欧洲人的健康；2011年3月11日日本因地震和海啸引发的福岛核电站多个反应堆爆炸导致核泄漏，整个世界的空气被污染，整个海洋被污染，在世界任何角落的空气里和海洋中都可以检测到日本核电站泄漏出来的放射性元素。即使生态问题如此严重，工业化行为体几乎一致反对或公开抵制环境治理和环保立法。

世界经济空前发展，生产无国界、销售无国界的世界经济一体化，让满世界的人都擅长以经济思维处理国际关系，包括政治关系。发生这些问题的原因在于人类自身。人类对全球化的到来并没有足够的心理准备、思想准备和及时的认知，长期以来对全球化没有理性认识，无节制地追求利益最大化。现在，世界资源的消耗已经达到了前所未有的令人忧心如焚的程度，尤其是发展中国家的资源消耗伴随着巨大浪费：一是资源开发不合理，二是资源使用不合理。根本的原因在于企业与政府过于经济化，低水平产能扩张，造成产能过剩。

（二）科技危机 科技危机指的是科技伦理危机。科学技术是社会发展和人类文明的动力与保障，没有科学技术，就不可能有现代社会。现在的高科技为人类的高效生产和优质生活，创造了前所未有的条件。然而科学的发展轨道往往脱离了科学的本身，走到了非科学的道路上去，与人类伦理相悖，甚至出现反人类行径。第一次世界大战期间德国化学家哈柏发明了毒气，将氯气用于战场，而且他乘坐飞机到战场上空观看，看到对方官兵一片一片地倒下，心中充满了成就感。所以，当科学运用于军事杀戮时，与人类伦理产生了严重的冲突。

关于科学与伦理的最近一次世界性讨论，是由于克隆技术的出现。1996 年 7 月 5 日在英国的实验室里出生了一只克隆羊。克隆羊像序曲一样，继而又进行克隆人的实际研究。2014 年，英国又成功地进行了一男两女的人工授精试验，一个男人的精子和两名女人的卵子，孕育出一个父亲两个母亲的婴儿。现在，合成人类 DNA 计划正在实施，最新的人类胚胎基因编辑技术正在成熟，定制婴儿或将成为现实，这有悖于人类伦理。世界各国的科学界、政界、宗教界和民间对克隆人技术都作出了强烈的反应。美国为此成立了国家生物安全委员会审查克隆人技术在伦理、道义和法律上可能存在的问题，并于 2015 年 12 月 1 日在华盛顿举行为期 3 天的人类基因编辑峰会，上千名科学家、决策者、科技顾问广泛讨论基因编辑技术所带来的影响。在理论上，克隆可以复制同一个样本人的基因，形成批量化生产，人类的生命就等同于工业制造和手工艺产品。世界上一旦出现克隆人，那么人类就包括了 3 种人：自然人、克隆人和机器人。克隆人的人和研制机器人的人是自然人，而克隆人是没有血缘的无亲情的人，机器人是没有情感只听从指令无血肉的人，如此一来世界更加复杂化了，人人关系的涵义发生了改变，自然人与克隆人的关系，将成为最新最复杂的人人关系。人类伦理的涵义由此发生了改变，人类的世界主人的涵义也由此发生了改变，世界不仅仅属于自然人，也属于克隆人。自然人与克隆人同世界的人地关系也发生了改变，人地关系包括了自然人与世界的人地关系和克隆人与世界的人地关系。人类自己颠覆了自己。

诚然，科学伦理危机未必就被人类所普遍认同。这里的根本原因就在于伦理受制于文化传统、道德传统和审美传统。然而，人类总应该有一个基本的伦理原则和尺度，否则人类社会就没有了维系的伦理标准。以人文精神引领科学发展，逐渐成为人类共识。

（三）文化危机　文化危机主要是人们的生存理念危机，其中突出的表现是消费主义、物质主义和享乐主义的生存理念。

消费主义不全等于消费主张。在人类几千年的生活里，劳动是为了满足衣食住行基本生存的消费。工业社会到来后生产率日益提高，生产效益远远超过基本生存之需，劳动者收入的一小部分就可以满足基本生存的必需消费。于是就出现了凯恩斯所提出的问题：生产率红利如何消费。消费主义也正是在生产率红利的消费中产生。消费主义的本质是消费在意。消费在意有两个义项：一是自我在意，满足个人消费愿望；二是他人在意。他人在意是在意他人，既是对他人消费的在意，也是在意他人对自己消费的在意，本质是消费攀比。

消费是生产产品的消耗，这种消耗有两种途径，一种途径是自给自足式的直接消费，比如农民种的粮食直接用于生活；另一种途径是运用市场的货币规律实现产品分配，通过市场实现的消费。在市场逻辑里消费是市场存在的根本，没有消费，也就没有市场。刺激消费是市场的本性，这为消费主义提供了“市场”。在经济学的逻辑里，消费是经济发展的引擎，没有消费经济就不能发展。人类要生存，要生活，就要消费。然而自然的消费并不直接等于经济学里的市场消费。经济学认为鼓励消费就等于推动发展。因此，经济学永远不会谴责消费主义。

对消费主义的外延应该重新界定。持消费主义理念的并不只有消费者，还有生产者。从市场角度讲，不仅仅是买方，还有卖方。市场上的卖方虽然不是消费者，却是最大最坚挺的消费主义者。他们是彻头彻尾的经济达尔文主义者，鼓吹消费、诱引消费、推动消费，以销售的最大化实现利润的最大化，为了销售无所不用其极。虚假广告、哄骗促销，甚至替消费者计算投资消费的回报率，借以实施经济诱惑。至于消费者消费的合理程度如何，消费者消费目的如何，实际究竟有多少回报则事不关己，哪怕破产跳楼也置若罔闻。政府为了市场，为了经济发展，对大宗商品实行政府补贴，在市场不景气的情况下，会出台种种拉动内需的政策，这种拉动内需的政策，往往把不合理的消费也一起拉动起来。

还有更为重要的一点，就是对消费与增长两者内涵的最后界定。本来消费就是消费，增长就是增长，两者泾渭分明，并不混淆。如果说消费就是增长，那就要到诡辩学里见面了。可是在财政会计学上往往就是这样泾渭不分牝牡骊黄。表面上，内需消费增长了国内生产总值也就增长了。然而，消费不是生产，经济并不直接体现财富，经济增长不完全等于财富增长。消费增长在货币统计上似乎理所当然地被视为经济增长，而实际却是财富的减少。金融交易是货币经济，交易增值更是理所当然地被视为经济增长，然而这里面并没有财富成分，物质财富是零增长。融资的价值在于货币的流通与使用，但并不是直接的财富创造。财富增加才是经济增长的本质。消费和流通以货币体现的增值，不是财富的增加，这一点必须时时厘清。如果单纯以消费的货币量体现经济的增长量，就会产生奇怪的逻辑：开汽车的人比骑自行车的人消费高，开汽车的人消费的是汽油和汽车，而骑自行车的人消费的只有微乎其微的磨损费，所以开汽车的人比骑自行车的人对经济增长贡献大。同理，吃山珍海味的人比吃粗茶淡饭的人对经济增长贡献大。那么，吸烟的人比不吸烟的人对经济的增长贡献更大。这就产生了一个可怕的逻辑：不消费的人没有消费的人对经济增长的贡献大，不享受的人没有享受的人对经济增长贡献大，节俭的人没有奢侈的人对经济增长贡献大。于是，消费伦理出现了问题，挑战了消费正义，以节俭和朴素为导向的精神文化，变成了以铺张和奢侈为导向的物质文化。如果直接将消费兑换成对国家的贡献，那么许多人要愤怒呼喊天下无理了，这个事实被表述成：不享受的节俭的人没有会享受的奢侈的人对国家的贡献大。那么在国家正义里，富人就要比穷人更有道义，奢侈和浪费比节俭更有道义。如果从只有资金流动才可能有经济发展这个角度讲，应该鼓励消费，但是应该有个前提，这就是正当的消费和合理的消费，而不是奢侈消费和铺张消费，唯消费而消费。事实非常清楚，国内生产总值标志着经济系统货币流动速度，同时也标志着生态系统资源变成废物的速度。那种资源消耗不被计入成本的增长，甚至消费式增长，在许多情况下是自欺欺人的。这种增长不是生产出来的财富的增多，增长数值越高标志着财富消费越多，货币就迅速贬值，最终结果是通货膨胀。把消费直接变为增长，就等于在账本上直接将支出写成收入。现在许多发展中国家的经济增长是不计自然资源成本的，自然资源被透支，实际等于借明天的钱鼓今天的腰包。可是到了明天呢，明天是无法向昨天讨账的。

物质主义沉迷于物质欲望，将人生目标的诸多部分设定在无意义的物质消费上，忽视精神层面价值观的构建，为获得财物而不择手段、铤而走险。这是社会犯罪的根源，也是社会腐败的根源。对于平民百姓这样的物质主义者，其不择手段、铤而走险，也就是坑蒙拐骗、撬门扭锁；而对于政府官员和企业高管这样的物质主义者，其不择手段、铤而走险，那就非同一般了。中国“君子固穷”、“不役于物”的文化传统，在他们那里被荡涤殆尽。

享乐主义是建立在功利主义基础上的一种价值观。而功利主义的基础是原始的利己主义。最早的享乐主义的观点产生于公元前 4 世纪古希腊的哲学家。他们崇仰快乐论，认为生活的目的就是享受身体上的快乐，既然人存在着种种要求，那就应该去满足这些要求，从而实现人生的目的——享乐。这是享乐主义的古典定义，直至今天也没有本质性的改变。享乐主义就是满足自身的欲望，并将其作为人生的目的。18 世纪，英国杰里米·边沁将功利主义提升到了理论高度，首先把功利建立在平等的基础上。他说：“每个人只能算作一个人，没有人能算作一个人以上的人。”他将功利主义与公共幸福联系起来，认为获得公共幸福最好的方法就是让各人各自追求其自己的利益。这种观点诠释了享乐主义的本质。享乐主义是对人生的创造性和创造力的最大消解。社会财富是创造出来的，首先要有创造，之后才可能有财富，有了财富，才有可能消费，才可能有生活的享受。创造性是人类生存的前提，也是财富产生的前提。劳动是人类本色，没有劳动，不可能有财富。那些沉沦的享乐主义者，以其享乐生活理念和行为方式影响社会，消融劳动本色，危及社会财富的创造和产出。一旦享乐主义形成全球风潮，整个人类的创造性和创造力就会被消解；创造性和创造力被消解，世界财富就会减少；世界财富减少，直接后果是对财富的抢掠与争夺，最终战争爆发，人类陷入乐极生悲的苦难。

（四）信仰危机 信仰危机是当前最为严重的精神危机。信仰危机产生的直接根源在人人关系之中。

在人人关系中谎言成为痼疾。说谎是弱者的生存智慧，最初是弱者趋利避害的本能式的应激反应，后来形成思维和行为定势。弱者和强者是相对的，而且也是互相转化的，当弱者正是利用谎言而成为强者的时候，他并不会因为成了强者而放弃使他成为强者的不义方式和手段，而且，他又感到还有比他更强的强者，从而说谎逐渐扩展到强势群体，成为人人关系中的痼疾，侵蚀着社会道德准则，信任危机就此发生。

普天下的人都在悲叹现今世界是充满谎言和讹诈的世界。世界的各个国家，世界的每个角落，都被笼罩在谎言、欺骗和讹诈的雾霾里。为了避免假的侵害，防范意识必然逐步强化，而防范意识强化的本身和过程必然伤害着信任意识。

当一个个体感到他所属的群体与自己的那种息息相关休戚与共的关系不再那么重要的时候，他对这个群体的信赖程度必然降低，个人如此，民族如此，国家亦如此。随着利益集团的出现，利益集团之间的利益争夺，使社会的不信任度越来越高。没有信任，从根本上说就不可能有信仰，即使宗教信仰也是如此。一个政府若失去民众信任，很难建立起民众的民族信仰和国家信仰。国家之间若彼此失去信任，就会爆发世界信任危机。这对于建立世界信仰，建立一个质量密度高、整体性能强的全球化，是致命的威胁。

三、全球化对国家行为的影响　全球化对国家行为的影响是全方位的、立体的，影响到国家各个领域，渗透到国家肌体各个部分甚至每根神经，集中表现在对国家发展战略行为、国家经济行为、国家政治行为、国家文化行为和国家军事行为的影响。同时，在这种影响下，国家也理性地影响全球化、干预全球化，将国家发展战略行为、国家经济行为、国家政治行为、国家文化行为和国家军事行为，都纳入了全球化的框架，形成国家行为的全球化和国家的全球化行为。

（一）全球化对国家发展战略行为的影响　全球化迫使世界各国时时审视自己在全球化中的位置，审视自己的地理空间和地缘因素，确立国家发展战略。

中国在欧亚陆块上多个历史时期都是强大的国家，雄踞在这个陆块的政治中心地位。可是，19 世纪下半叶以来，落后了，落伍了，富国变成了穷国，强国成为了弱国，甚至成为其他国家砧板上的鱼，被宰割，被瓜分。经过一个多世纪的苦难，20 世纪末，中国开始在全球化的视域里审视自己、反思自己，寻找复兴之路，确立国家发展战略。进入 21 世纪以来，中国加快了崛起速度，成为世界第二经济大国和第一贸易大国，这让世界刮目相看，也让世界一些国家产生了杞人忧天的不安。

用历史的眼光来看，16 世纪是人类历史大转折的世纪。之所以称之为大转折，就在于航海事业正是从这个时期崛起，全球化的帷幕也正是从这个时期开启。海洋改变了人类单一的陆地发展的历史。也就是从这个时期开始，国家发展模式不再是单一的陆地模式，出现了海洋模式和海洋与陆地复合模式，国家的发展战略行为也随之发生了根本变化。

1. 海洋战略行为　海洋变通途，将地球各大陆块连在了一起，人类愕然发现，生存空间原来可以如此广阔。陆块边缘国家、面积狭小的国家和自然资源匮乏的国家，由此看到了广阔的前景，向海外发展成为这些国家发展的出路，成为国家富强的战略。葡萄牙率先成为世界第一殖民帝国，西班牙紧步后尘成为主宰美洲大陆的殖民帝国，荷兰成为扩张致富的金融帝国，英国成为殖民地遍及全球的日不落帝国。

2. 海洋与大陆双向战略行为　由于历史和地理的双重原因，法国和美国采取的是海洋与大陆双向战略。在地理上，法国封闭而孤立，有着由大西洋、莱茵河、阿尔卑斯山、地中海和比利牛斯山这种地形形成的"自然疆界"和被这种地形围成的"法兰西空间"。为了突破这种局限，法国历代王朝都没有忘记开疆拓域。路易十四亲政 54 年，有 31 年进行着对外战争。拿破仑既像路易十四那样拓展疆域，又积极进行海外殖民扩张。"雾月政变"成为法兰西独裁者后，他的战略是"用陆地征服海洋"。这正是法国海洋与陆地双向战略的诠释。1804 年，拿破仑建立起包括法国本土、亚平宁半岛和德国南部部分地区的庞大法兰西帝国。

美国起源于 1607 年英国伦敦公司在赞姆斯敦建立的永久性殖民地，独立战争胜利后，国家第一战略是进行国土拓展，由东向西跨越整个北美大陆的"西进运动"，将国土由大西洋西岸推进到太平洋东岸。同时，这些从欧洲大陆漂洋过海来的英格兰人，在大西洋的漂荡中注入了海洋文化精神。所以，马汉提出的海权论，实际是美国实施海洋战略的理论准备，第二次世界大战之后，美国建立起海上霸权，成为世界超级大国。

21 世纪的中国，也正在积极构建海洋与大陆双向战略。历史上，中国国家发展战略一直是重陆轻海，尽管秦始皇 3 次巡海、汉武帝 7 次巡海、郑和 7 次下西洋，然而海洋依旧在国家发展战略之外。鸦片战争接连爆发、八国联军入侵，清朝帝国从被坚船利炮轰开的国门里，战战兢兢地朝门外窥视了两眼，有所悟地要学习西方技术。可是一直到大清帝国灭亡，仍谈虎色变地拒斥西方文化。新中国的自力更生精神，体现了中华民族自立自强的伟大性格，然而这实际上是自给自足意识的跃升，精神得到了升华，思维依旧封闭。直到进入 21 世纪，中国才真正从理论上思考全球化的问题，思考全面构建在全球化框架内的海洋战略，显现出海洋与大陆双向战略的雏形。

（二）全球化对国家经济行为的影响　全球化对国家经济行为的影响主要在国际市场、资源配置、国际分工、国际贸易和国际金融这 5 个方面。

1. 国际市场方面　全球化市场的建立将世界各国经济纳入其中，尽管世界各国都有自己国家的国内市场，有自己国家市场的完整体系，然而都是国际市场的一个部分，受国际市场规律的制约，失去了全球化之前的那种独立内涵。世界各国必须在全球化的市场里确立自己的经济发展战略，而不再仅仅依靠自己国家市场决定经济发展战略。

2. 资源配置方面　全球化的资源配置首先是由国际市场决定的。这对发展中国家的影响尤为深刻。许多发展中国家或者欠发达国家，以出卖资源为经济发展的途径，将自己国家的独特资源和稀缺资源卖到国际市场。相反，发达国家为了保护国家生态而不开发本国资源。美国和日本等国对本国的许多矿物资源不开发或者不全面开发，只利用经济优势从他国进口。稀土问题就是很好的说明。美国和日本都有稀土矿，但却封闭着不开采或很少开采，一直从中国和其他一些国家进口，而且还以种种手段向稀土输出国施压。这种现象正是市场全球化造成的，而这种不同的国家行为，又正是资源全球化配置造成的。

3. 国际分工方面　全球化造成的生产分工导致各国的传统经济战略发生了根本性的变化。全球化的生产分工往往造成国家生产的单一化，产粮的国家越来越成为世界粮食生产基地，矿产国家越来越成为世界矿物资源基地，制造业国家越来越成为世界制造业基地。在此种情况之下，一个国家要综合发展、全面发展就受到了很大制约。因此，一方面适应这种分工，一方面对抗这种分工，抵御这种分工对国家生产体系的破坏已成为世界各国共同努力的方向。

4. 国际贸易方面　国际贸易是达成国际分工的主要推手，一个国家参与国际分工的形式和程度，取决于这个国家国际贸易地位和贸易利益。世界各国市场随着经济的全球化与世界市场联系日益紧密，相互依存、相互影响。全球化在货物贸易、服务贸易和技术贸易的内容上，在直接贸易、间接贸易和转口贸易的交易对象上，在出口贸易、进口贸易和过境贸易的商品移动方向上，在陆运贸易、海运贸易、空运贸易、联运贸易和邮购贸易的货物运输方式上等诸多方面，都会发生各种各样的影响。世界贸易组织是当今世界贸易体制的法律和组织基础，与国际货币基金组织和世界银行，构成世界经济体系的三大支柱。国家在国际贸易方面的实际行为，与这些重要国际组织的联系程度，也受着全球化影响。

5. 国际金融方面　应该说，世界各国都有自己完整的健全的金融体系，都有适合本国国情的金融政策。由于全球化将每个国家的金融业纳入了国际金融体系，那么世界各国原来的金融体系和金融政策就进入了国际金融框架之内，就必然受制于国际金融体系，需要参照国际货币的比率决定本国货币在世界上的价值，甚至它的升值与贬值都受制于国际金融体系。这种制约对本国金融体系束缚性很大，甚至造成某种破坏。2010 年，由于中国国内总值超过了日本，世界上出现了一股企图左右人民币的势力，甚至胁迫人民币汇率升值。时任国家总理的温家宝说：“多么大的经济总量如果除以 13 亿都会变得很小，反之，多么小的问题如果乘以 13 亿都会变得很大。”2010 年 10 月 6 日他在布鲁塞尔第六届中欧工商峰会上说："欧盟领导人和工商界不要参加压迫人民币汇率升值这场大合唱。……如果按照美国议员的要求，中国的汇率要提高到20%～40%，那么我们很多企业要倒闭，工人要失业，农民要回乡，社会要出现动荡，中国的经济如果出现危机，对世界绝不是一件好事。"由此可见，全球化在国际金融体系方面对国家经济行为影响是何等巨大。

（三）全球化对国家政治行为的影响　全球化对国际关系产生了重要影响，甚至不断地改变着世界政治格局。国家的政治行为则要应对这种格局的不断改变。在当今世界政治舞台上，从各大洲情况看，欧洲、亚洲和北美洲是最为活跃的3个洲；从国家情况看，欧洲的俄罗斯、英国、法国和德国，亚洲的中国、印度和日本，北美洲的美国，都是角色意识很强的国家，是活跃于世界政治中心时常在世界政治旋涡中搏击的国家，因而是对世界政治格局影响力最大的国家，同时也是受全球化影响最大的国家。

（四）全球化对国家文化行为的影响　文化全球化，强化了国家文化和民族文化与全球文化的融合。因此，国家文化行为或顺应或抵御，或适应或改变这种全球文化融合的大趋势对本国文化的影响。世界文化可概略地分为两部分，以亚洲文化为主体的东方文化和以欧美文化为主体的西方文化。公元前1万年左右的文化基本是同本质同水平的人类文化。公元前5000年至公元前3000年这个时期人类文化开始出现东西不同的特征，却也是春兰秋菊，各有一时之秀。公元前1世纪直到15世纪，东方成为世界文化中心，中国的汉代、唐代，是影响世界的鼎盛朝代。大航海时代的开启，逐渐改变了世界文化的这种格局，英国工业革命和法国大革命之后，欧洲不仅成了世界的文化中心、经济中心，还成为了世界的政治中心。世界文化形成了农耕文化体系和工业文化体系这两大文化体系。农耕文化体系在亚洲，中心在中国；工业文化体系在欧洲，中心在西欧。葡萄牙、西班牙、荷兰、英国和法国，以海外殖民的方式占据了非洲、美洲和大洋洲。欧洲传教士直接的文化传播，使非洲、美洲和大洋洲迅速欧化，成为文化、经济和意识形态趋同欧洲的一片区域，尤其是美洲和大洋洲。美洲原居民是处于原始时代的印第安人，几乎被欧洲殖民者赶尽杀绝；大洋洲的主要大陆澳大利亚大陆完全被欧洲殖民者占据。所以在一定的意义上，美洲和大洋洲是第二个欧洲。俄罗斯的亚洲部分随同国家的欧洲身份，身在亚洲，意识形态在欧洲。日本在工业革命之初就效法欧洲，成为亚洲最先走向工业化道路的国家。因此，在长达400多年的时间里，欧洲文化占领了除中国之外的整个世界。中国在世界文化中成了文化孤岛。然而，也正是这一点，成就了中国文化，让中国保住了东方文化之根，使中国成为名副其实的世界文化的另一部分，在世界文化东西二元结构里，完整地占据着其中一元。从这个意义上说，中国文化的世界地位是任何国家都不可比拟不可企及的。所以，中国在文化全球化时期的国家行为当如何，也就不言而喻了。

（五）全球化对国家军事行为的影响　经济全球化、政治全球化、文化全球化，军事也全球化了。随着科技的发展，卫星的分辨率达到了 1 米，甚至小于 1 米的亚米，你的国家飘起直径 1 米的气球都逃不过他国的眼睛，而几个军事大国的尖端武器可以打到世界任何角落。世界在联合国的斡旋与筹措下，多次签订限制发展和研制这类武器的条约，可是，表面上的事是一回事，骨子里的事又是一回事。武器你有，我就要有，没有就惶惶不安，特别是核武器。于是，一边公开限制，一边公开研制；一边施压声讨，一边我行我素。这种状况令整个世界不安，那些不拥有核武器的无核国家既惶惶不安也愤愤不平。2014 年 4 月 23 日太平洋上的马绍尔群岛共和国向海牙国际法院提起诉讼，要求全球 9 个拥核国的美国、俄罗斯、英国、法国、中国、以色列、印度、巴基斯坦和朝鲜，履行削减核武器的责任。马绍尔群岛共和国曾深受核试验之害，1946 年至 1958 年的 12 年间，美国在这个国家海域的岛礁上进行过 67 次核试验。《核武器不扩散条约》于 1968 年缔结签署，宗旨是防止核扩散，推动核裁军，促进核能和平利用。本条约第一条规定有核武器的缔约国不向无核武器国提供核技术或核装置；第二条规定无核武器国不制造或不以其他方式取得核技术或核装置。到 2003 年加入条约国共有 186 个。就消除核危机而言，《核武器不扩散条约》的签署显然是个不容易获得的进步。然而这不是个彻底的条约，而是一个维持现状和防止恶化的条约，是一个权宜之计的过渡性条约。正如米尔斯海默所说："将来的决策者所关心的很可能是核扩散，而不是消除核武器。"于是就产生了一个全球伦理和全球公正问题：维持现状就等于有核国家拥有核武器合法化，无核国家要拥有核武器则不法化。核武器不扩散，其实质就是核垄断，只是不是一国垄断，而是多国集体垄断。现在，美国和俄罗斯都有更新核力量的宏伟计划。美俄强核，而要他国弃核，这不公正也不公平，升级了世界安全关切。这是国际安全最表层也是最深层的问题。

四、国家面临的消解和挑战　进入 21 世纪以来，全球化的进程在各种因素的共同作用下不断提速，国家在整体上被从不同的 5 个方面不断消解，同时面临着来自 5 个方面的挑战。

（一）国家面临 5 种消解　全球化对国家的消解或是潜移默化梧桐细雨式的，或是暴风骤雨排山倒海式的，无论何种样式的消解，都是持续的、持久的。

1. 国家认同感被消解　认同是心理学概念，国家认同感是社会学范畴中的心理学概念。国家认同是社会认同的高级形式，表述的是群际理论和社会范畴化理论。社会范畴化理论以共享的社会认同对个体的自我感知和具体行为去个体化，以社会群体资格定义自身。个体会在其所属的群体中获取群体资格，这种资格会赋予个体特定的群体情感和价值意义。国家认同感是国家公民对归属国家整体上认同的心理活动和情感活动，主要体现在对归属国家的自信感、依赖感、归宿感、成就感、荣誉感和整体上对归属国家体制及发展走向的认可与赞同。

国家认同感被消解，首先在于全球化生存。全球化生存的大空间，使人们感到了国家化生存小空间的局限，包括地理局限、资源局限、政治局限、经济局限、科学技术局限、文化局限和社会发展局限等，因而人们越来越依赖于全球化的生产和全球化的生活。全球化大空间的生存方式，使人们逐渐强化了全球意识而淡化了国家意识，淡化了国家身份而渐渐认同全球身份。许多人拥有双重国籍，这些人往往把国籍作为生存的工具，难有对其国籍国深切的认同感。贸易是国家认同感最大的消解力量。全球经济一体化的无国界生产和无国界贸易，时时刻刻都在冲击着狭隘的政治国家主义。大前研一的“无国界世界”也就是自由贸易世界。自由贸易的核心旨意就是减少宏观调控对公司经营活动的限制，提倡自主经营和自由消费。消费的前提是商品的性价比，而不是政治观念，国产货与进口货在一个国度里的竞争是完全公正和公平的，不受政治观念和国家主义及民族主义的影响，消费者在消费市场上没有国籍概念，只问产品的质量和使用价值，而不在意产品的国籍。在发展中国家，民众消费时反而特别追求国外产品，并成为普遍消费倾向和消费心理。国际贸易以其特有的功能消除了国家的经济边界，并以此为基点持续不懈地轰击国家壁垒，国家间没有了经济边界，政治边界就受到侵蚀，主权下的地理边界就逐渐成了纯地理定义的边界。诚如亚历山大·温特所言：“即便领土疆界是明晰的和不变的，领土疆界的社会意义却是可变的。”

几乎所有的国家都希望自己的国家有很强的聚合力，可是这种聚合力随着社会的发展，不再仅仅依靠血统和民族维系，也不再仅仅依靠政治手段维系。实用主义和现实主义作为政治思潮产生之后，很快进入人们的思想领域和意识形态，人们对国家的认识更加趋于理性化，而不是狭隘的民族主义和国家主义。从宏观的国家体制、社会制度、社会保障、社会秩序、生态环境、文化观念、政府公信力、综合国力和发展指数等方面，从经济全球化、政治全球化、文化全球化、跨国公司和国家生产水平等方面，到微观的衣食住行、就业、入学、物价、商品质量和人际关系等方面，都是影响国家认同感的因素。经济全球化激发了人类广泛的经济主义情绪，实用主义和现实主义成为人类行为范式。追求超前和时尚的经济消费，成为人类普遍的消费观，即使是最虔诚的佛教徒也不会非常不现实地苦着现世而求来世。国家认同感弱化，最容易导致意志慵懒，鸵鸟心态，形成社会的潜在危机。需要特别申明的是，作为国家中央政府的行政力和公信力是影响国家认同感的直接因素，政府腐败、官员腐化、政权腐烂、国家腐朽，必然影响国家发展，影响国家在国际关系中的行为力，是消解国家认同感的内在原因。

2. 国家主权被消解　国家主权被消解是相对于传统定义的国家主权的绝对性、排他性、不可让与、不可分割和不可叠加而言，并不是国家主权被彻底地消解，而是部分地被消解，主权属性都不再那么绝对、不再那么排他，封闭的地域性生存被开放的全球性生存所替代。在国内，国家主权建设需要培育更多经济产业实体和文化产业实体，以其作为国家发展的中坚力量，作为国际关系中的次国家行为体。但是，产业实体的发展需要自主权，政府就要放权、让权，实行政企分开，其实质就是国家主权在国家内部让渡与分割。而在国际上，世界的整体性和人类的群体性，越来越要求国家在处理国际问题时的现实性和灵活性。现实性就是国家的既得利益，而灵活性往往就是为了既得利益的主权让渡。但是，若以国家主权被消解而认定国家行将消亡，实属大谬。

3. 国家文化被消解　文化的融合性如同颜色在水中的溶解性，任何人为的强制，其力量都是极其有限的，除非是绝对的隔离，就如同原始族群的地理隔离。然而全球化的本质是融合，是消除隔离，消除地理隔离、族群隔离、经济隔离、政治隔离、文化隔离和观念隔离，不同的地域文化、民族文化和国家文化，在消除隔离的普遍融合中，越来越趋同于世界文化或人类文化。音乐、电影、舞蹈、戏剧、绘画、建筑、服饰和饮食等，都是文化最为直观的载体。旅游业是消解国家文化的部门。世界各国的旅游都是首推异国风情，这一点中国在全球当是名列榜首。中国旅游业和服务行业与房地产业共同在中国各地打造“欧式一条街”和“西班牙风情街”之类的异国文化建筑，推行饮食上的韩国料理、日本料理、汉堡包和可口可乐，推行服饰上的牛仔装和休闲式。西方情人节也被旅游业包装成时髦产品，甚至将中国七夕节定为中国情人节。

4. 国家生产整体性被消解　国家生产的整体性指的是国家完整的生产体系。无论是农业国家还是工业国家，都有自己完整的生产体系。全球化的生产肢解着国家的生产体系，国际市场导致的国际分工打破了国家生产的统一性，而趋向全球化。在国际市场的制导下，国家生产越来越单一化，国家的生产体系被肢解成为国际化生产流水线的一个环节、一道工序，任何一个国家的生产出现问题都有可能牵一发动全身地危及全球生产安全。

5. 国家的民族精神被消解　世界各个国家都有自己国家的民族精神。国家民族精神是国家在形成过程中由血缘传统和领地主义逐渐培育起来的。历史悠久的国家，在其自身的发展与建设中，无论是顺利发展的和平时期，还是经历了动荡的坎坷时期，都对民族精神产生着潜移默化的影响。全球的经济一体化、政治一体化和文化一体化，增强了人口的流动速度和杂居程度，国家心理界限和民族文化界限越来越模糊，国家意识越来越淡漠，领地主义越来越淡化，而趋同性越来越强，融合性也随之越来越强。跨国居住和跨国婚姻成为全球化时代的普遍现象，混血儿的民族认同感一代比一代消减，民族精神一代比一代淡化。正是这些因素在潜移默化地或是明火执仗地消解着国家的民族精神。

国家对于这 5 种消解应该采取积极的态度，不能消极地对抗和抵御。积极做法是驾驭消解，掌握“弯道技术”，循序渐进，以增强国家意识和弘扬民族精神等措置对消解施加适度的反作用力，等于为全球化对国家的消解加一个制动装置，以保证国家不在不应该消亡的时刻而崩溃。现在，有学者认为民族主义和民族国家是与全球化“逆向而进”，谴责民族主义和民族国家正在“碎化”世界。这实际是一种由描述逻辑而形成的激进思潮，只知其一不知其二，以共产主义心理模型套解全球化。捍卫全球化，并不是从去民族化去国家化着手，因为全球化推进所依靠的正是民族和国家的力量，现在虽然是全球化时代，但仍然是以国家为主体的世界，没有民族和国家作为全球化的模块，全球化只能是个空心灯笼。

（二）国家面临的 5 种挑战　全球化使国家面临着 5 种挑战。这 5 种挑战主要由科技竞争、军备竞赛、次国家行为体走上国际舞台、国际关系不断重组和综合国力不断提升所带来的挑战。

1. 科技竞赛　科学技术是全球化时代的开启者，正是科学技术使海洋变成了软陆地，将地球的各陆块无缝地连成了一体。又恰恰由于各大陆块被连成了一体，才促使了科学技术的飞速发展，出现了高科技时代。科技是国家综合国力的基础，科技落后，国家不可能适应全球化的发展，因而在高科技时代里科技竞争成为国家面临着的重大挑战。

2. 军备竞赛　军备竞赛是和平时期两个或多个国家以提升军事力量维护国家主权、保障国家安全和应对可能的战争的互为假想敌的军事行为。

军备竞赛分为常规军备竞赛和非常规军备竞赛。常规军备竞赛是军队常规建设上的竞赛，包括增加新的兵种、更新武器装备和发展现代技术等。非常规军备竞赛主要是核武军备竞赛和太空军备竞赛，甚至有的国家还在研制生化武器。核军备竞赛被视为最危险的军备竞赛。20 世纪中期前后，美国和苏联核武器竞争与垄断同时进行，双方加大核武器研制的军费开支，研制出超高水平的核武器，仅这两个国家的核武器就占了世界核武器总量的 93%。同时相配套的核武器运载工具和多弹头分导技术都达到了世界最高水平。

3. 次国家行为体走上国际舞台　全球化的不断深化，催生了适应它自身发展规律的各种世界组织。全球化不可能只允许清一色的主权国家参与全球化事务，它希望有更多的各种形式的组织参与全球化事务，这是由全球化的本质所决定的。因此，世界各国既要培育和组建各种形式的组织，以利参与世界事务，提升国家在世界中的地位，从多方面争取国家利益，同时又不希望这些各种形式的组织越俎代庖，超越国家主权。2008 年美国上映了一部电影叫《战争公司》，里面有两句台词，一句是：战争是另一种形式的投资；另一句是：由私企百分之百外包的战争。虽然这是一种艺术的真实，但是它给了人们一种深信不疑的生活真实。那些富可敌国的跨国公司，有能力投资战争，也有能力承包战争。这将是国家面临的潜在威胁。

4. 国际关系不断重组　国际关系一直处于不断重组的变化之中，因为国家之间的关系一直就是一种博弈状态，是博弈导致重组。在国家间的博弈中，既可能采用“囚徒困境”行为模式，也可能采用“猎鹿”行为模式，还可能采用“胆小鬼”行为模式。“囚徒困境”模式表述的是囚徒双方共同坚守或共同坦白，抑或相互背叛，主题词是诚信与背叛；“猎鹿”模式表述的是一伙猎人是一直追鹿，还是改为追兔，抑或部分人追兔，主题词是诱惑与合作；“胆小鬼”模式表述的是两车相遇，或共同避让，或单方避让，或互不相让，主题词是风险与规避。之所以会出现这样 3 种情形，就在于博弈的最高法则体现在那句名言上：“只有永远的利益，没有永远的朋友。”现在世界的特征是全球化配备着世界单极化，人类社会进入了美国称霸世界的时代。无论从国家主权意义上讲，还是从国家发展意义上讲，任何国家都不喜欢被他国钳制，让自己的命运攥在别人的手里。所以，在世界大棋盘上各国都在不断地选择、调整、博弈和抗争，以求争取对自己有利的位置，由此而导致国际关系不断被重组，国家政府间的各种组织也应运而生。这就形成了一极多元的世界体系。怎样适应这种世界体系，怎样应对动荡不稳的世界局势，怎样处理不断变化的国际关系，这对任何国家都是挑战。

5. 综合国力不断提升 国家安全不再是传统意义上的概念，不再单单依靠军事力量。安全问题有经济的，也有文化的，经济安全、文化安全也是国家安全的重要方面。国家安全必须以提升综合国力作为保障。综合国力是由多个力量维度构成的，但在根本上也就是两个维度：硬实力和软实力。硬实力以经济为基础，主要体现样式是军事；软实力以文化为基础，主要体现样式是社交。硬实力的“不战而屈人之兵”是以军事的绝对优势为前提的，而软实力的“不战而屈人之兵”则是以文化的绝对优势为前提的。软实力也包括国家地位、声誉和身份，这是战略资产，因而综合国力的提升首先是经济力和文化力的提升。倘若一个国家的文化体系和意识形态被外来文化所颠覆，那么这个国家也许就从根本上丧失了国力。这种危险随着全球化的进程临近而越来越凸显。

对于这种危险，各国都有应对措施，发达国家有，发展中国家也有，即使一向贫穷落后国力极其有限对世界难有作为的国家也有。美国对全球化分析与应对在 20 世纪 70 年代就开始了，美国政府和美国环境质量协会支持有关机构作了《2000 年全球问题》和《全球未来：行动的时代》两个报告。1990 年，美国政府、国际货币基金组织和世界银行在华盛顿召开了 80 年代以来拉美经济调整与改革研讨会，在经济体制、政治体制和文化体制等方面提出了一系列政策主张，称之为“华盛顿共识”。俄罗斯对全球化的分析与应对最迟在苏联时期的戈尔巴乔夫时期就已经开始了。戈尔巴乔夫的“新思维”对苏联的政治、经济乃至对整个国家均产生了巨大影响。俄罗斯的国际社会经济与政治研究基金会作出了名为《21 世纪——全球挑战和应对的世纪》的规划，并有《全球经济——对民族经济的挑战》《全球化世界政治与权力》《生态危机——文明的主要挑战》《全球安全》《人道主义全球主义哲学》《全球世界中的文化对话》《正形成体系的俄罗斯》等若干个子规划。中国从 20 世纪 70 年代就采取了一系列的行动，最大的、决定性的和关键性的行动，就是打开国门，改革开放，全力提高国家在国际关系中的地位，全面提升在国际事务中的参与能力。中国政府认识到，既以全球化为参照，又依照国情而不盲目效法西方某些理论，独立自主地制定国家各种政策，才是适合自己发展的正确道路。提升国力，应对挑战，越来越成为国家意识。正因为如此，中国政府不再无条件地将 GDP 作为经济发展的衡量尺度，而把创新作为经济发展的重要举措，探索适合本国国情的发展模式。在与“华盛顿共识”相比较的时候，世界学者们将中国的这种模式称之为“北京共识”。

五、不同时期不同国家目的的国家行为　国家行为受制于自身的综合国力和历史条件以及国际环境。

（一）以殖民为目的的国家行为　以殖民为目的的国家行为起始于欧洲，肇始于葡萄牙。无论是以葡萄牙 1415 年占领休达为起点，还是以 1510 年在印度果阿建立起体系较为完整的殖民地为标志，都是葡萄牙率先在世界上创建了征服他国领地后实施殖民地管理的国家行为方式。葡萄牙当是近代殖民的始作俑者。它的主要掠夺区域在亚洲、非洲和南美洲，先后在东南亚、印度、锡兰、中国和日本等地沿海建立起一系列的殖民据点，在红海和印度洋沿岸获得制海权；在西非、东非和南非沿海，也建立了若干个殖民据点；在美洲主要占领了巴西。

对于欧洲而言，葡萄牙一马当先，随之便是万马奔腾，具有世界性的跨陆越洋的殖民运动暴风骤雨般地展开了。西班牙先后占领了海地、古巴、墨西哥、秘鲁、智利和巴拉圭，最终占领了除已被葡萄牙占领的巴西之外的整个中美洲和南美洲。西班牙殖民者残酷地奴役和杀戮印第安人，迫使印第安人从事开垦种植、开采金矿银矿和修筑道路等奴隶劳动，累死的人数占奴隶劳动总人数的五分之四，在海地和古巴各岛屿上的印第安人则被完全杀光。荷兰、英国、法国和美国则是葡萄牙及西班牙的殖民地竞争与抢夺者，打破了葡萄牙和西班牙两国殖民的二分天下，形成新老殖民者“殖民混战”的殖民格局。

荷兰凭借航海技术和对外贸易首先建立起荷兰西印度公司和荷兰东印度公司，17 世纪上半叶取代了葡萄牙和西班牙殖民的世界地位，成为海上霸主和世界头号贸易强国，在西北欧、亚洲和美洲，建立起荷属印度、台湾、锡兰、马六甲、荷属圭亚那、荷属安的列斯、荷属新几内亚、荷属西非、德国荷兰占领区和圣多美岛等近 40 个殖民地；英国与法国为争夺在印度和北美的殖民地霸权，1756 年爆发了“七年战争”，英国从法国手中夺得了北美加拿大、西印度的小安的列斯群岛和非洲的塞内加尔的一部分，最终实现了全球殖民，成为“日不落帝国”；1830 年，法国在拿破仑的对外扩张和对殖民地掠夺的经验里，再次进行大规模的殖民掠夺，侵占阿尔及利亚，兼并非洲的鲁西贝、马特约、科特迪瓦和几内亚，占领交趾支那和西贡，将柬埔寨变为保护国，征讨叙利亚，武装干涉墨西哥，凿通苏伊士运河入侵埃及；1898年美西战争，美国从西班牙势力范围内夺得菲律宾、波多黎各和关岛，将古巴变成它的保护国。

新老殖民主义者对亚洲、非洲和美洲殖民地的建立与争夺，使全球化殖民不断加剧。到20世纪初，欧洲的宗主国和殖民地国家的陆地面积占全世界陆地总面积的85%。殖民地国家是被奴役的国家，是一段被侵占和被蹂躏的屈辱的历史过程。无论宗主国是扩展领地殖民，还是掠夺资源殖民，抑或是商业贸易殖民，都是为了宗主国的一己利益。如果擦去殖民地地表上的血腥，会看到殖民的既破坏又建设的双重性。它的破坏性在于宗主国从一己私利出发，从政治、经济和文化等各个方面破坏了殖民地或附属国既定的社会结构和生产配置；它的建设性在于宗主国在破坏殖民地或附属国既定的社会结构和生产配置的同时，重新创建适应殖民地发展的社会结构和生产配置，向殖民地国家输送了资本和技术，甚至科学管理，包括城市建设、经济建设、文化建设和金融系统，落后的殖民地国家由此而改变了落后面貌，改善了经济状况，甚至改变了落后的生活方式和意识形态。

（二）以现代战争为途径的扩张与占领的国家行为 工业革命同时带来军事的革命，随着工业化程度提高，军事装备现代化程度得到很快的提升，这为扩张者和占领者带来了高效率。第一次世界大战与以往的战争不同，不仅在于规模而在于战争的现代化样式。此前有史以来的战争都是平面战争，而第一次世界大战是人类历史上的第一次立体战争，战场上出现了一个新的军种“空军”。也正是因为有了空军，在第二次世界大战中日本才发动了太平洋战争。第一次世界大战爆发，日本见机行事，从德国手中接过了管辖中国山东半岛的特权，1915年遂向中国提出《二十一条》要求，要拥有在中国的山东、满洲、内蒙古和全部沿海港湾及岛屿等地特权，要求在中国的中央政府里必须有日本人做顾问，意在一口把整个中国吞下从而变成日本的保护国。1927年日本首相田中义一说，英国可以从印度和澳大利亚获取资源，美国可以从加拿大和南美洲获取资源，我们日本为什么不可以从满洲和蒙古获取特权？1931年，军界高层扬言“利用苏联还未完成五年计划和中国尚未完成统一国家的形势”，达到“占领满洲和蒙古的目的”，遂于1931年9月未经宣战就占领了中国的沈阳，接着占领长春，翌年的2月占领哈尔滨，3月就将所占之地宣布为“满洲国”。此后又开始占领东南亚，1942年在泰国登陆，接下来占领马来西亚，攻占英国远东海军基地新加坡岛，最后又攻占了菲律宾，控制了东南亚的全部资源，成为区域性帝国。

（三）以垄断为目的的国家行为 1873年维也纳债券交易诱发了世界经济危机。这场危机扭转了资本主义市场发展走向，由自由竞争走向垄断，在资本主义国家雨后春笋般地出现了大量的垄断组织。经济危机之前的1870年，英国工业产值占世界第一位，经济危机过后的1880年，美国超过英国居世界第一位。进入

20 世纪德国也超过了英国，居世界第二位。由于美国和德国工业生产集中程度高，垄断组织发展得很快，通过控制原材料、限制生产规模、瓜分市场和制定价格等手段进行垄断。除垄断组织外，银行也成为垄断机构，支配着全社会的货币资本和工商业资本，银行资本和工商业资本的融合，形成金融资本。

“垄断”一词的原意是有人站在高处操纵贸易。垄，田埂；断，判定。从字面理解是田地实行买卖制度后，价格不一，买卖不一，有人就站在田埂上或以经纪人的身份议价，或以买者身份竞价，最后引申出操纵价格之意，最终形成现代垄断一词的涵义。就市场而言，垄断是进入障碍，垄断着在市场上占据惟一卖者的地位，他者不能进入市场与其分庭抗礼。买者是价格的接受者，由于垄断，买者无奈接受卖者的价格，卖者从中实现利润的最大化。

垄断资本主义是以自由竞争资本主义为基础发展起来的资本主义制度最后阶段，在国家制度上就是帝国主义。帝国主义和垄断资本主义，有着相同的内涵。

1. 垄断组织形式　垄断行为是资本主义社会发展的必然结果。一般说来，垄断组织有卡特尔、辛迪加、托拉斯和康采恩等形式。

“卡特尔”一词源于法语，原意是“协议”和“同盟”。卡特尔是垄断的低级组织形式，主要在销售领域，其特征是寡头默契。企业寡头们为了谋取利益最大化，彼此达成默契，垄断市场，操作交易，不搞行业冲突和单方面降价，心照不宣地联合起来逼买方就范。德国曾是卡特尔最流行的国家，最初的 1870 年只有 6 个卡特尔，到 1911 年扩大了 100 倍，达到了 600 个，对资本垄断起到了巨大作用。鸦片战争之后，英国怡和商行同太古商行杀价与中国轮船招商局争夺市场，结果各方均受到损伤，为此，三方签订了《齐价合同》，各方利润大长。这应是早期在中国发生的卡特尔垄断形式。

“辛迪加”一词也源于法语，原意是“组合”、“联合”。辛迪加是较为一般的垄断组织形式，是同一生产部门的部分企业为了获取高额利润，通过签订共同的销售产品和采购原材料的协议而建立的联合体。参与的企业除了在生产和法律上保持自身的独立外，在商业上不再有自主性，产品销售和原材料采购等业务均由辛迪加总办事处统一负责，按照协议规定的份额各自领取所分配的利润。辛迪加垄断形式出现于 19 世纪末 20 世纪初，流行于德国和俄国。

“托拉斯”一词源于英语，原意是“商业信托”。托拉斯是垄断的高级组织形式，组织关系是董事会和股东，多个生产同类产品或者生产上有密切联系的企业，为了获得高额利润实现从生产到销售的垄断性联合，生产、销售和利润分配全部由董事会及其所属机构进行处理，所有参与托拉斯的企业都是股东，在生产、销售和法律上都不再有独立地位。股东只有通过股票的拥有量来获取对托拉斯的控制权。托拉斯一般或以金融控制为基础而组成，或以企业的完全合并为基础而组成。以金融控制为基础而组成的托拉斯，参与者在形式上是独立的，实际上则完全从属于总公司。总公司是持股公司，通过持有其他公司的股票控制额实现对其他公司的金融控制。托拉斯在美国最为盛行。

"康采恩"一词源于德语，原意为多种企业集团。西门子公司是德国最大的电子、电气集团，是当今世界上顶级的康采恩垄断企业。康采恩在垄断形式中是最为复杂的一种，它的复杂性在于分属于不同经济部门的多种多个企业的联合。联合体的核心是其中经济实力最为雄厚垄断性最强的企业。

2. 国家垄断行为的基本方向　国家垄断是国家之间抗衡和竞争的手段或战略。在以垄断为目的的国家行为中，经济垄断、技术垄断和军备垄断是最常见的垄断行为。经济垄断主要是资源垄断和市场垄断。资源垄断不仅是稀缺资源的垄断，也在一般资源的开发、加工和运输等环节上进行垄断；市场垄断主要是价格垄断。技术垄断表现在多个领域，有一般的生产领域，也有高科技的航天技术、电子技术和医学技术等领域。最为广泛最为一般的垄断是合理合法的知识产权的保护，而最为严格的垄断是只出卖技术成果，不出卖技术本身。军备垄断是一种特殊的垄断，其中以尖端武器特别是核武器为最。军备垄断既有军火利润的最大化，也有国家安全系数的最大化。

（四）以抗衡为目的的国家行为　以抗衡为目的的国家行为自国家诞生之日起，就已经存在于国家之间，冷战时期发展到顶峰。第二次世界大战结束后，世界形成了两极格局，美国和苏联是世界上的两个超级大国，同时也是两个社会制度完全不同的国家，从而形成了两大社会阵营。抗衡主要发生在这两个超级大国和两大社会阵营之间。当初，美国和苏联的战略都是确保相互摧毁的状态，世界在这种对峙下呈现着和平。1991 年 12 月 25 日戈尔巴乔夫发表了 11 分钟的辞职讲话，翌日苏联正式解体。双极的对峙没有了，抗衡的力量失却了制衡的一方。这种状态，改变了美国国际战略，重构了美国称霸逻辑，美国显然不会再像冷战时期那样为了建立世界霸权而牺牲自身的利益培育战略伙伴关系和构建冷战联盟体系，也没有必要再制定类似当年拯救欧洲的"马歇尔计划"那种国际战略，美国优先的思想开始萌芽。后来美国发现，俄罗斯时常表现得与当年的苏联极为相似。更为严峻的现实是中国的崛起，尽管中国一再宣称太平洋足够大，容得下中美两个大国，然而这种话语在美国的耳朵里是另外一种声音：中国是在暗示与美国平起平坐，分庭抗礼，挑战美国的世界霸权。因此中国越是言之凿凿，美国越是惴惴不安。中美博弈在战略上一直是零和式的，原因在于美国不允许世界上有任何挑战美国的力量，不允许有地区霸权，不允许中国崛起。而中国可以不要地区霸权，也可以不要世界霸权，但不能不崛起。俄罗斯的行为方式和中国的迅猛崛起，又不得不使美国重拾刚刚抛弃的旧思维并在这些旧思维里有些新思考。

（五）以中立为目的的国家行为　世界上有些国家采取中立政策，有的是战时中立国，有的是永久中立国。这些国家在国际事务中的国家行为以中立为最高原则。中立有两个条件必须兼备，缺一不可。首先是自己主张中立，再者就是他人承认并尊重其中立。自己不主张中立，没有中立可言；他人不予承认，想中立也中立不了。还有一种特殊的中立是被威逼的胁迫中立。1904 年日俄战争的战场是在中国的国土上，中国就被逼迫成为中立国。芬兰、爱尔兰、奥地利、瑞典、瑞士和哥斯达黎加都是世界上永久中立国。在这些中立国中，瑞士是世界上经济最发达、国家最富裕、国民生活水平最高的国家。查理曼大帝时期，瑞士属于加洛林帝国，843 年查理曼大帝的 3 个孙子将帝国一分为三的时候，瑞士分属东法兰克王国和西法兰王国，1291 年乌里、施维茨和下瓦尔登 3 个州签订了《永久同盟誓约》，成为瑞士最初的联邦形式。1815 年瑞士获得独立并同时宣布永久中立，不介入世界纷争。瑞士国民非常看重本国家的中立立场，1986 年 3 月全民投票公决是否加入联合国，结果全国 26 个州全部投了否决票。他们认为，加入联合国会损害得到世界 180 年来所公认的中立国立场。

（六）以市场为目的的国家行为　区域经济出现后，跨国贸易产生，洲市场出现，随后全球化的市场产生。进入全球化时代，国家以市场为目的的行为成为国际关系中重要的行为。政府与跨国公司合作，作为统一行为体共同参与国际经贸活动已经司空见惯。英国、德国、法国、意大利、美国、俄罗斯和日本等国，在国际贸易活动中政府与跨国公司合作作为同一行为体，占领国际市场，争占国际市场份额，始终走在世界其他国家的前列。

六、不同组合形式下的国家行为　不同组合形式下的国家行为，也就是不同国家以各种契约方式联合为一体的国家行为。

（一）结盟组合形式下的国家行为　结盟组合形式下的国家行为是两个国家或多个国家为了共同的国家利益而签订盟约，在盟约的规制下各国采取实现自己利益的行为。在盟约中这种行为不得构成对他国的损害，在共同的利益面前，盟约各国必须有一致的国家行为。美国的世界霸权地位，除了军力、美元和普世价值体系支柱外，就是联盟。联盟体系是美国实现世界霸权的组织基础。美国有 60 个联盟国家，有《跨太平洋伙伴关系协议》《北大西洋公约组织》《美日安保条约》《美韩共同防御条约》等若干盟约。

（二）以和平共处为原则的国家行为　“和平共处”是当今国际关系中为大多数国家所推崇和遵循的重要原则，它已经超越了社会制度和意识形态，在国际关系中成为建立和发展国家关系的基本原则。最具代表性的是“和平共处五项原则”：相互尊重主权和领土完整、互不干涉内政、互不侵犯、平等互利、和平共处。“和平共处五项原则”是中国政府在国际关系中的一贯政治主张，是 1953 年最后一天的 12 月 31 日中国与印度就西藏地区问题举行谈判时由国家总理周恩来首次提出的，1955 年在印度尼西亚万隆召开的反对殖民主义、推动亚非各国民族独立的会议上，正式写入会议宣言。

践行“和平共处五项原则”，需要历史的力量、需要现实的力量，也需要智慧和理性的力量。阿拉伯国家和以色列的冲突是第二次世界大战以来中东社会的焦点问题。冲突因犹太复国运动而起，百年不休。冲突的主要原因是国家、民族和宗教诸多矛盾与地缘因素交织在一起。中东在地缘上有两个特点：石油和宗教。石油和宗教都是当今世界的焦点问题。在历史上，公元前13世纪希伯来人在巴勒斯坦地区建起希伯来王国和以色列王国，阿拉伯人7世纪在此建立起阿拉伯帝国。这是犹太复国主义的主要历史根据。究竟谁是这里的历史主人？这个问题就成了冲突面临的首要问题。可是，以色列认为，根本的问题不是领土、不是难民、不是自决、不是资源等问题，而是阿拉伯不承认以色列，而且是任何边境线之内的以色列。此种情势下不被承认是不能容忍的，如果寻求被逼承认也是不能容忍的，和平共处没有基础，冲突自然不会停止。

（三）以联合国为中心参照的国家行为　第二次世界大战结束后，人类社会首次出现了管理整个世界事务的国际组织联合国。自此世界各国的国家行为不管情愿与否，不管自觉与否，都是以联合国为中心参照，在经济、政治、文化和军事等各方面的发展都不能脱离联合国体系进行决策。联合国处理世界事务的主导性，随着全球化的进程越来越得到强化。目前，联合国的全球化时代使命日益彰显，国际事务已经难以脱离联合国而获得妥善处理。全球一体化的演进也正是依靠联合国体系而得到维系与加强。

第四节　特殊的国家行为体：领袖

国家领袖执掌国家主权，对内对外都是至高无上的人物，对于国家和国民的命运有着决定性的作用。领袖的思维与志向、视野与胸襟、信念与性格、才能与理性，是决定领袖历史作用的基本要素。因此，讨论国家行为体的时候，不能不讨论领袖这个特殊的国家行为体。

一、领袖的思维与志向　秦始皇统一中国使公元前221年成为中国的伟大纪年。此前中国列国纷争，就像一场国家战争的淘汰赛，为古老的华夏带来了无尽的灾难。秦国在这场决赛中胜出，统一了中国，开创了封建国王成为皇帝的历史。秦始皇以他的志向与气魄创立皇帝体制，实行三公九卿的国家管理制度，废除分封制，代以郡县制，书同文、车同轨，采用了商鞅变法时商鞅制定的度量衡器标准，统一度量衡，统一国家经济制度，建立起高度的中央集权制，为此后中国两千多年的政治制度奠定了基础，也成就了中国两千多年的东方帝国的地位。

秦始皇统一中国两千多年后中国的邻邦苏联解体了。苏联在冷战后期内外交困，1985年3月11日，54岁的戈尔巴乔夫接替病故的契尔年科成为苏共中央总书记。针对苏联的状况，戈尔巴乔夫决定对苏联实行全面改革。虽然这是他的伟大志向，而且对改革也抱有很大的信心，可是内心深处潜藏着希望西方国家能够像二战结束时全面援助西德和日本那样，帮助苏联“建立一个享有人类共同价值观的庞大民主国家”的侥幸。为此他首先在外交上推出“新思维”，追求苏美合作，主动改善同美国的关系。他在本人所著的《改革与新思维》一书中说：“新思维的核心是承认全人类的价值高于一切，更确切地说，是承认人类的生存高于一切。”这实际是他追求苏美合作，为谋求美国像二战后帮助西德和日本那样帮助苏联建立“庞大民主国家”的行为，悄无声息地用“全人类的价值”作了思想和理论的铺垫。也正因为如此，在外交上他冒着很大风险改变勃列日涅夫执政时期的军事“优势论”，实行军事“足够论”，意为不强调“优势”，“足够”即可，出乎寻常地在联合国大会上宣布单方面裁军50万人。同时还两次与美国实行不对称武器减裁：第一次是中程导弹减裁，原本双方中短程导弹弹头数量大致相等，而苏联销毁中短程导弹弹头2500枚，美国仅销毁1320枚，销毁比例接近2比1；第二次是战略核武器、4800千米导弹和中型轰炸机的不对称减裁，苏方减裁数量占总量的37%，而美国只占其总量的14%。在东欧问题上苏联也向美国作出种种承诺。最终苏美关系得到很大改善，双方由对抗走向了合作，苏联得到了美国给予最优惠国待遇。这对于缓解世界大战的危险，无疑作出了很大贡献。然而问题的另一面是，正是由于戈尔巴乔夫的“新思维”符合了美国利益，在外交上频频向美国示好、让步，而且随着他的地位的逐渐衰弱，让步的幅度越来越大，最终导致苏美关系中不平等现象越来越严重。这种状况，直接影响了他的全方位改革计划，触发了国内社会矛盾和国家危机，导致国家解体。作为国家元首的戈尔巴乔夫无论如何不应该犯如此低级的错误，幻想美国能够援助苏联。当年美国重建西德经济，是因为苏联的存在，是构建冷战联盟体系的需要；同样重建日本经济是因为苏联和中国的存在，苏联和中国缔结了和平友好条约，并且是社会主义阵营里的两个中流砥柱的大国。苏联逐步衰弱，冷战格局既定，美国也就不需要像最初那样不遗余力地构建冷战联盟体系，缘何会援助苏联呢？其中的地缘政治当是一目了然的。

二、领袖的视野与胸襟　英国女王伊丽莎白一世是英格兰人世代的骄傲。她视英格兰的利益高于一切。她即位后，西班牙国王、瑞典国王、法国国王和奥地利大公先后向她求婚。她担心这种联姻会导致英国与欧洲大陆产生数不胜数的矛盾，危及英国利益，而终身未嫁。维多利亚女王18岁即位，执政64年，成就了大英帝国的“日不落”全球地位，至今满世界都盖着她将全球变成英国殖民地的印章，维多利亚州、维多利亚市、维多利亚港，不计其数，就连赞比亚边陲的能够揭示非洲大陆成因的瀑布，也叫维多利亚瀑布。西班牙女王伊萨贝拉为了西班牙的利益，与平民哥伦布签订了《圣塔菲协议》，支持哥伦布的大航海计划。当时西班牙受连年战争影响，国库亏空，而且向外寻求经济发展已经成为不可能；

东边，土耳其人征服了西亚，占领了君士坦丁堡，亚洲的商路被切断，最具影响力的中国到欧洲的丝绸之路遭到彻底破坏；向南，经埃及和红海的商路被阿拉伯人控制。只有西面浩渺无垠的大西洋是西班牙的出路与希望。伊萨贝拉为此而接受哥伦布的航海计划。为了筹措哥伦布的航海费用，她卖掉了自己的首饰，保证了哥伦布按时起航。正是有了伊萨贝拉这样高瞻远瞩的重大决策和伟大胸襟，西班牙才拥有了海外世界，拥有了一个美洲大陆，国家命运自此发生转折。

视野与胸襟是相辅相成的，没有大视野，难有大胸襟。自古君王有昏君与明君之分，昏君重术，明君重道。昏君重术士，为己求术；明君重道士，为国求道。印度孔雀王朝的阿育王弘扬祖父旃陀罗笈多开创孔雀王朝的精神，把王朝的统治区域从印度半岛的南端扩展为整个印度半岛。在征服东部的羯陵伽王国时，战争很残酷，他率领的军队杀死羯陵伽王国 10 万人，俘虏 15 万人，毁掉了无数村庄和家庭，为此内心受到谴责。他在特敕令中写道："即使那些躲过灾难的人，也由于他们始终热爱的朋友、熟人、同伴和亲属所遭到的不幸而极度痛苦。因之，所有的人都承受着不幸，而这，使国王的心情十分沉重。"经过这样的自省和反思后，他致力于构建"安全、理智，所有人内心都很平静、温和"的未来，仿效波斯王国的做法，将敕令刻在岩石上和专门建造的柱子上，以示郑重、庄然、恒定，告诫人们要相互宽容，尊重生命。他关心人民，发展公共事业，修建学校和医院，实行公费教育和公费医疗。他在人民的拥戴中执政 41 年。

也正因为需要自省，1970 年 12 月德国总理维利·勃兰特在华沙犹太人死难者纪念碑前下跪，向二战期间被德国纳粹党无辜杀害的犹太人表示哀悼，并虔诚地代表纳粹时代的德国认罪、赎罪。他诚挚地祈祷："上帝呀，饶恕我们吧，愿苦难的灵魂得到安宁。"在场的人无不为之感动，整个欧洲媒体一个声音：跪下去的是勃兰特，站起来的是德意志。为此，德国总统赫利向全世界发表了赎罪书，赢得了世界人民的称颂。勃兰特因此而获得了诺贝尔和平奖。人活着其实就是一种滋味和境界，而且滋味出自境界，有什么样的境界，就有什么样的滋味。

法国的总统和总理也有这种自省力。历史上法国一直是欧洲大国，与英国进行过百年战争，经历了欧洲三十年战争，还与普鲁士进行过普法战争。当然，还参加了两次世界大战。也许正是如此之多的战争，使法国有深刻的自省。1789 年 7 月 14 日资产阶级革命攻陷英法百年战争要塞、封建专制制度象征的巴士底狱，并改为巴士底广场，将 7 月 14 日作为法定国庆日，应该看做法国对战争的国家自省。1927 年 12 月法国外长与美国国务卿发起签订《关于废弃战争作为国家政策工具的一般条约》，先后有 63 个国家加入。在国际事务中，法国是不主张诉诸武力的国家。曾任法国总统的雅克·希拉克和曾任总理的多米尼克·德维尔潘一再声称"战争不是解决问题的办法"。这是法国的信念。在对待 2003 年美国和英国联合发动伊拉克战争的问题上，更集中地反映出这种信念。早在 2002 年 9 月 12

日美国表示出对伊拉克动武意图时，法国就多次表示："我们认为军事行动是最坏的解决办法。"2003 年 1 月 20 日时任法国外交部长德维尔潘在联合国安理会部长级反恐大会后的记者招待会上郑重地说："如果将战争作为惟一解决问题的办法，我们很快就会陷于僵局。国际社会应该明确地表现出创意和想象力。我们要捍卫国际团结。单方面动武将被认为是强权的胜利，是对至高无上的权利和国际准则的打击。"战争爆发之时，德维尔潘在法国参议院发表讲话："法国还想再次重申自己的信念，那就是战争不是解决问题的办法。"德维尔潘是有着伟大胸襟的睿智人，他认为完整的世界由两个世界构成，即此岸世界与彼岸世界。排斥彼岸，孤绝此岸，是人类的劣根性。他反对"一岸独存"，主张"两岸相容"。他的这种思想对法国的"集体责任"和"多边主义"外交政策产生着重大影响。

德国和法国首脑正是因为有大视野和大胸襟，有对战争的反省，所以两国赞同当年丘吉尔在苏黎世演说的倡议，携手共创欧洲共同体和欧洲联盟，以合作取代对抗，塑造出彪炳千秋的"法德精神"。

三、领袖的信念与性格　伯里克利是公元前雅典王国最高职位的将军，他创造了雅典乃至希腊的黄金时代。伯里克利出身贵族，却是一个诚挚的民主主义者。他作为雅典的最高统治者，却将权力转移到公民大会，将公民大会作为雅典的最高权力机构。他实行公职薪给制，公职不限于贵族，贫民也能担任。他还创建了民众法庭，陪审员从公民中抽签产生，以确保司法公正。他管理国家的秘诀是：少数人是政策的制定者，所有的人是政策的决定者。他的最大理想是让雅典成为希腊的学校。也正是他创造了雅典的黄金时代，使希腊有了影响欧洲和整个世界的自由精神、民主政体、哲学和文学。

法国波旁王朝国王路易十四亲政半个世纪，法国因他而臻于极盛。路易十四是个很有性格的人，霸气十足却又彬彬有礼。他觉得自己是王，所以霸气十足；同时他又自知责任重大，关乎国民，因而彬彬有礼。为了王的形象，他戴一套高顶假发，披一身宽大外衣，穿一双高跟皮鞋，还骑在马上让人画像，俨然一个铁腕大元帅，并将这样的画像挂满凡尔赛宫。为了恪尽王职，他终日忙碌，毫不懈怠，早晨自己起床，穿衣洗漱，不用仆役；通常一人在一张小桌上吃饭，边吃饭边办理公务。他重视科学、文学和艺术，使法国出现了大批的科学家、哲学家、文学家和艺术家。

美国第一任总统华盛顿，领导了世界历史上第一次大规模的殖民地争取独立的战争。1760 年至 1770 年的十年里，英国在北美洲的 13 个殖民地与英国的关系越来越紧张。长期以来，英国议会对殖民地不断征税，可是议会中却没有殖民地的席位。英国议会颁布的《糖税法》《印花税法》和《汤森税法》等种种税法，引起殖民地人民的强烈不满和反抗。1775 年 4 月爆发了列克星敦和康科德战争。同年 5 月，13 个殖民地在费城召开"大陆会议"。所谓"大陆"是刻意以美洲大陆相对于大不列颠岛而言的。国家尚未娩出，霸气已露青锋。大会庄严宣告："我们以这些殖民地善良的人民的名义和权力，谨庄严宣告：这些联合殖民地从此成为，而且名正言顺地应当成为独立的合众国；它们解除对于英王的一切隶属关系，而它们与大不列颠王国之间的一切政治联系亦应当从此完全废止。"随即招募军队，任命华盛顿为大陆军总司令，准备独立战争。大陆军也是针对大不列颠岛上的英国军队而言的。然而，所谓的大陆军也只是个由平民临时集结起来的武装团体，仅有1.9万人，根本没有精良的武器装备，而且只有华盛顿一个人是正规的亲历过战争的军人。华盛顿以坚定的信念，刚毅的性格，率领这支军队经过8年浴血奋战，取得了独立战争的胜利。军队和议会都请华盛顿做国家总统，可华盛顿不肯应允，回到弗吉尼亚种植园。新建的美国因此一直没有总统。4年后的1787年，华盛顿主持制宪会议，制定了世界上第一部资产阶级宪法，为此于1789年非他莫属地被选为美国第一任总统。任总统对于华盛顿来说并非是一种幸运。华盛顿说："我们处在荒原之中，没有哪怕一个脚印可以指引我们。""很少人能够认识到处于我这种处境的人，行事有多么艰难和微妙。……我正走在无人走过的地面上。"由于他是新成立的美国第一个担任总统职位的人，他深知他的每一个行为都可能成为一种范式，为继任者定下先例，所以谋事缜密，严于律己，为美国继任总统树立了榜样，为美国今后的发展奠定了基础。

后来有两位总统也令美国人不会忘记，这就是富兰克林·罗斯福和尼克松。罗斯福性格果决、坚毅，因果断处理经济大萧条而连任两届总统。面对经济大萧条，他的名言是"惟一的恐惧是恐惧本身"。尼克松生性多疑，为了连任总统，在民主党总部华盛顿水门饭店窃取档案并安装了窃听器。事发后，尼克松掩盖真相，假话连篇，最终因"水门事件"而辞职，成为美国历史上惟一一位辞职的总统。人们说，美国总统从不能说假话的华盛顿堕落到不能说实话的尼克松，让人对美国政治普遍感到失望。

四、领袖的才能与理性　如果用非理性反证理性的意义，那么有很现成的3个人物：希特勒、墨索里尼和东条英机。这三人是第二次世界大战法西斯集团轴心国的3个元首。

希特勒是德国纳粹党党魁，发动第二次世界大战的罪魁祸首。他发动世界大战借助了两个理论：一个是优生学，一个是地缘政治学。借助优生学理论作为德国统治世界的根据，是因为德国是优秀的民族；借助地缘政治学作为德国军事扩张的根据，是因为德国需要必要的生存空间。他有着非同常人的征服欲望，在超乎常人的狂想里构筑未来。他在画家梦破灭后，参加了第一次世界大战，之后组织冲锋队发动暴动，1923年因啤酒馆暴动被捕关进兰德斯堡监狱，在监狱里写了一本书《我的奋斗》。他说："人类打破了自然选择规律，不仅扶植了劣等生命，还帮助他们繁衍生息。"这是一个可以诠释他全部行为的观点。自然选择规律是物竞天择，优胜劣汰。他崇尚种族优生学，要恢复被人类打破的自然选择规律，将人类置于丛林法则之中，杀死了德国几万智障人。他认为兽性是人类最重要的属性，为了对抗人类的兽性，就要使自己更具备兽性。这是他惨无人性的思想根源。德国的那句人“一半是野兽，一半是天使”的谚语，也就成为他培育兽性的座右铭。1933 年他组织反犹太人行动，剥夺犹太人作为德国公民的基本权利，褫夺犹太人职务，从军队和司法机关中清除犹太人，直至对犹太人进行灭绝种族的大屠杀。他像德意志帝国第一任总理俾斯麦一样崇尚武力，认同俾斯麦“这个时代的重大问题由‘铁和血’来决定”的格言，要以俾斯麦发动对丹麦、奥地利和法国战争统一德国那样的铁血政策统治全世界。他利用德国在第一次世界大战中失去了多个州的事实，鼓吹将德国边界外的德国群体并入“大德意志国家”，煽动民族情绪，在内政上做好动员。他还亲手缔造了效忠他的党卫军，将他统治的德国称为“德意志第三帝国”。1936 年 11 月，德国和日本缔结反共产国际协议，1937 年 9 月意大利加入此协议，于是，德、日、意三国正式结成法西斯集团。1939 年 9 月他下令入侵波兰实施“闪电战”，引发第二次世界大战。3 年的进攻，德国占领了北起挪威最北端的北角南至埃及的阿拉曼长 4500 千米、西起大西洋东岸法国的布雷斯特东至伏尔加河宽 3600 千米的辽阔领土，于是希特勒在速胜狂躁中丧失理智地在进攻高加索的途中分兵进攻斯大林格勒，妄图速胜后攻占中东。结果不仅没有速胜反而惨遭失败，战局扭转，苏军转入战略反攻。

墨索里尼是意大利国家法西斯政党党魁、内阁总理，狂热的民族主义者，热衷于军国主义的侵略与扩张，多次发动对周边国家的战争，意欲建立地中海帝国。在第二次世界大战中，他与希特勒沆瀣一气，将意大利推向战争的火海。西西里岛被同盟军用 6000 吨炸弹炸成焦土后，亚平宁半岛面临着成为德国前沿阵地从而断送意大利民族和国家命运的危机。这种危机激发了全国强烈的反战情绪，甚至有人谋划把他推翻以夺取政权。因为军事指挥失利，反战情绪高涨，国王告知他，期待着他申请辞职，并接受他的辞呈。当他离开王宫时，一辆救护车把他送到宪兵营，后来在逃亡途中被擒，处决后暴尸米兰广场。

东条英机作为日本内阁首相，是第二次世界大战日本法西斯主义的代表人物。这是个才智有限愚鲁而凶残、长于行动而短于思考的大独裁者，崇尚武士精神。他说：“为了赢得胜利，物质的武装固然重要，但精神的武装更重要。物质上总归有限，真正无限的东西是精神。”他虽然是军事家，可是日本的兵家讽刺他仅有上等兵的水平，称他上等兵东条。因为他缺乏才智、缺乏理性、指挥无能，最终被解除一切职务，并被远东国际军事法庭作为战犯处以绞刑。

这 3 个走向历史反面的领袖，违背了历史发展的规律，野心膨胀，理性萎缩，以个人的意愿和意志对抗全人类的意愿和意志，嚣张一时，得逞一时，最终自取灭亡。他们的国家和人民也随其陷入战争的火海、跌进灾难的深渊。就是这

3个人物使整个世界在大战的烈火中燃烧了6年，9000万人失去了生命。

五、领袖的世界观与世界状态 在全球化的当代，需要一体化的管理，建立世界政府的必要性被历史推到了世界话题的前沿。各国领袖需要培育自己的世界公益观，过分的利己主义就如同故事里的白羊和黑羊过桥。这是当代领袖与历史上任何一个时期的领袖所担负的不同的历史使命。领袖常被称作舵手，舵手的要义是驾驭。驾驭的要义在于掌控驱动和制动，审时度势地踩油门、踩刹车，给力和管控，恰到好处，保证历史的车轮滚滚向前。这很难，所以不是什么人都可以做领袖。承认历史、尊重现实、胸怀世界、顾全大局、公益为先、圆桌议事，这是当代各国领袖所应该具备的基本素质和基本理念；少叫嚣、多倾听，少对抗、多对话，少逞强、多谦让，这是当代各国领袖所应该遵循的基本处事原则和行为方式。倘若制造出一个不讲公益的世界，那么谁也别想在没有公益的世界里能够获得自己的益处。中国古代的墨子有个重要思想：兼相爱，交相利。他说："若使天下兼相爱，国与国不相攻，家与家不相乱，盗贼无有，君臣父子皆能孝慈，若此则天下治。"兼相爱，交相利，是世界大治的途径和方法。这也是领袖需要具备"少叫嚣、多倾听，少对抗、多对话，少逞强、多谦让"素质的客观要求。

那些国家领袖们能否都具备这样的素质呢？答案不会令人乐观。克林顿有一段从竞选总统、亲任总统到由总统返璞归真还原为民的领袖经历，他的总统心路历程或许能让人们产生一种乐观的猜想。他在所著的《克林顿：重返工作》一书的后记《抉择时刻》中针对美国心理状态写道："当今相互依存的世界将赋予别国人民更多追求梦想的机会，将给越来越多的国家崛起的机会，也给一些国家的重新振兴和崛起提供了契机。倘若你真心信仰自由和自由市场，那就不应当埋怨竞争，而应在竞争中自我学习。"如果后任的美国总统都能够细细品味他们的前任总统的这段话，美国那种并不完全是由长达30多年反政府两极政治所造成的多动症会缓解许多，心态也会平和许多。

世界上没有哪一个民族和国家的民众，不希望自己推举的领袖能够代表自己的意志，没有哪一个领袖不是以自己的意志影响和左右自己的民族和国家。领袖和人民信念的一致性和意志的同一性，是国家行为体的行为基础，也是领袖这个特殊行为体的行为准则。然而，自古以来，有几位领袖能够以金刚不坏之身和大智慧之志到达彼岸呢？这令全人类深思。当今流行的关于领袖的话题，莫过于"韩国总统难善终"。韩国的青瓦台，充斥着3个关键词：政变、侵吞、受贿。

第五节 人类行为的逻辑基础

至此，已经非常显然，人类行为的逻辑基础是人地关系和人人关系。依据人地关系的行为逻辑，是主观与客观的，是以动态对静态的行为逻辑，行为方式是以万变对不变；依据人人关系的行为逻辑，是主观与主观的，是以动态对动态的行为逻辑，行为方式是以万变对万变，而在运筹帷幄的层面上又常常是以不变对万变。所以，人类行为逻辑只有3种形式：以变对不变形式、以变对变形式、以不变对变形式。

同样，已经非常显然，人类的全部行为没有超出人地关系和人人关系两大关系范畴。所以，自然科学和社会科学，是人类行为的两个基本的和基础的学科，行为方法的依据是哲学，那么行为科学就是以自然科学、社会科学和哲学3个学科为基本内涵。这是决定人类行为逻辑的3个基本学科。

一、以自然科学为基础学科的行为逻辑 以自然科学为基础学科，解决的是行为的人地关系问题，全部的行为逻辑是人地关系所构成的逻辑。这种行为逻辑人以地为认识、研究和利用对象，认识地的外部形态，研究地的内在机理，利用地的变化规律，以行为实现对地利用的效益最大化。

（一）关于“地”的完整含义 “地”本来泛指人类自身之外的一切自然物质和现象，或者构成“地”的一切自然物质。人地关系中的“人地”这个概念是人类与自然的概念，但是，如果将“地”作为一个客观的完整概念，“地”也包括了人类本身。因为人类也是大自然的一个物种、一个部分。由此而论，作为个体的人，“地”应该包括这个个体人自身之外的一切事物，包括其他的人的个体和人的群体，于是问题又回到了人人关系上了，这就发生了一定程度的混淆。然而这应该是对“地”的最完整、最准确和最科学的定义。反之，如果不允许它不那么完整、不那么准确和不那么科学，反而发生范畴性混乱了，所以，人地关系中的“地”就是整个人类群体所相对于不包括人类在内的整个大自然。

（二）自然科学观的形成 对物质的认识首先是对物质外观的认识，之后是物质内部结构的认识，首先发现物质外观的物质外部关联，之后发现物质内部的结构关联，普遍联系的哲学思想由此形成。

对物质外部关联的认知是直观的视见。“视见”是根据光学中的视见函数引用的概念，引用时赋予了理性的蕴含，接近了“观点”。“视见”的原意就是眼睛的直接看见，是肉眼所见，因而具有表面性、直观性和外在性。

对物质内在联系的认知是内在视觉的思见。“思见”与“视见”的用法有相似性。“思见”也就是想见。“思”与“想”本来是没有本质区别的，但“想”一词的使用非常宽泛，想念、想法和遐想等既同又异，而“思”似乎更理性一些，如思维、思考和思索等，因而用于内在范畴更凸显其学术价值。

对事物发展规律的认知从感性认识到理性认识，是创见。“创见”是“视见”与“思见”共同的认知结果。创见是很内在化的理性认知，是透过现象看本质，是对本质本身或本质属性包括运行和演化规律的前所未有的发现与认定。数学定理和化学试验等都属于创见范畴。波兰裔法国籍物理学家、放射性化学家玛丽·

居里发现两种新的化学元素钋和镭，成功地开创了放射性理论，发明了分离同位素的技术。这是她从事物理与化学研究工作具有创见能力的结果。牛顿的万有引力和能量守恒定律、爱因斯坦的相对论、伽利略力学和天文学的理论，正是他们长期从事专门研究所形成的创见。

（三）自然辩证法的形成　在中国，对自然辩证法的认识始于西周。典籍《易经》可以作为首座里程碑。不言而喻，《易经》里的自然辩证法早于《易经》成为《易经》的年代，夏代有《连山易》，商代有《归藏易》，与《易经》并称《三易》。这个时期的辩证法，核心思想是“有物有则”，认为万物都有自己的法则，即存在法则和运行法则。这个思想，是自然辩证法的核心思想，是自然辩证法的核心价值观，在后来的庄子那里被概括为“天人合一”，在老子那里则凝聚成一个字：道。

“天人合一”的思想，是中国哲学的基本精神，强调人天相通：人天同构、人天同类、人天同象、人天同数。认定天是大宇宙，人是小宇宙。

老子的“道”的核心思想是“人法地、地法天、天法道、道法自然”。法即法则，人的存在法则在于地，地的存在法则在于天，天的存在法则在于道，道的存在法则在于自然。老子所说的自然是宇宙中一种“无妆而状”、“自然而然”的自然。道存在于这样的自然之中。

正是因为对“有物有则”的认知，古人才发现了天地万物的发展和演变规律，认识了天有四时，地有八方，日有昼夜、人有生死。只有遵循这种规律，行为才能够符合事物的辩证法。

二、以社会科学为基础学科的行为逻辑　社会科学是关于社会发展规律和社会本质的科学，也就是科学地研究人类的全部社会行为的科学。因此，社会科学是一个包括了涉及人类行为所有学科的庞大系统和知识体系的学科，它的全部学科价值在于解决人人关系问题，社会科学的行为逻辑是由人人关系所决定的。人人关系是整个人类内部的个体与个体、个体与群体、群体与群体的关系，这 3 种关系是人人关系的全部形式，也是社会科学行为的完整基础。

作为学科，社会科学形成于 18 世纪，是工业革命的产物。如果将社会科学作为历史行为，那么它是与人类社会同时产生的。社会科学实际上对已经形成的学科进行了社会学的概括，将政治学、经济学、文化学、人类学、社会学、民族学、历史学、教育学、宗教学、军事学、法学、传播学和组织行为学等学科要义都包括于社会科学之中。

在中国，社会科学思想滥觞于夏朝的禹分九州时期，逐渐形成于商朝的五服和西周的周礼时期。儒家“仁”的思想是中国社会科学的根本思想，“天下归仁”是中国社会科学的根本目的。

社会科学与自然科学的区别在于自然科学是关于“地”的科学，而社会科学是关于“人”的科学。作为科学，核心的内涵是客观性和真理性。这种客观性和真理性排斥主观的价值判断，不接受人的意志。而社会科学恰恰是人的个体社会性行为的科学，是由人的个体社会性行为构成组织行为的科学，又是组织行为科学中的个体行为科学。人的主观意志、人的情感倾向和人的利害冲突，既是社会科学的内容，又是社会科学所必须排斥的东西。

世界几乎所有的国家都有社会科学研究机构，目的在于科学地认识社会和科学地建设社会，为国家决策和国家行为提供理论支持，在理论上保障社会发展道路的正确性。

三、以哲学为思想方法的行为逻辑　哲学是认知科学，是认识自然的科学，也是认识社会的科学。因此，哲学就是认识论和方法论，是研究客观世界基本规律和普遍规律的科学。哲学思想方法是用于自然和社会、用于主观和客观的方法论，是人地关系和人人关系的方法论。人地关系和人人关系是人的主观与客观的全部关系，是哲学学科两大范畴里的思想范畴和行为范畴，但两大关系和两大范畴是统一的，独立性是相对的。

人类有了哲理的意识后，非常注重行为合乎哲理，因而哲学思想得到很大发展，以哲学为思想方法的行为逻辑成为普适定律，故而将思想方法和实践活动划归于形而上与形而下两种范畴。这种划分，早在中国《易经》里就有论述：“形而上者谓之道，形而下者谓之器。”清代学者戴雪对此话的注解是：“形而上犹曰形之前，形而下犹曰形之后。”形而上的务虚与形而下的务实，两者的有机结合，是科学行为的全部内容。无论是个人的功名路，还是民族的图腾柱，需要用形而上的元素来构筑，而不是用急功近利的形而下的元素来堆砌。形而上的精髓是辩证法，形而上不是形而上学。中国的汉江中游河段叫沧浪水，春秋时期流行一首民歌《孺子歌》。歌词是：“沧浪水清兮，可以濯我缨；沧浪水浊兮，可以濯我足。”原意是汉江的水清的时候，可以洗头；汉江水浊的时候，可以洗脚。顺其自然。“缨”是帽子上的缨，引为头。孔子说：“清斯濯缨，浊斯濯足，自取之也。”此话有二意：一是自然原本如此，怎样利用自然在于人；二是以水喻人，清浊荣辱取决于人自身的品质。孟子在孔子的第二意上揭示出事物演变的内因和外因的关系，提出了自我修炼的思想，影响着整个国家和民族的人文精神。

伊比利亚半岛的葡萄牙是开创海洋时代的先驱。葡萄牙要进行海上探险，原因种种，地缘因素也好、黄金因素也好、香料因素也好、宗教因素也好，这都不是决定性因素，决定性因素是思维，是对海洋的哲学认知。海洋是天堑，也是通途。正是海洋联结了所有陆块，以海洋为路，在理论上只要有海岸，哪里都能够到达。没有对海洋的这种认知，心比天高，也只能望洋兴叹。

在整个世界上，在整个人类社会中，哲学有两大源头，一个源头在古希腊，另一个源头在中国。这是照亮蒙昧时期人类思想的两堆篝火。古希腊的哲学体系是师生三代创立的：苏格拉底、柏拉图和亚里士多德。在苏格拉底之前，古希腊的先驱哲学家有泰勒斯、阿那克西曼德、阿那克西米尼、毕达哥拉斯、色诺芬尼、恩培多克勒和普罗塔哥拉等人，在亚里士多德之后有伊壁鸠鲁、古罗马的西塞罗、塞涅卡等人。中国的哲学体系的创立是集体智慧的结晶，首先是《易经》、之后是春秋战国时期的诸子百家，集中了这些思想大成的代表人物是孔子和老子。在孔子之前的哲学先驱有周公、伯阳父、史伯、管仲、叔兴、史墨和晏婴等人。中国各个朝代都有著名的哲学家和代表人物，如春战国时期的关尹、庄子、墨子、孟子、荀子和韩非子等人，秦汉以来的贾谊、董仲舒、王充、范缜、韩愈、刘禹锡、柳宗元、程颐、朱熹、王阳明、王船山、章太炎、梁启超、冯友兰和毛泽东等人。中国的哲学分为儒道两支，孔子和老子分别成为儒家哲学和道家哲学的创始人。古希腊哲学为西方哲学的源头，中国哲学是东方哲学的源头。西方哲学有明显的相对独立的两大阶段，即古希腊阶段和近现代阶段。而东方哲学发展虽然有起有伏，但持续发展一贯始终。到了近代，随着资本主义革命的兴起，西方哲学成了世界近现代哲学的中心，创立了世界哲学体系。但是，应该特别指出，这种哲学体系是跛脚的。因为随着殖民的强势，欧洲中心说成为西方的主体哲学世界观，对东方哲学淡然置之，即使从中国西汉丝绸之路算起，东学西渐已逾千年，然而东方哲学既没有进入西方教育体系，也没有成为主流研究选项。如果再确立一个近现代哲学的源头的话，那么这个源头有 3 个中心点：英国、法国和德国。在英国，代表人物有培根、霍布斯、休谟、欧文、斯宾塞和赫胥黎等人；在法国，代表人物有笛卡儿、孟德斯鸠、卢梭、圣西门、傅立叶和孔德等人；在德国，代表人物有康德、黑格尔、费尔巴哈、杜林、尼采、考茨基、恩格斯和马克思等人。在俄国，这个时期的哲学也形成一个中心，这个中心与俄国和苏联的革命紧紧地联系在一起，代表人物有别林斯基、赫尔岑、巴枯宁、车尔尼雪夫斯基、普列汉诺夫、列宁和斯大林等人。

东方哲学与西方哲学的体系不同，传承的方式也有差别。西方的哲学传承在古希腊阶段是修正式的，主要表现在柏拉图对苏格拉底哲学思想的修正和亚里士多德对柏拉图哲学思想的修正。近现代西方哲学的传承则是颠覆式的，表现为各哲学学派之间的彻底批判。而东方哲学，在中国一直是交融式的和兼收并蓄式的传承。近现代以来印度哲学和日本哲学也都坐进了东方哲学殿堂的中心席位，阿拉伯和朝鲜的哲学也在东方哲学中占有一席之地。

然而，哲学的最大不幸是与政治的遭遇。哲学作为世界观和方法论，服务于政治，可是政治奴役了哲学，哲学的尊严比神学的侍女还要低下，她实实在在地在她的女主人身后亦步亦趋地拽着长裙，而不是在女主人前面擎着火把。哲学手中的火把换作长裙，人类社会则不可能走向光明，更不可能充满光明。

第六节 自在全球化与自为全球化

全球化进程可谓突飞猛进，联合国、世界银行、国际货币基金组织、世界贸易组织和世界经济论坛等国际组织以及跨国公司发挥着巨大的推进作用，然而，全球化的步履依旧艰辛。客观地说，今天的全球化，虽然依照发现地球是圆的那一刻算起距今已近500年，然而也还只是海洋变通途，将陆块连在了一起的地理全球化，是在地理全球化上人类活动的全球化，是形体上的全球化。无论是经济全球化，还是政治全球化乃至文化全球化，要达到全球一体化，成为实体的全球化，距离还很遥远。现在的全球化基本是自在全球化，还不是有中央权威统领下的自为全球化。要实现从自在全球化到自为全球化的转变，还有许多的问题要解决，有许多的工作要做。目前最起码有3个问题要解决，这就是两个制约因素、两股对抗力量和一个永无止境的均势效应。

一、两个制约因素 这两个制约因素就是东西问题与南北问题。东西问题是东方文化与西方文化问题，南北问题是南半球经济与北半球经济问题。

东方国家与西方国家有着不同的历史成因，有着不同的国家体制，有着不同的文化传统，有着不同的意识形态。西方文化之根在爱琴海，东方文化之根在黄河。爱琴海与黄河分别是东西方文化的源头。爱琴海文化形成于交换，在本质上是商贸文化；黄河文化形成于稼穑，在本质上是农耕文化。爱琴海的商贸文化孕育出实用主义，黄河的农耕文化孕育出了儒家思想。西方的实用主义的理论根基是自由主义。这种自由主义产生于知识论和生存论，认定自由是生存状态。享受自由是人的天性，是西方主流人生观，很显然，其中包蕴着浓郁的唯我主义和个人主义。儒家思想与实用主义相较是形而上层面的，因为它的核心是一个“仁”字，主旨是“天下归仁”。如果各自找出具有创立意义的人物将两种文化作比较，那就是亚里士多德和孔子。亚里士多德推崇自然自由，认为自由就是“随心所欲地生活”。霍布斯认同亚里士多德的“随心所欲”的自由，认为自由就是“行为无任何障碍”。更有甚者马基雅维利主张自由“可不择手段”。孔子推崇的是社会自由，认为人在社会中要注重“克己”。他主张塑造理想人格，倡导修身、齐家、治国、平天下。他主张“敏于事而讷于言”，他说：“不能正其身，如正人何?”“克己”的社会意义在于“天下归仁”。他认为治国大略应是“道之以德，齐之以礼”，这样“有耻且格”，利于国民道德修养，不主张“道之以政，齐之以刑”，这样国民会消极“避”法，“民免而无耻”，不利于自身修养。他的弟子曾子秉承他克己思想，“吾日三省吾身”。西方和东方在人类学上有一点是共同的，那就是人是群体动物，是群体生存。然而仅仅是限定在这一层薄薄的层面上，再深一层，就会发现，西方所认定的群体是自然主义的，东方所认定的群体是社会主义的。对自由诠释西方是以群体自然主义为前提，东方是从群体社会主义为前提。东方文化的中心国家中国，在强烈的政治观念里，将自由与放纵混淆在一起，批判西方自由化；而西方特别是英法，将自由与制度对立起来，批判东方专制主义。正因为如此，西方重法，东方重德。在西方，德是法的补充，人人关系注重契约；在东方，法是德的补充，人人关系注重道德。所以东方人重血统，建宗庙；西方人重权益，建神殿。在群体和社会层面上两者也是如此：西方主张以法立国，东方主张以德立国。在西方，倡导忏悔与救赎，亡羊补牢，后于事：在东方，倡导自省与内修，未雨绸缪，先于事。虽然两者的极端都终于“善”，归于“仁”，但是思想方法和行为方式截然不同，因此造成了两种不同的文明导向，存在文明冲突。当然，这种“冲突”不是暴力，而是一种“悖”。

这个“悖”是潜在危机，因为这个“悖”有可能成为全球化这个文明体上的断层线。从文化学层面上看，东方文化更具有群体内涵，契合全球化的内在机理。而西方文化则更具个体内涵，不契合全球化内在机理。在当今东西文化的价值观中，西方文化未必能够屈尊放弃西方中心主义，而融入非西方的东方文化。因为西方文化的实用主义所创造的历史辉煌已经证明了实用主义是何等的实用：没有实用主义就没有帝国，没有实用主义就没有全球殖民，没有实用主义就没有欧洲的富强，没有实用主义西方就不可能成为世界的中心。因此实用主义深深地根植于西方意识形态中，成为根深蒂固的文化痼疾。正因为如此，东西问题成为全球一体化的文化鸿沟，成为建立人类共同价值体系难以逾越的天堑。

南北问题是全球化的经济障碍。世界的贫富差别就在南北两个半球。南半球国家债务危机常态化，常常是获得的贷款和政府援助不足以债务偿还。南北问题的焦点在非洲。非洲是经济最落后的洲。2013 年 11 月 25 日《日本经济新闻》称，非洲国家此前的 10 个月在海外市场发行国债累计达 81 亿元，使非洲国家更容易受到海外经济冲击，使国内经济基础趋于不稳定。非洲经济落后不在于地理环境而在于人，在于非洲人，也在于非洲之外的人；不在于生产技术而在于文化，在于非洲的地域文化，也在于非洲之外的域外文化。非洲没有持续传承的传统文化，教育落后是非洲自古以来就存在的问题。殖民主义者对非洲的掠夺，破坏了非洲本来就不健全的农业体系，殖民政治又雪上加霜地使非洲政治碎片化。当然，也许还有深层的内部原因，诚如非洲社会高级研究中心主任加纳的奎西·克瓦·普拉教授在其《非洲民族：该民族的国家》一书中所言：“非洲政治中最持久的特征之一，事实上就是各政党更多的是一些个人品性的集合体，而不是意识形态及哲学方面互有差异的一些规则的集合体，而政治家们已经被这些集合体所吸引。”情况更糟的是有些国家没有能力依靠自己的力量建立健全国家制度，即使有外部的帮助，也没有能力形成良好的国家管理状态。从整体上看，非洲至今尚未找到展开社会过程的方式。然而，非洲人自己知道，世界各国也清楚，殖民文化从根本上扼杀了非洲文化并不强劲的创新和进取活力，非洲人被作为奴隶贩卖到其他大洲，扼杀了非洲人的主体精神和首创精神，奴性造就了非洲人的得过且过的颓废精神状态，甚至造成了奴性的文化传统和传统文化。非洲的问题在表层上是经济落后，在深层里是非洲的灵魂被碎片化了。

现在非洲又面临着无法让人乐观的现实，这种现实被媒体表述为新殖民主义掠夺。新殖民主义的概念也许有某些理论缺陷，但这是比照非洲在殖民地时期被殖民主义掠夺的事实而界定的，具有鲜明的比照性和同一性。首先是欧洲大国有深深的非洲情结，它们是殖民时代非洲的宗主国。法国、英国、德国等国家都怀着“重返欧洲”的强烈愿望，中国和美国对非洲大陆的影响也在日益加强，被称为非洲群雄逐鹿的两大主角。印度、韩国和沙特阿拉伯等国的跨国公司，正在购买非洲大片的土地进行农业开垦。刚果民主共和国同外国业主就全国 48.8%的农业用地达成交易，莫桑比克共和国与外国业主就全国 21.1%的土地达成交易，利比里亚将三分之一的土地卖给了私人投资商，乌干达将 14.6%的农业用地卖给了外国种植者，埃塞俄比亚将 8.2%的农业用地卖给了外国人。非洲的资源第二次被“殖民化”地瓜分。这种现实将使非洲成为永远碎片化的非洲和殖民化的非洲。所以全球化对非洲而言，首先要实现非洲整体化。

人们应该明白，既然是全球化，那么在全球化的框架里，发达国家、发展中国家和极端贫穷的国家都是全球化社会的组成部分。发达国家的经济、发展中国家的经济和极端贫穷国家的经济，也都是世界经济的一部分。地球的质量是恒定的，地球上的资源是恒定的。地球上的资源可能分布不均，在不同的区域里可能多寡不等，那么对这些资源的开发程度不一、享用程度不一，就极易造成自然性的贫富差别。贫富差别直接决定了强弱的差别，自然性的贫富差别演变出社会性的贫富差别，世界也就不安宁了。

欧洲人自己区域里有上帝所配给的资源，可是这些上帝的虔诚信徒却违背上帝之意跑到了美洲、跑到了非洲、跑到了南亚和大洋洲，将那里的资源据为己有，甚至包括了那里的居民。长此以往，马太效应使富者越来越富，贫者越来越贫，最终形成“北富南贫”的世界经济格局。

令人欣慰的是，经济觉醒成为非洲大陆 21 世纪的新气象。非洲诸多国家以政治稳定保经济发展，国家主导投资，减少对出口的依赖，规避国际市场价格混乱可能对本国经济造成的伤害。2012 年全球有 20 个经济发展最迅速的国家，非洲占据 11 个。埃塞俄比亚 2014 年经济增长率为世界第一，人均 GDP 达到 800 美元；卢旺达自 2001 年开始，每年经济增长率一直稳定在 8%左右；吉布提、科特迪瓦和肯尼亚等国家的经济持续稳步增长。同时，非洲也获得了国际的广泛支持。中国从 20 世纪 70 年代初就开始帮助非洲修筑铁路。2013 年中国出资 138 亿美元的铁路项目在肯尼亚动工，2014 年又与尼日利亚签署 131 亿美元铁路项目。

俄罗斯《观点报》评论称：中国“沿着枕木挺进非洲”。在科技领域，中国更是以创新技术为非洲带来新的经济增长率。近半数的中国企业为非洲当地市场带来了新技术、新产品和新服务。中国企业在非洲的影响力涉及数据中心、智能手机和广播电视等多个领域。非洲传媒称：“中国无处不在。”

二、两股对抗力量　对抗全球化的两股力量是民族主义和国家主义。

（一）民族主义　最起码从氏族部落时期开始，人类就一直在自觉不自觉地培养自己的民族主义情绪和意识。公元1500年大陆陆块由于大航海而联结起来之后，区域自治的封闭和隔离的格局被打破，全球化的经济和文化活动，冲击着民族主义的情绪和意识，但并没有根本性的撼动，原因在于国家在全球化格局中的利益正是民族利益。在全球化格局中产生的国家主义，正是民族主义的升级。因此民族主义在国家主义的框架里，以遏制小民族主义，强化大民族主义的形式发展。这样的后果是，小民族主义一旦感到被大民族主义所压制，或者不再满足在大民族主义里的既得利益，就会产生摆脱大民族主义的情绪和倾向。那些以联合形式构成的将小民族主义联合成大民族主义的国家，也就是联合、联邦、合众机制的国家，往往容易发生民族自治风潮。

民族主义作为一种理论思潮，形成于欧洲的18世纪，在法国大革命时期和拿破仑统治时期得到高度扩展。此后的每次民族战争，都是以战火的形式淬炼着民族主义意识和民族主义情绪。那些民族英雄以其崇高的民族使命意识和伟大的民族牺牲精神，激励着民族主义世代传承和弘扬。血缘民族、文化民族和宗教民族，都在以不同的民族范式培育着民族主义。

在以领土为主要内涵宣示民族国家主权的时代，民族主义与领土主义是一对孪生兄弟。领土主义培育了民族主义，民族主义强化了领土主义。在国际争端中，无论是领土问题还是资源问题，无论是宣示还是声索，都是以民族主义作为驱动力，激发民族感情，煽动民族情绪，凝聚民族力量。许多学者认为利用民族情绪参与国际事务已经不合时宜。然而民族国家离开民族这个血脉，是不可能有凝聚力的。民族情绪容易遮蔽思维的理性，但绝不能说没有民族情绪就是理性的。尽管全球化在消解着民族认同感，却并不等于民族会放弃对民族认同感的再造及守护。在战争阴云下的民族，都自觉不自觉地强化民族主义和民族精神以时刻准备应对民族战争。那么，强化民族主义，正是民族应对全球化的重要方略。

然而，民族主义自治正在导致国家分裂，苏联的民族主义自治的风潮，终于使苏联解体；英国的民族主义自治思潮蛰伏了一个时期之后，掀起自治风潮。英国12世纪入侵爱尔兰，19世纪合并爱尔兰。1948年爱尔兰成立共和国脱离英国，但北爱尔兰则一直在英国统治之下。自治是北爱尔兰的夙愿。英国不同于苏联，苏联是众多民族的联邦，疆域十分广大，分裂后的国家大多也比现在的英国大，而英国本来国土就小，仅由英格兰、苏格兰、北爱尔兰和威尔士4个地区组成，一旦解体，在地理上就更成了蕞尔小国。

（二）国家主义　国家主义是近代欧洲兴起的政治学说，但是自国家诞生之日起，国家主义就存在着。没有国家主义，不可能有国家利益的追求与实现，也不可能有国家的发展与富强。无论是国王或国民，从一开始他们就是国家主义者。至于国王与国民产生了利益冲突和政治分歧，则是国家主义演变的某种结果。当国家演变成国王的统治工具，成为压迫和奴役国民的机器，国家主义演变成国家专制主义的时候，国王要维护国家统治，国民要推翻国家统治，同样都是国家主义的结果。所以，在迄今为止的国家历史中，一个旧国家灭亡，随之就是一个或数个新国家的诞生。罗马帝国如此、加洛林帝国如此、苏联如此、南斯拉夫也是如此。起码在封建社会之前，帝王、君主都把国家看做自己的财产。溥天之下，莫非王土。路易十四称，法兰西“完全属于国王本人”。政治寡头们都是专制主义者，马基雅维利的《君主论》的核心是君主专制论，以恶的视觉教唆君主实行没有善行的专制统治。资本主义国家和社会主义国家，人民成为政权的主导力量，尽管某些国家元首或明或暗地将国家视为自己的财产，国民也往往充斥着狭隘国家主义，然而国家实体依旧是这个国家根本利益所在，国家依然是世界社会的基本单元。元首与国民尽管有种种利益冲突和政见相左之处，但只要不突破某种极限，在世界社会中依然能够齐心协力地推行国家战略维护国家利益。

国家战略，就是国家的生存逻辑。国家地理环境不同、国家地缘政治不同、国家体制不同，国家生存逻辑也就不同。国家生存逻辑不同，体现着国家生存逻辑的国家战略也就不同。任何国家都不希望抱残守缺，然而只有地球才是“圆”的。如若一个国家妄想专制于整个地球，那是个白日梦，因为地球为整个人类共同拥有，这既是人类的自然权利。共和是整个人类必然的生存逻辑，这是在两千年前的罗马公共生活中就已经发现并践行的逻辑，遗憾的是罗马并没有自觉的意识，起码没有自觉的坚守，在后来的扩张中，将“共和”踏得粉碎，将一份破碎的“共和”遗产留给了后人。世界原本就是个悖论，是不公正的，在国家分布的地理区位上，在国家自然资源的占有比例上，都是不均等的。这不是平均主义作祟，然而这种不公正归根结底不是上帝的责任，而是人类自己的责任，在于人类还在懵懂时期为了那一小点根块而大打出手的那一瞬间，就是那一小点“根块”的祸根绵延至今。在现代社会里，直接决定人民命运的是政府和公司，政府决定社会秩序，公司决定社会财富。美国经济学家伯顿·A. 艾布拉姆斯用经济学的观点将人分为两类业主群体，一类是选民，一类是股东。他认为，选民和股东同时面临的重大难题是如何选定他们的领导人。倘若业主实施不了自己的权力，那么，在人民主权的国家里，人民就是个悖论体。因为人民需要秩序和财富，为此将主权让渡给政府。政府只留下建立秩序的主权部分，而将创造财富的主权部分转包给了公司。这样，绝大多数不是股东的人民只有自己的政府，而没有自己的公司，这部分人民不是依靠政府从事财富创造，而是进入惟一的生产组织形式的公司打工，成了公司的奴隶。而股东有双重业主身份，他们还是选民，因此股东作为政府的业主，能够以公司的力量左右政府。所以，如果坚持认为有了公正才有共和，那么人类共和之路，还有很远很远。在这段道路上，也许还会有比第一次和第二次世界大战规模更大、伤亡更重，甚至将地球和人类一起毁灭的世界大战。如果不与“根块”情结决裂，就等于将那一小点“根块”的祸根继续绵延下去，以不公正的事实和现状为公正，“共和”就成为那些深深地感到不公正的民族和国家永远无法接受的逻辑。这是全球化时代的全球化社会所面临的最为严峻的课题。

但是——的确该有这样一个“但是”的转折——如果这个问题交给经济平均主义理论家，让他们将整个地球重新进行公正的合理的分配，会出现什么结果呢？中国在进行土地革命的时候，是根据农民家庭贫困程度将地主的土地合理地公正地分给佃农、雇农和贫农及部分下中农，从而实现了土地的分配和占有的公正。人民公社化的时候，把农民的土地统统收为集体所有，彼此都在集体的土地上耕种，在土地问题上，又实现了新的公正。实行市场经济之时，将土地再次分给农民，问题就发生了。土地分为山地田和平地田，分为水田和旱田，不可能不作类别区分地从南分到北，从东分到西。否则就会出现不公正，这一家分到的全部是平地田或水田，而那一家分到的则都是山地田或旱田。于是只有分门别类地分配，多少农户参加分配，就将每一类别分成多少等份。这样，对于分配而言公平、公正了，然而，农户的耕作就麻烦了，一条一块零零散散的土地，甚至同一类的田地东一块、西一块，背着同样的种子跑东又跑西。如果为了公正，重新划分世界的国家地理区位时也这样办理，从南极到北极，从东半球到西半球，按照国家人口分，各种温度带和自然带每个国家都分得其中一份，那么不要说整个世界，就连每个国家都成了揉不到一起的糠团子了。还有一种情况是最有可能的，人们都不愿意生活在寒带和热带，更不愿意交恶邻，各从其志，道不同不相为谋，既要公正，就不能差强人意。强制人的意志和情感，当是最大的不公正，况且是为了公正时发生的不公正。

迄今为止，人类已经生存了数百万年，一直生活在“万类霜天竞自由”的人为环境中。这种环境是人类制造的自我囚禁的囚牢。自由本来存在着，公正本来存在着。人类不刻意争取的时候，自由和公正像蓝天、像大地、像海洋一样存在着，是一种原本的自在。当人类刻意地去争取的时候，破坏了自由和公正的自在性，蜕变成人为性的非自由和非公正。人类正是在这种人为性的非自由和非公正之中生生死死地为自由和公正而奋争，最终形成人类自我囚禁的囚牢，人类囚禁了自己。因此，一部人类寻求自由和公正的奋斗史，其实是一部人类自我囚禁史。人类最大的悲剧是至今尚未发现自己生活在自己营造的囚牢之中。

三、永无止境的均势效应 均势效应是由事物趋平律所决定的，在哲学里是由矛盾性所决定的，遵循事物发展“矛盾、平衡，再矛盾、再平衡”的定律。所以，追求均势，是避免冲突的重要方式。

全球的陆块被大航海的航线缝合到一起之后，英国以殖民的形式成为世界第一僭主，第二次世界大战后，美苏成为世界的两个僭主，冷战结束，美国成了世界惟一僭主。进入21世纪，美国、欧盟、中国成了三足鼎立的世界三极，依照八国集团和二十国集团的思维，不少的政治家和社会学家呼吁成立三国集团，而且要有其合法性。这种思维暗含着全球治理的新模式，最新的大国关系是中美欧三边关系。在这三边关系的框架之中，还有中美俄、中美印和中美日三边关系。美国将战略重点从欧洲转移到亚洲和太平洋的亚太地区之后，中美关系成为亚太地区的主要关系，亚太合作的框架是以中美为主要两边再加第三边的三边关系。

这些关系实际上是新型的三边博弈的关系，是利用第三边进行博弈的双边博弈的新方式。任何两边都希望有可以作为砝码、作为棋子和作为底牌的第三边，以第三边谋求双边均势，实现双边制衡。其实质是，双边之中的任何一边都想打破均势而占据优势主宰另一边。为了主宰另一边而追求均势，为防止被主宰而追求均势，成为追求均势效应的无止境过程。人们塑造了这种博弈模式，又在这种博弈模式中塑造自己。

其实，谁都是为了生存得更好而无事生非地制造出无法生存得好的种种束缚彼此的羁绊。互疑是人类社会的万恶之首，缺乏互信是人类社会的最大危机。“疑”是人类精神的集体残障，是实现人类全球一体优质生存的最大障碍。人类自我制造的那些繁文缛节，那些清规戒律，那些画地为牢的沟壑，把罗马斗兽场做成画卷如同座右铭一样地挂在中堂，在欣赏中戒备，在戒备中欣赏，霍布斯的笑容里，既有被如此认同的欣慰，也有被如此运用的苦涩。也不能说杞人忧天全无道理，杞人头上的天是上帝的天，而我们头上的天是我们自己营造的天。人类是自己的上帝。人类是没有进化彻底的动物，始终自我囚禁在动物的丛林之中。因此那种美好的田园生活画面里诗意袅袅的炊烟，总衬着烽火台上滚滚的狼烟。丘吉尔有一句名言：“当一个国家强大的时候，它并不总是公正的。而当它试图去变得公正时，它就不再强大。”丘吉尔暗示，强大来自不公正。为了最终的优质生存而始终陷在劣质生存之中，这是人类生存逻辑的最大悖论。

这一切足以证明我们正以民族主义和国家主义的思维与行为处在全球化的自在阶段里。尽管看上去一切都是生机勃勃，然而这都是民族主义和国家主义的生机勃勃，是民族与民族、国家与国家之间如火如荼的博弈而呈现出的生机勃勃，是人类的民族生存逻辑和国家生存逻辑所折射的映像。

需要特别申明的是，在本质上，全球化是一个以贸易为主导形式的经济过程，而不是以革命为主导形式的政治过程，是经济发展或资本发展的自然而然的潜移默化的结果，而不是民族革命和国家革命轰轰烈烈的暴风骤雨的结果。这正是自在全球化的本质特征。所以，用政治的革命运动的观点解释全球化是完全错误的。国家在全球化的演进过程中，发挥着至关重要的作用，甚至有的国家在极力左右全球化的进程与方向，但全球化绝不是国家运动的结果。

然而国家自觉地有计划地推动全球化进程的时期必将到来。这时的全球化就是自为的全球化。国家不再以狭隘的国家主义应对全球化，而是将全球化作为国家使命的重要部分并以全球化的理论推动全球化的进程。联合国的产生、欧盟的形成、世界政府的讨论，这都可以放进自为全球化的范畴加以认证，但这还不是自为全球化的本身。2014 年 10 月在中国倡导下创立的亚洲基础设施投资银行，是政府间亚洲区域多边开发机构，宗旨是促进亚洲区域的建设互联互通，推动经济一体化进程。应该看到，这个组织虽然是亚洲区域组织，但自为全球化的特征非常凸显，因为它是立足于亚洲的全球化行为。

只有自为全球化才有可能成为理性全球化，才会是人类作为目标和预期而为之努力的全球意义的全球化。自为全球化的最大特征就在于全球人的一致努力和共同奋斗，并以这种努力和奋斗体现全球正义。全球正义是人类生存逻辑的终极前提，人类的生存逻辑不再是民族主义的和国家主义的生存逻辑，而是全球主义的生存逻辑。人人关系是全球化的人人关系，人地关系是全球化的人地关系。任何一个人，他的生存与全球的每一个人休戚与共，他的生存与整个地球的每一寸土地密切相关。地缘理论也将不再是政治理论，而是经济理论。

全球正义是人类生存的终极环境。全球正义之中的全球化生存，全球化生存之中的全球正义，是人类生存的终极逻辑。人类以往的生存逻辑导致了人类自我囚禁，未来的终极生存逻辑将是人类自我囚禁的历史终结，是实现人类自我解放人人有着自然自由和自然平等的终极生存模式。

封　卷

自然资源决定人类生产和生活方式，地理环境决定人类的生态样式，这已是不刊之论不争之实。环境局限效应在于环境资源局限。战争是人类之恶的竞赛，和平是人类之善的修炼。

人类的生存逻辑，是建立在人地关系和人人关系两大关系的基础上。这两大关系的实质是一种关系，就是“此”与“彼”的关系，也就是主观与客观的此彼关系。“此”是主观，“彼”是客观。1972 年联合国发出了警示之声：只有一个地球。那么，此彼关系就是 72 亿个脑袋和一个地球的关系，在根本上是一个脑袋和 72 亿个脑袋减去一个脑袋再加上一个地球的关系。可以看出，其实全部的问题就在于这一个脑袋上，在于“此”。

“此”的问题是地球问题的总根源。因为“此”在倾尽权利之所有享用地球资源，享用“此”之外包括人类在内的“彼”一切资源。谁都可以看到，“此”是在怎样地以蛇吞象的野心和勇猛，欲将地球这个大球吞进脑袋这个小球的。这使我们难以乐观。

但是，我们也不悲观，人类的文明进程总是奔腾向前。这种向前不仅是物质的，还有精神的。精神文明的核心在于自我修炼和自我完善，可以借用中国典籍《黄帝内经》里的一句话来表达：精神内守。全球化的机理要求人类崇尚宽容、崇尚尊敬、崇尚自重，崇尚和缔造大人类圈里的生存准则。地球村将不再是一般的生态概念，而将成为人类普遍认同的生存概念。“精神内守，克己复礼”，将是地球村村民的八字座右铭。

生存逻辑是一个活态的动态的概念。在全球化时空下，我们应该走出旧的生存逻辑体系，建立新的生存逻辑体系。我们的生存选择在于我们自己。人类生存逻辑注定要实现人类全球一体生存。当地球村真正成为人类生存理念的时候，国家生存概念将被解构，国家生存体制也将被解构，国家福利地位被地球村福利地位所取代，在地球村的规制下，人类将统筹考虑人口分布、生产配置、生活方式和生存模式。在国家体制下不合理的不科学的生存方式将得到统一调整，闲置、荒芜和无人居住的土地，将被合理地充分地利用起来。那些狭小的人口密度却很大的地区，将被稀疏，各区域的人类都有合理的生存空间和发展空间，这是全人类的最大利益。这不仅更利于生活，也更利于生产和发展。现在有一些人口高度密集生存空间狭小的地区，科技发达，工业发展很快，已经显现出环境局限效应，严重地影响了发展进程，在国家的概念里，这是本国家问题，在世界概念里，这是全人类的问题，它影响到了全人类的财富创造，从而影响到全人类的文明进程。还有一些人口极端稀疏的地区，这些地区并不是不适合人类居住的地区，而是由于国家领土的壁垒造成的居住局限问题。这些地区自然资源丰富，却没有足够的居住地人口进行开发和利用，结果形成了资源闲置或远距离高成本的开发。这种远距离高成本的开发，伴随着资源的无谓消耗和浪费。这是全人类的损失。合理配置人口、合理配置居住区域、合理配置资源和合理配置开发，从而保证生态足迹、生态承载力和生态赤字指数都达到理想化程度，这既是人类最高利益，也是地球的最高利益，是人地关系的最佳状态。要达成这种科学配置，需要全新的理念、全新的思维、全新的智慧、全新的素质、全新的理性和全新的境界。

康德之所以能够提出“世界联邦”的构想，凭借的是他的理性思维和逻辑力量，他一生未走出乡野，是个足未出户的人。而今天的各国首脑们，是飞遍五洲漂过四海的人，有足够的亲历和见识，有足够的抽象思维所需的事件和具象思维所需的活体，浩浩胸襟，荡荡情怀，在国际舞台上运筹帷幄、纵横捭阖，对于世界发展的走向，对于人类科学生存，更有真知灼见。这些真知灼见，是比上帝的恩赐来得更直接更现实的人类福祉，是主导人类沿着科学道路进化、全球社会沿着科学道路发展的超大力量。

全球化的根本意义，就在于全球人类的全球化生存。人类已经走过了几百万年的路，还有一段比走过的路还要长的路要走。这段路能否比前一段走得好，全部答案正在于以上所调动的60多万文字结构同时又是解构的主题：生存逻辑。

2007年10月9日至2014年3月2日　初稿
2014年3月6日至2016年11月8日　定稿
2016年12月1日至2017年6月18日　校订

参考书目

1. [德] 克劳斯·迈因策尔著、曾国屏等译：《复杂性思维——物质、精神和人类的计算动力学》，上海辞书出版社 2013 年版。
2. [美] 卡尼曼等编、方文等译：《不确定状况下的判断：启发式和偏差》，中国人民大学出版社 2013 年版。
3. [美] 约翰·布洛克曼编著、吕芳译：《第三种文化：洞察世界的新途径》，中信出版社 2010 年版。
4. [法] 霍尔巴赫著、管士滨译：《自然的体系》，商务印书馆 1999 年版。
5. [英] 利萨·罗斯纳等编、郭元林等译：《科学年表》，科学出版社 2007 年版。
6. [美] A. 迈里克·弗里曼编著、曾贤刚译：《环境与资源价值评估》，中国人民大学出版社 2002 年版。
7. [德] 耶内克·雅各布主编，李慧明、李昕蕾译：《全球视野下的环境管治：生态与政治现代化的新方法》，山东大学出版社 2012 年版。
8. [美] 埃里克·波斯纳、戴维·韦斯巴赫著，李智、张健译：《气候变化的正义》，社会科学文献出版社 2011 年版。
9. [美] S. 弗雷德·辛格、丹尼斯·T. 艾沃利著，林文鹏等译：《全球变暖——毫无来由的恐慌》，上海科学技术文献出版社 2011 年版。
10. 于连生主编：《自然资源价值论及其应用》，化学工业出版社 2004 年版。
11. [美] 洛伊斯·N. 玛格纳著、刘学礼主译：《生命科学史》，上海人民出版社 2009 年版。
12. [美] 奥德姆·巴雷特著、陆健健等译：《生态学基础》，高等教育出版社 2009 年版。
13. [法] 让雅克·卢梭著、吕卓译：《论人类不平等的起源》，中国社会科学出版社 2009 年版。
14. 许国志主编：《系统科学》，上海科技教育出版社 2006 年版。
15. 张宏儒主编：《二十世纪世界各国大事全书》，北京出版社 1993 年版。
16. 谢文郁著，张秀华、王天民译：《自由与生存》，世纪出版集团 2007 年版。
17. [古希腊] 亚里士多德著、王旭凤等译：《尼各马可伦理学》，中国社会科学出版社 2007 年版。
18. [英] 费比恩主编、王鸣阳译：《进化——剑桥年度主题讲座》，华夏出版社 2011 年版。
19. [英] 赫胥黎著、宋启林等译：《进化论与伦理学》，北京大学出版社 2013 年版。
20. [德] 弗里德里希·尼采著、杨恒达译：《尼采文集（第 2 卷）》，中国人民大学出版社 2011 年版。
21. [英] 赫胥黎著、严复译：《天演论》，凤凰出版集团、译林出版社 2011 年版。

22. ［英］约翰·梅纳德·凯恩斯著、李春荣等编译：《凯恩斯文集》，中国社会科学出版社2013年版。
23. ［英］亚当·斯密著、孙善春译：《国富论》，光明日报出版社2012年版。
24. ［古罗马］奥古斯丁著、成官泯译：《论自由意志》，世纪出版集团、上海人民出版社2013年版。
25. ［印］阿马蒂亚·森、［英］伯纳德·威廉姆斯主编，梁捷译：《超越功利主义》，复旦大学出版社2011年版。
26. ［古希腊］亚里士多德著、高书文译：《政治学》，中国社会科学出版社2009年版。
27. ［英］威廉·古德温著、王维民等译：《关于人的思考：人的本质、产物及发现》，中国社会科学出版2010年版。
28. ［英］大卫·休谟著、石碧球译：《人性论》，中国社会科学出版社2009年版。
29. ［英］托马斯·马尔萨斯著、陈小白译：《人口原理》，华夏出版社2012年版。
30. ［英］勃罗尼斯拉夫·马林诺夫斯基著、李安宅译：《两性社会学》，上海人民出版社2003年版。
31. ［美］斯塔夫里阿诺斯著、童书慧等译：《全球通史（第七版）》，北京大学出版社2007年版。
32. ［美］弗朗西斯·福山著、黄胜强等译：《历史的终结及最后之人》，中国社会科学出版社2003年版。
33. ［美］林恩·桑戴志著、陈廷璠译：《世界文化史》，三联书店2005年版。
34. ［荷兰］彼得·李伯庚著、赵复三译：《欧洲文化史》，上海社会科学院出版社2005年版。
35. ［美］克莱顿·罗伯茨等著、潘兴明译：《英国史》，商务印书馆2013年版。
36. ［美］卡罗尔·帕金、克里斯托弗·米勒著，葛腾飞等译：《美国史》，东方出版中心2013年版。
37. ［美］约翰·杜威著、傅统先等译：《杜威全集·晚期著作（第一卷）》，华东师范大学出版社2015年版。
38. ［俄］M. M. 列别杰娃著，刘再起、田园译：《世界政治》，武汉大学出版社2008年版。
39. ［美］汉斯·摩根索著、徐昕等译：《国家间政治》，北京大学出版社2012年版。
40. ［美］彼得·埃文斯等编、方力维等译：《找回国家》，三联书店2009年版。
41. ［美］哈伊姆·奥菲克著、张敦敏译：《第二天性：人类进化的经济起源》，中国社会科学出版社2004年版。
42. ［英］约翰·朱利叶斯·诺威奇著、殷亚平译：《地中海史》，东方出版中心2011年版。
43. ［美］阿尔戈特-弗雷雷等著、王卫东译：《加勒比海地区史》，中国大百科全书出版社2011年版。
44. ［澳］迈克尔·皮尔森著、闫鼓润译：《港口城市与入侵者：现代社会早期斯瓦希里海岸、印度和葡萄牙》，民主与建设出版社2015年版。
45. ［加纳］奎西·克瓦·普拉著、姜德顺译：《非洲民族：该民族的国家》，民族出版社2014年版。
46. ［英］简·麦金托什著、刘衍钢等译：《探索史前欧洲文明》，商务印书馆2010年版。

47. ［美］R. 格伦·哈伯德著，曲昭光、赖溟溟等译：《货币、金融体系与经济（第六版）》，中国人民大学出版社 2011 年版。
48. ［美］杰弗里·M. 贝瑞、克莱德·威尔科克斯著，王明进译：《利益集团》，中国人民大学出版社 2012 年版。
49. 吕大吉：《宗教学通论新编》，中国社会科学出版社 2010 年版。
50. ［英］理查德·雷德著，王毅、王梦译：《现代非洲史》，上海人民出版社 2014 年版。
51. ［德］约阿希姆·拉德卡著、王国豫等译：《自然与权力：世界环境史》，河北大学出版社 2004 年版。
52. ［英］麦克斯·缪勒著、金泽译：《宗教的起源与发展》，上海人民出版社 2010 年版。
53. ［法国］亨利·柏格森著、彭海涛译：《道德和宗教的两个来源》，安徽人民出版社 2013 年版。
54. ［德］克劳斯·布林格曼著、刘智译：《罗马共和国史》，华东师范大学出版社 2014 年版。
55. ［法］多米尼克·德维尔潘著，卢苏燕、刘芳译：《另一个世界》，中国人民大学出版社 2005 年版。
56，［德］伊曼努尔·康德著、何兆武译：《论永久和平》，上海世纪出版集团 2005 年版。
57. ［美］迈克尔·C. 迈耶、威廉·H. 华兹利著，复旦人译：《墨西哥史》，东方出版中心 2012 年版。
58. 联合国开发计划署等编、国家环境总局国际司译：《世界资源报告 2000—2001：人与生态系统——正在破碎的生命之网》，中国环境科学出版社 2002 年版。
59. ［巴西］博劳斯·福斯托著、刘焕卿译：《巴西简明史》，社会科学文献出版社 2006 年版。
60. ［美］克里斯蒂娜·科斯嘉德著、李倩译：《创造目的王国》，中国人民大学出版社 2013 年版。
61. ［法］皮埃尔·米盖尔著、郭华榕译：《法国史》，中国社会科学出版社 2012 年版。
62. ［美］斯坦利·沃尔波特著，李建欣、张锦冬译：《印度史》，东方出版中心 2013 年版。
63. ［美］本杰明·吉恩、凯斯·海恩著，孙洪波等译：《拉丁美洲史》，东方出版中心 2013 年版。
64. ［英］康斯坦丝·玛丽·藤布尔著、欧阳敏译：《新加坡史》，东方出版中心 2013 年版。
65. ［加拿大］罗伯特·博斯韦尔著、裴乃循等译：《加拿大史》，中国大百科全书出版社 2012 年版。
66. ［美］约翰·罗尔斯著、何怀宏等译：《正义论》，中国社会科学出版社 2009 年版。
67. ［美］赫尔曼·M. 施瓦茨著、徐佳译：《国家与市场：全球经济的兴起》，江苏人民出版社 2008 年版。
68. ［美］爱德华·张伯伦著、周文译：《垄断竞争理论》，华夏出版社 2009 年版。
69. ［英］昆廷·斯金纳著、管可秾译：《霍布斯与共和主义自由》，上海三联书店 2011 年版。
70. ［英］阿诺德·汤因比著、郭小凌等译：《历史研究》，世纪出版集团、上海人民出版社 2010 年版。
71. ［荷］费莫·西蒙·伽士特拉基著、倪文君译：《荷兰东印度公司》，东方出版中心 2011 年版。

72. [日] 阪本太郎著、汪向荣等译:《日本史》,中国社会科学出版社 2011 年版。
73. [美] 巴林顿·摩尔著,王茁、顾洁译:《专制与民主的社会起源——现代世界形成过程中的地主和农民》,上海译文出版社 2013 年版。
74. 湖北省博物馆编:《长江中游古人类·郧县人》,文物出版社 2007 年版。
75. 彭遵古主编、潘彦文校注:《郧台志》,长江出版社 2006 年版。
76. [美] 理查德·林寄著、杨世伟等译:《公司战略》,经济管理出版社 2011 年版。
77. [美] 加里·S. 贝克尔著、王业宇等译:《人类行为的经济分析》,格致出版社 2008 年版。
78. [法] 木里斯·郭德烈著、董芃芃等译:《人类社会的根基——人类学的重构》,中国社会科学出版社 2011 年版。
79. [美] 兹比格涅夫·布热津斯基著、洪漫等译:《战略远见:美国与全球权力危机》,新华出版社 2012 年版。
80. [美] 约瑟夫·E. 斯蒂格利茨著、张子源译:《不平等的代价》,机械工业出版社 2013 年版。
81. [英] 布莱恩·巴利著、曹海军译:《社会正义论》,江苏人民出版社 2008 年版。
82. [美] 卡莱斯·鲍什著、熊洁译:《民主与再分配》,上海人民出版社 2011 年版。
83. 栾景河主编:《中俄关系的历史与现实》,河南大学出版社 2004 年版。
84. C. W. 克劳利著、中国社会科学院世界历史研究所译:《新编剑桥世界近代史》(第九卷),中国社会科学出版社 1992 年版。
85. [美] 哈罗德·D. 拉斯韦尔著、胡勇译:《权力与人格》,中央编译出版社 2013 年版。
86. [美] 斯蒂芬·沃尔特著、周丕启译:《联盟的起源》,北京大学出版 2007 年版。
87. [美] 希拉·贾萨诺夫著、尚智丛等译:《自然的设计:欧美的科学与民主》,上海交通大学出版社 2011 年版。
88. [俄] 鲍里斯·尼古拉耶维奇·米罗诺夫著、张广翔译:《俄罗斯社会史》,山东大学出版社 2006 年版。
89. [德] 史蒂文·奥茨门特著、邢来顺等译:《德国史》,中国大百科全书出版社 2009 年版。
90. [瑞士] 戴维·伯明翰著,周巩固、周文清译:《葡萄牙史》,商务印书馆 2012 年版。
91. [丹] 克努特·J. V. 耶斯佩森著、李明译:《丹麦史》,商务印书馆 2012 年版。
92. [美] 马克·凯什岚斯基等著、孟广林译:《西方文明史:延续不断的遗产(第五版)》,中国人民大学出版社 2014 年版。
93. [意] 路易斯·萨尔瓦托雷利著、沈珩等译:《意大利简史》,商务印书馆 2013 年版。
94. [美] 詹森·汤普森著、郭子林译:《埃及史:从原初至当下》,商务印书馆 2014 年版。
95. [美] John O. Cooper 等著、美国展望中心译:《应用行为分析(第二版)》,武汉大学出版社 2012 年版。
96. [英] 杰拉尔德·莱昂斯著、隋芬译:《新经济秩序:全球经济未来 20 年》,中信出版社 2016 年版。
97. [英] 彼得·沃森著、姜倩等译:《人类思想史:浪漫灵魂》,中央编译出版社 2011 年版。
98. [美] 吉姆·斯达纽斯等著、刘爽等译:《社会支配论》,中国人民大学出版社 2011 年版。
99. [印] 阿马蒂亚·森著,王磊、李航译:《正义的理念》,中国人民大学出版社 2013 年版。

100. 张伟主编：《联合国核心人权文件汇编》，中国财富出版社2013年版。
101. [美] 彼得·德鲁克著、曾琳译：《功能社会》，机械工业出版社2009年版。
102. [美] A. R. 拉德克利夫·布朗著、丁国勇译：《原始社会的结构与功能》，中国社会科学出版社2009年版。
103. [美] 彼得·霍尔著、刘骥等译：《驾驭经济：英国与法国国家干预的政治学》，江苏人民出版社2008年版。
104. [美] 戴维莱文森著，葛公尚、于红译：《世界各国的族群》，中央民族大学出版社2009年版。
105. [德] 弗里德里希·梅尼克著、孟钟捷译：《世界主义与民族国家》，上海三联书店2012年版。
106. 郝时远、朱伦主编：《世界民族》，中国社会科学出版社2013年版。
107. [美] 詹姆斯·C. 斯科特著、王晓毅译：《国家的视角》，社会科学文献出版社2012年版。
108. [英] 艾瑞克·霍布斯鲍姆著、马凡等译：《极端的年代》，江苏人民出版社2011年版。
109. [英] 迈尔-舍恩伯格、库克耶著，盛杨燕等译：《大数据时代》，浙江人民出版社2013年版。
110. [美] 威廉·R. 科勒著、王宝泉译：《20世纪的世界：1900年以来的国际关系与世界格局（牛津第5版）》，群言出版社2010年版。
111. 韩玉贵著：《冷战后的中美关系》，社会科学文献出版社2007年版。
112. 沈志华等编：《脆弱的联盟：冷战与中苏关系》，社会科学文献出版社2010年版。
113. [英] 纳菲兹·摩萨迪克·艾哈迈德著、谭春霞译：《文明的危机》，新华出版社2012年版。
114. 王勇编著：《中日关系的历史轨迹》，上海辞书出版社2010年版。
115. [美] 拉古拉迈·拉詹著、刘念等译：《断层线》，中信出版社2011年版。
116. [美] 萨拉·B. 波默曼伊著、周平等译：《古希腊政治、社会和文化》，上海三联书店2011年版。
117. [苏联] N. N. 罗斯图夫主编、钟石译：《第一次世界大战史》，上海译文出版社1982年版。
118. [德] 库特·冯·蒂佩尔斯基希著、赖铭传译：《第二次世界大战史》，解放军出版社2014年版。
119. [英] 李德·哈特著、钮先钟译：《战略论》，上海人民出版社2010年版。
120. [美] 克里斯·阿吉里斯等著、夏林清译：《行动科学》，教育科学出版社2012年版。
121. [西] 费尔南多·维加-雷东多著、毛亮等译：《经济学与博弈理论》，上海人民出版社2006年版。
122. [美] 罗纳德·芬德利、凯文·奥洛克著，华建光译：《强权与富足》，中信出版社2010年版。
123. [英] 威廉·古德温著、郑博仁等译：《政治正义论》，中国社会科学出版社2011年版。

124. [俄] A. N. 科斯京著、胡谷明等译：《生态政治学与全球学》，武汉大学出版社 2008 年版。
125. [挪威] 约翰·加尔通著、陈祖洲译：《和平论》，南京出版社 2006 年版。
126. [美] 德瑞克·李波厄特著、郭学堂等译：《50 年伤痕：美国的冷战历史观与世界》，上海三联书店 2012 年版。
127. [美] 西·内·费尔希著、姚梓良译：《中东史》，商务印书馆 1980 年版。
128. [美] 菲利普·希提著、马坚译：《阿拉伯通史》，商务印书馆 1979 年版。
129. [美] 戴维·C. 科顿著、王道勇译：《当公司统治世界（第二版）》，广东人民出版社 2006 年版。
130. [美] 禹贞恩著、曹海军译：《发展型国家》，吉林出版集团有限责任公司 2008 年版。
131. [美] 赫伯特·斯坦著，金清、郝藜莉译：《美国总统经济史——从罗斯福到克林顿》，吉林人民出版社 2011 年版。
132. [美] 达里奥·巴蒂斯特拉著、潘革平译：《国际关系理论》，社会科学文献出版社 2010 年版。
133. [法] 蒂埃里·德·蒙布里亚尔著、庄晨燕译：《行动与世界体系》，北京大学出版社 2007 年版。
134. [美] 肯尼恩·奥那编、田野译：《无政府状态下的合作》，上海人民出版社 2010 年版。
135. [美] 威廉·格雷德著、耿丹译：《美联储》，中国友谊出版公司 2013 年版。
136. [美] 弗雷德里克·A. 奥拉夫森著、马万利译：《行为辩证法——历史学及人文学科的哲学解释》，大象出版社、北京出版社 2009 年版。
137. 许纪霖主编：《全球正义与文明对话》，江苏人民出版社 2004 年版。
138. 宫少朋等著：《冷战后国际关系》，世界知识出版社 1999 年版。
139. 李淑珍等著：《当代世界经济与政治》，北京大学出版社 2009 年版。
140. [法] 亨利·柏格森著、高修娟译：《创造进化论》，安徽人民出版社 2013 年版。
141. [意] 尼科洛·马基雅维里著、李修建译：《君主论》，中国社会科学出版社 2009 年版。
142. [美] 路易斯·亨利·摩尔根著、杨东莼译：《古代社会》，凤凰传媒出版集团有限公司 2005 年版。
143. [美] 罗维著、吕叔缃译：《初民社会》，江苏教育出版社 2006 年版。
144. [法] 让·雅克·卢梭著、徐强译：《社会契约论》，中国社会科学出版社 2009 年版。
145. [英] 霍布斯著、吴克峰编译：《利维坦》，北京出版社 2008 年版。
146. [英] 约翰·洛克著、杨思派译：《政府论》，中国社会科学出版社 2011 年版。
147. [美] 比尔·克林顿著、蒋宗强等译：《克林顿：重返工作》，中信出版社 2012 年版。
148. [澳] 迈克尔·A. 豪格、[英] 多米尼克·阿布拉姆斯著，高明华译：《社会认同过程》，中国人民大学出版社 2011 年版。
149. [奥] 路德维希·冯·米塞斯著、余晖译：《人的行动——关于经济学的论文》，世纪出版集团、上海人民出版社 2005 年版。
150. [美] 莱斯特·R. 布朗著、林自新等译：《B 模式：拯救地球 延续文明》，东方出版社

2013 年版。
151. [美] 亨利·基辛格著，顾淑馨、林添贵译：《大外交》，海南出版社、人民出版社 2010 年版。
152. [美] 塞缪尔·亨廷顿著、周琪等译：《文明的冲突》，新华出版社 2013 年版。
153. 王缉思主编：《文明与国际政治——中国学者评亨廷顿的文明冲突论》，上海人民出版社 1995 年版。
154. [加拿大] 马耀邦著、李冬梅译：《美国批判》，当代中国出版社 2010 年版。
155. [美] 约瑟夫·S. 奈著、刘华译：《美国注定领导世界——美国权力性质的变迁》，中国人民大学出版社 2013 年版。
156. [英] 比伦特·格卡伊、瓦西里斯·福斯卡斯著，贾海译：《美国的衰落》，新华出版社 2013 年版。
157. [德] Joachim MÜuer、[美] Karlp. Sauvant 编，冼国明译：《联合国事务年度评论 2010—2011》，经济管理出版社 2012 年版。
158. 王宪磊主编：《全球要事报告 2012—2013》，时事出版社 2013 年版。
159. [荷] H. L. 韦瑟林著、夏岩等译：《欧洲殖民帝国：1815—1919》，中国社会科学出版社 2012 年版。
160. [美] 斯坦福·I. 肖著，许序雅、张忠祥译：《奥斯曼帝国》，青海人民出版社 2006 年版。
161. [美] 伊恩·莫里斯著、钱峰译：《西方将主宰多久：东方为什么落后，西方为什么能崛起》，中信出版社 2014 年版。
162. [英] 安东尼·吉登斯著、郭忠华编：《全球时代的民族国家》，江苏人民出版社 2010 年版。
163. [美] 彼得·卡赞斯坦著、秦亚青等译：《地区构成的世界：美国帝权中的亚洲和欧洲》，北京大学出版社 2007 年版。
164. [美] 理查德·维尔特著，刘波、徐晴译：《国家竞争力》，中信出版社 2009 年版。
165. 唐笑虹主编：《2010 年世界重要安全文件汇编》，时事出版社 2011 年版。
166. [美] 德内拉·梅多斯等著、李涛等译：《增长的极限》，机械工业出版社 2013 年版。
167. [俄] 戈尔巴乔夫基金会编、赵国顺等译：《全球化的边界》，中央编译出版社 2008 年版。
168. 中国国际问题研究所军控与国际安全研究中心编：《全球核态势评估报告》，时事出版社 2011 年版。
169. [英] 亚当·罗伯茨、[新西兰] 本尼迪克特·金斯伯里主编，吴志成等译：《全球治理——分裂世界中的联合国》，中央编译出版社 2010 年版。
170. [挪威] 约翰·加尔通著、阮岳湘译：《美帝国的崩溃：过去、现在与未来》，人民出版社 2013 年版。
171. [美] 道格拉斯·多德著、逸昊译：《不平等与全球经济危机》，中国经济出版社 2011 年版。
172. [美] 帕拉格·卡纳著，赵广成、林民旺译：《第二世界》，中信出版社 2009 年版。
173. 黎弘主编：《国际军备控制与裁军》，世界知识出版社 2011 年版。

174. ［英］巴里·布赞著、闫健等译：《人、国家与恐惧——后冷战时代的国家安全研究议程》，中央编译出版社 2009 年版。
175. ［美］迈克尔·爱德华兹著、朱宁译：《积极的未来》，江西人民出版社 2006 年版。
176. ［日］大前研一著，凌定胜、张瑜华译：《无国界的世界》，中信出版社 2011 年版。
177. 何晓红等编著：《全球化与国际经济》，中国科学技术出版社 2009 年版。
178. ［美］史丹利·阿若诺威兹、彼得·布拉提斯著，李中译：《逝去的范式——反思国家理论》，吉林人民出版社 2011 年版。
179. ［加拿大］马克·德·维利耶著、唐奇译：《人类的出路》，中国人民大学出版社 2012 年版。
180. ［美］兹比格纽·布尔津斯基著、中国国际问题研究所译：《大棋局：美国的首要地位及其地缘战略》，上海世纪出版集团 2012 年版。
181. ［美］吉姆·莱西著、李崇华译：《文明的冲突：东西方文明的第一次交锋》，新世界出版社 2016 年版。
182. ［西班牙］圣地亚哥·加奥纳·弗拉加著、朱伦等译：《欧洲一体化进程》，社会科学文献出版社 2009 年版。
183. ［加拿大］斯蒂芬·斯特里特等主编、陈家刚等译：《帝国与自主性——全球化进程中的重大时刻》，社会科学文献出版社 2010 年版。
184. ［日］石原享一著、梁憬君译：《世界往何处去》，世界知识出版社 2013 年版。
185. ［美］彼得·卡赞斯坦主编、宋伟等译：《国家安全的文化：世界政治中的规范与认同》，北京大学出版社 2009 年版。
186. ［美］阿尔·戈尔著、冯洁音等译：《未来——改变全球的六大驱动力》，上海译文出版社 2013 年版。
187. ［新加坡］马凯硕著、韦民等译：《大融合：东方、西方，与世界的逻辑》，海南出版社 2013 年版。
188. 陈志敏等著：《中国、美国与欧洲：新三边关系中的合作与竞争》，上海人民出版社 2011 年版。
189. ［法］德勒兹·加塔利著、姜宇辉译：《资本主义与精神分裂（卷 2）：千高原》，上海书店出版社 2010 年版。
190. ［美］热拉尔·罗兰主编、张宏胜等译：《私有化：成功与失败》，中国人民大学出版社 2011 年版。
191. ［埃及］萨米尔·阿明著、杨明柱等译：《世界规模的积累：欠发达理论批判》，社会科学文献出版社 2008 年版。
192. ［美］亚历山大·温特著、秦亚青译：《国际政治的社会理论》，上海人民出版社 2008 年版。
193. ［美］约翰·卡瓦纳、杰瑞·曼德尔著，童小溪等译：《经济全球化的替代方案》，中央编译出版社 2007 年版。
194. ［美］谢里尔·西姆拉尔·金、卡米拉·斯蒂福斯主编，李学译：《民有政府：反政府时代的公共管理》，中央编译出版社 2010 年版。

195. ［德］乌尔里希・贝壳・埃德加・格兰德著，章国锋译：《世界主义的欧洲：第二次现代性的社会与政治》，华东师范大学出版社 2008 年版。
196. ［印］贾瓦哈拉尔・尼赫鲁著、向哲濬等译：《印度的发现》，上海人民出版社 2016 年版。
197. ［美］伯顿・A. 艾布拉姆斯著、孙建中译：《美国历史上的 10 大经济失误》，新华出版社 2016 年版。
198. 王缉思、李侃如著：《中美战略互疑：解析与应对》，社会科学文献出版社 2013 年版。
199. ［丹麦］比约斯・隆伯格著，岳昌君、李永军等译：《全球危机：全球解决方案》，北京大学出版社 2010 年版。
200. 杨泽伟主编：《联合国改革的国家法问题研究》，武汉大学出版社 2009 年版。
201. ［美］约瑟夫・E. 斯蒂格利茨著，李杨、章添香译：《全球化及其不满》，机械工业出版社 2010 年版。
202. ［德］奥特弗利德・赫费著、庞学铨译：《全球化时代的民主》，上海世纪出版集团 2007 年版。
203. ［德］乌尔里希・贝克著，蒋仁祥、胡颐译：《全球化时代的权力与反权力》，广西师范大学出版社 2004 年版。
204. ［美］丹妮・罗德克里著、廖丽华译：《全球化的悖论》，中国人民大学出版社 2011 年版。
205. ［英］戴维・赫尔德、［英］安东尼・麦克格鲁主编，王生才译：《全球化理论——研究路径与理论争论》，社会科学文献出版社 2009 年版。
206. ［美］迈克尔・赫德森著、杨成果译：《全球分裂——美国统治世界的经济战略》，中央文献出版社 2010 年版。
207. ［奥］阿尔弗雷德・舒茨著、游淙祺译：《社会世界的意义构成》，商务印书馆 2012 年版。
208. ［美］约翰・米尔斯海默著，王义桅、唐小松译：《大国政治的悲剧》，上海人民出版社 2008 年版。
209. ［英］马丁・沃尔夫著、冯明等译：《转型与冲击：马丁・沃尔夫谈未来全球经济》，中信出版社 2015 年版。
210. ［英］约翰・梅纳德・凯恩斯著、李井奎译：《通往繁荣之路》，中国人民大学出版社 2016 年版。
211. ［西班牙］圭拉姆・德拉德赫萨著、董凌云译：《全球化博弈》，北京大学出版社 2009 年版。
212. ［美］入江昭著、刘青等译：《全球共同体》，社会科学文献出版社 2009 年版。
213. ［澳］约翰・W. 伯顿著，马学印、谭朝洁译：《全球冲突：国际危机的国内根源》，世纪出版集团、上海人民出版社 2007 年版。
214. ［英］戴维・赫尔德等著、杨雪冬等译：《全球大变革》，社会科学文献出版社 2001 年版。
215. ［美］亨利・基辛格著、胡利平等译：《世界秩序》，中信出版社 2015 年版。
216. ［加拿大］刘易斯・波利等主编、曹荣湘等译：《全球秩序》，社会科学文献出版社 2009 年版。